Ver.17.2

OrCAD/PSpice 회로해석

조문택 · 이충식 공저

머리말

본 교재는 Orcad/Pspice의 공개용 버전 중 17.2 학생용 버전을 사용하여 실행하였다.

매번 교재를 쓰면서 고민하는 부분이 어떻게 하면 회로를 먼저 이해하고 시뮬레이션 작업을 수행할까 하는 부분이였다. 그러나 강의를 해보며 무조건 책만을 따라하면서 회로의 작성한 부분만을 작업하고 그 결과 파형만 맞으면 통과하는 방식이였다. 이해하기 보다는 그저 결과 파형을 얻기위한 작업이였다. 물론 학생들이 이론적인 배경들을 이해하고 생각을 하면서 하다보며 너무나 많은 시간이 소비되어 진도가 나가기 힘든 면도 있었다. 그래서 매번 느끼지만 다양한 예제를 통해 회로를 되도록 빨리 이해할 수 있게 하는 것이 제일 좋다고 느껴왔다.

본 교재는 아날로그 및 디지털 회로들을 예제들을 통해 빨리 이해할 수 있도록 구성하였다. 그리고 한 단계 한 단계 상세하게 설명하도록 노력 했으나, 수준에 따라서는 어렵게 느껴질 수도 있을 것이고, 때로는 과정의 일부를 빼고 작성한 것들도 있다. 그 이유는 학생들에게 그 부분만은 고민을 해서 해결을 하므로써 내공을 쌓아달라는 바램으로 그렇게 작성하였다.

이 교재를 사용하여 1학기 동안 4시간 실습시간에 적용하여 강의를 하면, 무난히 한권을 책을 끝낼 수 있을 것으로 생각이 든다. 물론 상세한 이론적인 설명까지 진행이 된다면 좀 더 많은 시간을 할애해야 할 것으로 사료된다.

이 책을 준비하면서 항상 어떻게 하면 쉽게 배울 수 있을 까 고민과 많은 생각을 통해 작성했으며, 주위에서 큰 도움들을 주신 덕분에 큰 힘이 되길 바란다.

2023. 1
저자씀

차례

제 4 장 변압기 회로 / 145

제 5 장 다이오드 회로 / 165

제 6 장 트랜지스터 회로 / 231

제 7 장 JFET · MOSFET · 기타 회로 / 257

제 8 장 DC-DC 변환 회로 / 283

제 9 장 ABM 활용 / 299

제 10 장 SCR 회로 / 333

제 11 장 인버터 회로 / 415

제 12 장 PWM 발생기 / 463

제 13 장 디지털 논리회로 / 501

CHAPTER

1

전원

1 VSIN / ISIN(아날로그 전압원/전류원)

정현파 전원(VSIN/ISIN)의 일반적인 형식

↳ V(I)SIN (V(I)OFF V(I)AMPL FREQ TD DF PHASE)

표 1-1 정현파 전원(VSIN/ISIN)의 파라미터

속성	의미	단위	지정값
DC	DC전원	[V] or [A]	없음
AC	AC전원	[V] or [A]	없음
V(I)OFF	옵셋전압/전류	[V] or [A]	없음
V(I)AMPL	**최대전압**/전류	[V] or [A]	없음
FREQ	주파수	[Hz]	1/TSTOP
TD	지연시간	[sec]	0
DF	댐핑계수	[1/sec]	0
PHASE	위상	[Degrees]	0

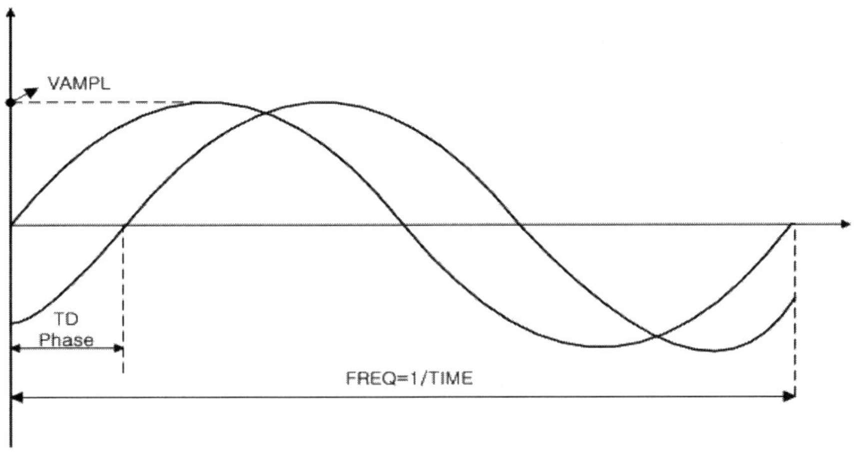

실습 1-1

최대전압 100[V], 주파수 60[Hz], 시간지연은 없는 정현파 교류 전압 파형을 나타내시오. 여기서, 저항 R1 크기는 1[kΩ], Final Time은 20[ms]로 한다.

(1) 회로 구성

- 정현파 전압원 : Place → Part → VSIN
- 저항 : Place → Part → R
- 접지 : 그림에서 1번 클릭, 2번 선택

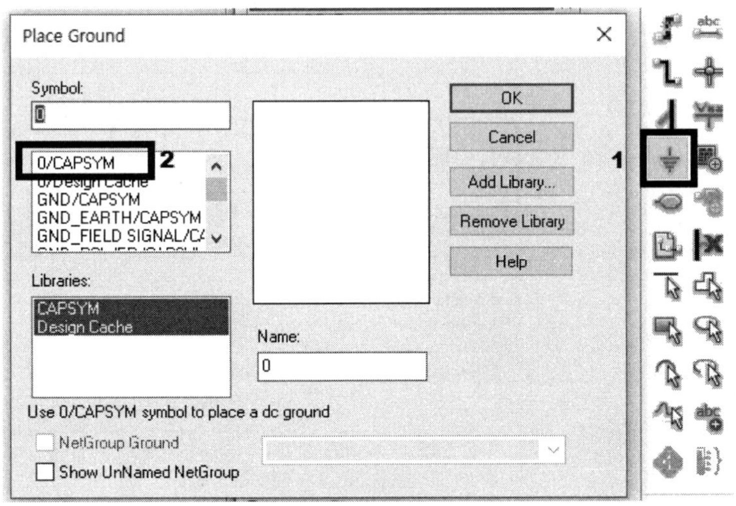

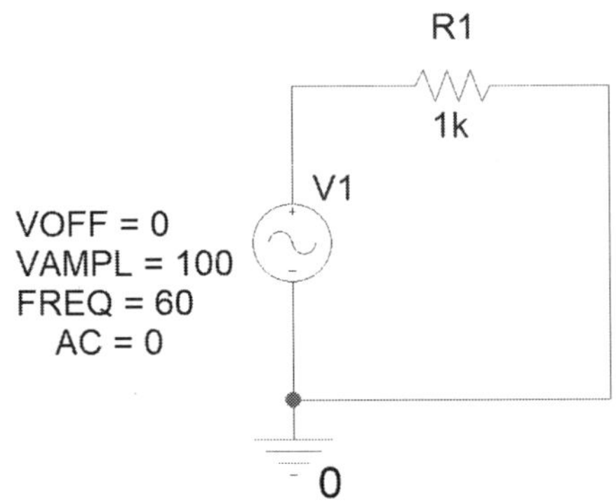

(2) 시뮬레이션 조건 구성

– PSpice → New Simulation Profile

그림에서 Name을 s1으로 했는데, 다른 이름으로 해도 상관없음.

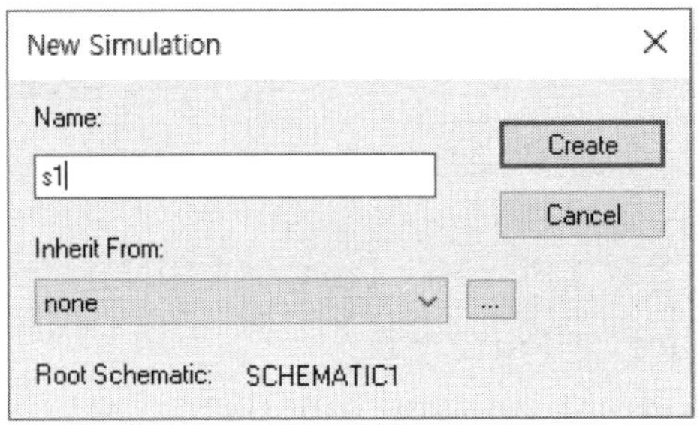

– 아래 그림과 같이 Final Time을 20m로 지정하고 OK 클릭

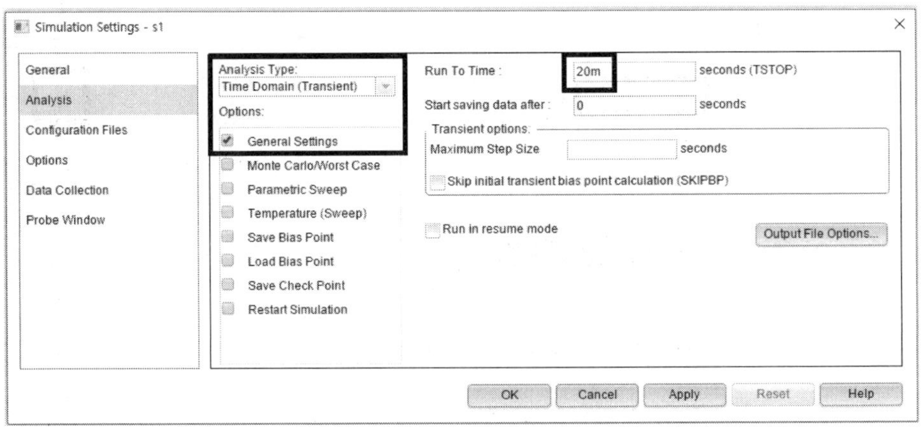

– 전압 파형을 보기 위해 그림과 같이 1을 클릭하여 설정
(1은 지정한 점부터 접지까지의 전압을 표시)

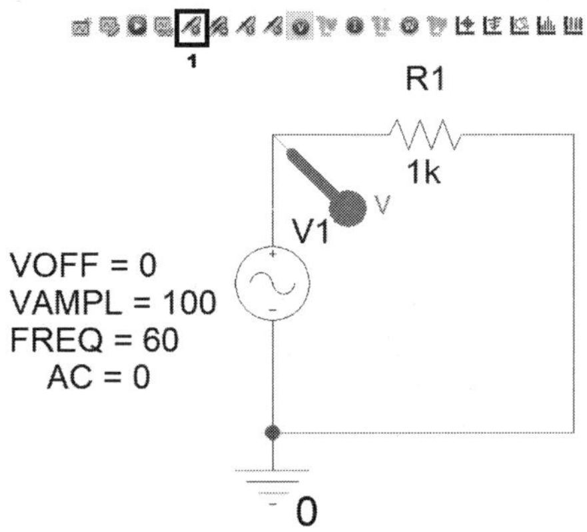

(3) 시뮬레이션 결과

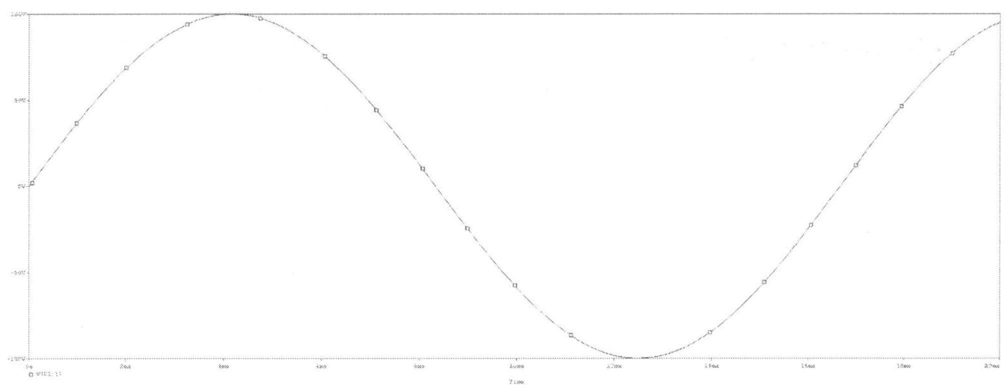

실습 1-2 [실습 1-1를 참고로 해서 구성]

최대전압 100[V], 주파수 60[Hz], 시간지연 5[ms]일 때, 정현파 교류 전압 파형을 나타내시오. 여기서, 저항 R1 크기는 1[kΩ], Final Time은 20[ms]로 한다.

(1) 회로 구성

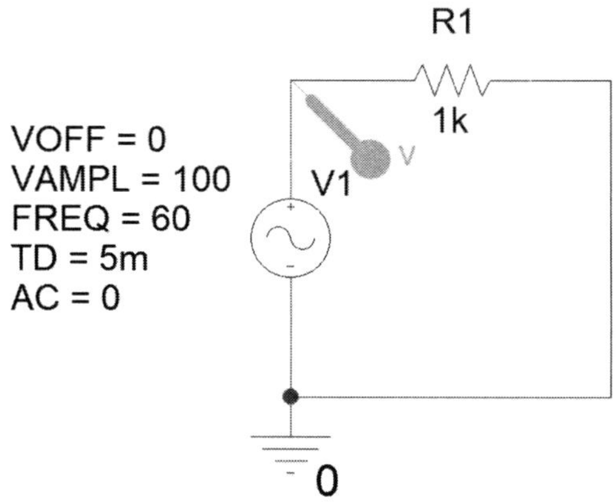

(2) 시뮬레이션 결과

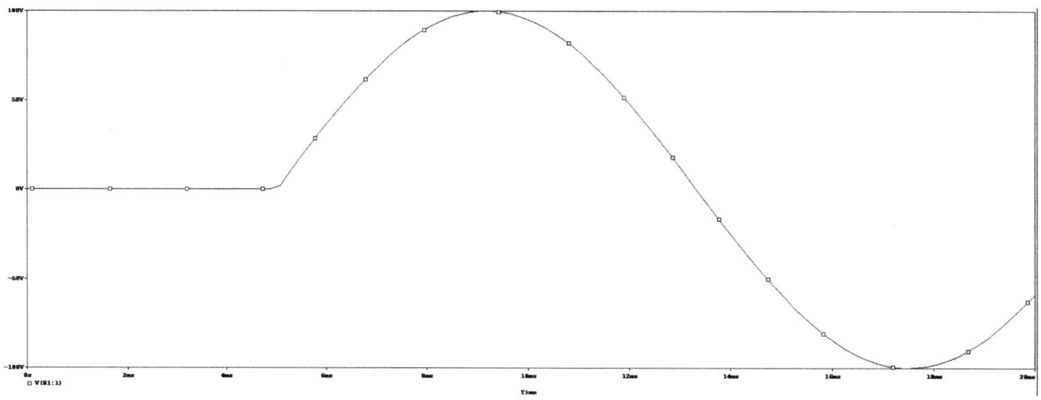

실습 1-3 [실습 1-1를 참고로 해서 구성]

최대전압 100[V], 주파수 60[Hz], 위상지연 −45°일 때, 정현파 교류 전압 파형을 나타내시오. 여기서, 저항 R1 크기는 1[kΩ], Final Time은 20[ms]로 한다.

(1) 회로 구성

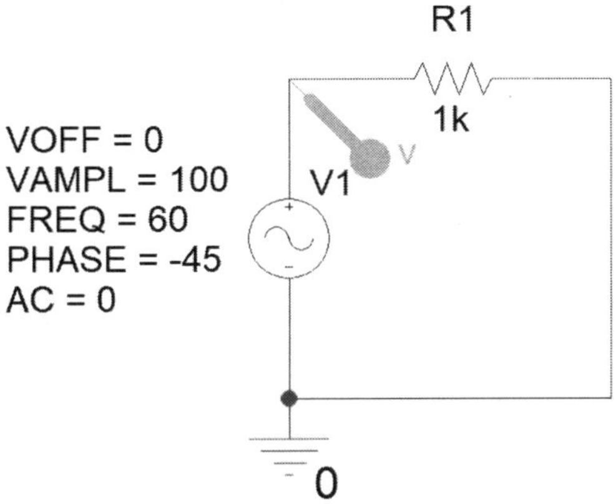

(2) 시뮬레이션

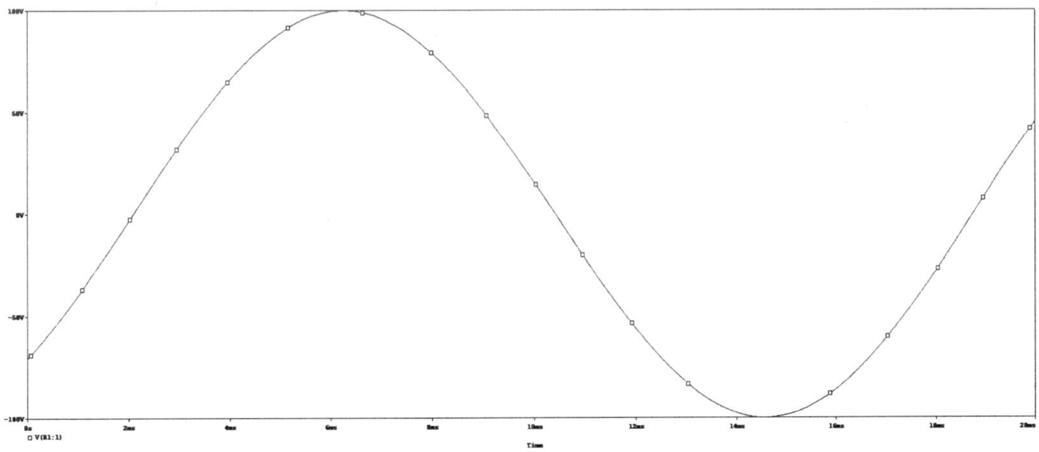

2 VPULSE / IPULSE (아날로그 전압원 / 전류원)

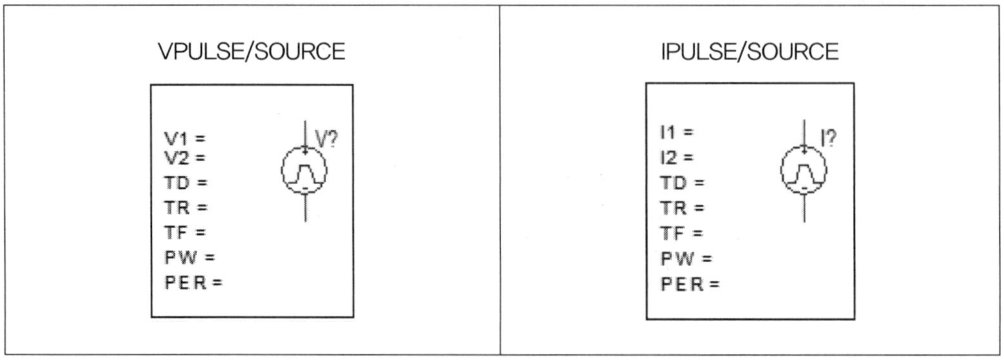

펄스 전원의 심벌인 PULSE의 일반적인 형식

└→ V(I)PULSE (V(I)1 V(I)2 TD TR TF PER)

표 1-2 펄스 전원(VPULSE/IPULSE)의 파라미터

속성	의미	단위	지정값
DC	DC전원	[V] or [A]	없음
AC	AC전원	[V] or [A]	없음
V(I)1	초기 전압/전류	[V] or [A]	없음
V(I)2	펄스 전압/전류	[V] or [A]	없음
TD	지연시간	[sec]	0
TR	상승시간	[sec]	TSTEP
TF	하강시간	[sec]	TSTEP
PW	펄스폭	[sec]	TSTEP
PER	주기	[sec]	TSTEP

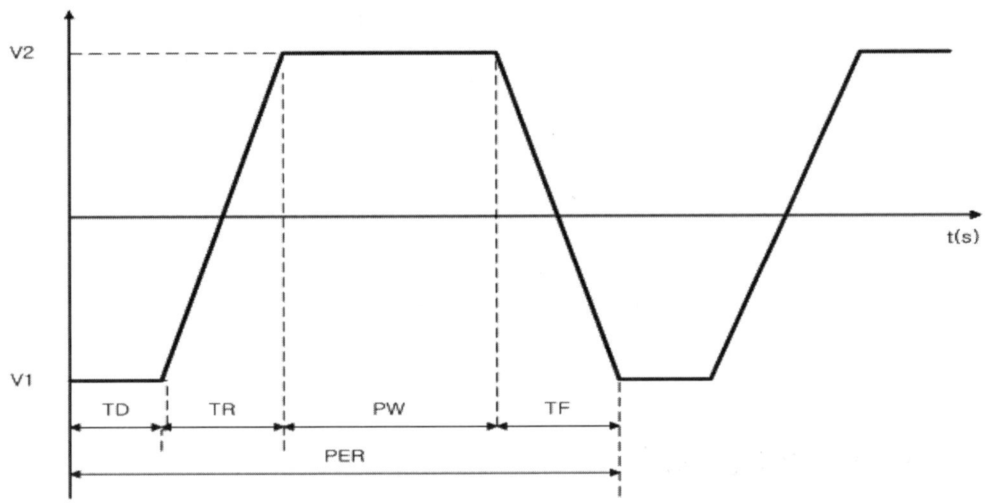

실습 1-4

초기전압(V1) : −10V, 펄스전압(V2) : 10V, 지연시간(TD) : 2ms, 상승시간(TR) =하강시간(TF) : 5ns, 펄스폭(PW) : 5ms, 주기(PER) : 10ms 일 때, 구형파 전압원의 파형을 나타내시오. 여기서, 저항 R1 크기는 1[kΩ], Final Time은 20[ms]로 한다.

(1) 회로 구성

- 정현파 전압원 : Place → Part → VPULSE
- 저항 : Place → Part → R
- 접지 : 그림에서 1번 클릭, 2번 선택

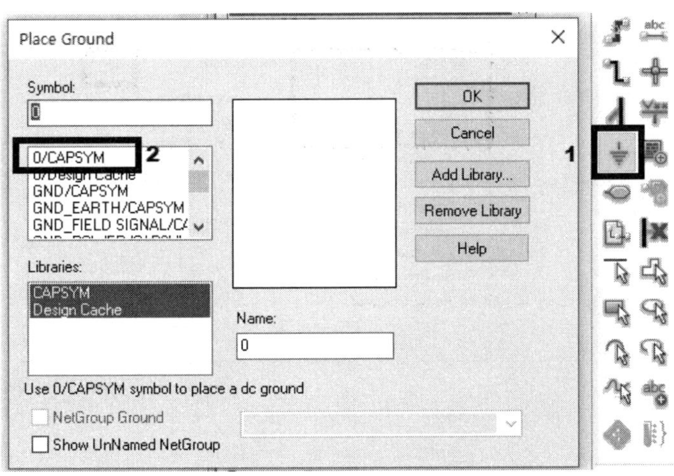

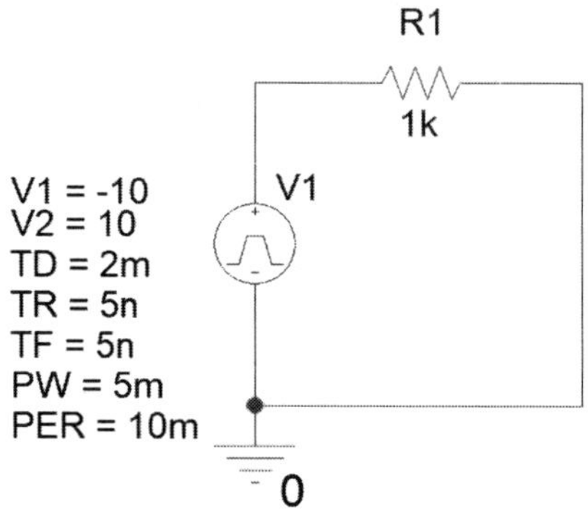

(2) 시뮬레이션 조건 구성

– PSpice → New Simulation Profile

그림에서 Name을 s2로 했는데, 다른 이름으로 해도 상관없음.

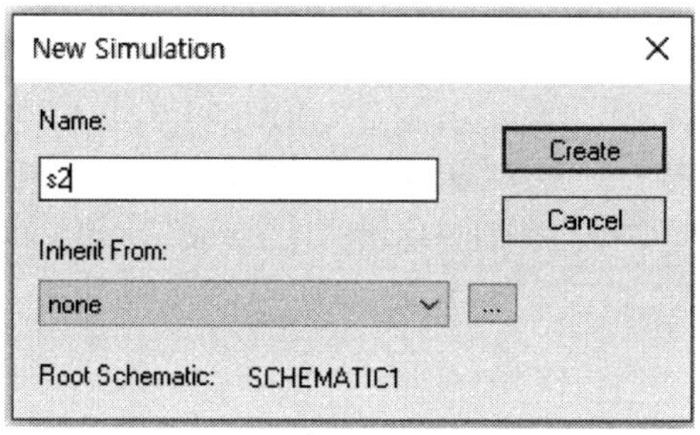

– 아래 그림과 같이 Final Time을 20m로 지정하고 OK 클릭

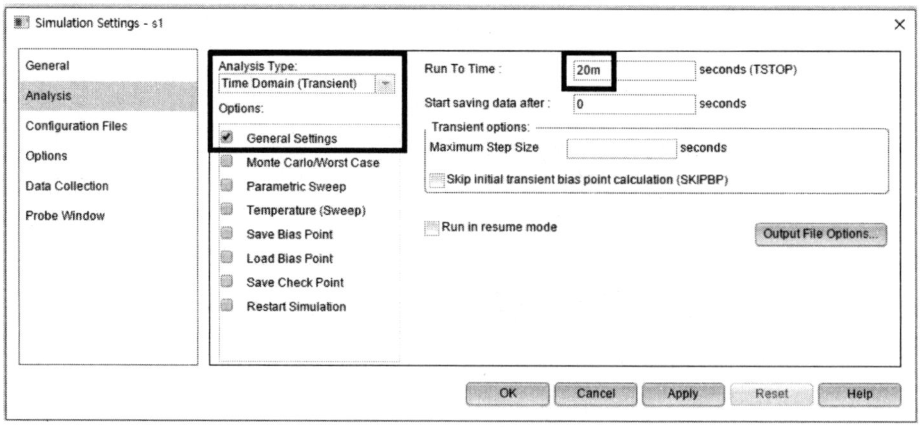

– 전압 파형을 보기 위해 그림과 같이 1을 클릭하여 설정

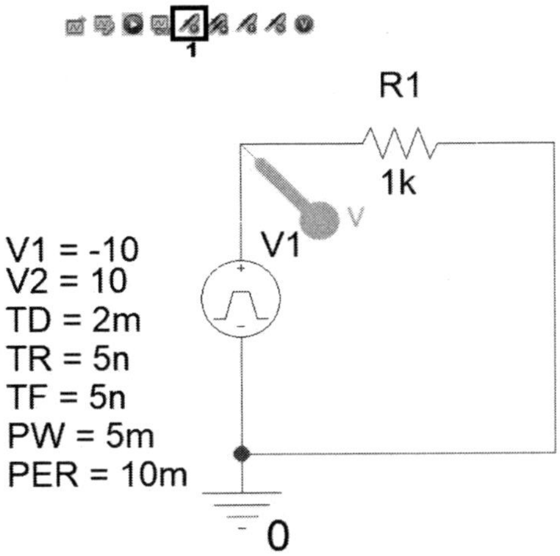

(3) 시뮬레이션 결과

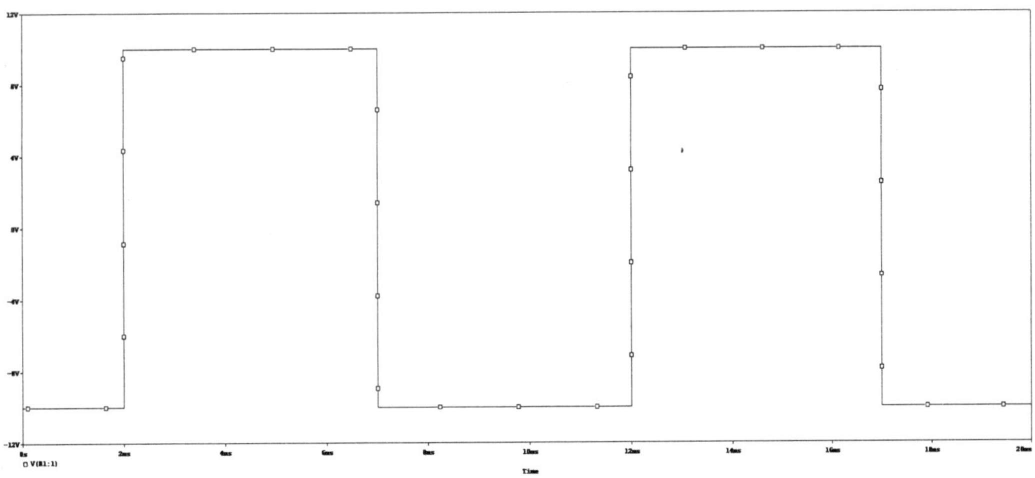

실습 1-5 [실습 1-4를 참고로 해서 구성]

초기전압(V1) : 0V, 펄스전압(V2) : 10V, 지연시간(TD) : 2ms, 상승시간(TR) = 하강시간(TF) : 5ns, 펄스폭(PW) : 5ms, 주기(PER) : 10ms 일 때, 구형파 전압원의 파형을 나타내시오. 여기서, 저항 R1 크기는 1[kΩ], Final Time은 20[ms]로 한다.

(1) 회로 구성

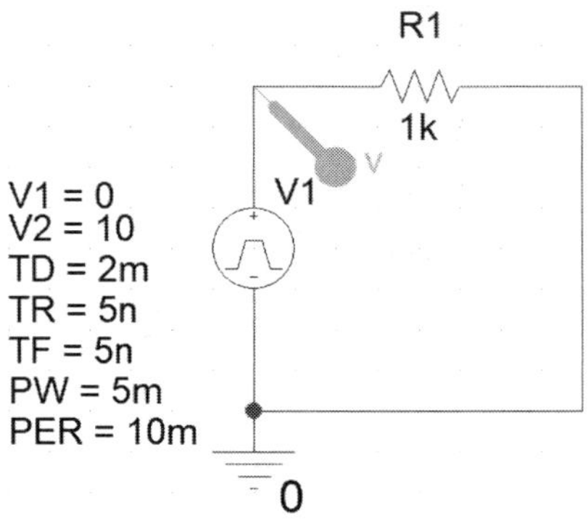

(2) 시뮬레이션 결과

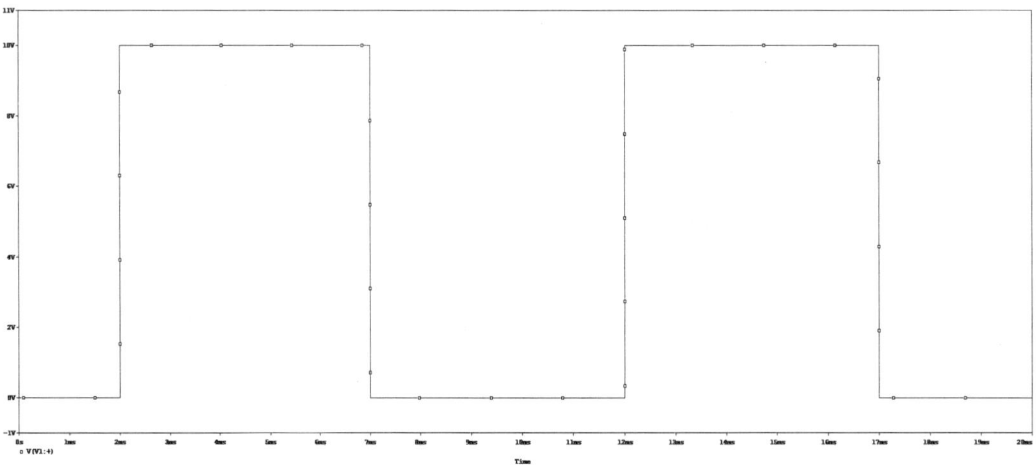

3 VPWL / IPWL (아날로그 전압원 / 전류원)

VPWL/SOURCE	IPWL/SOURCE
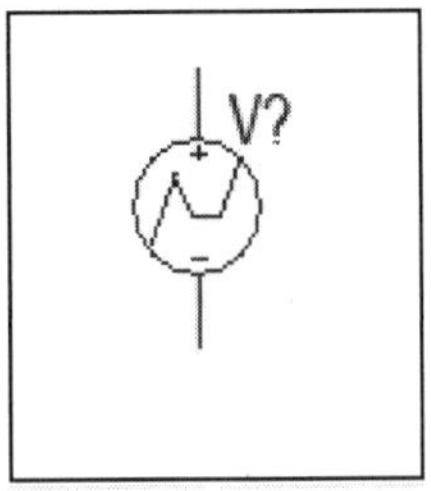	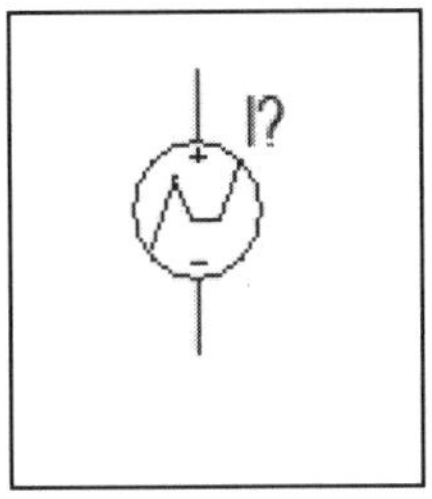

구분적 변조 전원의 선형 전원 심벌인 PWL의 일반적인 형식

└→ V(I)PWL (T1 V(I)1 T(I)2 V(I)2 … TN V(I)N)

표 1-3 지수 전원(VPWL/IPWL)의 파라미터

속성	의미	단위	지정값
DC	DC전원	[V] or [A]	없음
AC	AC전원	[V] or [A]	없음
T(I)i	I점에의 시간	[sec]	없음
V(I)i	I점에의 크기	[V] or [A]	없음

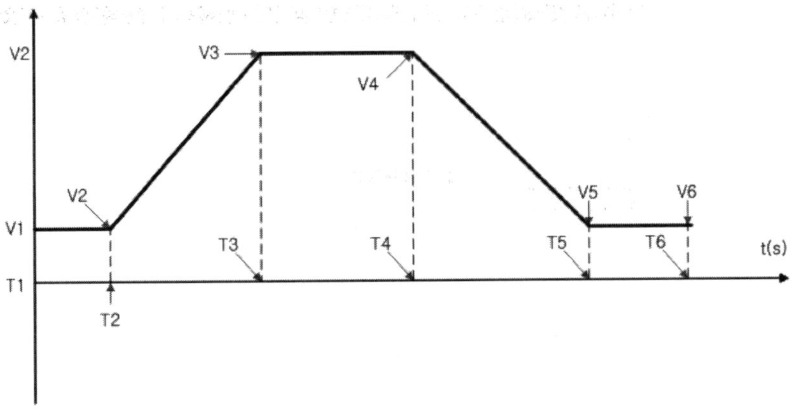

실습 1-6

T1 = 0 ms, V1 = 5 V, T2 = 2 ms, V2 = 5 V, T3 = 4 ms, V3 = 10 V, T4 = 8 ms, V2 = 10 V, T5 = 10 ms, V2 = 5 V, T6 = 12 ms, V12 = 5 V
여기서, 저항 R1 크기는 1[kΩ], Final Time은 12[ms]로 한다.

(1) 회로 구성

– 정현파 전압원 : Place → Part → VPWL
VPWL을 더블 클릭하여 T1~T6의 값을 입력하고, Ctrl를 누른 상태에서 마우스로 T1~T6을 클릭하여 까만색으로 설정한 뒤 Display를 클릭하여 그림과 같이 Name and Value 선택.
같은 방법으로 V1~V6의 그림과 같이 설정

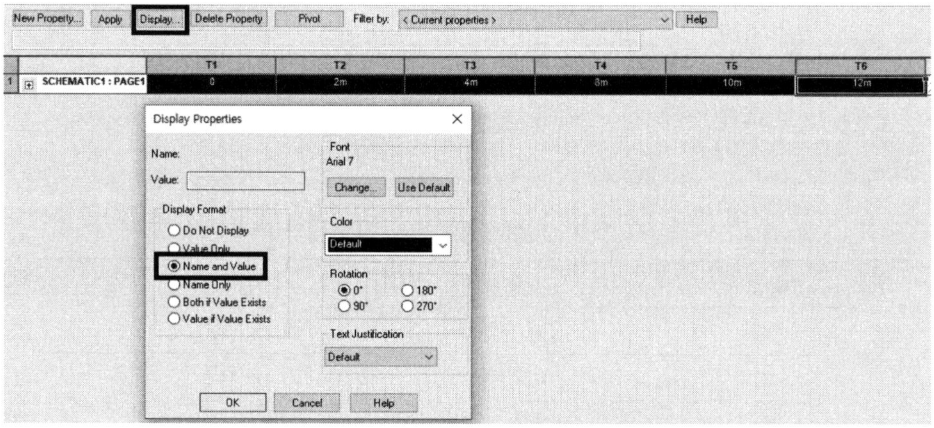

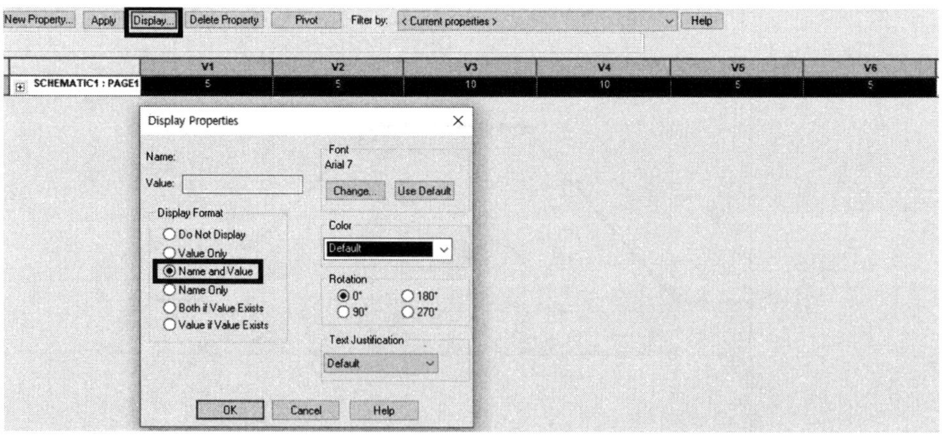

– 저항 : Place → Part → R

– 접지 : 그림에서 1번 클릭, 2번 선택

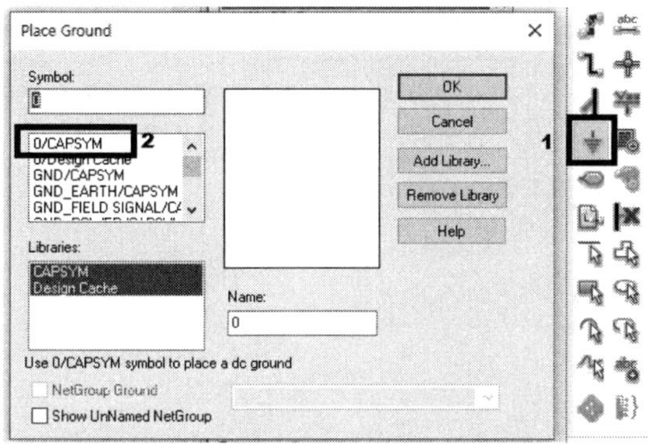

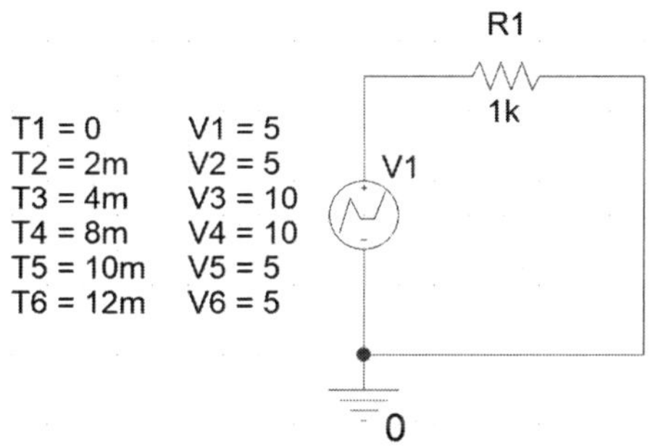

(2) 시뮬레이션 조건 구성

– PSpice → New Simulation Profile

그림에서 Name을 s3로 했는데, 다른 이름으로 해도 상관없음.

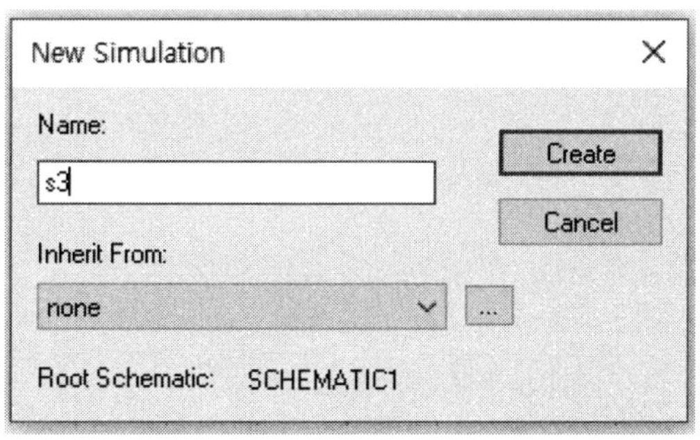

– 아래 그림과 같이 12m를 지정하고 OK 클릭

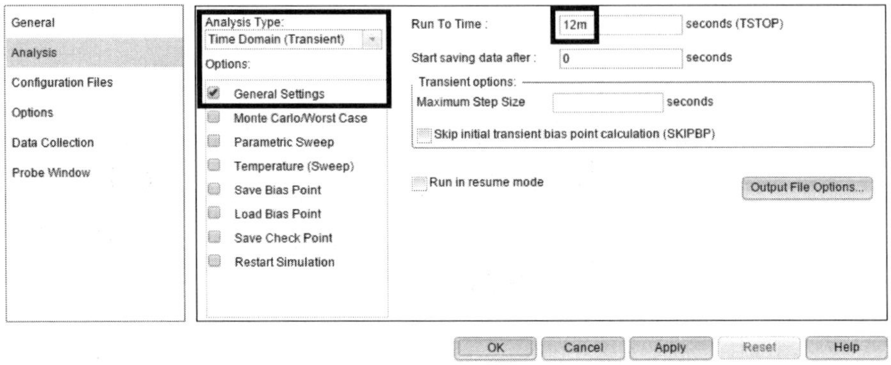

– 전압 파형을 보기 위해 그림과 같이 1을 클릭하여 설정

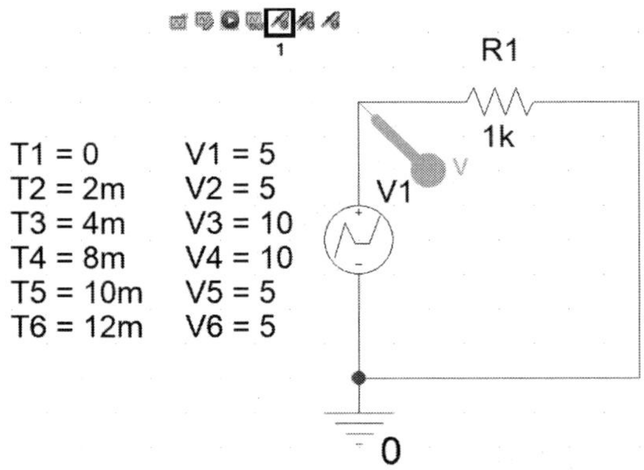

(3) 시뮬레이션 결과

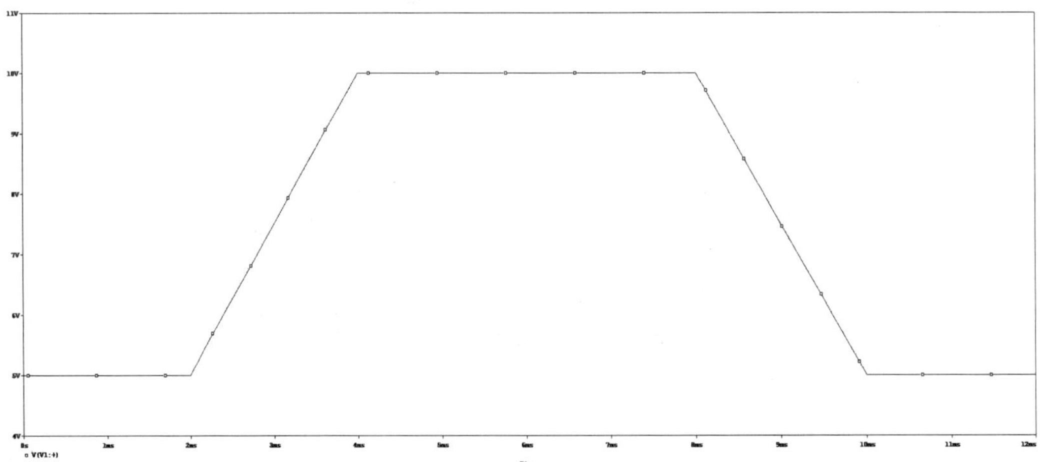

4 디지털 전압원

소자명	기능	심벌
STIM1	Digital Stimulus - Single Node	DSTM1 S1
STIM4	Digital Stimulus - 4 bit	DSTM1 S4
STIM8	Digital Stimulus - 8 bit	DSTM1 S8
STIM16	Digital Stimulus - 16 bit	DSTM1 S16
FileStim1	File Digital Stimulus - Single Node	DSTM1 F1 FILENAME = SIGNAME =
FileStim2	File Digital Stimulus - 2 bit	DSTM1 F2 FILENAME = SIGNAME =
FileStim4	File Digital Stimulus - 4 bit	DSTM1 F4 FILENAME = SIGNAME =
FileStim8	File Digital Stimulus - 8 bit	DSTM1 F8 FILENAME = SIGNAME =
FileStim16	File Digital Stimulus - 16 bit	DSTM1 F16 FILENAME = SIGNAME =
FileStim32	File Digital Stimulus - 32 bit	DSTM1 F32 FILENAME = SIGNAME =

5 디지털 클럭 전압원

소자명	기능	심벌
DigStim1	Digital Clock Stimulus - Single Node	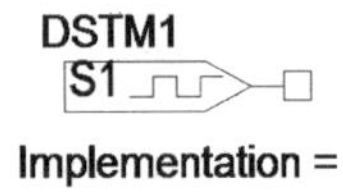
DigStim2	Digital Clock Stimulus - 2 bit	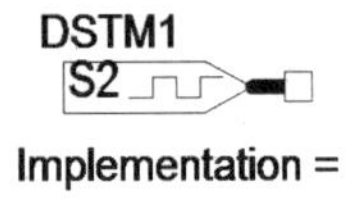
DigStim4	Digital Clock Stimulus - 4 bit	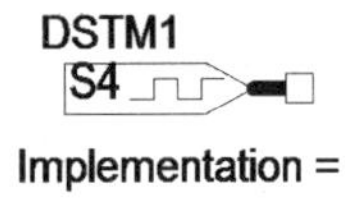
DigStim8	Digital Clock Stimulus - 8 bit	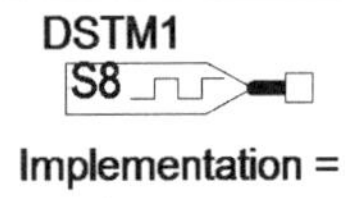
DigStim16	Digital Clock Stimulus - 16 bit	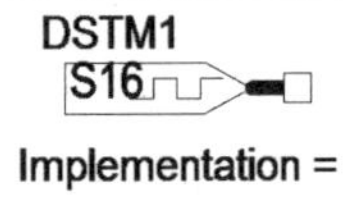
DigStim32	Digital Clock Stimulus - 32 bit	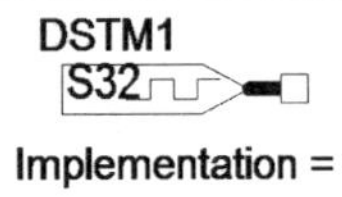

CHAPTER

2

R, L, C 스위치 회로

1 저항 직렬 회로

전류가 일정하고($I = I_1 = I_2$) 전압이 분배되는 회로

($V = IR$ 에서 전류가 일정 $\therefore\ V \propto R$)

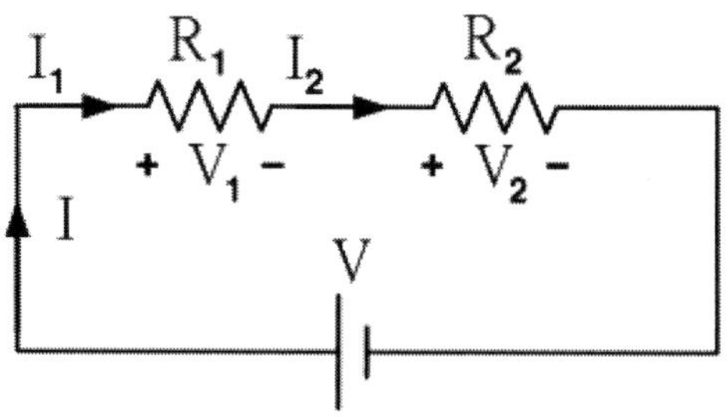

그림 2–1 저항 직렬 연결 회로

- 전체저항(=합성저항) : $R = R_1 + R_2[\Omega]$
- 전체전류 : I

$$I = \frac{\text{전체전압}}{\text{전체저항}} = \frac{V}{R} = \frac{V}{R_1 + R_2}[\mathrm{A}]$$

- 저항 R_1에 걸리는 전압 : $V_1 = I \cdot R_1$

$I = I_1$ 이므로

$$\frac{V}{R} = \frac{V_1}{R_1}$$

$$\therefore\ V_1 = \frac{R_1}{R}V = \frac{R_1}{R_1 + R_2}V\ (\text{전압분배법칙})$$

- 저항 R_2에 걸리는 전압 : $V_2 = I \cdot R_2$

$I = I_2$ 이므로

$$\frac{V}{R} = \frac{V_2}{R_2}$$

$$\therefore\ V_2 = \frac{R_2}{R}V = \frac{R_2}{R_1 + R_2}V\ (\text{전압분배법칙})$$

실습 2-1

2개의 저항 R_1, R_2가 직렬로 연결 회로이다. Transient Analysis를 40[ms]까지 실행하여 저항에 걸리는 ① 전압 ② 전력 ③ 평균전압 ④ 실효 전압 파형을 구하여라.
(단, ③ 평균전압 ④ 실효전압은 Transient Analysis를 100[ms]까지 시뮬레이션).

[조건] (1) 정현파 교류 전압원(VSIN) : $\mathrm{V_{in}}$(VOFF = 0 VAMPL = 90 FREQ = 60)
(2) 저항(R) : R_1 =100[Ω], R_2 =200[Ω]
(3) 접지 : Place ground

저항에 걸리는 전압은 오옴의 법칙에 의해 저항에 비례하기 때문에 전압 분배법칙에 의해 파형과 같다.

$\mathrm{R_1}$에 걸리는 전압(V1,2)

$$V_{R1} = V_{in} \times \frac{R_1}{R_1 + R_2} = 90[\mathrm{V}] \times \frac{100[\Omega]}{100[\Omega]+200[\Omega]} = 30[\mathrm{V}]$$

$\mathrm{R_2}$에 걸리는 전압(V(2))

$$V_{R_2} = V_{IN} \times \frac{R_2}{R_1 + R_2} = 90[\mathrm{V}] \times \frac{200[\Omega]}{100[\Omega]+200[\Omega]} = 60[\mathrm{V}]$$

입력 전압(V(1)) $V_{R1} + V_{R2}$

(1) 회로 구성

- 정현파 전압원 : Place → Part → VSIN
- 저항 : Place → Part → R
  R2와 같이 하기 위해서는 저항 R을 불러온 후 Ctrl를 누른 상태에서 영문자 R를 누르면 90°씩 이동한다.
- 접지 : 그림에서 1번 클릭, 2번 선택

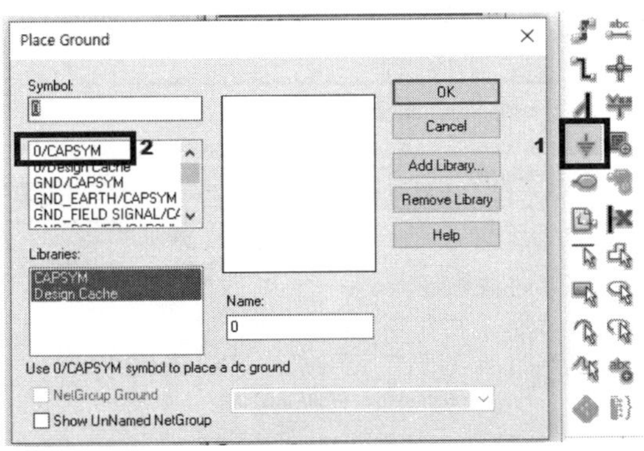

– 그림에서 보면 저항 R1의 왼쪽 1과 오른쪽 2는 절점으로 1 절점의 전압은 V(1), 2 절점의 전압을 V(2)로 나타내기 위해서 지정하였다.

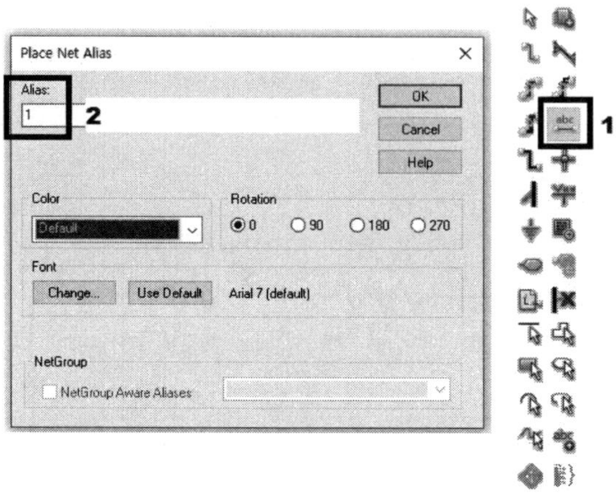

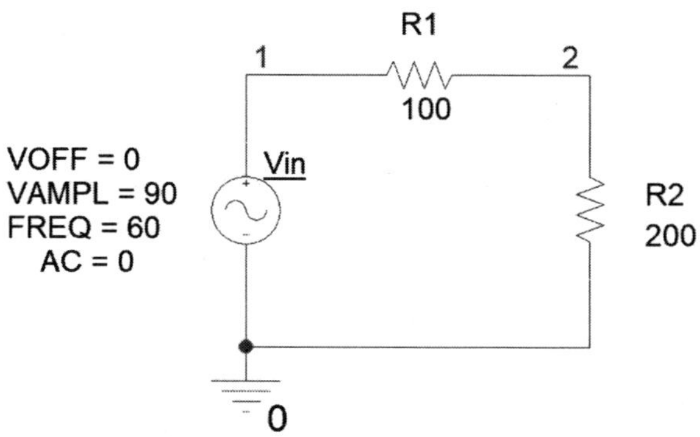

(2) 시뮬레이션 조건 구성

– PSpice → New Simulation Profile

그림에서 Name을 r2로 했는데, 다른 이름으로 해도 상관없음.

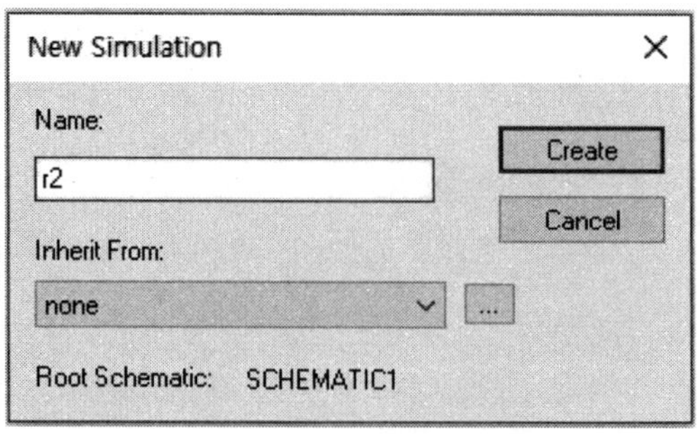

– 아래 그림과 같이 Final Time을 40m로 지정하고, 평균전압과 실효전압 파형을 시뮬레이션 할 때에서 Final Time을 100m로 변경한다.

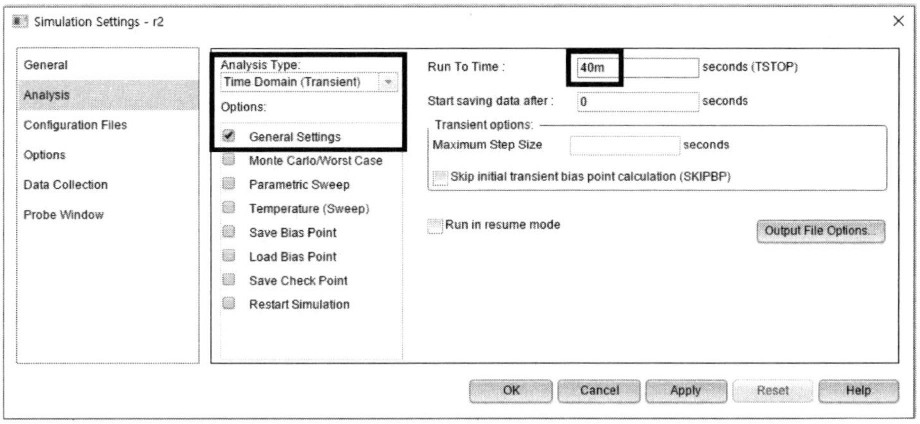

– 전압 파형을 보기 위해 그림과 같이 1을 클릭하면, 입력전압, R2에 걸리는 전압을 구할 수 있고 2 아이콘을 클릭하면 V+ V–로 표시되는 R1에 걸리는 전압을 구할 수 있다.

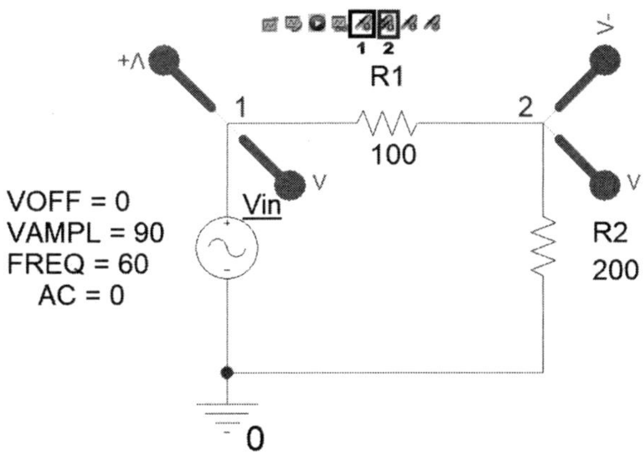

(3) **시뮬레이션 결과**

– 입력전압 V(1), R1에 걸리는 전압 V(1,2), R2에 걸리는 전압 V(2)

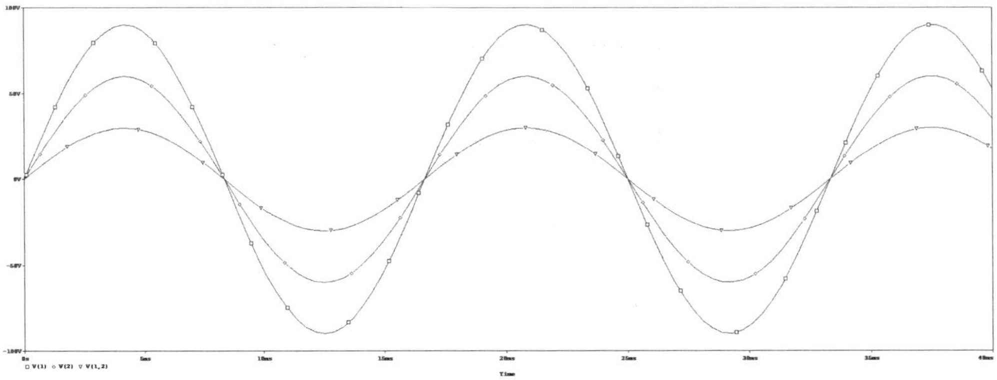

– 입력 전력 $= \dfrac{V(1)\times V(1)}{300(\text{전체저항})}$ 이므로,

아래 그림처럼 Trace→Add Trace 클릭하여 맨 아래의 Trace Expression에 V(1)*V(1)/300 또는 I(R1)*I(R1)*300을 입력

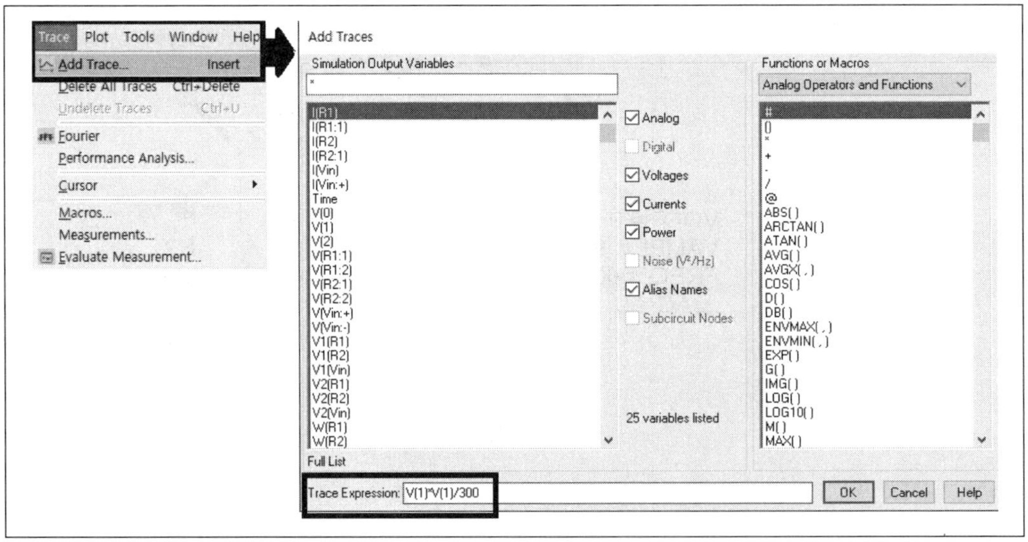

같은 방법으로,

저항 R_1의 전력 $= \dfrac{V(1,2)\times V(1,2)}{100}$ 이므로,

Trace Expression에 V(1,2)*V(1,2)/100 또는 I(R1)*I(R1)*100을 입력

저항 R_2의 전력 $= \dfrac{V(2)\times V(2)}{200}$ 이므로,

Trace Expression에 V(2)*V(2)/200 또는 I(R1)*I(R1)*200을 입력

또는, 그림과 같이 1을 클릭(전력계)하여 회로를 구성하면 한 번에 전력 파형을 구할 수 있다.

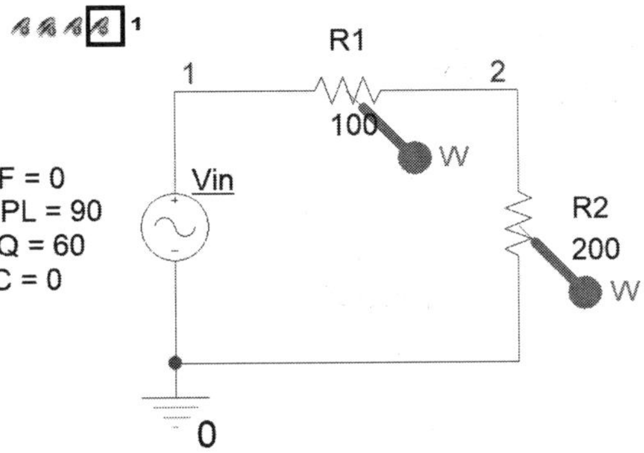

PSPICE 연산자 표현

산술식		논리식		관계식(IF( ) 함수)	
+	덧셈	~	NOT	==	같다
−	뺄셈	|	OR	!=	같지 않다
*	곱셈	^	XOR	〉	크다
/	나눗셈	&	AND	〉=	크거나 같다
**	승			〈	작다
				〈=	작거나 같다

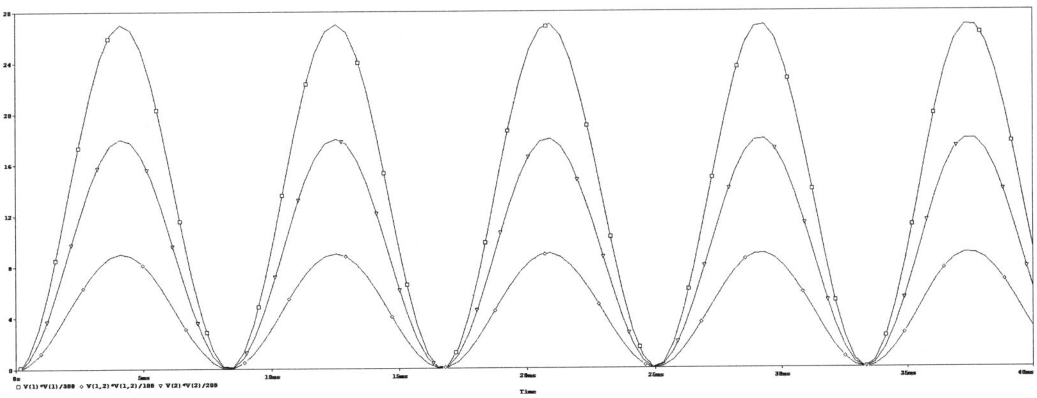

– 평균 전압과 실효 전압의 시뮬레이션은 100[ms]까지 수행
입력 전압 V(1)의 평균 전압 → Trace Expression : AVG(V(1))
저항 R_1 전압 V(1,2)의 평균 전압 → Trace Expression : AVG(V(1,2))
저항 R_2 전압 V(2)의 평균 전압 → Trace Expression : AVG(V(2))

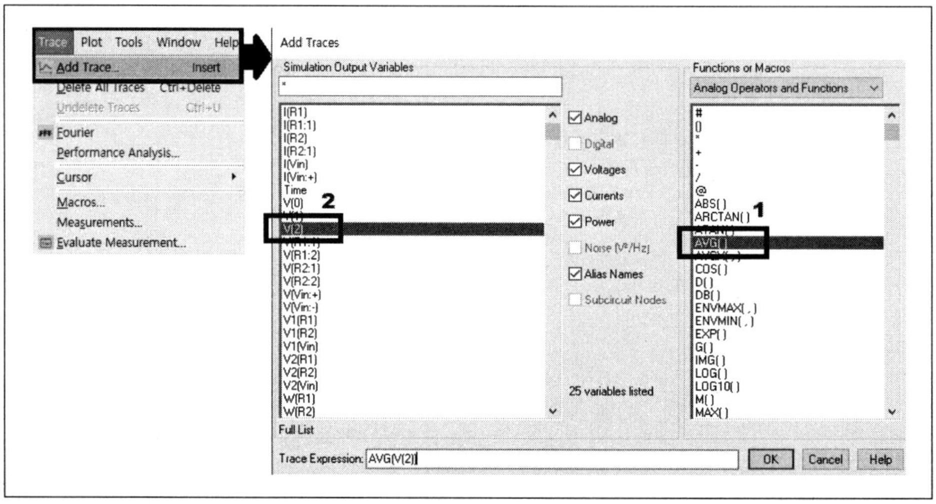

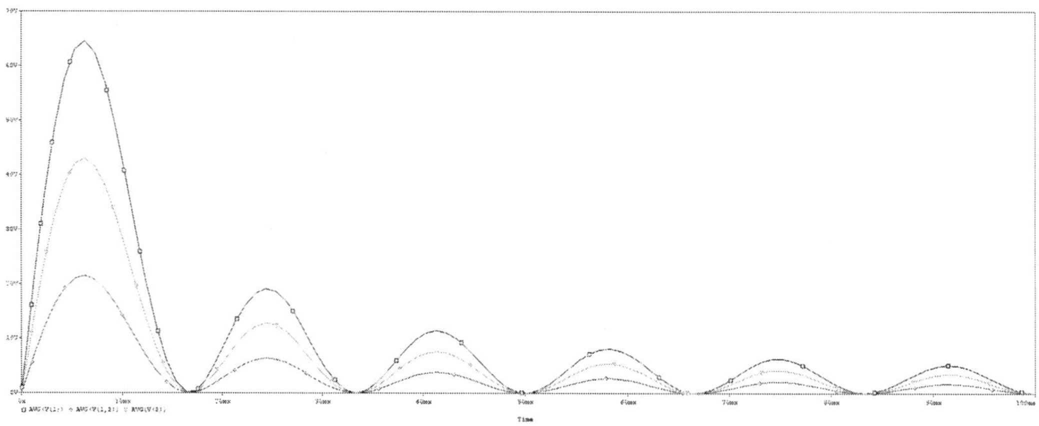

입력 전압의 실효 전압 → Trace Expression : RMS(V(1))
저항 R_1의 실효 전압 → Trace Expression : RMS(V(1,2))
저항 R_2의 실효 전압 → Trace Expression : RMS(V(2))

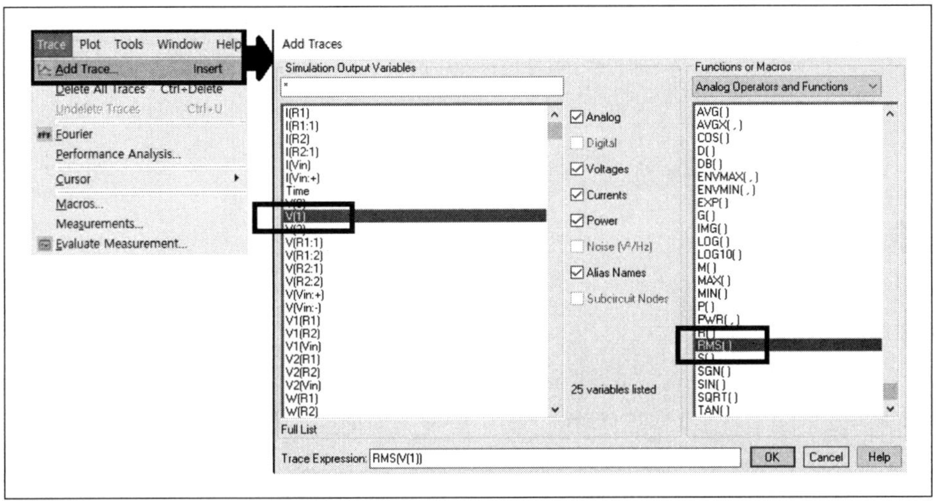

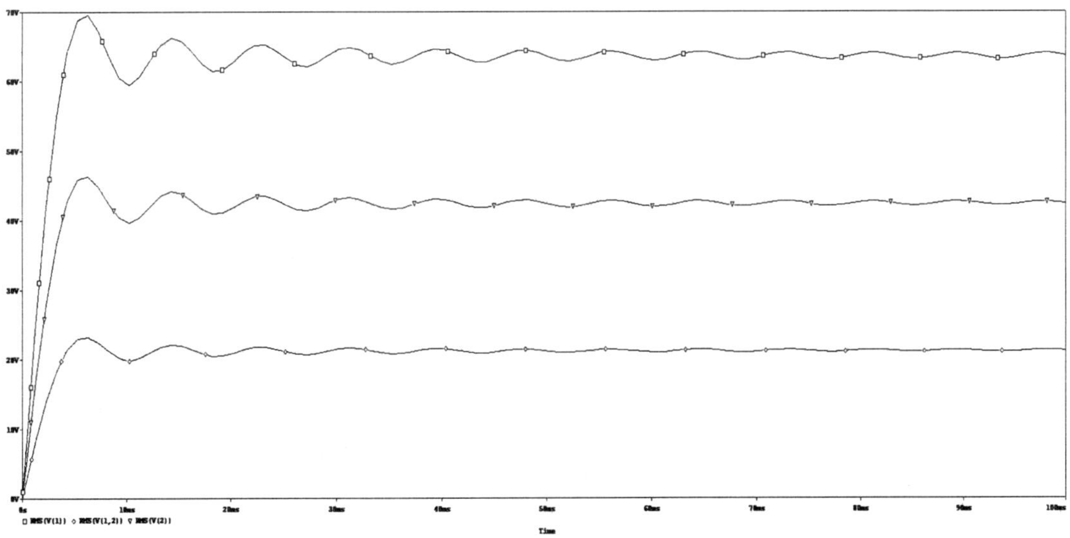

2 저항 병렬 회로

- 전압이 일정하고($V = V_1 = V_2$) 전류가 분배되는 회로

  ($V = IR$ 에서 전압이 일정 $\therefore\ I \propto \frac{1}{R}$)

- 전체저항(=합성저항) : $R = \frac{R_1 \cdot R_2}{R_1 + R_2}[\Omega]$

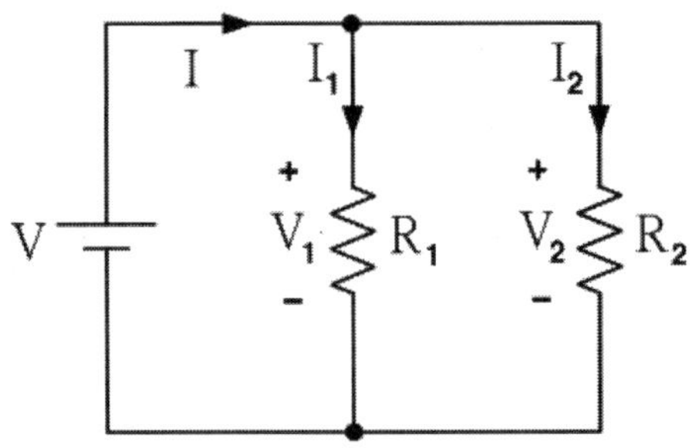

그림 2-2 저항 병렬 연결 회로

- 저항 R_1 에 흐르는 전류 : I_1

  $V = V_1$ 이므로, $IR = I_1 R_1$

  $\therefore\ I_1 = \frac{R}{R_1}I = \frac{R_1 \cdot R_2}{R_1 + R_2} \cdot \frac{1}{R_1} \cdot I = \frac{R_2}{R_1 + R_2}I$ (전류분배법칙)

- 저항 R_2 에 흐르는 전류 : I_2

  $V = V_2$ 이므로, $IR = I_2 R_2$

  $\therefore\ I_2 = \frac{R}{R_2}I = \frac{R_1 \cdot R_2}{R_1 + R_2} \cdot \frac{1}{R_2} \cdot I = \frac{R_1}{R_1 + R_2}I$ (전류분배법칙)

실습 2-2

그림 2-2의 병렬 회로에서 Bias Point 해석을 실행하여 각 저항에 흐르는 전류의 값을 구하라.

[조건] (1) 직류 전압원(VDC) $\mathrm{V_{in}} = 30[\mathrm{V}]$

(2) 저항(R) : $\mathrm{R_1} = 1[\Omega]$, $\mathrm{R_2} = 2[\Omega]$

(3) 접지 : Place ground

(1) 회로 구성 및 시뮬레이션 결과

- 직류 전압원 : Place → Part → VDC
- 전체전류 $I = \dfrac{V}{R} = \dfrac{30}{\dfrac{1 \cdot 2}{1+2}} = 45\,[\mathrm{A}]$

저항 R_1 에 흐르는 전류 $I_1 = 45 \times \dfrac{2}{1+2} = 30[\mathrm{A}]$

저항 R_2에 흐르는 전류 $I_2 = 45 \times \dfrac{1}{1+2} = 15[\mathrm{A}]$

※ Bias Point : 바이어스 포인트 데이터를 계산하고 출력 파일에 출력.

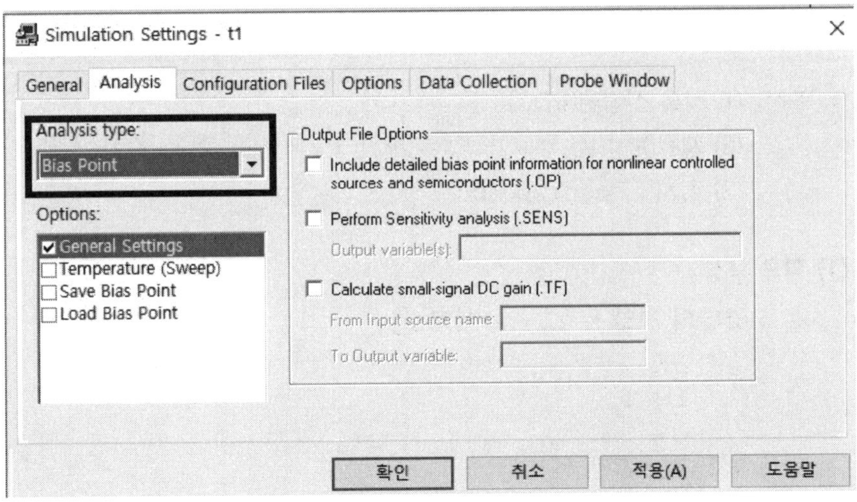

※ 1 아이콘을 클릭하면 전압의 값을 표시할 수 있다.

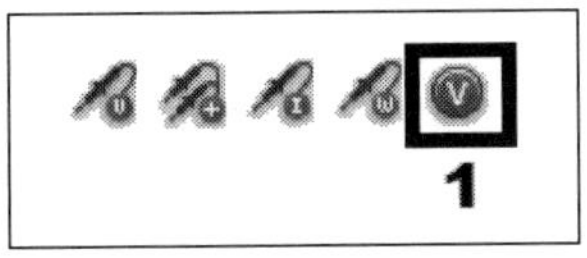

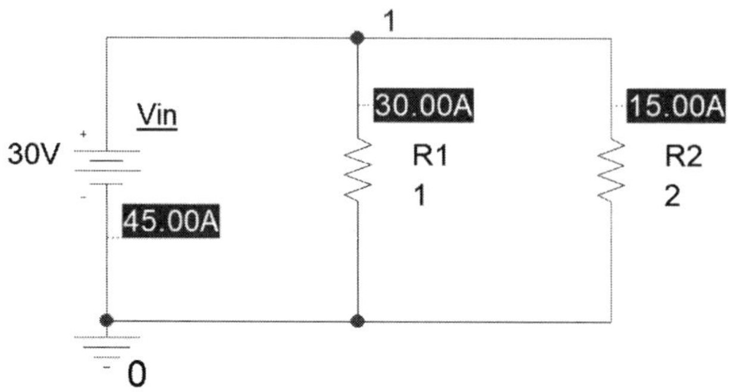

실습 2-3

그림과 같은 회로에서 Transient Analysis 해석을 1[s]까지 실행하여 a, b 양단의 전압은 몇 [V]인가?

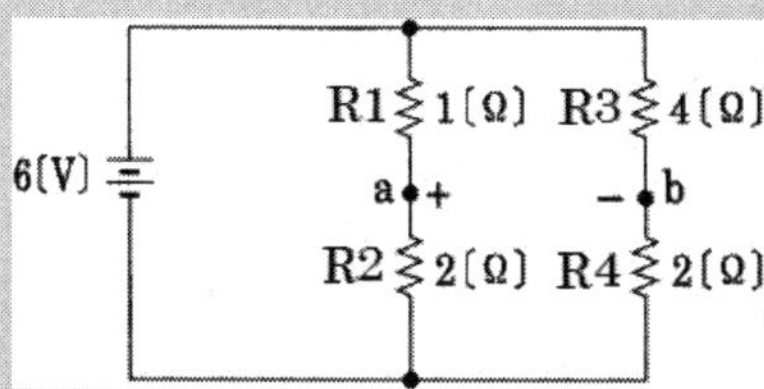

[조건] (1) 직류 전압원(VDC) : $V_{in} = 6[V]$
(2) 저항(R) : $R_1 = 1[\Omega]$, $R_2 = 2[\Omega]$, $R_3 = 4[\Omega]$, $R_4 = 2[\Omega]$
(3) 접지 : Place ground

(1) 회로 구성

a, b 양단의 전압 $= v_a - v_b$ 이므로,

$$v_a = 6 \times \frac{2}{1+2} = 4\,[\mathrm{V}]$$

$$v_b = 6 \times \frac{2}{4+2} = 2\,[\mathrm{V}]$$

$$\therefore\ v_a - v_b = 4 - 2 = 2\,[\mathrm{V}]$$

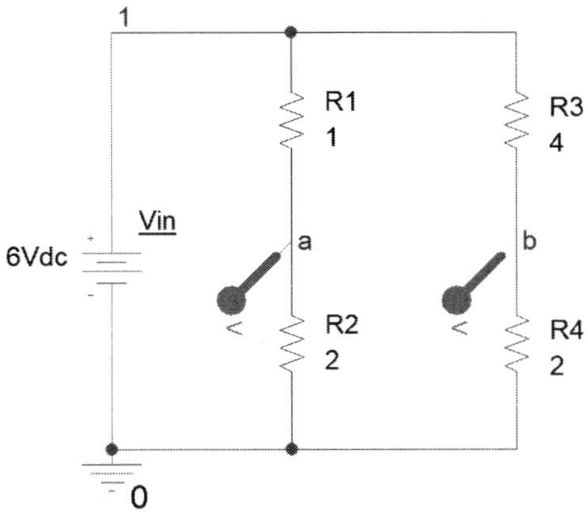
1
R1
1
R3
4
Vin
6Vdc
a
b
R2
2
R4
2
0

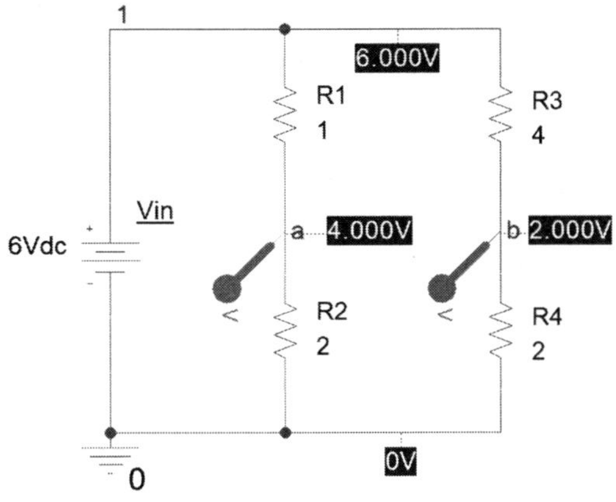
1
6.000V
R1
1
R3
4
Vin
6Vdc
a
4.000V
b
2.000V
R2
2
R4
2
0
0V

(2) 시뮬레이션 결과

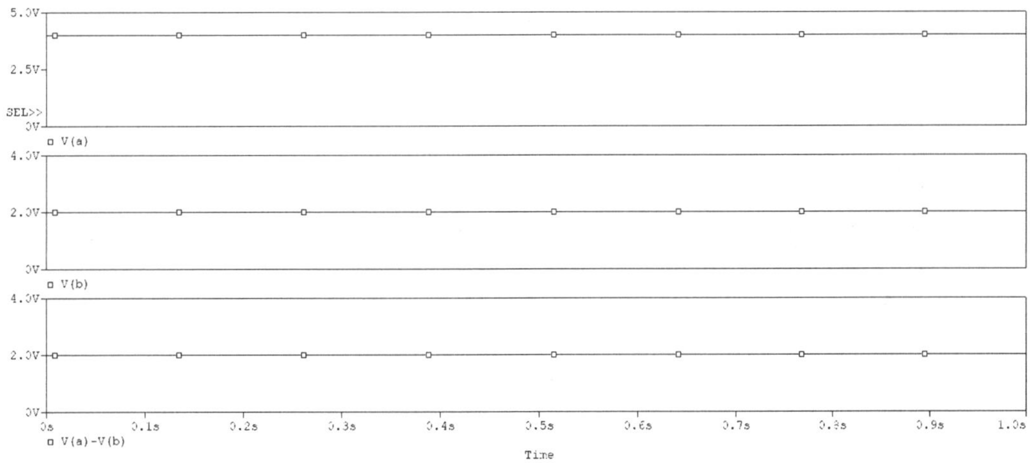
5.0V
2.5V
SEL>>
0V
V(a)
4.0V
2.0V
0V
V(b)
4.0V
2.0V
0V
0s
0.1s
0.2s
0.3s
0.4s
0.5s
0.6s
0.7s
0.8s
0.9s
1.0s
V(a)-V(b)
Time

3 브리지 회로

검류계 G에 전류가 흐르지 않은 상태를 평형상태라 한다.

$\therefore\ R_1 R_4 = R_2 R_3$

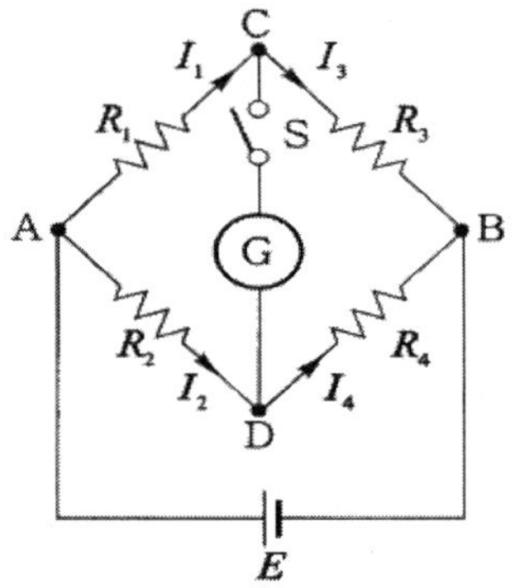

실습 2-4

그림과 같은 브리지 회로에서 Bias Point 해석을 실행하여 전류 I에 흐르는 전류[A]는?

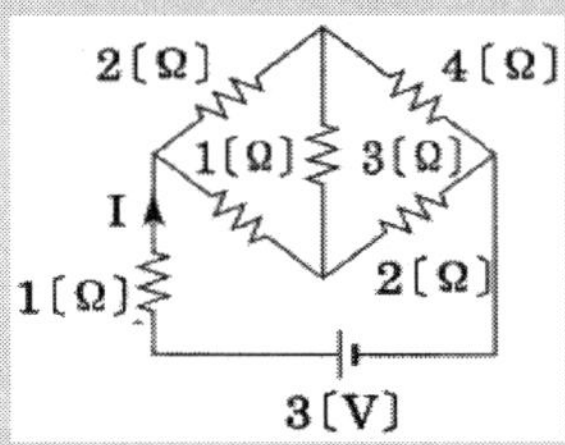

[조건] (1) 직류 전압원(VDC) : V_{in} =3[V]

(2) 저항(R) : R_1 =1[Ω], R_2 =2[Ω], R_3 =4[Ω], R_4 =2[Ω], R_g =3[Ω]

(3) 접지 : Place ground

(1) 회로 구성 및 시뮬레이션 결과

브리지 회로가 평형상태이므로 3[Ω]의 저항에는 전류가 흐르지 않으므로 무시하면 된다. (∵ 2[Ω]×2[Ω]=1[Ω]×4[Ω]) 따라서 등가회로는 다음과 같이 된다.

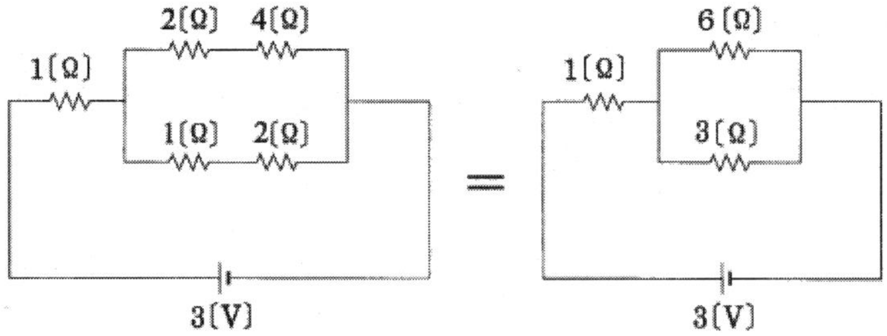

합성저항 R은

$$R = 1 + \frac{6 \times 3}{6+3} = 3[\Omega]$$

$$\therefore\ I = \frac{V}{R} = \frac{3}{3} = 1[\mathrm{A}]$$

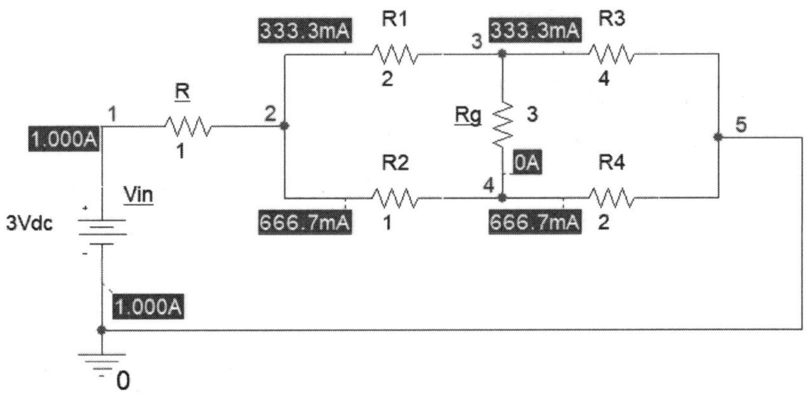

실습 2-5

그림과 같은 브리지 회로에서 Bias Point 해석을 실행하여 전류 I_1, I_2, I_3, I_4와 절점 b와 절점 c 사이의 전위차를 구하라.

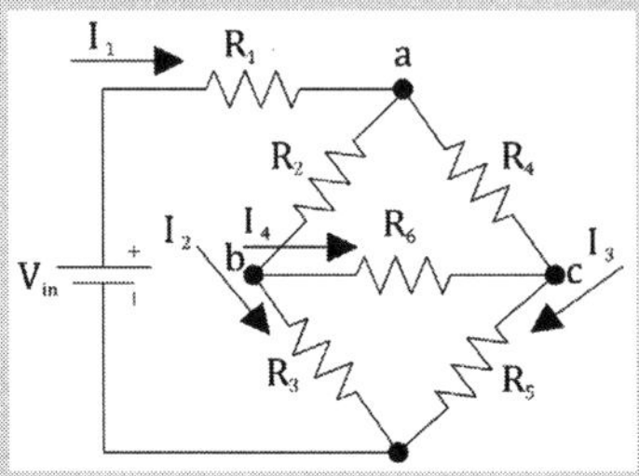

[조건] (1) 직류 전압원(VDC) : $V_{in}=18[V]$
(2) 저항(R) : $R_1=2.4[\Omega]$, $R_2=4[\Omega]$, $R_3=2.2[\Omega]$, $R_4=4[\Omega]$, $R_5=5.2[\Omega]$, $R_6=2[\Omega]$
(3) 접지 : Place ground

(1) 회로 구성 및 시뮬레이션 결과

브리지 회로가 평형조건이 성립되지 않는다($R_2 \cdot R_5 \neq R_3 \cdot R_4$) 먼저 R_2, R_4, R_6를 구성된 △결선을 Y결선으로 변환하면 아래 그림과 같이 구성할 수 있다.

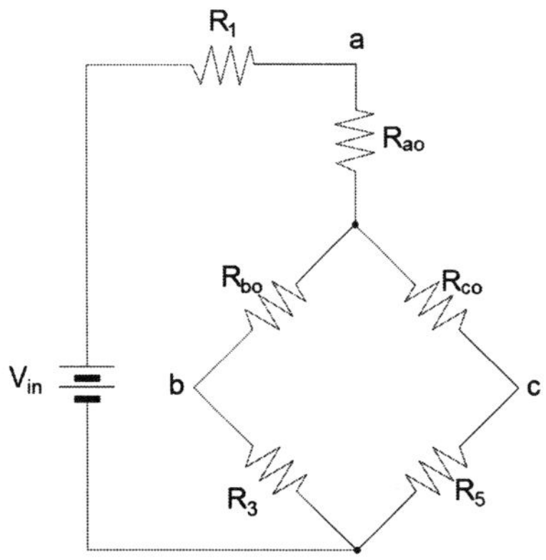

$$R_{ao}=\frac{4\times 4}{4+4+2}=1.6[\Omega]$$

$$R_{bo}=\frac{4\times 2}{4+4+2}=0.8[\Omega]$$

$$R_{co}=\frac{4\times 2}{4+4+2}=0.8[\Omega]$$

전체 저항 $R=2.4+1.6+(0.8+2.2)//(0.8+5.2)=4+\dfrac{3+6}{3\times 6}=6[\Omega]$

$\therefore\ I_1=\dfrac{18}{6}=3[A],\ I_2=\dfrac{6}{3\times 6}\times 3=2[A],\ I_3=\dfrac{3}{3\times 6}\times 3=1[A]$

절점 b의 전압 $v_b = 2.2 \times I_2 = 2.2 \times 2 = 4.4[\mathrm{V}]$

절점 c의 전압 $v_c = 5.2 \times I_3 = 5.2 \times 1 = 5.2[\mathrm{V}]$

$$I_4 = \frac{v_{bc}}{2} = \frac{4.4 - 5.2}{2} = \frac{-0.8}{2} = -0.4[\mathrm{A}]$$

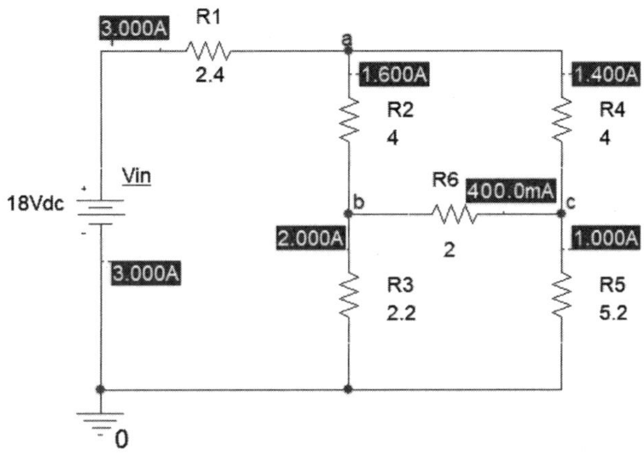

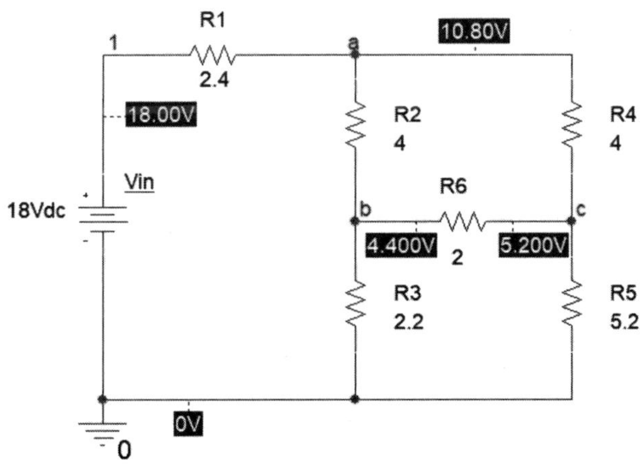

실습 2-6

그림과 같은 브리지 회로에서 Bias Point 해석을 실행하여 전류 R_L에 흐르는 전류를 구하라.

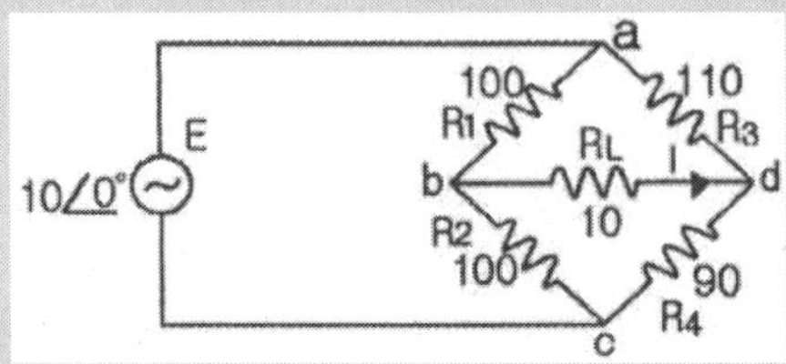

[조건] (1) 직류 전압원(VDC) : $E = 10 \angle 0°[\mathrm{V}]$
(2) 저항(R) : $\mathrm{R_1} = 100[\Omega]$, $\mathrm{R_2} = 100[\Omega]$, $\mathrm{R_3} = 110[\Omega]$, $\mathrm{R_4} = 90[\Omega]$, $\mathrm{R_L} = 10[\Omega]$
(3) 접지 : Place ground

(1) 회로 구성 및 시뮬레이션 결과

테브낭의 등가회로 이용

bd 단자에 테브낭 등가저항은 2개로 나누어 계산된다. 즉,

$$R_1 = \frac{100 \cdot 100}{100+100} = 50[\Omega],\ R_2 = \frac{110 \cdot 90}{110+90} = 49.5[\Omega]$$

테브낭 등가저항 $R_{TH} = 50 + 49.5 = 99.5[\Omega]$

$100[\Omega]$에 걸리는 전압 $= 5[\mathrm{V}]$

$110[\Omega]$에 걸리는 전압 $= 10 \times \dfrac{110}{110+90} = 5.5[\mathrm{V}]$

테브낭 등가전압 $V_{TH} = 5.5 - 5 = 0.5[\mathrm{V}]$

$$\therefore\ I = \frac{V_{TH}}{R_{TH} + R_L} = \frac{0.5}{99.5+10} = 4.57[\mathrm{mA}]$$

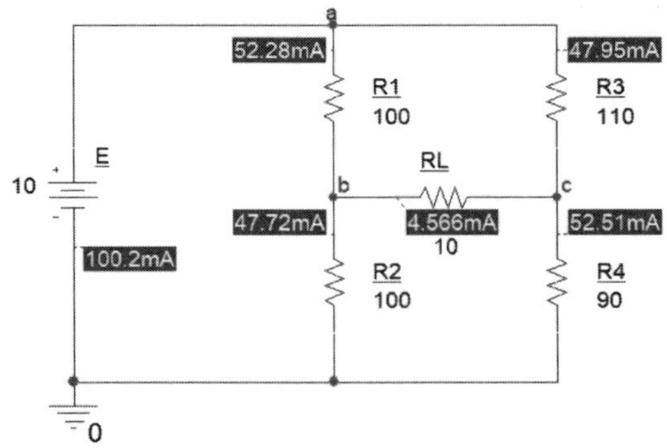

실습 2-7

그림과 같은 회로에서 Bias Point 해석을 실행하여 저항 R_4 에 흐르는 전류를 구하라.

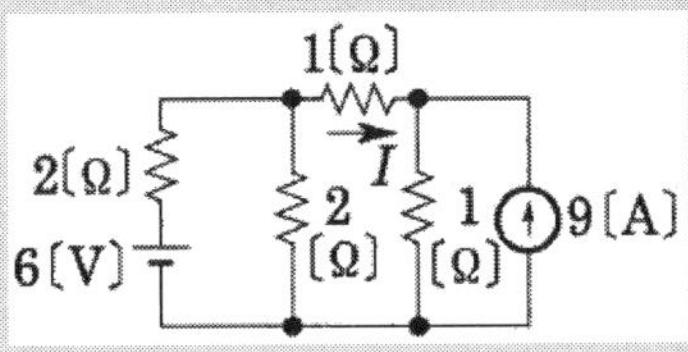

[조건] (1) 직류 전압원(VDC) : $V_1 = 6$[V]
(2) 직류 전압원(IDC) : $I_1 = 9$[A]
(3) 저항(R) : $R_1 = 2$[Ω], $R_2 = 2$[Ω], $R_3 = 1$[Ω], $R_4 = 1$[Ω]
(4) 접지 : Place ground

(1) 회로 구성 및 시뮬레이션 결과

① 전압원 6[V]만 존재할 때,

$$\text{전체 전류} = \frac{6}{2 + \frac{2 \times 2}{(2+2)}} = \frac{6}{3} = 2\,[\mathrm{A}]$$

$$\therefore\ I' = 2 \times \frac{2}{2+2} = 1\,[\mathrm{A}]$$

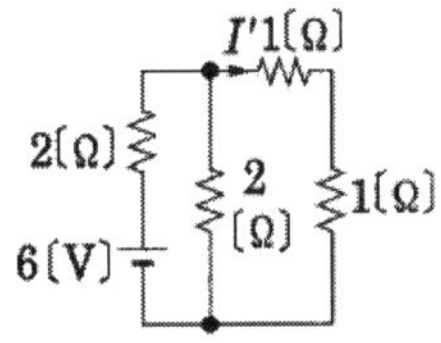

② 전류원 9[A]만 존재할 때,

$$I'' = 9 \times \frac{1}{2+1} = 3\,[\mathrm{A}]$$

$$\therefore\ I = I' - I'' = 1 - 3 = -2\,[\mathrm{A}]$$

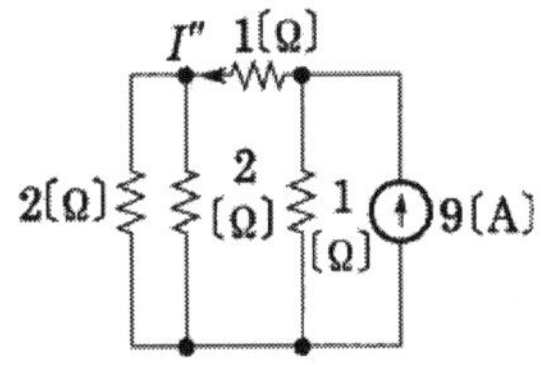

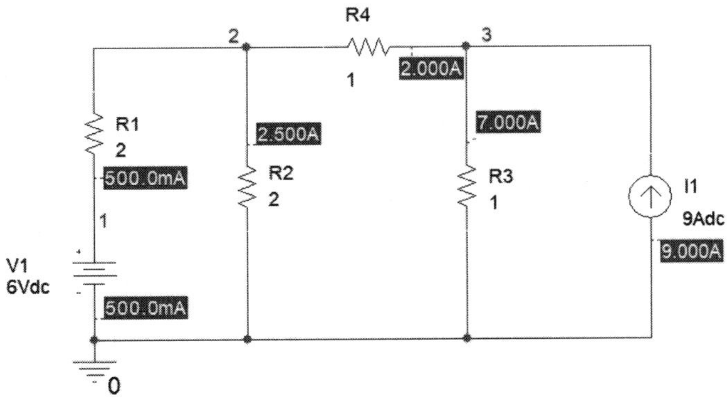

실습 2-8

그림과 같은 회로에서 Transient Analysis 해석을 1[s]까지 실행하여 저항 R에 걸리는 전압을 구하라.

[조건] (1) 직류 전압원(VDC) : $V_1 = 4[V]$
(2) 직류 전압원(IDC) : $I_1 = 1[A]$
(3) 저항(R) : R =7[Ω]
(4) 접지 : Place ground

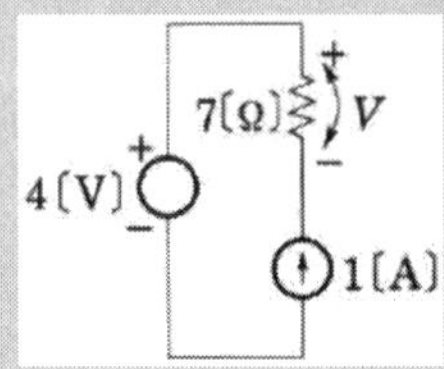

(1) 회로 구성

– 4[V]만 존재할 때, (전류원 개방) 7[Ω] 흐르는 전류 $I_1 = 0$, $V_1 = 0$

– 1[A] 전류원만 존재할 때, (전압원 단락) 7[Ω]에 걸리는 전압 V_2

$$V_2 = 1 \times 7 = 7[V]$$

$$\therefore V = V_1 + V_2 = 7[V]$$

그러나 극성이 반대이므로 $V = -7[V]$

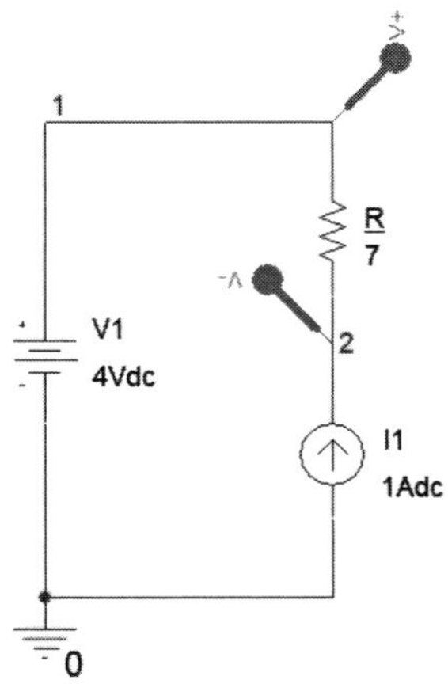

(2) 시뮬레이션 결과

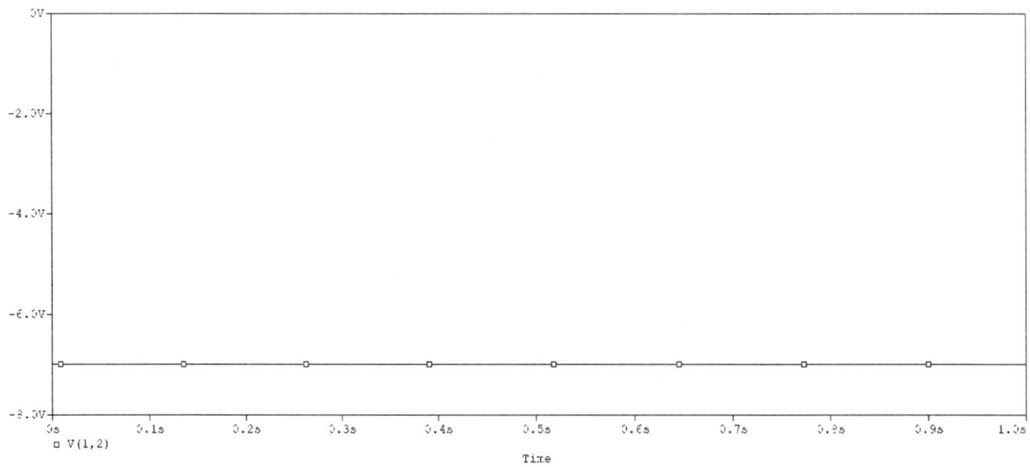

4 L만의 회로

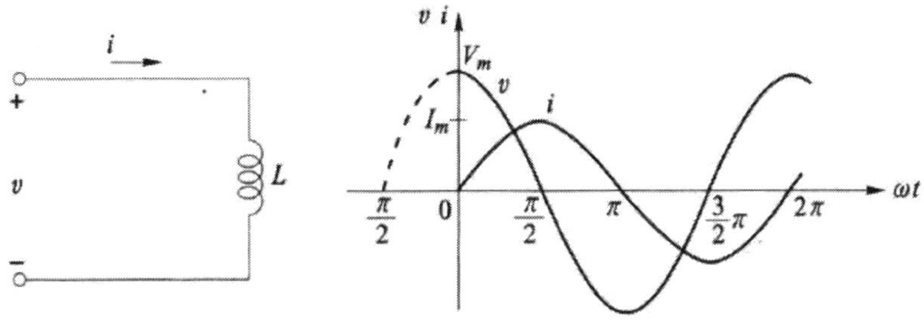

- L의 단위 : [H] (Henry, 헨리)
- 전압의 순시값 $v(t) = V_m \sin\omega t$
- $L[\mathrm{H}] \rightarrow j\omega L[\Omega] = j2\pi fL[\Omega] = j\omega L = jX_L[\Omega] = X_L\angle 90°$
- 전류의 순시값 $i(t) = \dfrac{V_m}{\omega L}\sin(\omega t - 90°)[\mathrm{A}]$

최대값 $I_m = \dfrac{V_m}{\omega L}$, 위상 $\theta = \dfrac{V_m\angle 0°}{\omega L\angle 90°} = -90°$

즉, 전류가 전압보다 90° 늦다 (지상전류)

- L 양단에 걸리는 전압 $v_L = L\dfrac{di}{dt}[\mathrm{V}]$, $i = \dfrac{1}{L}\int v_L\,dt$
- 전자에너지 $W_L = \dfrac{1}{2}LI^2[\mathrm{J}] = \dfrac{1}{2}L\left(\dfrac{v}{\omega L}\right)^2 = \dfrac{1}{2}L\left(\dfrac{v}{2\pi fL}\right)^2 = \dfrac{v^2}{8\pi^2 f^2 L}$

여기서, I : 실효전류

실습 2-9

그림의 L만의 회로에서 구형파 전압을 인가했을 때 Transient Analysis를 20[ms]까지 실행하여, 입력 전류와 인덕턴스 L1에 걸리는 전압을 비교하시오.

[조건] (1) 구형파 전류원(IPULSE) : I1

I1 = 0 I2 = 1 TD = 2ms TR = 1ms TF = 1ms PW = 4ms PER = 10ms

(2) 인덕턴스(L) : L1=5[mH]

(3) 접지 : Place ground

(1) 회로 구성 및 시뮬레이션 결과

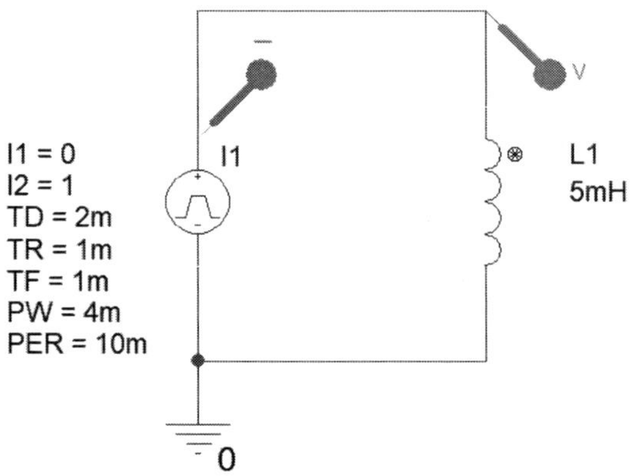

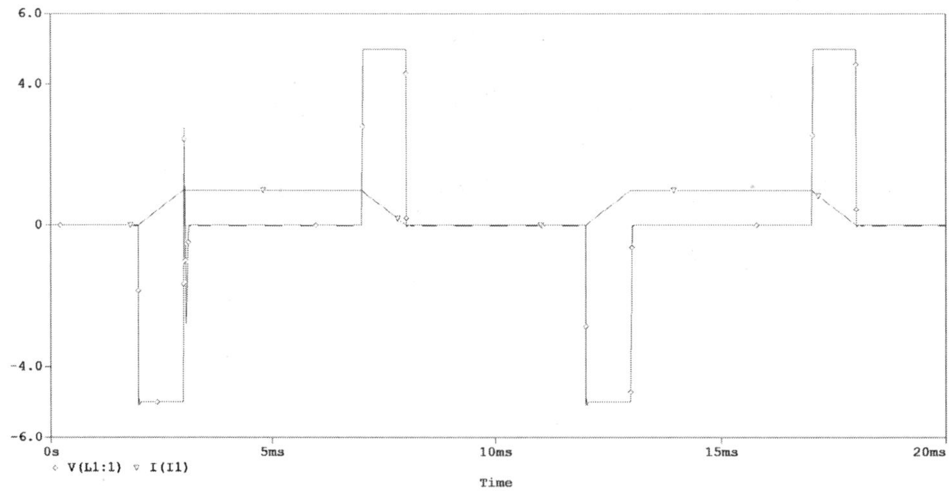

5 R-C 직렬회로

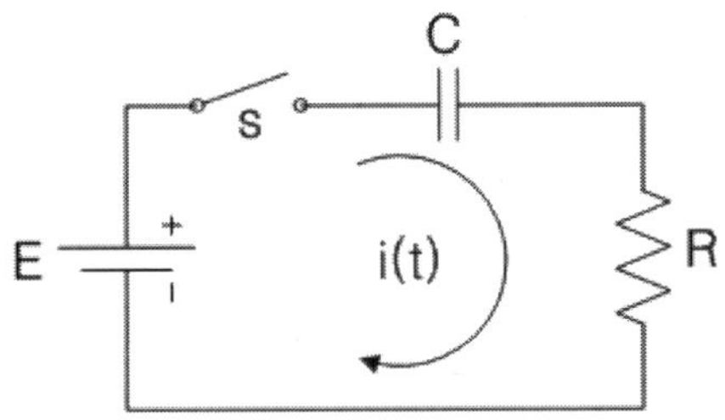

그림 2-3 직류 전압 인가시 R-C 직렬 회로

그림 2-3과 같은 R-C 직렬회로에서 $t=0$에서 스위치 s를 닫을 때 키르히호프의 전압 법칙을 적용하면 다음과 같이 나타낼 수 있다.

$$R \cdot i(t) + \frac{1}{C}\int i(t)\,dt = E$$

라플라스 변환하면,

$$R \cdot I(s) + \frac{1}{sC} I(s) = \frac{E}{s}$$

$$\left(R + \frac{1}{sC}\right) I(s) = \frac{E}{s}$$

$$\therefore I(s) = \frac{\frac{E}{s}}{R + \frac{1}{sC}} = \frac{\frac{E}{s}}{\frac{RCs+1}{sC}} = \frac{EC}{RCs+1}$$

$$= \frac{EC \cdot \frac{1}{RC}}{s + \frac{1}{RC}} = \frac{E}{R} \cdot \frac{1}{s + \frac{1}{RC}}$$

$I(s)$을 역변환하면, 전류 $i(t)$는 다음과 같이 구할 수 있다.

$$i(t) = \frac{E}{R} e^{-\frac{1}{RC}t} \text{[A]}$$

$$i(t) = \frac{dq(t)}{dt}$$

$$q(t) = \int i(t)dt + K = \int \frac{E}{R} e^{-\frac{1}{RC}t} dt + K$$

$$q(t) = \frac{E}{R} \int e^{-\frac{1}{RC}t} dt + K = \frac{E}{R} \cdot -RC \cdot e^{-\frac{1}{RC}t} + K$$

$$q(t) = -CE \cdot e^{-\frac{1}{RC}t} + K$$

$t=0$에서, $q(0)=0$, $i(0)=0$ 이므로,

$$q(0) = 0 = -CE \cdot e^{-\frac{1}{RC} \cdot 0} + K \qquad \therefore K = CE$$

$$\therefore q(t) = CE(1 - e^{-\frac{1}{RC}t})$$

① 시정수 $\tau = RC$

② 저항 R양단의 전압 V_R과 캐패시터 C양단 전압 V_c

$$V_R = R \cdot i(t) = R \cdot \frac{E}{R} e^{-\frac{1}{RC}t} = E \cdot e^{-\frac{1}{RC}t}$$

$$V_c = \frac{q(t)}{C} = \frac{1}{C} \cdot CE(1 - e^{-\frac{1}{RC}t}) = E(1 - e^{-\frac{1}{RC}t})$$

실습 2-10

그림 2-3의 R-C회로에서 구형파 전압을 인가했을 때 Transient Analysis를 5[ms]까지 실행하여, ① 입력 전압 ② 캐패시터에 걸리는 전압 ③ 저항에 걸리는 전압 파형을 구하여라.

[조건] (1) 구형파 전압원(VPULSE) : V_{in}

V1 = 0 V2 = 10 TD = 1ms TR = 10ns TF = 10ns PW = 1ms PER = 2ms

(2) 저항(R) : $R = 2[k\Omega]$

(3) 캐패시턴스(C) : $C = 0.1[\mu F]$

(4) 접지 : Place ground

(1) 회로 구성

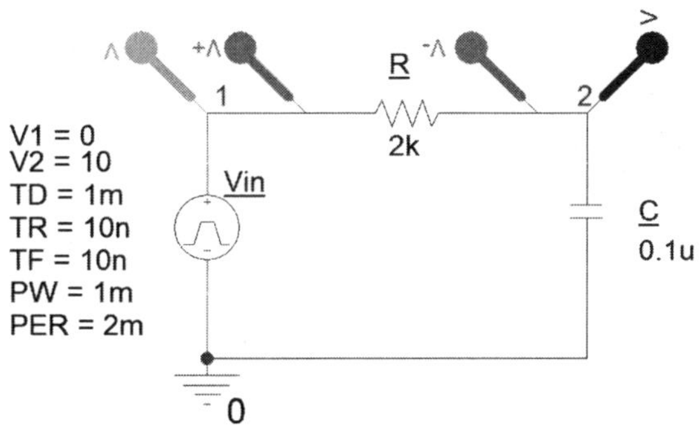

(2) 시뮬레이션 결과

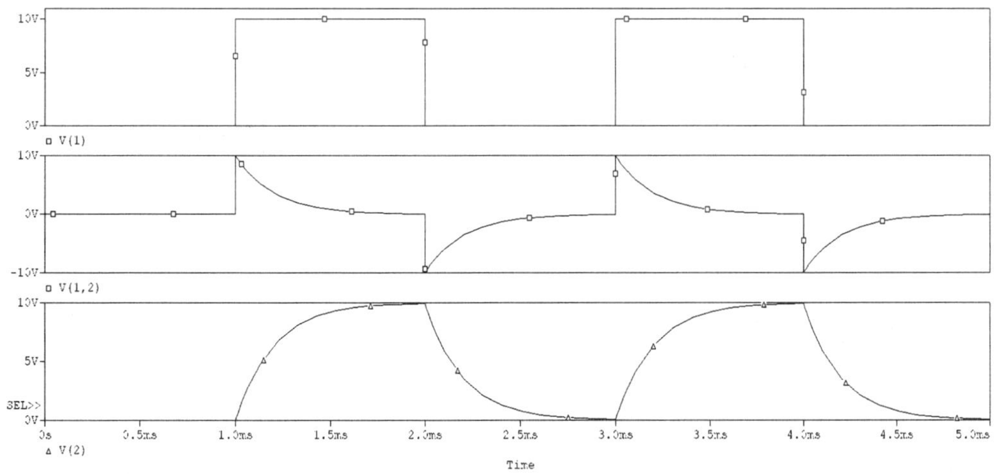

실습 2-11

실습 2-10과 같은 조건에서 저항 R을 2[kΩ], 10[kΩ], 100[kΩ]으로 가변했을 때, ① 캐패시터에 걸리는 전압 ② 저항에 걸리는 전압 파형을 시뮬레이션 하시오.

(1) 회로 구성

저항 값을 가변하기 위해서는 그림 2-4와 같이 PARAM 부품을 이용해야 한다.

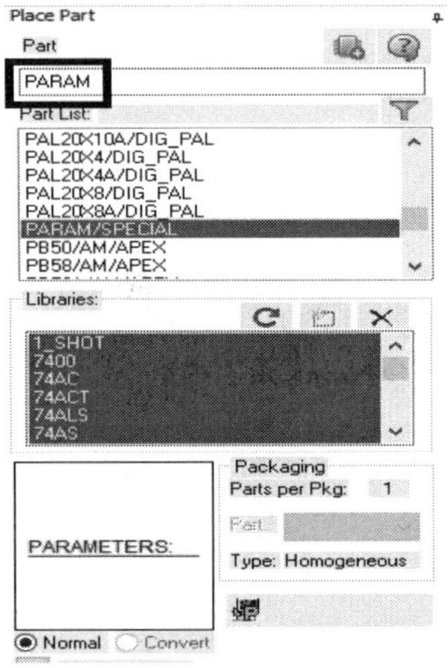

그림 2-4

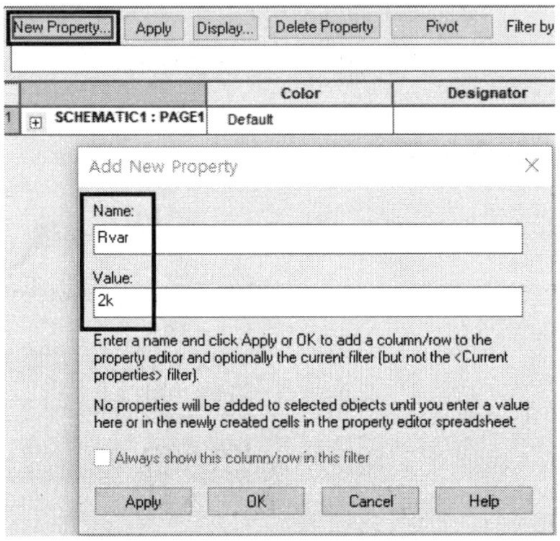

그림 2-5

PARAM을 더블 클릭하면 그림 2-6과 같은 화면이 나타나고, New Property를 클릭하여 Name에 Rvar, Value에 2k를 입력한다.

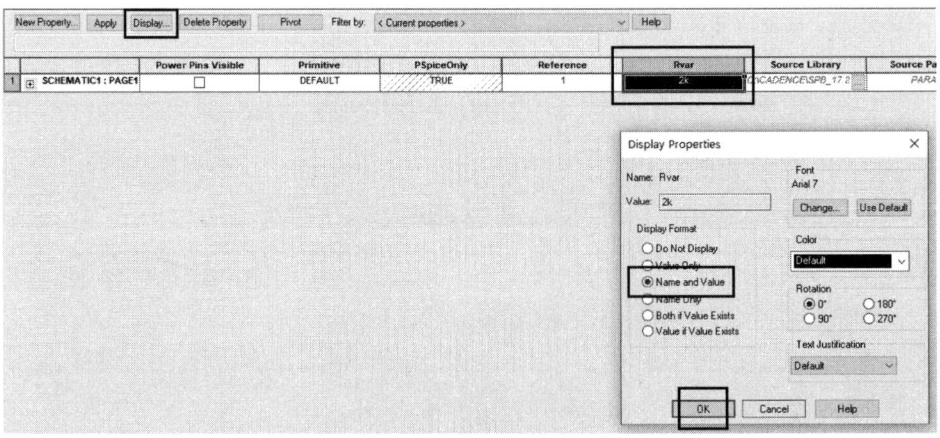

그림 2-6

그림 2-6에서 Rvar를 클릭하고 Display를 클릭하여 Name and Value를 설정하고 OK를 클릭하면, 그림 2-5와 같이 파라미터에 대한 값이 나타난다. 그리고 그림 2-8의 Simulation Setting에서 Parametric Sweep를 그림과 같이 설정한다.

그림 2-7

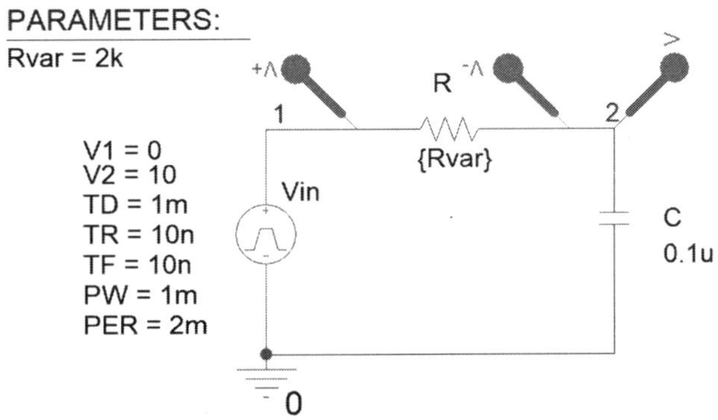

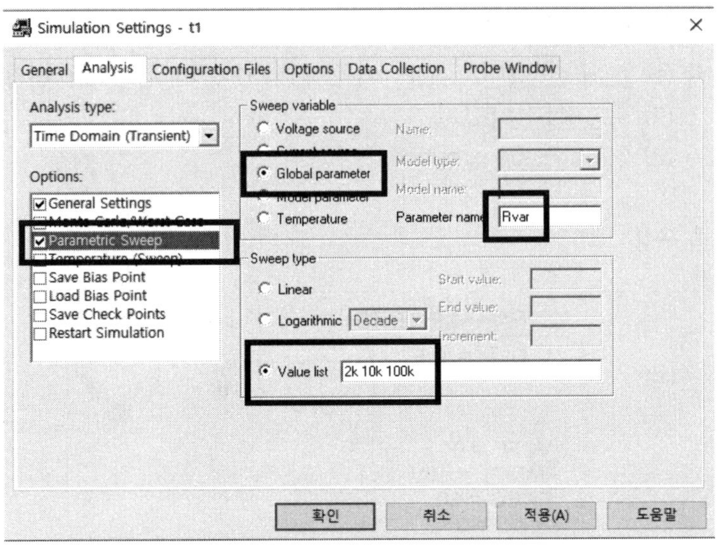

그림 2-8

(2) 시뮬레이션 결과

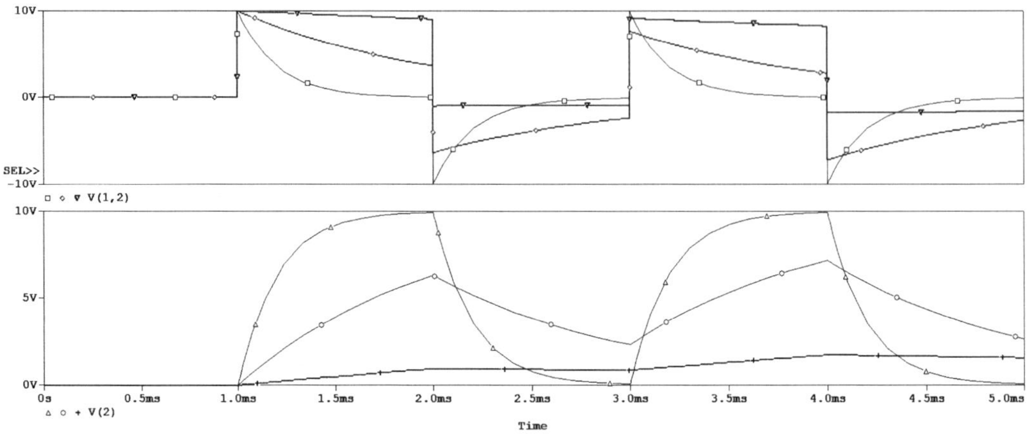

실습 2-12

그림 2-3의 R-C회로에서 정현파 전압을 인가했을 때 캐패시터를 1[μF], 5[μF], 15[μF]으로 변화시켰을 때, Transient Analysis를 40[ms]까지 실행하여 입력전압과 캐패시터에 걸리는 전압 파형을 비교하시오.

[조건] (1) 정현파 전압원(VSIN) : V1(VOFF = 0 VAMPL = 10 FREQ = 60Hz AC = 0)
(2) 저항 R1 = 1 [kΩ]
(3) 접지 : Place ground

(1) 회로 구성

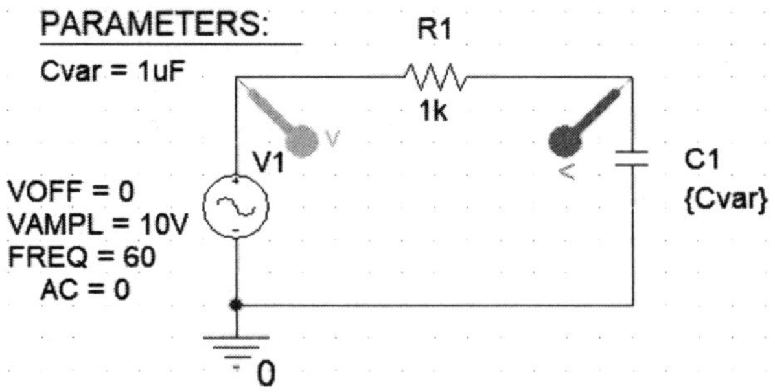

(2) 시뮬레이션 결과

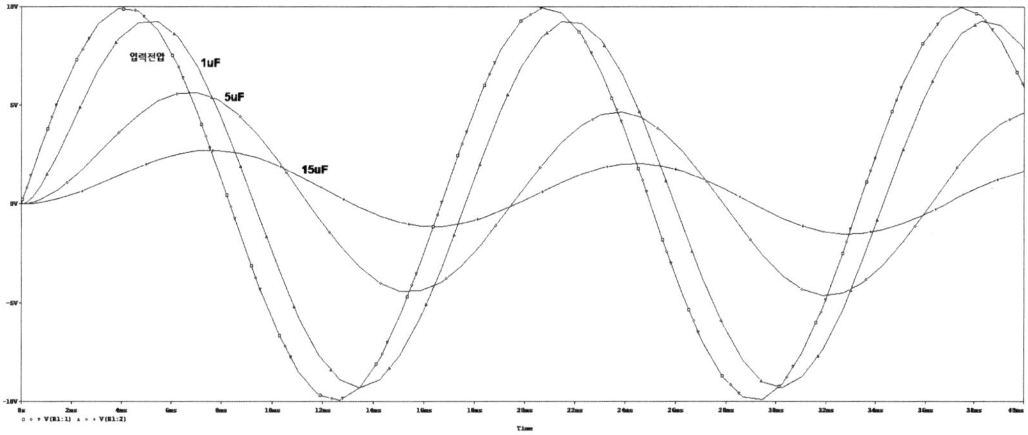

6 R-L 직렬회로

그림 2-9와 같은 R-L 직렬회로에서 $t=0$에서 스위치 s를 닫을 때 키르히호프의 전압 법칙을 적용하면 다음과 같이 나타낼 수 있다.

$$L\frac{di(t)}{dt} + R\,i\,(t) = E$$

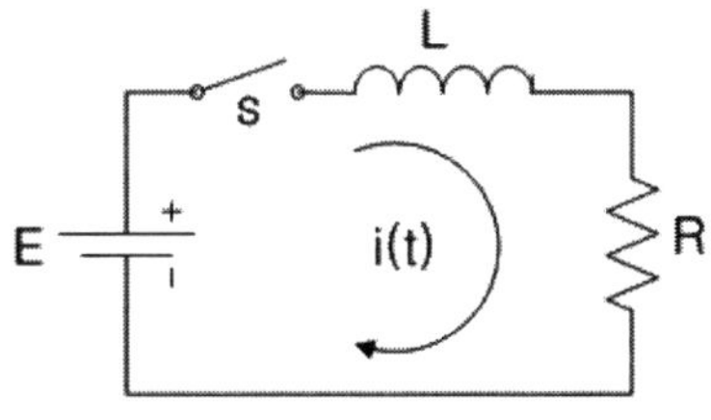

그림 2-9 직류 전압 인가시 R-L 직렬 회로

라플라스 변환 하면,

$$s\,L\,I(s) + R\,I(s) = \frac{E}{s}$$

$$\therefore\ I(s) = \frac{E}{s} \cdot \frac{1}{s\,L+R} = \frac{\frac{E}{L}}{s} \cdot \frac{1}{s+\frac{R}{L}}$$

$$= \frac{E}{L}\left(\frac{1}{s} \cdot \frac{1}{s+\frac{R}{L}}\right) = \frac{E}{L}\left(\frac{A}{s} + \frac{B}{s+\frac{R}{L}}\right)$$

부분 분수 전개를 이용하여, A, B를 구하면 다음과 같다.

$$\left(\frac{1}{s}\cdot\frac{1}{s+\frac{R}{L}}\right)_{s=0}\times s = A = \frac{L}{R}$$

$$\left(\frac{1}{s}\cdot\frac{1}{s+\frac{R}{L}}\right)_{s=-\frac{R}{L}}\times\left(s+\frac{R}{L}\right) = B = -\frac{L}{R}$$

$$\therefore I(s) = \frac{E}{L}\left(\frac{L}{R}\cdot\frac{1}{s}-\frac{L}{R}\cdot\frac{1}{s+\frac{R}{L}}\right)$$

$$= \frac{r}{L}\cdot\frac{L}{R}\left(\frac{1}{s}-\frac{1}{s+\frac{R}{L}}\right)$$

$$= \frac{E}{R}\left(\frac{1}{s}-\frac{1}{s+\frac{R}{L}}\right)$$

$I(s)$를 역변환하면, 전류 $i(t)$는 다음과 같이 구할 수 있다.

$$i(t) = \frac{E}{R}(1-e^{-\frac{R}{L}t})[\mathrm{A}]$$

여기서, $\frac{E}{R}$: 정상값(안정값, 목표값, 최종값), $\frac{E}{R}e^{-\frac{R}{L}t}$: 과도값

① 시정수 : $\tau = \frac{L}{R}$

② 저항 R 양단의 전압 V_R과 리액턴스 L 양단의 전압 V_L

$$V_R = Ri = R\cdot\frac{E}{R}(1-e^{-\frac{R}{L}t}) = E(1-e^{-\frac{R}{L}t})$$

$$V_L = L\frac{di}{dt} = L\frac{d}{dt}\left\{\frac{E}{R}(1-e^{-\frac{R}{L}t})\right\}$$

$$= L\left(-\frac{E}{R}\cdot-\frac{R}{L}e^{-\frac{R}{L}t}\right)$$

$$= E\cdot e^{-\frac{R}{L}t}$$

실습 2-13

그림 2-9의 R-L 직렬회로에서 구형파 전압을 인가했을 때 Transient Analysis를 4[ms]까지 실행하여 ① 입력 전압 ② 리액턴스에 걸리는 전압 ③ 저항에 걸리는 전압 파형을 구하여라.

[조건] (1) 구형파 전압원(VPULSE) : V_{in}

V1 = 0 V2 = 5 TD = 0ms TR = TF = 1ns PW = 1ms PER = 2ms

(2) 저항(R) : R=100[Ω]

(3) 리액턴스(L) L=10[mH]

(4) 접지 : Place ground

(1) 회로 구성

– 인덕턴스 L은 그림과 같이 2가지 방법으로 불러올 수 있다.

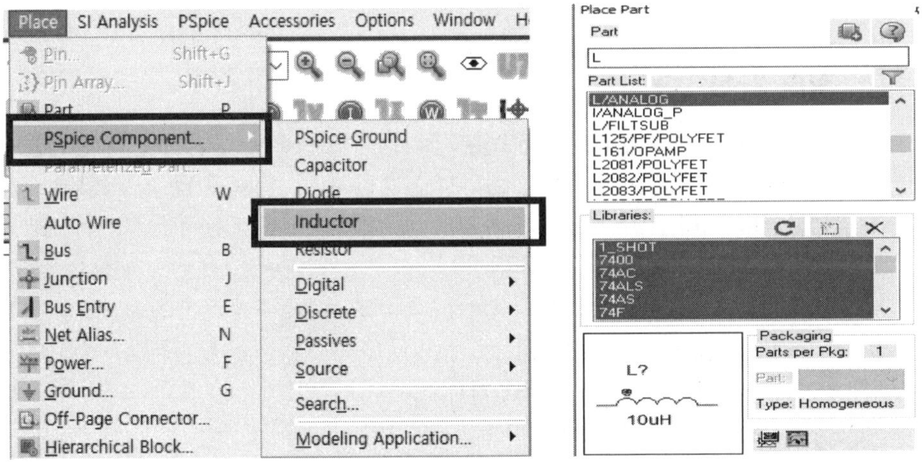

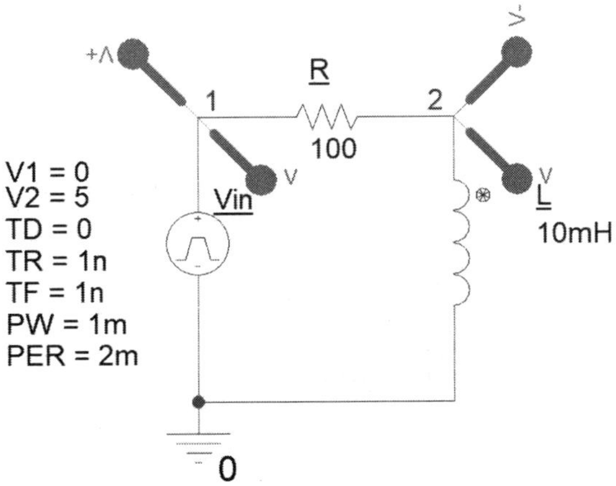

(2) 시뮬레이션 결과

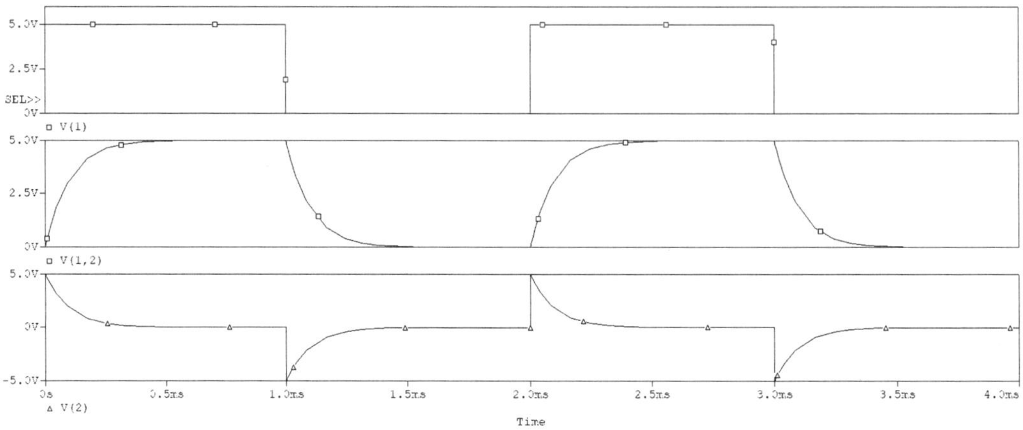

실습 2-14

그림 2-9의 R-L 직렬회로에서 적분기로 동작하는 회로이다. 구형파 전압을 인가했을 때 Transient Analysis를 600[μs]까지 실행하여, ① 입력 전압 ② 저항에 걸리는 전압 파형을 구하여라.

[조건] (1) 구형파 전압원(VPULSE) : V_{in}

V1 = 0 V2 = 10 TD = 0ms TR = TF = 1ns PW = 100μs PER = 200μs

(2) 저항(R) : $R = 30[\Omega]$

(3) 리액턴스(L) : $L = 30[mH]$

(4) 접지 : Place ground

(1) 회로 구성

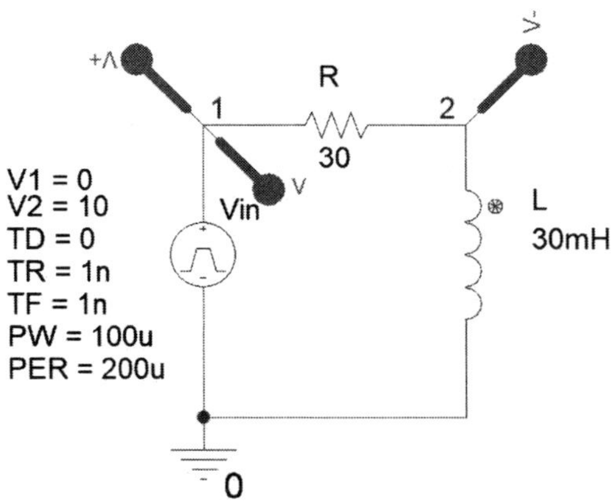

(2) 시뮬레이션 결과

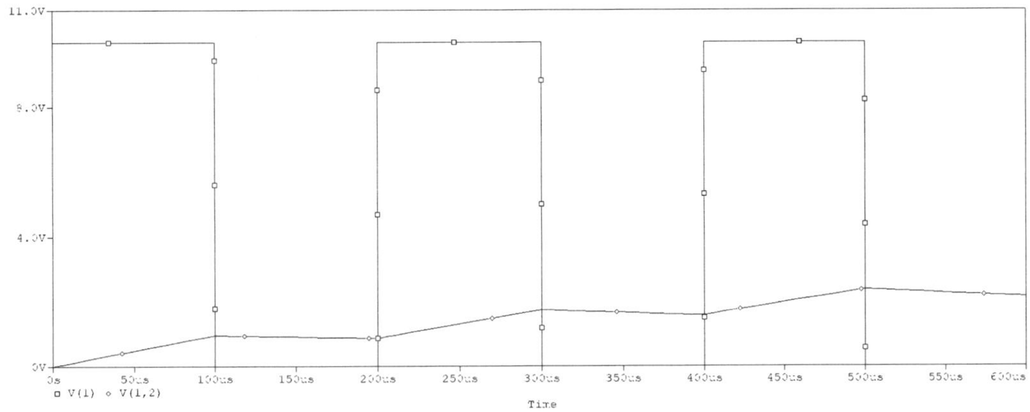

실습 2-15

그림 2-9의 R-L 직렬회로에서 미분기로 동작하는 회로이다. 구형파 전압을 인가했을 때 Transient Analysis를 600[μs]까지 실행하여, ① 입력 전압 ② 리액턴스에 걸리는 전압 파형을 구하여라.

[조건] (1) 구형파 전압원(VPULSE) : V_{in}

V1 = 0 V2 = 10 TD = 0ms TR = TF = 1ns PW = 100μs PER = 200μs

(2) 저항(R) : $R=30[\Omega]$

(3) 리액턴스(L) : $L=30[\mu H]$

(4) 접지 : Place ground

(1) 회로 구성

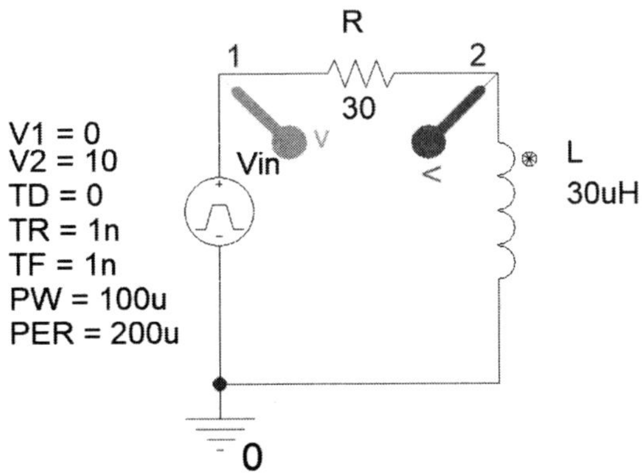

(2) 시뮬레이션 결과

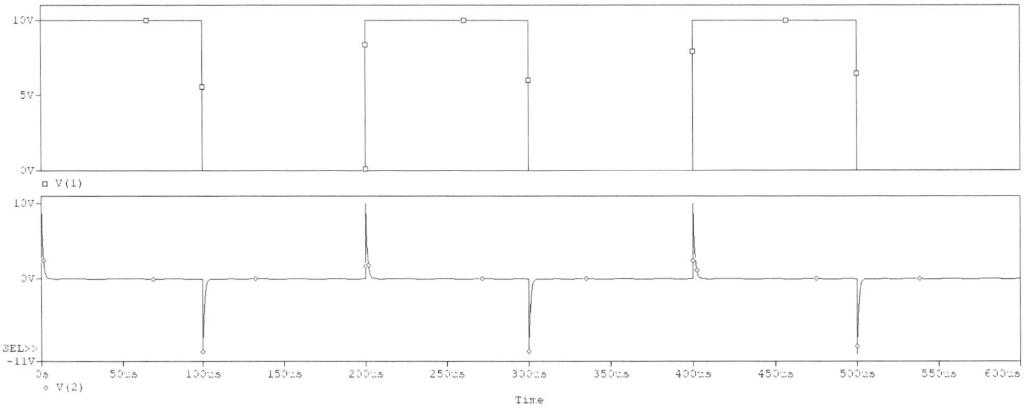

실습 2-16

그림 2-9의 R-L 직렬회로에서 정현파 전압을 인가했을 때 Transient Analysis를 2[ms]까지 실행하여 ① 입력 전압 ② 리액턴스에 걸리는 전압 ③ 저항에 걸리는 전압 파형 ④ 전류 파형을 시뮬레이션 하시오.

[조건] (1) 정현파 교류 전압원(VSIN) V_{in} (VOFF = 0 VAMPL = 100 FREQ = 1000)
(2) 저항(R) : $R = 2[\Omega]$
(3) 리액턴스(L) : $L = 0.2[mH]$
(4) 접지 : Place ground

(1) 회로 구성

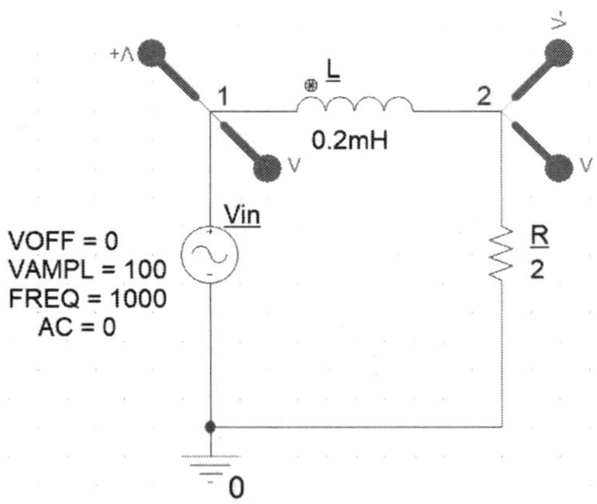

(2) 시뮬레이션 조건 구성 및 결과

※ Plot → Add Plot to Window를 클릭하면 창의 하나 더 추가된다.

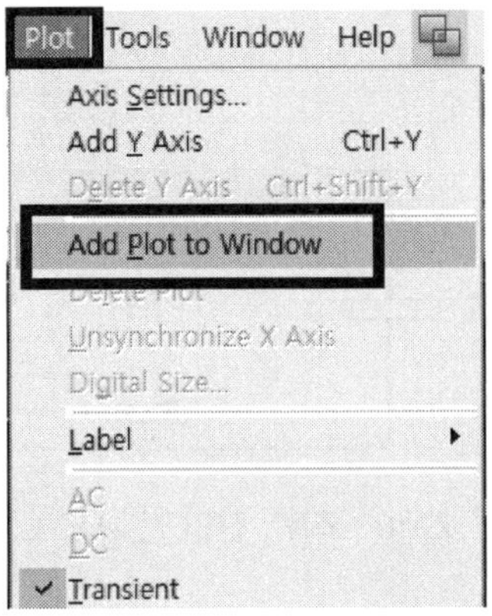

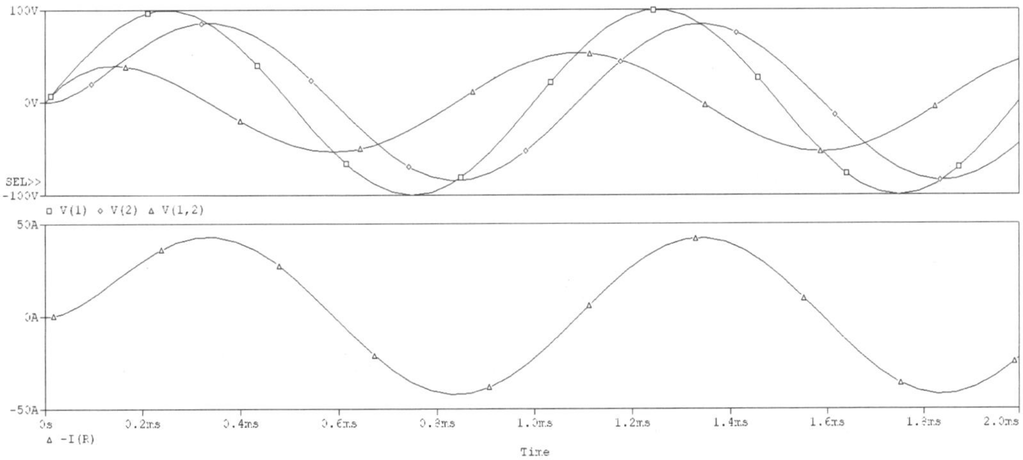

7 L–C 직렬회로

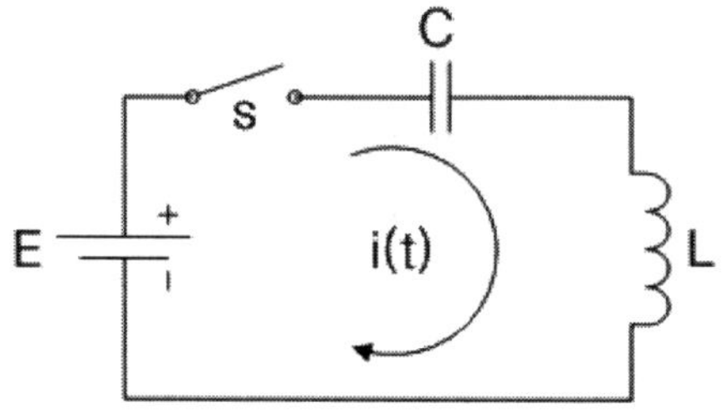

그림 2–10 직류 전압 인가시 L–C 직렬 회로

그림 2−10과 같은 L−C 직렬 회로에서 $t=0$에서 스위치 s를 닫는 때 키르히호프의 법칙을 적용하면 다음과 같이 나타낼 수 있다.

$$L\frac{di}{dt}+\frac{1}{C}\int i\cdot dt=E$$

라플라스 변환을 하면,

$$sL+\frac{1}{sC}=0,\ \frac{s^2LC+1}{sC}=0,\ s^2LC+1=0,\ s^2+\frac{1}{LC}=0$$

$\therefore s=\pm j\frac{1}{\sqrt{LC}}$ (실수부가 없으므로 감쇄시킬 수 없다 → 진동회로)

$$q(t)=q_s(t)+q_t(t)$$

$$q_s(t)=CE$$

$q_t(t)=A_1\cdot e^{j\frac{1}{\sqrt{LC}}t}+B_1\cdot e^{-j\frac{1}{\sqrt{LC}}t}$ (해가 2개의 허근을 가질 때 과도해)

$$\therefore q(t)=q_s(t)+q_t(t)=CE+A_1\cdot e^{j\frac{1}{\sqrt{LC}}t}+A_2\cdot e^{-j\frac{1}{\sqrt{LC}}t}$$

여기서, $A_1\cdot e^{j\frac{1}{\sqrt{LC}}t}+A_2\cdot e^{-j\frac{1}{\sqrt{LC}}t}$

$$=\left\{A_1\left(\cos\frac{1}{\sqrt{LC}}t+j\sin\frac{1}{\sqrt{LC}}t\right)+B_1\left(\cos\frac{1}{\sqrt{LC}}t-j\sin\frac{1}{\sqrt{LC}}t\right)\right\}$$

$$= \left\{ A_1 \cdot \cos\frac{1}{\sqrt{LC}}t + jA_1 \cdot \sin\frac{1}{\sqrt{LC}}t + B_1 \cdot \cos\frac{1}{\sqrt{LC}}t - jB_1 \cdot \sin\frac{1}{\sqrt{LC}}t \right\}$$

$$= \left\{ (A_1 + B_1) \cdot cos\frac{1}{\sqrt{LC}}t + j(A_1 - B_1) \cdot sin\frac{1}{\sqrt{LC}}t \right\}$$

$$= A_2 \cdot \cos\frac{1}{\sqrt{LC}}t + B_2 \cdot \sin\frac{1}{\sqrt{LC}}t$$

$$\therefore q(t) = q_s(t) + q_t(t) = CE + A_2 \cdot \cos\frac{1}{\sqrt{LC}}t + B_2 \cdot \sin\frac{1}{\sqrt{LC}}t$$

$t = 0$에서 $q(0) = 0$

$$q(0) = 0 = CE + A_2 \qquad \therefore A_2 = -CE$$

$$\therefore q(t) = CE\left(1 - \cos\frac{1}{\sqrt{LC}}t\right)$$

$$\therefore i = \frac{dq(t)}{dt} = -CE \cdot \frac{1}{\sqrt{LC}} \cdot -\sin\frac{1}{\sqrt{LC}}t$$

$$= \frac{E}{1} \cdot \sqrt{\frac{C}{L}} \cdot \sin\frac{1}{\sqrt{LC}}t = \frac{E}{\sqrt{\frac{L}{C}}} \cdot \sin\frac{1}{\sqrt{LC}}t$$

전류 i는 위의 식에서 볼 수 있듯이 진동을 하며, 이 때 $\frac{1}{\sqrt{LC}}$을 고유 주파수(각속도)라 한다.

$$v_c(t) = \frac{1}{C}\int i(t)dt + K = \frac{1}{C}\int \frac{E}{\sqrt{\frac{L}{C}}} \cdot \sin\frac{1}{\sqrt{LC}}t + K$$

$$= \frac{\sqrt{LC}}{C} \cdot \sqrt{\frac{C}{L}} \cdot E \cdot -\cos\frac{1}{\sqrt{LC}}t + K$$

$$= E \cdot -\cos\frac{1}{\sqrt{\mathrm{LC}}}\mathrm{t} + \mathrm{K}$$

$t = 0$에서, $v_c(0) = 0$

$$v_c(0) = 0 = -E + K \qquad \therefore K = E$$

$$\therefore v_c(t) = E\left(1 - \cos\frac{1}{\sqrt{LC}}t\right)$$

만약에 $t = \pi$라면, $v_c(t) = E(1 - (-1)) = 2E$가 되어 최대값을 가진다.

실습 2-17

그림 2-10의 L-C 직렬회로에서 구형파 전압을 인가했을 때 Transient Analysis를 5[ms]까지 실행하여 ① 입력 전압 ② 리액턴스에 걸리는 전압 ③ 캐패시턴스에 걸리는 전압 파형을 시뮬레이션 하시오.

[조건] (1) 구형파 전압원(VPULSE) : V_{in}

V1 = 0 V2 = 20 TD = 1ms TR = TF = 1ns PW = 1ms PER = 2ms

(2) 리액턴스(L) : L = 2[mH]

(3) 캐패시턴스(C) : C = 0.02[μF]

(4) 접지 : Place ground

(1) 회로 구성

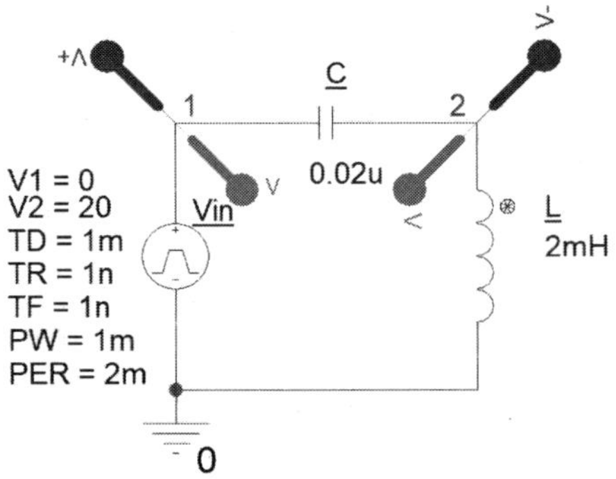

(2) 시뮬레이션 결과

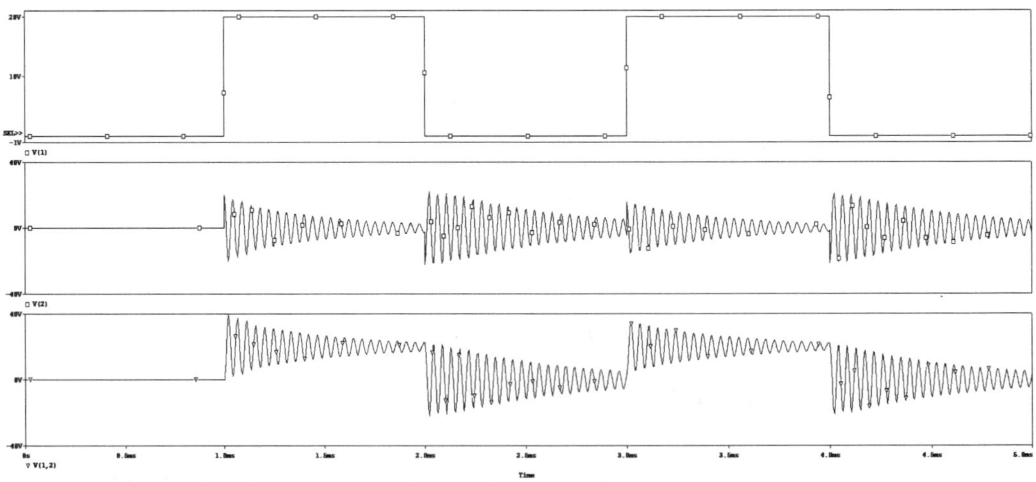

실습 2-18

그림 2-10의 L-C 직렬회로에서 구형파 전압을 인가했고, 캐패시턴스 C의 값을 0.001[μF], 0.01[μF], 0.1[μF]로 변화시켰을 때, Transient Analysis를 3[ms]까지 실행하여, ① 입력 전압 ② 캐패시턴스에 걸리는 전압 ③ 리액턴스에 걸리는 전압을 구하여라.

[조건] (1) 구형파 전압원(VPULSE) : V_{in}

V1 = 0 V2 = 10 TD = 0.6ms TR = TF = 0.1ns PW = 1ms PER = 2ms

(2) 리액턴스(L) : L=10[mH]

(3) 캐패시턴스(C) : C={cval}

(4) 접지 : Place ground

(1) 회로 구성

– Part → param 부품을 불러와서 더블클릭하여 아래 화면처럼 설정한다.

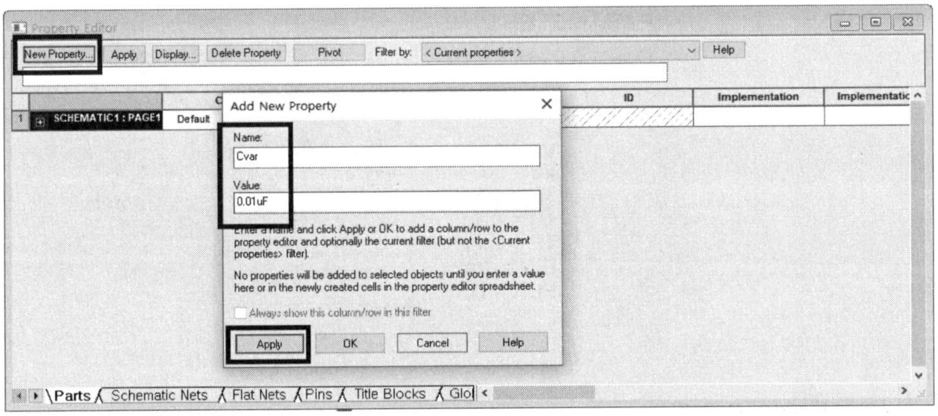

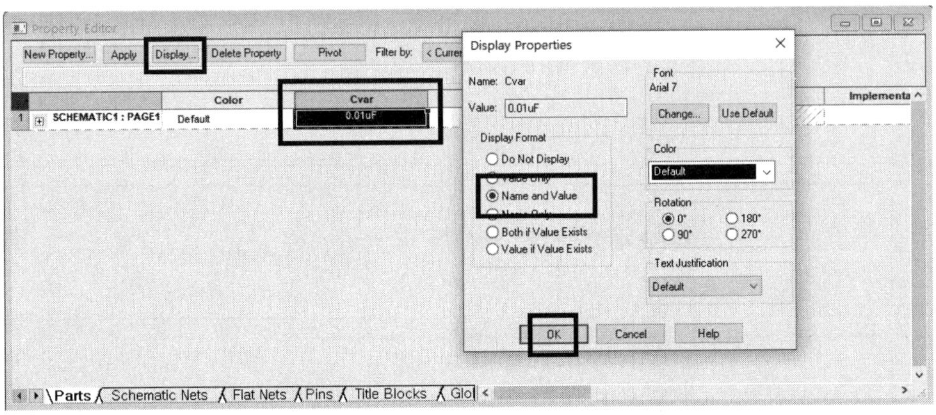

– Parametric Sweep 조건을 그림처럼 설정한다.

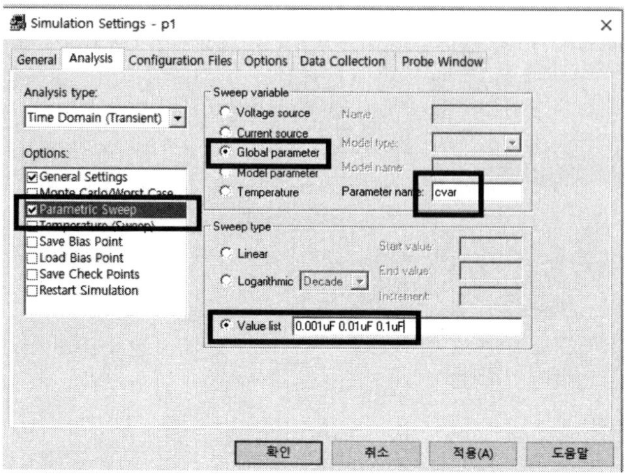

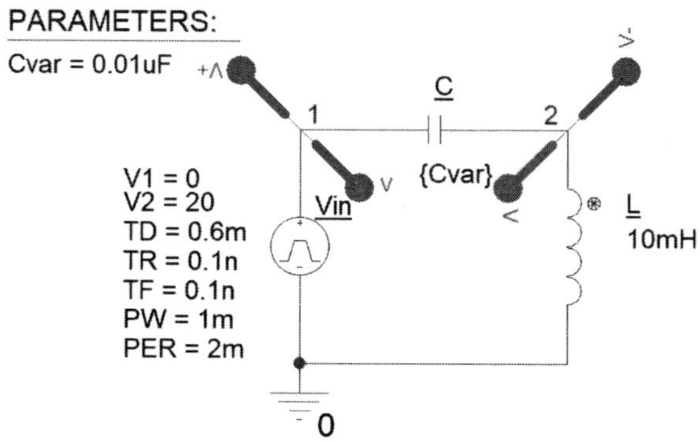

(2) 시뮬레이션 결과

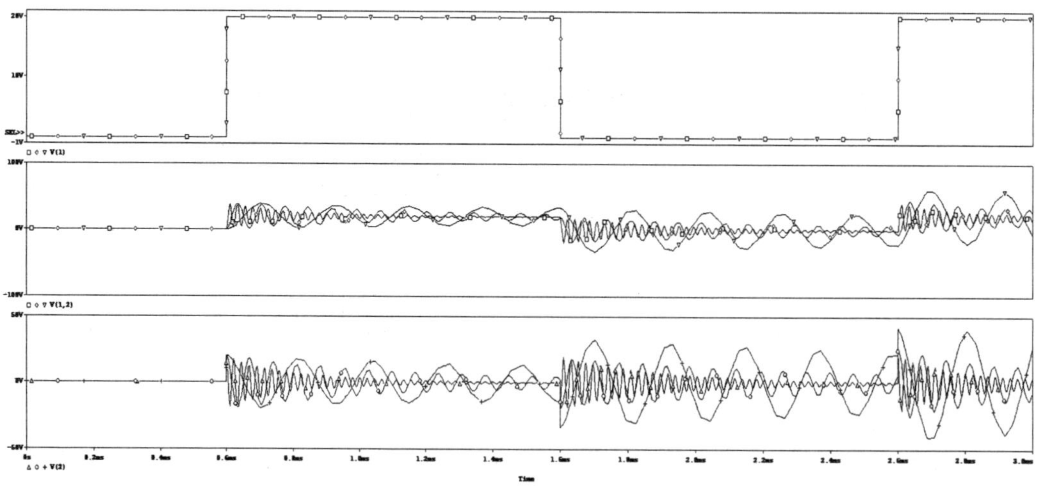

8 R-L-C 직렬회로

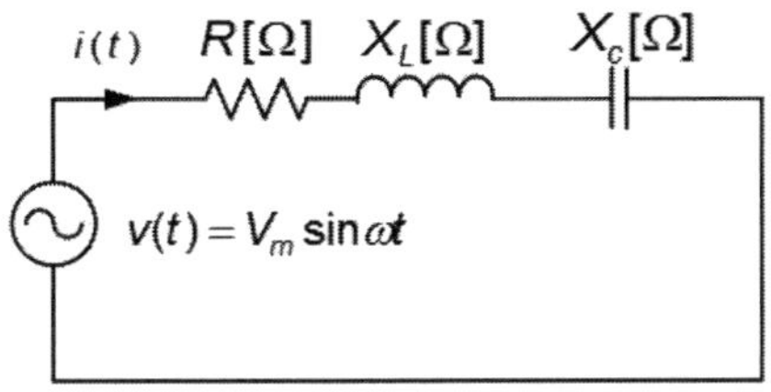

그림 2-11 R-L-C 직렬회로

- 임피던스 $Z = R + jX_L - jX_c = R + j(X_L - X_c)$

$$= \sqrt{R^2 + (X_L - X_c)^2}$$

$X_L > X_c$: $R-L$ 직렬회로

$X_L < X_c$: $R-C$ 직렬회로

$X_L = X_c$: R 회로 → 직렬공진 조건

※ 공진조건 $\omega L = \dfrac{1}{\omega C}$, $\omega^2 LC = 1$, $\omega L - \dfrac{1}{\omega C} = 0$

- 직렬공진 주파수 : f

$\omega^2 LC = 1$, $\omega = \dfrac{1}{\sqrt{LC}}$ $\quad \therefore f = \dfrac{1}{2\pi\sqrt{LC}}$

- 직렬공진시 허수부 = 0

임피던스는 최소, 전류는 최대가 된다.

실습 2-19

그림 2-11의 R-L-C 직렬회로에서 AC Sweep 해석을 위해 VAC Source 전원을 사용하여 공진주파수와 전류의 파형을 시뮬레이션 하시오.

[조건] (1) 교류 전압원(VAC) : V1(1Vac 0Vdc)
(2) 저항(R) : $R1 = 1\,[k\Omega]$ (3) 리액턴스(L) : $L1 = 1\,[H]$
(4) 캐패시턴스(C) : $C1 = 1\,[\mu F]$ (5) 접지 : Place ground
(6) AC Sweep Analysis : 아래 그림 참조

(1) 회로 구성 및 시뮬레이션 조건

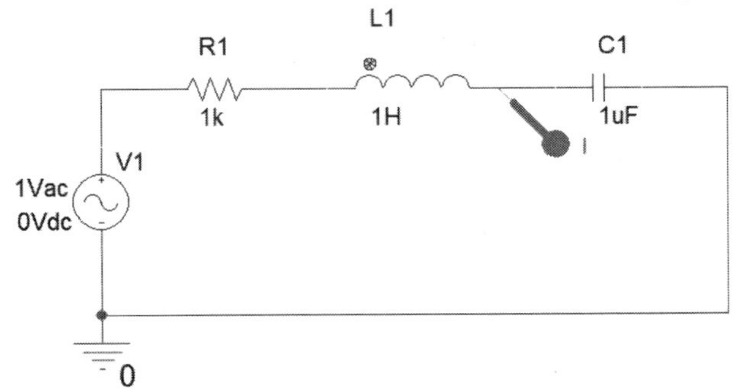

– AC Analysis

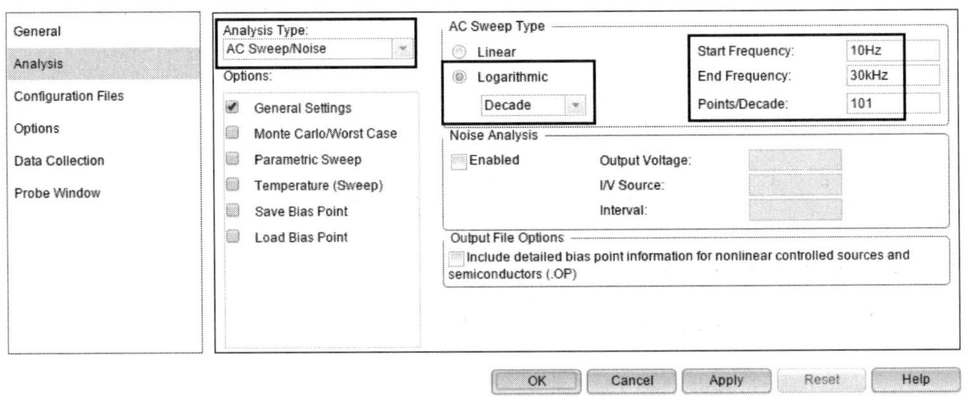

(2) 시뮬레이션 결과

– 직렬공진 주파수 $f = \dfrac{1}{2\pi\sqrt{LC}} = \dfrac{1}{2\pi\sqrt{1 \times 10^{-6}}} \fallingdotseq 160[\text{Hz}]$

직렬공진시 임피던스는 최소, 전류는 최대가 된다.

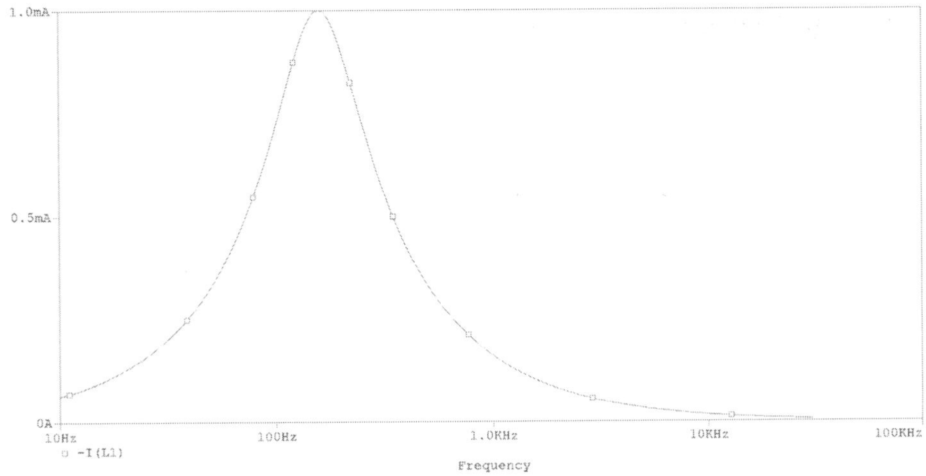

실습 2-20

그림 2-11의 R-L-C 직렬회로에서 정현파 전압을 인가했을 때, Transient Analysis를 2[ms]까지 실행하여 ① 입력 전압 ② 저항에 걸리는 전압 ③ 리액턴스에 걸리는 전압 ④ 캐패시턴스에 걸리는 전압 ⑤ 전류 파형을 시뮬레이션 하시오.

[조건] (1) 정현파 교류 전압원(VSIN) : V_{in}(VOFF = 0 VAMPL = 100 FREQ = 1000)
(2) 저항(R) : R = 4[Ω]
(3) 리액턴스(L) : L = 2[mH]
(4) 캐패시턴스(C) : C = 30[μF]
(5) 접지 : Place ground

(1) 회로 구성

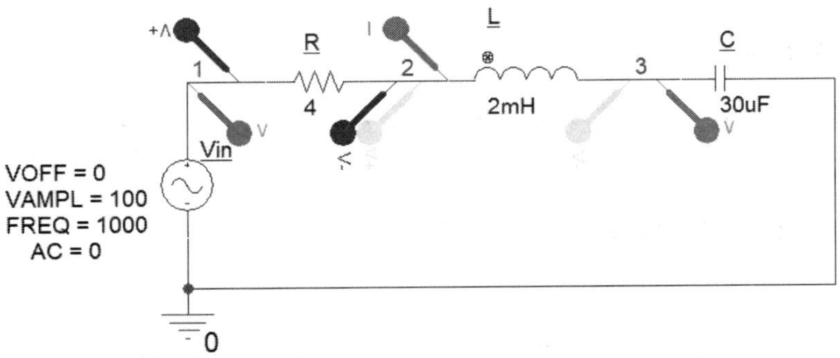

(2) 시뮬레이션 결과

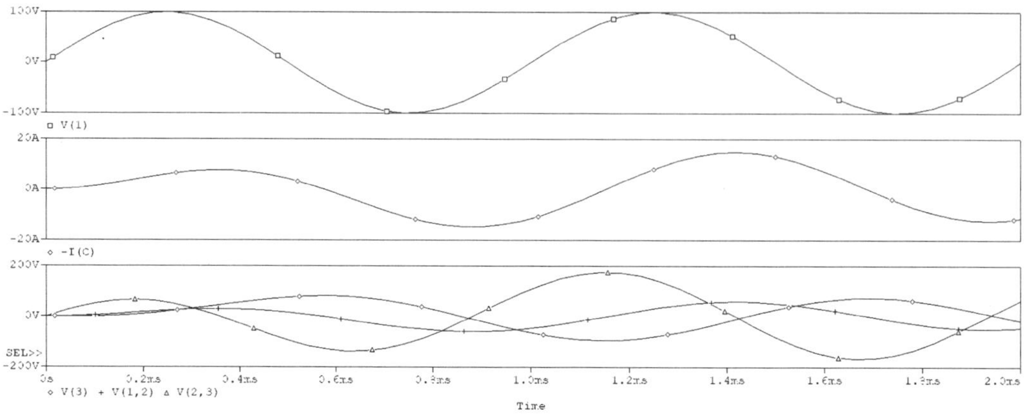

실습 2-21

다음 회로에서 Transient Analysis를 10[s]까지 실행하여, 정상 전류 i [A]의 파형을 시뮬레이션 하시오. 단, $e = \sin\left(2t + \frac{\pi}{3}\right)$[V] 이다.

[조건] (1) 정현파 교류 전압원(VSIN) : e
(VOFF=0 VAMPL=1 FREQ=0.3185 PHASE=60)
(2) 저항(R) : $\mathrm{R} = 1[\Omega]$
(3) 리액턴스(L) : $\mathrm{L} = 2[\mathrm{H}]$
(4) 캐패시턴스(C) : $\mathrm{C} = \frac{1}{6}[\mathrm{F}]$
(5) 접지 : Place ground

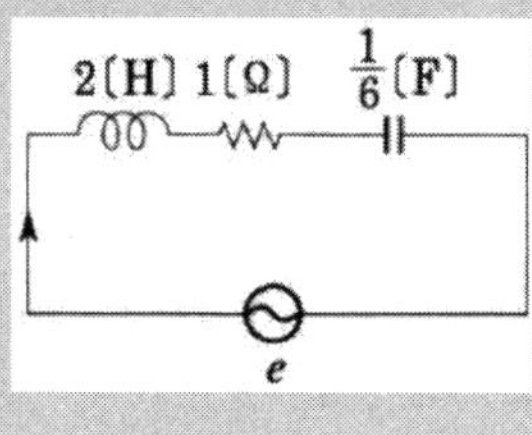

(1) 회로 구성

$$R = 1[\Omega],\ X_L = \omega L = 2 \times 2 = 4[\Omega],\ X_c = \frac{1}{\omega C} = \frac{1}{2 \times \frac{1}{6}} = 3[\Omega]$$

극좌표로 변환하면,

$$I = \frac{\frac{1}{\sqrt{2}} \angle 60°}{\sqrt{2} \angle \left(\tan^{-1}\frac{1}{1} = 45°\right)} = \frac{1}{2} \angle (60° - 45° = 15°)$$

최대전류 $I_m = \sqrt{2}\,I = \sqrt{2} \times \frac{1}{2} = \frac{1}{\sqrt{2}}$

위상각 $\theta = 15° = \frac{\pi}{12}$

$\therefore\ i(t) = \frac{1}{\sqrt{2}} \sin\left(2t + \frac{\pi}{12}\right)$

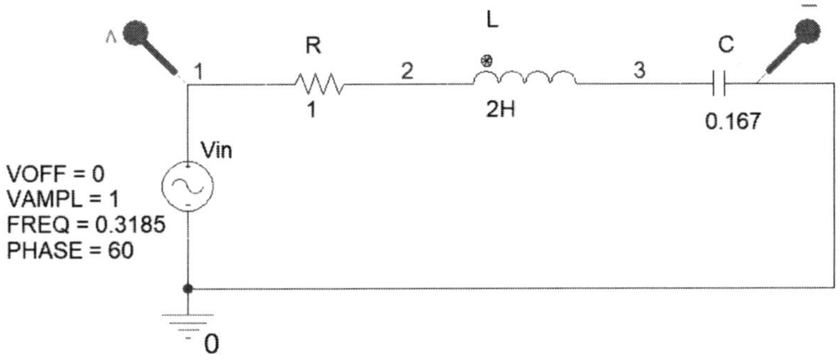

(2) 시뮬레이션 결과

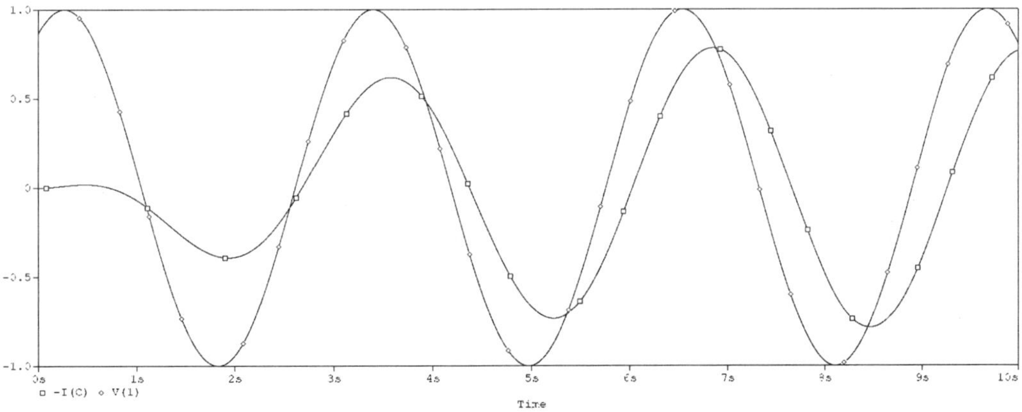

9 R-L-C 병렬회로

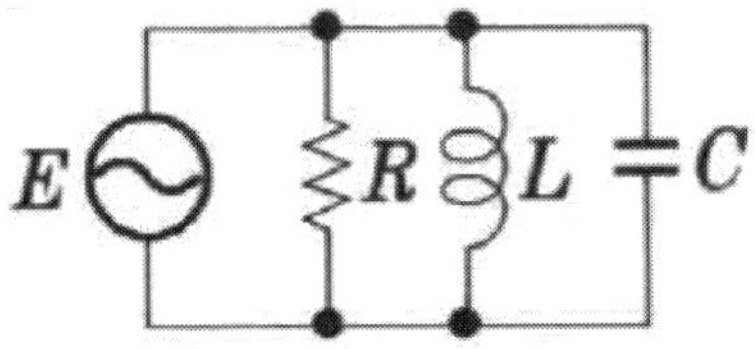

- 어드미턴스 $Y\,[\mho]$

$$Y = Y_1 + Y_2 + Y_3 = \frac{1}{R} + \frac{1}{jX_L} + \frac{1}{-jX_c} = \frac{1}{R} + j\left(\frac{1}{X_c} - \frac{1}{X_L}\right)$$

- 전전류 $I = I_R + jI_c - jI_L = I_R + j(I_c - I_L)$
- 병렬공진 조건 (=직렬공진 조건)

$\frac{1}{X_c} = \frac{1}{X_L}$, $X_c = X_L$ (임피던스는 최대, 전류는 최소)

실습 2-22

그림 2-12의 R-L-C 병렬회로에서 AC Sweep 해석을 위해 VAC Source 전원을 사용하여 공진주파수와 전류의 파형을 시뮬레이션 하시오.

[조건] (1) 교류 전류원(IAC) : I1 (1Aac 0Adc)
(2) 저항(R) : R1 =100[Ω]
(3) 리액턴스(L) : L1 =1[mH]
(4) 캐패시턴스(C) : C1 =100[μF]
(5) 접지 : Place ground
(6) AC Sweep Analysis : 아래 그림 참조

(1) 회로 구성 및 시뮬레이션 조건

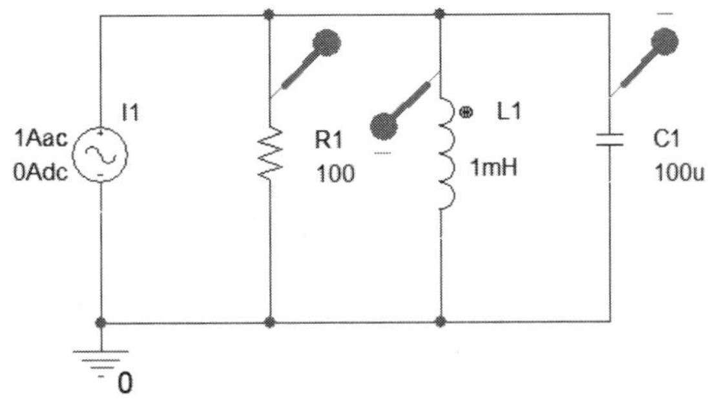

– AC Analysis

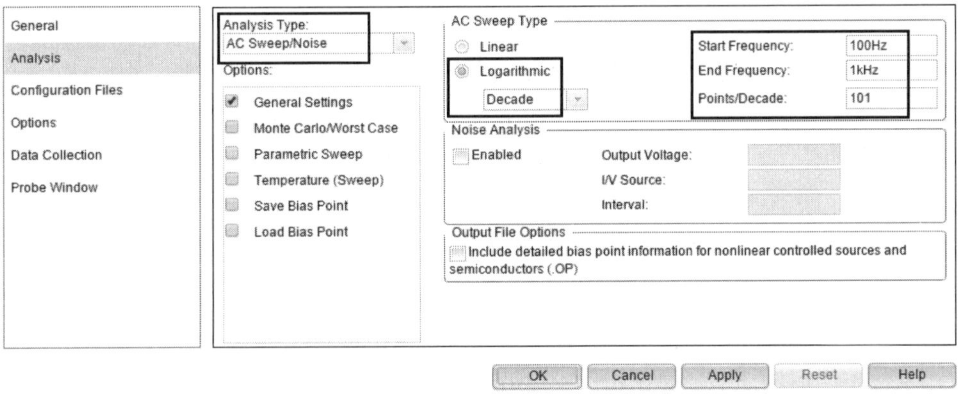

(2) 시뮬레이션 결과

– 병렬공진 주파수 $f = \dfrac{1}{2\pi\sqrt{LC}} = \dfrac{1}{2\pi\sqrt{10^{-3}\times 100\times 10^{-6}}} \fallingdotseq 504[\text{Hz}]$

병렬공진시 임피던스는 최대, 전류는 최소가 된다.

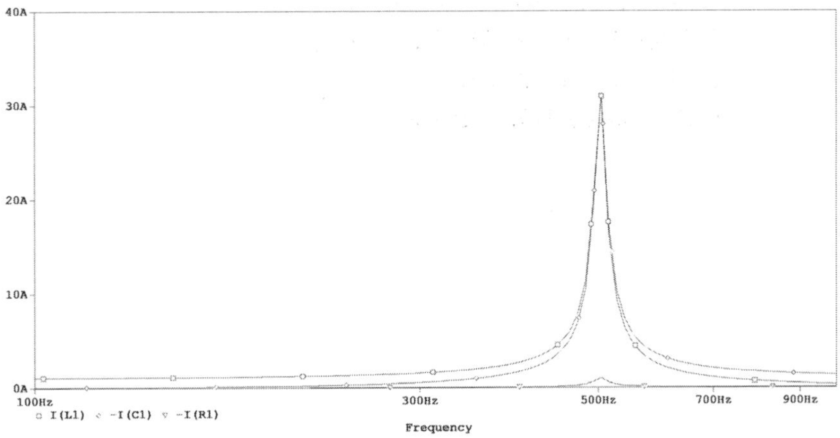

10 최대 전력 전송

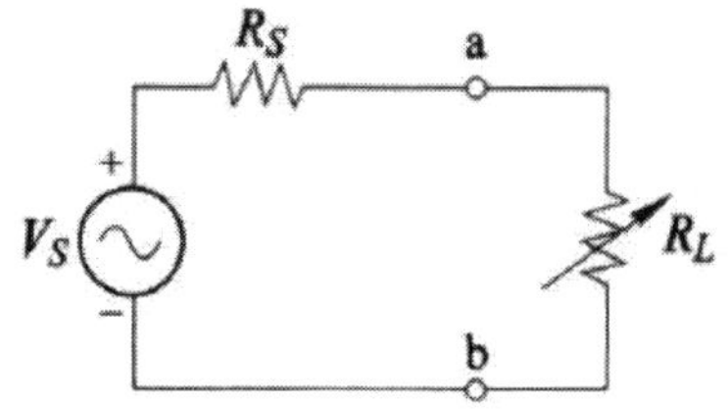

그림 2-13

- 조건 $R_s = R_L$　　　R_s : 내부저항, R_L : 부하저항

최대전력 $P_{\max} = I^2 R_L = \left(\frac{V_s}{R_s + R_L}\right)^2 \cdot R_L = \left(\frac{V_s}{2R_L}\right)^2 \cdot R_L$

$$= \frac{V_s^2}{4R_L} = \frac{V_s^2}{4R_s}[\mathrm{W}]$$

실습 2-23

그림 2-13의 회로에서 최대전력 부하저항 RL을 0.5[kΩ] ~ 5[kΩ]까지 0.1[kΩ]씩 증가하였을 때 최대전력을 전송하는 저항 값을 구하라.

[조건] (1) 직류 전압원(VDC) : Vs = 10[V]
(2) 저항(R) : Rs = 2[kΩ], RL = {Rvar}
(3) 접지 : Place ground
(4) DC Sweep 해석 : 그림 참조

(1) 회로 구성 및 시뮬레이션 구성

– 그림에서 1의 아이콘(전력계)을 선택하여 RL에 클릭하면 전력을 측정

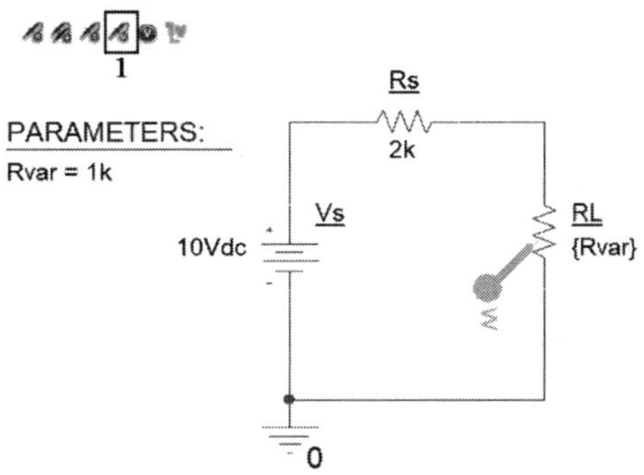

– DC Analysis

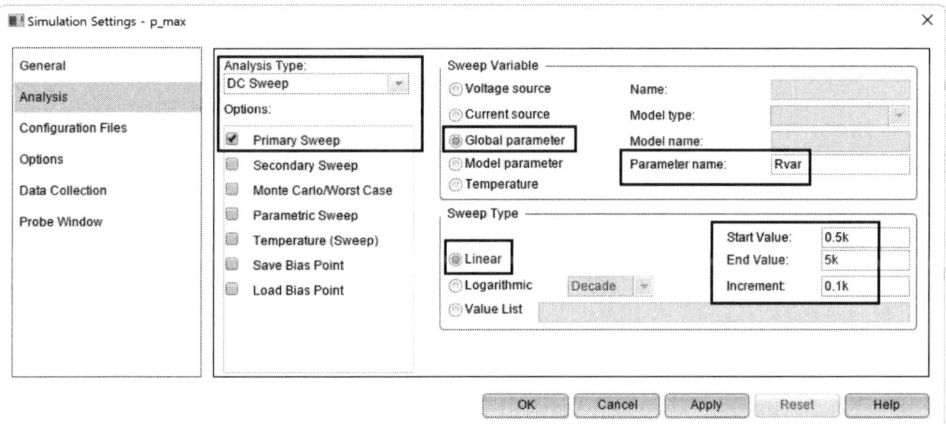

(2) 시뮬레이션 결과

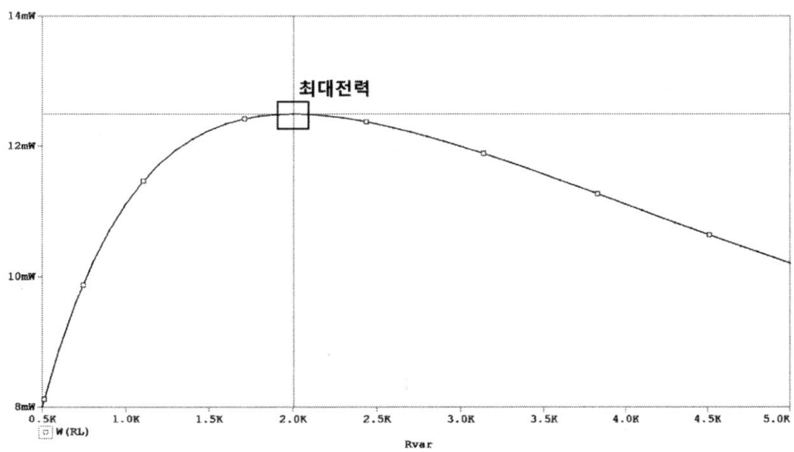

11 중첩

두 개 이상의 전압원과 전류원이 혼합된 회로망을 해석하는 방법으로 전압원과 전류원이 각각 단독으로 존재할 때를 합성시켜 해석한다.

① 한 개의 전원(전압원이나 전류원)을 취하고 나머지 전원은 모두 없앤다.
(이 때 전압원 : 단락, 전류원 : 개방)

② 그 전원 만에 의해 지로에 흐르는 전류를 구한다

③ 그 다음 전원을 취하여 전원 수만큼 ①, ② 반복

그림과 같은 회로에서 전류 I[A]를 구하면?

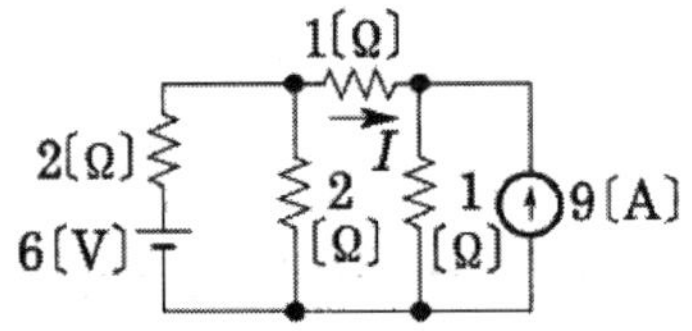

그림 2-14

(1) 전압원 6[V]만 존재할 때,

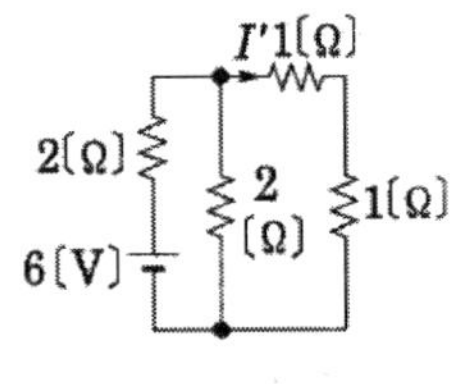

$$\text{전체 전류} = \frac{6}{2 + \dfrac{2 \times 2}{(2+2)}} = \frac{6}{3} = 2[\text{A}]$$

$$\therefore\ I' = 2 \times \frac{2}{2+2} = 1[\text{A}]$$

(2) 전류원 9[A]만 존재할 때,

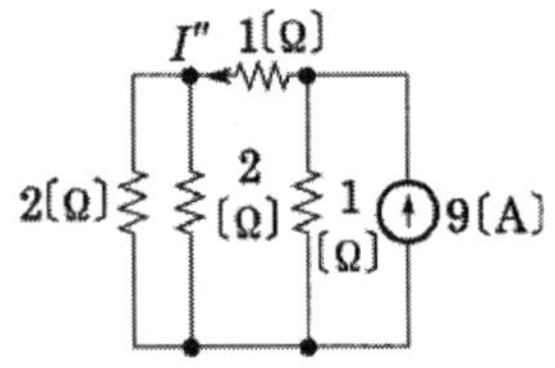

$$I'' = 9 \times \frac{1}{2+1} = 3[\text{A}]$$

$$\therefore\ I = I' - I'' = 1 - 3 = -2[\text{A}]$$

실습 2-24

그림 2-14 회로에서 중첩의 원리를 이용하여 Bios Point 해석을 하여 시뮬레이션 결과를 비교하시오.

[조건] (1) 직류 전압원(VDC) : $V1 = 6[V]$
(2) 직류 전류원(IDC) : $I1 = 9[A]$
(3) 저항(R) : R1 = 2[Ω], R2 = 2[Ω], R3 = 1[Ω], R4 = 1[Ω]
(4) 접지 : Place ground

(1) 회로 구성

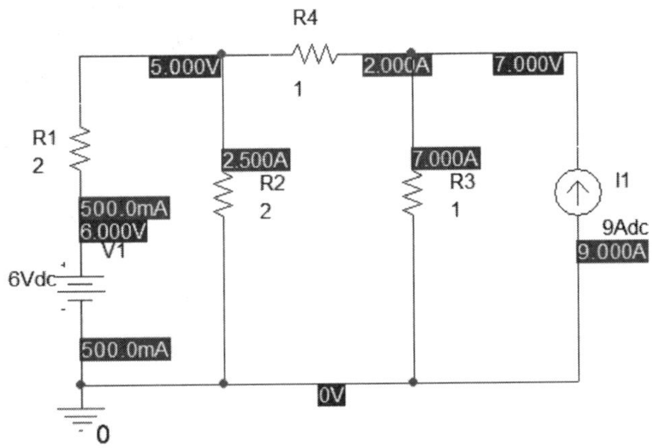

전압원 6[V]만 존재할 때

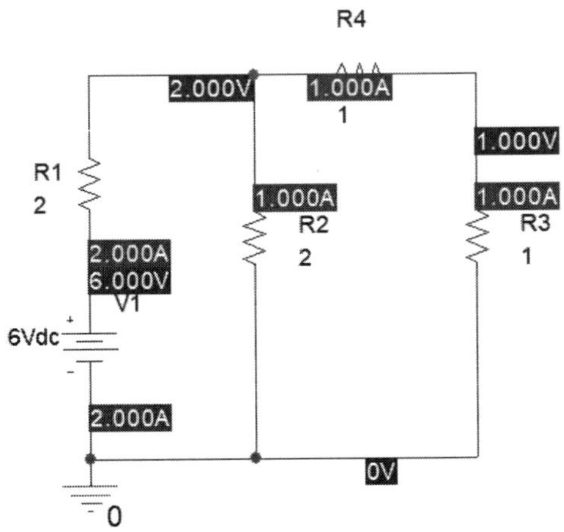

전류원 9[A]만 존재할 때

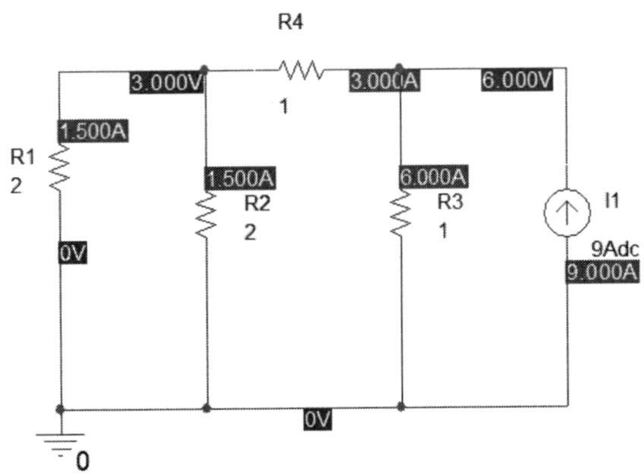

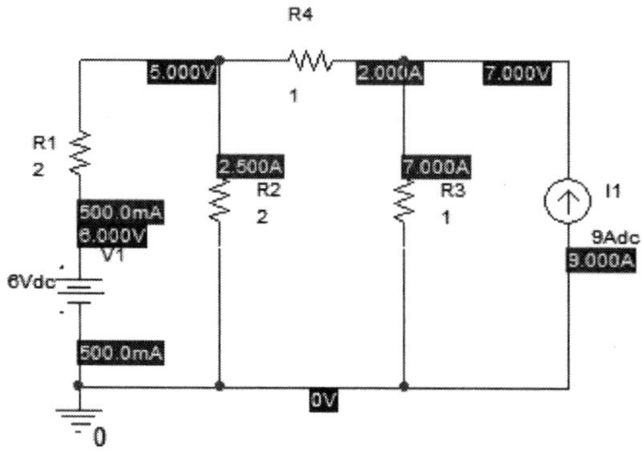
R4
1
5.000V
2.000A
7.000V
R1
2
2.500A
R2
2
7.000A
R3
1
I1
9Adc
9.000A
500.0mA
6.000V
V1
6Vdc
500.0mA
0V
0

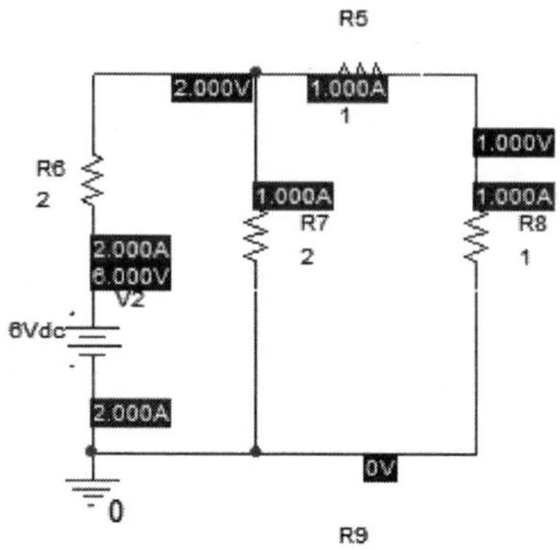
R5
2.000V
1.000A
1
1.000V
R6
2
1.000A
R7
2
1.000A
R8
1
2.000A
6.000V
V2
6Vdc
2.000A
0V
0

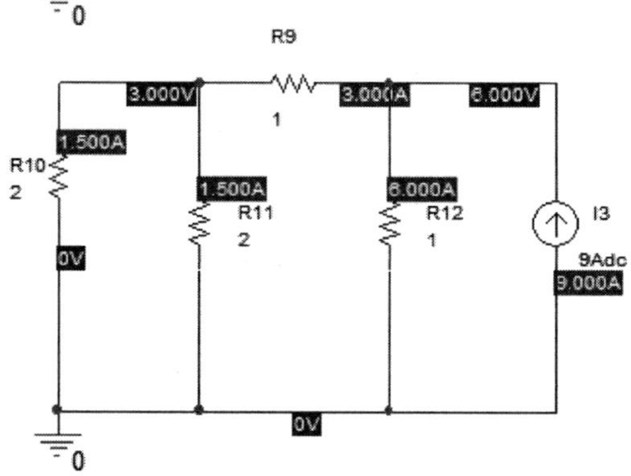
R9
3.000V
1
3.000A
6.000V
1.500A
R10
2
1.500A
R11
2
6.000A
R12
1
I3
9Adc
9.000A
0V
0V
0

12 테브난 등가회로

전압원, 전류원, 2개 이상의 저항이 있는 복잡한 회로를 하나의 전압원과 하나의 저항으로 표현

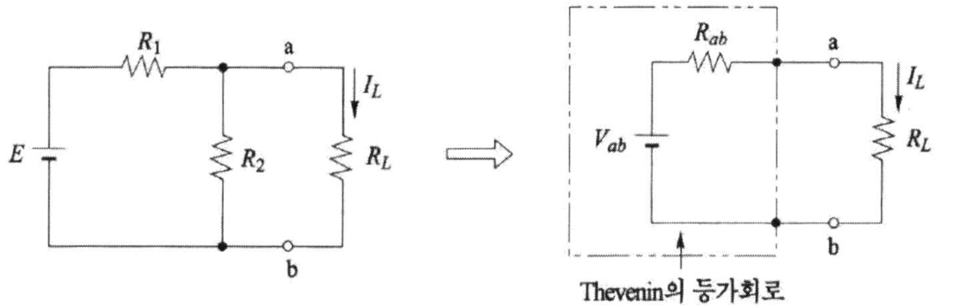

① 부하저항 R_L을 개방

② 테브낭 등가 전압 V_{ab}를 구한다 (부하저항 R_L과 병렬로 접속된 저항 R_2의 단자전압)

③ 테브낭 등가 저항 R_{ab}를 구한다 부하저항 R_L을 기준으로 중첩의 정리를 적용한 합성저항)

실습 2-25

그림의 회로와 같은 회로에 부하에 1[[Ω]을 연결했을 때, 테브낭 등가회로를 구성하여 DC Sweep해석을 시뮬레이션 하시오. 또한 부하 저항을 변경하였을 때 같은 전압과 전류의 값을 가지는지 확인하시오.

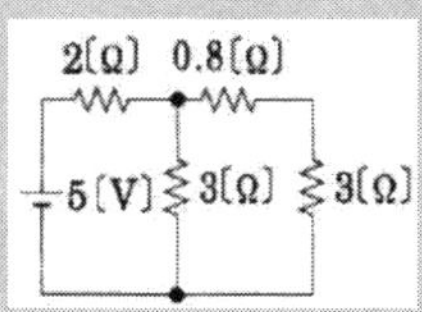

[조건] (1) 직류 전압원(VDC) : V1 = 10[V]

(2) 저항(R) : R1 = 2[kΩ], R2 = {Rvar}

(3) 접지 : Place ground

(1) 회로 구성

– 테브낭 등가 전압 $V_{TH} = 1.8[\mathrm{V}]$

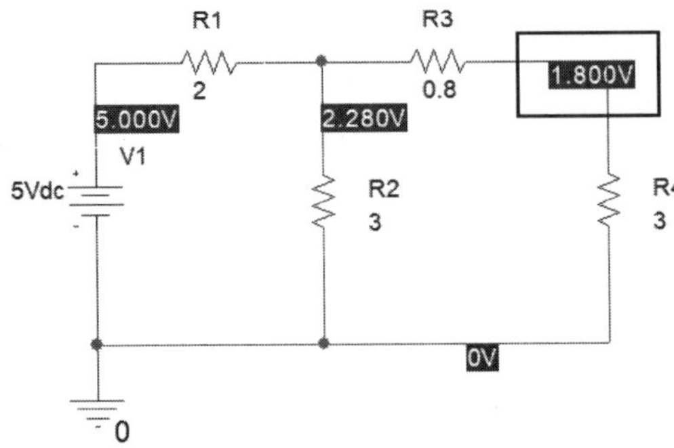

– 테브낭 등가 저항 $R_{TH} = \dfrac{V_{전체전압}}{I_{전체전류}} = \dfrac{1}{0.8333} \fallingdotseq 1.2[\Omega]$

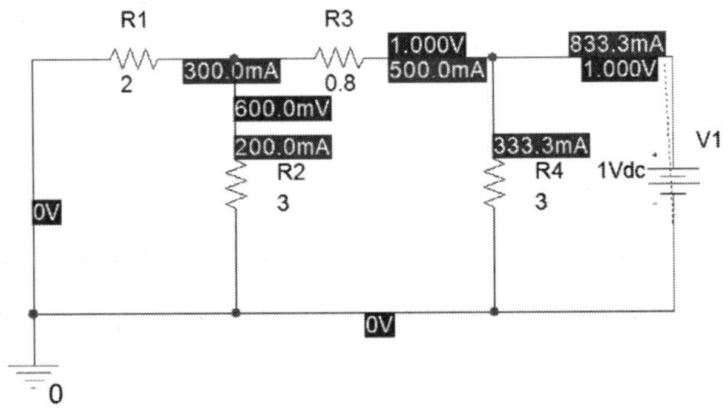

– 부하에 저항 1[Ω]을 연결하였을 때, 시뮬레이션 결과

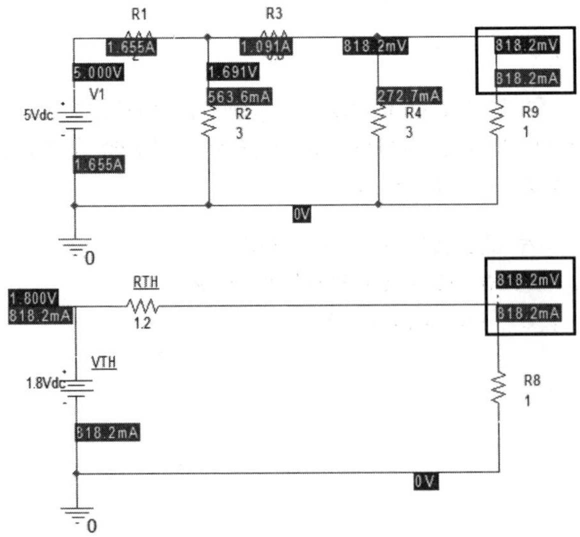

13 노튼의 등가회로

전원이 포함된 회로망은 하나의 전류원과 하나의 저항이 병렬로 접속된 회로로 대치할 수 있다.

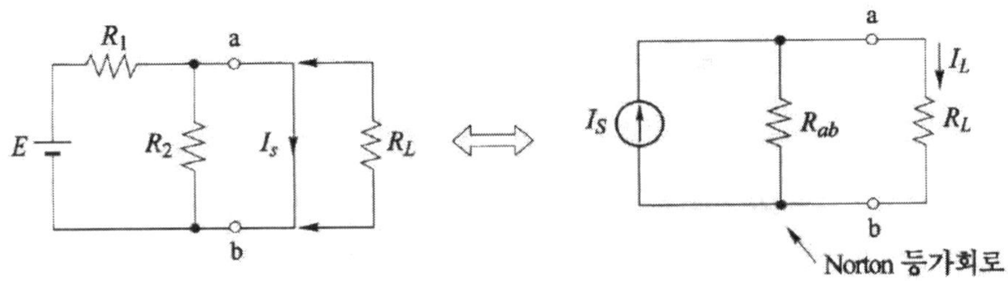

전원이 포함된 회로망은 하나의 전류원과 하나의 저항이 병렬로 접속된 회로로 대치할 수 있다.

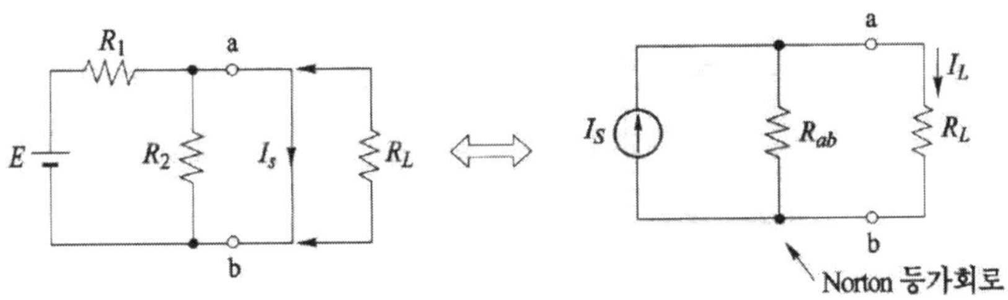

실습 2-26

다음 회로를 Transient Analysis로 3[m]까지 시뮬레이션 하고, 노튼의 등가회로로 변환하여 단자 a, b에 나타나는 전압이 일치하는지 확인하시오.

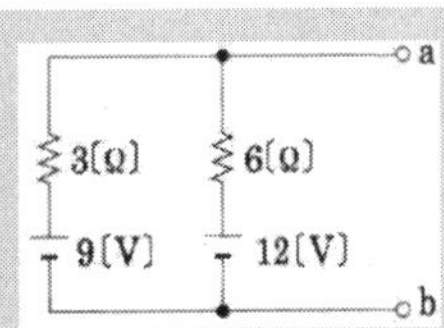

노튼의 등가회로로 변환하면,

9[V], 3[Ω] → 3[A]와 3[Ω]의 병렬연결

12[V], 6[Ω] → 2[A]와 6[Ω]의 병렬연결

따라서, 5[A]의 전류원과 3[Ω], 6[Ω]의 병렬연결

3[Ω], 6[Ω] 합성저항= 2[Ω]

∴ a, b 사이 전압 = 5 × 2 = 10[V]

(1) 회로 구성

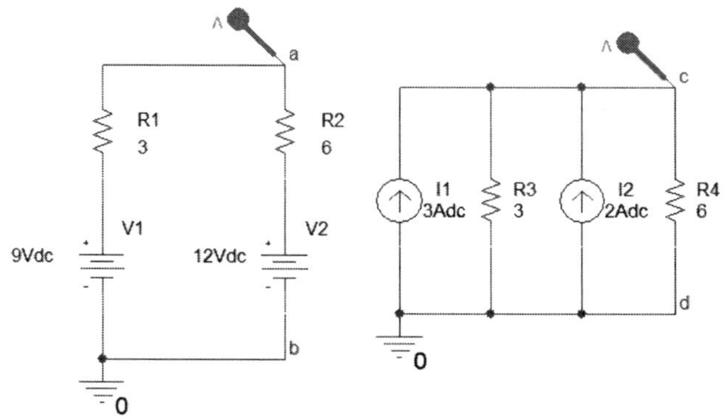

(2) 시뮬레이션 결과

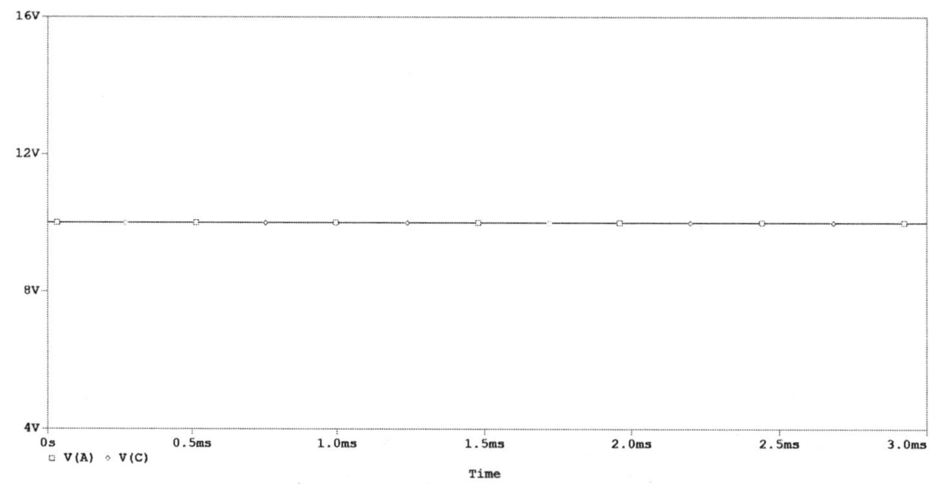

– 시뮬레이션 결과 파형에서 볼 수 있듯이 노튼 등가회로의 결과가 10[V]로 일치함으로 볼 수 있다.

실습 2-27

그림과 같은 회로에서 Transient Analysis를 3[m]까지 시뮬레이션 하고, 테브난의 등가회로로 변환하여 전압 v[V]에 나타나는 전압이 일치하는지 확인하시오.

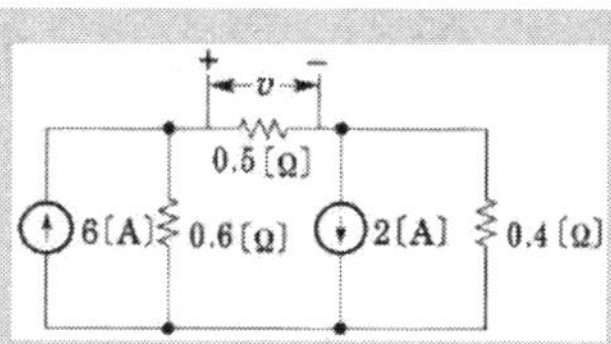

테브낭의 등가회로로 변환하면,

6[A], 0.6[Ω] → 3.6[V]와 0.6[Ω]의 직렬연결

2[A], 0.4[Ω] → 0.8[V]와 0.4[Ω]의 직렬연결

합성 전압 $V = 3.6 + 0.8 = 4.4[\mathrm{V}]$

합성 저항 $R = 0.6 + 0.4 + 0.5 = 1.5[\Omega]$

전체 전류 $I = \dfrac{V}{R} = \dfrac{4.4}{1.5} \fallingdotseq 2.93[\mathrm{A}]$

∴ 0.5[Ω]에 걸리는 전압 $= 0.5 \times 2.93 \fallingdotseq 1.47[\mathrm{V}]$

(1) 회로 구성

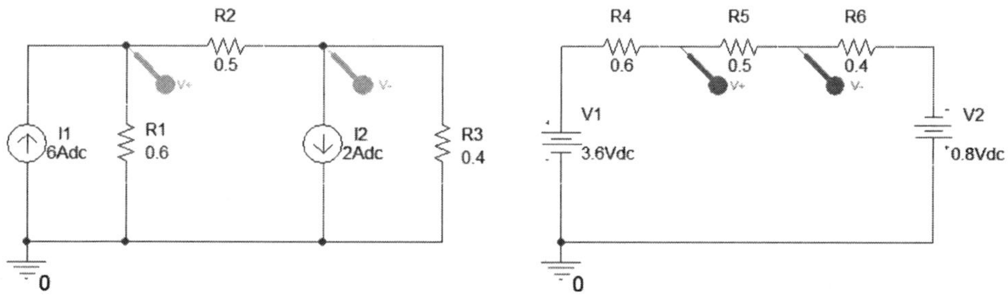

(2) 시뮬레이션 결과

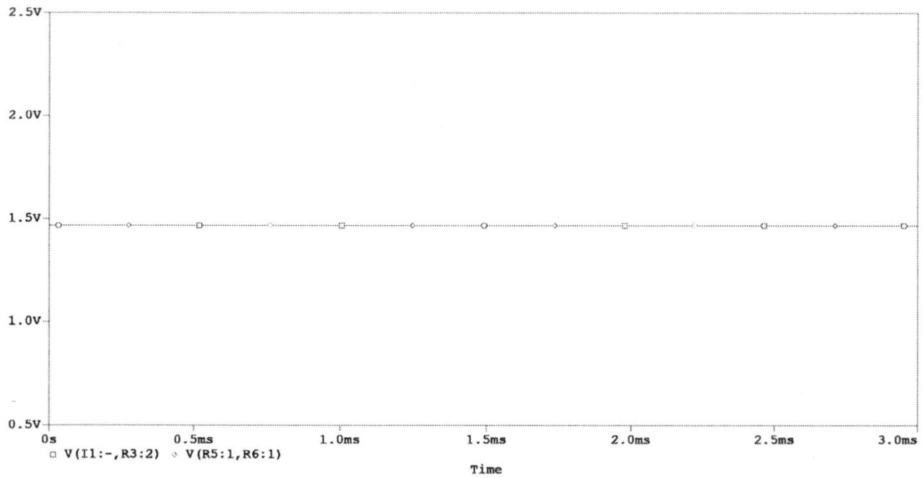

14 시간 의존 스위치

시간에 의존하는 스위치는 2가지 형태가 있다.

① 시간 의존 close 스위치 (Sw_tClose)

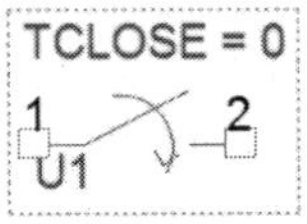

PSpiceTemplate	RCLOSED	Reference	ROPEN	Source Library	Source Package	Source Part	TCLOSE	TTRAN
X^@REFDES %1 %2 @MO	0.01	U1	1Meg	C:\ORCAD\ORCAD_16	Sw_tClose	Sw_tClose.Normal	0	1u

② 시간 의존 open 스위치 (Sw_tOpen)

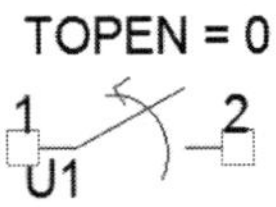

PSpiceTemplate	RCLOSED	Reference	ROPEN	Source Library	Source Package	Source Part	TOPEN	TTRAN
X^@REFDES %1 %2 @MO	0.01	U1	1Meg	C:\ORCAD\ORCAD_16	Sw_tOpen	Sw_tOpen.Normal	0	1u

속성	의미	단위	지정값
Tclose/Topen	스위치가 close/open되기 시작하는 시간	[s]	0
Ttran	오프상태에서 온상태까지 요구되는 시간	[s]	1[μs]
Rclosed	closed 상태 저항	[Ω]	10[mΩ]
Ropen	closed 상태 저항 (Ron/Rclosed < 1E10)	[Ω]	1[MΩ]

14.1 R-L 직렬회로

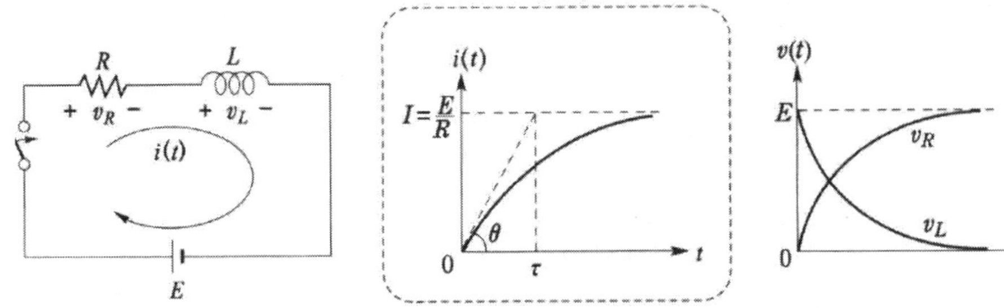

그림 2-15 R-L 직렬 회로

RL 직렬회로에서 $t = 0$ 에서 스위치를 닫고 직류전압 E를 인가할 때, 키르히호프의 전압방정식에 의해 다음 식이 된다.

$$L\frac{di(t)}{dt} + Ri(t) = E$$

라플라스 변환하면,

$$LsI(s) + RI(s) = \frac{E}{s}$$

$$I(s)(R + Ls) = \frac{E}{s}$$

$$I(s)\left(s + \frac{R}{L}\right) = \frac{E/L}{s}$$

$$I(s) = \frac{E/L}{s \cdot \left(s + \frac{R}{L}\right)} = \frac{A}{s} + \frac{B}{s + \frac{R}{L}}$$

부분분수 전개에 의해,

$$I(s) = \frac{E/R}{s} + \frac{-E/R}{s + \frac{R}{L}}$$

$$\therefore\ i(t) = \frac{E}{R}(1 - e^{-\frac{R}{L}t})$$

실습 2-28

그림 2-15의 R-L 직렬 회로에서 스위치를 $t = 0$ [s]에서 닫을 때 Transient Analysis를 1[ms]까지 실행하여, ① 리액턴스 걸리는 전압 ② 리액턴스 전류 파형을 시뮬레이션 하시오.

[조건] (1) 직류 전압원(VDC) : $V_{in} = 10[V]$
(2) 시간 의존 close 스위치(Sw_tClose/EVAL)
(3) 저항(R) : $R = 100[\Omega]$
(4) 리액턴스(L) : $L = 10[mH]$
(5) 접지 : Place ground

(1) 회로 구성

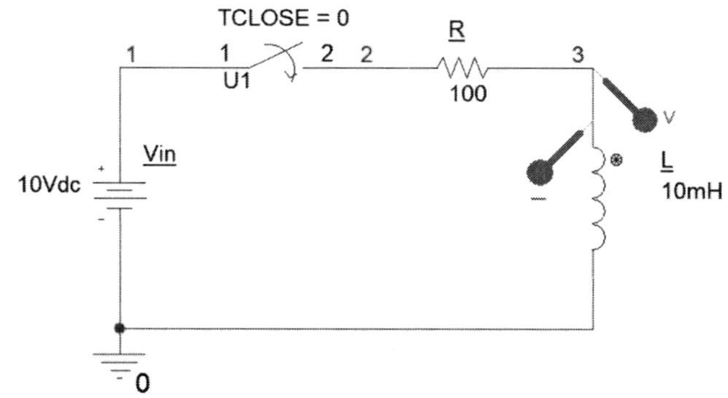

(2) 시뮬레이션 결과

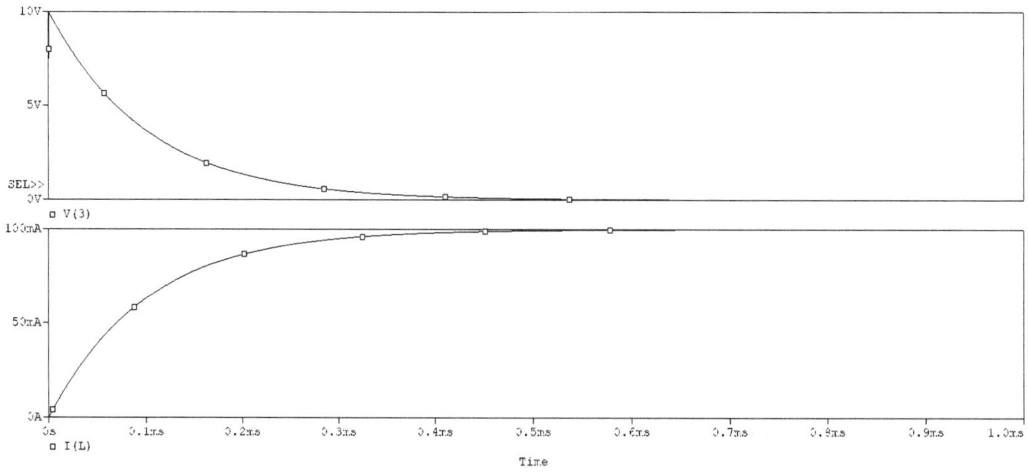

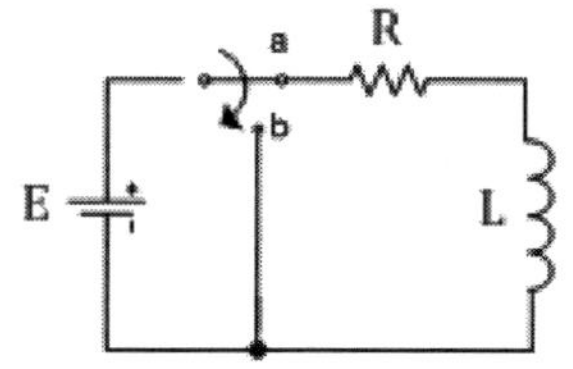

그림 2-16 R-L 단락회로

RL 직렬회로에서 스위치를 a에 접속되어 정상상태 운전 중에 $t = 0$ 에서 b로 전환하여 직류전압을 제거하면, 키르히호프의 법칙에 의해, 다음 식이 된다.

$$L\frac{di(t)}{dt} + Ri(t) = 0$$

$$\therefore\ i(t) = \frac{E}{R}e^{-\frac{R}{L}t}$$

회로에서 스위치를 a로 전환하여 온 되는 순간, 인덕터는 역기전력이 작용하여 개방회로가 되고, 인덕터의 전류는 불연속적인 급변전류가 흐르지 못하므로 시간이 다소 지연되어 지수 함수적으로 상승한다. 스위치를 b로 전환하는 순간 인덕터 내부의 자속은 급격히 감소하여 없어지고 자속이 증가시키는 방향으로 역기전력이 발생하므로 전류의 방향은 스위치 a일 때의 전류 방향과 같은 방향이 된다. 이 때 전류는 즉시 0이 되지 않고 시간 경과와 함께 지수 함수적으로 감소하면서 0으로 떨어진다.

실습 2-29

그림 2-16의 R-L 단락 회로에서 스위치를 $t = 0$[s]일 때 s를 닫고 1[ms]에서 b를 닫을 때 Transient Analysis를 2[ms]까지 실행하여, ① 리액턴스 걸리는 전압 ② 리액턴스 전류 파형을 시뮬레이션 하시오.

[조건] (1) 직류 전압원(VDC) : V_{in}=10[V]
(2) 시간 의존 close/open 스위치(Sw_tClose/EVAL, Sw_tOpen/EVAL)
(3) 저항(R) : $R = 100[\Omega]$
(4) 리액턴스(L) : $L = 10$[mH]
(5) 접지 : Place ground

(1) 회로 구성

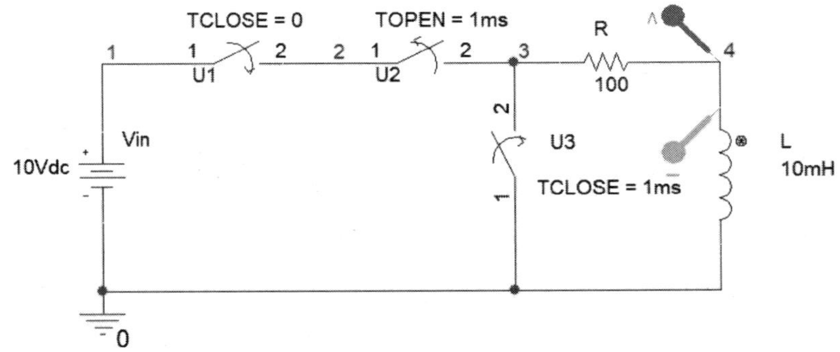

(2) 시뮬레이션 결과

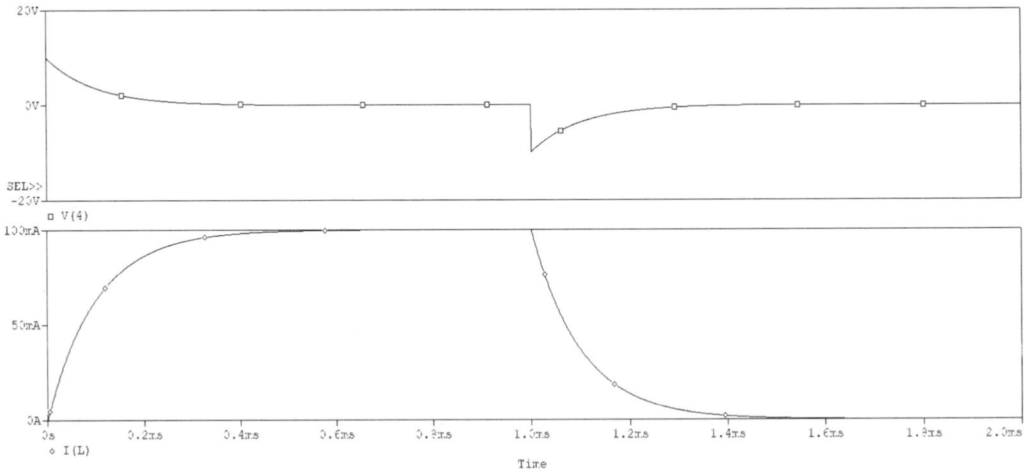

실습 2-30

그림과 같은 회로에서 스위치를 $t = 0$[s]일 때 닫았을 때 Transient Analysis를 1[ms]까지 실행하여, 저항에 흐르는 전류 파형을 시뮬레이션 하시오.

[조건] (1) 직류 전류원(IDC) : $I_o = 10$[A]
(2) 시간 의존 close 스위치(Sw_tClose/EVAL)
(3) 저항(R) : $R = 100[\Omega]$
(4) 리액턴스(L) : $L = 10$[mH]
(5) 접지 : Place ground

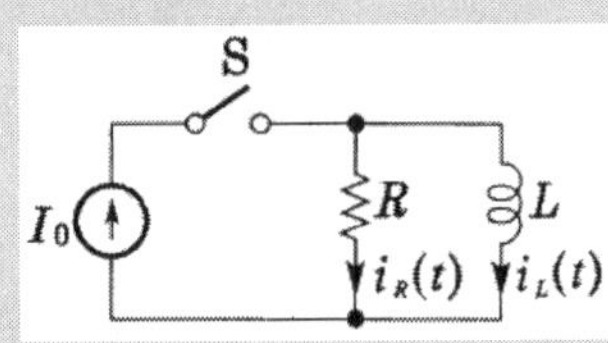

(1) 회로 구성

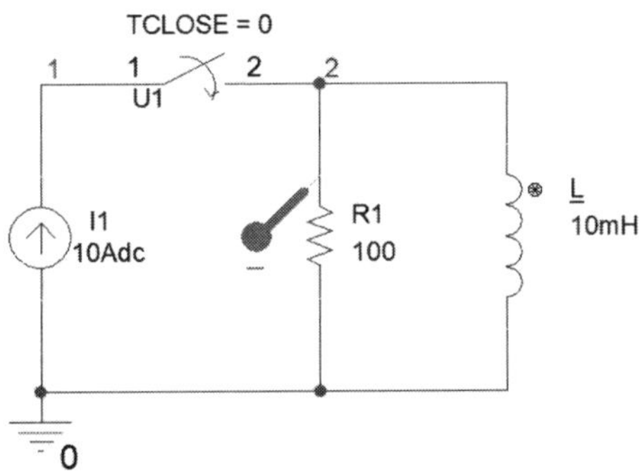

(2) 시뮬레이션 결과

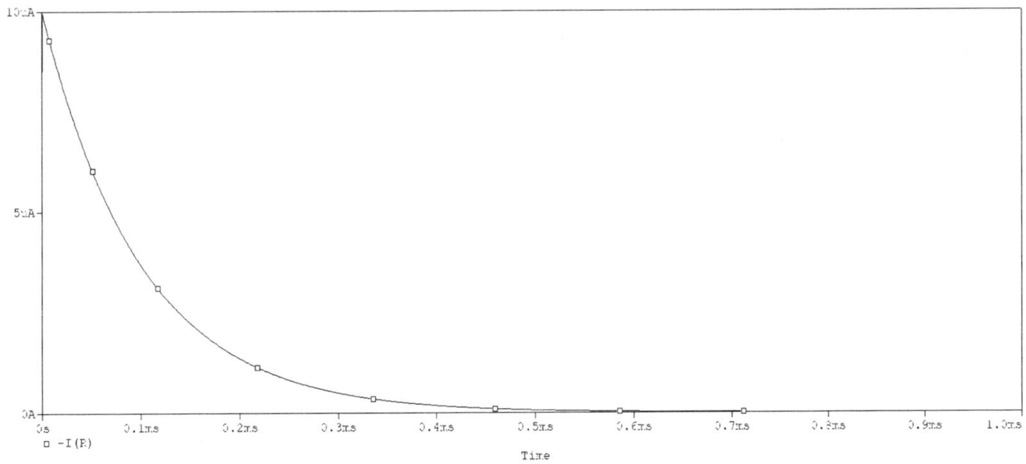

실습 2-31

스위치가 0[s]에서 닫힐 때의 회로이다. Transient Analysis를 4[s]까지 실행하여 ① 리액턴스 전압 ② 리액턴스 전류 파형을 시뮬레이션 하시오.

[조건] (1) 직류 전류원(IDC) : $I_{in}=6[A]$
(2) 시간 의존 close 스위치(Sw_tClose/EVAL)
(3) 저항(R) : $R_1=2[\Omega]$, $R_2=4[\Omega]$
(4) 리액턴스(L) : $L=3[H]$
(5) 접지 : Place ground

(1) 회로 구성

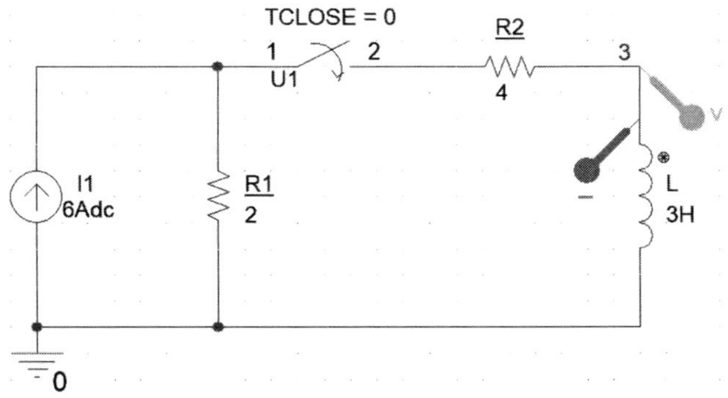

(2) 시뮬레이션 결과

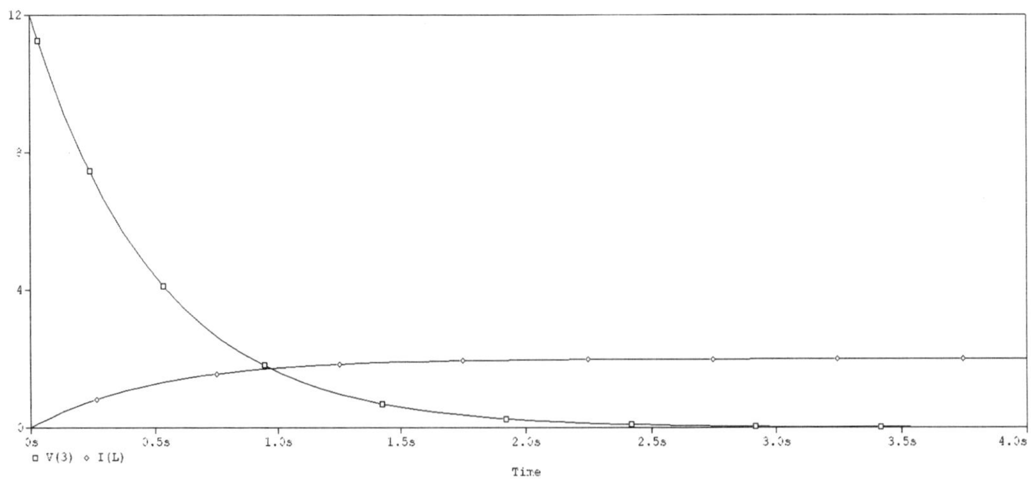

14.2 R–C 직렬회로

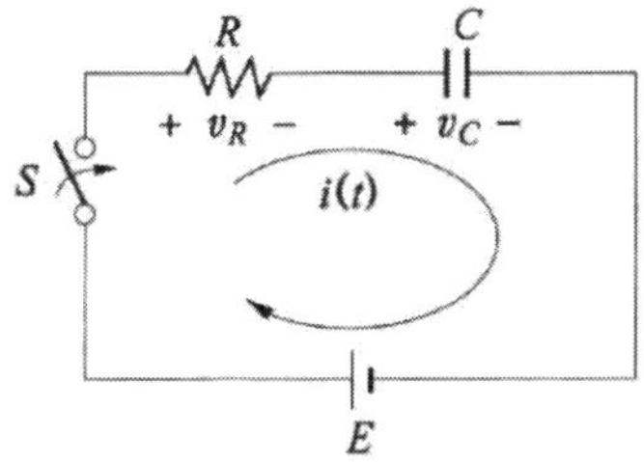

그림 2–17 RC 직렬회로

초기 전하량이 없는 RC 직렬회로에서 $t = 0$일 때 스위치를 닫을 때, 키르히 호프의 법칙에 의해 다음 식이 된다.

$$Ri(t) + \frac{1}{C}\int i(t)dt = E$$

$$R\frac{dq(t)}{dt} + \frac{1}{C}\int \frac{dq(t)}{dt}dt = E$$

$$R\frac{dq(t)}{dt} + \frac{1}{C}q(t) = E$$

$$Rsq(s) + \frac{1}{C}q(s) = \frac{E}{s}$$

$$q(s)\left(Rs + \frac{1}{C}\right) = \frac{E}{s}$$

$$q(s) = \frac{E}{s}\cdot\frac{1}{Rs+\frac{1}{C}} = \frac{E}{s}\cdot\frac{\frac{1}{R}}{s+\frac{1}{RC}} = \frac{E}{s}\cdot\frac{\frac{1}{R}}{s+\frac{1}{RC}}$$

$$= \frac{A}{s} + \frac{B}{s+\frac{1}{RC}} = \frac{A}{s} + \frac{B}{s+\frac{1}{RC}} = \frac{CE}{s} - \frac{CE}{s+\frac{1}{RC}}$$

$$\therefore\ q(t) = CE(1 - e^{-\frac{1}{RC}t})$$

$$i(t) = \frac{dq(t)}{dt} = \frac{E}{R}e^{-\frac{1}{RC}t}$$

실습 2-32

저항과 캐패시턴스 직렬회로에서 스위치를 30[μs]에서 닫을 때, Transient Analysis를 200[μs]까지 실행하여 ① 입력전압 ② 캐패시턴스 양단 전압 파형을 시뮬레이션 하시오.

[조건] (1) 구분적 변조 전원(VPWL) : V_{in}: (PWL 0 0 1ns 1 10s 1)
(2) 시간 의존 close 스위치(Sw_tClose/EVAL)
(3) 저항(R) : R = 2[Ω]
(4) 캐패시턴스(C) : C = 10[μF]
(5) 접지 : Place ground

(1) 회로 구성

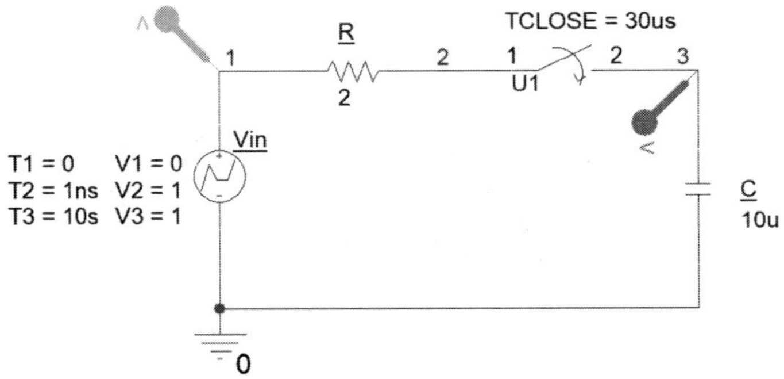

(2) 시뮬레이션 결과

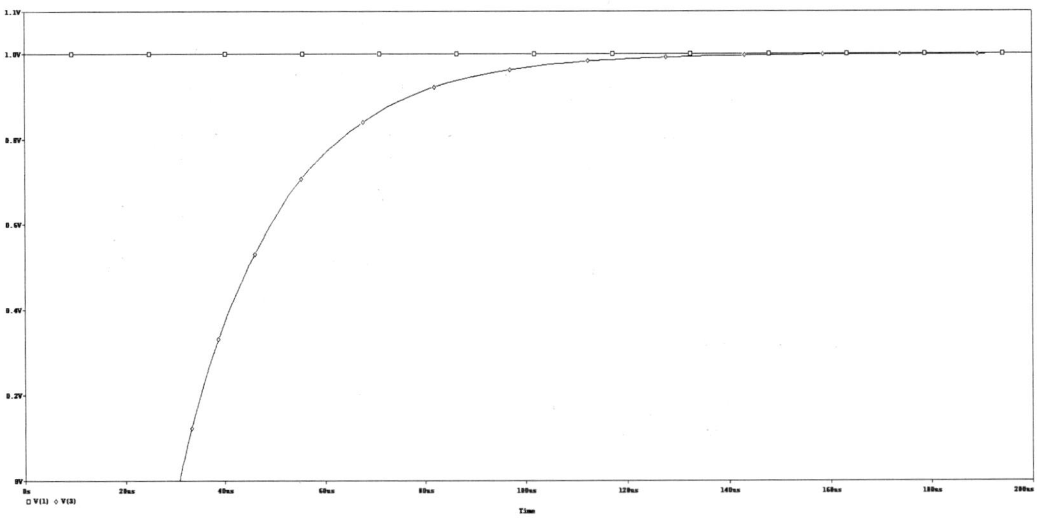

구분적 변조 전원(VPWL)의 시간과 크기를 회로도에 표시하는 방법

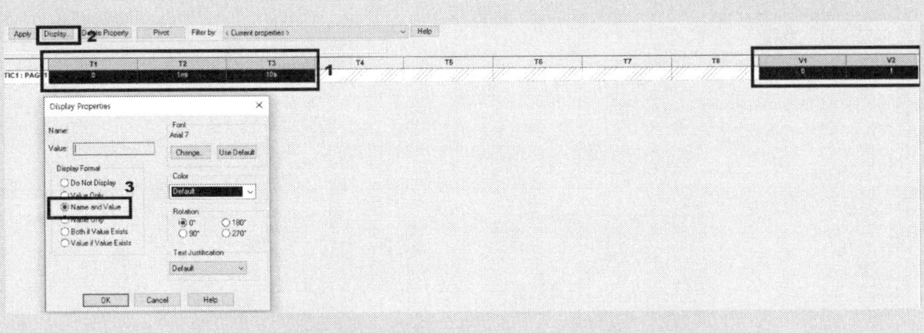

(1) VPWL를 더블클릭하여, 그림에서 1번처럼 T1 T2 T3 V1 V2 V3을 입력한다.
(2) Ctrl 키를 누르고 마우스로 T1 T2 T3 V1 V2 V3를 선택한다.
(3) 그림에서 Display(2번)을 클릭하면 3번과 같은 화면이 나타난다.
(4) 3번에서와 같이 Name and Value를 선택한다.

실습 2-33

시간 의존 open 스위치를 이용한 회로이다. 스위치를 20[μs]에서 열 때, Transient Analysis를 200[μs]까지 실행하여 ① 입력전압 ② 캐패시턴스 양단 전압 파형을 시뮬레이션 하시오.

[조건] (1) 구분적 변조 전원(VPWL) : V_{in} (PWL 0 0 1ns 1 10s 1)
(2) 시간 의존 close 스위치(Sw_tOpen/EVAL)
(3) 저항(R) : $R = 10[\Omega]$
(4) 캐패시턴스(C) : $C = 2[\mu F]$
(5) 접지 : Place ground

(1) 회로 구성

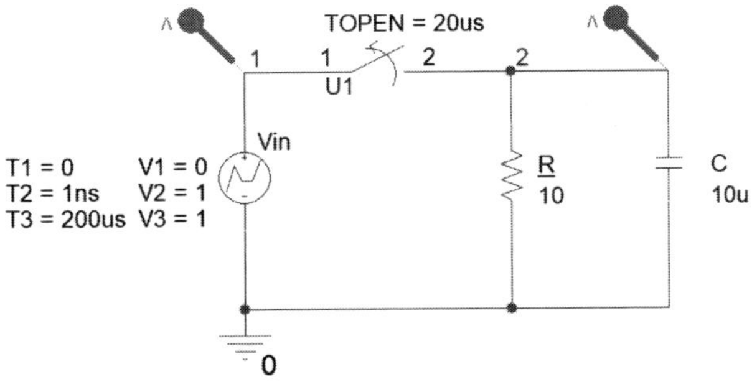

(2) 시뮬레이션 결과

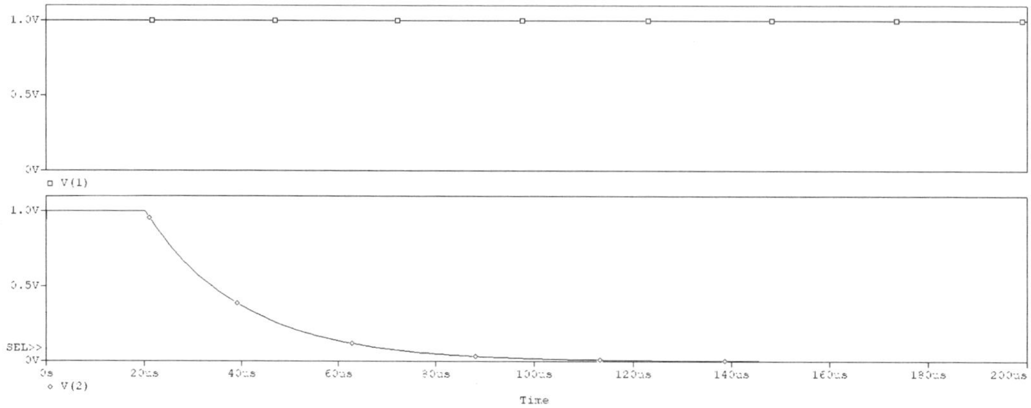

실습 2-34

캐패시터의 초기전압 IC = 0으로 50[s]동안 충전하고,100[kΩ]의 저항을 통해 방전하는 회로이다. Transient Analysis를 100[s]까지 실행하여 ① 입력 전압 ③ 캐패시터 전압 ③ 캐패시터의 전류 파형을 시뮬레이션 하시오.

[조건] (1) 직류 전압원(VDC) : $V_{in} = 5[V]$

(2) 시간 의존 close 스위치(Sw_tClose/EVAL)

(3) 시간 의존 open 스위치(Sw_tOpen/EVAL)

(4) 저항(R) : $R = 100[k\Omega]$

(5) 캐패시턴스(C) : $C = 100[\mu F]$

(6) 접지 : Place ground

(1) 회로 구성

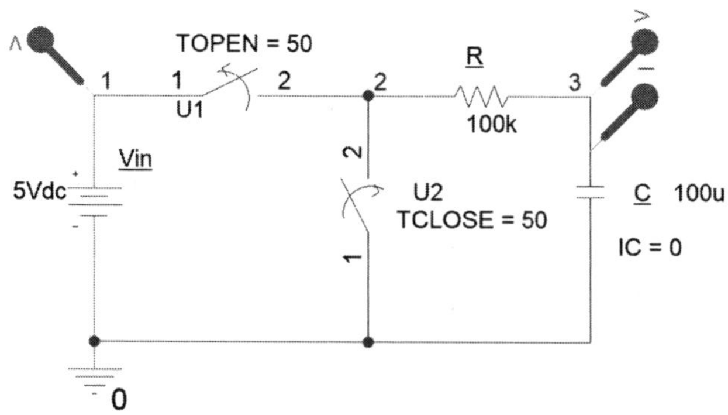

(2) 시뮬레이션 결과

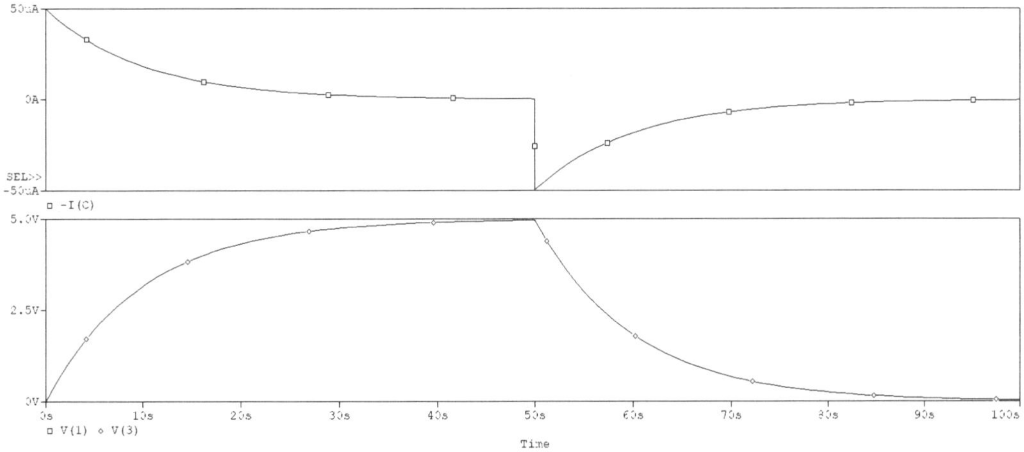

캐패시턴스의 초기전압(IC)를 지정하는 방법

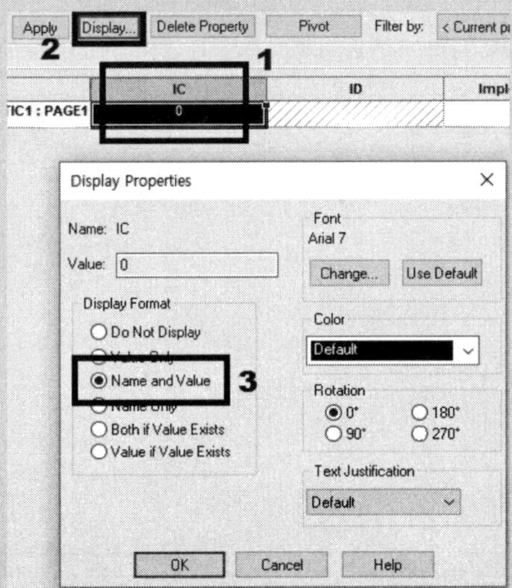

(1) 캐패시턴스를 더블클릭한다.

(2) 그림에서 1번의 IC에 0을 입력한다

(3) Ctrl 키를 누른 상태에서 마우스로 IC를 클릭하면 검정색으로 선택이 된다.

(3) 그림에서 Display(2번)을 클릭하면 3번과 같은 화면이 나타난다.

(4) 3번에서와 같이 Name and Value를 선택한다.

실습 2-35

캐패시터 C의 초기전압 IC=8[V]이고, 스위치는 0[s]일 때 개방이 되는 회로이다. 다음 조건에서 Transient Analysis를 10[s]까지 실행하여 ① 캐패시터 전압 ② 캐패시터 전류 파형을 시뮬레이션 하시오.

[조건] (1) 직류 전압원(VDC) : $V_{in} = 18$[V]

(2) 시간 의존 open 스위치(Sw_tOpen/EVAL)

(3) 저항(R) : $R_1 = 10[k\Omega]$, $R_2 = 30[k\Omega]$, $R_3 = 20[k\Omega]$, $R_4 = 40[k\Omega]$

(4) 캐패시턴스(C) : $C = 45[\mu F]$, IC = 8[V]

(5) 접지 : Place ground

(1) 회로 구성

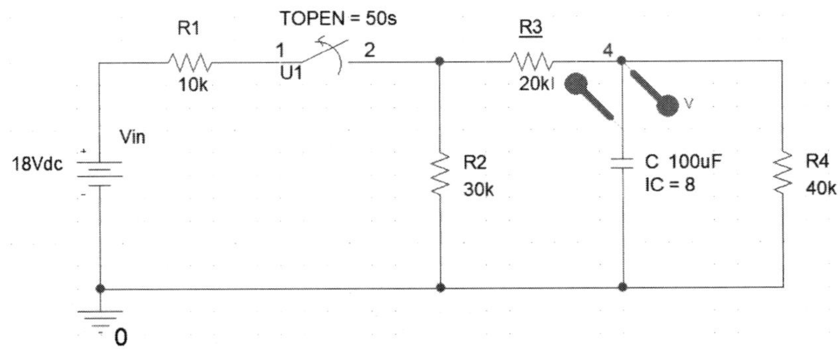

(2) 시뮬레이션 결과

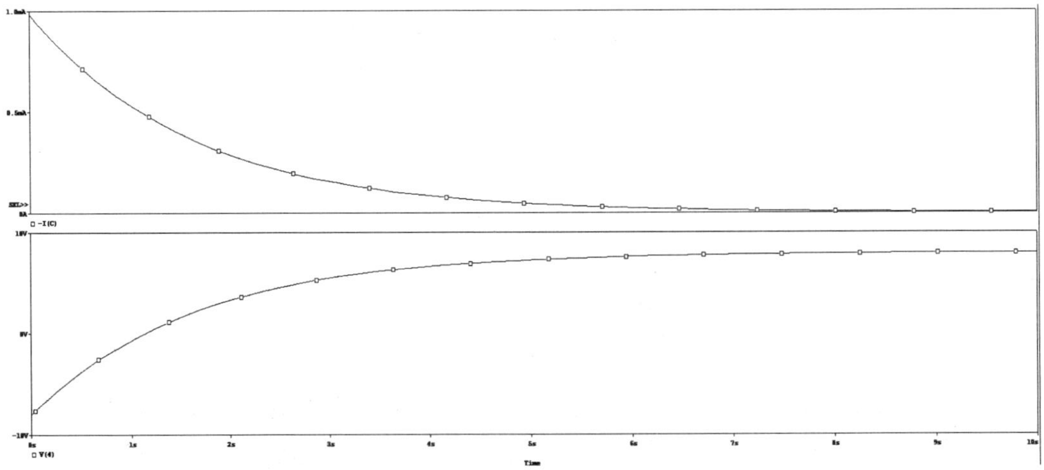

실습 2-36

스위치가 30[ms]에서 닫힐 때의 회로이다. Transient Analysis를 100[ms]까지 실행하여 ① 입력 전압 ② 캐패시터 전압 ② 캐패시터의 전류 파형을 시뮬레이션 하시오.

[조건] (1) 직류 전압원(VDC) : $V_{in} = 20[V]$
(2) 직류 전류원(IDC) : $I_1 = 1[mA]$
(3) 시간 의존 close 스위치(Sw_tClose/EVAL)
(4) 저항(R) : $R_1 = 10[k\Omega]$, $R_2 = 10[k\Omega]$
(5) 캐패시턴스(C) : $C = 5[\mu F]$, IC = 0[V]
(6) 접지 : Place ground

(1) 회로 구성

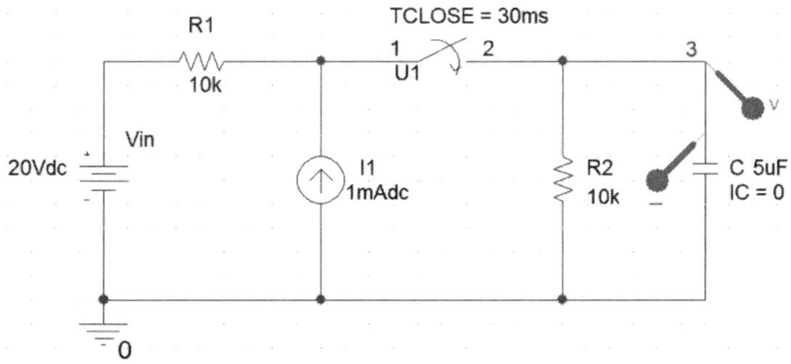

(2) 시뮬레이션 결과

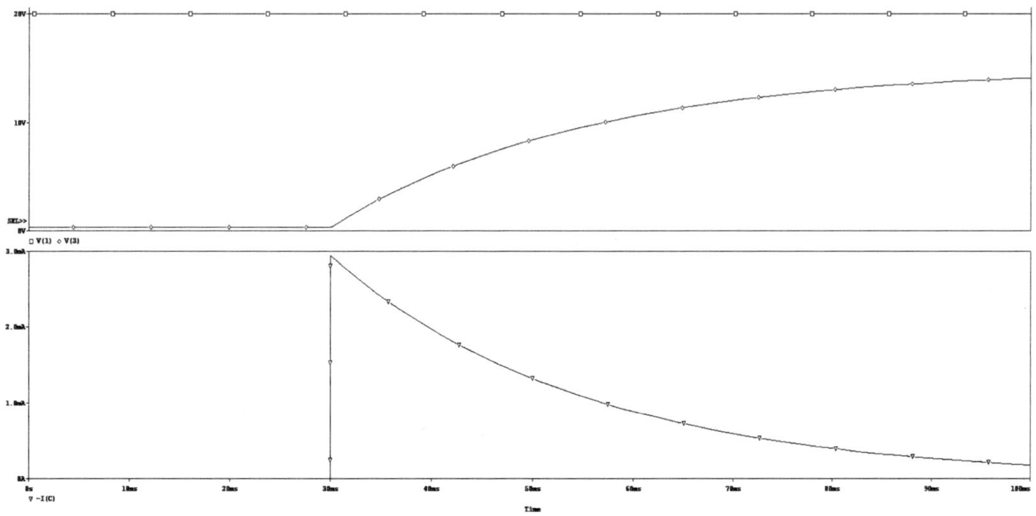

실습 2-37

시간 의존 close/open 스위치를 이용한 회로이다. Transient Analysis를 1[s]까지 실행하여 ① 캐패시턴스 전류 ② 캐패시터 전압 파형을 시뮬레이션 하시오.

[조건] (1) 직류 전압원(VDC) : $V_{in} = 9[V]$
(2) 시간 의존 close 스위치(Sw_tClose/EVAL)
(3) 시간 의존 open 스위치(Sw_tOpen/EVAL)
(4) 저항(R) : $R_1 = 2[\Omega]$, $R_2 = 12[\Omega]$, $R_3 = 6[\Omega]$, $R_4 = 6[\Omega]$
(5) 캐패시턴스(C) : $C = 0.02[F]$
(6) 접지 : Place ground

(1) 회로 구성

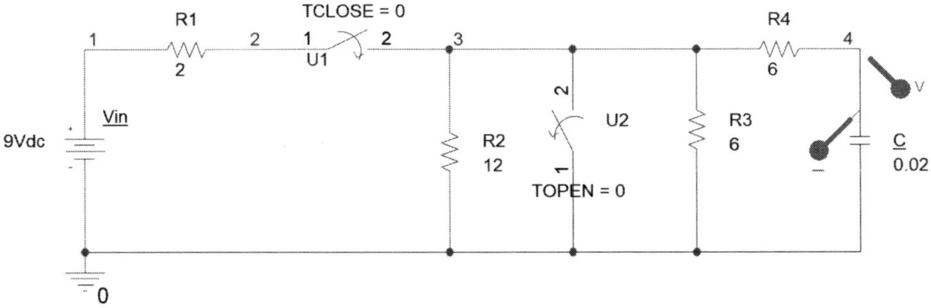

(2) 시뮬레이션 결과

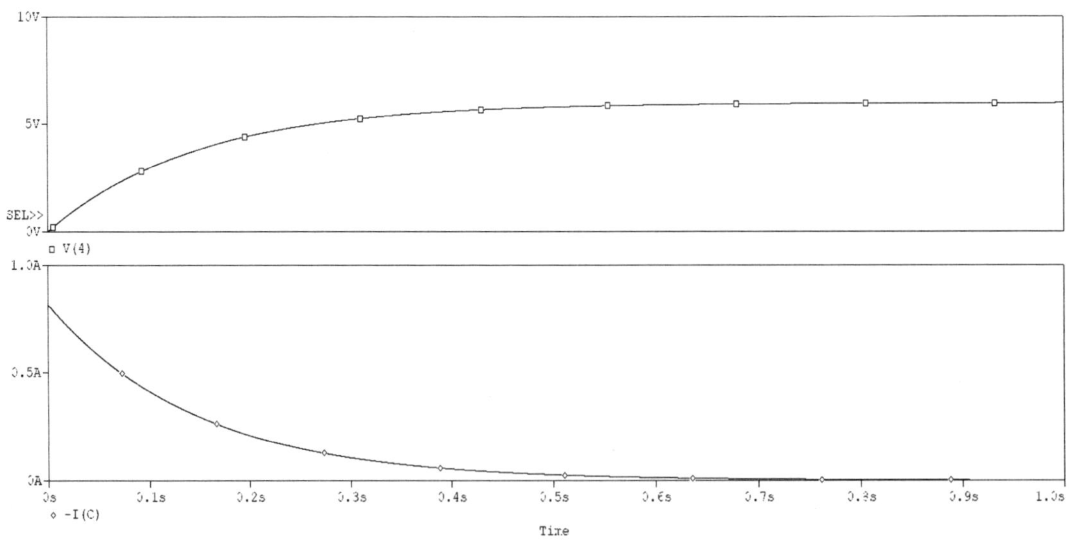

실습 2-38

시간 의존 close/open 스위치를 이용하여 구성한 캐패시터의 방전회로이다. Transient Analysis를 1[s]까지 실행하여 ① 캐패시턴스 전류 ② 캐패시터 전압 파형을 시뮬레이션 하시오.

[조건] (1) 직류 전압원(VDC) : $V_{in}=9[V]$
(2) 시간 의존 open 스위치(Sw_tOpen/EVAL)
(3) 저항(R) : $R_1=6[\Omega]$, $R_2=6[\Omega]$, $R_3=12[\Omega]$, $R_4=2[\Omega]$
(4) 캐패시턴스(C) : $C=0.02[F]$
(5) 접지 : Place ground

(1) 회로 구성

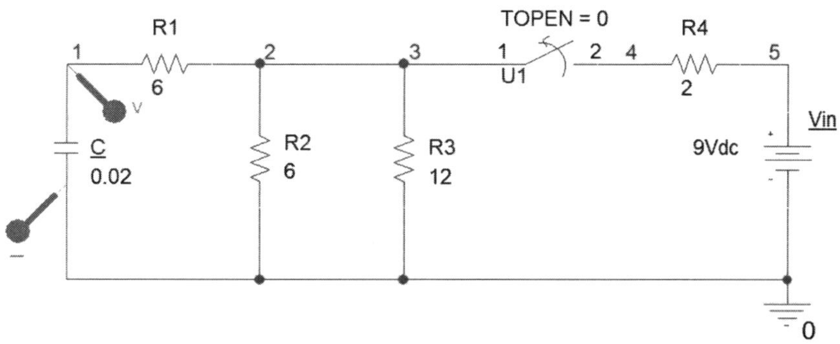

(2) 시뮬레이션 결과

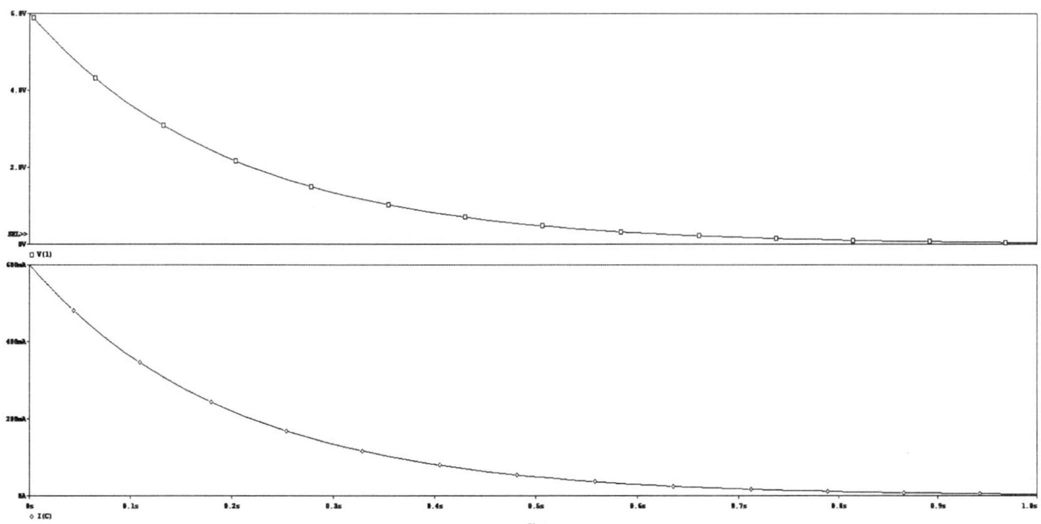

실습 2-39

시간 의존 close/open 스위치를 이용한 회로이다. Transient Analysis를 3[s]까지 실행하여 ① 캐패시턴스 전류 ② 캐패시턴스 전압 파형을 시뮬레이션 하시오.

[조건] (1) 직류 전압원(VDC) : $V_{in} = 800[V]$
(2) 직류 전류원(IDC) : $I_1 = 50[A]$
(3) 시간 의존 open 스위치(Sw_tOpen/EVAL)
(4) 시간 의존 close 스위치(Sw_tClose/EVAL)
(5) 저항(R) : $R_1 = 8[\Omega]$, $R_2 = 120[\Omega]$, $R_3 = 40[\Omega]$, $R_4 = 10[\Omega]$
(6) 캐패시턴스(C) : $C_1 = 27.77[mF]$
(7) 접지 : Place ground

(1) 회로 구성

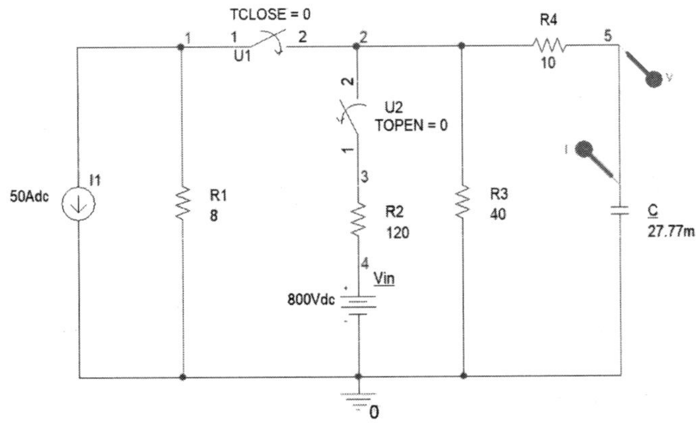

(2) 시뮬레이션 결과

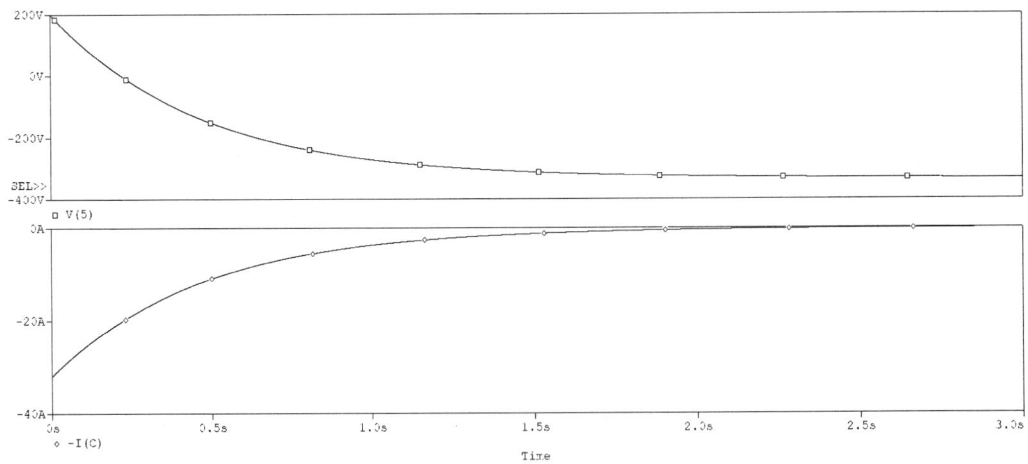

실습 2-40

시간 의존 open 스위치를 이용한 오실레이터 회로이다. Transient Analysis를 4[μs]까지 실행하여, ① 캐패시턴스 전류 ② 캐패시턴스 전압 ③ 리액턴스 전류파형을 시뮬레이션 하시오.

[조건] (1) 직류 전압원(VDC) : $V_{in}=5$[V]
(2) 시간 의존 open 스위치(Sw_tOpen/EVAL)
(3) 저항(R) : $R=0.6$[Ω]
(4) 리액턴스(L) : $L=10$[μH]
(5) 캐패시턴스(C) : $C=0.01$[nF]
(6) 접지 : Place ground

(1) 회로 구성

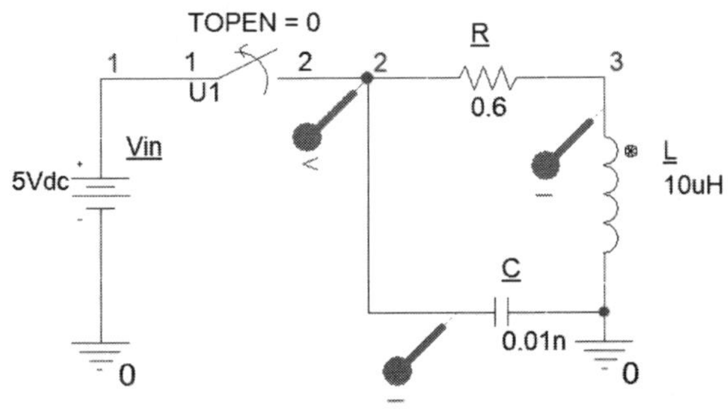

(2) 시뮬레이션 결과

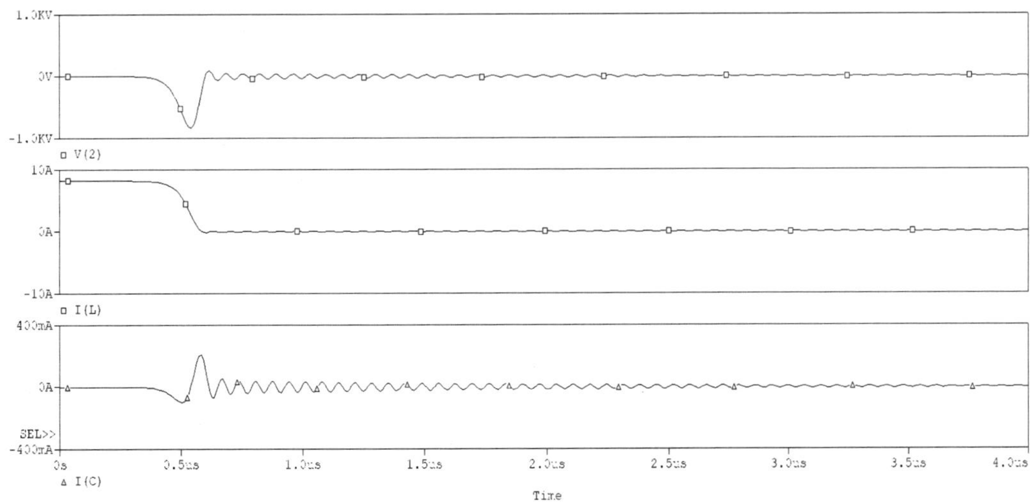

실습 2-41

시간 의존 close 스위치를 이용한 회로이다. Transient Analysis를 1[ms]까지 실행하여 ① 캐패시턴스 전압 ② 캐패시턴스 전류 파형을 시뮬레이션 하시오.

[조건] (1) 직류 전류원(IDC) : $I_1 = 10[mA]$
(2) 시간 의존 close 스위치(Sw_tClose/EVAL)
(3) 저항(R) : $R = 2[k\Omega]$
(4)캐패시턴스(C) : $C = 0.05[\mu F]$, IC = −5[V]
(5) 접지 : Place ground

(1) 회로 구성

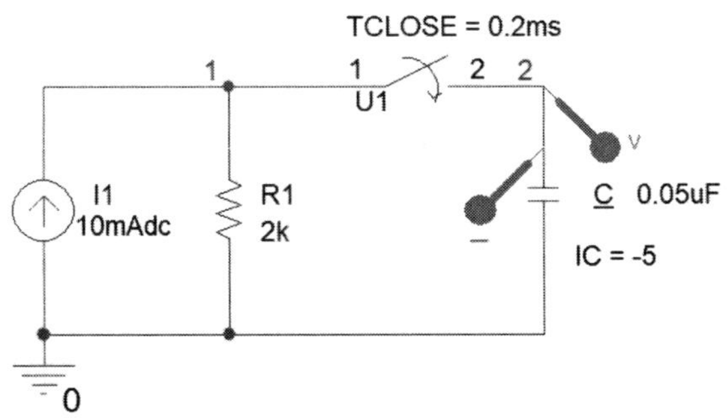

(2) 시뮬레이션 결과

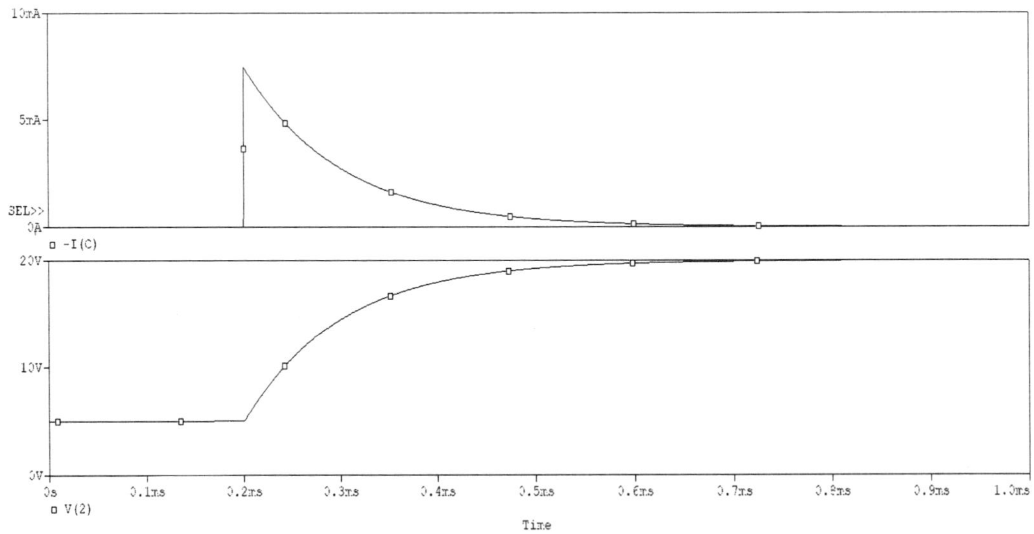

실습 2-42

시간 의존 open 스위치를 이용한 회로이다. Transient Analysis를 5[ms]까지 실행하여 ① 리액턴스 전압 ② 캐패시턴스 전압 ③ 리액턴스 전류 파형을 구하여라.

[조건] (1) 직류 전압원(VDC) : V_{in}=10V
(2) 시간 의존 close 스위치(Sw_tOpen/EVAL)
(3) 저항(R) : R=25[Ω]
(4) 캐패시턴스(C) : C=10[μF]
(5) 리액턴스(L) : L=10[mH]
(6) 접지 : Place ground

(1) 회로 구성

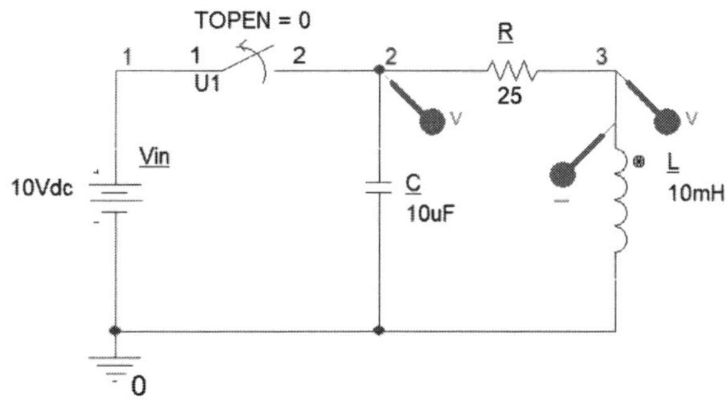

(2) 시뮬레이션 결과

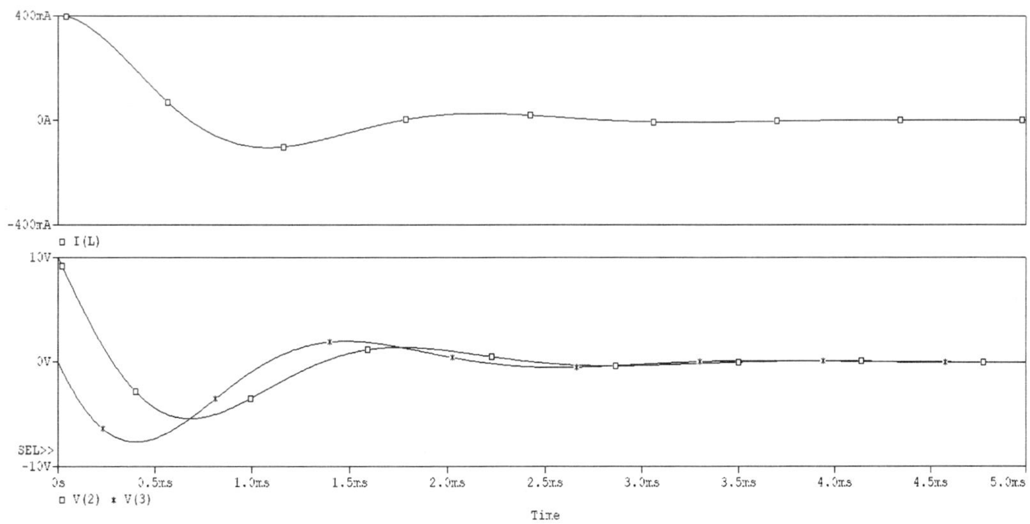

실습 2-43

시간 의존 open 스위치를 이용한 회로이다. Transient Analysis를 2[s]까지 실행하여 ① 리액턴스 전압 ② 리액턴스 전류 파형을 시뮬레이션 하시오.

[조건] (1) 직류 전류원(IDC) : $I_1 = 20[A]$
(2) 시간 의존 close 스위치(Sw_tOpen/EVAL)
(3) 저항(R) : $R_1 = 0.1[\Omega]$, $R_2 = 2[\Omega]$, $R_3 = 10[\Omega]$, $R_4 = 40[\Omega]$
(4) 리액턴스(L) : $L = 2[H]$
(5) 접지 : Place ground

(1) 회로 구성

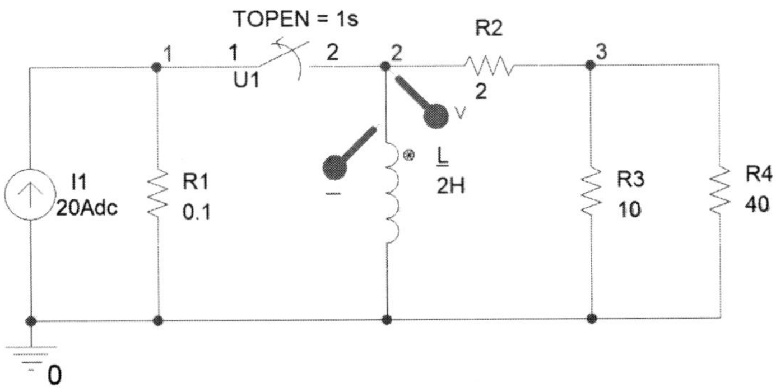

(2) 시뮬레이션 결과

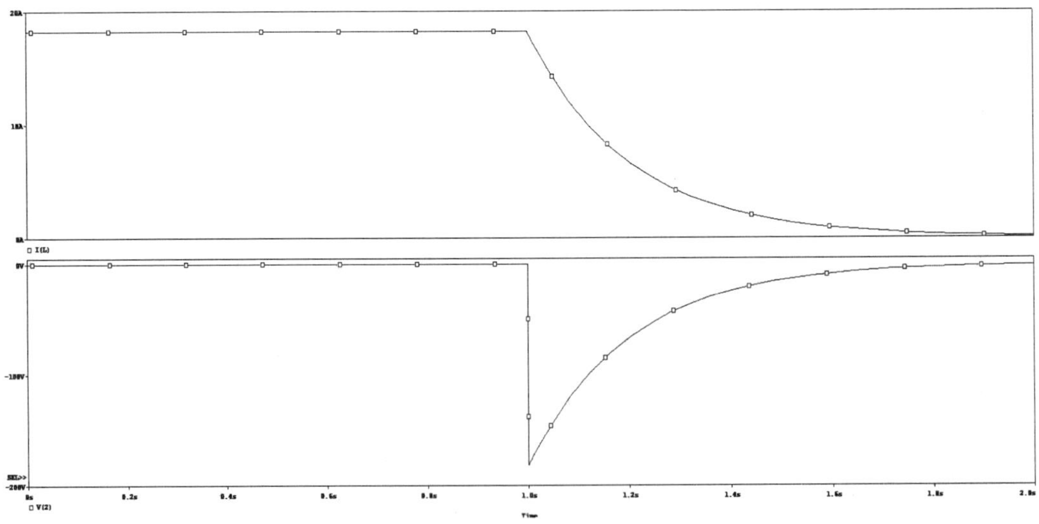

실습 2-44

고주파를 제거하고 저주파를 통과 시키는 역할을 하는 low pass filter(LPF)에서 캐패시터는 주파수가 낮을수록(직류인 경우 주파수=0) 임피던스가 증가하여 직류는 통과하지 못하고 주파수가 높을수록(교류)캐패시터의 임피던스가 낮아져서 통과시키는 특성을 가지고 있다. 다음과 같은 조건을 일 때 AC Analysis를 그림과 같이 설정하여 시뮬레이션 하시오.

[조건] (1) 교류 전류원(VAC) : 10Vac
(2) 저항(R) : R = 1[Ω]
(3) 캐패시턴스(C) : C = 1[nF]

(1) 회로 구성

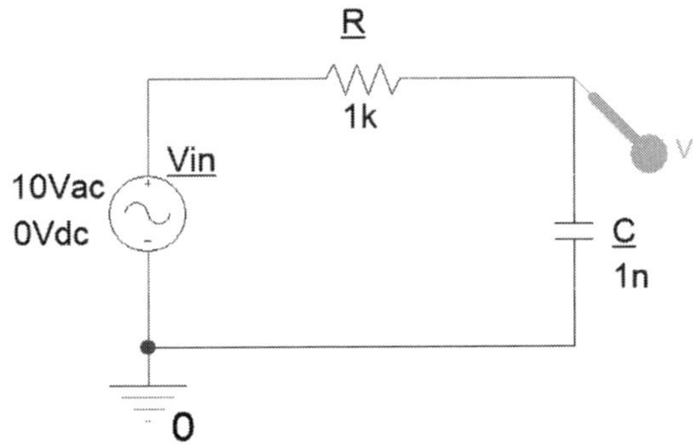

– AC Analysis

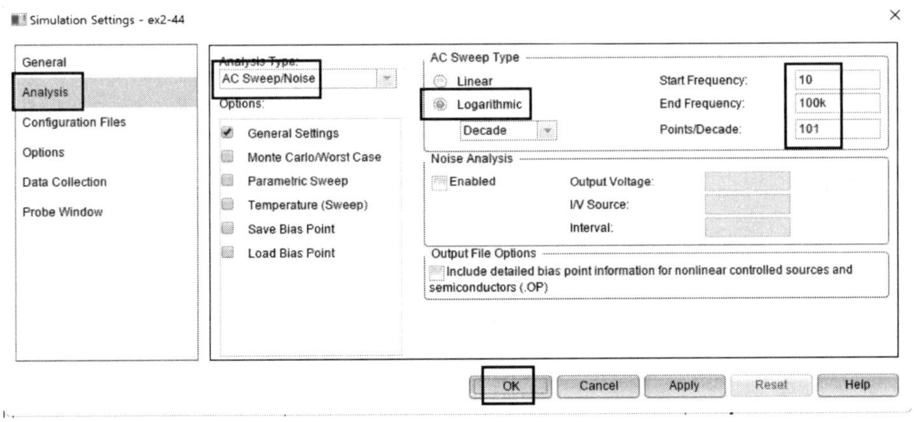

(2) 시뮬레이션 결과

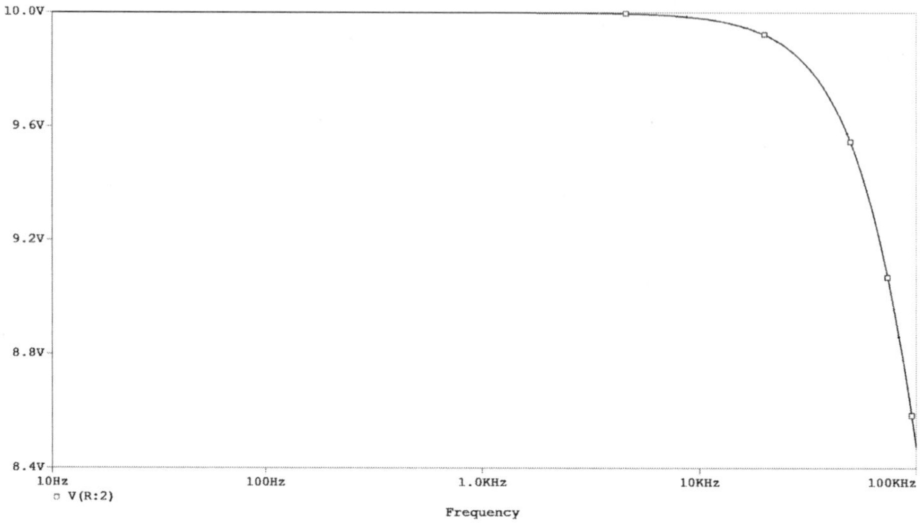

실습 2-45

High Pass Filter는 저주파수 대역을 제외한 고역대 주파수를 걸러 내보내는 필터이다. 다음과 같은 조건을 일 때 AC Analysis를 그림과 같이 설정하여 시뮬레이션 하시오.

[조건] (1) 교류 전류원(VAC) : 10Vac
(2) 저항(R) : R = 10[kΩ]
(3) 캐패시턴스(C) : C = 10[nF]

(1) 회로 구성

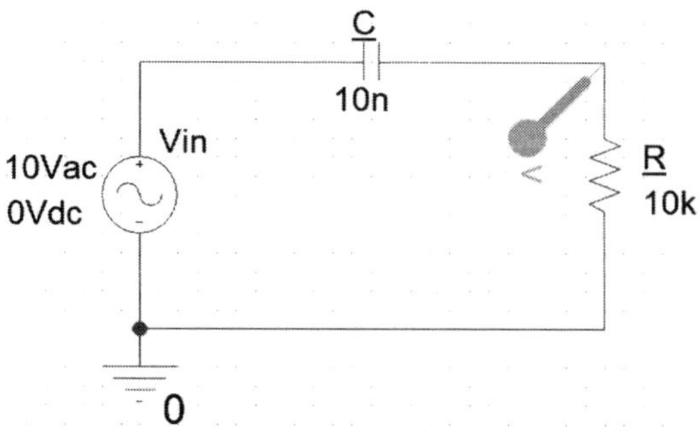

– AC Analysis

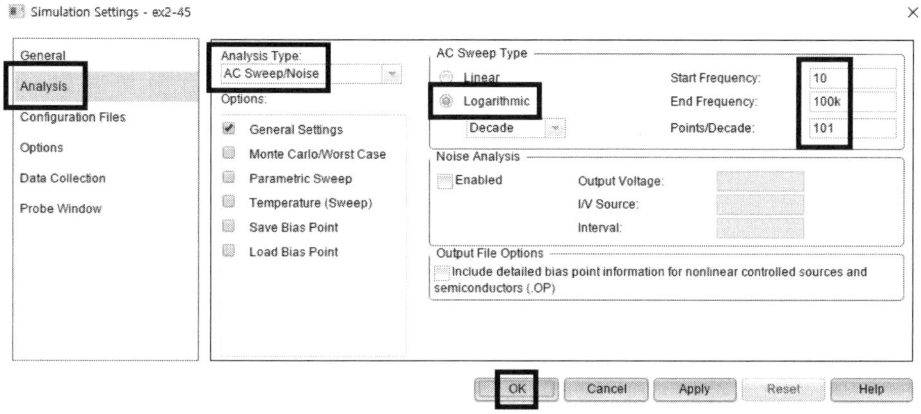

(2) 시뮬레이션 결과

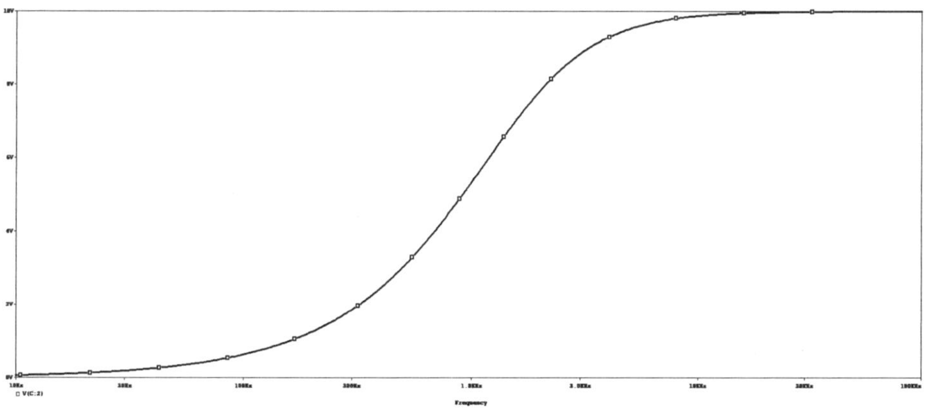

실습 2-46

Band Pass Filter(BPF)는 입력주파수의 중간 주파수 대역만을 통과시키는 필터이다. 즉, 저역주파수와 고역주파수만을 제외하고 중간 주파수 대역망 통과하게 된다. 다음과 같은 조건을 일 때 AC Analysis를 그림과 같이 설정하여 시뮬레이션 하시오.

[조건] (1) 교류 전류원(VAC) : 10Vac
(2) 저항(R) : R1=R2=1[kΩ]
(3) 캐패시턴스(C) : C1=10[nF], C2=1000[nF]

(1) 회로 구성

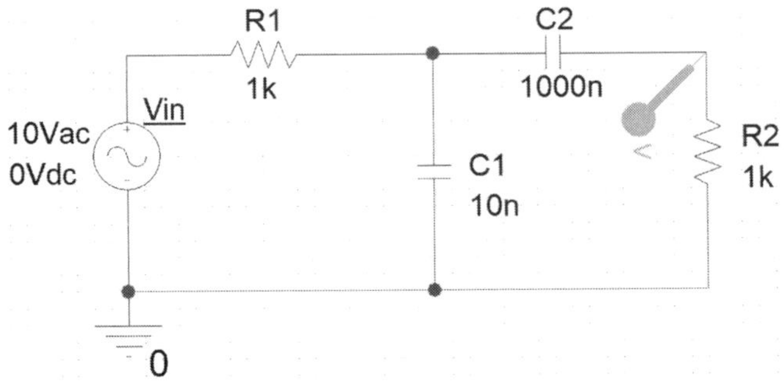

– AC Analysis

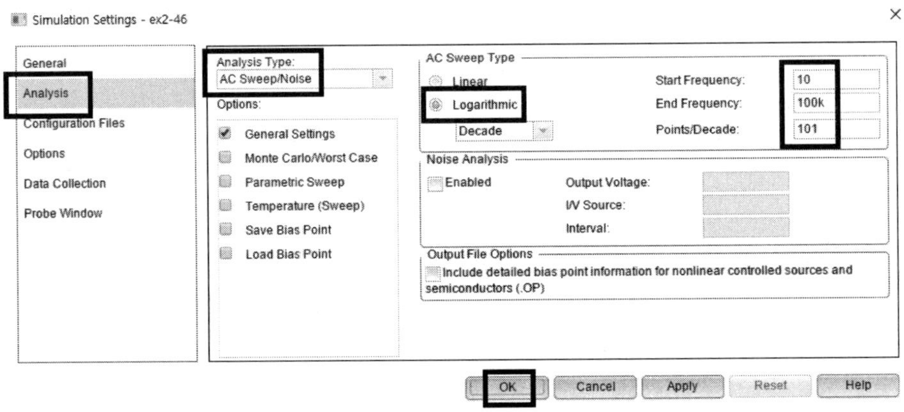

(2) 시뮬레이션 결과

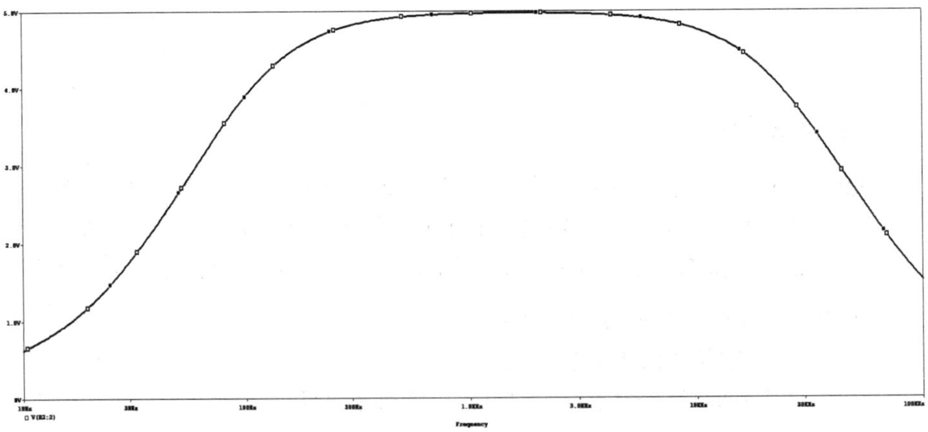

실습 2-47

보드선도(Bode Plot)는 주파수 응답을 나타내는 그래프이다. 입력 주파수에 따른 ① 크기 응답(dB 단위의 크기 또는 이득)과 ② 위성 응답(각도로 표시되는 위상) 그래프를 다음과 같은 조건일 때 AC Analysis를 그림과 같이 설정하여 시뮬레이션 하시오.

[조건] (1) 교류 전류원(VAC) : 1Vac
(2) 저항(R) : R = 1[kΩ]
(3) 캐패시턴스(C) : C = 1[μF]

(1) 회로 구성

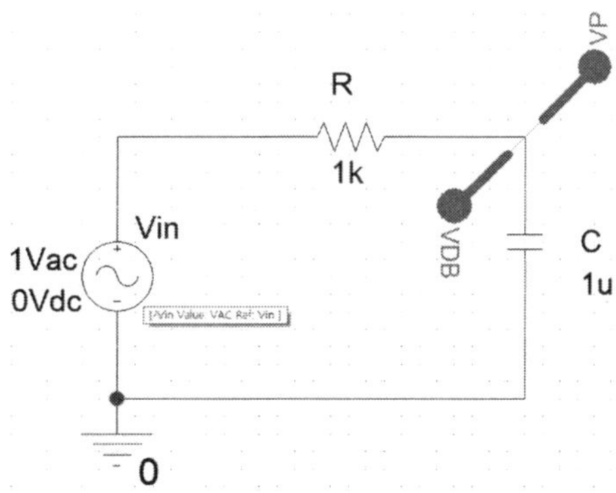

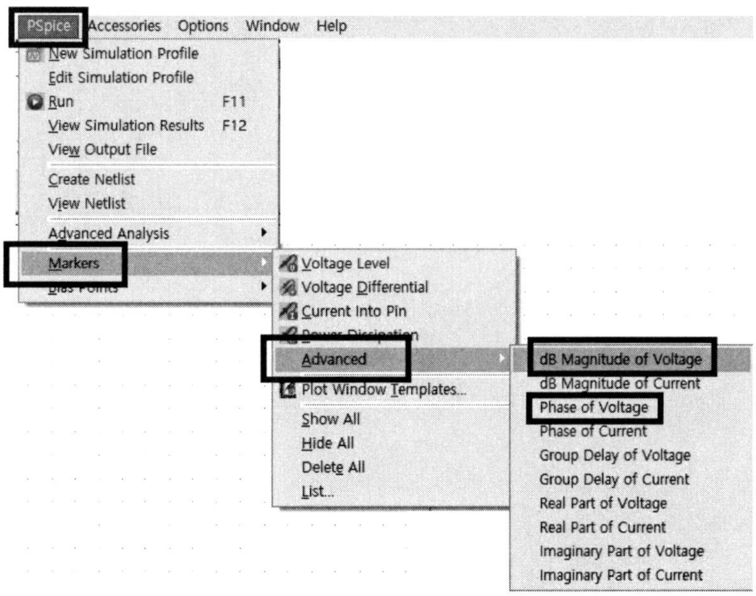

– AC Analysis

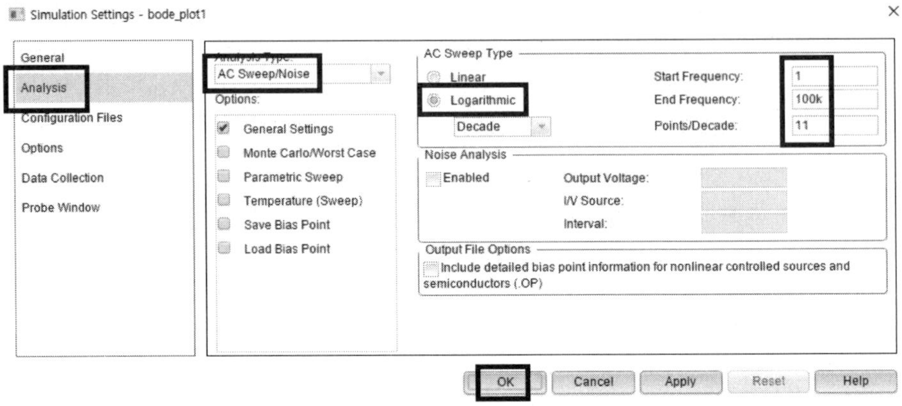

(2) 시뮬레이션 결과

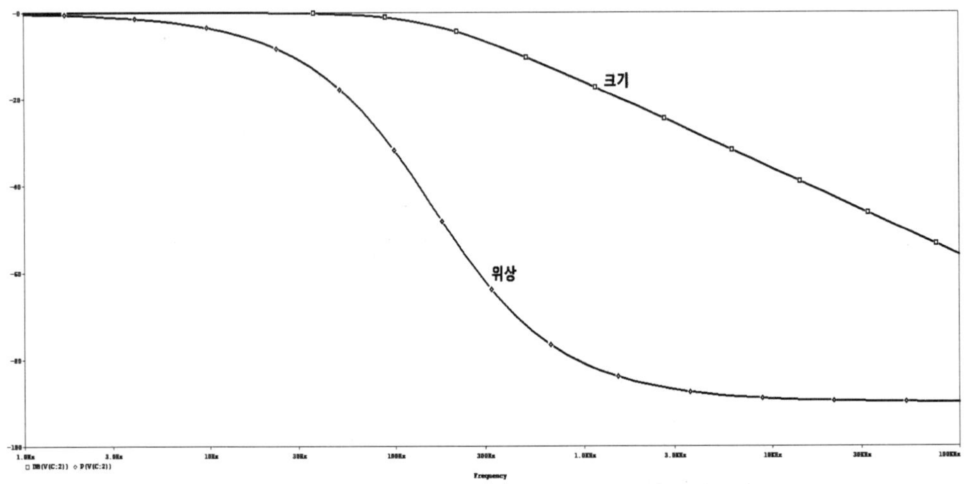

CHAPTER 3

연산증폭기 (OP-AMP)

1 OP-AMP란?

OP-AMP(OPerational AMPlifier)는 두 개의 입력단자와 한 개의 출력단자를 가지며, 두 입력단자 전압간의 차이를 증폭하는 증폭기로써 입력단은 차동 증폭기로 되어 있다. OP-AMP를 사용하여 사칙연산이 가능한 회로 구성을 할 수 있으므로, 연산자의 의미에서 연산증폭기라고 부른다.
이상적인 연산 증폭기의 요건은 다음과 같다.
① 전압 이득 : $A_v = \infty$
② 입력 저항 : $R_{in} = \infty$
③ 출력 저항 : $R_{out} = 0$
④ 대역폭 : $B = \infty$
⑤ 오프셋 전압과 전류 : 0
⑥ 온도에 따른 소자 파라미터 변동이 없어야 한다.

2 슬루레이트(SR)

슬루레이트는 OP-AMP의 동작 속도를 나타내는 파라미터로 단위시간당 전압의 변화율을 $\frac{\Delta V}{\Delta t}$ [V/μs]로 나타낸다.
구형파 전원 입력시 상승시간과 하강시간의 단위시간당 전압의 변화율을 측정하여 그 값이 작은 쪽의 값이 슬루레이트 값이 된다. 그리고, 슬루레이트를 초과하는 신호일 때는 전압의 왜곡이 발생한다.

실습 3-1

uA741의 슬루레이트는 datasheet에 의하면 0.5[V/μs] 이다. Transient Analysis로 4[m]까지 시뮬레이션을 하여 파형으로 보이시오.

[조건] (1) 구형파 전압원(VPULSE) :
V1(V1 = 0 V2 = 1 TD = 1m TR = TF = 1n PW = 2m PER = 4m)
(2) 직류전압원(VDC) : V2=15V, V3=−15V
(3) OPAMP(uA741)
(4) VCC 연결점 : 그림 참조
(5) 접지 : Place ground

VCC 연결점

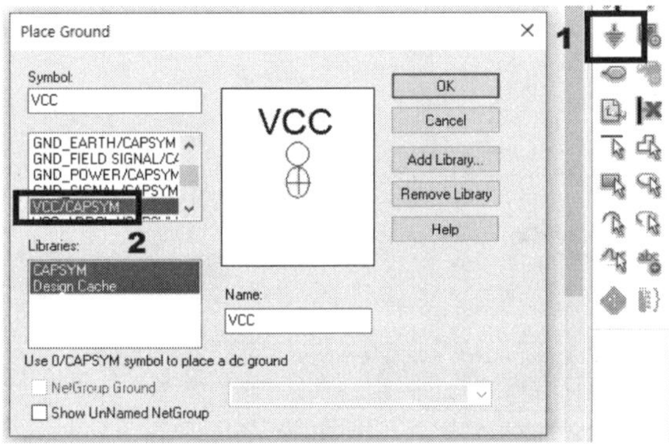

(1) 1번 클릭
(2) 2번 선택

(1) 회로 구성

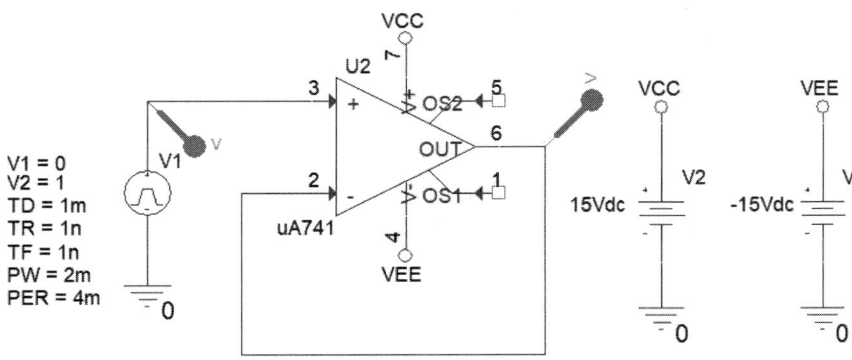

(2) 시뮬레이션 결과

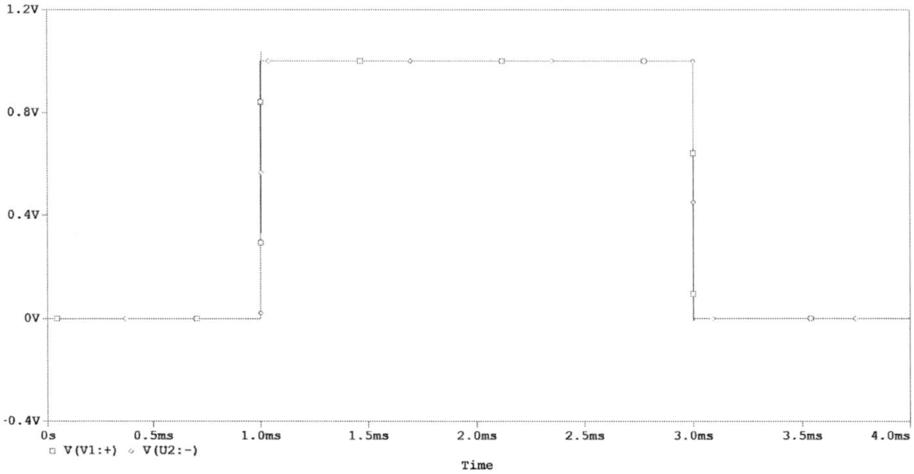
1.2V
0.8V
0.4V
0V
-0.4V
0s
0.5ms
1.0ms
1.5ms
2.0ms
2.5ms
3.0ms
3.5ms
4.0ms
□ V(V1:+) ◇ V(U2:-)
Time

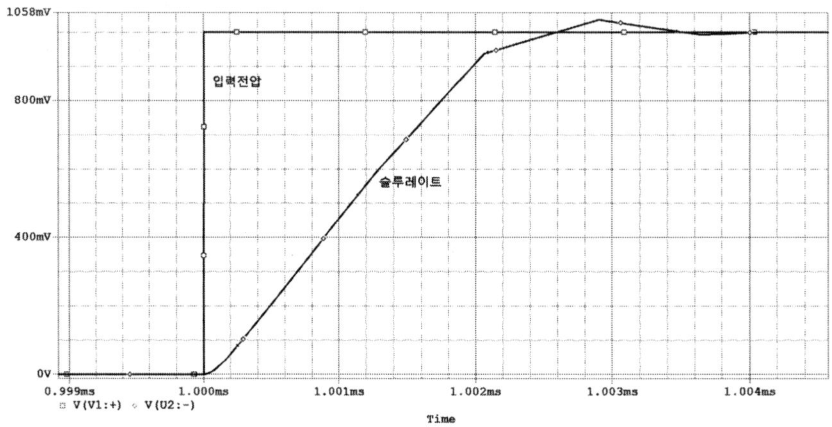
1058mV
800mV
400mV
0V
입력전압
슬루레이트
0.999ms
1.000ms
1.001ms
1.002ms
1.003ms
1.004ms
□ V(V1:+) ◇ V(U2:-)
Time

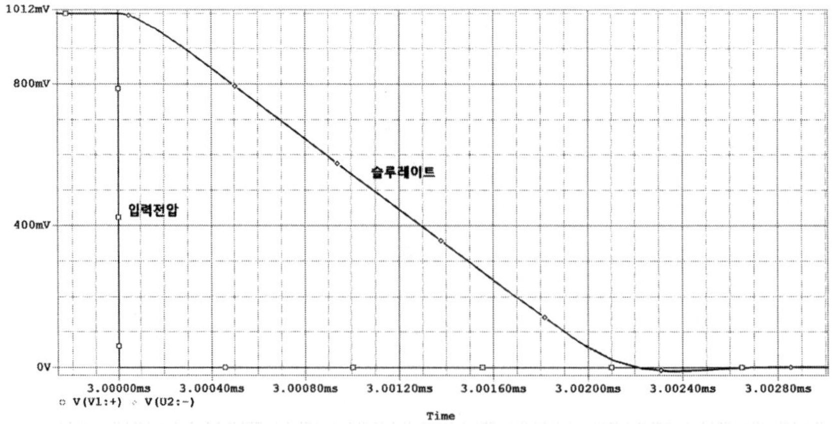
1012mV
800mV
400mV
0V
슬루레이트
입력전압
3.00000ms
3.00040ms
3.00080ms
3.00120ms
3.00160ms
3.00200ms
3.00240ms
3.00280ms
□ V(V1:+) ◇ V(U2:-)
Time

실습 3-2

그림은 OP-AMP의 슬루레이트를 보이기 위한 회로이다. OP-AMP의 동작을 위해 4번과 11핀에 VCC(+15[V])와 VEE(−15[V])의 직류전원을 공급한다. 다음 조건에서 Transient Analysis를 100[μs]까지 실행할 때, ① 입력전압 ② 출력전압을 파형을 시뮬레이션 하시오.

[조건] (1) 교류 정현파 전압원(VSIN) :
V_{in}(VAMPL=5V, f=25kHz)
(2) 직류 전압원(VDC) : V_{CC} =15[V], V_{EE} =−15[V]
(3) OPAMP(LM324)
(4) 접지 : Place ground

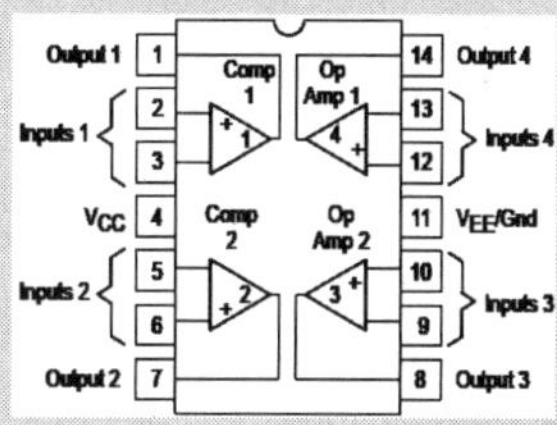

(1) 회로 구성

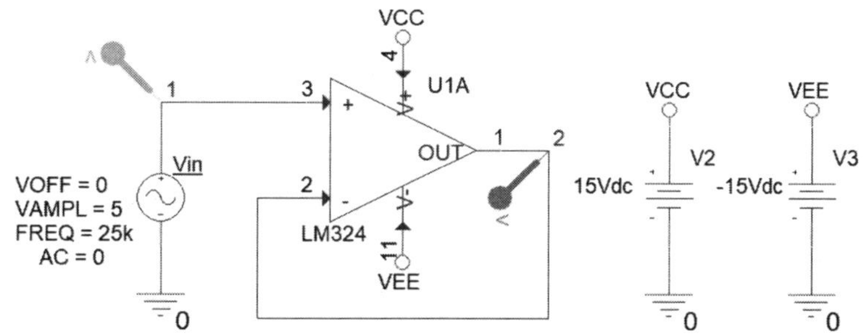

(2) 시뮬레이션 결과

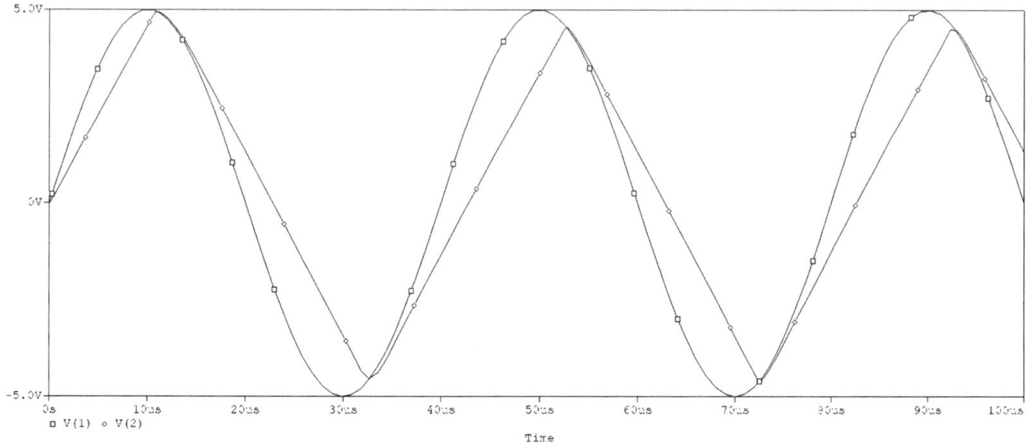

3 비반전 증폭회로

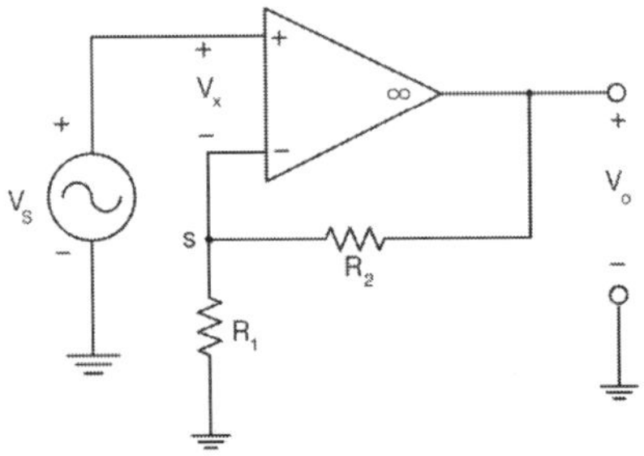

그림 3-1 비반전 증폭 회로

입력 전압과 같은 위상의 출력 전압을 얻을 수 있을 수 있으며, 출력 단자와 연산 증폭기의 반전 입력단자 (−)에 저항이 연결되어 있다. 이를 부궤환이라고 한다.

연산 증폭기의 입력 저항은 무한대이므로 회로 쪽으로 흐르는 전류 $I = 0$ 이며, 가상 접지에 의해 s점의 전압은 $V_s + V_x$이 되며, 저항 R_1과 R_2에 흐르는 전류가 같게 된다. 따라서, 식 (3−1) 및 식 (3−2)와 같다.

$$i_1 = i_2 \qquad \cdots\cdots (3-1)$$

$$\frac{V_s + V_x}{R_1} = \frac{V_o - (V_s + V_x)}{R_2} \qquad \cdots\cdots (3-2)$$

연산 증폭기의 개루프 이득을 무한대로 하면, $V_x = 0$이 되므로 다음과 같이 같다.

$$\frac{V_s}{R_1} = \frac{V_o - V_s}{R_2} \qquad \cdots\cdots (3-3)$$

따라서, 전압 이득 G을 구하면, 식 (3−4)와 같다.

$$\frac{V_s}{R_1} = \frac{V_o}{R_2} - \frac{V_s}{R_2}$$

$$\frac{V_s}{R_1} + \frac{V_s}{R_2} = \frac{V_o}{R_2}, \quad \frac{R_1 + R_2}{R_1 \cdot R_2} V_s = \frac{V_o}{R_2}$$

$$\therefore \frac{V_o}{V_s} = G = \frac{R_1 + R_2}{R_1} = 1 + \frac{R_2}{R_1} \qquad \cdots\cdots (3-4)$$

실습 3-3

그림 3-1은 OP-AMP의 비반전 증폭회로 회로이다. 다음 조건에서 Transient Analysis 를 2[ms]까지 실행할 때, ① 입력전압 ② 출력전압을 파형을 시뮬레이션 하시오.

[조건] (1) 교류 정현파 전압원(VSIN) : V_{in}(VAMPL=5[V], f=1[kHz])
(2) 직류 전압원(VDC) : V_{CC} =15[V], V_{EE} =−15[V]
(3) 저항(R) : R_1 =10[kΩ], R_2 =10[kΩ]
(4) OPAMP(LM324)
(5) 접지 : Place ground

(1) 회로 구성

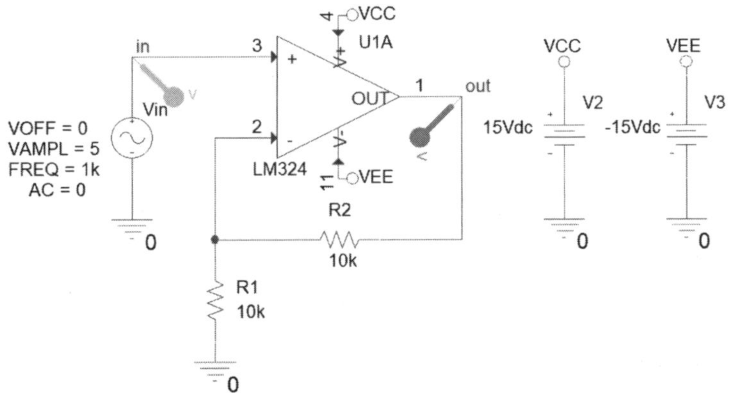

(2) 시뮬레이션 결과

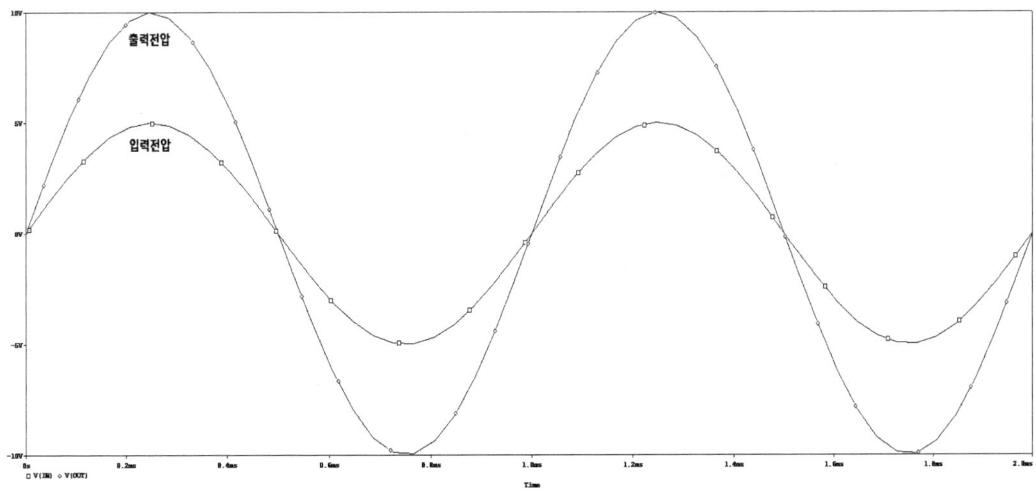

4 반전 증폭회로

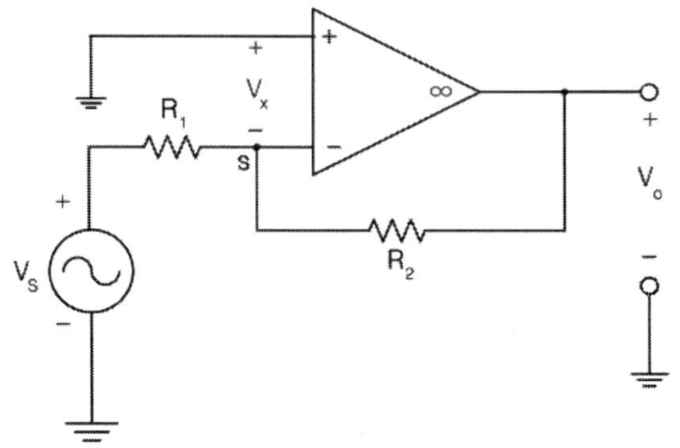

그림 3-2 반전 증폭 회로

가상접지에 의한 연산증폭기 입력 단자 V_x의 전압은 0이고, 연산증폭기의 입력저항이 무한대이므로 입력단자로 전류가 들어갈 수 없다.
절점 s에 키르히호프의 전류 법칙을 적용시키면 저항 R_1과 R_2에 흐르는 전류 i_1, i_2의 합은 0이 되므로 다음과 같이 쓸 수 있다.

$$i_1 = i_2$$

$$\frac{V_s - V_x}{R_1} = \frac{V_x - V_o}{R_2}$$

$V_x = 0$ 이므로,

$$\frac{V_s}{R_1} = -\frac{V_o}{R_2}$$

$$\therefore \frac{V_o}{V_s} = G = -\frac{R_2}{R_1}$$

실습 3–4

그림 3–2는 OP–AMP의 반전 증폭회로 회로이다. 다음 조건에서 Transient Analysis를 2[ms]까지 실행할 때, ① 입력전압 ② 출력전압을 파형을 시뮬레이션 하시오.

[조건] (1) 교류 정현파 전압원(VSIN) : V_{in}(VAMPL =5[V], f=1[kHz])
(2) 직류 전압원(VDC) : 15[V], V_{EE} =–15[V]
(3) 저항(R) : R_1 =10[kΩ], R_2 =20[kΩ]
(4) OPAMP(LM324)
(5) 접지 : Place ground

(1) 회로 구성

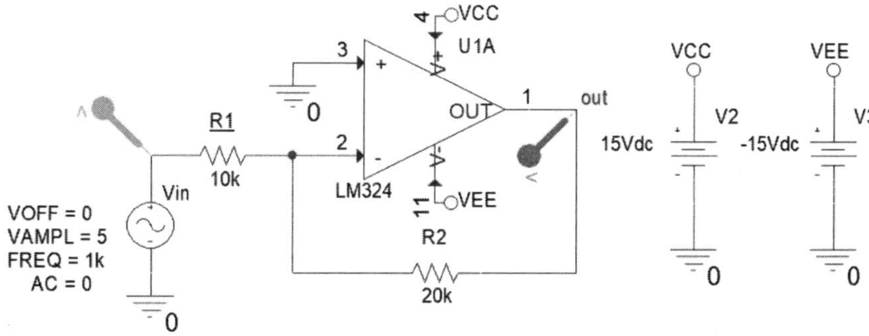

(2) 시뮬레이션 결과

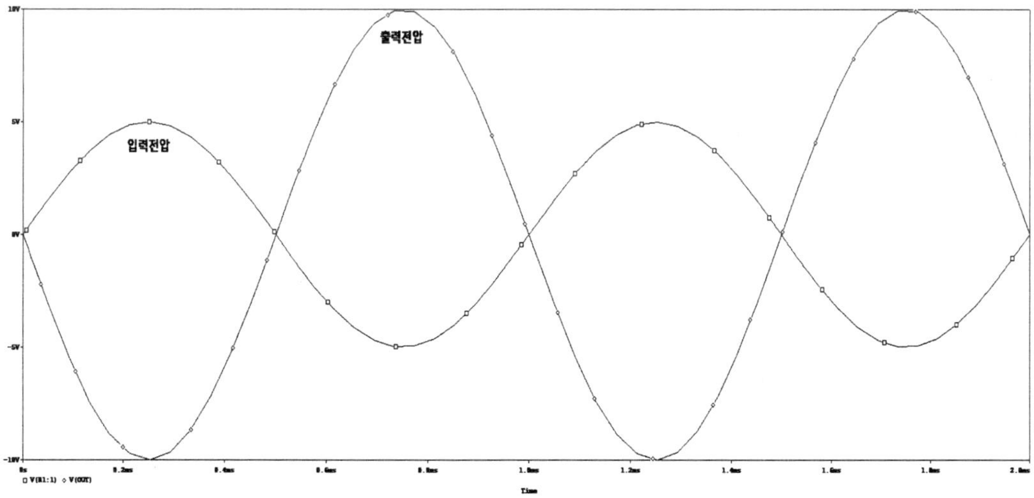

5 반전 가산 회로

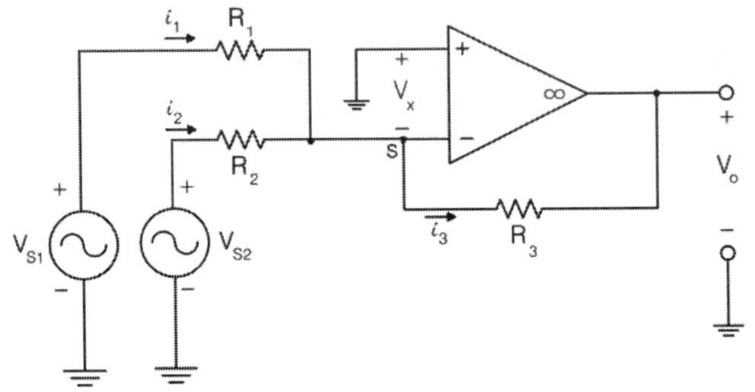

그림 3-3 반전 가산 회로

반전 증폭회로를 사용하여 입력전압의 파형을 가산하는 회로이다. 가상접지에 의해 s 점에 키르히호프의 전류법칙을 적용시키면 다음의 식이 성립된다.

$$i_1 + i_2 = i_3$$

$$\frac{V_{s1} - V_x}{R_1} + \frac{V_{s2} - V_x}{R_2} = \frac{V_x - V_o}{R_2}$$

$V_x = 0$이므로,

$$\frac{V_{s1}}{R_1} + \frac{V_{s2}}{R_2} = -\frac{V_o}{R_2}$$

$R_1 = R_2 = R_3$라면,

$$\therefore V_o = V_1 + V_2$$

실습 3-5

그림 3-3은 OP-AMP의 반전 가산 회로이다. 다음 조건에서 Transient Analysis를 2[ms]까지 실행할 때, ① 입력전압 ② 출력전압을 파형을 시뮬레이션 하시오.

[조건] (1) 교류 정현파 전압원(VSIN) V_{in1}(VAMPL=2[V], f=1[kHz])

V_{in2}(VAMPL = 5[V], f = 1[kHz])

(2) 직류 전압원(VDC) : V_{CC} =15[V], V_{EE} =−15[V]

(3) 저항(R) : R_1 =10[kΩ], R_2 =10[kΩ], R_3 =10[kΩ]

(4) OPAMP(uA741)

(5) 접지 : Place ground

(1) 회로 구성

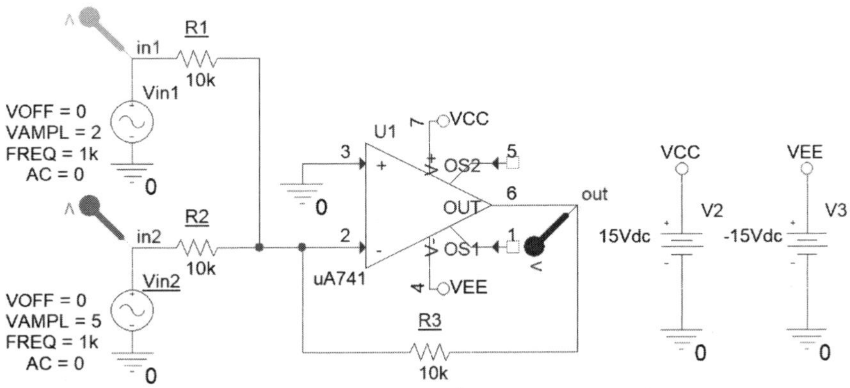

(2) 시뮬레이션 결과

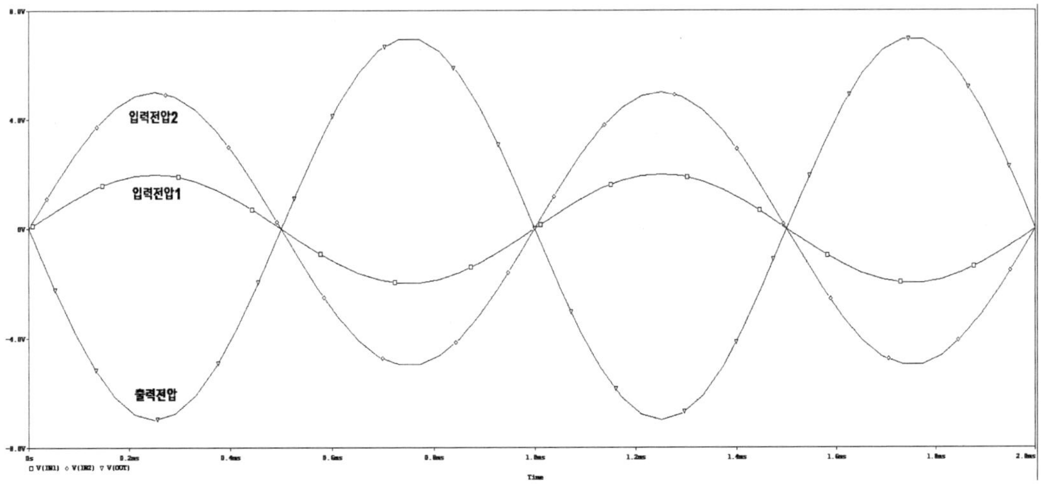

6 비반전 가산 회로

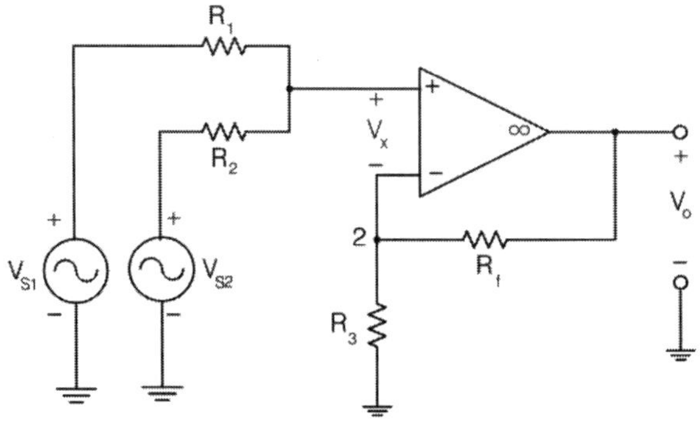

그림 3-4 비반전 가산 회로

저항 $R_1 \sim R_3$, R_f가 모두 같은 값이라면 출력전압 $V_o = V_{s1} + V_{s2}$이 된다. 이 회로에서 입력전압 V_{s1}, V_{s2}는 저항 R_1, R_2를 경유하여 서로 간섭하므로, 각각의 입력전압이 0일 때로 입력을 개방해서는 안된다. 또한 R_3와 R_f의 비를 변화시켜 출력전압에 일정한 계수를 곱할 수 있다.
R_1에 연결된 전압을 V_{s1}, R_2에 연결된 전압을 V_{s2}라 하면 출력전압 V_o는 다음과 같이 구할 수 있다.

$$V_o = V_{s1} + V_{s2} = \frac{R_3 + R_f}{R_3} \cdot \frac{1}{R_1 + R_2} (R_2 V_{s1} + R_1 V_{s2})$$

실습 3-6

그림 3-4는 OP-AMP의 비반전 가산회로이다. 다음 조건에서 Transient Analysis를 2[ms]까지 실행할 때, ① 입력전압 ② 출력전압을 파형을 시뮬레이션 하시오.

[조건] (1) 교류 정현파 전압원(VSIN) : V_{in1}(VAMPL=2[V], f=1[kHz])
V_{in2}(VAMPL=5[V], f=1[kHz])
(2) 직류 전압원(VDC) : V_{CC}=15[V], V_{EE}=−15[V]
(3) 저항(R) : R_1=10[kΩ], R_2=10[kΩ], R_3=10[kΩ], R_f=1p[kΩ]
(4) OPAMP(uA741)
(5) 접지 : Place ground

(1) 회로 구성

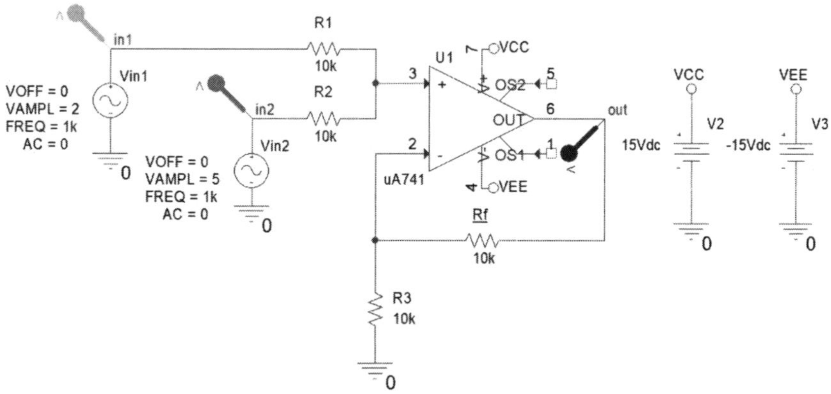

(2) 시뮬레이션 결과

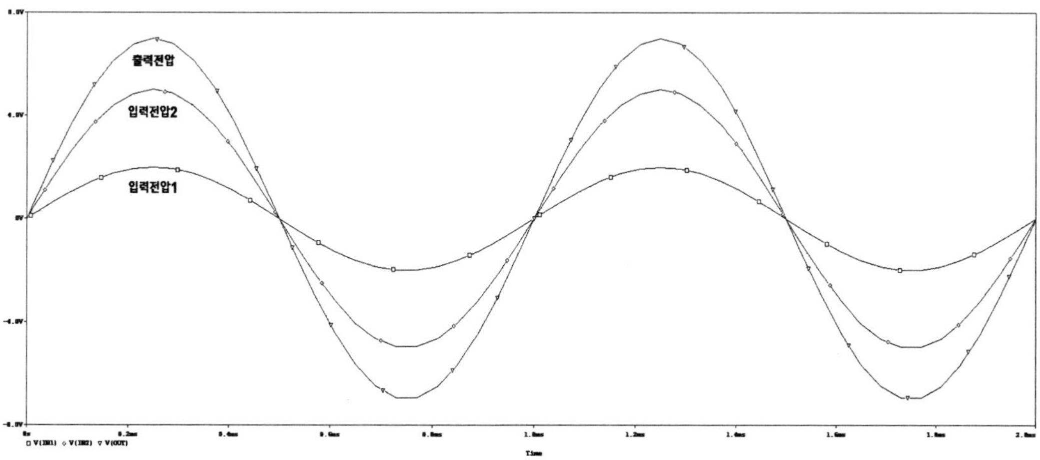

7 감산 회로

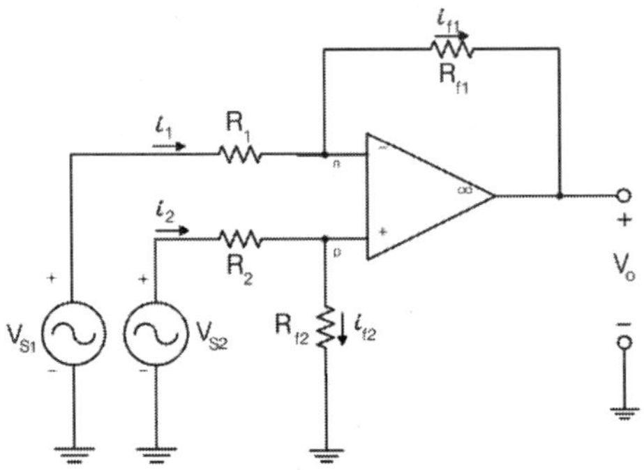

그림 3-5 감산 회로

p점에 키르히호프의 전류법칙을 적용하여 계산하면 다음과 같이 구할 수 있다.

$$i_2 = i_{f2}$$

$$\frac{V_2 - V_p}{R_2} = \frac{V_p}{R_f},\quad \frac{V_p}{R_2} + \frac{V_p}{R_f} = \frac{V_2}{R_2},\quad \frac{(R_f + R_2)V_p}{R_2 \cdot R_f} = \frac{V_2}{R_2}$$

n점에 키르히호프의 전류법칙을 적용하여 계산하면 다음과 같이 구할 수 있다.

$$\frac{V_1 - V_n}{R_1} = \frac{V_n - V_o}{R_f}$$

$$R_f(V_1 - V_n) = R_1(V_n - V_o)$$

$$V_p = V_n = \frac{R_f}{R_2 + R_f}V_2 = \frac{R_f}{R_1 + R_f}V_2 \quad (R_1 = R_2)$$

$$R_f V_1 - R_f\left(\frac{R_f}{R_1 + R_f}\right)V_2 = R_1\left(\frac{R_f}{R_1 + R_f}\right)V_2 - R_1 V_o$$

$$R_1 V_o = \frac{R_f(R_1 + R_f)}{(R_1 + R_f)}V_2 - R_f V_1$$

따라서, 출력전압 V_o는 다음과 같이 된다.

$$V_o = \frac{R_f}{R_1}V_2 - \frac{R_f}{R_1}V_1 = V_2 - V_1 \quad (R_1 = R_f)$$

실습 3–7

그림 3–5는 OP–AMP의 감산회로이다. 다음 조건에서 Transient Analysis를 2[ms]까지 실행할 때, ① 입력전압 ② 출력전압을 파형을 구하여라.

[조건] (1) 교류 정현파 전압원(VSIN) : V_{in1}(VAMPL = 5[V], f = 1[kHz])
V_{in2}(VAMPL = 15[V], f = 1[kHz])

(2) 직류 전압원(VDC) : V_{CC} =15[V], V_{EE} =–15[V]

(3) 저항(R) : R_1 =10[kΩ], R_2 =10[kΩ], R_{f1} =10[kΩ], R_{f2} =10[kΩ]

(4) OPAMP(uA741)

(5) 접지 : Place ground

OP–AMP 극성 반전

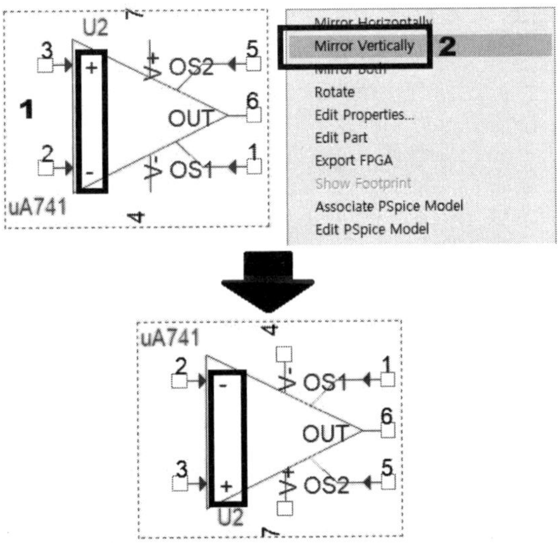

(1) OPAMP(1번)을 선택한다.

(2) 오른쪽 마우스를 눌렀다 땐다.

(3) Mirror Vertically를 선택(2번)

(1) 회로 구성

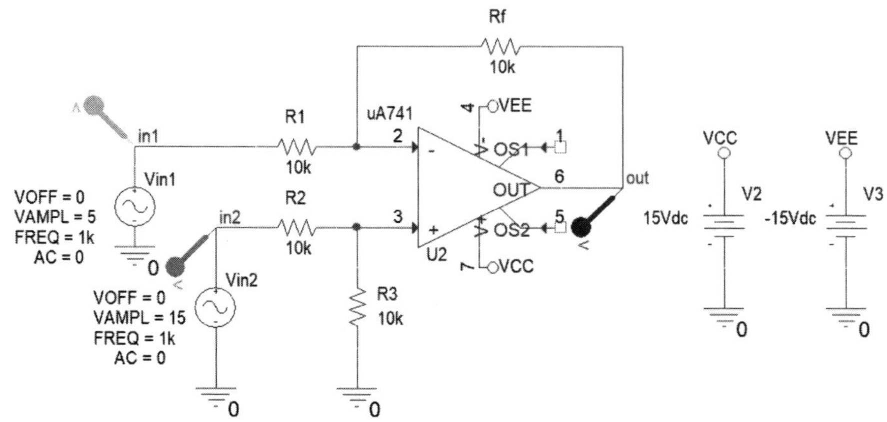

(2) 시뮬레이션 결과

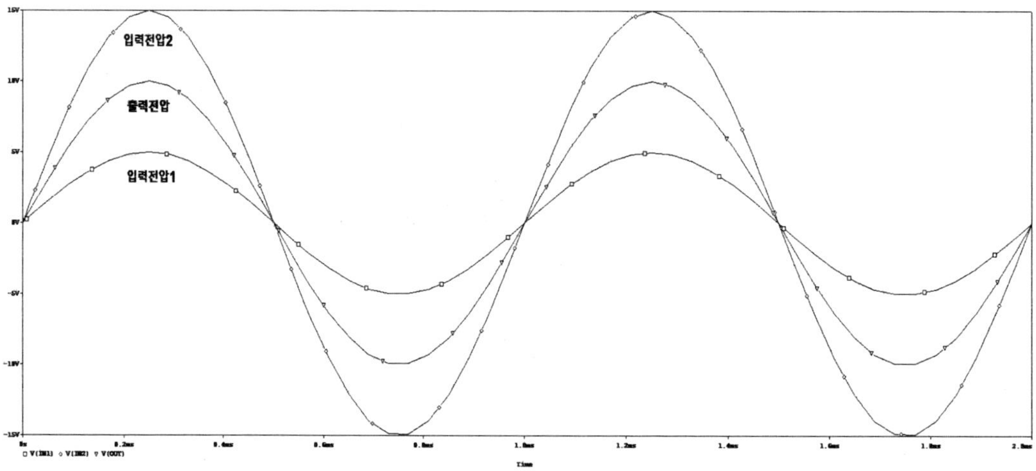

8 미분 회로

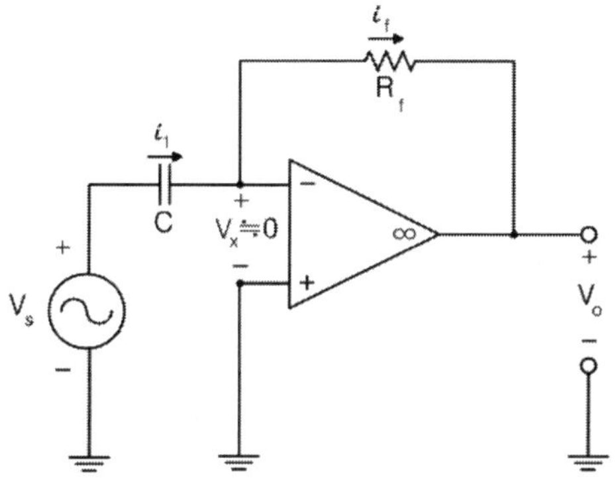

그림 3-6 미분 회로

$$i_1 = C\frac{d(V_s - V_x)}{dt} = C\frac{dV_s}{dt}$$

$$i_f = \frac{V_x - V_o}{R_f} = -\frac{V_o}{R_f}$$

$i_1 = i_f$이므로, 윗 식을 대입하면,

$$C\frac{dV_s}{dt} = \frac{V_o}{R_f}$$

따라서, 출력전압 V_o는 다음과 같이 결정된다.

$$V_o = -R_f C\frac{dV_s}{dt}$$

실습 3-8

그림 3-6은 OP-AMP로 구성한 미분 회로이다. 다음 조건에서 Transient Analysis를 2[ms]까지 실행할 때, ① 입력전압 ② 출력전압을 파형을 시뮬레이션 하시오.

[조건] (1) 교류 정현파 전압원(VSIN) : V_{in}(VAMPL=5[V], f=1[kHz])

(2) 직류 전압원(VDC) : V_{CC}=15[V], V_{EE}=−15[V]

(3) 저항(R) : R=10[kΩ], R_f=20[kΩ]

(4) 캐패시턴스(C) : C=0.0047[μF]

(5) OPAMP(uA741)

(6) 접지 : Place ground

(1) 회로 구성

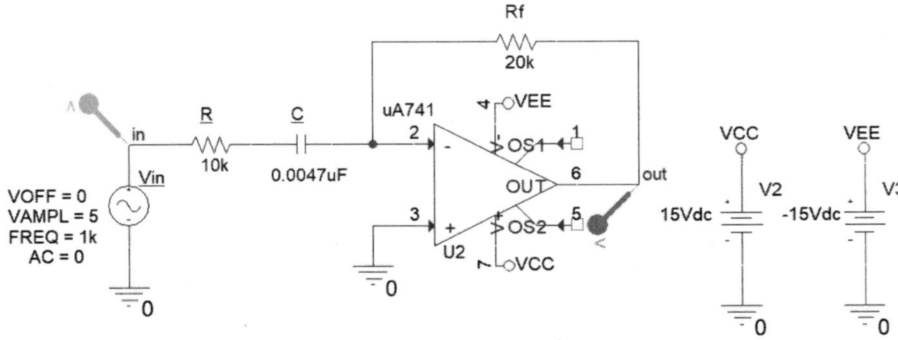

(2) 시뮬레이션 결과

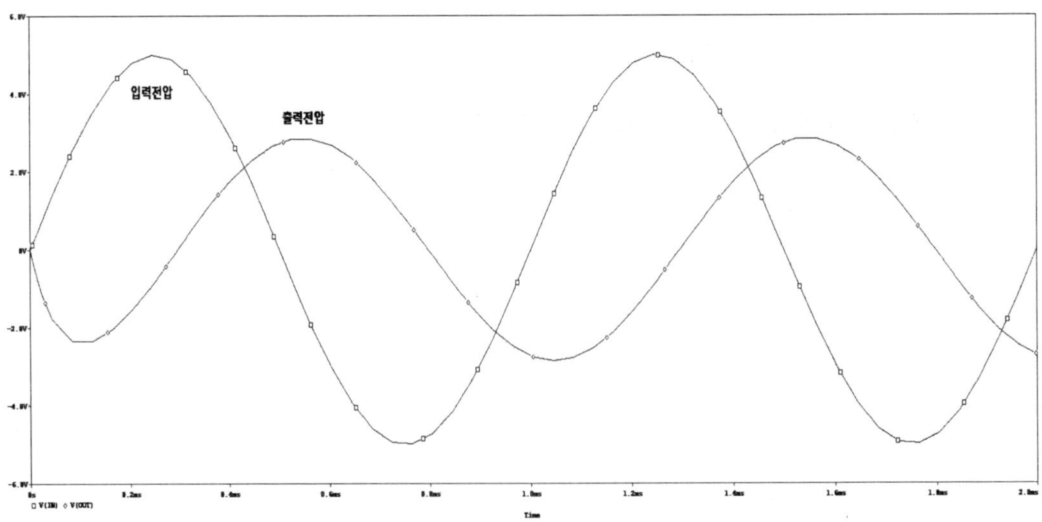

9 적분 회로

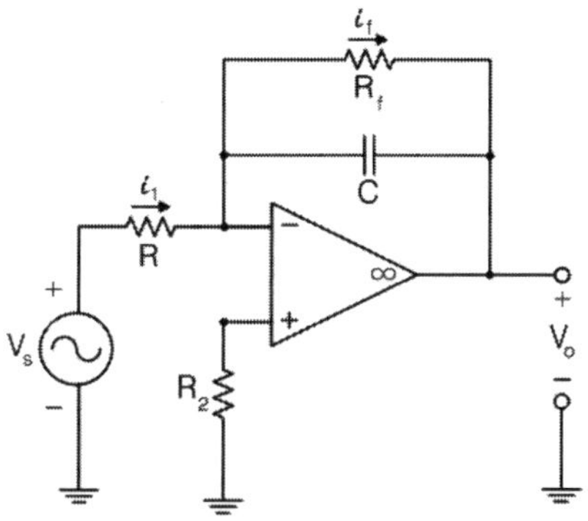

그림 3-7 적분 회로

적분회로는 미분회로와 반대로 동작하는 회로이다. KCL의 법칙에 의해 입력전류 i_1은 다음과 같이 구할 수 있다.

$$i_1 = \frac{V_s - V_x}{R} = \frac{V_s}{R} \quad (\because V_x = 0)$$

$$i_1 = i_f$$

따라서, 출력전압 V_o는 다음과 같다.

$$V_o = \frac{1}{C}\int_0^t i_1\,dt = \frac{1}{C}\int_0^t \frac{V_s}{R}\,dt = \frac{1}{RC}\int_0^t V_s\,dt$$

$$\therefore\ V_o = -\frac{1}{RC}\int_0^t V_s\,dt$$

실습 3-9

그림 3-7은 OP-AMP로 구성한 적분회로이다. 다음 조건에서 Transient Analysis를 2[ms]까지 실행할 때, ① 입력전압 ② 출력전압을 파형을 시뮬레이션 하시오.

[조건] (1) 교류 정현파 전압원(VSIN) : V_{in}(VAMPL=5[V], f=1[kHz])

(2) 직류 전압원(VDC) : $V_{CC}=15$[V], $V_{EE}=-15$[V]

(3) 저항(R) : $R=10[k\Omega]$, $R_2=10[k\Omega]$, $R_f=20[k\Omega]$

(4) 캐패시턴스(C) : $C=0.0022[\mu F]$

(5) OPAMP(uA741)

(6) 접지 : Place ground

(1) 회로 구성

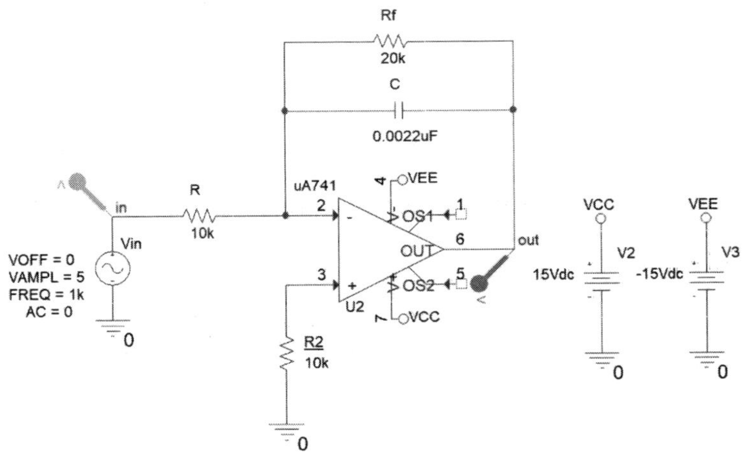

(2) 시뮬레이션 결과

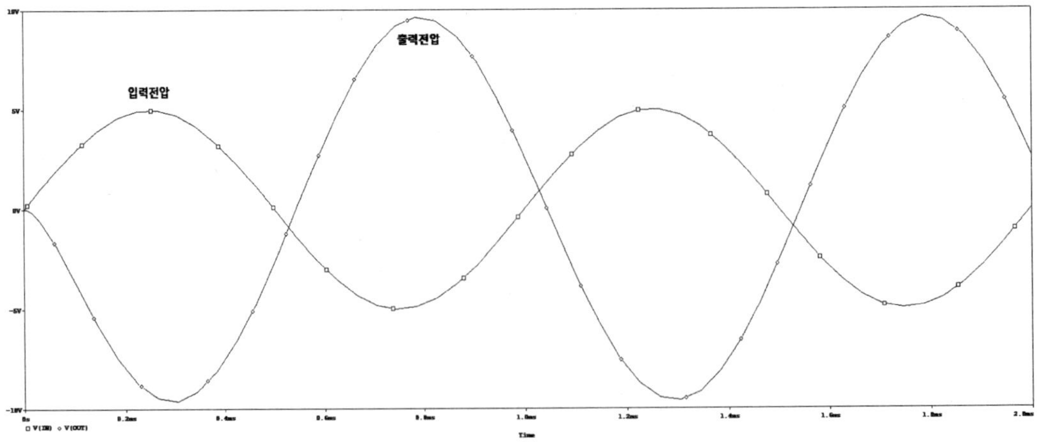

실습 3-10

구형파 교류 입력 전압원을 인가 시 OP-AMP로 구성한 적분회로이다. 다음 조건에서 Transient Analysis를 0.5[s]까지 실행할 때, ① 입력전압 ② 출력전압을 파형을 시뮬레이션 하시오.

[조건] (1) 구형파 전압원(VPULSE) V_{in}

(V1 = 0.8, V2 = −0.8, TD = 0, TR = TF = 1u, PW = 0.005, PER = 0.01)

(2) 직류 전압원(VDC) : V_{CC} =15[V], V_{EE} =−15[V]

(3) 저항(R) : R =1000[kΩ], R_2 =800[kΩ], R_f =10000[kΩ]

(4) 캐패시턴스(C) : C =0.01[μF]

(5) OPAMP : uA741

(6) 접지 : Place ground

(1) 회로 구성

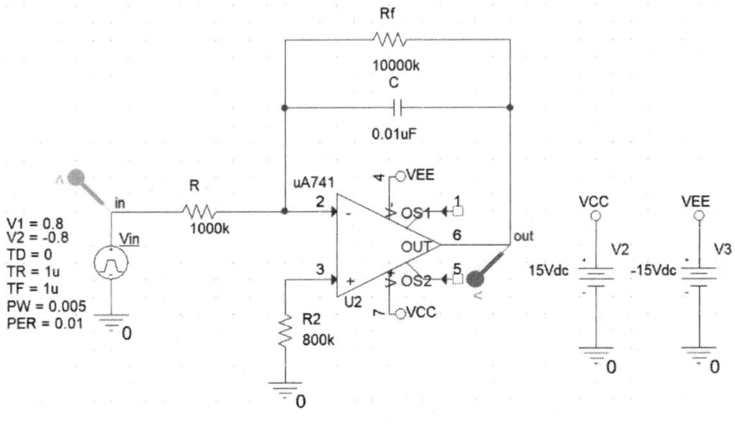

(2) 시뮬레이션 결과

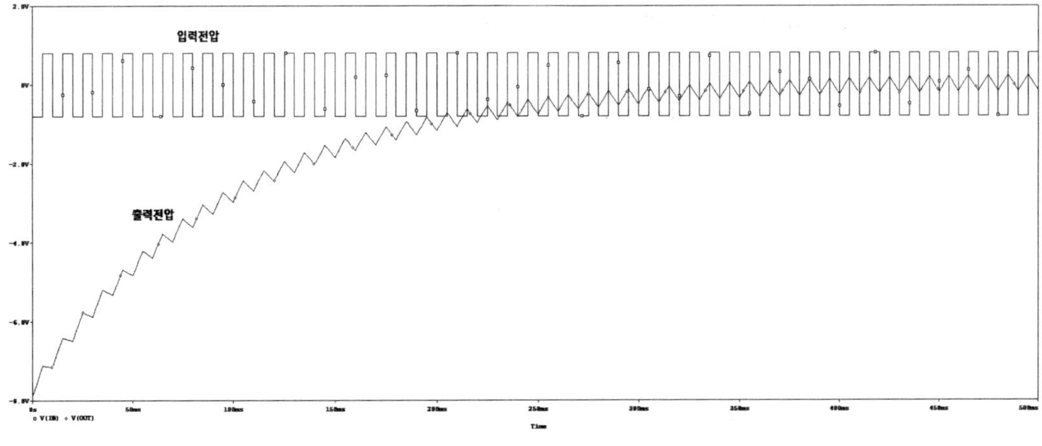

10 삼각파 → 구형파 변환 회로

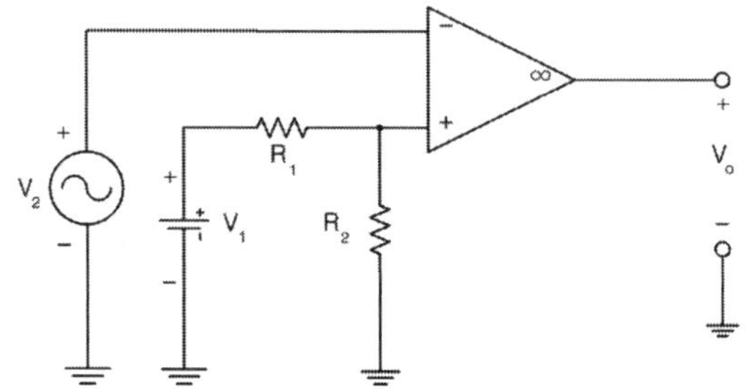

그림 3-8 삼각파 → 구형파 변환 회로

실습 3-11

그림 3-8은 입력단에 삼각파의 전압파형을 가할 때, 출력단이 구형파 신호로 변환되는 OP-AMP 회로이다. 다음 조건에서 Transient Analysis를 4[ms]까지 실행할 때, ① 입력전압 ② 출력전압을 파형을 시뮬레이션 하시오.

[조건] (1) 구분적 변조 전원(VPWL) V_{in}

0[s]일 때 −7.5[V], 500[μs]일 때 7.5[V], 1000[μs]일 때 −7.5[V], 1500[μs]일 때 7.5[V], 2000[μs]일 때 −7.5[V], 2500[μs]일 때 7.5[V], 3000[μs]일 때 −7.5[V], 3500[μs]일 때 7.5[V], 4000[μs]일 때 −7.5[V]

(2) 직류 전압원(VDC) $V_1 = 15$[V], $V_{CC} = 15$[V], $V_{EE} = -15$[V]

(3) 저항(R) : $R_1 = 10[k\Omega]$, $R_2 = 3[k\Omega]$

(4) OPAMP(uA741)

(5) 접지 : Place ground

(1) 회로 구성 및 시뮬레이션 결과

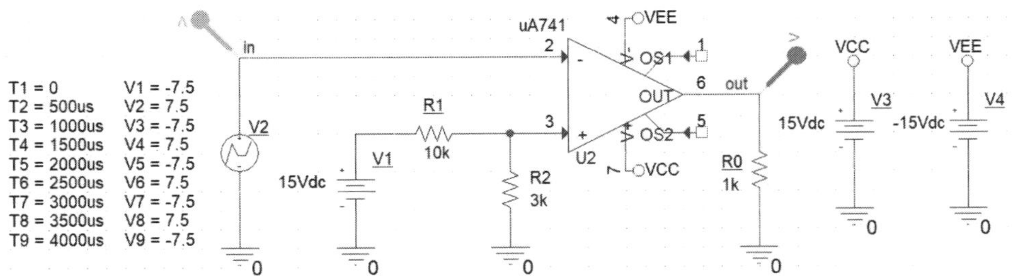

VPWL에서 T9, V9 삽입하는 방법

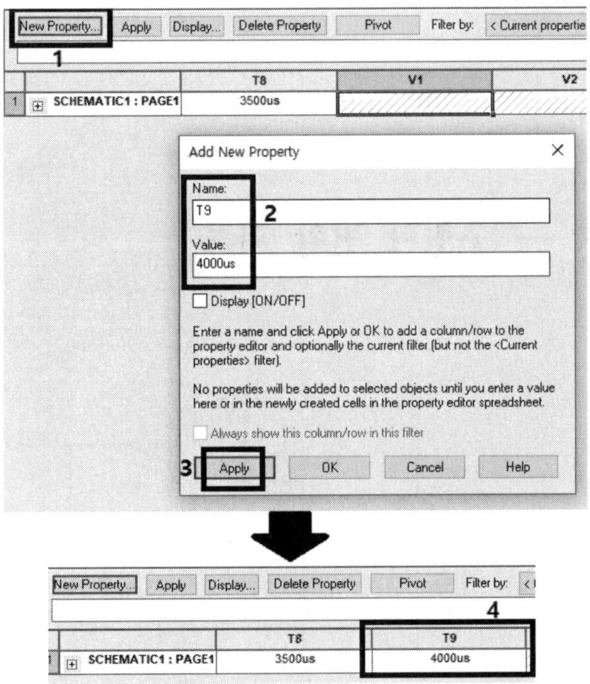

(1) New Property(1번)을 클릭한다.

(2) 2번 화면이 나타나면 Name에 T9, Value에 4000u를 입력하고 Apply(3번)를 클릭한다

(3) 4번 화면처럼 T9의 값이 추가가 됐다. 같은 방법으로 V9도 추가하면 된다.

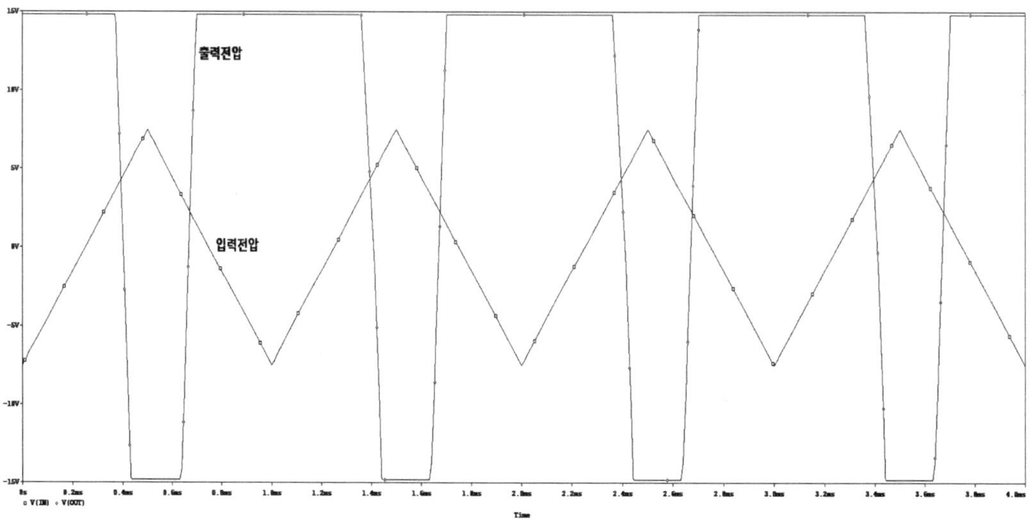

11 정현파 → 구형파 변환 회로

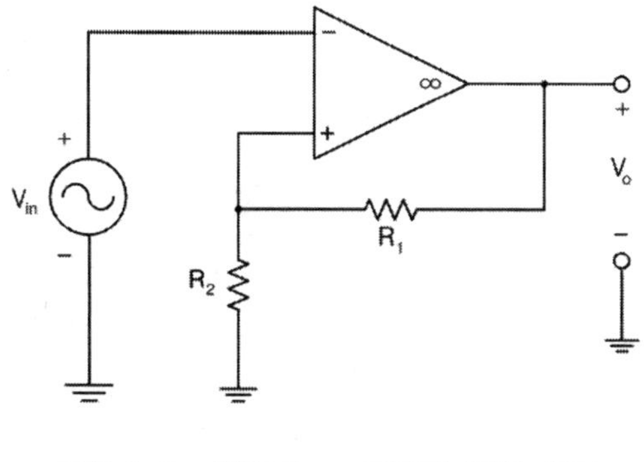

그림 3-9 정현파 → 구형파 변환 회로

실습 3-12

그림 3-9는 입력단에 교류 정현파 전압원을 가할 때, 출력단이 구형파 신호로 변환되는 OP-AMP 회로이다. 다음 조건에서 Transient Analysis를 40[ms]까지 실행할 때, ① 입력전압 ② 출력전압을 파형을 시뮬레이션 하시오.

[조건] (1) 교류 정현파 전압원(VSIN) : V_{in}(VAMPL=15[V], f=60[Hz])
(2) 직류 전압원(VDC) : V_{CC} =15[V], V_{EE} =−15[V]
(3) 저항(R) : R_1 =100[kΩ], R_2 =1[kΩ]
(4) OPAMP(uA741)
(5) 접지 : Place ground

(1) 회로 구성 및 시뮬레이션 결과

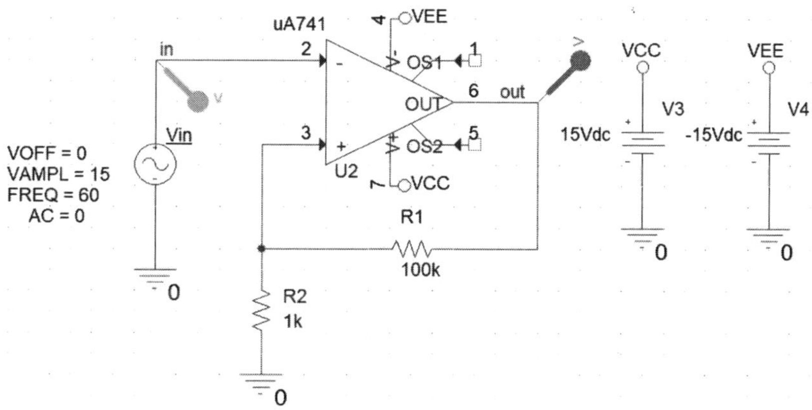

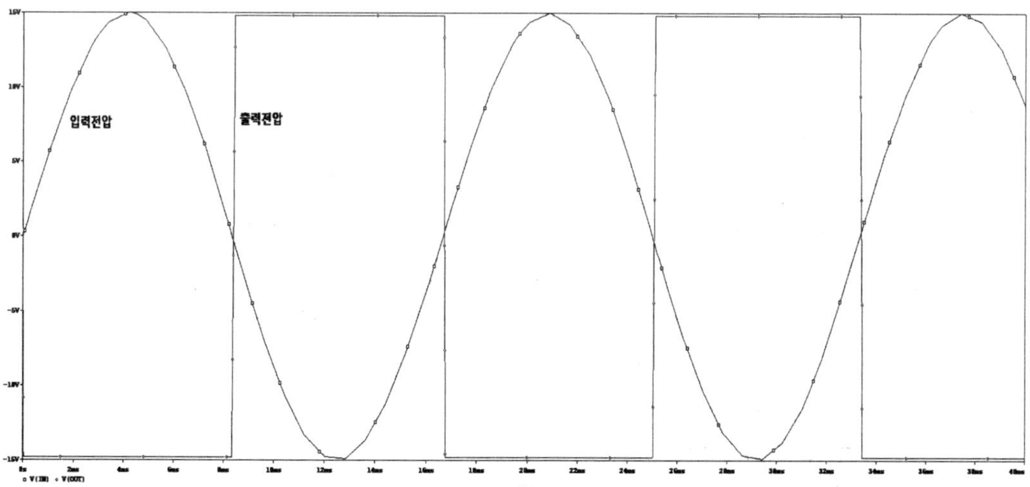

12 OP-AMP 반파 회로

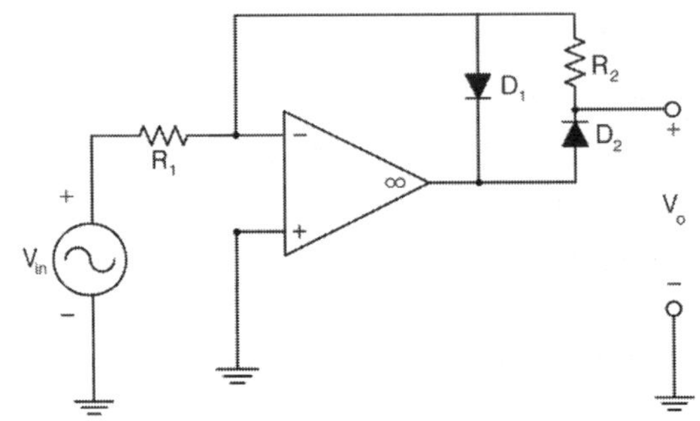

그림 3-10 OP-AMP 반파 회로

그림 3-10과 같이 2개의 다이오드 D_1 , D_2에 의해 이상적인 반파 정류회로로 동작한다. 입력전압 V_{in}이 (+)일 때 전류는 다이오드 D_1은 온, 다이오드 D_2는 오프되어, 출력전압 V_o는 거의 0이 된다. 또한 입력전압 V_{in}이 (−)일 때 다이오드 D_1은 오프, 다이오드 D_2는 온되며, 이 회로는 반전 증폭회로와 같이 동작하므로, 출력전압 $V_o = -\frac{R_2}{R_1}V_{in}$이 된다.

실습 3-13

그림 3-10은 OP-AMP를 이용한 반파회로이다. 다음 조건에서 Transient Analysis를 2[ms]까지 실행할 때, ① 입력전압 ② 출력전압을 파형을 시뮬레이션 하시오.

[조건] (1) 교류 정현파 전압원(VSIN) : V_{in}(VAMPL=5[V], f=1[kHz])
(2) 직류 전압원(VDC) : V_{CC} =15[V], V_{EE} =−15[V]
(3) 저항(R) : R_1 =10[kΩ], R_2 =10[kΩ]
(4) OPAMP(uA741)
(5) 다이오드(Dbreak)
(6) 접지 : Place ground

(1) 회로 구성 및 시뮬레이션 결과

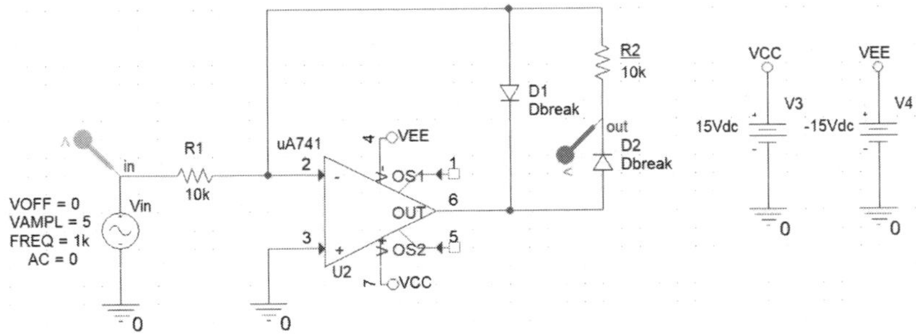

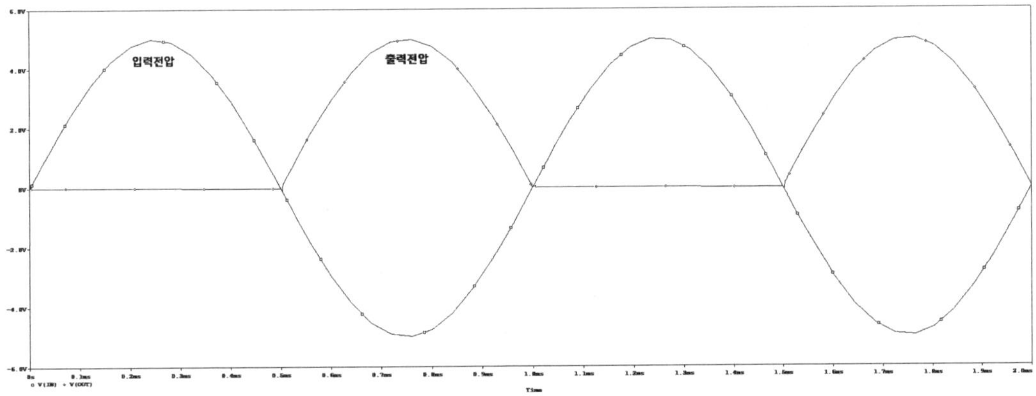

13 OP-AMP 절대값 회로

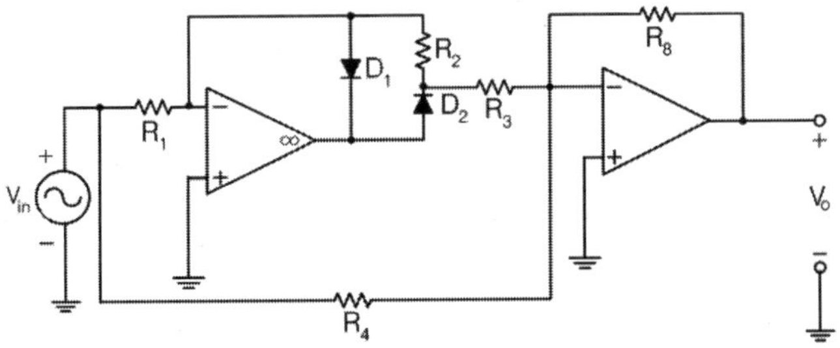

그림 3-11 OP-AMP 절대값 회로

입력전압 V_{in}이 (+)일 때 출력전압 $V_o = V_{in}$이며, 입력전압 V_{in}이 (−)일 때, 출력전압 $V_o = -(-V_{in}) = +V_{in}$이 된다.

실습 3-14

그림 3-11은 OP-AMP를 이용한 절대값 회로이다. 다음 조건에서 Transient Analysis를 2[ms]까지 실행할 때, ① 입력전압 ② 출력전압을 파형을 시뮬레이션 하시오.

[조건] (1) 교류 정현파 전압원(VSIN) : V_{in}(VAMPL=5[V], f=1[kHz])
(2) 직류 전압원(VDC) : $V_{CC}=15[V]$, $V_{EE}=-15[V]$
(3) 저항(R) : $R_1=10[k\Omega]$, $R_2=10[k\Omega]$, $R_3=10[k\Omega]$, $R_4=20[k\Omega]$, $R_8=20[k\Omega]$
(4) OPAMP(uA741)
(5) 다이오드(Dbreak)
(6) 접지 : Place ground

(1) 회로 구성 및 시뮬레이션 결과

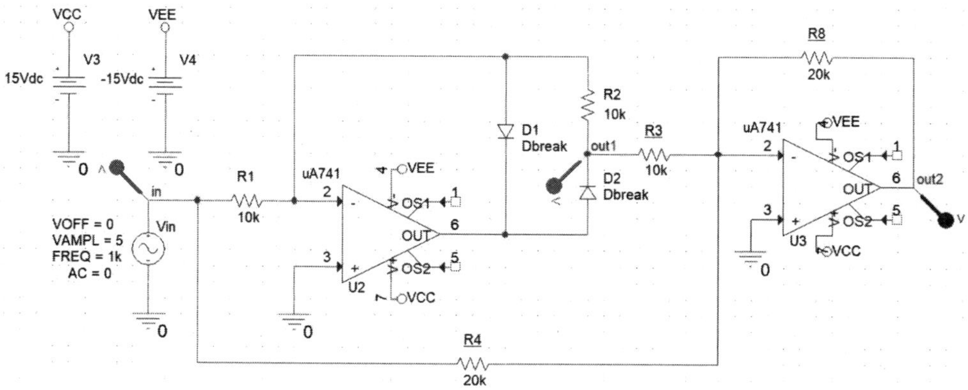

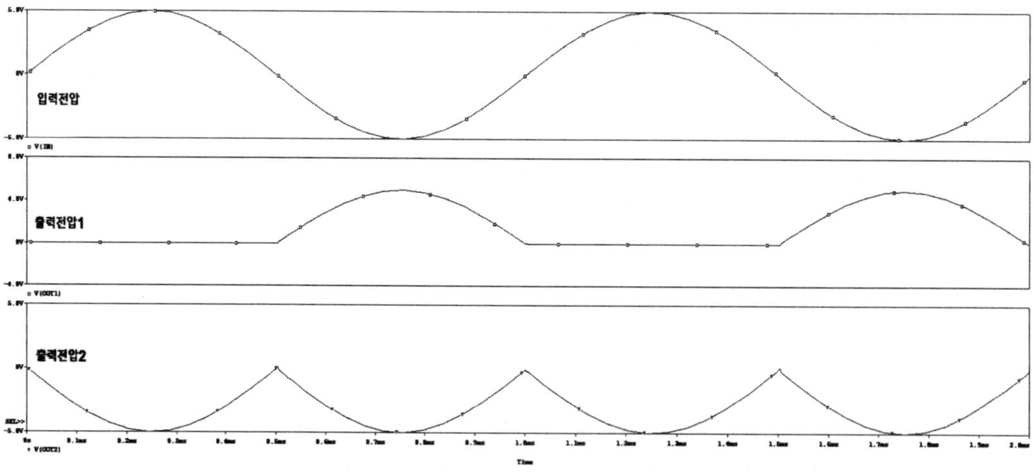

14 OP-AMP 슈미트 트리거 회로

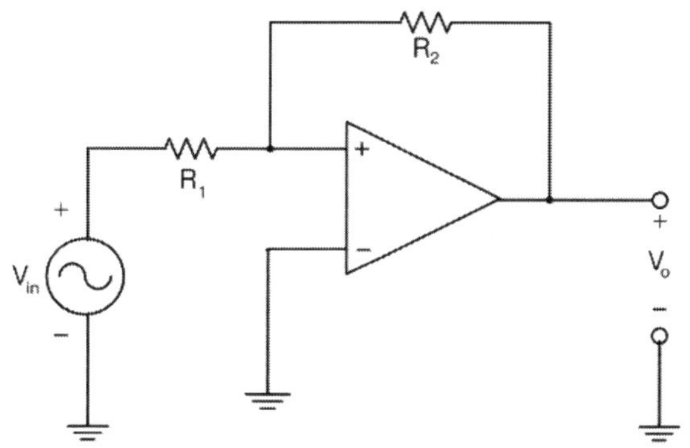

그림 3-12 OP-AMP 슈미트 트리거 회로

슈미트 트리거 회로는 입력 신호가 임계 전압을 지날 때에 검출하도록 설계된다. 대부분 이 임계 전압들은 상부 임계점 및 하부 임계점이라 불린다. 전압이 이들 임계점을 바른 방향으로 지날 때, 출력전압이 바뀐다. 거의 대부분의 신호가 이 슈미트 트리거 회로의 입력이 될 수 있다. 슈미트 트리거 회로의 스위치의 출력은 한 전압 레벨에서 다른 전압 레벨로 빠르게 스위칭 될 수 있도록 설계된다. 이 빠른 스위칭은 계단파 전압을 만들어 낸다. 슈미트 트리거 회로는 제곱하는 회로와 크기 비교 회로로 구성된다.

실습 3-15

그림 3-12는 OP-AMP를 이용한 슈미트 트리거 회로이다. 다음 조건에서 Transient Analysis를 6[ms]까지 실행할 때, ① 입력전압 ② 출력전압을 파형을 시뮬레이션 하시오.

[조건] (1) 교류 정현파 전압원(VSIN) : V_{in}(VAMPL=10[V], f=500[Hz])
(2) 직류 전압원(VDC) $V_{CC}=15$[V], $V_{EE}=-15$[V]
(3) 저항(R) : $R_1=10[k\Omega]$, $R_2=33[k\Omega]$
(4) OPAMP(uA741)
(5) 접지 : Place ground

(1) 회로 구성 및 시뮬레이션 결과

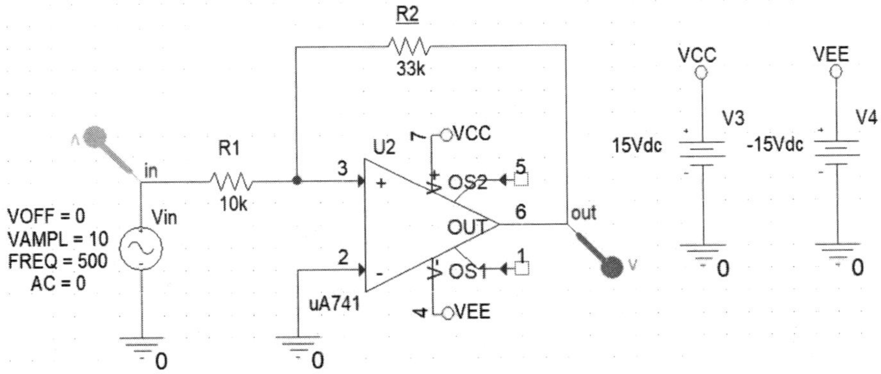

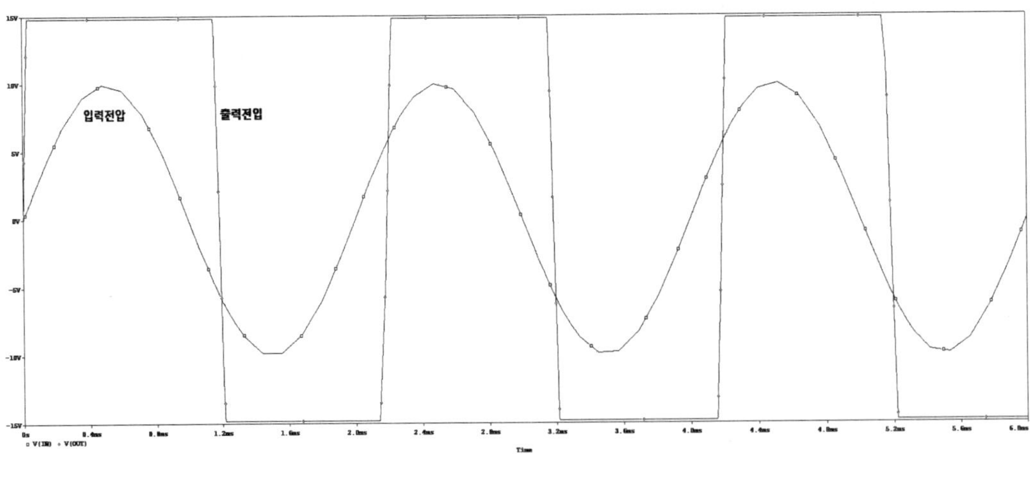

실습 3-16

고주파를 제거하고 저주파를 통과 시키는 역할을 하는 low pass filter(LPF)에서 캐패시터는 주파수가 낮을수록(직류인 경우 주파수=0) 임피던스가 증가하여 직류는 통과하지 못하고 주파수가 높을수록(교류)캐패시터의 임피던스가 낮아져서 통과시키는 특성을 가지고 있다. 다음과 같은 조건을 일 때 AC Analysis를 그림과 같이 설정하여 시뮬레이션 하시오.

[조건] (1) 교류 전류원(VAC) : 20MVac
(2) OP-AMP(uA741)
(3) 저항(R) : R1 = 1[kΩ], R2 = 1[kΩ], R3 = 1[kΩ]
(4) 캐패시턴스(C) : C1 = 10[nF]
(5) 직류전압원(VDC) : Vcc = 12V, Vee = −12V
(6) 접지 : Place ground

(1) 회로 구성

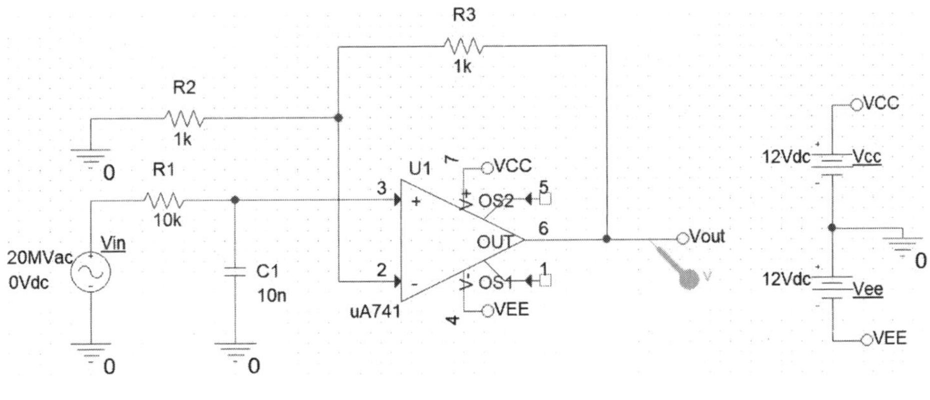

– AC Analysis

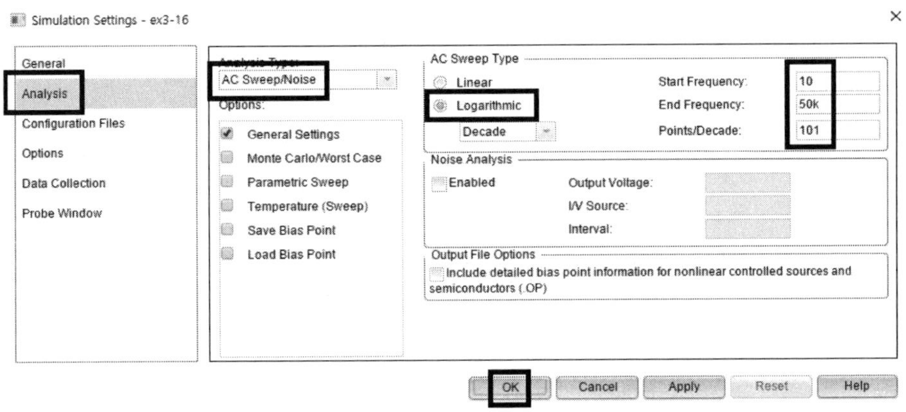

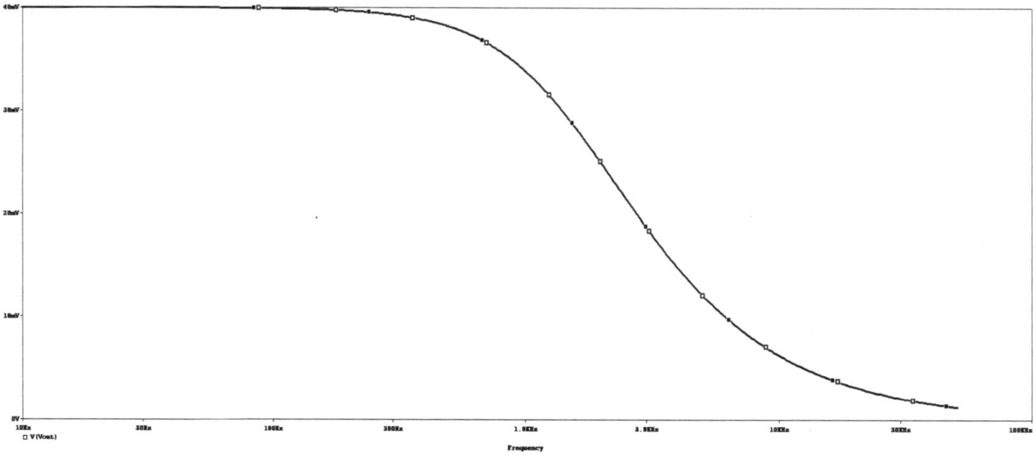

실습 3-17

Band Pass Filter(BPF)는 입력주파수의 중간 주파수 대역만을 통과시키는 필터이다. 즉, 저역주파수와 고역주파수만을 제외하고 중간 주파수 대역망 통과하게 된다. 다음과 같은 조건을 일 때 AC Analysis를 그림과 같이 설정하여 시뮬레이션 하시오.

[조건] (1) 교류 전류원(VAC) : 1Vac
(2) 저항(R) : R1 = 1[kΩ], R2 = 20[kΩ]
(3) 캐패시턴스(C) : C1 = 50[μF]
(4) 직류전압원(VDC) : Vcc = Vee = 15V
(5) 접지 : Place ground

(1) 회로 구성

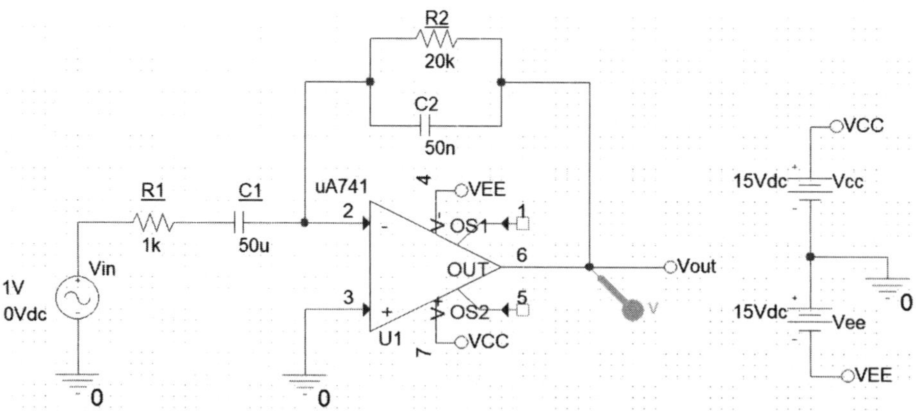

– AC Analysis

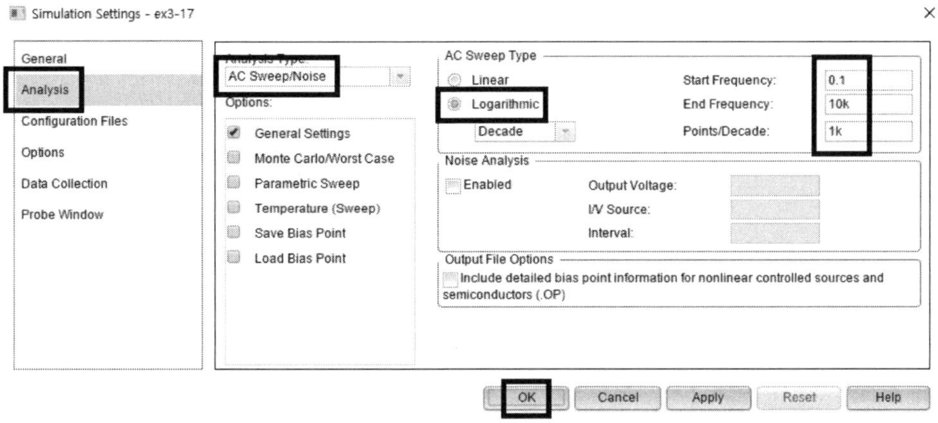

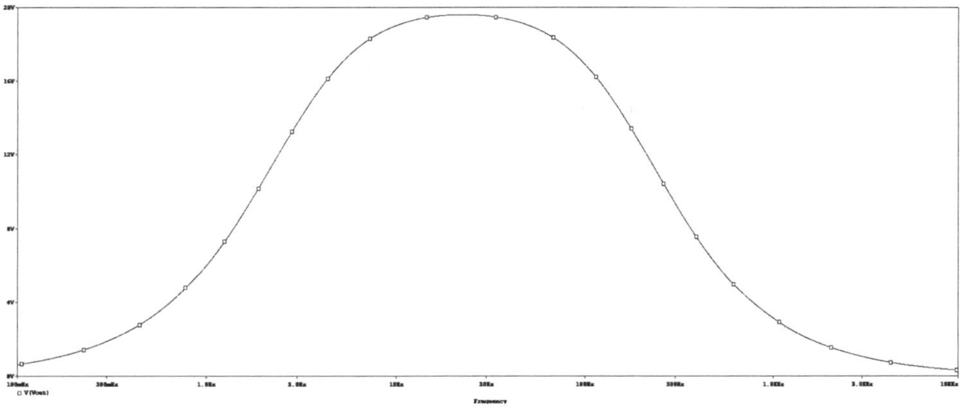

실습 3–18

High Pass Filter는 저주파수 대역을 제외한 고역대 주파수를 걸러 내보내는 필터이다. 다음과 같은 조건을 일 때 AC Analysis를 그림과 같이 설정하여 시뮬레이션 하시오.

[조건] (1) 교류 전류원(VAC) : 1Vac

(2) 저항(R) : R1 = 1[kΩ], R2 = 20[kΩ]

(3) 캐패시턴스(C) : C1 = 50[μF]

(4) 직류전압원(VDC) : Vcc = Vee = 15V

(5) 접지 : Place ground

(1) 회로 구성

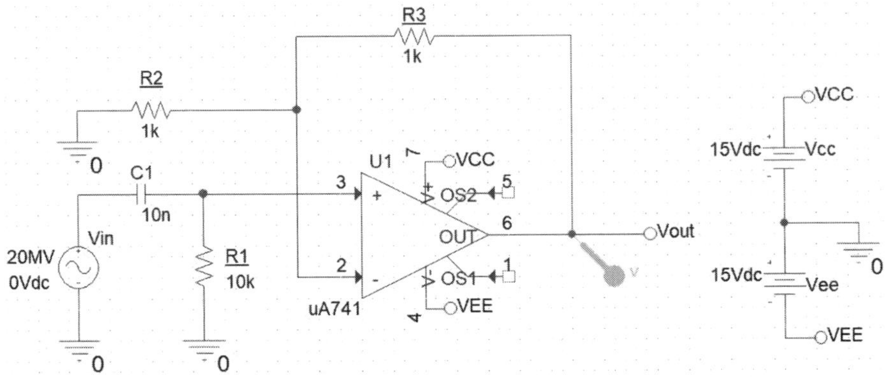

− AC Analysis

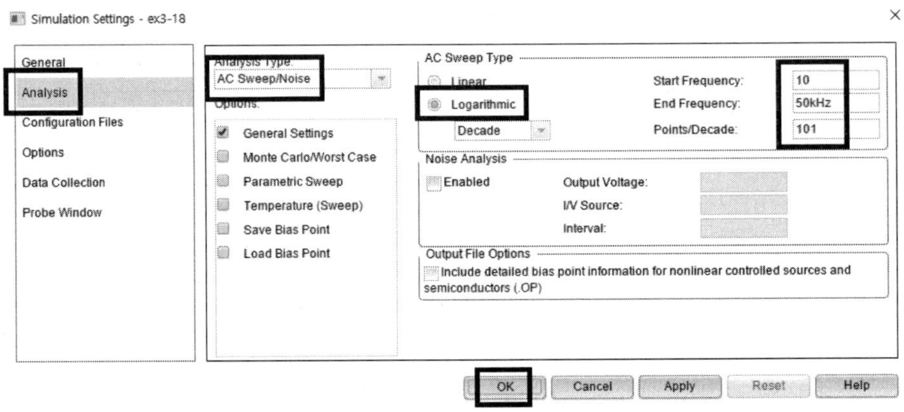

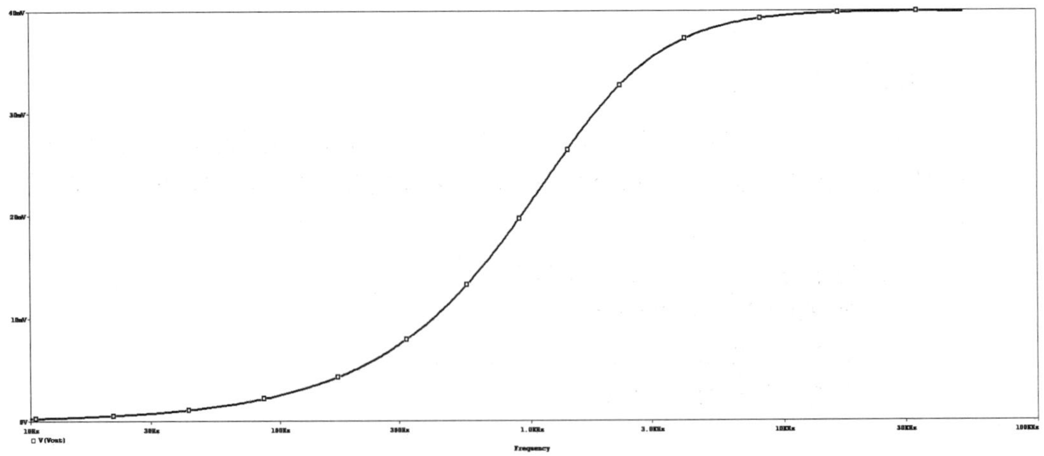

CHAPTER

4

변압기 회로

1 Magnetic

결합 인덕터에 대해 K(이름)은 2개나 그 이상의 인덕터로 결합되고, 〈(커플링) 값〉은 커플링 k의 계수이다.
상호 인덕턴스 M은 식 (4-1)이 된다.

$$\mathrm{M} = k\sqrt{\mathrm{L}_1\mathrm{L}_2} \qquad \cdots\cdots (4\text{-}1)$$

여기서, k는 커플링 계수, $0 \le k \le 1$이며, $k=1$은 완전결합, $k=0$는 유도결합이 없는 경우이다.
시간영역 및 주파수 영역에서 가극성인 경우 각각의 인덕턴스를 $\mathrm{L}_1, \mathrm{L}_2$에 유기되는 기전력은 식 (4-2)와 같이 나타낼 수 있다.

$$v_1 = \mathrm{L}_1\frac{di_1}{dt} + \mathrm{M}\frac{di_2}{dt},\ \mathrm{V}_1 = j\omega\mathrm{L}_1\mathrm{I}_1 + j\omega\mathrm{M}\,\mathrm{I}_2 \qquad \cdots\cdots (4\text{-}2)$$

$$v_2 = \mathrm{M}\frac{di_1}{dt} + \mathrm{L}_2\frac{di_2}{dt},\ \mathrm{V}_2 = j\omega\mathrm{M}\,\mathrm{I}_1 + j\omega\mathrm{L}_2\mathrm{I}_2$$

시간영역에서, 감극성인 경우 각각의 인덕턴스를 $\mathrm{L}_1, \mathrm{L}_2$에 유기되는 기전력은 식 (4-3)과 같이 나타낼 수 있다.

$$v_1 = \mathrm{L}_1\frac{di_1}{dt} - \mathrm{M}\frac{di_2}{dt},\ \mathrm{V}_1 = j\omega\mathrm{L}_1\mathrm{I}_1 - j\omega\mathrm{M}\,\mathrm{I}_2 \qquad \cdots\cdots (4\text{-}3)$$

$$v_2 = -\mathrm{M}\frac{di_1}{dt} + \mathrm{L}_2\frac{di_2}{dt},\ \mathrm{V}_2 = -j\omega\mathrm{M}\,\mathrm{I}_1 + j\omega\mathrm{L}_2\mathrm{I}_2$$

K(이름) L 〈(1차 인덕터)이름〉 〈(커플링)값〉 〈(모델)이름〉 〈(크기)값〉

표 4-1 Nonlinear Magnetic에 대한 모델 파라미터

모델 이름	의 미	단 위	지정값
AREA	Magnetic Cross Section	cm^2	0.1
PATH	Magnetic Path Length	cm	1.0
GAP	Effective Air-Gap Length	cm	0
PACK	Pack(Stacking)		1.0
MS	Magnetic Saturation	A/m	1E+6
ALPHA	Field Parameter		1E-3
A	Shape Parameter		1E+3
C	Domain Wall-Flexing		0.2
K	Domain Wall-Pinning Constant		500

실습 4-1

그림은 두 코일 L1, L2이 직렬로 연결되고 상호인덕턴스 M으로 결합된 회로이다. 코일이 같은 방향이므로 가동결합으로 볼 수 있고, 이 때 합성 인덕턴스에 대한 값은 다음식으로 구할 수 있다.

$$L = L_1 + L + 2M = L_1 + L_2 + 2k\sqrt{L_1 L_2}$$

다음의 파형을 시뮬레이션 하시오.

① 입력전류파형
② L1에 걸리는 전압파형
③ L2에 걸리는 전압파형
④ 전체 전압파형

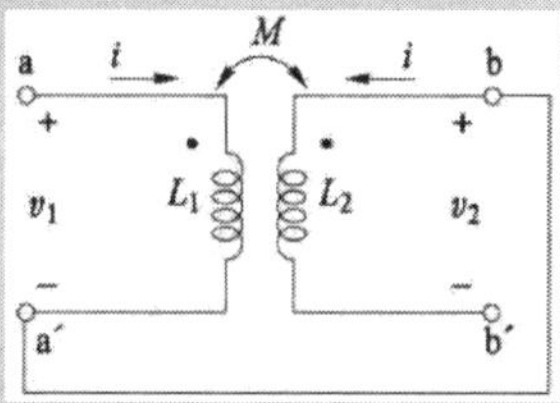

[조건] (1) 변압기(K_Linear, COUPLING = 1, L1 = L1, L2 = L2)
(2) 구형파 전류원(IPULSE) : I1
(I1 = 0 I2 = 1 TD = 1 TR = TF = 0.5 PW = 5, PER = 9)
(3) 접지 : Place ground
(4) Transient 조건 : Final Time : 18[s]

(1) 회로 구성

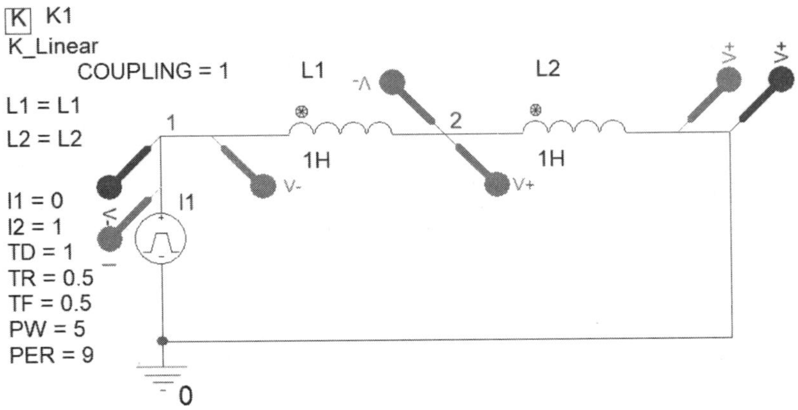

K_Linear 설정

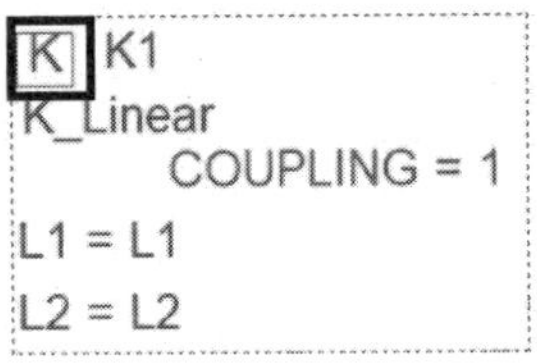

(a)

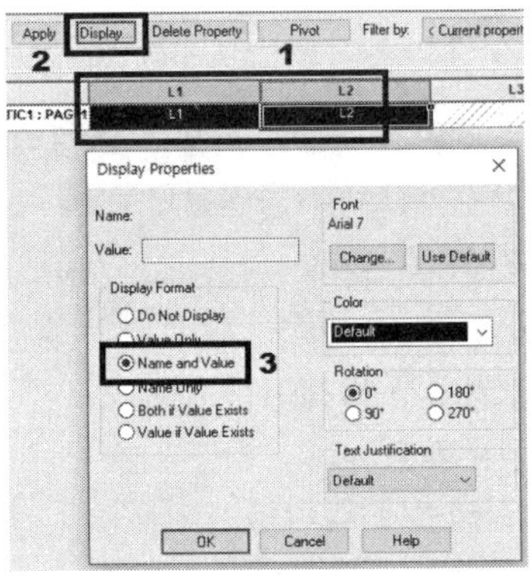

(b)

(1) 그림에서 K를 더블클릭
(2) 아래 그림에서 1번 부분에 L1=L1, L2=L2를 입력
(3) Ctrl키를 누르고 마우스로 L1, L2를 클릭하여 검정색이 되도록 설정
(4) 아래 그림에서 Display(2번)를 클릭
(5) 아래 그림에서 Name and Value(3번)을 선택

(2) 시뮬레이션 결과

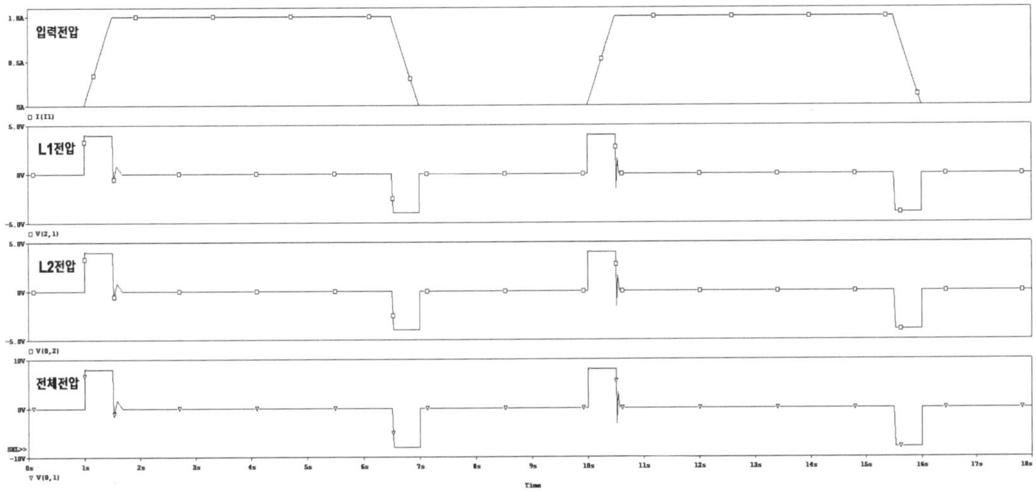

실습 4-2

그림은 두 코일 L_1, L_2이 직렬로 연결되고 상호인덕턴스 M으로 결합된 회로이다. 코일이 반대 방향이므로 차동결합으로 볼 수 있고, 이 때 합성 인덕턴스에 대한 값은 다음식으로 구할 수 있다.

$$L = L_1 + L - 2M$$
$$= L_1 + L_2 - 2k\sqrt{L_1 L_2}$$

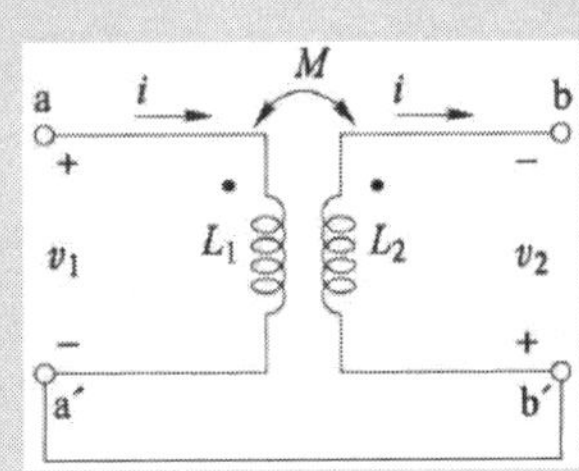

다음의 파형을 시뮬레이션 하시오.

① 입력전류파형
② L_1에 걸리는 전압파형
③ L_2에 걸리는 전압파형
④ 전체 전압파형

[조건] (1) 변압기(K_Linear, COUPLING = 1, L1 = L1, L2 = L2)
(2) 구형파 전류원(IPULSE) : I1 (I1=0 I2=1 TD=1 TR=TF=0.5 PW=5, PER=9)
(3) 접지 : Place ground
(4) Transient 조건 : Final Time : 18[s]

(1) 회로 구성

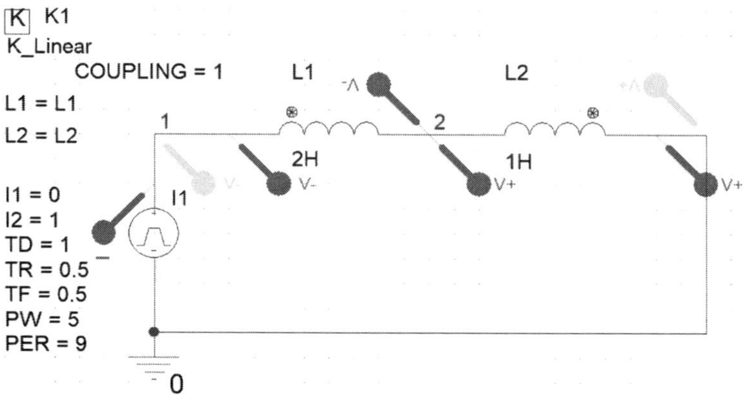

(2) 시뮬레이션 결과

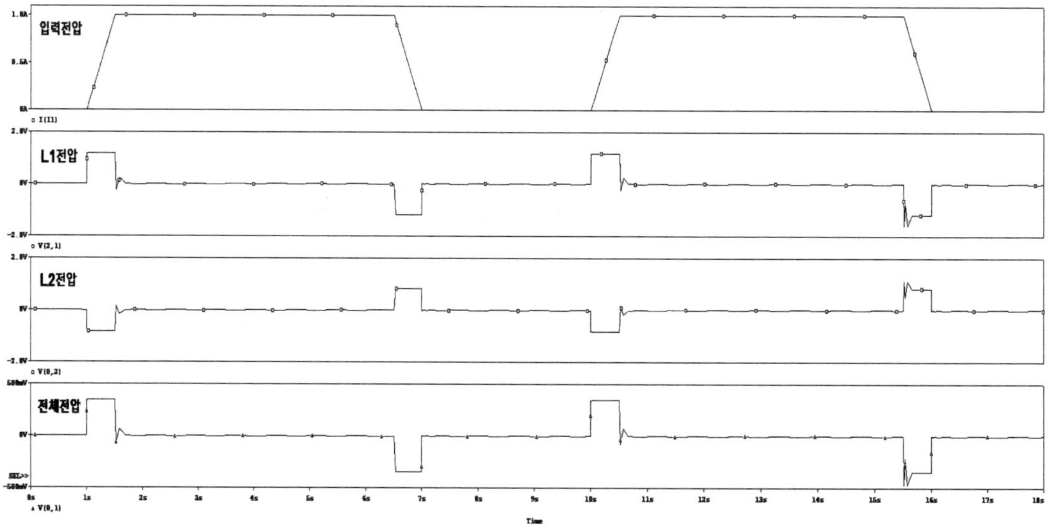

실습 4-3

두 코일 L1, L2, 상호인덕턴스 M으로 결합된 회로이다. 코일이 같은 방향이므로 가동결합으로 볼 수 있다. 다음의 파형을 시뮬레이션 하시오.

① 입력전류파형 ② L1에 걸리는 전압파형
③ L2에 걸리는 전압파형 ④ 전체 전압파형

[조건] (1) 변압기(K_Linear, COUPLING=1, L1=1, L2=4)
(2) 구형파 전류원(IPULSE) : I1(I1=0 I2=1 TD=1 TR=TF=0.5 PW=5 PER=9)
구형파 전류원(IPULSE) : I2(I1=0 I2=1 TD=1 TR=TF=0.5 PW=5 PER=9)
(3) 접지 : Place ground
(4) Transient 조건 : Final Time : 18[s]

(1) 회로 구성

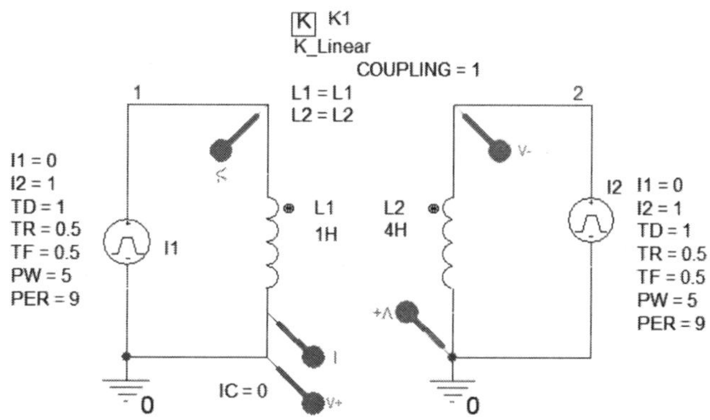

(2) 시뮬레이션 결과

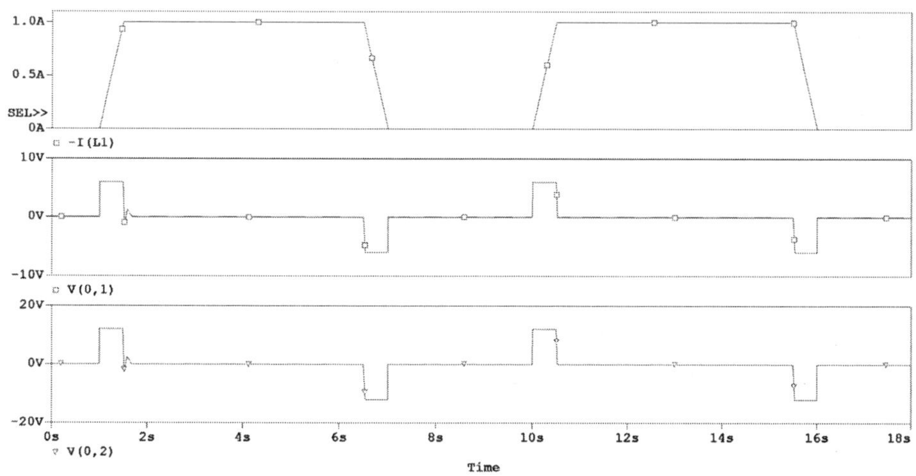

실습 4-4

두 코일 L1, L2, 상호인덕턴스 M으로 결합된 회로이다. 코일이 반대 방향이므로 차동결합으로 볼 수 있다. 다음의 파형을 시뮬레이션 하시오.

① 입력전류파형　　② L1에 걸리는 전압파형
③ L2에 걸리는 전압파형　　④ 전체 전압파형

[조건] (1) 변압기(K_Linear, COUPLING=1, L1=1, L2=4)
(2) 구형파 전류원(IPULSE) I1 (I1=0, I2=1, TD=1, TR=0.5, TF=0.5, PW=5, PER=9)
구형파 전류원(IPULSE) I2 (I1=0, I2=1, TD=1, TR=0.5, TF=0.5, PW=5, PER=9)
(3) 접지 : Place ground
(4) Transient 조건 : Final Time : 18[s]

(1) 회로 구성

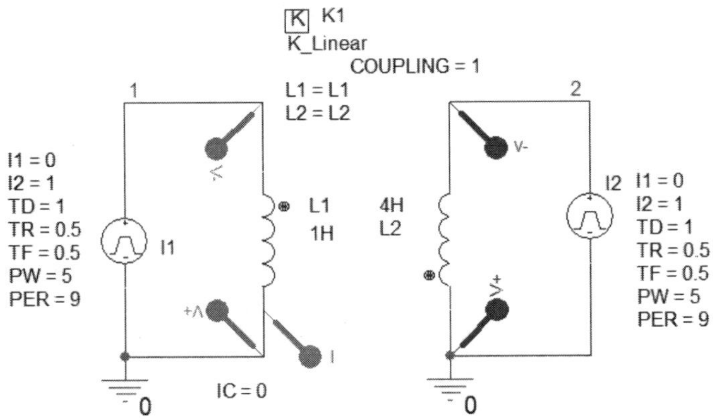

(2) 시뮬레이션 결과

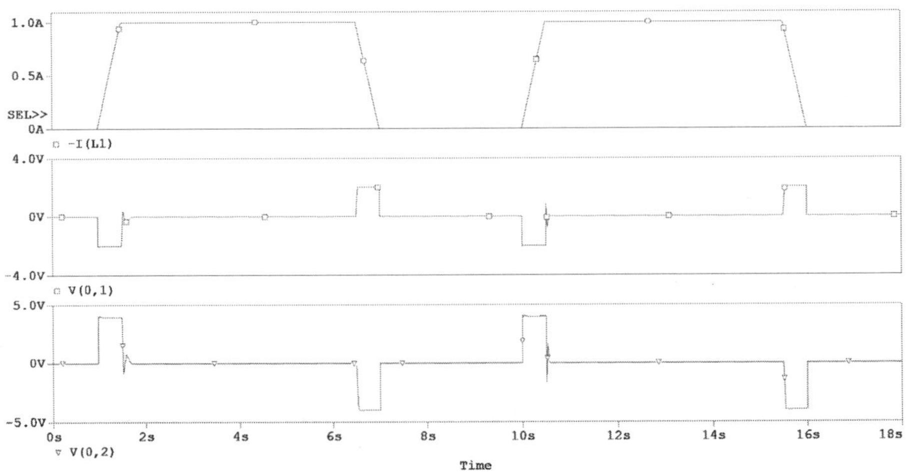

실습 4-5

변압기 회로가 다음과 같은 조건일 때 35[ms]까지 Transient Analysis을 수행하여, ① 입력전압 ② 출력전압의 파형을 시뮬레이션 하시오.

[조건] (1) 변압기(KRM8PL_3C8(Ferroxcube Pot Magnetic Core) COUPLING = 1, L1_TURNS = 5000, L2_TURNS = 2500)
(2) 정현파 교류 전압원(VSIN) : V_1(VOFF = 0 VAMPL = 100 FREQ = 60)
(3) 저항(R) : $R_1 = 0.1[\Omega]$, $R_2 = 100[k\Omega]$
(4) 접지 : Place ground

변압기는 전자유도 작용을 이용하여 교류전압과 전류의 크기를 변성하는 장치로 2개의 전기회로와 1개의 자기회로로 구성된다. 2개의 전기호로 중 한쪽을 전원에 접속하고 다른 한쪽은 부하에 접속하면 전력은 자기회로를 통하여 부하에 전달된다. 이 때 전원에 접속된 권선을 1차 권선, 부하에 접속된 권선을 2차권선이라도 한다. 1차권선의 권선을 N_1, 2차권선의 권선을 N_2라 하면 변압기의 권수는 다음과 같다.

$$\text{권선비 } a = \frac{1\text{차전압 } V_1}{2\text{차전압 } V_2} = \frac{1\text{차권수 } N_1}{2\text{차권수 } N_2} = \frac{I_2}{I_1} = \frac{5000}{2500}$$

$$\frac{V_1}{V_2} = 2 \quad \therefore V_2 = \frac{V_1}{2} = \frac{100}{2} = 50$$

그림 (a)의 변압기 KRM8PL_3C8 값 지정 방법

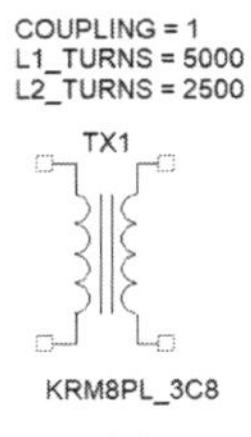

(a)

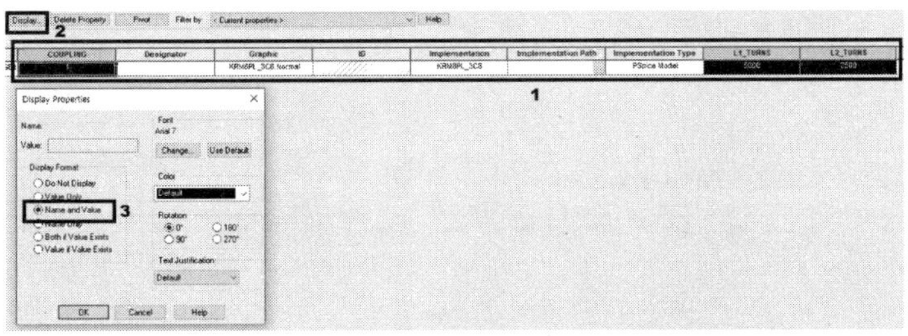

(b)

> (1) 그림 (a)를 더블 클릭하면 그림 (b)와 같은 화면이 나타난다.
> (2) 그림 (b)에서 1번처럼 COUPLING, L1_TURNS와 L2_TURNS의 값을 지정한다.
> (3) Ctrl 키를 누르고 COUPLING, L1_TURNS와 L2_TURNS를 마우스로 클릭한다.
> (4) 그림 (b)의 2번에서 Display 클릭하면 3번과 같은 화면이 나타난다.
> (5) 3번에서와 같이 Name and Value를 선택한다.

(1) 회로 구성

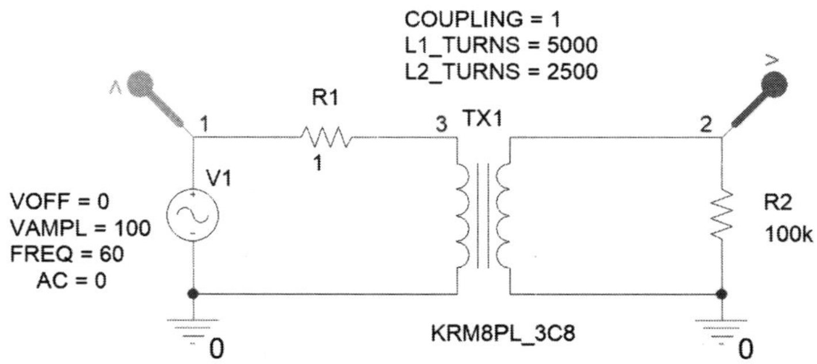

(2) 시뮬레이션 결과

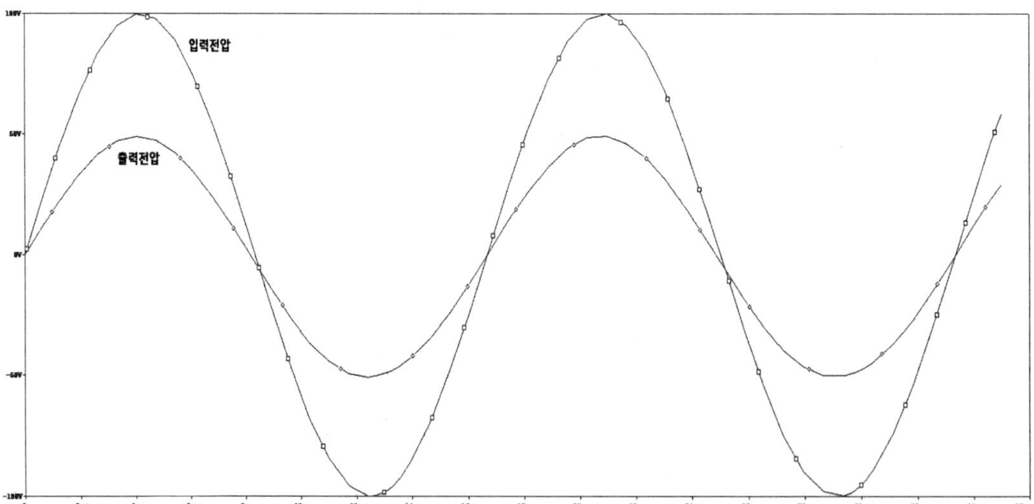

실습 4-6

변압기 회로가 다음과 같은 조건일 때 40[ms]까지 Transient Analysis을 수행하여, ① 입력전압 ② 출력전압의 파형을 시뮬레이션 하시오.

[조건] (1) 변압기((K3019PL_3C8) COUPLING=1, L1_TURNS=5000, L2_TURNS=2500)
(2) 정현파 교류 전압원(VSIN) : V_1 (VOFF=0 VAMPL=100 FREQ=60)
(3) 저항(R) : R_1=0.1[Ω], R_2=100[kΩ]
(4) 접지 : Place ground

(1) 회로 구성

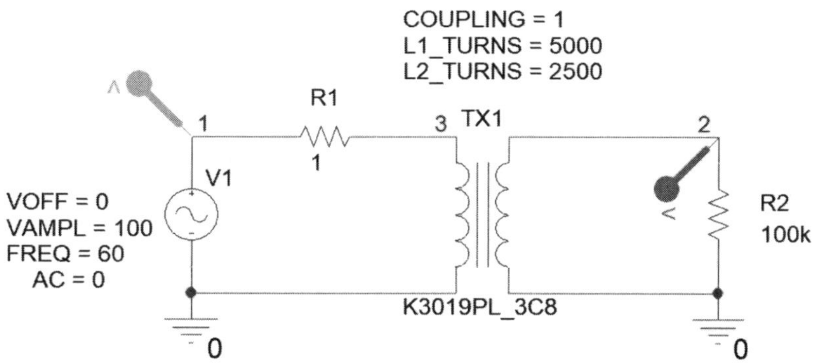

(2) 시뮬레이션 결과

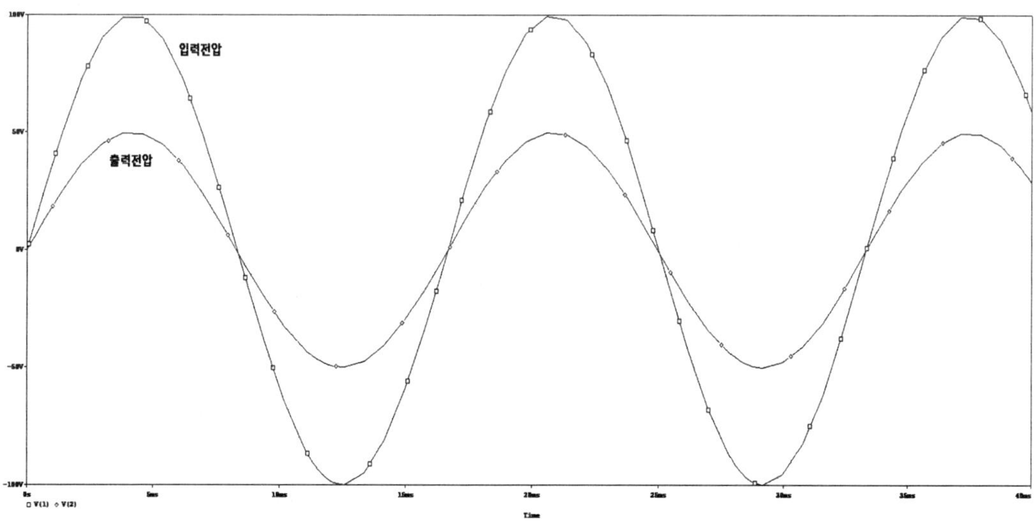

실습 4-7

kbreak, 입력전류원(IPWL), 인덕턴스(L), 저항(R)이 다음과 같은 값을 가질 때, Transient Analysis를 3[s]까지 실행하여, ① 입력전류의 파형 ② 자속밀도 파형 ③ B-H특성 곡선을 구하여라.

(1) 변압기(kbreak : L1 = 800 L2 = 400 K = 0.99)
(2) 구분적 변조전원(IPWL) : I1(0s 0, 1s -15, 2, 15, 3, -15)
(3) 저항(R) : RL=100[Ω]
(4) 접지 : Place ground

kbreak 설정

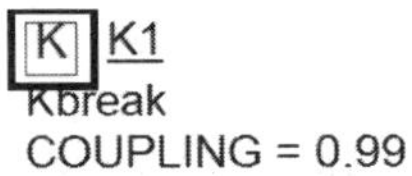

(a)

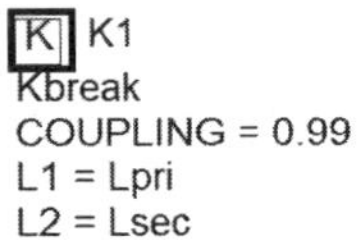

(c)

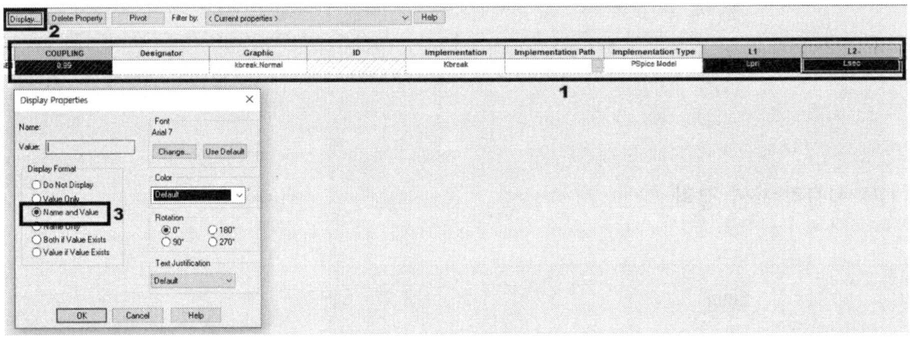

(b)

(1) 그림 (a)의 K를 더블 클릭하면 그림 (b)와 같은 화면이 나타난다.
(2) 그림 (b)에서 1번처럼 COUPLING, L1 L2의 값을 지정한다.
(3) Ctrl 키를 누르고 COUPLING, L1 L2를 마우스로 클릭한다.
(3) 그림 (b)의 2번에서 Display 클릭하면 3번과 같은 화면이 나타난다.
(4) 3번에서와 같이 Name and Value를 선택한다.
(5) 그림 (c)와 같은 화면이 나타난다.

(1) 회로 구성

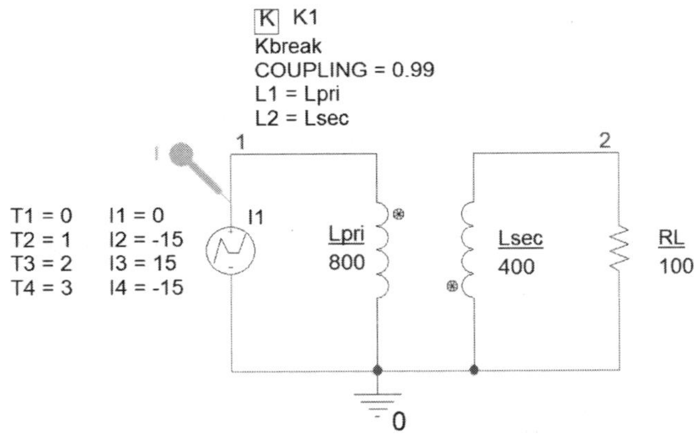

(2) 시뮬레이션 결과

① 입력전류 파형 : I(I1)

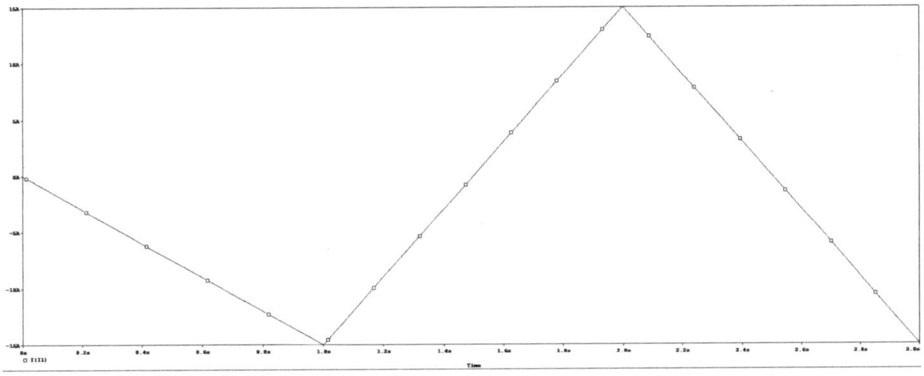

② 자속밀도 파형 : B(K1)

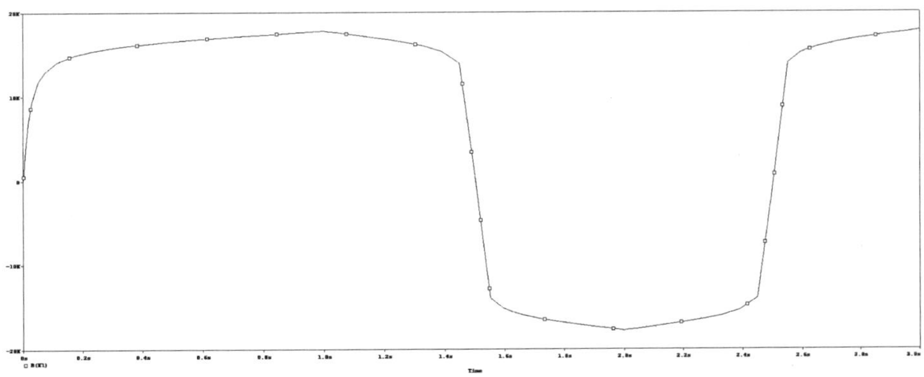

③ B-H 특성곡선 : Probe창에 자속밀도의 파형(B(K1))이 있을 때, 그림과 같이 설정하면 된다.

Plot → Axis Settings → Axis Variable → H(K1)

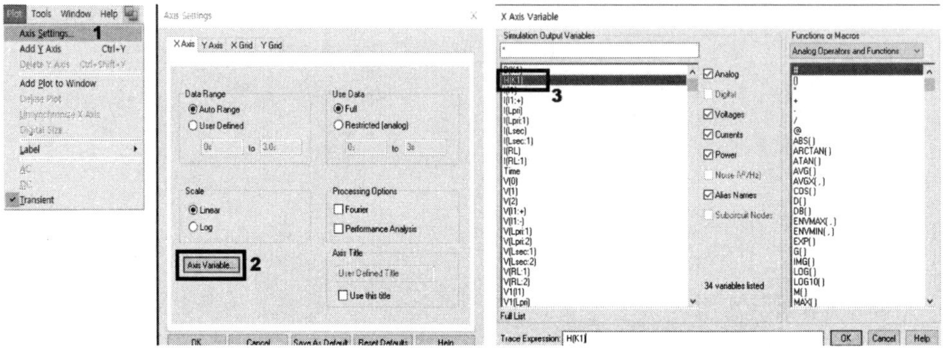

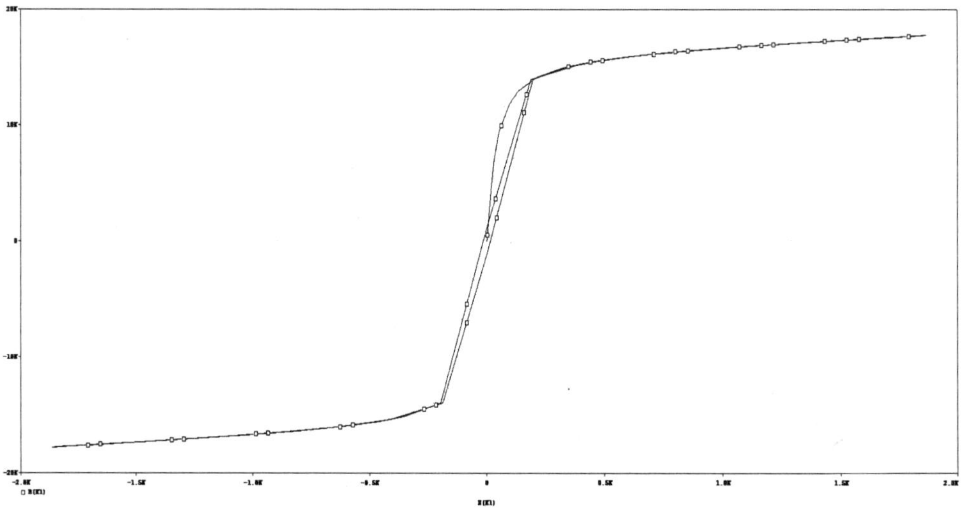

실습 4-8

변압기 회로가 다음과 같은 조건일 때 36[ms]까지 Transient Analysis을 수행하여, ① 입력전압 ② 출력전압의 파형을 시뮬레이션 하시오.

[조건] (1) 변압기((XFRM_LINEAR) COUPLING=1, L1_VALUE=2000H, L2_VALUE=20H)
(2) 정현파 교류 전압원(VSIN) : V_1 (VOFF=0 VAMPL=220 FREQ=60)
(3) 저항(R) : $R_1 = 10[\Omega]$, $R_2 = 0.5[k\Omega]$, $R_2 = 10[MEG\Omega]$
(4) 접지 : Place ground

$$\text{권선비 } a = \frac{1\text{차전압 } V_1}{2\text{차전압 } V_2} = \frac{1\text{차권수 } N_1}{2\text{차권수 } N_2} = \sqrt{\frac{L_2}{L_1}} = \sqrt{\frac{2000}{20}} = 10$$

$$\frac{V_1}{V_2} = 10 \quad \therefore V_2 = \frac{V_1}{2} = \frac{220}{10} = 22[V]$$

(1) 회로 구성

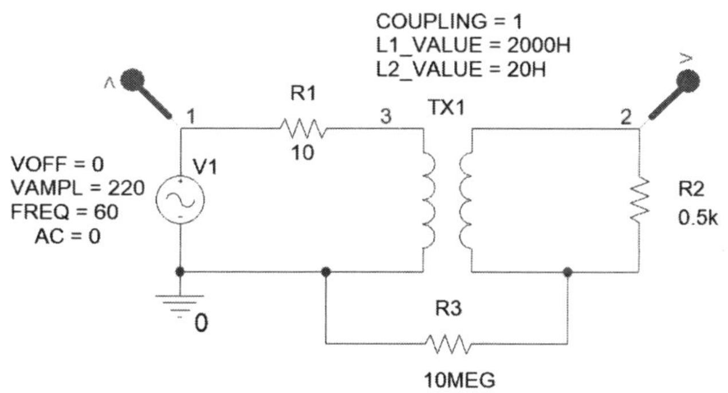

(2) 시뮬레이션 결과

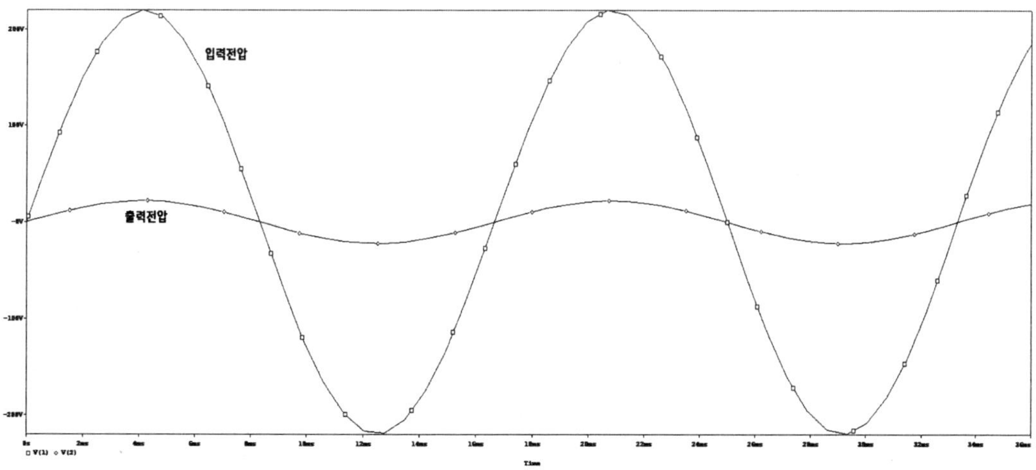

실습 4-9

실습 4-8과 같은 조건에서 XFRM_LINEAR를 K_Linear로 표현한 회로로 변환하여 같은 시뮬레이션 결과가 나오는지 확인하시오.

(1) 회로 구성

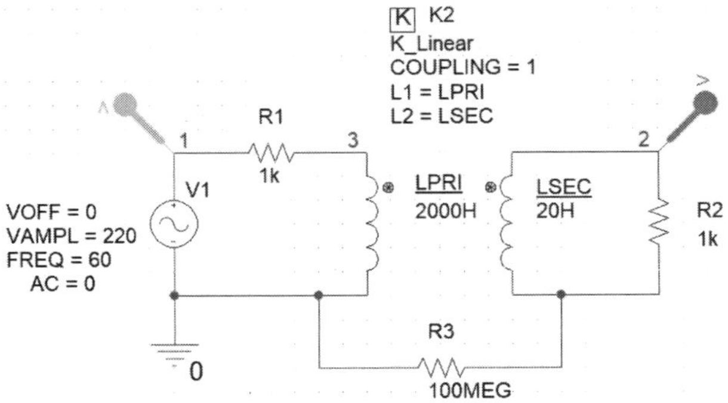

(2) 시뮬레이션 결과

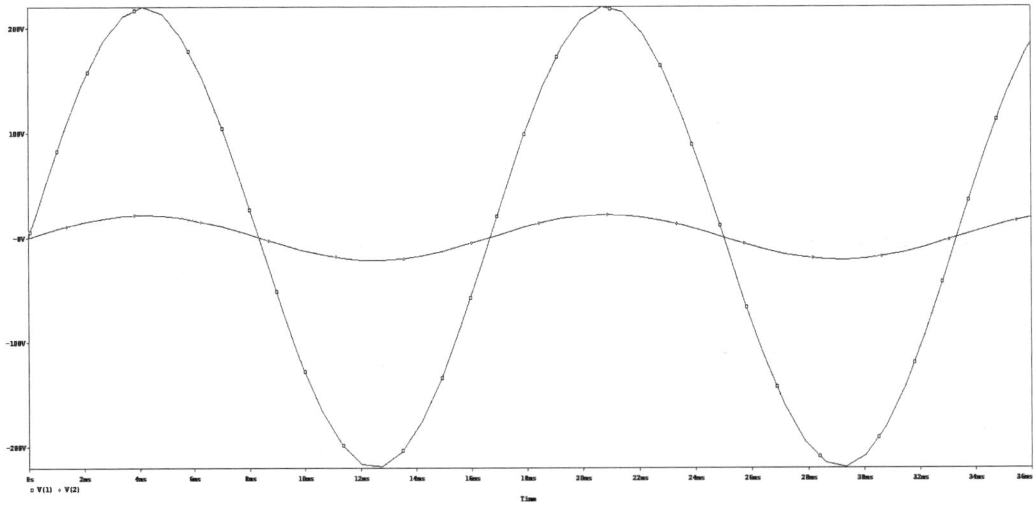

실습 4-10

변압기 회로가 다음과 같은 조건일 때 40[ms]까지 Transient Analysis을 수행하여, ① 입력전압 ② 출력전압의 파형을 시뮬레이션 하시오.

[조건] (1) 변압기((XFRM_LIN/CT-SEC) COUPLING=0.99, RP_VALUE=0.1, RS_VALUE=0.1 LP_VALUE=20mH, LS1_VALUE=10mH, LS2_VALUE=10mH)

(2) 정현파 교류 전압원(VSIN) : V_1(VOFF=0 VAMPL=220 FREQ=60)

(3) 저항(R) : $R_1 = 1[k\Omega]$, $R_2 = 1[k\Omega]$

(4) 접지 : Place ground

(1) 회로 구성

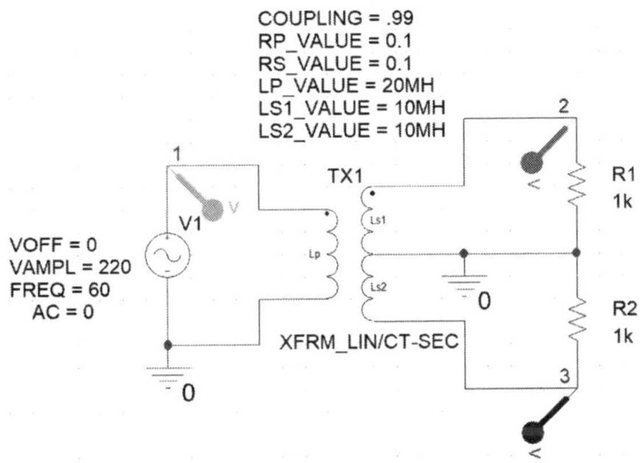

(2) 시뮬레이션 결과

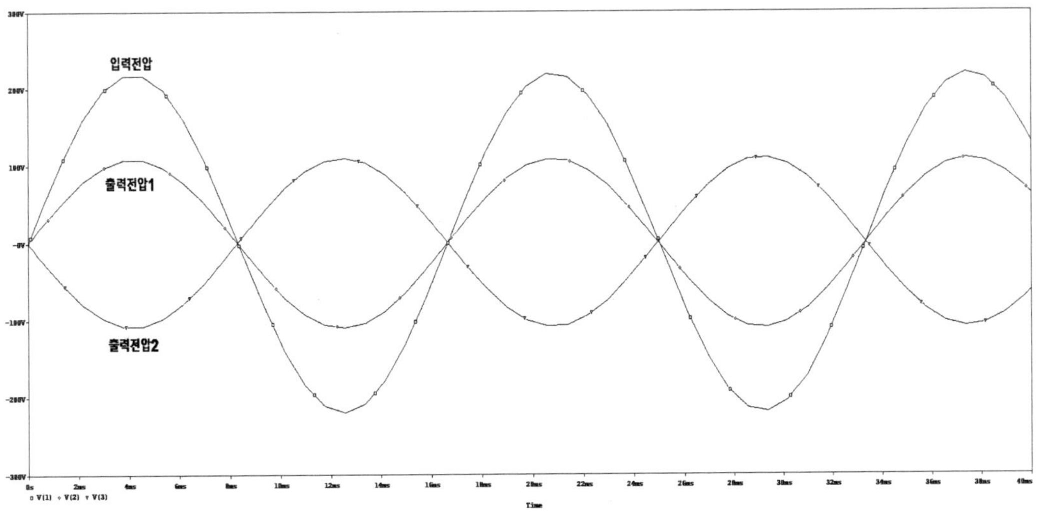

실습 4-11

실습 4-9와 같은 조건으로 구성한 회로에서 접지 위치를 변경해서 전압을 측정하였다.
① 입력전압 ② 출력전압의 파형을 시뮬레이션 하시오.

(1) 회로 구성

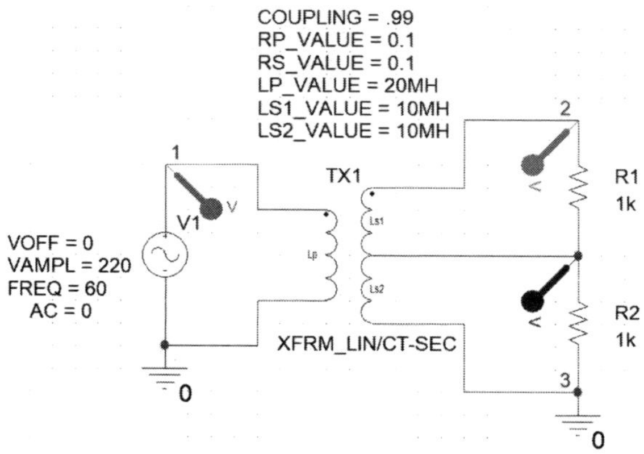

(2) 시뮬레이션 결과

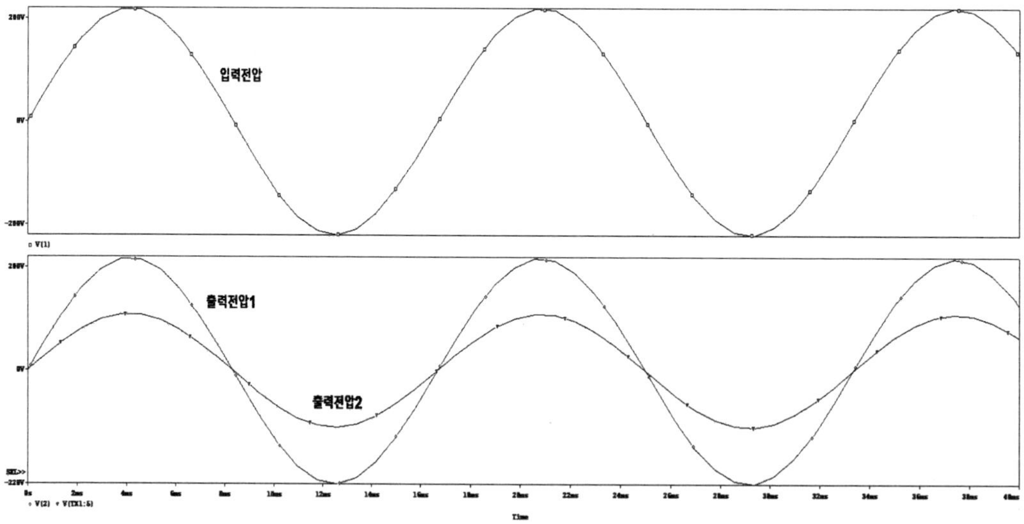

실습 4-12

3상 Y-Y결선(3phaseY)이다. 권수비가 0.5일 때 각 단의 전압파형을 시뮬레이션 하시오. 단, Part, Wire에 Bias 결과값이 입력되지 않도록 한다.(바이어스 포인트 계산 단계를 무시하기(SKIPBP 체크))

[조건] (1) 정현파 교류 전압원(VSIN) : Va(VAMPL = 220, f = 60[Hz])
정현파 교류 전압원(VSIN) : Vb(VAMPL = 220 f = 60[Hz], phase = 120°)
정현파 교류 전압원(VSIN) : Vc(VAMPL = 220 f = 60[Hz], phase = 240°)
(2) Y-Y결선 변압기((3phaseY) TURN_RATIO = 0.5)
(3) 저항(R) : $R_1 = 1[k\Omega]$, $R_2 = 1[k\Omega]$, $R_3 = 1[k\Omega]$

(1) 회로 구성

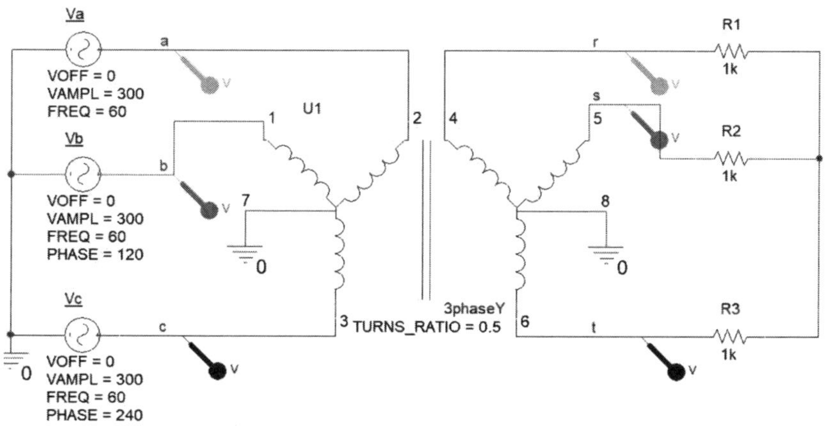

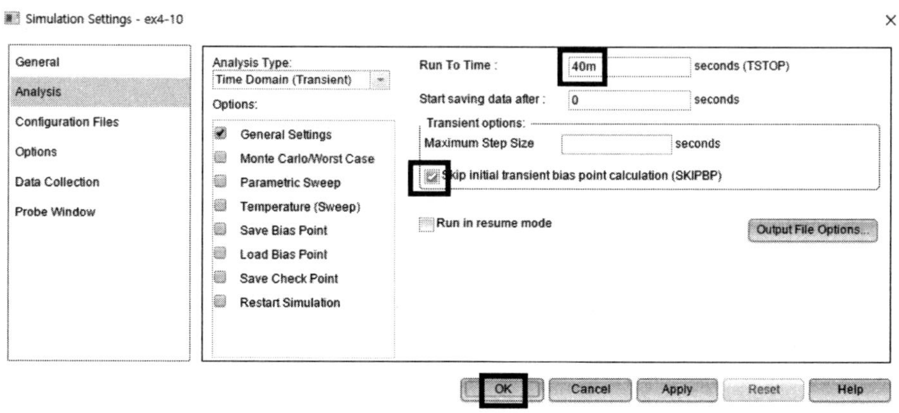

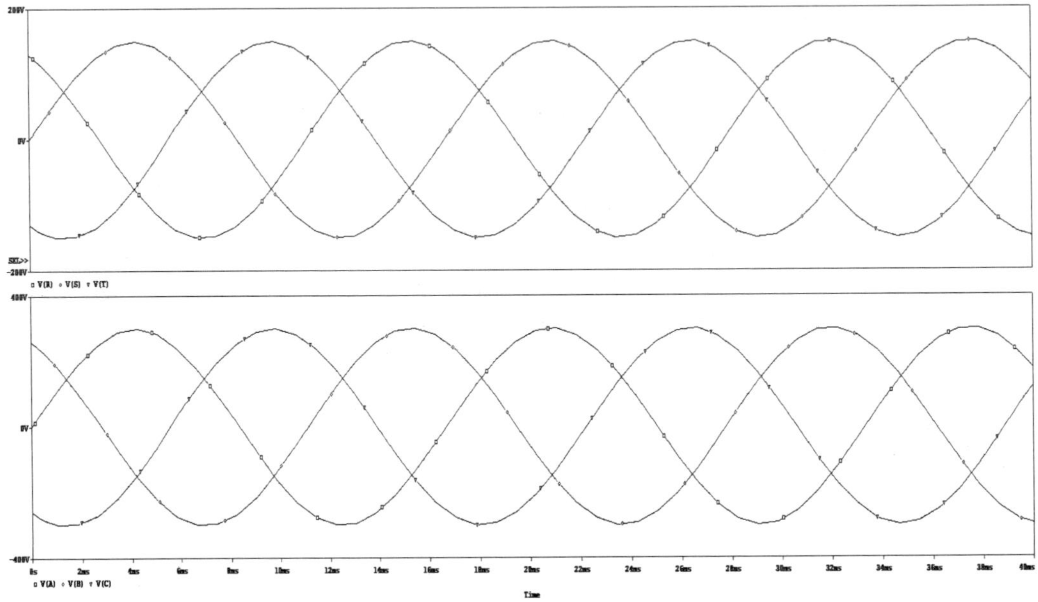
200V
0V
SEL>>
-200V
V(R) V(S) V(T)
400V
0V
-400V
0s
2ms
4ms
6ms
8ms
10ms
12ms
14ms
16ms
18ms
20ms
22ms
24ms
26ms
28ms
30ms
32ms
34ms
36ms
38ms
40ms
V(A) V(B) V(C)
Time

CHAPTER

5

다이오드 회로

1 다이오드 순방향/역방향 특성

다이오드는 한 방향으로 전류를 흐르게 하고 다른 방향으로는 전류를 차단하는 능력이 있다. 다이오드는 바이어스 전압이 전위장벽(실리콘인 경우 0.7[V], 게르마늄인 경우 0.3[V])을 초과하여 순방향으로 바이어스된 경우에는 전류가 잘 흐르고, 항복전압보다 더 낮은 전압에서 역방향으로 바이어스된 경우에는 전류가 잘 흐르지 않는다.
인가전압의 낮은 범위(0.6[V]이하)에서는 전류가 거의 흐르지 않으며, 0.6[V]를 넘으면 급격히 전류가 흐르기 시작하며, 이 곡선은 지수 함수적으로 증가한다.

실습 5-1

다음의 회로는 다이오드 D1N4002의 전압-전류의 특성을 위한 회로도이다. DC Analysis 실행하여, 전압-전류 특성곡선을 시뮬레이션을 수행하시오.

[조건] (1) DC Analysis 조건
- Sweep variable → Name : Vin
- Sweep type : Linear → Start value −200, End value 100, Increment 0.01

(1) 회로 구성 및 시뮬레이션 결과

- DC Analysis

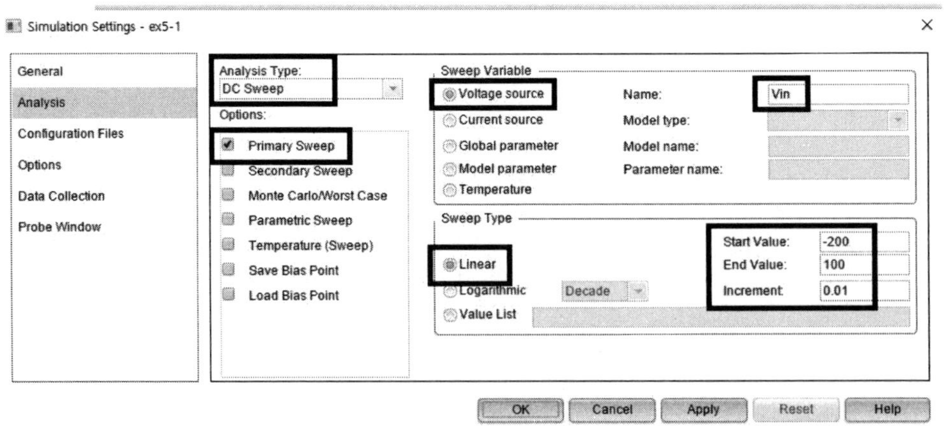

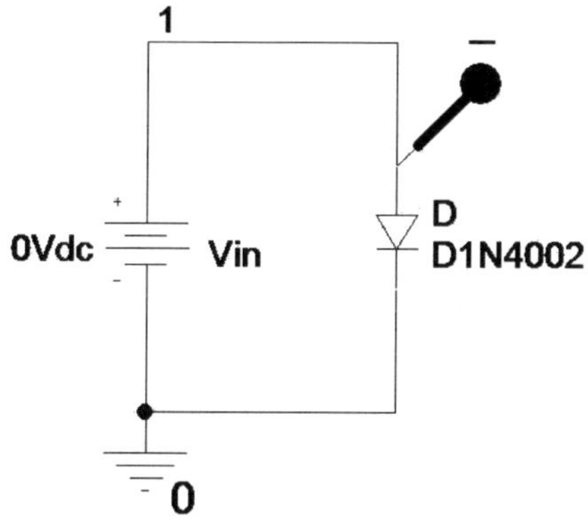
1
0Vdc
Vin
D
D1N4002
0

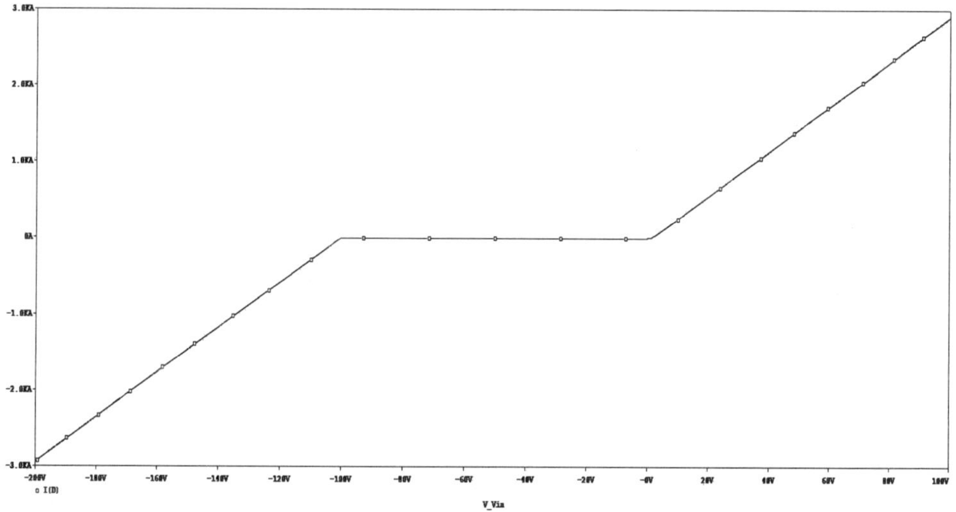
3.0KA
2.0KA
1.0KA
0A
-1.0KA
-2.0KA
-3.0KA
-200V
-180V
-160V
-140V
-120V
-100V
-80V
-60V
-40V
-20V
-0V
20V
40V
60V
80V
100V
I(D)
V_Vin

2 신호 클리퍼에 이용되는 다이오드

다이오드는 또는 신호 클리퍼(Signal Clipper)라고 불리는 회로로 동작한다. 신호 클리퍼는 파형의 일부분을 제거하며 주어진 전압이나 전류 레벨 위나 아래로 발생하는 신호만 통화시킨다. 초과하는 크기를 제한하거나 파형을 정형, 부하에 걸리는 전력량을 제어하는 응용에 이용된다.

2.1 직렬 클리퍼

직렬 클리퍼는 기준전압에 따라 3가지 예를 나타냈다.
그림 5-1과 표 5-1은 기준전압이 0($V_R = 0$)일 때의 회로와 동작상태를 나타냈다.

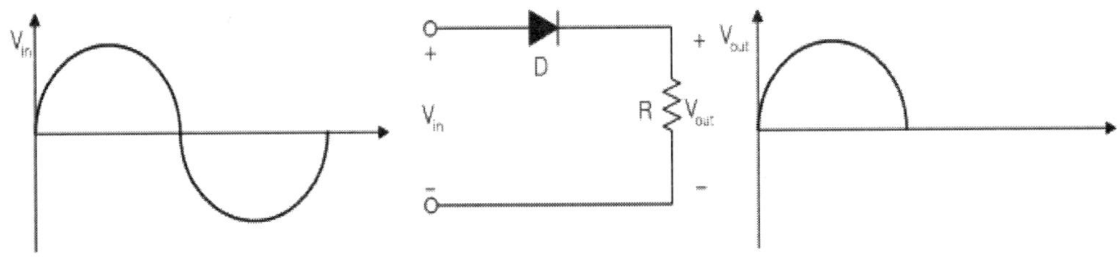

그림 5-1 직렬 클리퍼(기준전압 $V_R = 0[V]$)

표 5-1 기준전압 ($V_R = 0[V]$)일 때의 동작상태

입력전압 V_{in}	다이오드 상태	출력전압 V_o
$V_{in} > V_R$	D : ON	$V_{out} = V_{in}$
$V_{in} \leqq V_R$	D : OFF	$V_{out} = 0$

실습 5-2

그림 5-1의 직렬 클리퍼 회로(기준전압 $V_R = 0[V]$)에서 다음과 같은 조건에서 표 5-1의 동작 상태에 대해 Transient Analysis를 30[ms]까지 실행하여, ① 입력전압 ② 출력전압을 시뮬레이션 하시오.

[조건] (1) 정현파 교류 전압원(VSIN) : Vin(VOFF=0 VAMPL=10 FREQ=60 AC=0)
(2) 다이오드(D1N4148) : D1 (3) 저항(R) : R=100[Ω]
(4) 접지 : Place ground

(1) 회로 구성 및 시뮬레이션 결과

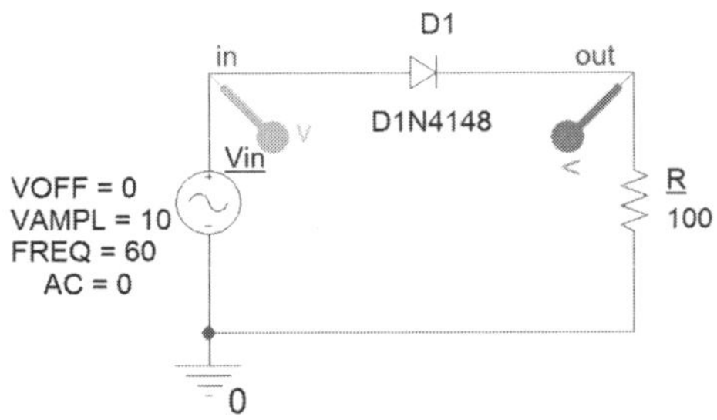

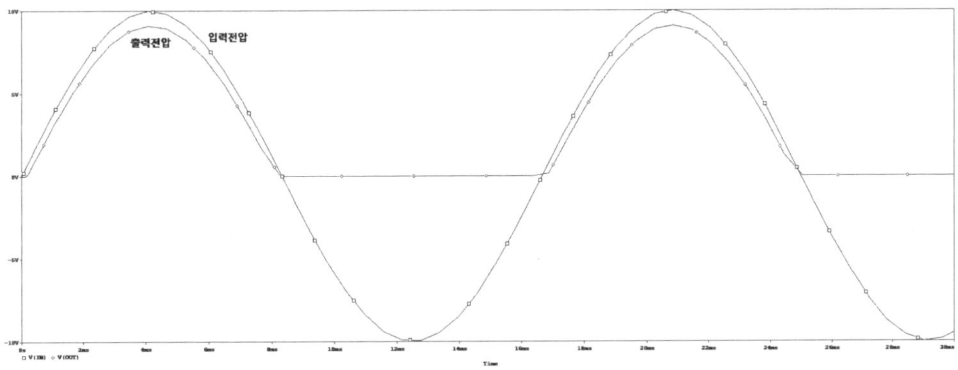

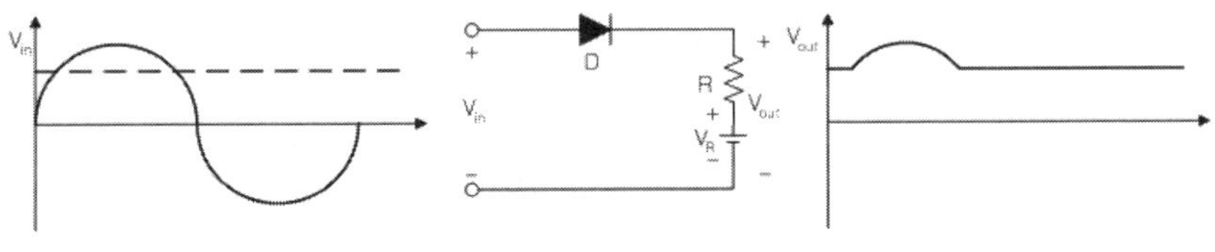

그림 5-2 직렬 클리퍼(기준전압 V_R이하)

표 5-2 기준전압 V_R이하일 때의 동작상태

입력전압 V_{in}	다이오드 상태	출력전압 V_o
$V_{in} > V_R$	D : ON	$V_{out} = V_{in}$
$V_{in} \leq V_R$	D : OFF	$V_{out} = V_R$

실습 5-3

그림 5-2의 직렬 클리퍼 회로(기준전압 V_R 이하)에서 다음과 같은 조건에서, 표 5-2의 동작 상태에 대해 Transient Analysis를 30[ms]까지 실행하여, ① 입력전압 ② 출력전압을 시뮬레이션 하시오.

[조건] (1) 정현파 교류 전압원(VSIN) : Vin(VOFF=0 VAMPL=10 FREQ=60 AC=0)
(2) 직류 전압원(VDC) : Vr=7　　(3) 다이오드(D1N4148) : D1
(4) 저항(R) : R=100[Ω]　　(5) 접지 : Place ground

(1) 회로 구성 및 시뮬레이션 결과

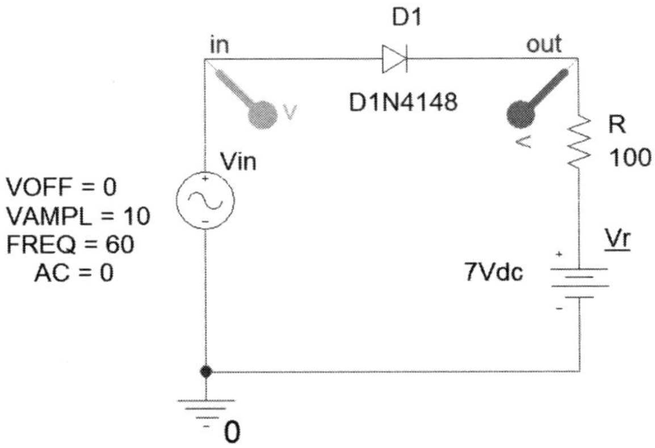

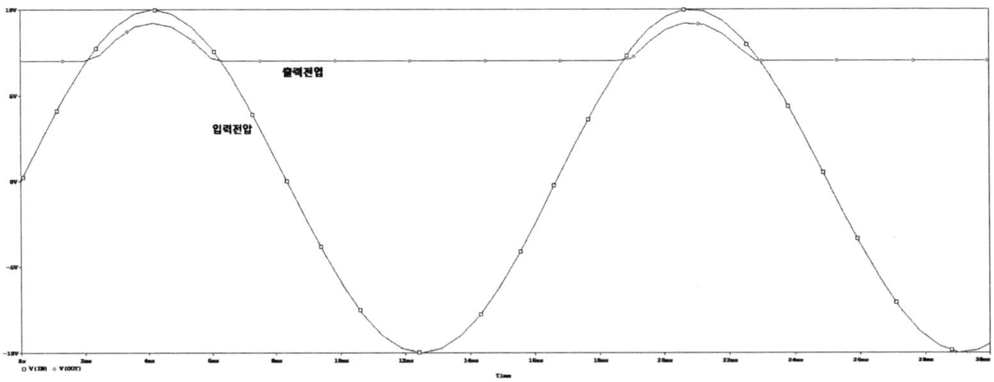

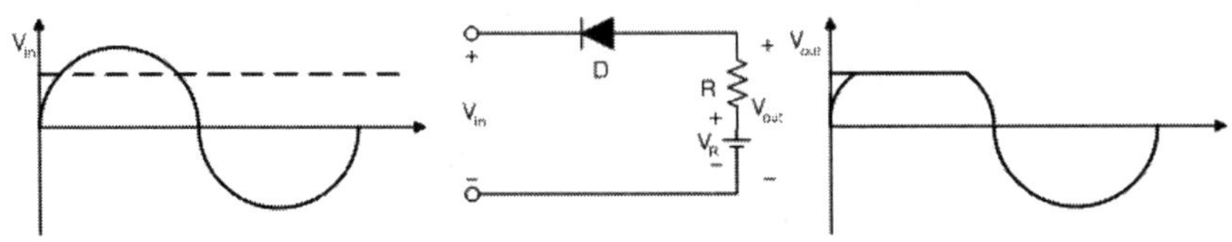

그림 5-3 직렬 클리퍼(기준전압 V_R 이상)

표 5-3 기준전압 V_R이상일 때의 동작상태

입력전압 V_{in}	다이오드 상태	출력전압 V_o
$V_{in} > V_R$	D : OFF	$V_{out} = V_R$
$V_{in} \leqq V_R$	D : ON	$V_{out} = V_{in}$

실습 5-4

그림 5-3의 직렬 클리퍼 회로(기준전압 V_R 이상)에서 다음과 같은 조건에서, 표 5-3의 동작 상태에 대해 Transient Analysis를 30[ms]까지 실행하여, ① 입력전압 ② 출력전압을 시뮬레이션 하시오.

[조건] (1) 정현파 교류 전압원(VSIN) : Vin(VOFF=0 VAMPL=10 FREQ=60 AC=0)
(2) 직류 전압원(VDC) : Vr=7
(3) 다이오드(D1N4148) : D1
(4) 저항(R) : R=100[Ω]
(5) 접지 : Place ground

(1) 회로 구성 및 시뮬레이션 결과

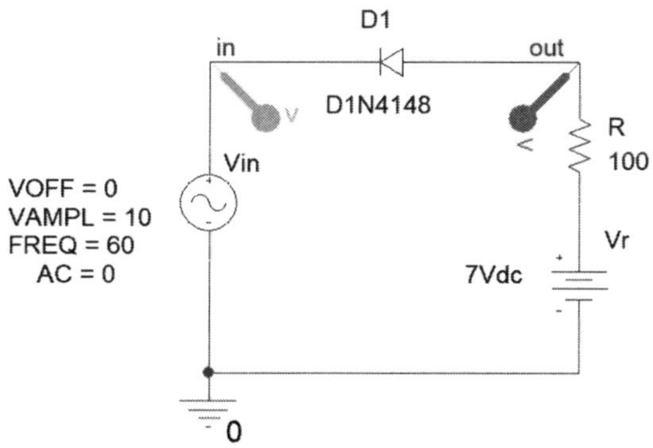

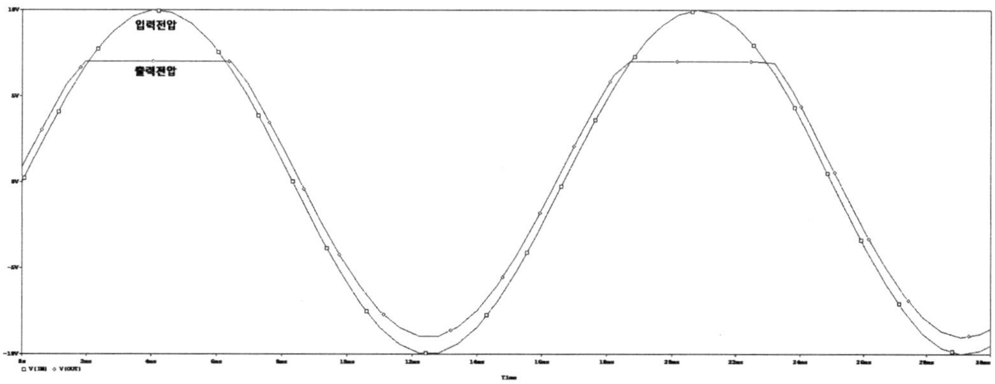

2.2 병렬 클리퍼

병렬 클리퍼는 기준전압에 따라 4가지 예를 나타냈다.

그림 5-4와 표 5-4는 기준전압이 0($V_R = 0$)일 때의 회로와 동작상태를 나타냈다.

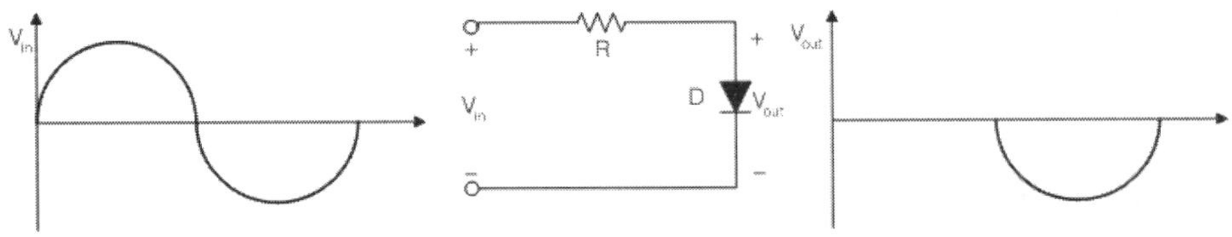

그림 5-4 병렬 클리퍼(기준전압 $V_R = 0[V]$)

표 5-4 기준전압($V_R = 0$)일 때의 동작상태

입력전압 V_{in}	다이오드 상태	출력전압 V_o
$V_{in} > 0$	D : ON	$V_{out} = 0$
$V_{in} \leqq 0$	D : OFF	$V_{out} = V_{in}$

실습 5-5

그림 5-4의 병렬 클리퍼 회로(기준전압 $V_R = 0$)에서 다음과 같은 조건에서, 표 5-4의 동작 상태에 대해 Transient Analysis를 30[ms]까지 실행하여, ① 입력전압 ② 출력전압을 시뮬레이션 하시오.

[조건] (1) 정현파 교류 전압원(VSIN) : Vin(VOFF=0 VAMPL=10 FREQ=60 AC=0)
(2) 다이오드(D1N4148) : D1
(3) 저항(R) : R=100[Ω]
(5) 접지 : Place ground

(1) 회로 구성 및 시뮬레이션 결과

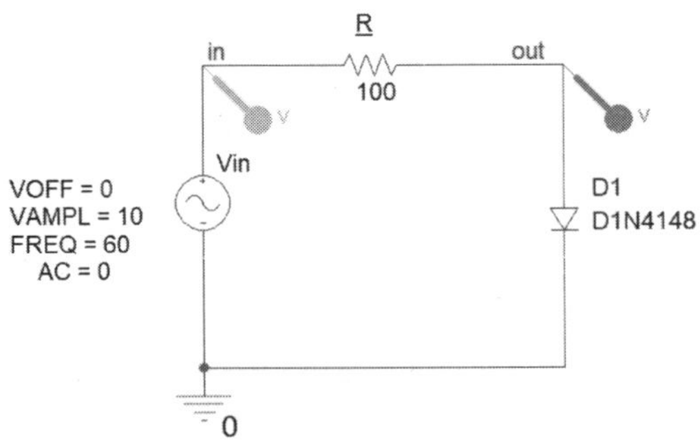

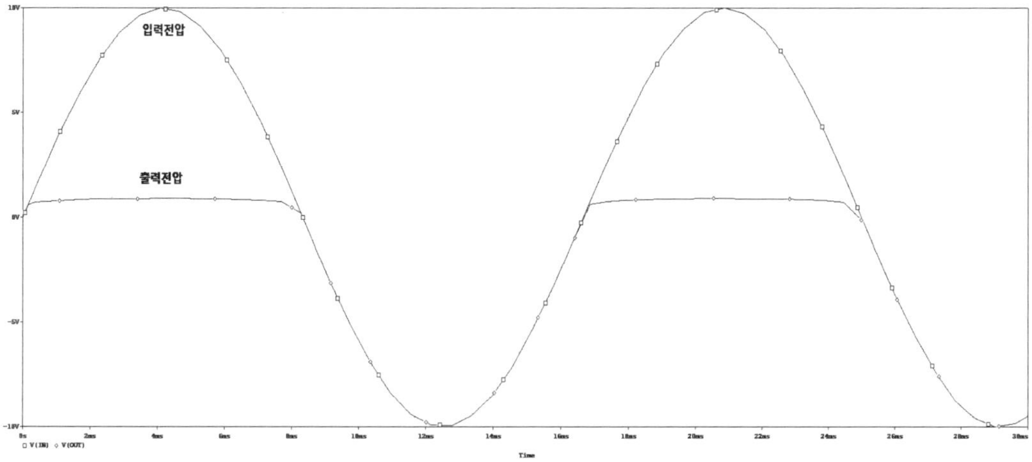

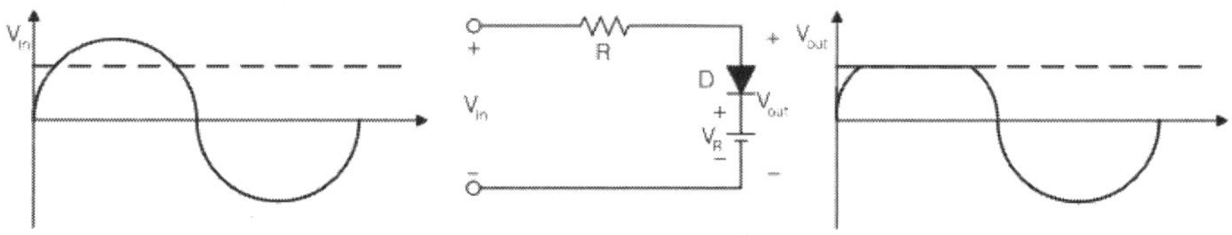

그림 5-5 병렬 클리퍼(기준전압 V_R[V]이상)

표 5-5 기준전압 V_R이상일 때의 동작상태

입력전압 V_{in}	다이오드 상태	출력전압 V_o
$V_{in} \leqq V_R$	D : OFF	$V_{out} = V_{in}$
$V_{in} > V_R$	D : ON	$V_{out} = V_R$

실습 5-6

그림 5-5의 병렬 클리퍼 회로(기준전압 V_R 이상)에서 다음과 같은 조건에서, 표 5-5의 동작 상태에 대해 Transient Analysis를 30[㎳]까지 실행하여, ① 입력전압 ② 출력전압을 시뮬레이션 하시오.

[조건] (1) 정현파 교류 전압원(VSIN) : Vin(VOFF=0 VAMPL=10 FREQ=60 AC=0)
(2) 직류 전압원(VDC) : Vr=7
(3) 다이오드(D1N4148) : D1
(4) 저항(R) : R=100[Ω]
(5) 접지 : Place ground

(1) 회로 구성 및 시뮬레이션 결과

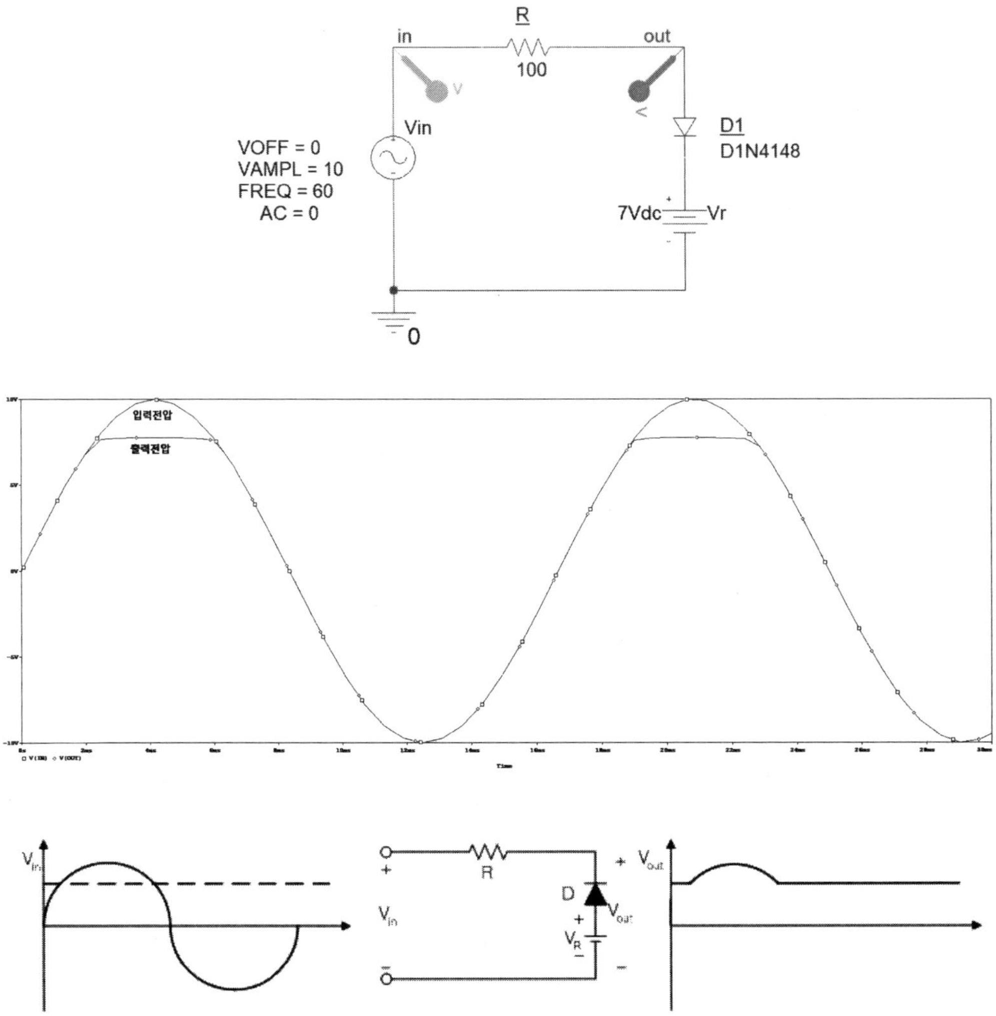

그림 5-6 병렬 클리퍼(기준전압 V_R[V]이하)

표 5-6 기준전압 V_R이하일 때의 동작상태

입력전압 V_{in}	다이오드 상태	출력전압 V_o
$V_{in} \geq V_R$	D : OFF	$V_{out} = V_{in}$
$V_{in} < V_R$	D : ON	$V_{out} = V_R$

실습 5-7

그림 5-6의 병렬 클리퍼 회로(기준전압 V_R 이하)에서 다음과 같은 조건에서, 표 5-6의 동작 상태에 대해 Transient Analysis를 30[ms]까지 실행하여, ① 입력전압 ② 출력전압을 시뮬레이션 하시오.

[조건] (1) 정현파 교류 전압원(VSIN) : Vin(VOFF = 0 VAMPL = 10 FREQ = 60 AC = 0)
(2) 직류 전압원(VDC) : Vr = 7
(3) 다이오드(D1N4148) : D1
(4) 저항(R) : R=100[Ω]
(5) 접지 : Place ground

(1) 회로 구성 및 시뮬레이션 결과

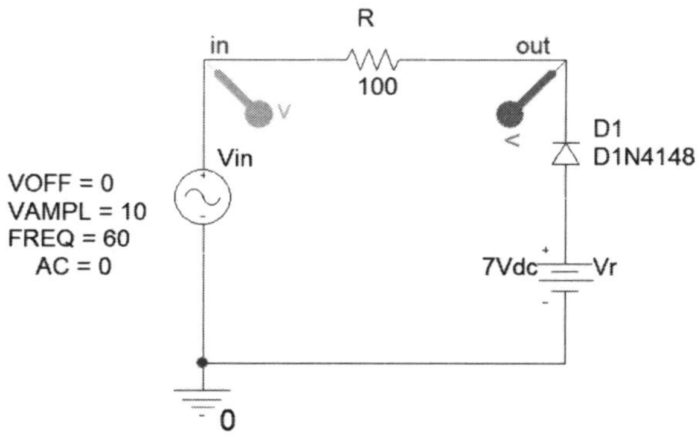

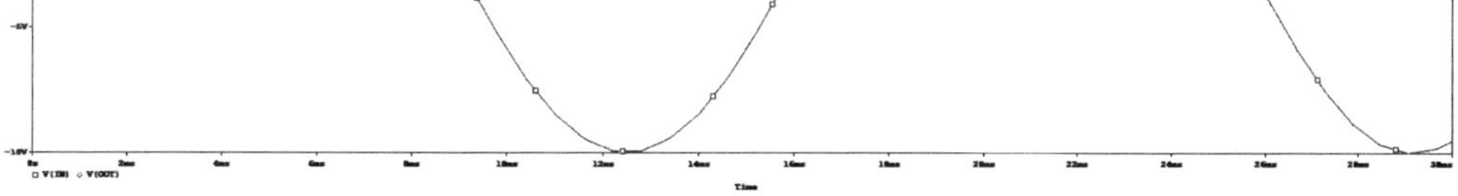

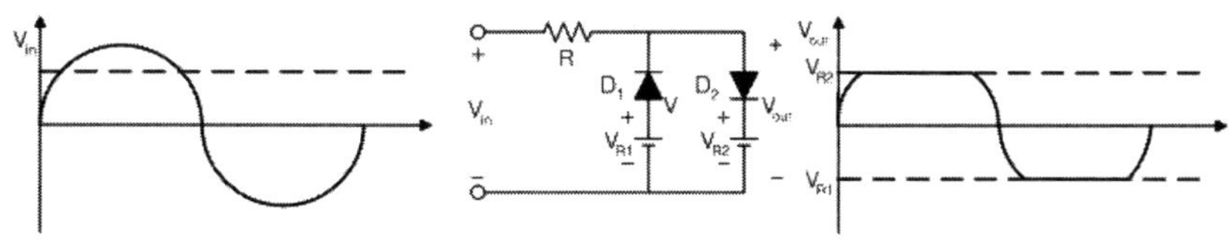

그림 5-7 병렬 클리퍼(2개의 기준전압)

표 5-7 기준전압 V_{R1}, V_{R2}일 때의 동작상태

입력전압 V_{in}	다이오드 상태	출력전압 V_o
$V_{in} < V_{R1}$	D_1 : ON , D_2 : OFF	$V_{out} = V_{R1}$
$V_{R1} \leqq V_{in} \leqq V_{R1}$	D_1 : OFF , D_2 : OFF	$V_{out} = V_{in}$
$V_{in} > V_{R2}$	D_1 : OFF , D_2 : ON	$V_{out} = V_{R2}$

실습 5-8

그림 5-7의 병렬 클리퍼 회로(2개의 기준전압)에서 다음과 같은 조건에서, 표 5-7의 동작 상태에 대해 Transient Analysis를 30[ms]까지 실행하여, ① 입력전압 ② 출력전압을 시뮬레이션 하시오.

[조건] (1) 정현파 교류 전압원(VSIN) : Vin(VOFF = 0 VAMPL = 10 FREQ = 60 AC = 0)
(2) 직류 전압원(VDC) : Vr = 7, Vr2 = 7 (3) 다이오드(D1N4148) : D1
(4) 저항(R) : R=100[Ω] (5) 접지 : Place ground

(1) 회로 구성 및 시뮬레이션 결과

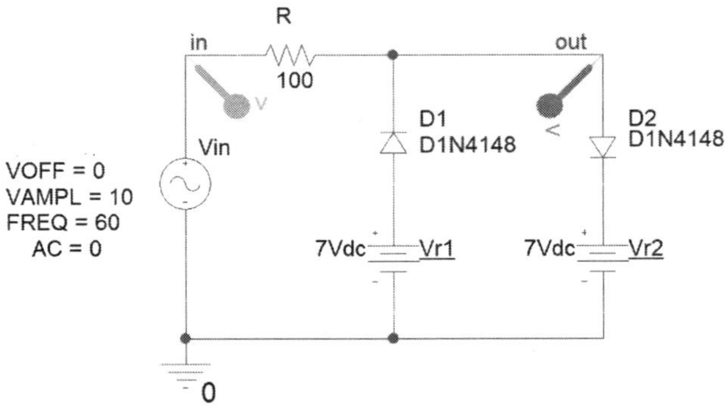

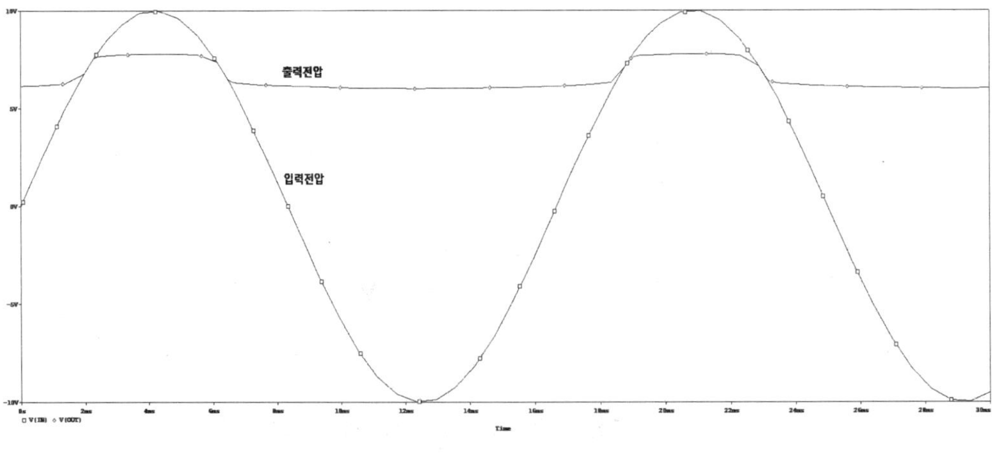

2.3 신호 클램핑 회로

교류전압이 혼합되는 신호가 필요할 때가 있다. 파형의 모양을 변화시키는 대신 동작은 직류 기준 전압 레벨을 바꾼다. 이러한 과정을 클램핑(Clamping)이라고 한다.

2.3.1 양의 클램퍼

그림 5-8은 양의 클램퍼를 보여주며, 캐패시터 극성에 주의해야 한다. 회로에서 다이오드는 부하와 병렬로 캐패시터와 함께 피크 검출기로서 사용되었다. 양의 클램퍼 회로에서 캐패시터는 소스 전압에 직렬로 놓여있으며 다이오드가 순방향 바이어스될 때 캐패시터는 충전하고 전압은 양의 값을 표시하게 된다.

캐패시터는 빠르게 충전된 후 다이오드는 역방향으로 바이어스 된다. 그 시간에 교류전압은 캐패시터의 직류전압과 다이오드의 전위장벽을 넘어선다. 완전히 전하가 충전된 캐패시터는 피크전압과 같은 직류 전압으로서 나타난다. 양으로 표시된 부하에서는 반시계 방향으로 전류가 흐른다. 또한 교류 전압은 부하 사이에 교류신호를 만든다.

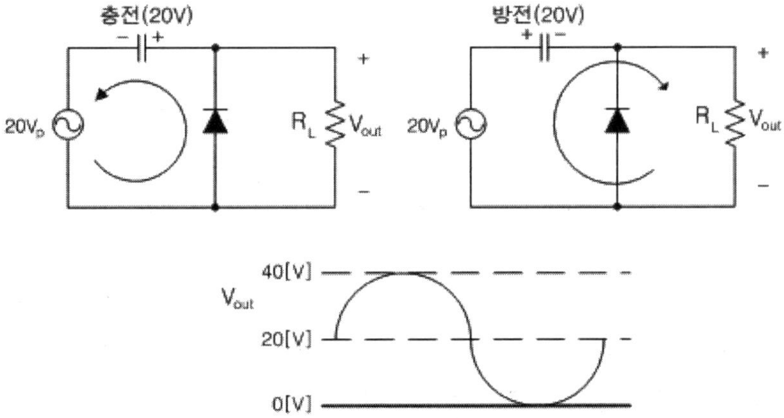

그림 5-8 양의 클램프 회로 동작 및 출력 파형

2.3.2 음의 클램퍼

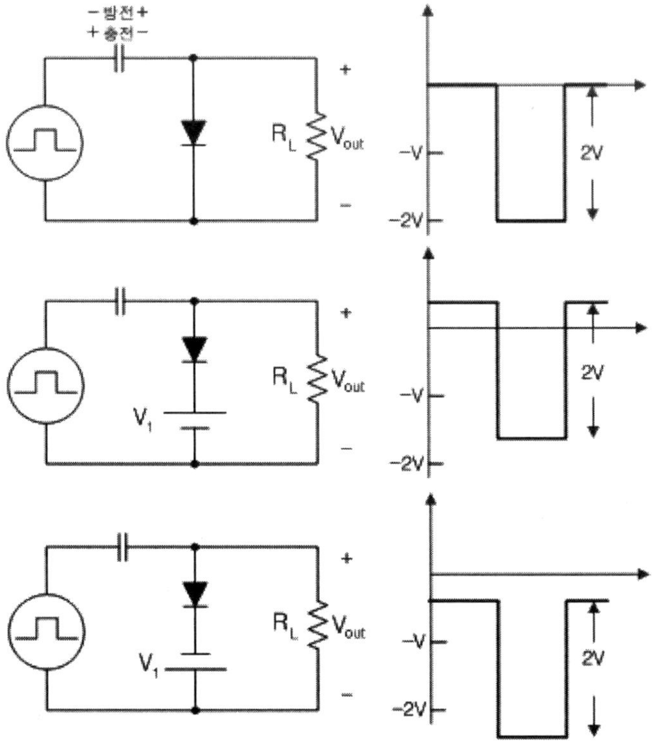

그림 5-9 음의 클램프 회로 동작 및 출력 파형

만일 다이오드 단자를 바꾼다면 음의 클램프 회로를 얻는다. 캐패시터에 걸린 전압 극성은 변하며 반대로 전류는 흘러가서 부하의 상단은 접지에 대해 음이 된다. 결과적으로 전체 구형파는 접지 기준 아래로 이동된다.

실습 5-9

그림 5-9의 음의 클램프 회로에서 직류전압 $V_r = 0$, 구형파 입력전압 V_{in}의 초기전압 $V1 = -10$[V], 펄스전압 $V2 = 10$[V], 지연시간 $TD = 0$[ms], 상승시간 $TR = 1$[μs], 하강시간 $TF = 1$[μs], 펄스폭 $PW = 8$[ms], 주기 $PER = 16$[ms], 저항 $R = 10$[Ω], 캐패시터 $C = 0.6$[F], 초기값 IC=10[V]일 때, Transient Analysis를 30[ms]까지 실행하여, ① 입력전압 ② 출력전압을 시뮬레이션 하시오.

(1) 회로 구성 및 시뮬레이션 결과

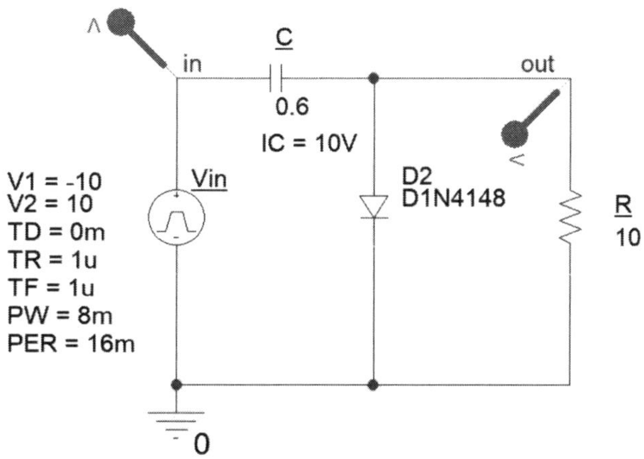

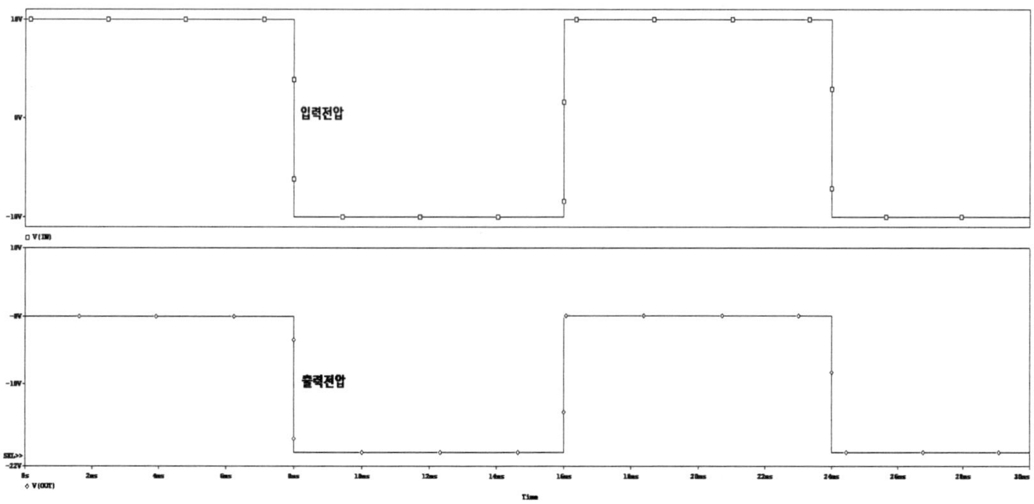

실습 5-10

그림 5-9의 음의 클램프 회로에서 직류전압 $V_r = 2$[V]일 때, 구형파 입력전압 V_{in}의 초기전압 $V1 = -10$[V], 펄스전압 $V2 = 10$[V], 지연시간 $TD = 0$[ms], 상승시간 $TR = 1$[μs], 하강시간 $TF = 1$[μs], 펄스폭 $PW = 8$[ms], 주기 $PER = 16$[ms], 저항 $R = 10$[Ω], 캐패시터 $C = 0.6$[F], 초기값 IC=8[V]일 때, Transient Analysis를 30[ms]까지 실행하여, ① 입력전압 ② 출력전압을 시뮬레이션 하시오.

(1) 회로 구성 및 시뮬레이션 결과

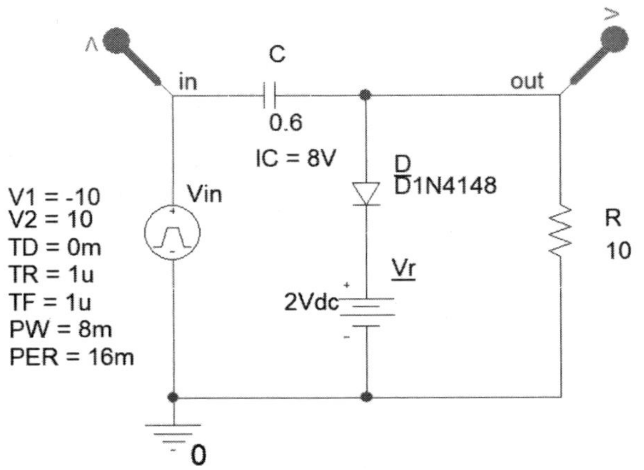

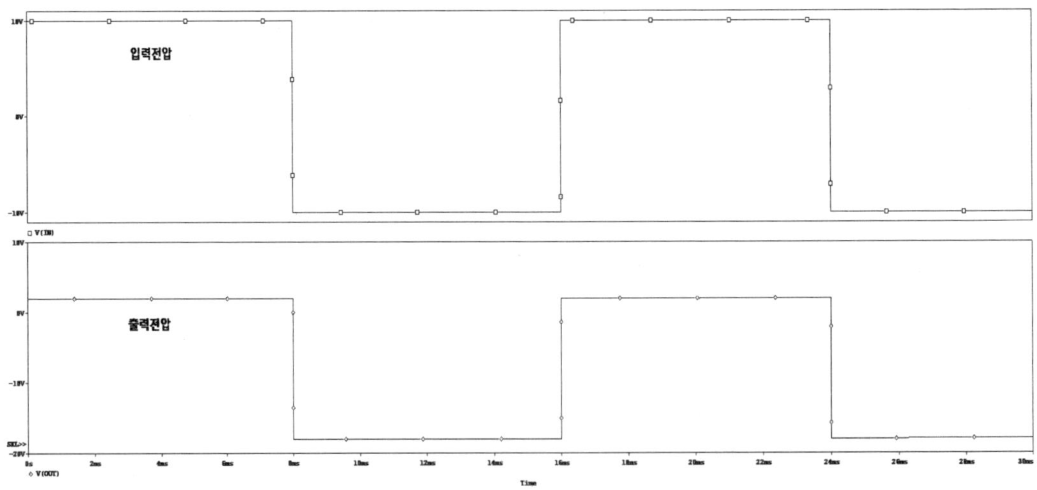

실습 5-11

그림 5-9의 음의 클램프 회로에서 직류전압 $V_r = -2$[V]일 때, 구형파 입력전압 V_{in}의 초기전압 $V1 = -10$[V], 펄스전압 $V2 = 10$[V], 지연시간 $TD = 0$[ms], 상승시간 $TR = 1$[μs], 하강시간 $TF = 1$[μs], 펄스폭 $PW = 8$[ms], 주기 $PER = 16$[ms], 저항 $R = 10$[Ω], 캐패시터 $C = 0.6$[F], 초기값 IC=8[V]일 때, Transient Analysis를 30[ms]까지 실행하여, ① 입력전압 ② 출력전압을 시뮬레이션 하시오.

(1) 회로 구성 및 시뮬레이션 결과

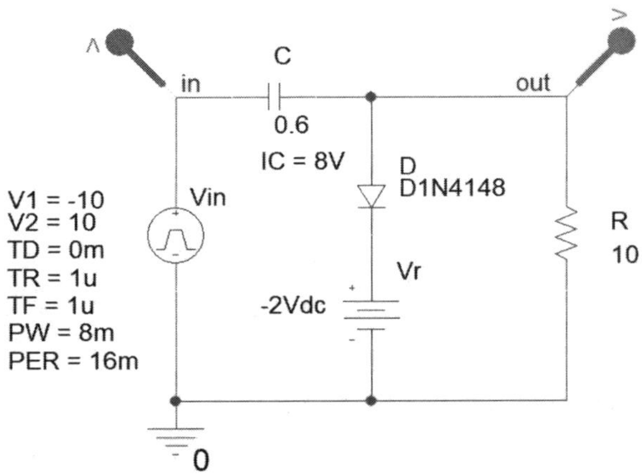

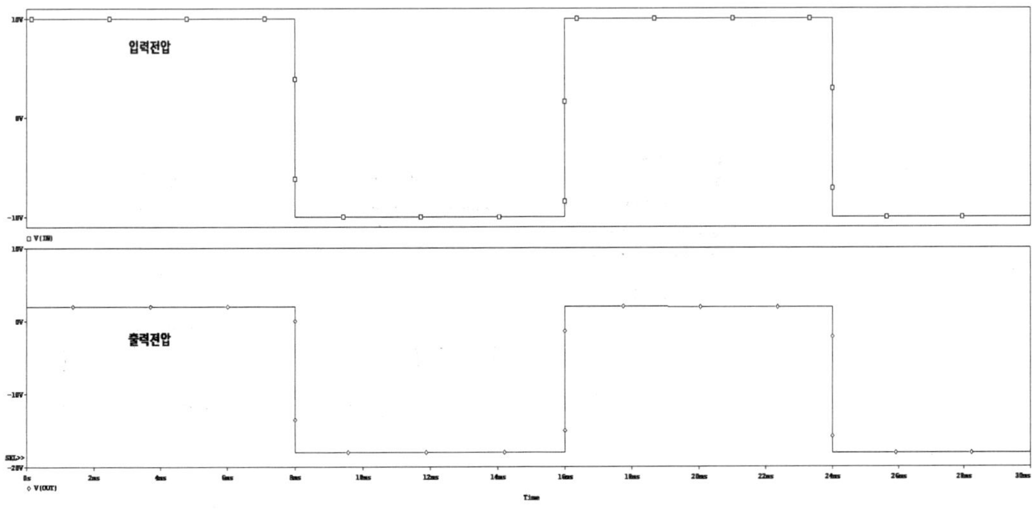

3 제너 다이오드

소신호 다이오드와 정류용 다이오드를 항복영역에서 동작시키면 손상을 가져오므로 항복영역에서는 동작시키지 않는다. 제너 다이오드의 경우는 이와 달리 항복영역에서 동작하도록 만들어진 실리콘 다이오드이다. 즉, 항복영역에서 절대로 동작하지 않는 일반 다이오드와는 달리 제너 다이오드는 항복영역에서 잘 동작한다. 이런 이유로 제너 다이오드는 항복 다이오드라 하며, 전압 안정기의 핵심소자로 사용된다.

실습 5-12

다음의 회로는 제너 다이오드(D1N750)의 전압-전류의 특성을 위한 회로도이다. DC Analysis 실행하여, 전압-전류 특성곡선을 시뮬레이션 하여라.

[조건] (1) DC Analysis 조건
- Sweep variable → Name : Vin
- Sweep type : Linear → Start value −1, End value 5, Increment 0.01

(1) 회로 구성 및 시뮬레이션 결과

– DC Analysis

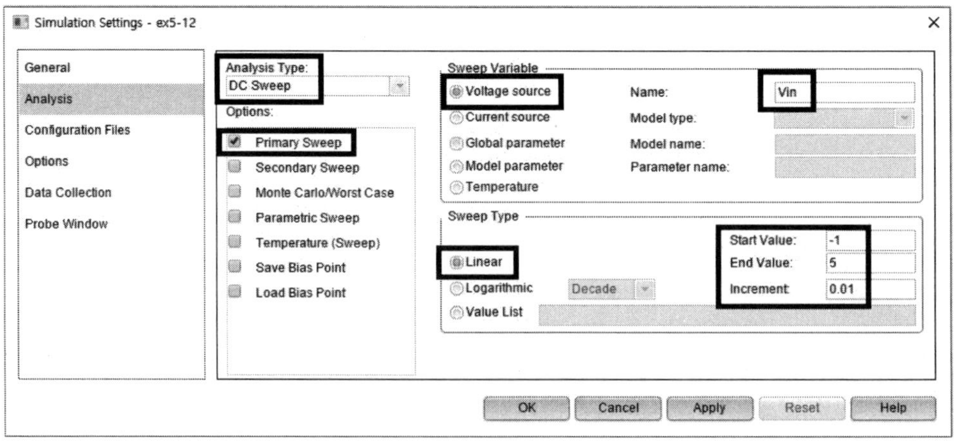

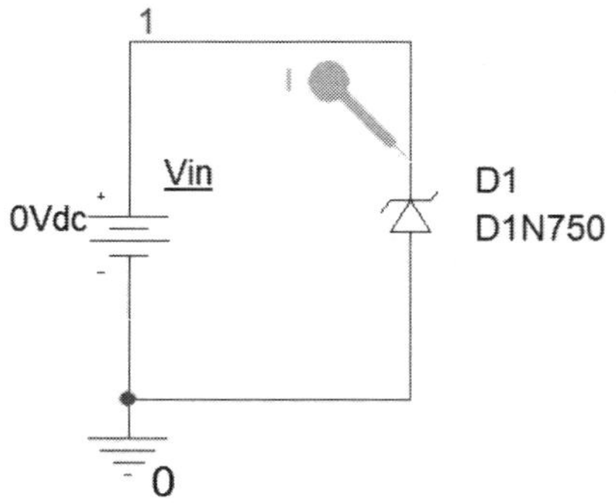

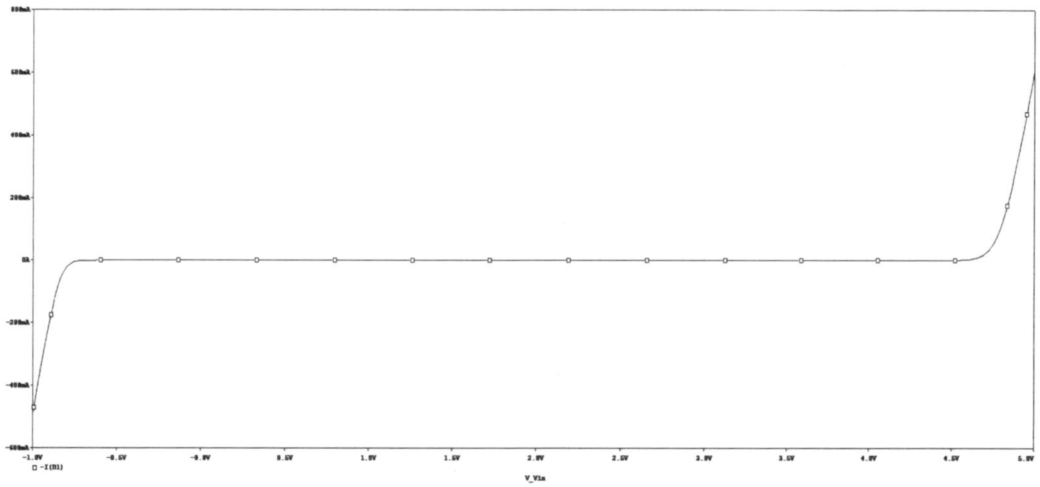

실습 5-13

제너다이오드(D1N750)를 이용하여 부하양단의 전압을 안정시키는 정전압 회로이다. 제너다이오드는 항복영역에서 동작하고 부하 전압을 거의 일정하게 유지시킨다. 직류 입력전압 V_{in}은 선형적으로 0~20[V]까지 1[V]씩 변화시키고, 제너 저항 $R_s = 100[\Omega]$, 부하저항 $RLoad = 1[k\Omega]$, 제너다이오드는 D1N750을 사용할 때, ① 입력전압 ② 출력전압의 DC Analysis 실행하여 시뮬레이션 하여라.

(1) 회로 구성 및 시뮬레이션 결과

– DC Analysis

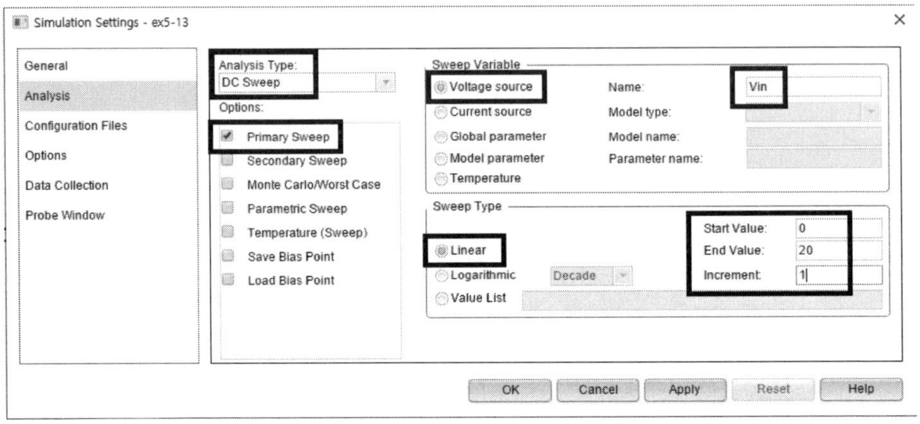

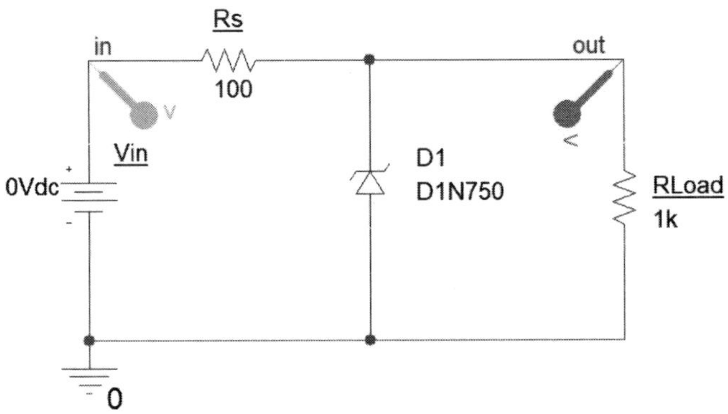

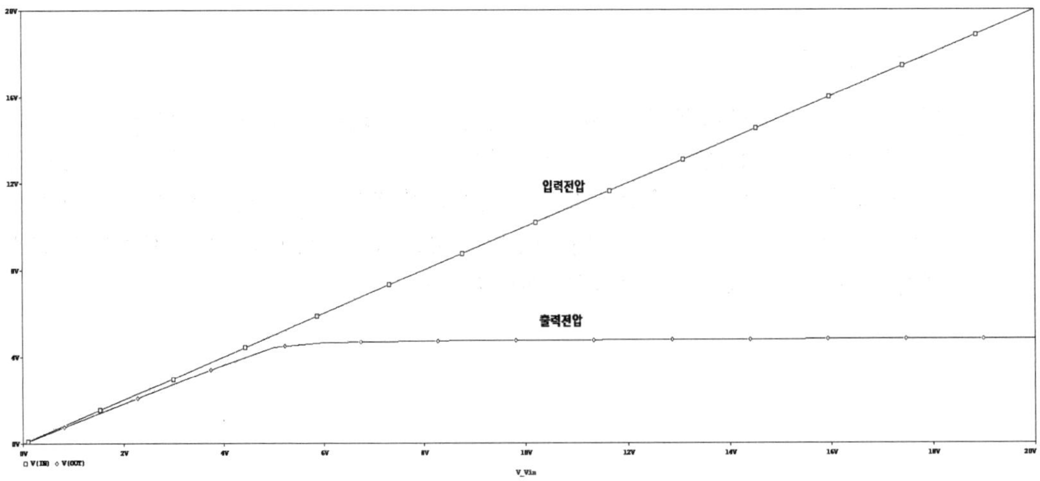

실습 5-14

제너다이오드(D1N750)를 이용하여 부하양단의 전압을 안정시키는 정전압 회로이다. 입력전압 V_{in}의 최대전압 12[V], $f=60$[Hz], 제너 저항 $R_s=56[\Omega]$, 부하저항 RLoad $=1[k\Omega]$, 제너다이오드 D1N750을 사용할 때, Transient Analysis를 50[ms]까지 실행하여, ① 입력전압 ② 출력전압을 시뮬레이션 하시오.

(1) 회로 구성 및 시뮬레이션 결과

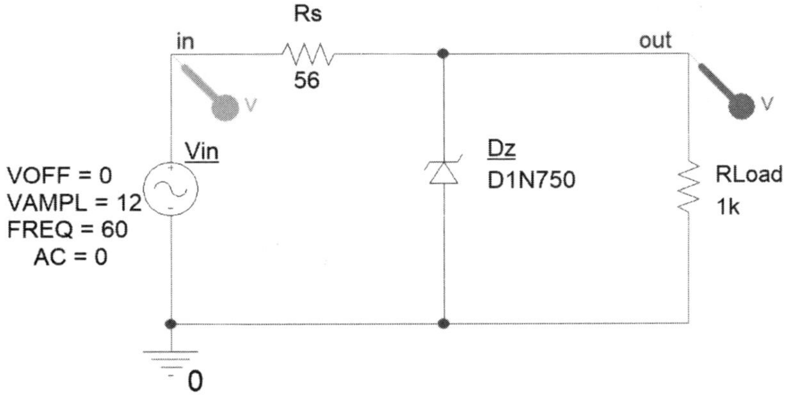

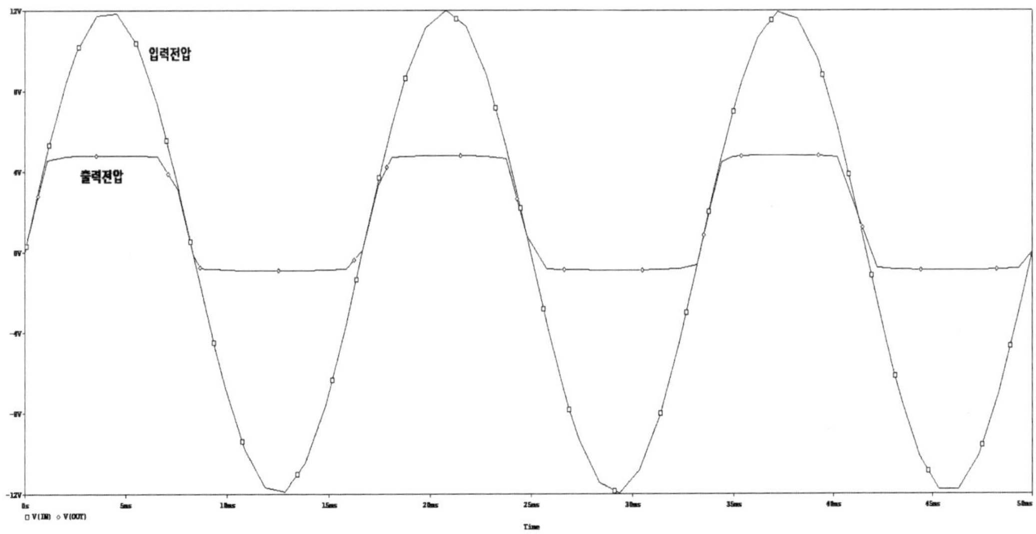

실습 5-15

2개의 제너다이오드(D1N750)가 서로 반대방향으로 접속되어 있는 회로이다. 양의 반주기에서 위쪽의 다이오드는 약 0.7[V]에 도통하고, 아래쪽의 다이오드는 제어전압(V_z)에서 항복동작이 일어난다. 따라서 입력전압이 $V_z + 0.7$보다 클 때 출력은 클리핑이 된다. 또한 음의 반주기에서 아래쪽 다이오드는 도통되고 위쪽의 다이오드는 항복동작이 일어난다. 이런 식으로 출력은 거의 구형파가 된다. 즉, 입력 정현파가 크면 클수록 그 출력은 더욱 더 구형파가 된다. 여기서, 직류입력전압 V_{in}은 선형적으로 -15[V]~15[V]까지 0.5[V]씩 변화시키고, 제너 저항 $R_s = 500[\Omega]$, 부하저항 $RL = 1[k\Omega]$, 제너다이오드는 D1N750을 사용할 때, 입력전압과 출력전압의 DC Analysis 실행하여 시뮬레이션 하라.

(1) 회로 구성 및 시뮬레이션 결과

– DC Analysis

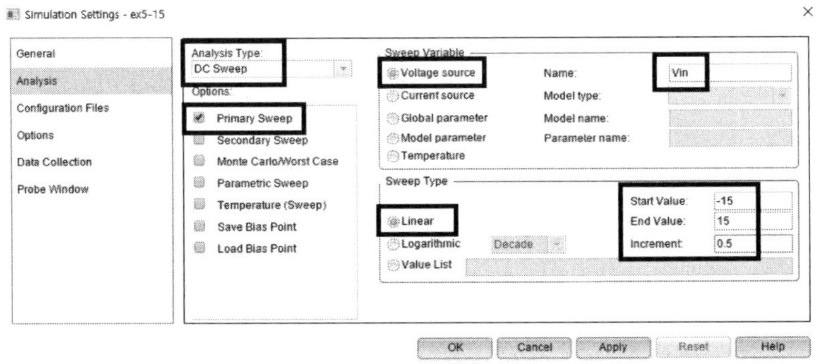

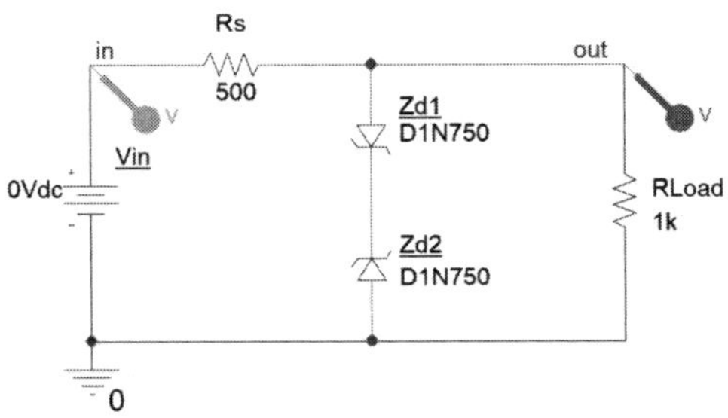

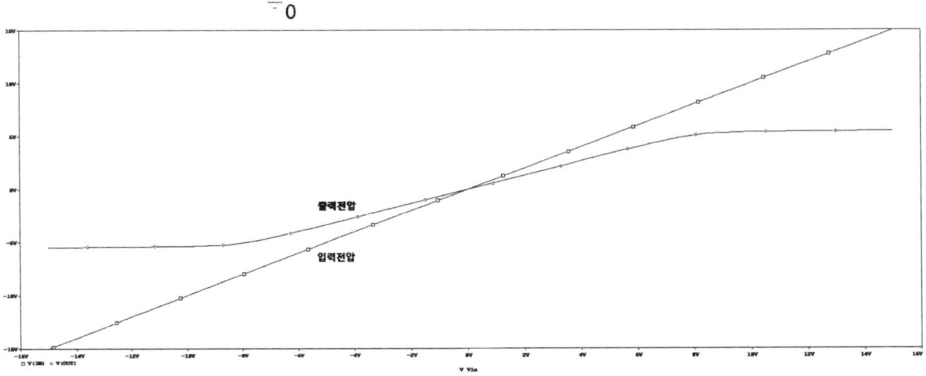

4 다이오드 정류 회로

4.1 다이오드 반파 정류 회로

그림 5-10은 다이오드 반파 정류 회로이다. 변압기는 다이오드에 교류 전압을 공급한다. 다이오드 D는 변압기의 2차측과 R_L로 표시된 부하에 직렬로 연결한다.

교류 전압이 변압기의 2차측이 양으로 스윙(swing)될 때, 다이오드 D는 동작하며 전류는 그림 5-10과 같이 흘러 부하와 다이오드를 통해 R_L에 전압강하가 발생한다. 그런데 교류 전압이 극성이 바뀌면 변압기 2차측의 전압이 아래측에 음이 되면서 다이오드는 역바이어스가 걸리게 되어 부하를 통해 전류가 흐르지 못하게 된다. 이러한 동작의 파형을 반파신호라 하며, 그림 5-11에 나타냈다. 부하를 통해 흐르는 전류는 양의 반주기 펄스를 구성하며, 달리 말하면 입력전압의 180°일 때 부하를 통해 전류가 흐름을 알 수 있다. 왜냐하면 전류의 방향은 양의 입력으로 변할 때까지 전류의 변화 동안 일정하게 유지하기 때문이다. 따라서 회로는 펄스화된 직류전압을 만든다. 어떤 응용에서는 펄스화된 직류 전압이 회로에 사용되면 대부분의 전자회로에서는 더 부드럽게 만든 직류 전류가 필요하게 되어 필터회로를 이용한 직류 출력을 사용한다.

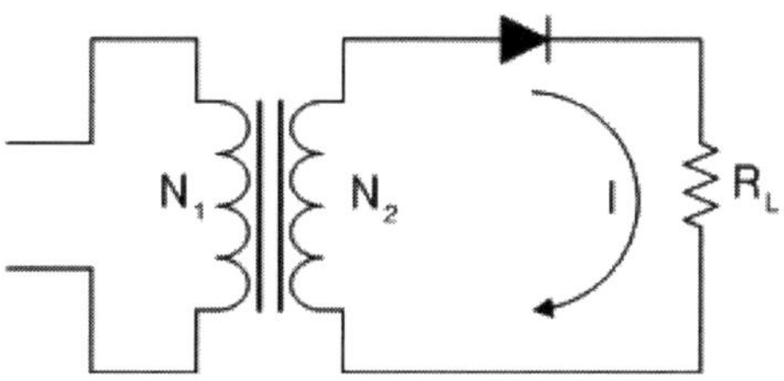

그림 5-10 다이오드 반파 정류 회로

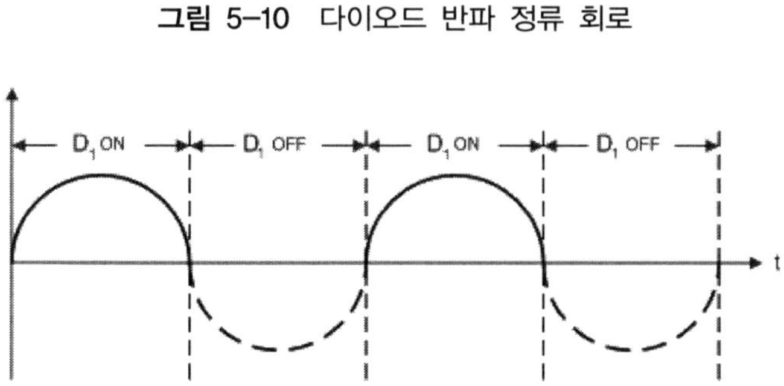

그림 5-11 다이오드 반파 정류 파형

실습 5-16

그림 5-10은 다이오드(D1N4148) 반파 정류 회로이다. 입력전압 V_{in}의 최대전압 5[V], $f=60$[Hz], 부하저항 $R=10[\Omega]$, 다이오드 D1N4148을 사용할 때, Transient Analysis를 40[ms]까지 실행하여, ① 입력전압 ② 출력전압을 시뮬레이션 하시오.

(1) 회로 구성 및 시뮬레이션 결과

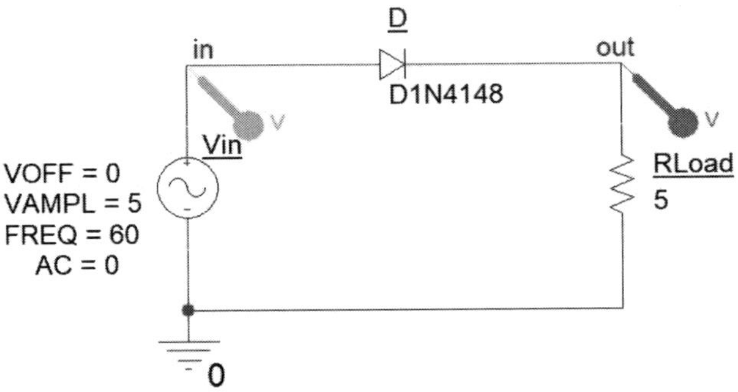

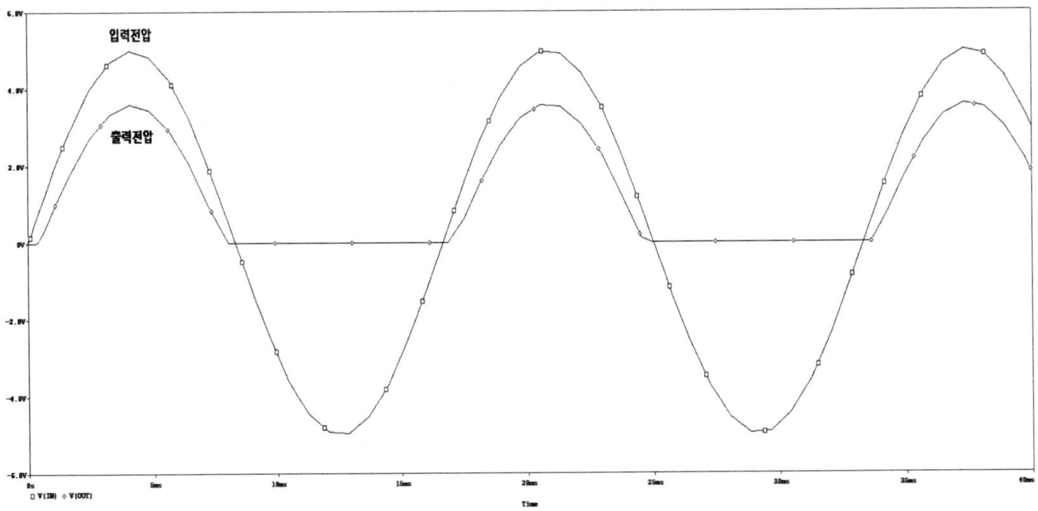

4.2 중간탭을 이용한 다이오드 정류 회로

그림 5-12는 변압기의 1차측에는 교류라인이 연결되었고, 퓨즈는 과부하로부터 변압기의 1차측을 보호하고 있다. 부하의 한쪽 측은 D_1, D_2 다이오드 정류기의 캐소드에 연결되었고 다른 쪽은 변압기 2차측의 중앙에 직접 묶여 연결되었다.

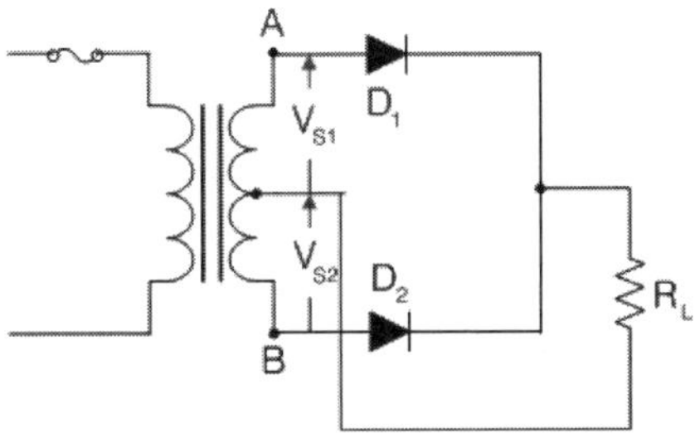

그림 5-12 중간 탭 변압기 다이오드 전파 정류 회로

그림 5-13에 변압기 2차측 위 A점은 밑의 B점에 대해서 양의 극성을 갖는다. 즉, 변압기의 중간 탭에서 극성이 틀림에 주의해야 한다. 2차측 위는 양의 극성을 갖고, 2차측 밑은 중앙 탭에 대해서 음의 극성을 갖는다.

이 시점에서 D_1의 애노드는 D_1의 캐소드에 대해서 양으로 가며, D_1은 부하저항을 통해 전류가 흘러 동작하며, D_2 애노드는 캐소드에 대해 음의 극성을 가지므로 동작하지 않는다.

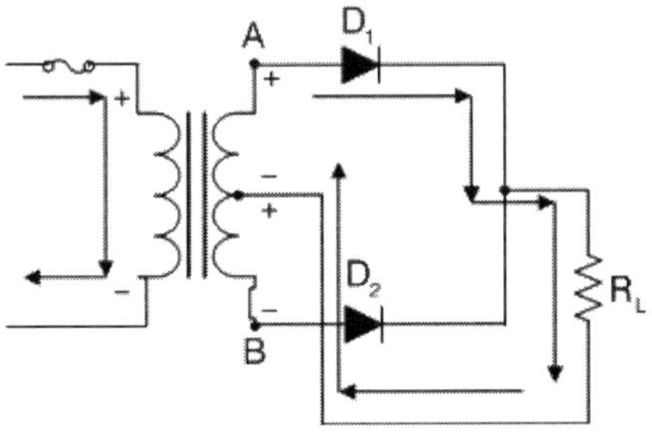

그림 5-13 반주기동안 $(0 \leq t \leq \pi)$ 중간 탭 변압기의 동작

그림 5-13의 변압기 2차측에 극성이 반대로 걸렸을 때의 동작을 보여준다. 중간 탭으로부터 2차측 위는 음으로, 아래는 양으로 된다. 다이오드 D_2는 순방향 바이어스로 되어 전류가 흐르며 다이오드 D_1은 역방향 바이어스가 걸려서 D_1은 동작하지 않는다, 두

경우 모두 전류는 R_L의 아래로부터 위로 같은 방향으로 부하 저항을 통하여 흐른다. 부하 전류의 방향은 변화되지 않으며 펄스화된 직류 전압이 발생한다.

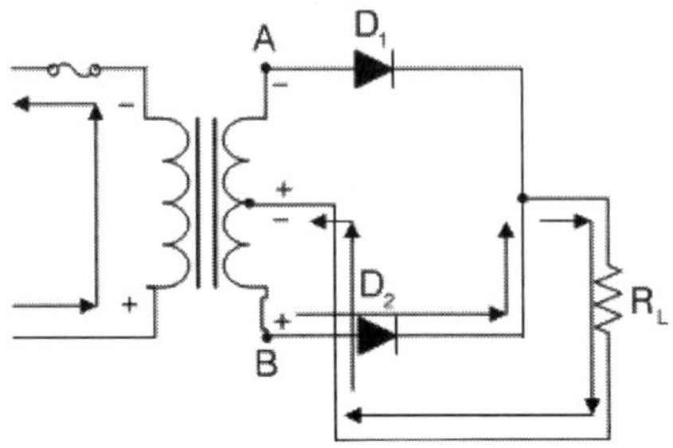

그림 5-14 반주기동안 ($\pi \leq t \leq 2\pi$) 중간 탭 변압기의 동작

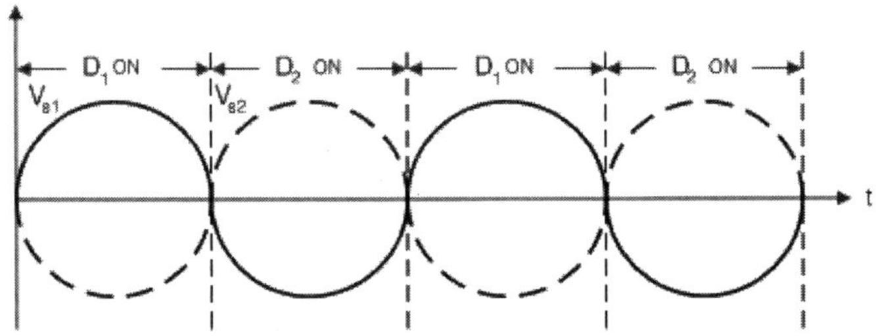

그림 5-15 중간 탭 전파정류 회로의 2차측 입력전압파형

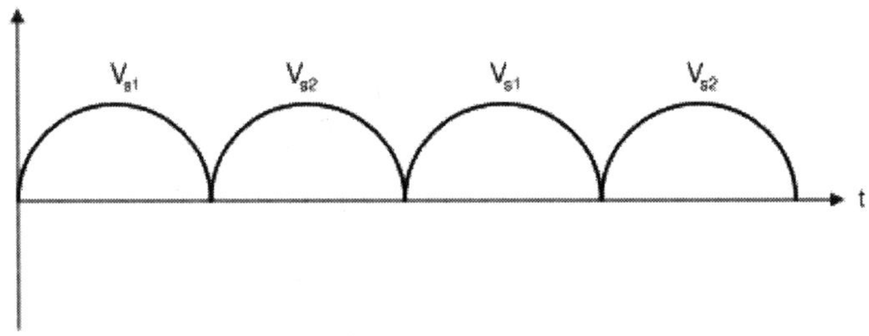

그림 5-16 중간 탭 전파정류 회로의 2차측 출력전압파형

그림 5-15는 다이오드 입력전압을 오실로스코프를 이용하여 다이오드가 정반대의 교류상에서 어떻게 동작하는지 보여준다. 전류는 입력의 양과 음의 교류신호 동안 부하를 통해 흐른다. V_{s1}은 D_1의 입력파형을 나타내며, V_{s2}는 D_2의 입력파형을 나타낸다. V_{s1}은 V_{s2}가 하나의 반주기동안 음으로 갈 때 양으로 가며 반대의 경우는 다음 반주기동안 나타난다. 그림 5-16에는 부하저항전압의 파형이 어떻게 나타나는지 보여준다.

실습 5-17

그림 5-11은 변압기의 중간 탭을 이용한 다이오드 전파 정류 회로이다. 다이오드 D1N4148을 사용할 때, Transient Analysis를 40[㎳]까지 실행하여, ① 입력전압 ② 출력전압을 시뮬레이션 하시오.

[조건] (1) 변압기((XFRM_LIN/CT-SEC) COUPLING=0.99, RP_VALUE=0.1, RS_VALUE=0.1 LP_VALUE=20mH, LS1_VALUE=10mH, LS2_VALUE=10mH)
(2) 정현파 교류 전압원(VSIN) : V_1(VOFF=0 VAMPL=16, FREQ=60)
(3) 부하저항 : R =10[Ω]
(4) 접지 : Place ground

(1) 회로 구성 및 시뮬레이션 결과

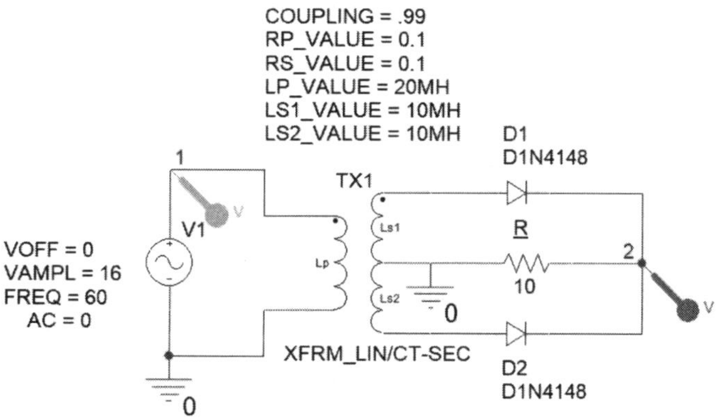

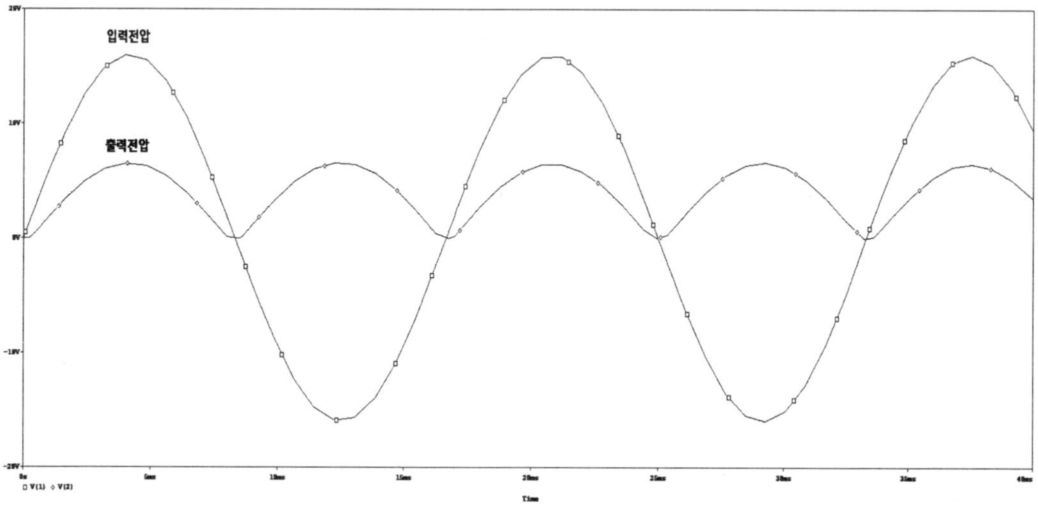

실습 5-18

그림 5-11은 변압기의 중간 탭을 이용한 다이오드 전파 정류 회로이다. 2차측 최대전압 $V_{s1}=8$[V], $V_{s2}=8$[V], $f=60$[Hz], 부하저항 $R=10[\Omega]$, 다이오드 D1N4148을 사용할 때, Transient Analysis를 40[ms]까지 실행하여,

① 입력전압 VS1
② 다이오드 D1에 걸리는 전압
③ 출력전압을 시뮬레이션 하시오.

(1) 회로 구성 및 시뮬레이션 결과

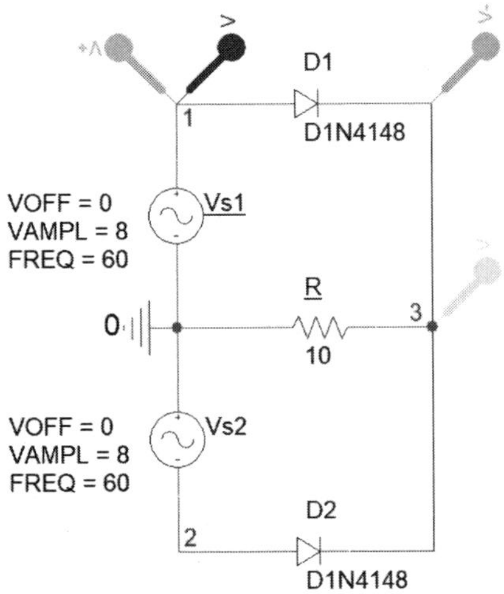

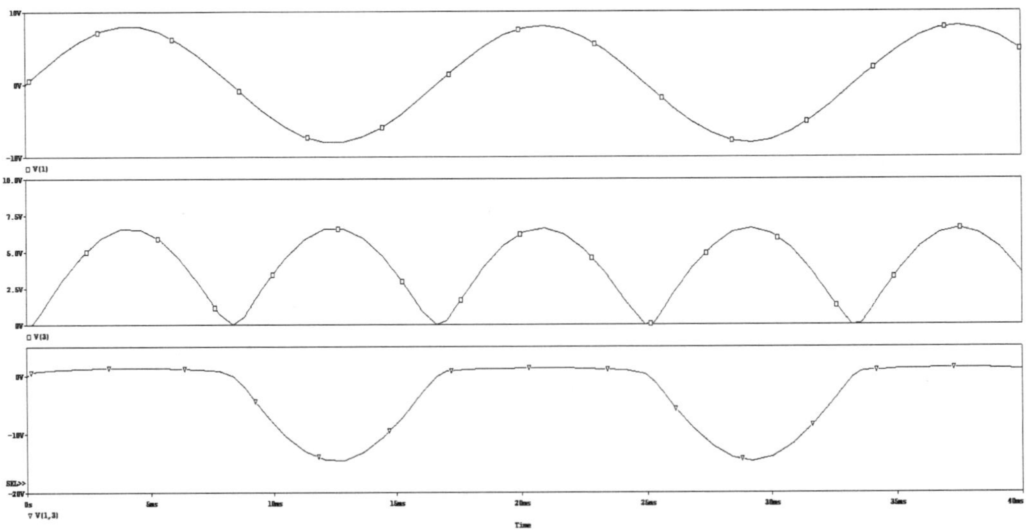

4.3 전파 브릿지 정류회로

그림 5-17은 브릿지 정류기라 불리는 전파 정류기의 또 다른 형태를 보여준다. 중앙에 2차 탭이 있는 변압기 대신 전파 정류기에 4개의 정류 다이오드가 이용되었다. 변압기 2차측 A점은 B점에 대해 양의 극성을 갖는다. A점은 양을 가지며, 다이오드 D_1 캐소드와 다이오드 D_4 애노드는 양이 된다. 동시에 2차측 아래의 음의 극성 때문에 다이오드 D_3의 캐소드와 다이오드 D_2의 애노드는 음의 값을 가진다.

그림 5-17은 A점이 (+), B점이 (-)극성을 가질 때의 동작으로 다이오드 D_3와 다이오드 D_4가 도통한다. 그림 5-18은 A점이 (-), B점이 (+)의 극성을 가질 때로 다이오드 D_1과 다이오드 D_2가 도통한다. 그림 5-19는 브릿지 회로의 출력 파형이다. 교류전원의 각 주기는 전파 정류를 하기 위해 2개의 전류 펄스를 만든다. 펄스화된 직류 출력은 대략 전체 2차측에 걸리는 피크 전압과 같다. 중간 탭이 있는 전파 정류기와 비교해보면 브릿지 정류기는 직류 출력전압이 2배가 되는데 이것은 브릿지 정류기가 2차측의 전체 전압을 사용하기 때문이다. 다이오드가 직렬로 연결되면 피크 반전 전압은 전원 전압의 피크 값과 같다.

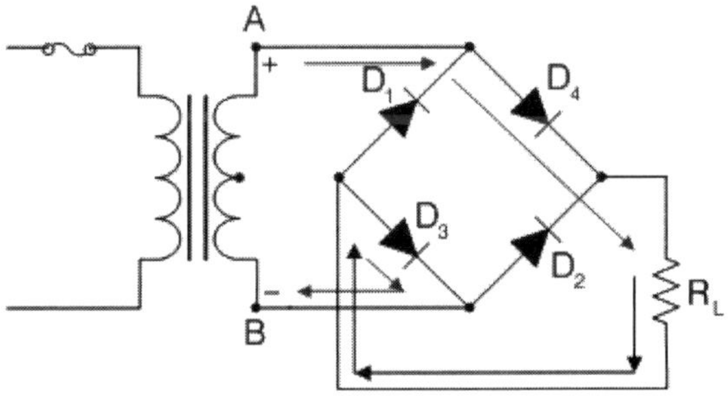

그림 5-17 A점이 B점에 대해 양일 때 전파 브릿지 회로

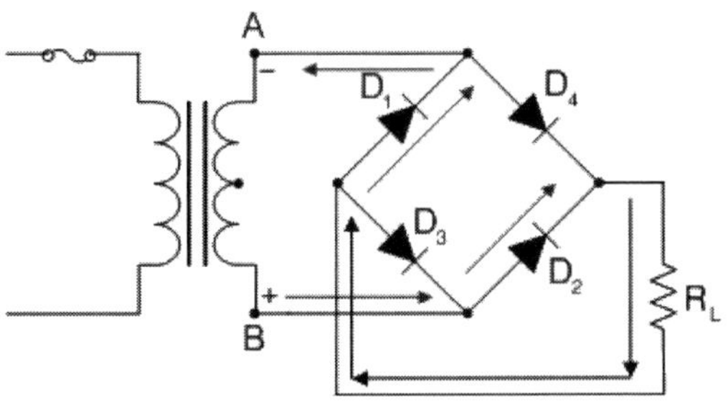

그림 5-18 A점이 B점에 대해 음일 때 전파 브릿지 회로

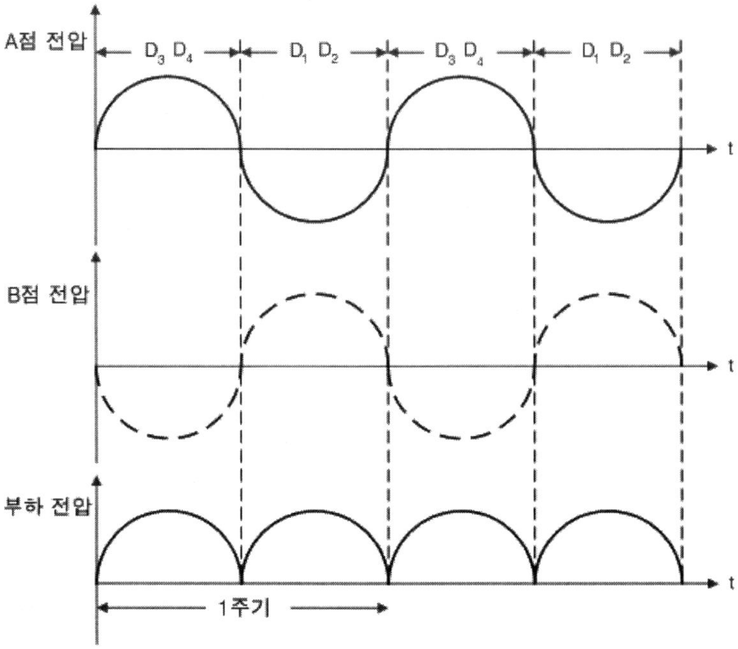

그림 5-19 전파 브릿지 회로 파형

실습 5-19

그림 5-17는 변압기의 전파브릿지 회로이다. 2차측 입력전압 $V_s = 8[V]$, $f = 60[Hz]$, 부하저항 $R = 10[\Omega]$, 다이오드 D1N4148을 사용할 때, Transient Analysis를 30[ms]까지 실행하여, ① 입력 전압 ② 다이오드 D_3에 걸리는 전압 ③ 출력전압 파형을 구하라.

(1) 회로 구성 및 시뮬레이션 결과

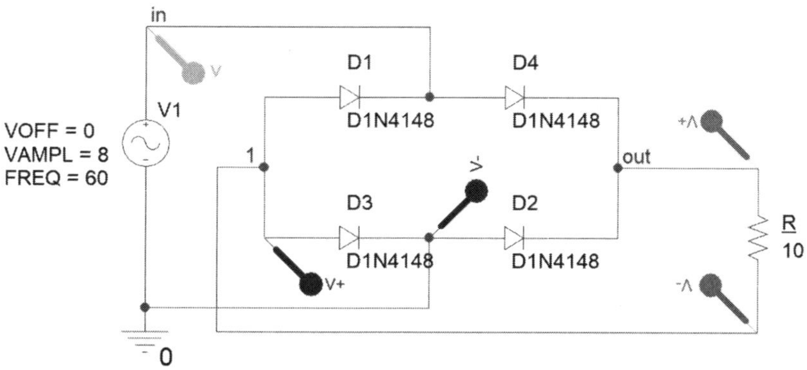

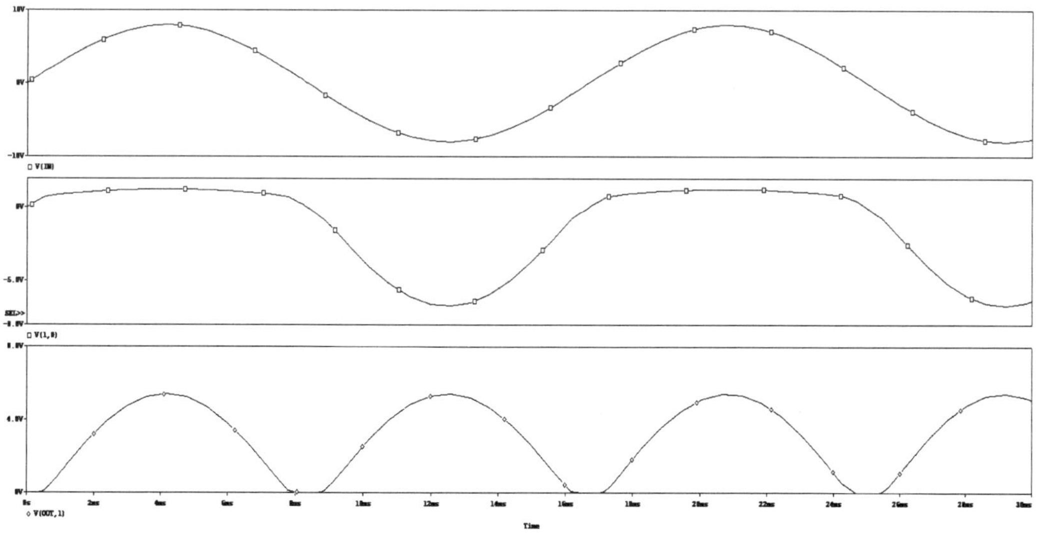

실습 5-20

직렬 전압 레귤레이터 LM7805C를 이용한 회로이다. Transient Analysis를 40[ms]까지 실행하여, ① 입력 전압 ② 레귤레이터 입력측에 걸리는 전압 ③ 레귤레이터 출력 전압 파형을 시뮬레이션 하시오.

[조건] (1) 전압 레귤레이터(LM7805C)
(2) 다이오드(D1N4446)
(3) 정현파 교류 전압원(VSIN) : Vin(VOFF = 0 VAMPL = 24 FREQ = 60)
(4) 캐패시턴스(C) : C1 = 470[uF], C2 = 0.01[uF], C3 = 0.01[uF]

(1) 회로 구성 및 시뮬레이션 결과

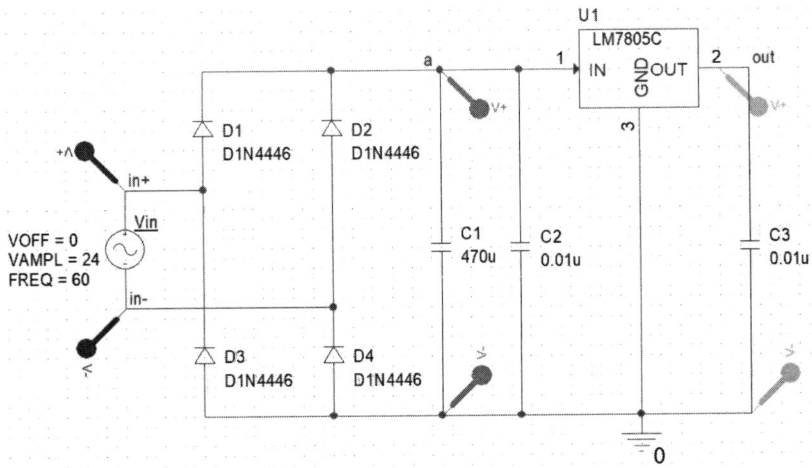

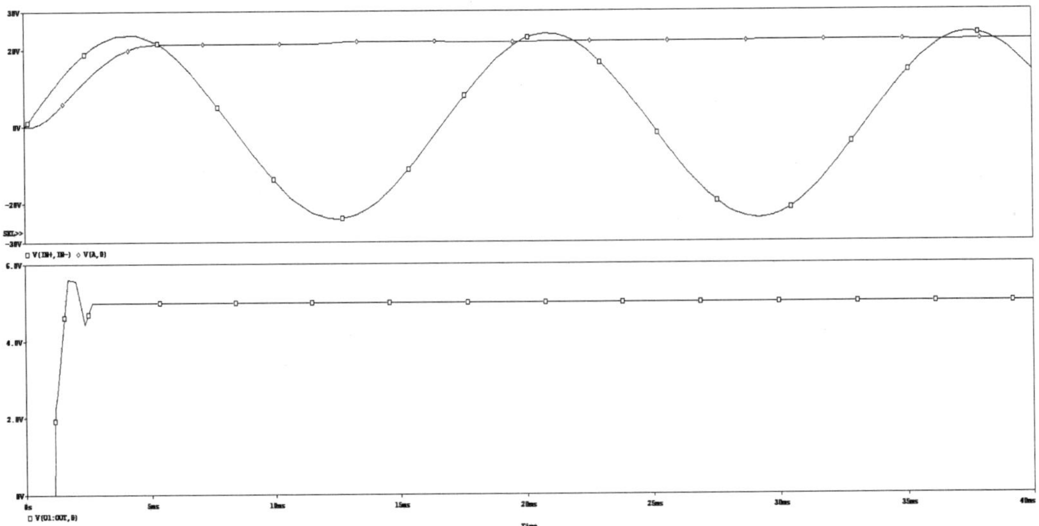

4.4 캐패시터가 있는 반파 정류회로

그림 5-20은 부하에 연결된 캐패시터가 있는 반파정류회로를 보여주고 있다. 반주기 동안 전류는 다이오드와 변압기 2차측을 통해 흐른다. 이런 동작 때문에 2차측 입력전압 V_s는 피크까지 캐패시터가 충전된다. V_s가 감소하면 다이오드 D가 역바이어스가 되며 캐패시터는 다이오드를 통해 걸린 전압강하만큼 V_s(피크)를 뺀 크기로 충전된다. 그래서 V_s는 다이오드가 역바이어스일 경우 2차 피크전압보다 적게된다. 다이오드가 역바이어스될 때 캐패시터는 부하 저항을 통해서만 방전할 수 있으며, 캐패시터는 2차 전압이 감소하는만큼 빠르게 방전하지 않도록 값을 가져야 한다.

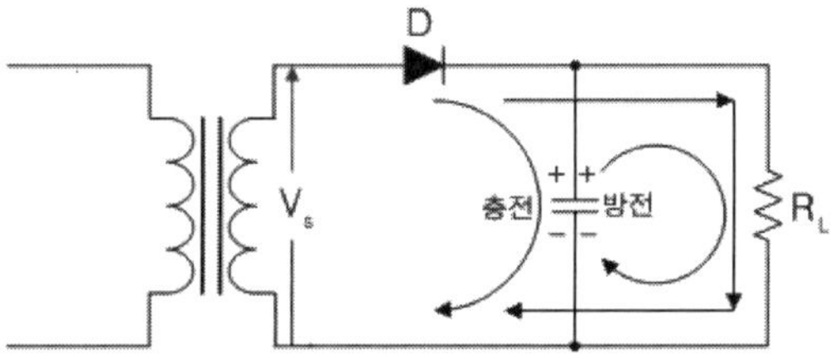

그림 5-20 부하에 캐패시턴스가 있는 반파 정류 회로

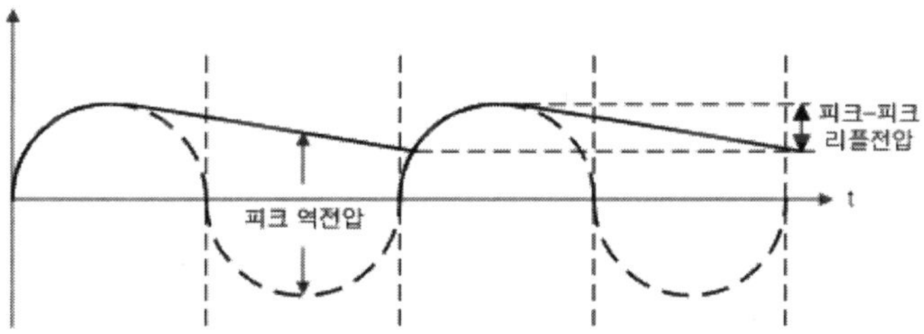

그림 5-21 부하에 캐패시턴스가 있는 반파 정류 회로 파형

이것 때문에 부하전류와 캐패시터 전압은 2차전압의 감소보다 천천히 감소한다. 2차 전압은 캐패시터와 역바이어스가 걸린 다이오드 사이의 전압보다 적게되며 다이오드 D는 캐패시터가 충전하기에 충분한 시간동안만 동작한다. 다음 전압 펄스가 도달하면 방전된 캐패시터는 2차 전압의 피크까지 재충전한다.

점선으로 된 곡선은 2차전압 V_s를 나타내고, 실선은 캐패시터와 부하사이의 전압변화를 보여준다. 부하전류는 실선 전압곡선과 같은 파형을 갖는다. 여기서 변화하고 있는 전압을 리플전압(ripple voltage)이라 한다. 2차전압 V_s가 바뀌면 다이오드이 애노드는 양으로 가고, 캐패시터는 피크 값이 될 때까지 충전한다.

실습 5-21

그림 5-20은 캐패시턴스가 있는 반파 회로이다. 2차측 입력전압 V_s =10[V], f = 60[Hz], 캐패시터 C=900[μF], 부하저항 R=30[Ω], 다이오드 D1N4148을 사용할 때, Transient Analysis를 30[ms]까지 실행하여, ① 입력 전압 ② 출력전압을 시뮬레이션 하라.

(1) 회로 구성 및 시뮬레이션 결과

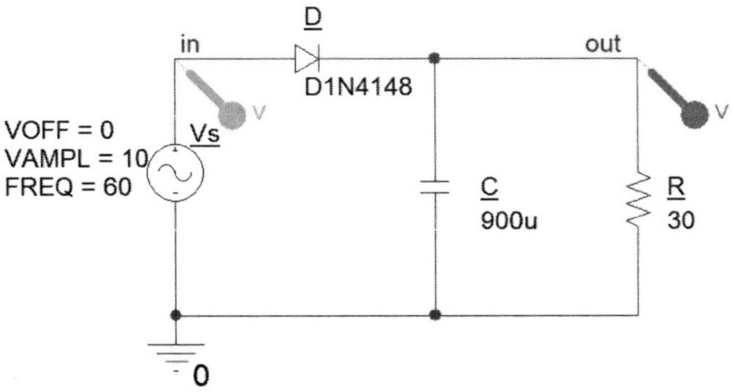

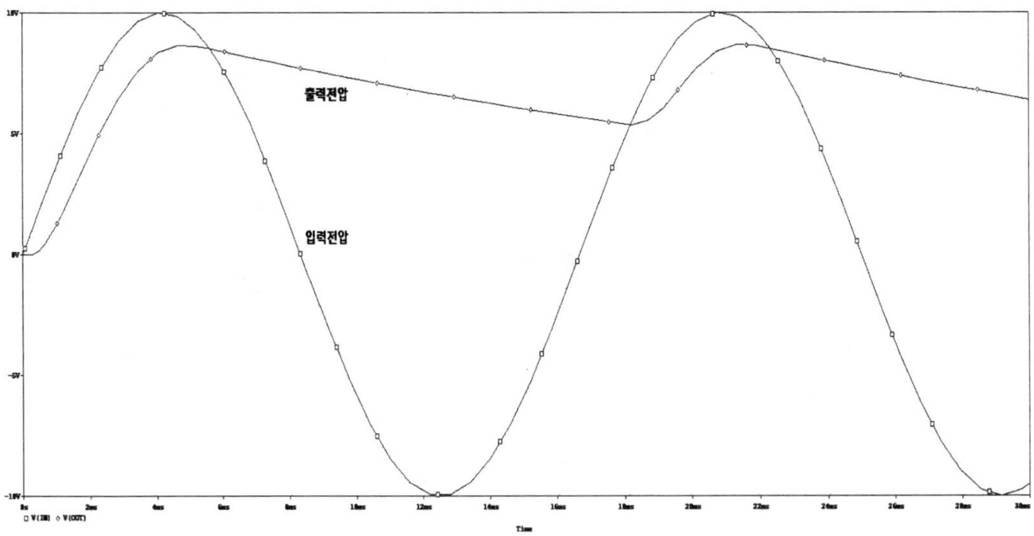

4.5 캐패시터가 있는 전파 정류회로

전파정류회로의 부하단자 사이에 캐패시터를 두면 유사한 결과가 나타난다. 이는 캐패시터가 각각의 상승 펄스동안 충전하고, 다음 전압 펄스가 도달할 때까지 부하를 통해 방전하기 때문이다. 그림 5-22에서 각각의 연속적인 교류전압에 대해 변압기 2차측의 상하가 중간탭에 대해서 양으로 간다. 각 전압 사이클에서 2개의 양의 펄스는 각 전압 사이클동안 캐패시터를 충전한다. 그림 5-23은 적용된 전압 사이클동안 회로 동작을 설명한다. 점선 곡선은 캐패시터와 부하사이에 공급된 직렬충전 전압펄스를 나타낸다. 반파 정류곡선에서 원 파형처럼 실선곡선은 캐패시터가 부 펄스의 피크전압으로 충전하고 다음 펄스가 도달할 때까지 부하를 통한 방전을 보여준다. 실제 실선곡선은 캐패시터 부하 사이에 전압을 나타내면 부하에 전류가 나타난다. 왜냐하면 캐패시터는 충전 시간이 필요하기 때문에 실선 충전 라인이 점선인 공급라인보다 뒤에 있다. 반파 정류회로로 다시 돌아가서 생각해보면 둘 사이에는 큰 차이가 있음을 알 수 있다. 같은 공급 주파수가 주어진 상태에서 전파 정류회로에 충전 펄스는 2배가 된다. 따라서 리플전압의 크기는 반파 정류의 리플 전압보다 전파 정류 회로가 훨씬 더 적게 된다.

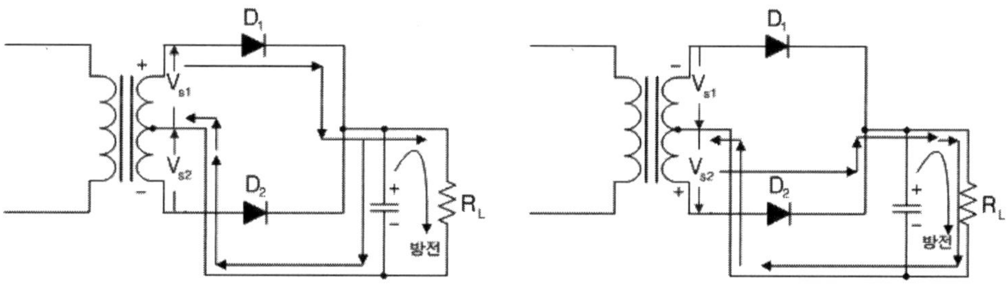

(a) (b)

그림 5-22 부하에 캐패시터가 있는 전파정류회로

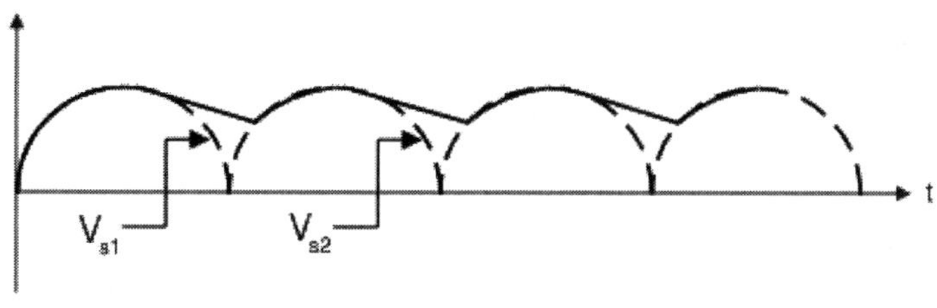

그림 5-23 부하에 캐패시터가 있는 전파정류회로 파형

실습 5-22

그림 5-22는 부하에 캐패시터가 있는 전파정류회로이다. 2차측 입력전압 $V_{s1}=10[V]$, $V_{s2}=10[V]$, $f=60[Hz]$, 캐패시터 $C=100[\mu F]$, 저항 $R=1[k\Omega]$, 다이오드 D1N4148을 사용할 때, Transient Analysis를 50[ms]까지 실행하여, ① 입력 전압 ② 출력전압 파형을 구하라.

(1) 회로 구성 및 시뮬레이션 결과

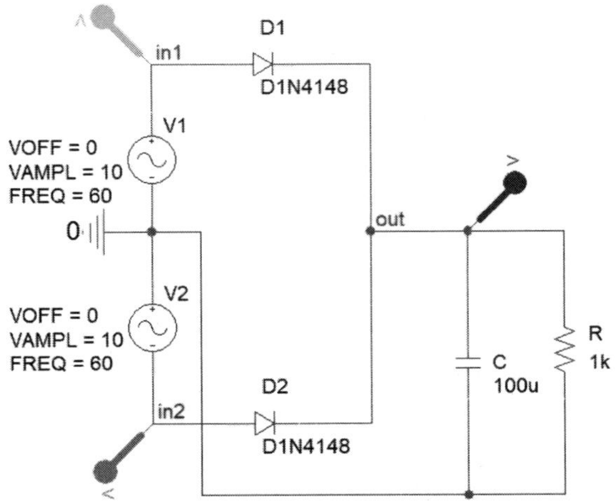

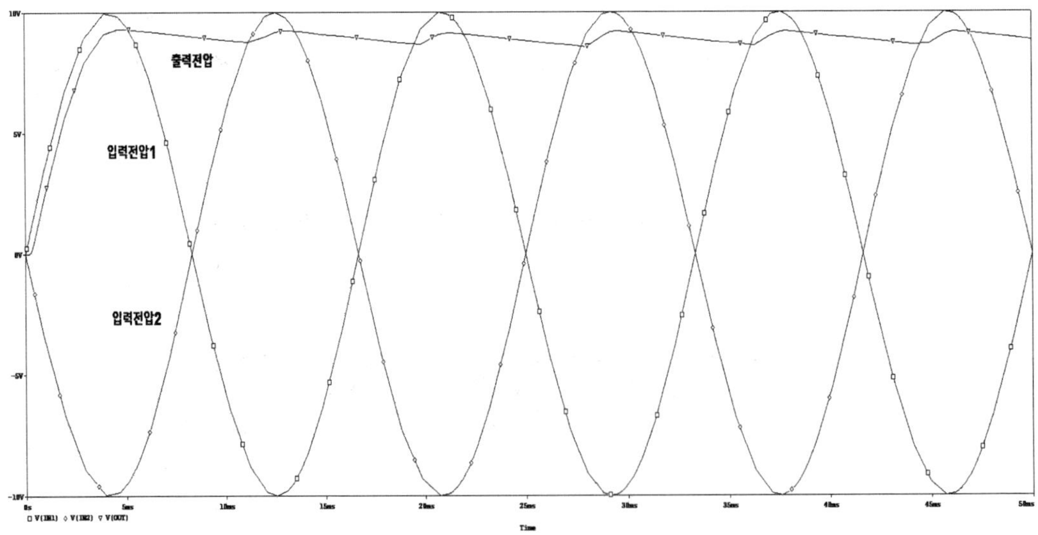

실습 5-23

그림 5-22는 부하에 캐패시터가 있는 변압기의 중간 탭을 이용한 다이오드 D1N4148을 사용한 전파정류회로이다. 캐패시턴스를 5[μF], 10[μF], 15[μF], 20[μF] 변화시 Transient Analysis를 40[ms]까지 실행하여, ① 입력전압 ② 출력전압을 시뮬레이션 하시오.

[조건] (1) 변압기((XFRM_LIN/CT-SEC) COUPLING=0.99, RP_VALUE=0.1, RS_VALUE=0.1 LP_VALUE=20mH, LS1_VALUE=20mH, LS2_VALUE=20mH

(2) 정현파 교류 전압원(VSIN) : V_1(VOFF=0 VAMPL=16 FREQ=60)

(3) 부하저항(R) : R=2[kΩ]

(4) 캐패시턴스(C) : 5[μF], 10[μF], 15[μF], 20[μF]

(5) 접지 : Place ground

(1) 회로 구성 및 시뮬레이션 결과

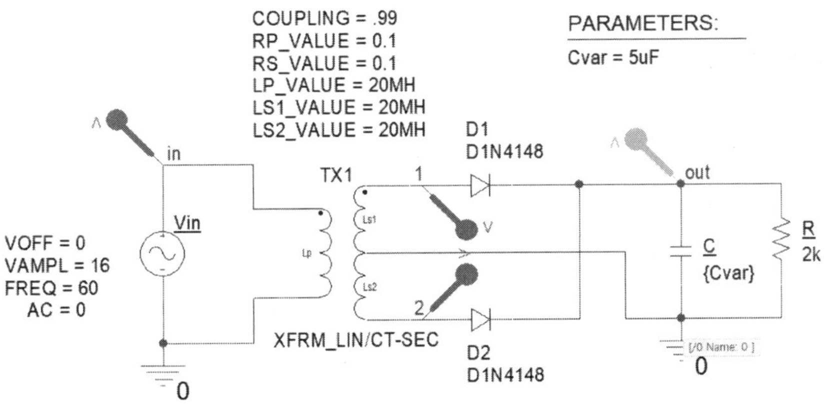

– Parametic Sweep 설정

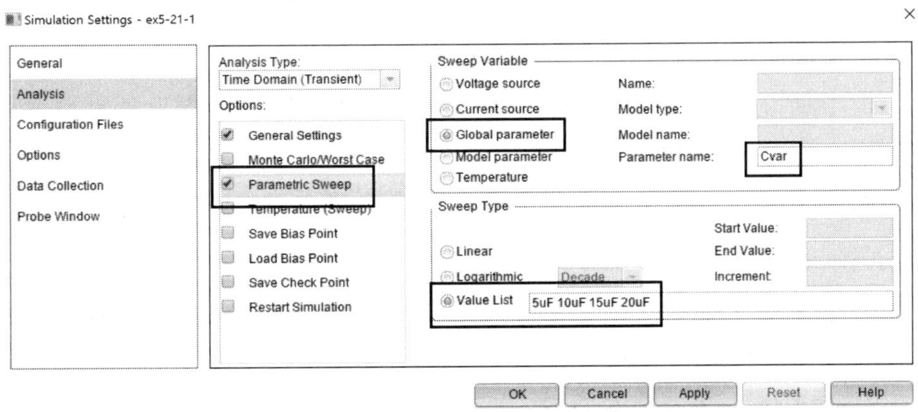

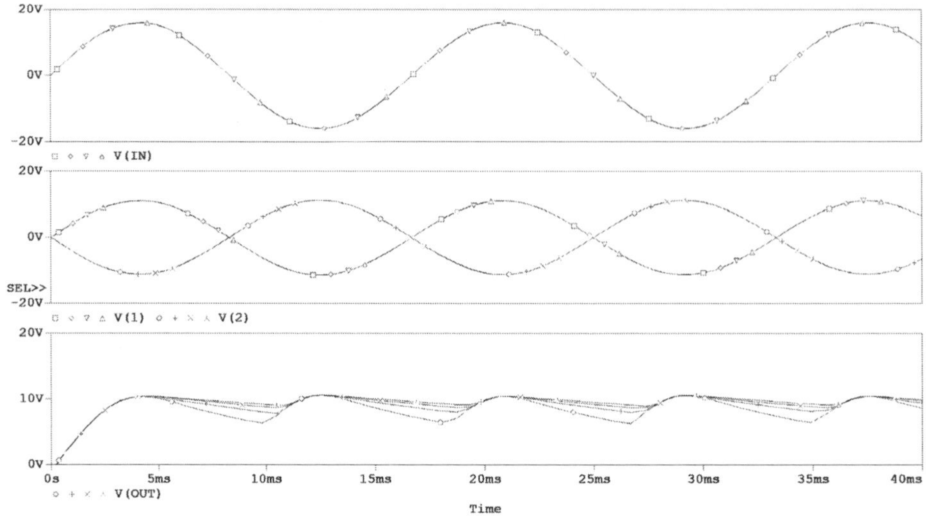

4.6 필터 캐패시터에 직렬로 부가된 저항 회로

몇몇 응용회로에서 매우 적은 리플과 적은 부하전류를 요구한다. 정류기와 필터 캐패시터 사이에 직렬로 저항을 삽입하면 부하 저항과는 병렬이 되어 필터링 능력은 더 좋아져 최대 이용 가능한 부하 전류가 낮아진다. 그림 5-24에서 다이오드 D_1은 펄스화된 직류 전압을 만든다. 첫 번째 필터 캐패시턴스인 C_1은 2차측을 V_{peak} 가까이 충전시킨다. 앞에서 배운 것처럼 그곳엔 리플전압이 나타나는데 이는 C_1의 전압이 RC필터 R_1과 C_2에 직렬로 공급되기 때문이다. 저항은 주파수에 영향을 받지 않으며 캐패시터는 직류를 막고, 교류만을 통과시킨다. 캐패시터 C_2는 리플전압을 거의 단락처럼 만들고, C_1에 의해 공급받는 직류 전압에 대해선 개방한다. 저항 R_1이 리플 전압의 대부분은 떨어뜨려 부하에 나타나는 리플은 거의 사라진다. C_2는 리액턴스 0[Hz]의 D_1 주파수에서 R_1의 저항보다 매우 크게되며 직류 전압의 아주 적은 양이 R_1 사이에서 떨어지고 전압의 대부분은 C_2사이에 걸리게 된다. C_2의 전압은 C_1보다고 약간 작으며 부하저항 R_L을 통해 방전한다.

부하의 측면에서 보면 저항 사이에 걸린 전압 V_{c1}은 없어진다. 이렇게 없어진 전압 때문에 필터에 직접걸린 전압 V_{c2}를 가능하면 낮게 전압 강하를 하여 부하에 건다. 옴의 법칙에 이용하면 주어진 전류 I_{R1}은 주어진 저항 R_1의 저항성에 비례하여 존재하게 된다. 필터저항들은 가격이 비싸고 작으며 전원으로부터 불필요한 큰 전류를 막기위한 응용회로에서 큰 장점을 갖는다.

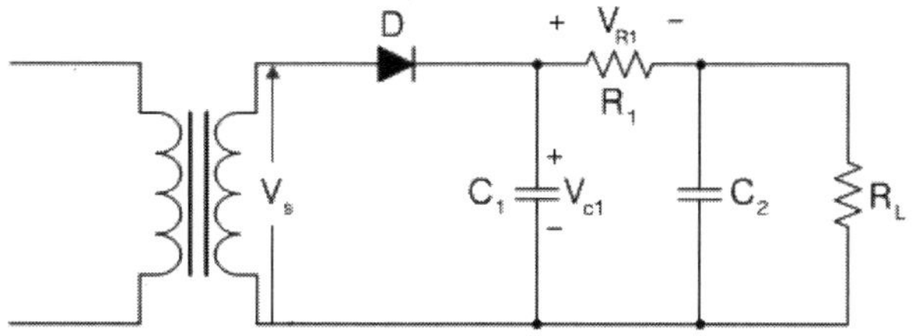

그림 5-24 필터 캐패시터에 직렬로 부가된 저항 회로

실습 5-24

그림 5-24는 필터 캐패시터에 직렬로 부가된 저항 회로이다. 2차측 입력전압 $V_s = 10[V]$, $f = 60[Hz]$, 캐패시터 $C_1 = C_2 = 100[\mu F]$, 저항 $R_1 = 10[\Omega]$, $RL = 1[k\Omega]$, 다이오드 D1N4148을 사용할 때, Transient Analysis를 50[ms]까지 실행하여, ① 입력 전압 ② 출력전압 파형을 구하라.

(1) 회로 구성 및 시뮬레이션 결과

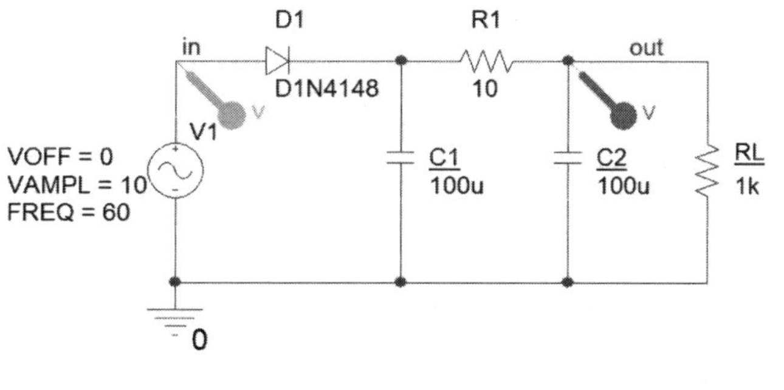

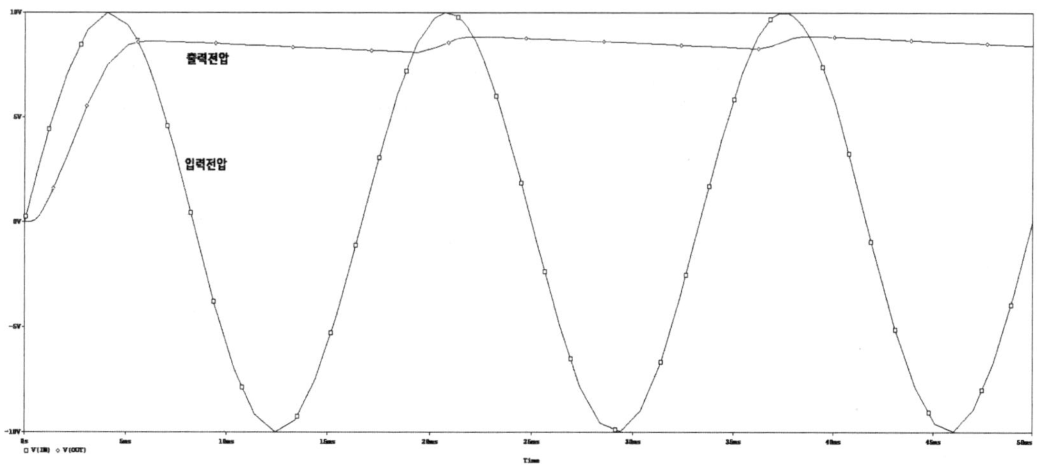

5 전력 변환 회로

다이오드를 사용하여 교류전원에서 직류로 변환하는 정류회로는 전기철도, 전기화학, 전동기의 전원 그리고 전자기기의 전원용으로 많이 사용된다.

정류회로는 단상과 3상회로로 구별되고 부하의 성질에 따라 발생하는 전압, 전류의 파형이 달라지고 이에 대한 적합한 회로가 여러 가지 고안되고 있다.

이 장에서는 거의 이상적인 다이오드 특성을 갖는 power_Dbreak 소자를 이용했으며, 전압-전류 특성은 예제 5-23을 통해 시뮬레이션을 수행하였다.

실습 5-25

다음의 회로는 다이오드 power_Dbreak의 전압-전류의 특성을 위한 회로도이다. DC Analysis 실행하여, 전압-전류 특성곡선을 시뮬레이션 하시오.

[조건] (1) DC Analysis 조건
- Sweep variable → Name : Vin
- Sweep type
  Linear → Start value -3000, End value 10, Increment 0.01

(1) 회로 구성 및 시뮬레이션 결과

- DC Analysis 설정

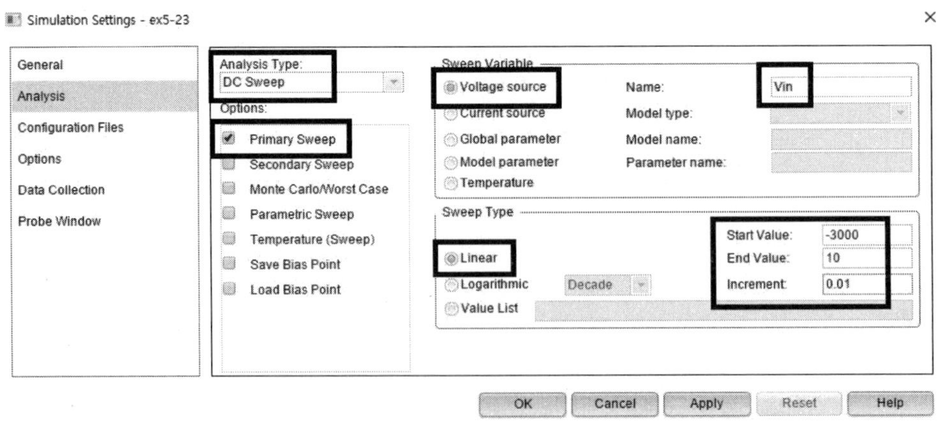

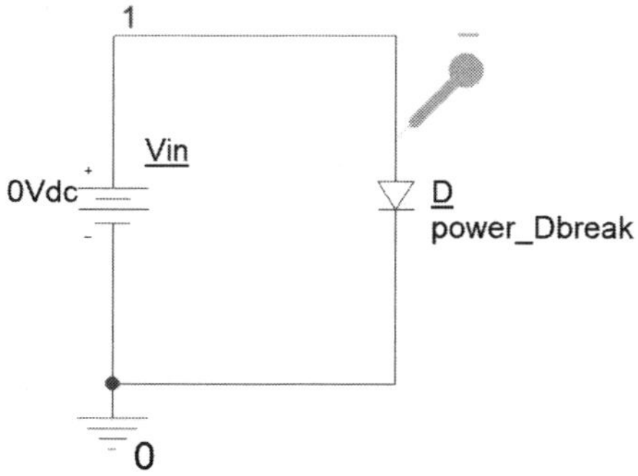

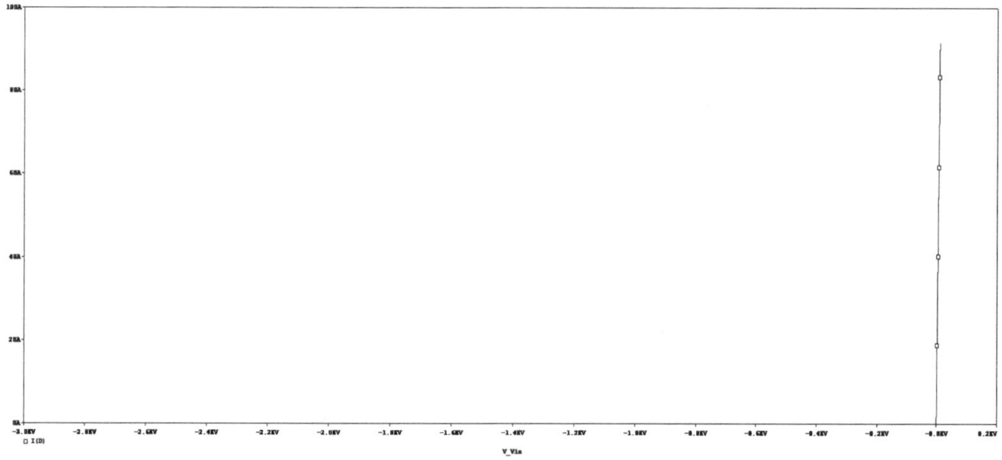

5.1 다이오드 단상 반파 정류 회로 (저항부하)

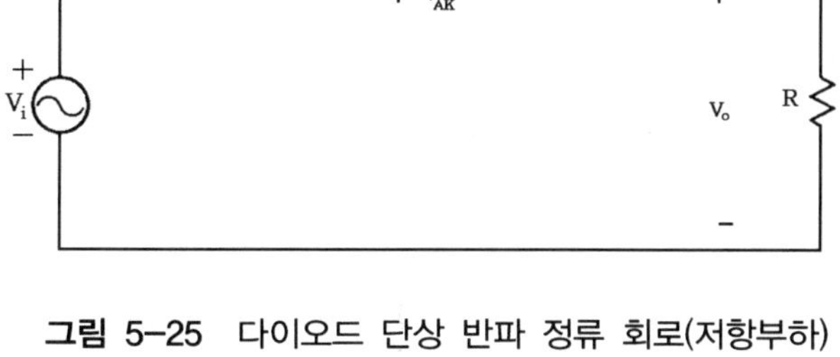

그림 5-25 다이오드 단상 반파 정류 회로(저항부하)

그림 5-26에서처럼 정현파 전압을 가했을 때 양의 반주기$(0 \le \theta \le \pi)$동안은 저항 R을 통해 흐르지만 음의 반주기 $(\pi \le \theta \le 2\pi)$동안은 다이오드가 저지상태에 있기 때문에 전류가 흐를 수 없으므로 출력 전압 v_o은 0이 된다. 출력 파형(v_o)에서 볼 수 있듯이

한 주기동안($0 \le \theta \le 2\pi$) 반주기만 출력이 되는 정류방식을 반파정류라 한다.
양의 반주기($0 \le \theta \le \pi$)동안은 키르히호프의 전압법칙(KVL)에 의해 입력전압 v_i는 다이오드에 걸리는 전압 v_{AK}와 저항에 걸리는 전압 v_o가 된다. 즉 식 (5-1)과 같이 나타낼 수 있다.

$$v_i = v_{AK} + V_o v_i = v_{AK} + v_o \qquad \cdots\cdots (5-1)$$

여기서, $v_i = \sqrt{2}\ V\sin\theta$, 이상적인 다이오드에서 $v_{AK} = 0$
따라서 식 (5-1)은 식 (5-2)와 같이 쓸 수 있다.

$$v_i = \sqrt{2}\,V\sin\theta = v_o \qquad \cdots\cdots (5-2)$$

식 (5-2)에서 볼 수 있듯이 이상적인 다이오드($v_{AK} = 0$)에서 양의 반주기동안 출력전압 v_o는 입력전압 v_i와 같다는 것을 알 수 있다.
음의 반주기($\pi \le \theta \le 2\pi$)동안은 다이오드를 통해 전류가 흐를 수 없기 때문에($i_o = 0$, $v_o = 0$) 다이오드에 걸리는 역전압 v_{AK}는 입력전압 v_i와 같다.

$$v_{AK} = v_i \qquad \cdots\cdots (5-3)$$

따라서 그림 5-26에서 볼 수 있듯이 출력전압 v_o의 파형은 0이 되고, 다이오드에 걸리는 전압 v_{AK}의 파형은 입력전압 v_i와 같다.

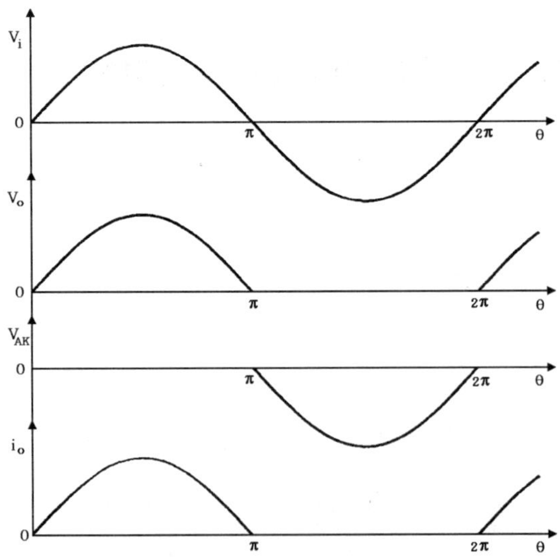

그림 5-26 단상 반파 정류 회로의 파형(저항부하)

실습 5-26

그림 5-25의 회로에서 입력전압 V_{in} =220[V], f =60[Hz], 저항 RLoad =5[Ω], 다이오드 power_Dbreak를 사용할 때, Transient Analysis를 40[ms]까지 실행하여, ① 입력 전압 ② 출력전압 ③ 다이오드에 걸리는 역전압 ④ 부하전류를 시뮬레이션 하시오.

(1) 회로 구성 및 시뮬레이션 결과

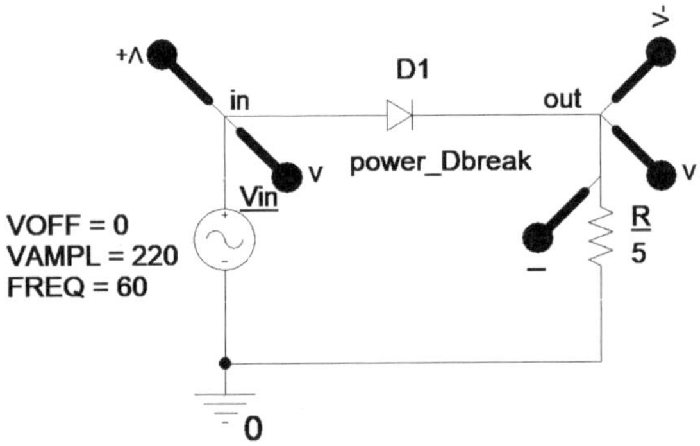

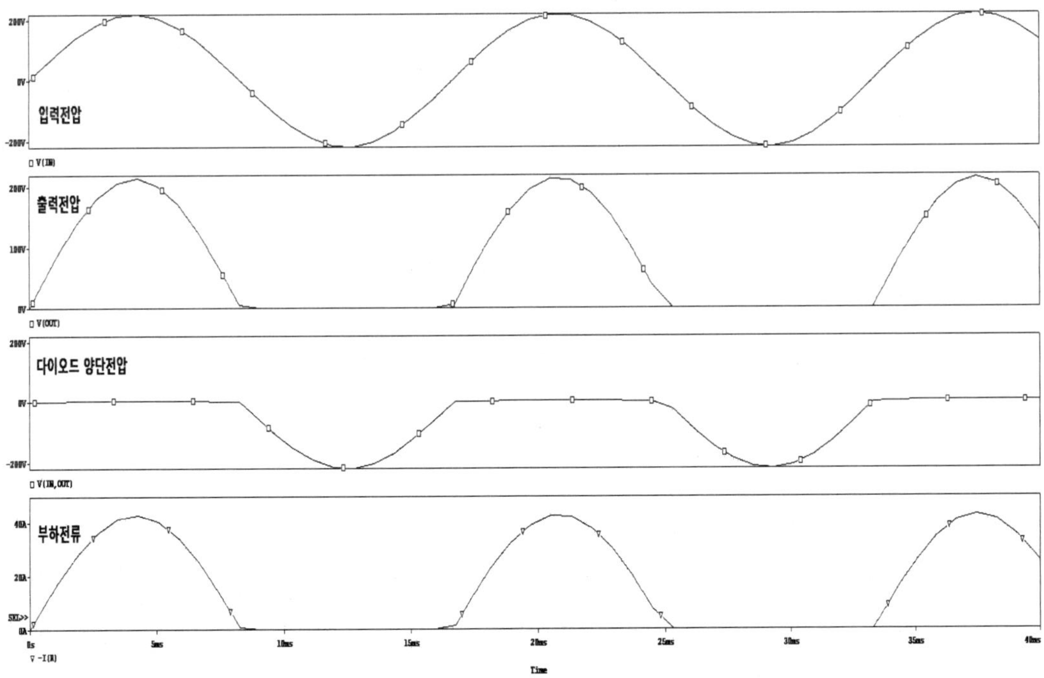

5.2 다이오드 단상 반파 정류 회로 (저항 + 리액턴스 부하)

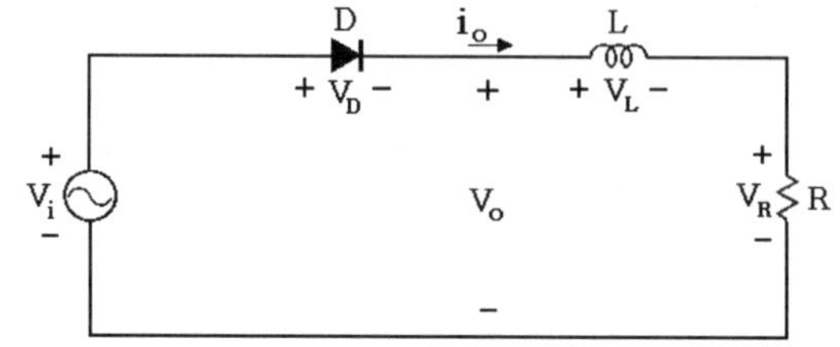

그림 5-27 다이오드 단상 반파 정류 회로(저항+리액턴스 부하)

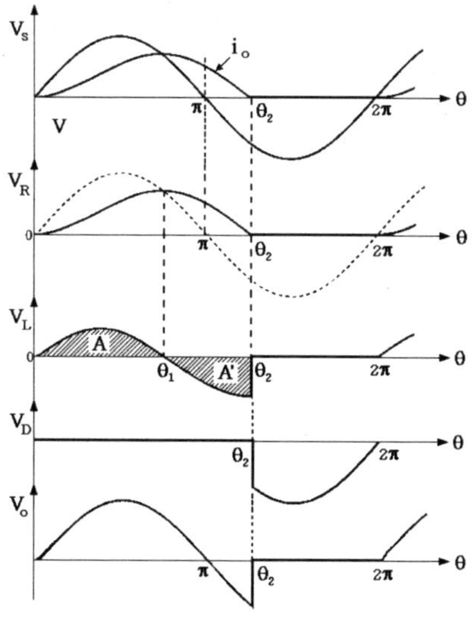

그림 5-28 다이오드 단상 반파 정류 회로 파형(저항+리액턴스 부하)

그림 5-27의 회로에 키르히 호프의 전압 법칙(KVL)을 적용시키면 식 (5-4)와 같다.

$$v_i = v_o + v_{AK} = v_o + v_L + v_R = L\frac{d\,i_o}{dt} + R\,i_o \qquad \cdots\cdots (5-4)$$

$0 \le \theta < \theta_1$ 구간에서는 전원으로부터 다이오드를 통해 부하로 전류가 흐르면, 이때, 축적소자인 인덕턴스에는 에너지가 저장이 되며, $\theta = \theta_1$ 에서 입력전압 v_i과 저항에 걸리는 전압 v_R의 크기가 같으므로 인덕턴스 전압 v_L은 0이 된다. 즉 이 기간동안 에너지가 인덕턴스에 축적이 된다.

$\theta_1 \le \theta < \theta_2$ 구간에서는 인덕터에 축적된 에너지가 방출되는 구간으로 방출이 끝날 때까지 다이오드는 소호되지 않으며, $\theta = \theta_2$ 에서 다이오드는 오프가 된다.

실습 5-27

그림 5-27의 회로에서 입력전압 V_{in} =220[V], f =60[Hz], 저항 R =0.5[Ω], 리액턴스 L =7[mH], Print Step : 10[μs], 다이오드 power_Dbreak를 사용할 때, Transient Analysis를 50[ms]까지 실행하여, ① 입력 전압 ② 저항에 걸리는 전압 ③ 리액턴스에 걸리는 역전압 ④ 다이오드에 걸리는 전압 ⑤ 출력전압 ⑥ 부하전류 파형을 시뮬레이션 하시오.

(1) 회로 구성 및 시뮬레이션 결과

Print Step 입력

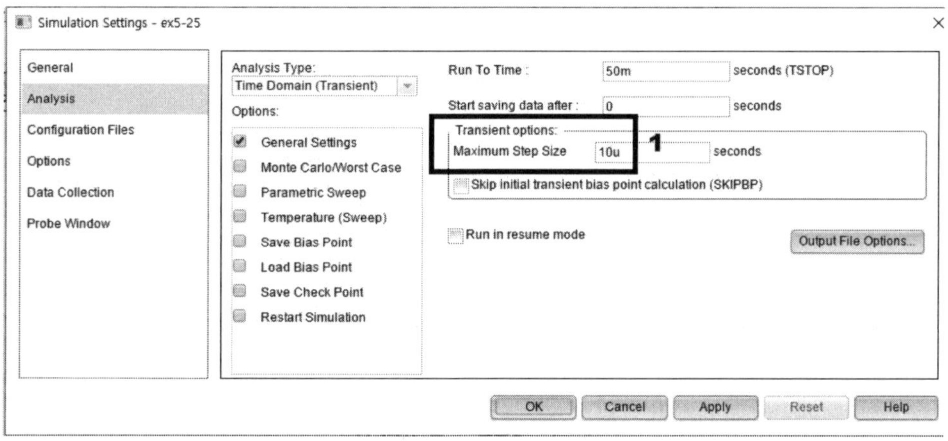

(1) 그림에서 1번처럼 Maximum Step Size에 10u를 입력

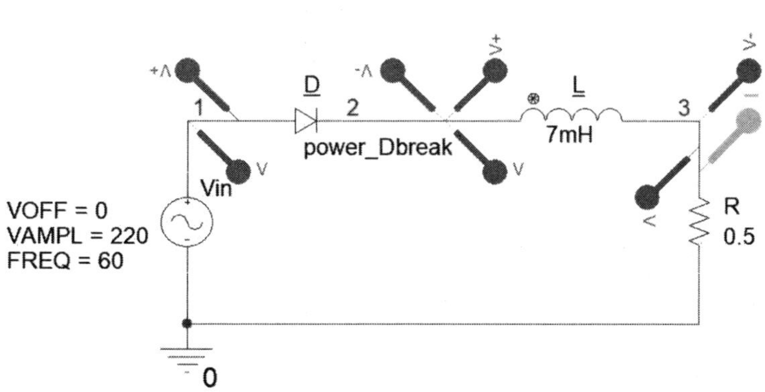

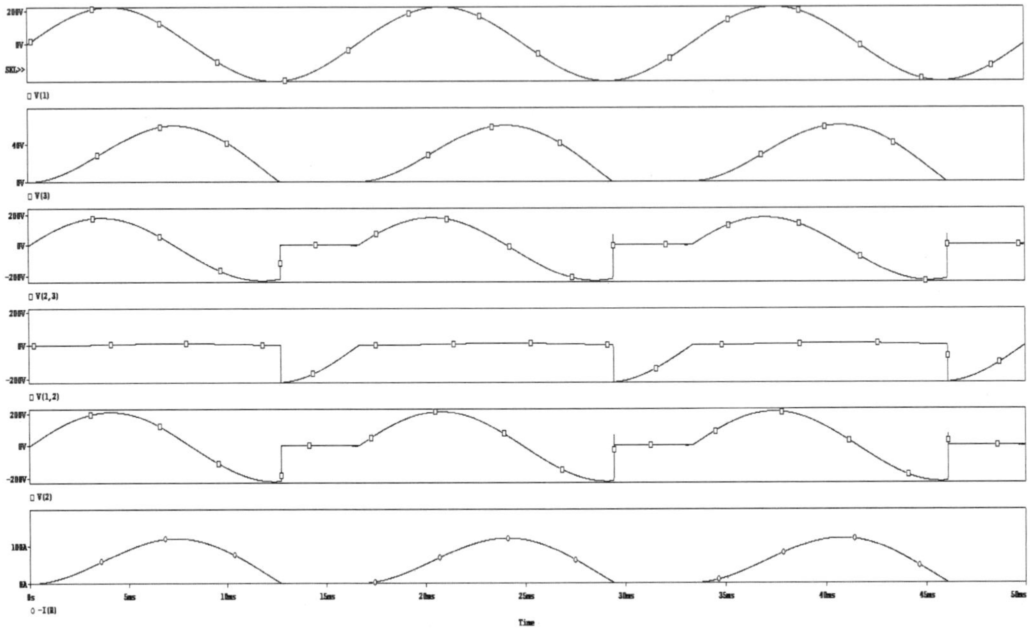

5.3 다이오드 단상 전파 정류 회로 (저항부하)

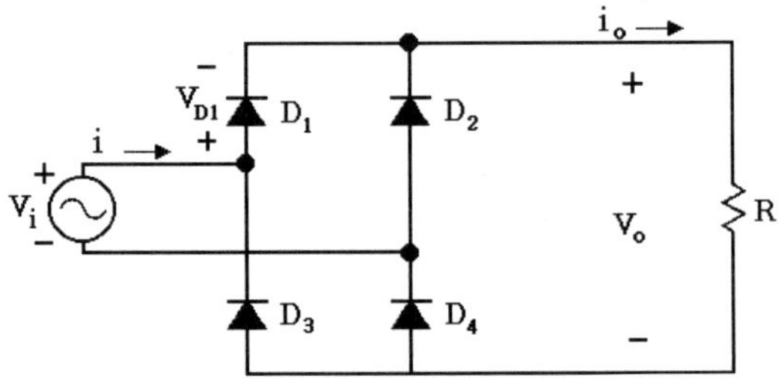

그림 5-29 다이오드 단상 전파 정류 회로(저항부하)

양의 반주기($0 \le \theta \le \pi$)동안 전류는 다이오드 D_1→저항 R→다이오드 D_4로 흐르게 되며, 키르히호프의 전압 법칙(KVL)을 적용시키면 식 (5-5)로 쓸 수 있다.

$$v_i = v_{D1} + v_{D4} + v_o = 0 + 0 + v_o \qquad (5-5)$$

$$\therefore \ v_o = v_i = \sqrt{2}\ V \sin\theta$$

음의 반주기($\pi \leq \theta \leq 2\pi$)동안 전류는 다이오드 $D_2 \rightarrow$ 저항 $R \rightarrow$ 다이오드 D_3 로 흐르게 되며, 키르히호프의 전압 법칙(KVL)을 적용시키면 식 (5-6)과 같이 쓸 수 있다.

$$v_i = v_{D2} + v_{D3} + v_o = 0 + 0 + v_o \qquad \cdots\cdots (5-6)$$

$$\therefore v_o = v_i = \sqrt{2}\ V \sin\theta$$

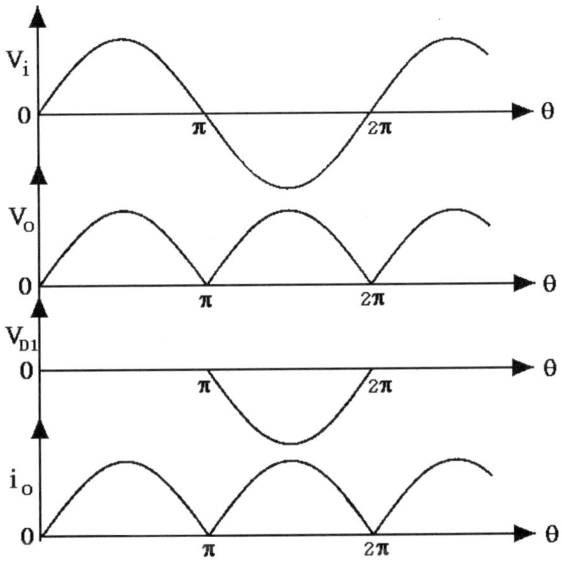

그림 5-30 단상 전파 정류 회로 파형(저항부하)

실습 5-28

그림 5-29의 회로에서 입력전압 $V_{in}=220[V]$, $f=60[Hz]$, 저항 $R=10[\Omega]$, 다이오드 power_Dbreak를 사용할 때, Transient Analysis를 50[ms]까지 실행하여, ① 입력 전압 ② 출력전압 ③ 다이오드 D_1에 걸리는 전압 ④ 부하전류를 시뮬레이션 하시오.

(1) 회로 구성 및 시뮬레이션 결과

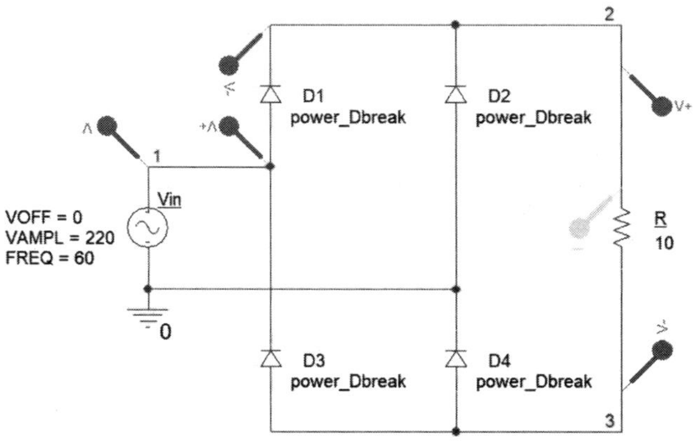

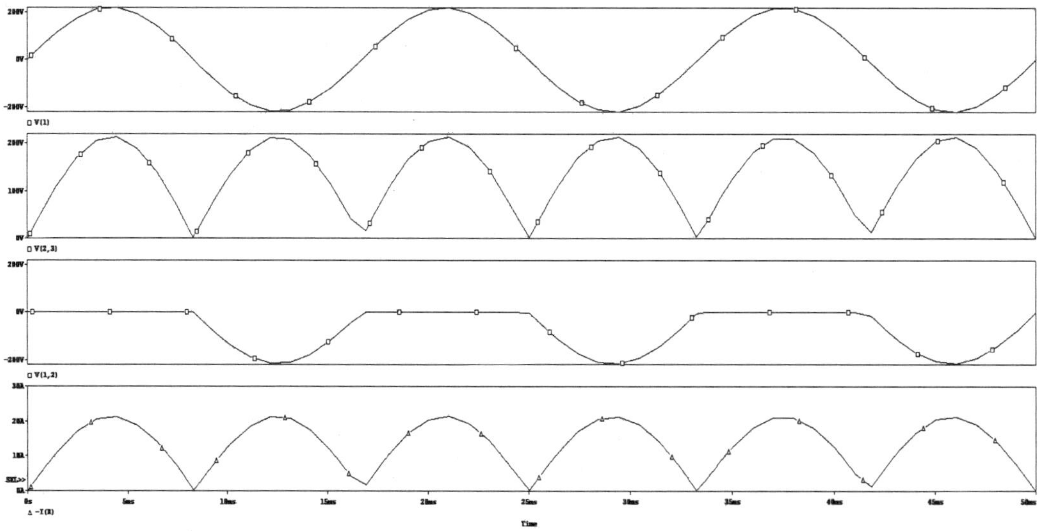

실습 5-29

그림 5-29의 회로에서 입력전압 $V_{in}=220[V]$, $f=60[Hz]$, 저항 $R=10[\Omega]$, 679_3 (25A, 300V, Full Bridge Rectifier)을 사용할 때, Transient Analysis를 50[ms]까지 실행하여, ① 입력 전압 ② 출력전압 ③ 부하전류를 시뮬레이션 해서 실습 5-26과 비교하시오.

(1) 회로 구성 및 시뮬레이션 결과

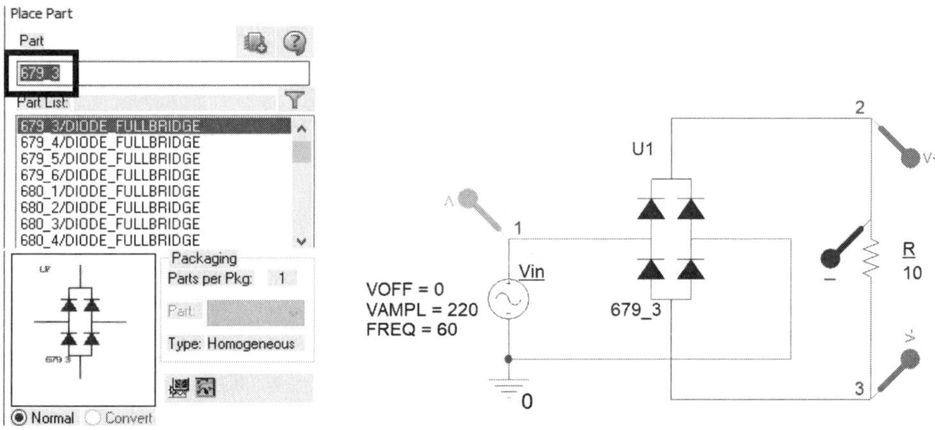

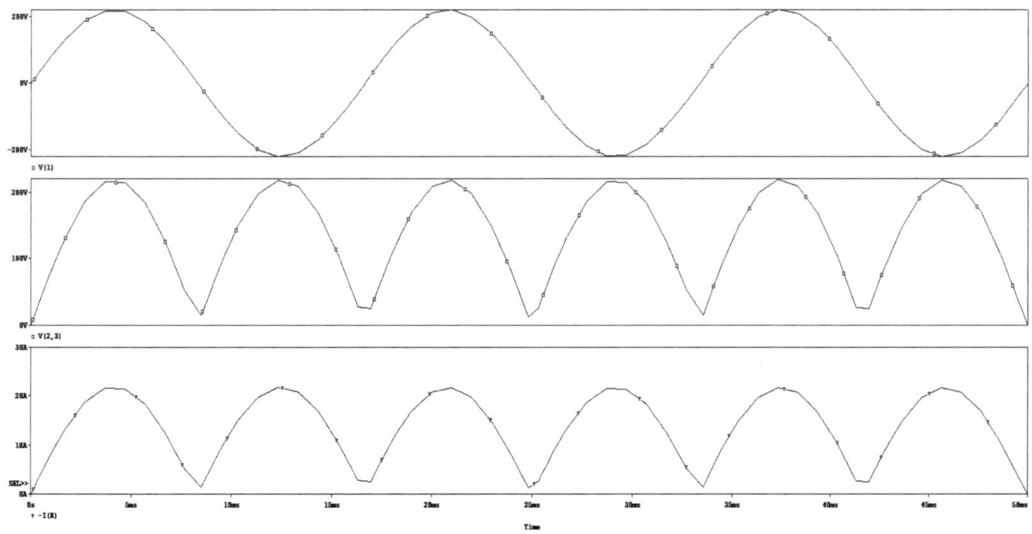

5.4 다이오드 단상 전파 정류 회로 (저항 + 리액턴스 부하)

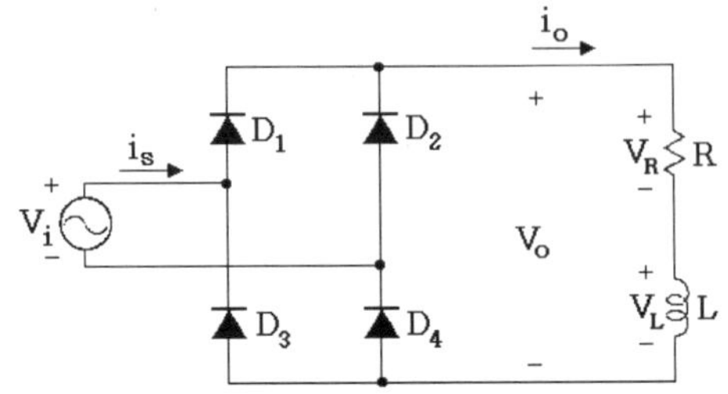

그림 5-31 다이오드 단상 전파 정류 회로(저항-인덕턴스 부하)

그림 5-31은 저항-인덕턴스 부하시 회로도이며, 이 때의 파형을 그림 5-32에 나타냈다. 그림의 파형은 $L = \infty$ 일 때로 거의 평활함을 알 수 있다.
출력전압의 파형은 L에 충전된 에너지가 다이오드를 통해 방전을 하기 때문에 $\theta \geq \pi$ 구간에서는 단락된 상태라 볼 수 있으므로, 저항 부하일 때의 출력파형과 일치하므로 평균치는 같은 크기가 된다.

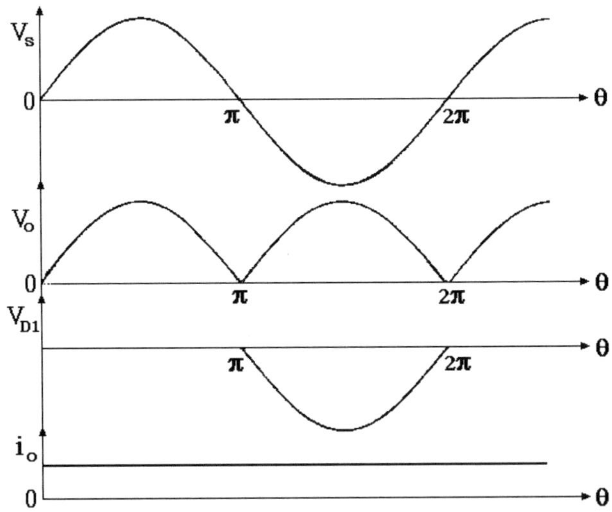

그림 5-32 다이오드 단상 전파 정류 회로 파형(저항-인덕턴스부하)

실습 5-30

그림 5-31의 회로에서 입력전압 V_{in} =220[V], f =60[Hz], 저항 R =10[Ω], 리액턴스 L =20[mH], 다이오드 power_Dbreak를 사용할 때, Transient Analysis를 50[ms]까지 실행하여, ① 입력 전압 ② 출력전압 ③ 다이오드 D_1에 걸리는 전압 ④ 부하전류를 시뮬레이션 하시오.

(1) 회로 구성 및 시뮬레이션 결과

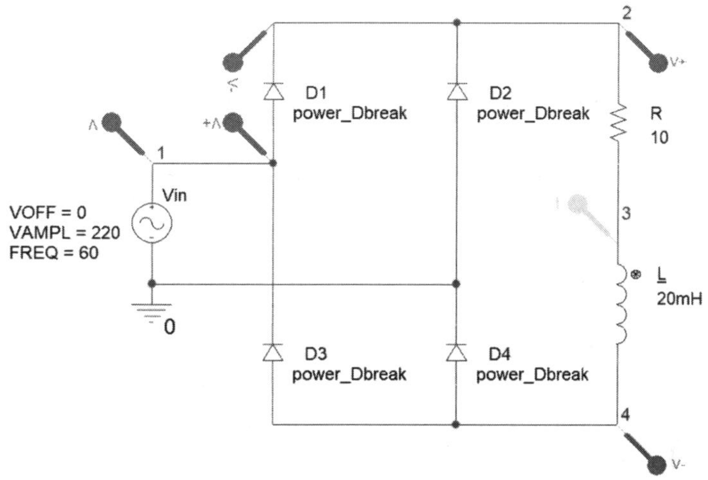

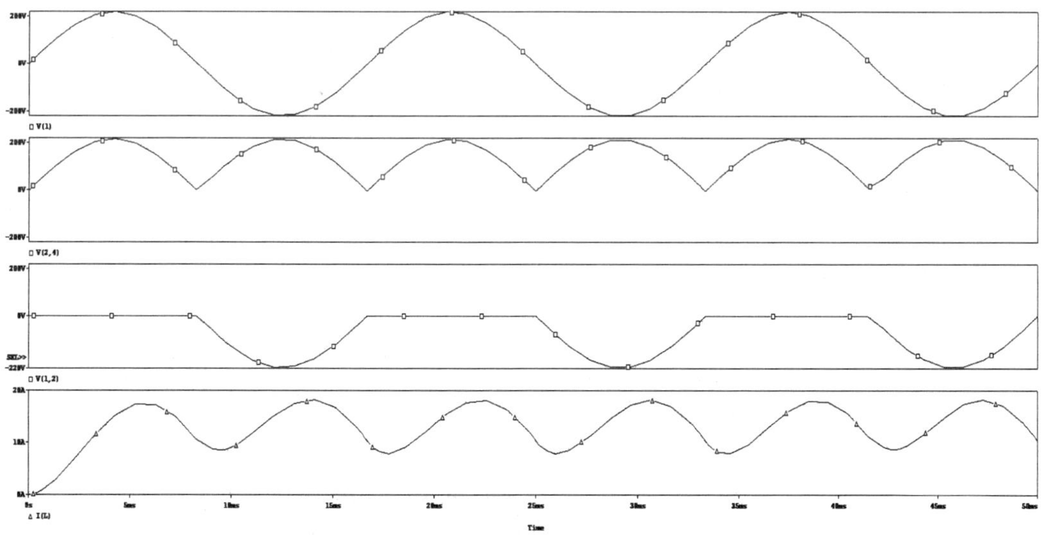

실습 5-31

R-L 부하를 가진 브릿지 정류기 회로에서 입력전압 $V_{in}=170$[V], $f=60$[Hz], 저항 $R=40$[Ω], 리액턴스 $L=10$[mH], $L_e=30$[mH], 캐패시터 $C_e=1$[μF], 100[μF], 300[μF]로 가변하고 다이오드 power_Dbreak를 사용할 때, Transient Analysis를 50[ms]까지 실행하여, 출력전압을 시뮬레이션 하시오.

(1) 회로 구성 및 시뮬레이션 결과

Parameter 설정

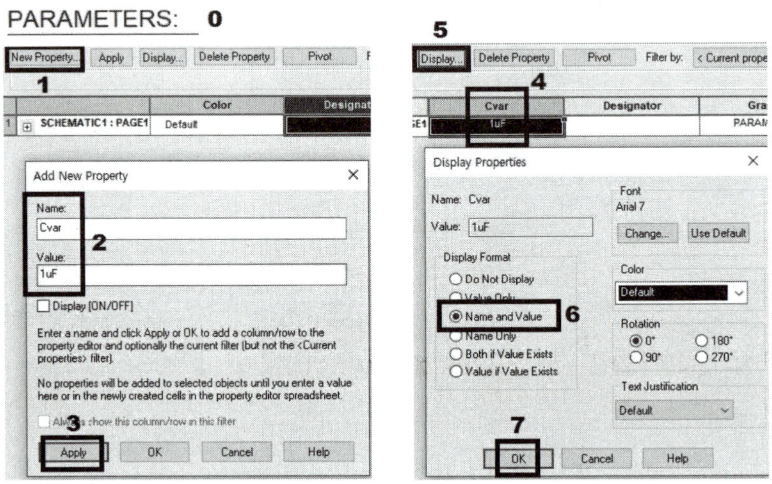

(1) PARAMETERS를 더블클릭(0번)
(2) New Property 클릭(1번)
(3) Add New Property 입력(2번)
(4) Apply (3번)
(5) 4번 한번 클릭(검정색으로 됨)
(6) 5번의 Display 클릭
(7) 6번의 Name and Value 클릭
(8) Ok (7번)

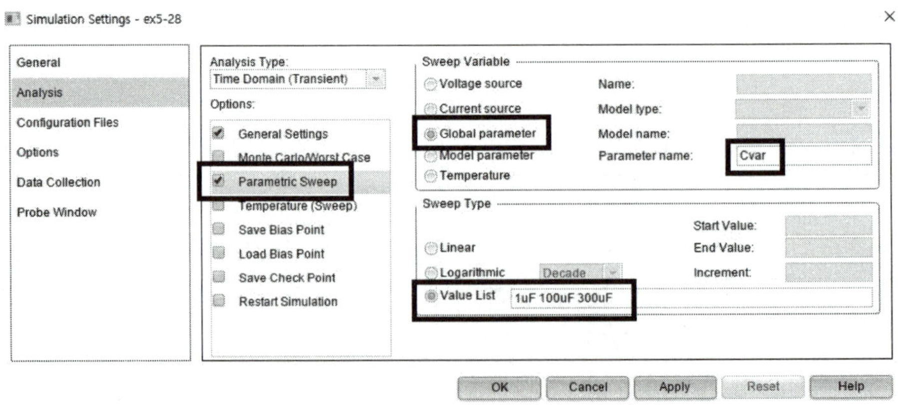

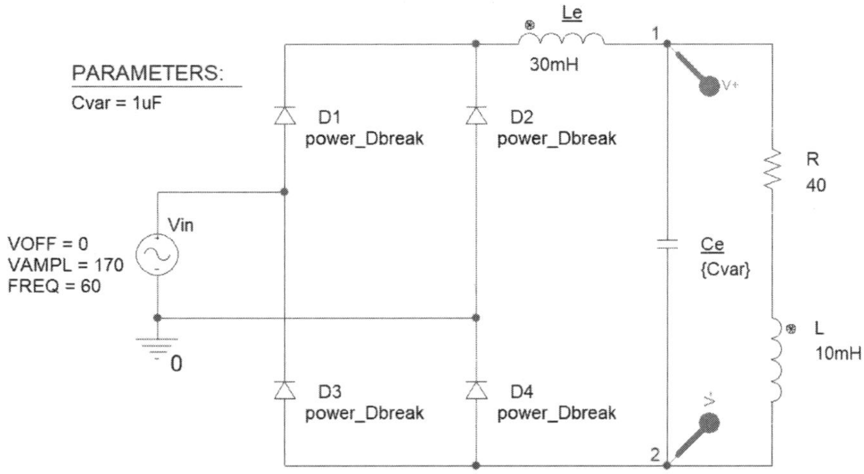
PARAMETERS:
Cvar = 1uF
Le
30mH
1
V+
D1
power_Dbreak
D2
power_Dbreak
R
40
Vin
VOFF = 0
VAMPL = 170
FREQ = 60
Ce
{Cvar}
L
10mH
0
D3
power_Dbreak
D4
power_Dbreak
V-
2

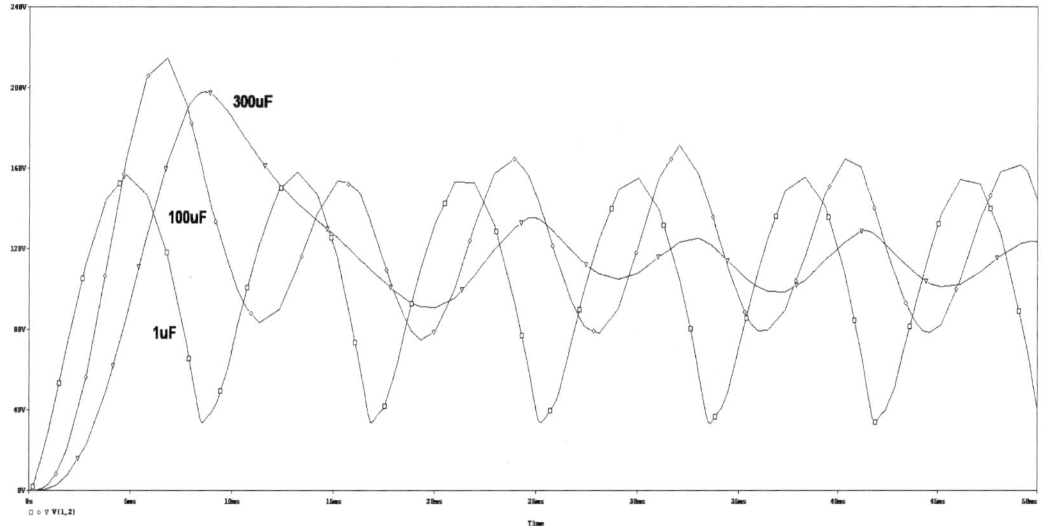
300uF
100uF
1uF

5.5 다이오드 3상 반파 정류 회로 (저항부하)

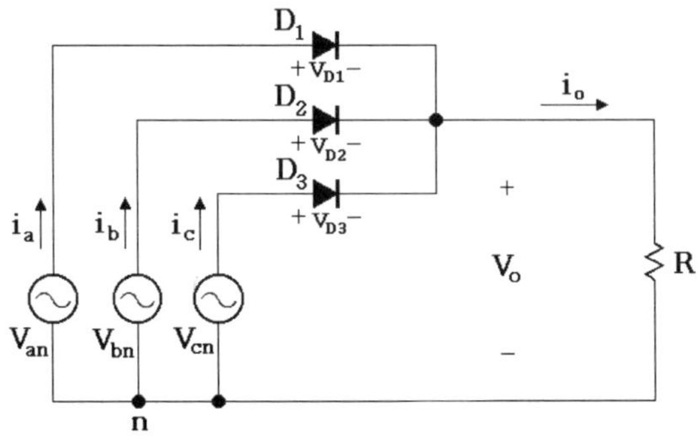

그림 5-33 다이오드 3상 반파 정류 회로(저항부하)

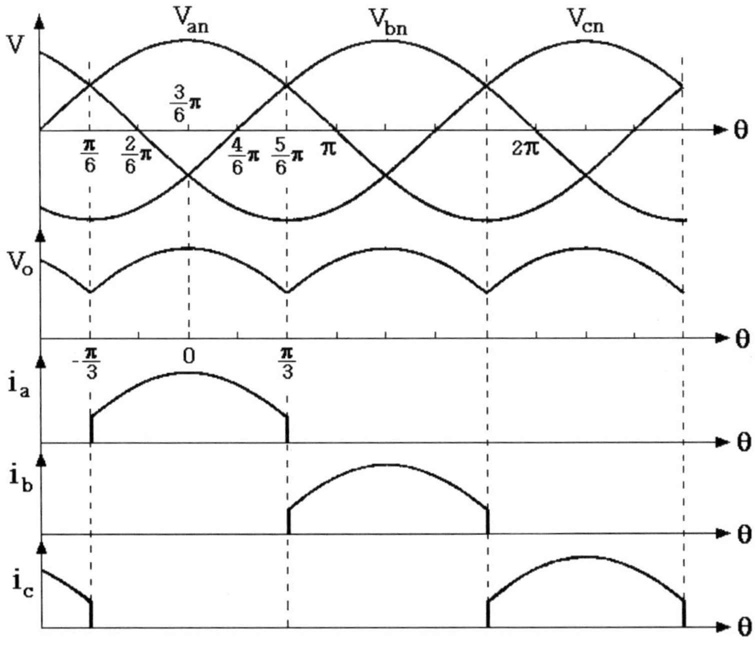

그림 5-34 다이오드 3상 반파 정류 회로 파형(저항부하)

3상 전원은 식 (5-7)과 같이 전압의 크기는 동일하며 위상은 120°의 위상차를 가진다.

$$v_{an} = \sqrt{2}\ V\sin\omega t \qquad \cdots\cdots (5-7)$$

$$v_{bn} = \sqrt{2}\ V\sin\left(\omega t - \frac{2}{3}\pi\right)$$

$$v_{cn} = \sqrt{2}\ V\sin\left(\omega t - \frac{4}{3}\pi\right)$$

그림 5-35에서 각 구간별로 전압의 크기를 정하면 다음과 같다.

$$0 \le \theta \le \frac{\pi}{6} \quad \rightarrow \quad v_{cn} \ge v_{an} \ge v_{bn} \quad \therefore \text{출력전압 } v_o = v_{cn}$$

$$\frac{\pi}{6} \le \theta \le \frac{2}{6}\pi \quad \rightarrow \quad v_{an} \ge v_{cn} \ge v_{bn} \quad \therefore \text{출력전압 } v_o = v_{an}$$

$$\frac{2}{6}\pi \le \theta \le \frac{3}{6}\pi \quad \rightarrow \quad v_{an} \ge v_{cn} \ge v_{bn} \quad \therefore \text{출력전압 } v_o = v_{an}$$

$$\frac{3}{6}\pi \le \theta \le \frac{4}{6}\pi \quad \rightarrow \quad v_{an} \ge v_{bn} \ge v_{cn} \quad \therefore \text{출력전압 } v_o = v_{an}$$

$$\frac{4}{6}\pi \le \theta \le \frac{5}{6}\pi \quad \rightarrow \quad v_{an} \ge v_{bn} \ge v_{cn} \quad \therefore \text{출력전압 } v_o = v_{an}$$

$$\frac{5}{6}\pi \le \theta \le \pi \quad \rightarrow \quad v_{bn} \ge v_{an} \ge v_{cn} \quad \therefore \text{출력전압 } v_o = v_{bn}$$

같은 방법으로 각 구간별로 전압의 크기를 구하면 출력전압의 파형은 그림 5-36과 같이 나타낼 수 있다.

실습 5-32

그림 5-33의 회로에서 3상 입력전압의 조건이 아래와 같을 때, Transient Analysis를 40[ms]까지 실행하여, ① 3상 입력 전압 ② 출력전압 ③ 각 상에 흐르는 전류를 시뮬레이션 하시오.

(1) 정현파 교류 전압원(VSIN) : Va(VOFF=0 VAMPL=220 f=60)
(2) 정현파 교류 전압원(VSIN) : Vb(VOFF=0 VAMPL=220 f=60 phase=120)
(3) 정현파 교류 전압원(VSIN) : Vc(VOFF=0 VAMPL=220 f=60 phase=240)
(4) 다이오드(power_Dbreak)
(5) 저항(R) : R=10[Ω]
(6) 접지 : Place ground

(1) 회로 구성 및 시뮬레이션 결과

Phase 입력

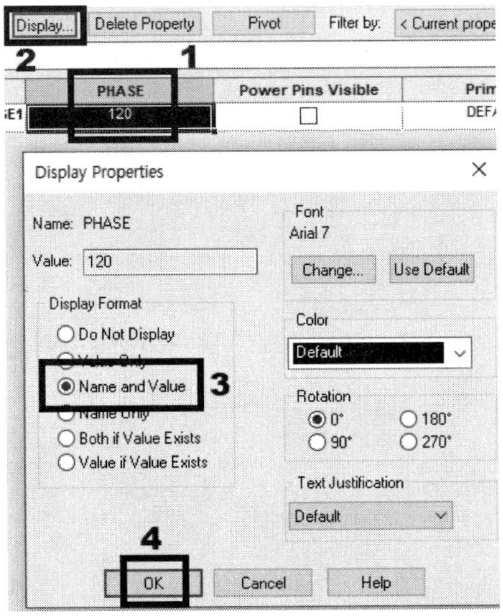

(1) PHASE에 120 입력 (1번)
(2) Dsiplay 클릭 (2번)
(3) Name and Value 클릭 (3번)
(4) Ok (4번)

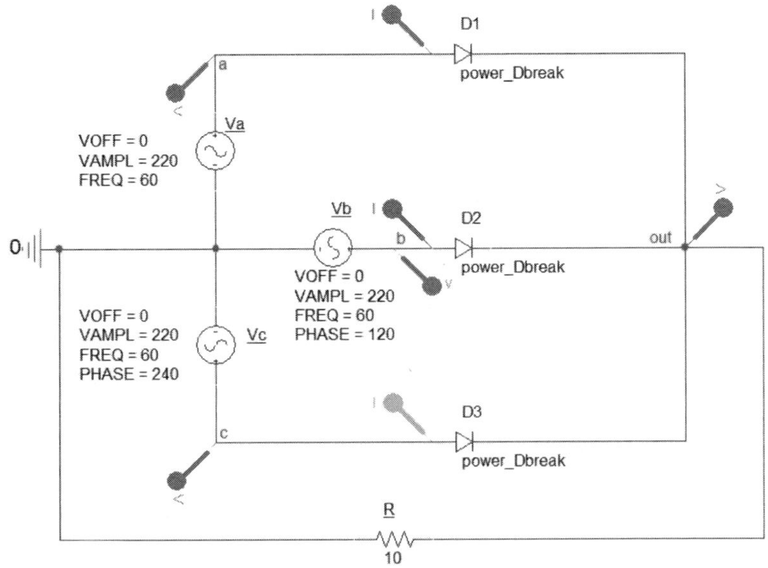
D1
a
power_Dbreak
Va
VOFF = 0
VAMPL = 220
FREQ = 60
Vb
D2
b
out
0
power_Dbreak
VOFF = 0
VAMPL = 220
FREQ = 60
PHASE = 120
VOFF = 0
VAMPL = 220
FREQ = 60
PHASE = 240
Vc
D3
c
power_Dbreak
R
10

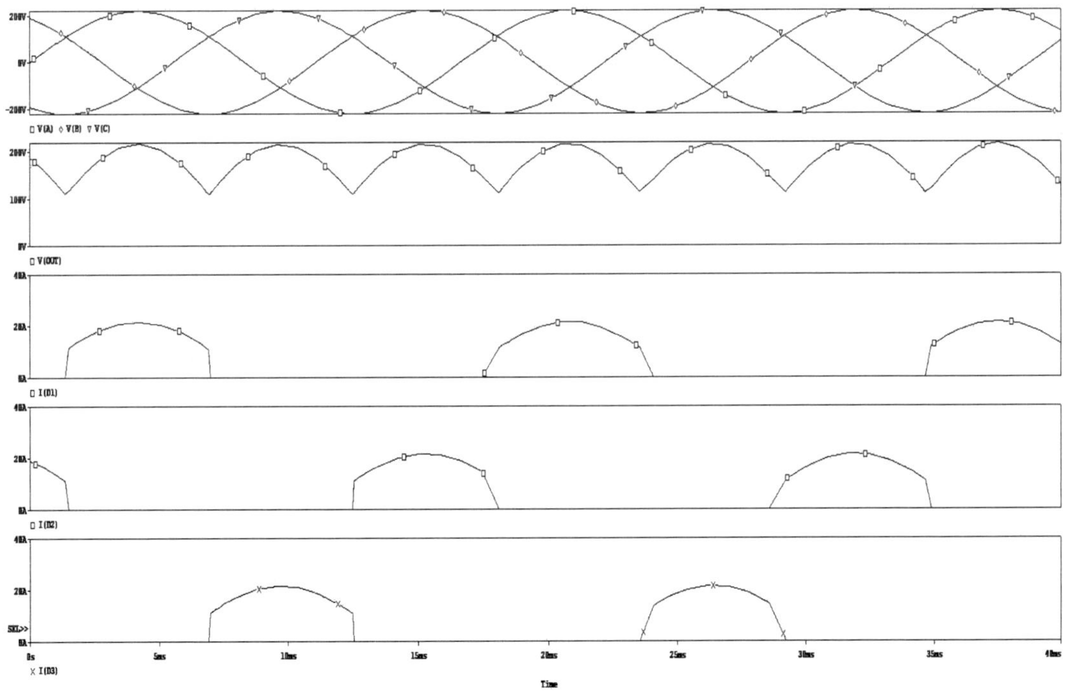

실습 5-33

그림 5-33의 회로에서 부하가 R-L이며. 3상 입력전압의 조건이 아래와 같을 때, Transient Analysis를 40[ms]까지 실행하여, ① 3상 입력 전압 ② 출력전압 ③ 각 상에 흐르는 전류를 시뮬레이션 하시오.

(1) 정현파 교류 전압원(VSIN) : Va(VOFF=0 VAMPL=220 f=60)
(2) 정현파 교류 전압원(VSIN) : Vb(VOFF=0 VAMPL=220 f=60 phase=120)
(3) 정현파 교류 전압원(VSIN) : Vc(VOFF=0 VAMPL=220 f=60 phase=240)
(4) 다이오드(power_Dbreak)
(5) 저항(R) : R=10[Ω]
(6) 리액턴스(L) : L=20[mH]
(7) 접지 : Place ground

(1) 회로 구성 및 시뮬레이션 결과

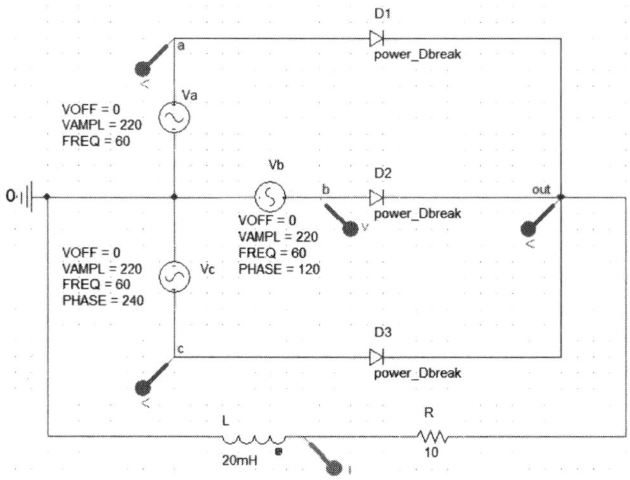

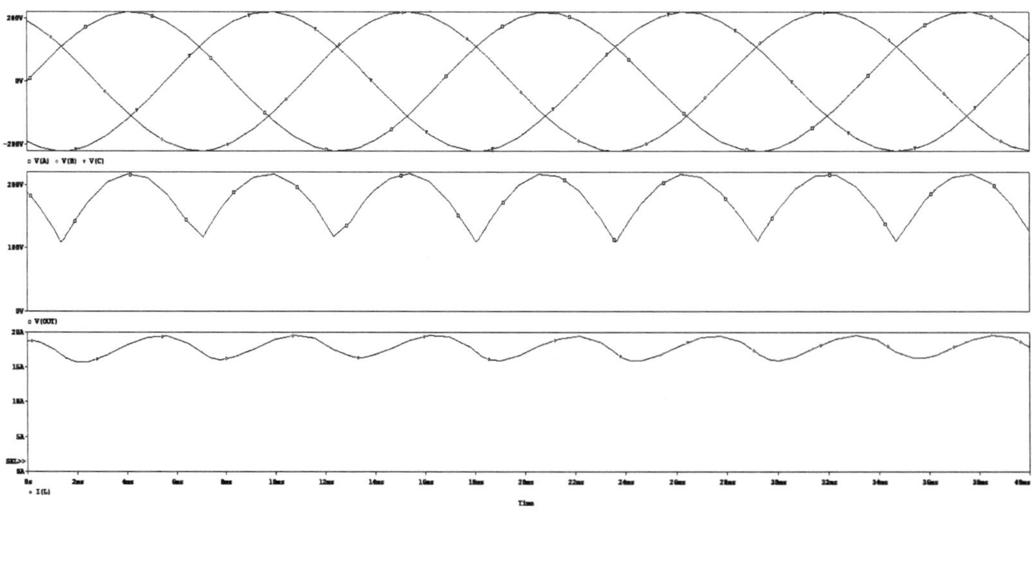

5.6 다이오드 3상 전파 정류 회로 (저항부하)

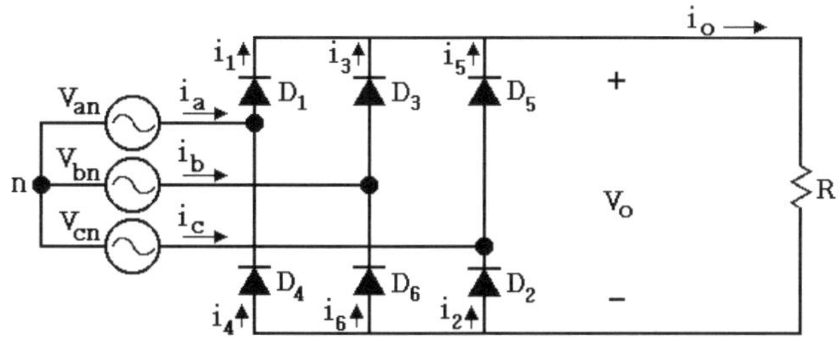

그림 5-35 다이오드 3상 전파 정류 회로(저항부하)

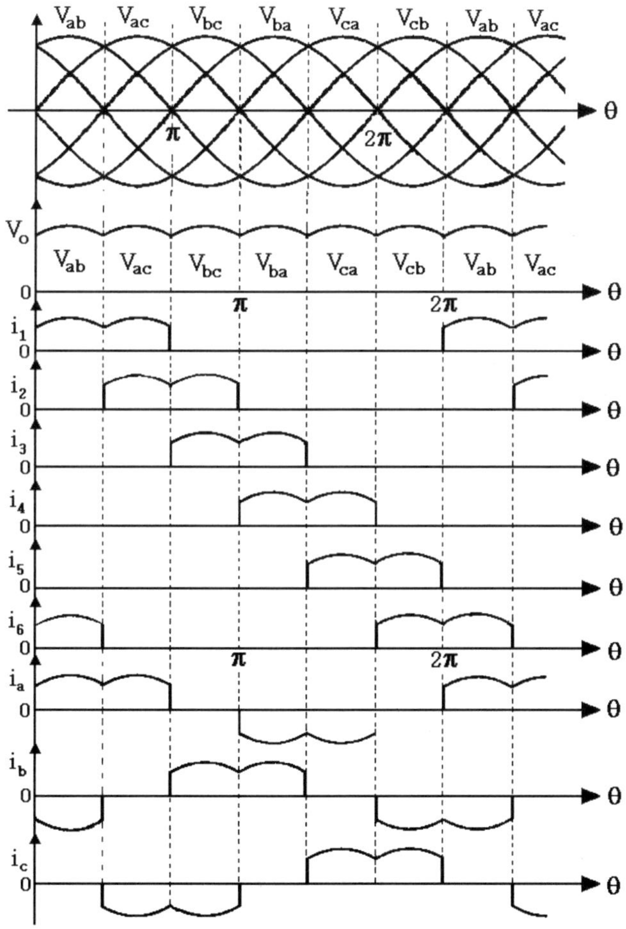

그림 5-36 다이오드 3상 전파 정류 회로 파형(저항부하)

3상 상전압은 식 (5−8)과 같이 전압의 크기는 동일하며 위상은 각상마다 120°의 위상 차를 가지며, 선간전압에 비교 30°의 위상이 뒤진다.

$$v_{an} = \sqrt{2}\ V\sin\left(\theta + \frac{\pi}{6}\right) \qquad \cdots\cdots (5-8)$$

$$v_{bn} = \sqrt{2}\ V\sin\left(\theta - \frac{2}{3}\pi + \frac{\pi}{6}\right)$$

$$v_{cn} = \sqrt{2}\ V\sin\left(\theta - \frac{4}{3}\pi + \frac{\pi}{6}\right)$$

이 때 선간전압 v_{ab}는 식 (5−9)와 같이 구할 수 있다.

$$\begin{aligned}
v_{ab} &= v_{an} - v_{bn} \\
&= \sqrt{2}\ V\sin\left(\theta + \frac{\pi}{6}\right) - \sqrt{2}\ V\sin\left(\theta - \frac{2}{3}\pi + \frac{\pi}{6}\right) \\
&= \sqrt{2}\ V\left[\sin\left(\theta + \frac{\pi}{6}\right) - \sin\left(\theta - \frac{2}{3}\pi + \frac{\pi}{6}\right)\right] \\
&= \sqrt{2}\ V\left[\sin\left(\theta + \frac{\pi}{6}\right) - \sin\left(\theta - \frac{\pi}{2}\right)\right] \\
&= \sqrt{2}\ V\left[\sin\theta \cdot cos\frac{\pi}{6} + \cos\theta \cdot sin\frac{\pi}{6} - \sin\theta \cdot cos\frac{\pi}{2} + \cos\theta \cdot sin\frac{\pi}{2}\right] \\
&= \sqrt{2}\ V\left(\frac{\sqrt{3}}{2}\sin\theta + \frac{1}{2}\cos\theta + \cos\theta\right) \qquad \cdots\cdots (5-9) \\
&= \sqrt{2}\ V\left(\frac{\sqrt{3}}{2}\sin\theta + \frac{3}{2}\cos\theta\right) \\
&= \sqrt{2}\ V \cdot \sqrt{3}\left(\frac{1}{2}\sin\theta + \frac{\sqrt{3}}{2}\cos\theta\right) \\
&= \sqrt{6}\ V\sin\left(\theta + \frac{\pi}{3}\right)
\end{aligned}$$

그림 5−6에서 각 구간별로 전압의 크기를 정하면 다음과 같다.

$0 \le \theta \le \frac{2}{6}\pi \quad \rightarrow \quad \therefore$ 출력전압 $v_o = v_{cb}$

$\frac{2}{6}\pi \le \theta \le \frac{4}{6}\pi \quad \rightarrow \quad \therefore$ 출력전압 $v_o = v_{ab}$

$\frac{4}{6}\pi \le \theta \le \frac{6}{6}\pi \quad \rightarrow \quad \therefore$ 출력전압 $v_o = v_{ac}$

$\frac{6}{6}\pi \le \theta \le \frac{8}{6}\pi \quad \rightarrow \quad \therefore$ 출력전압 $v_o = v_{bc}$

$$\frac{8}{6}\pi \le \theta \le \frac{10}{6}\pi \quad \rightarrow \quad \therefore \text{ 출력전압 } v_o = v_{ba}$$

$$\frac{10}{6}\pi \le \theta \le \frac{12}{6}\pi \quad \rightarrow \quad \therefore \text{ 출력전압 } v_o = v_{ca}$$

$$\frac{12}{6}\pi \le \theta \le \frac{14}{6}\pi \quad \rightarrow \quad \therefore \text{ 출력전압 } v_o = v_{cb}$$

$$\frac{14}{6}\pi \le \theta \le \frac{16}{6}\pi \quad \rightarrow \quad \therefore \text{ 출력전압 } v_o = v_{ab}$$

$$\frac{16}{6}\pi \le \theta \le \frac{18}{6}\pi \quad \rightarrow \quad \therefore \text{ 출력전압 } v_o = v_{ac}$$

같은 방법으로 각 구간별로 전압의 크기를 구하면 출력전압의 파형은 그림 5-36과 같이 나타낼 수 있다.

실습 5-34

그림 5-35의 회로에서 3상 입력전압의 조건이 아래와 같을 때, Transient Analysis를 20[ms]까지 실행하여, ① 3상 입력 전압 ② 출력전압 ③ 다이오드에 흐르는 전류 ④ 각 상에 흐르는 전류를 시뮬레이션 하시오.

(1) 정현파 교류 전압원(VSIN) : Va(VOFF=0 VAMPL=220 f=60)
(2) 정현파 교류 전압원(VSIN) : Vb(VOFF=0 VAMPL=220 f=60 phase=120)
(3) 정현파 교류 전압원(VSIN) : Vc(VOFF=0 VAMPL=220 f=60 phase=240)
(4) 다이오드(power_Dbreak) (5) 저항(R) : R=10[Ω]
(6) 접지 : Place ground

(1) 회로 구성 및 시뮬레이션 결과

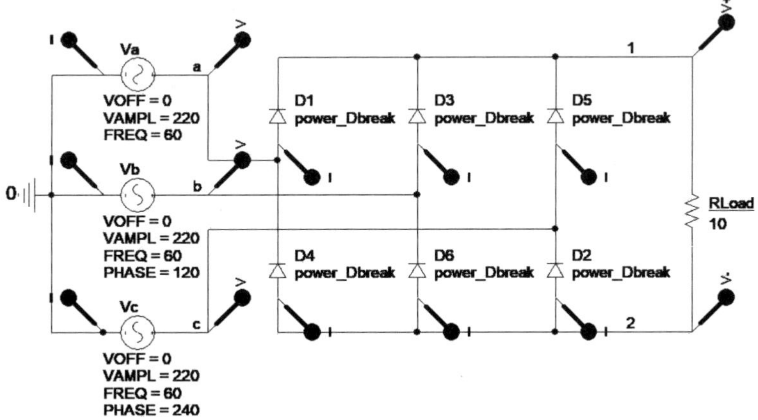

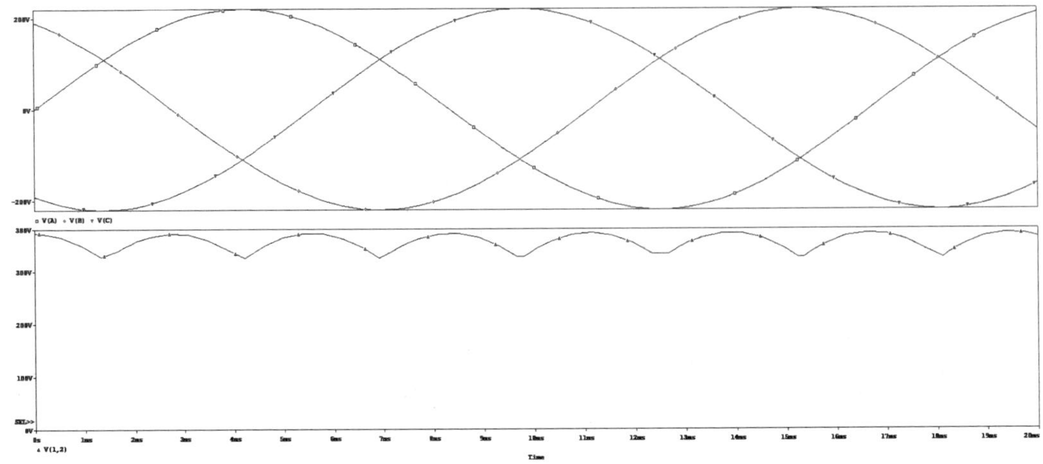

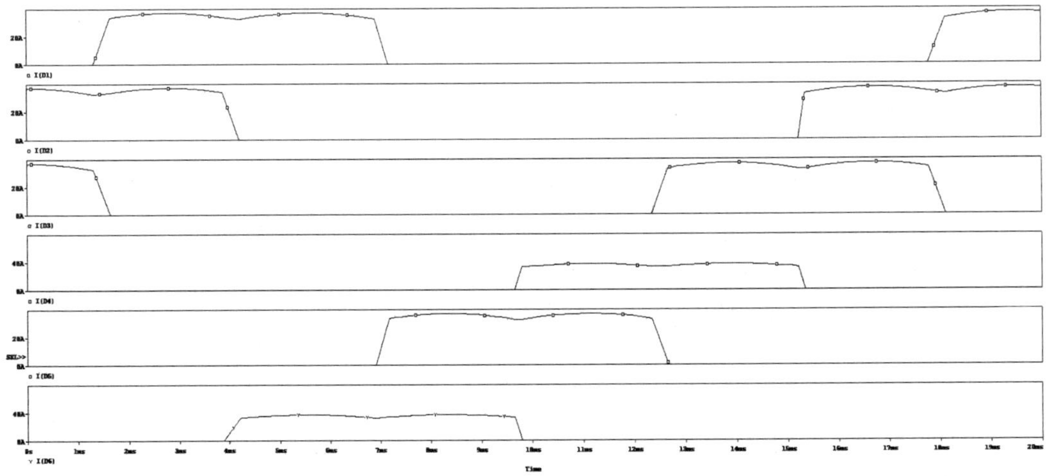

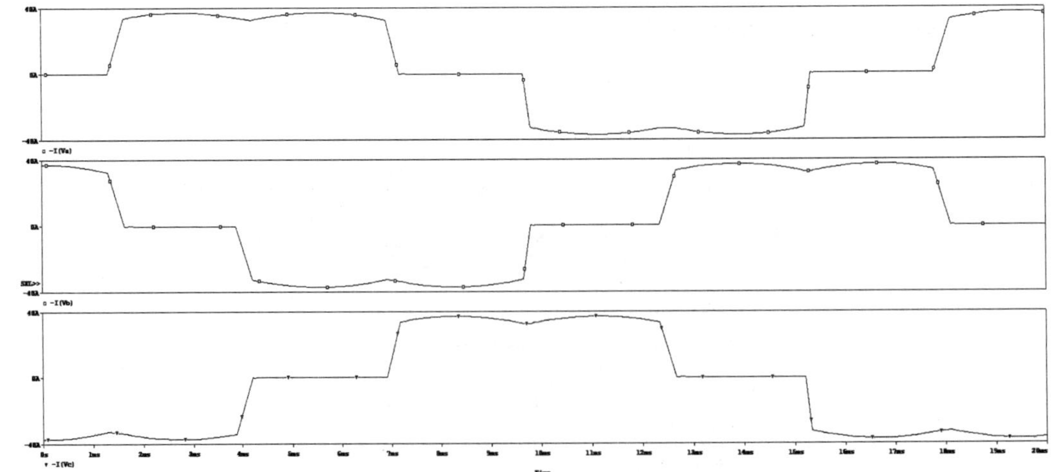

실습 5-35

그림 5-35의 회로에서 부하가 R-L이며, 3상 입력전압의 조건이 아래와 같을 때, Transient Analysis를 20[ms]까지 실행하여, ① 3상 입력 전압 ② 출력전압 ③ 다이오드에 흐르는 전류 ④ 각 상에 흐르는 전류를 시뮬레이션 하시오.

(1) 정현파 교류 전압원(VSIN) : Va(VOFF=0 VAMPL=220 f=60)

(2) 정현파 교류 전압원(VSIN) : Vb(VOFF=0 VAMPL=220 f=60 phase=120)

(3) 정현파 교류 전압원(VSIN) : Vc(VOFF=0 VAMPL=220 f=60 phase=240)

(4) 다이오드(power_Dbreak)　　　　(5) 저항(R) : R=10[Ω]

(6) 리액턴스(L) : L=20[mH]　　　　(6) 접지 : Place ground

(1) 회로 구성 및 시뮬레이션 결과

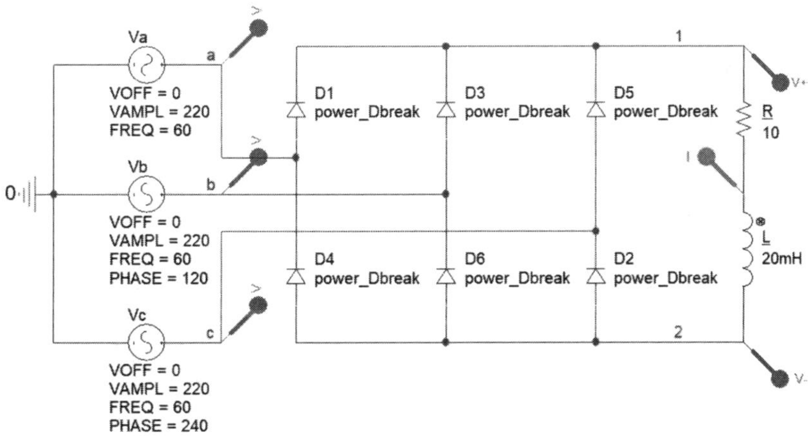

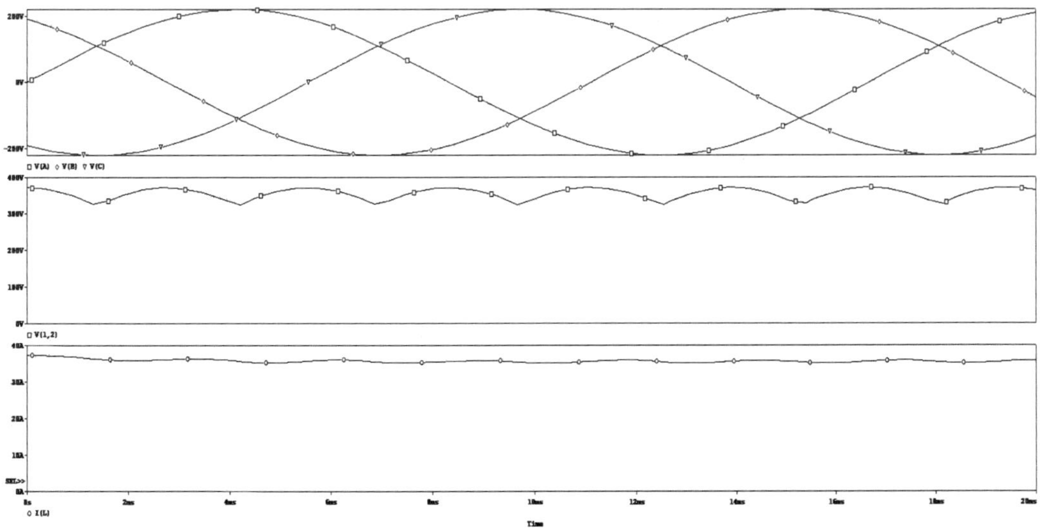

실습 5-36

실습 5-32를 참조하여 3상 브릿지 정류기 회로의 저항 $R=0.5[\Omega]$, $L=6.5[mH]$, 캐패시턴스 $C_e=1[\mu F]$일 때, Transient Analysis를 40[ms]까지 실행하여, ① 입력 전류 ② 출력 전압을 시뮬레이션 하시오.

(1) 회로 구성 및 시뮬레이션 결과

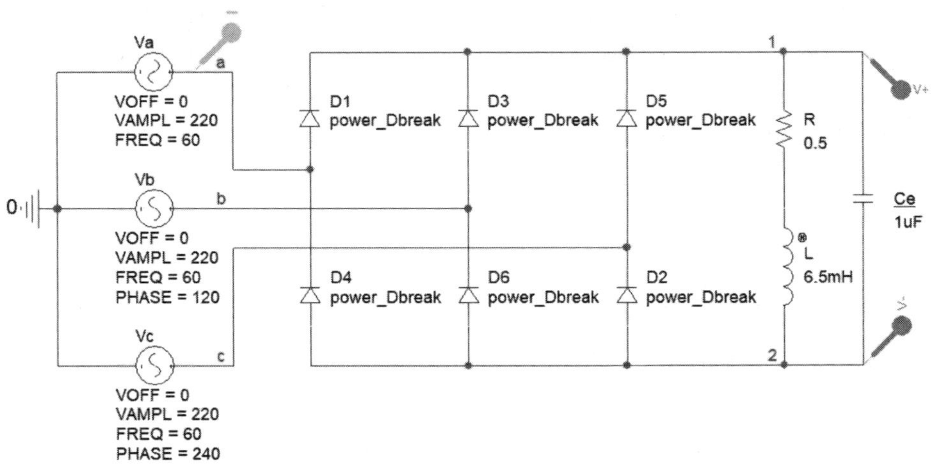

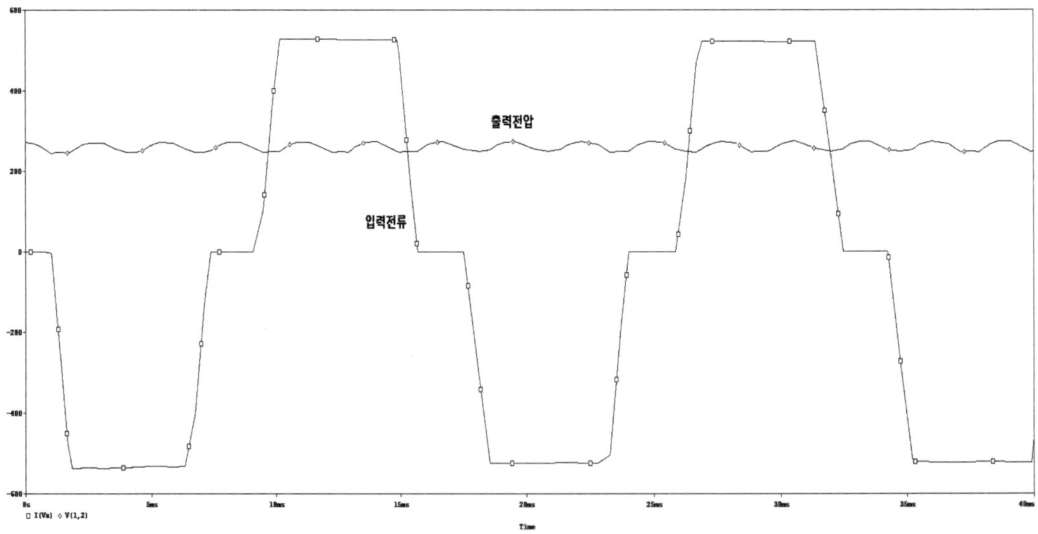

실습 5-37

입력 측에 리액턴스를 삽입한 3상 브릿지 정류기 회로로 저항 $R = 0.5[\Omega]$, $L = 6.5[mH]$, 캐패시턴스 $C_e = 1[\mu F]$, 리액턴스 $L_a = L_b = L_c = 0.5[mH]$일 때, Transient Analysis를 40[ms]까지 실행하여, ① 입력 전류 ② 다이오드에 흐르는 전류를 시뮬레이션 하시오.

(1) 회로 구성 및 시뮬레이션 결과

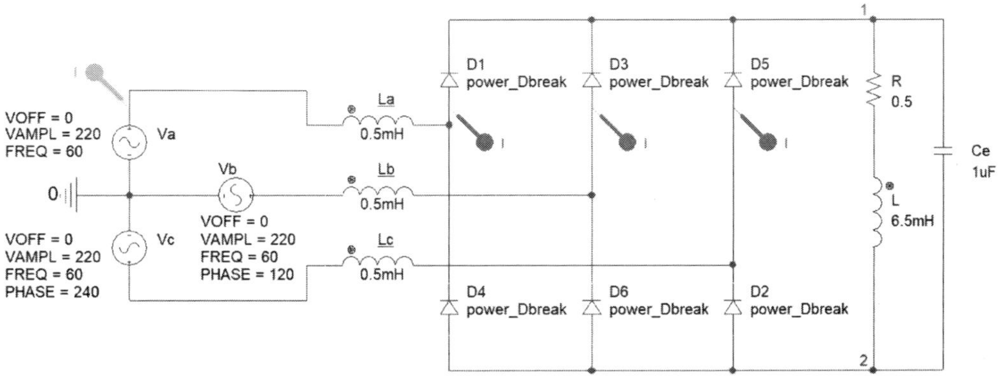

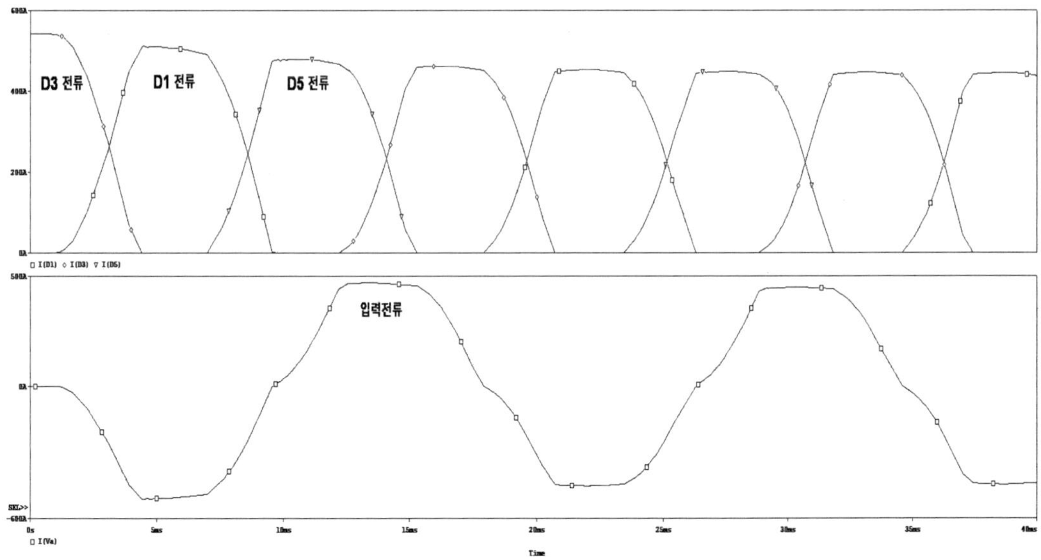

MEMO

CHAPTER

6

트랜지스터 회로

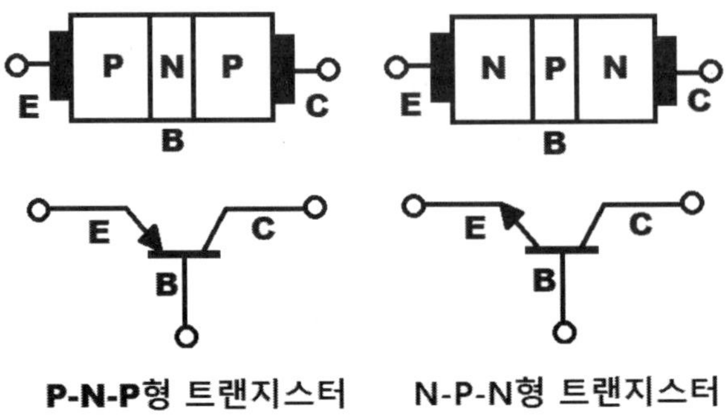

1 컬렉터 곡선

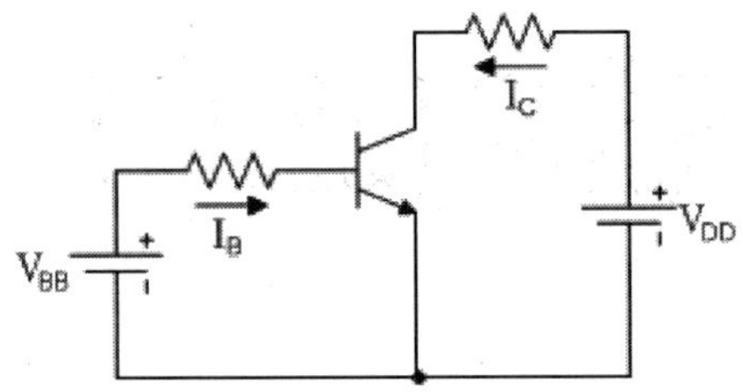

그림 6-1 컬렉터 곡선을 얻기 위한 시험 회로

베이스 전류의 변화에 대한 컬렉터 전류의 응답과 컬렉터에서 이미터까지 전압에서의 변화를 그래프로 나타냈다. 그래프는 트랜지스터 특성에 대한 많은 정보들을 유용하게 이용할 수 있게 해준다.

그림 6-2는 전형적인 트랜지스터의 컬렉터 곡선을 나타내며, 곡선은 3개의 영역을 갖는다.(포화영역, 항복영역, 활동영역)

항복영역은 컬렉터에서 이미터까지 전압이 V_{CEO}의 값을 초과할 때 나타난다. 이 전압은 역바이어스된 컬렉터-베이스 접합에서 활동이 매우 빠르게 증가하는 곳의 전압이다.

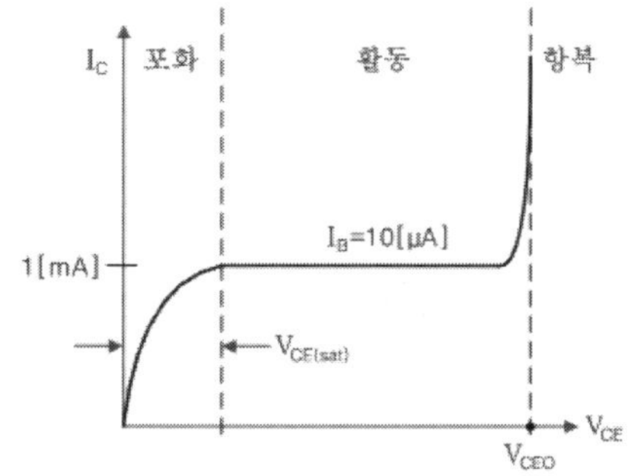

그림 6-2 전형적인 트랜지스터 컬렉터 곡선(동작영역)

그림에서 보는 것과 같이 곡선은 V_{CEO}에 도달하면 거의 수직으로 나타난다. 그래프의 이 형태에서 수직선은 단락을 표시한다.

활동영역은 반대로 컬렉터-베이스 접합에 바이어스 전압과 V_{CEO}사이에 놓여있다. 이 기간동안 컬렉터 전류는 거의 일정함을 유지한다. 전압은 이 범위에서 V_{CEO}변화는 컬렉터 전류에 아무런 영향을 주지 않는다. 그래서 컬렉터 전류는 일정한 전류원과 같이 동작하고 있다. 활동영역은 증폭기로 트랜지스터를 사용하기 원할 때 사용하는 영역이다.

컬렉터 곡선의 변화는 베이스 전류 변화에 의해 각각의 트랜지스터에 대해 발생되어질 수 있다.

그림 6-3에서 그래프의 아래 곡선은 $I_B = 0[\mu A]$상태이다. 이러한 점에서 트랜지스터는 필연적으로 차단되며, 트랜지스터를 통한 전류는 매우 적다. 이 전류는 누설 전류와 트랜지스터의 반도체 물질에 의해 생긴다.

특성표는 I_{CEX}로 이 전류를 표시하고 있다. 매 시간 베이스 전류는 변하며 새로운 컬렉터 곡선이 생긴다. β는 결정된 컬렉터 전류를 I_B로 나눔으로써 구할 수 있으며, 그림 6-3에서 $\beta = 100$이다. 제일 높은 곡선은 트랜지스터가 제공할 수 있는 최대 컬렉터 전류이다. 이 값의 초과는 트랜지스터에 손상을 줄 수 있다. 이 값들은 트랜지스터가 회로에서 어떻게 사용될 수 있는지를 나타내지는 않는다. 오히려 그 곡선들은 트랜지스터가 회로에서 다시 동작할 방법을 예측하기 위해 사용된다.

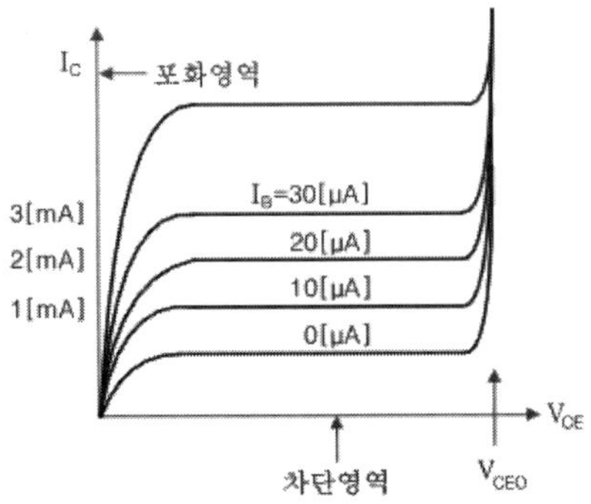

그림 6-3 컬렉터 곡선

2 트랜지스터의 DC 동작점

그림 6-4 차단표시, 개방 스위치로의 트랜지스터

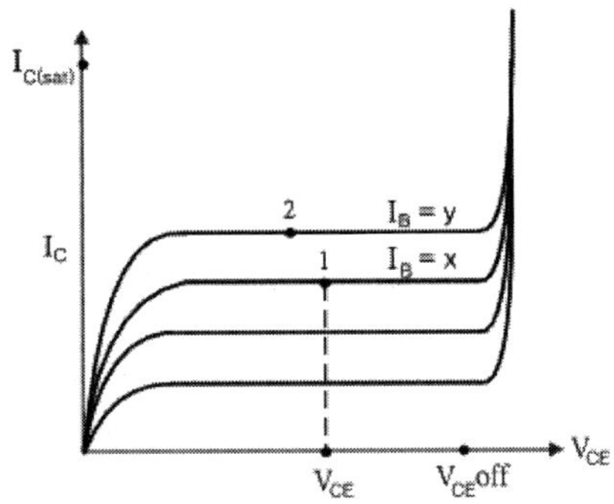

그림 6-5 직류 부하선

그림 6-4으로부터 컬렉터 곡선을 이용한 부하선을 그린다. 컬렉터 곡선들이 트랜지스터의 특성을 표시하며 부하선은 회로의 제한을 나타낸다. 부하선과 컬렉터 곡선의 교차점은 주어진 베이스 전류에 대해 컬렉터 전류와 컬렉터-이미터 전압을 제공한다. 이것은 베이스 전류가 어떻게 변하는 단계가 회로에 영향을 미칠 것인가를 예측할 수 있다. 만약에 x에서 베이스 전류의 값이 정해진다면 점 1인 상태에 도달한다. y로 베이스 전류 값을 바꾸면 점 2로 된 상태가 된다. 그래프로부터 베이스 전류 감소가 트랜지스터를 차단영역으로 이동시킴을 알 수 있다. 베이스 전류가 커짐으로써 트랜지스터는 포화영역으로 이동한다.

실습 6-1

NPN 트랜지스터(Q2N3904)의 컬렉터 특성 해석을 위한 회로이다. 다음 조건일 때 DC Analysis를 수행하라

[조건] (1) 직류 전압원(VDC) : VCE = 10[V]
(2) 직류 전류원(IDC) : IB = 10[μA]
(3) DC Analysis 조건
- 직류 전압원 VCE를 0[V]~10[V]까지 0.01[V]씩 선형적으로 증가시키면서 변화
- 직류 전류원 IB는 0[μA]~60[μA]까지 10[μA]씩 선형적으로 증가시키면서 변화

(1) 회로 구성 및 시뮬레이션 결과

- DC Analysis 설정

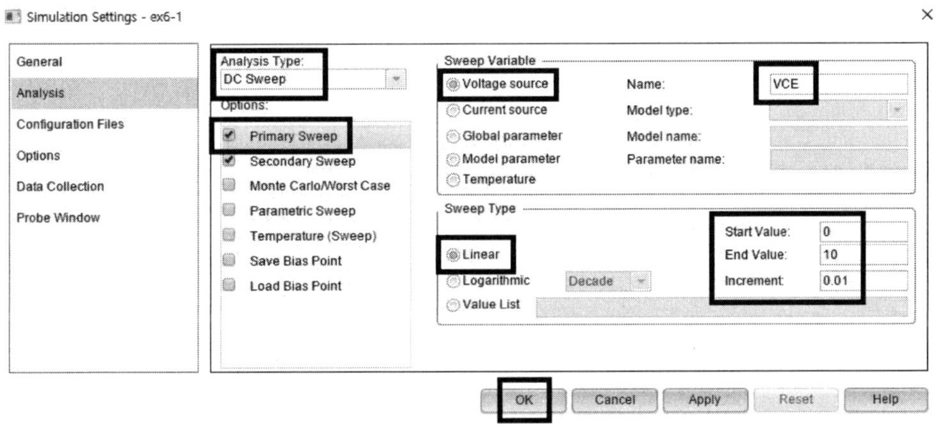

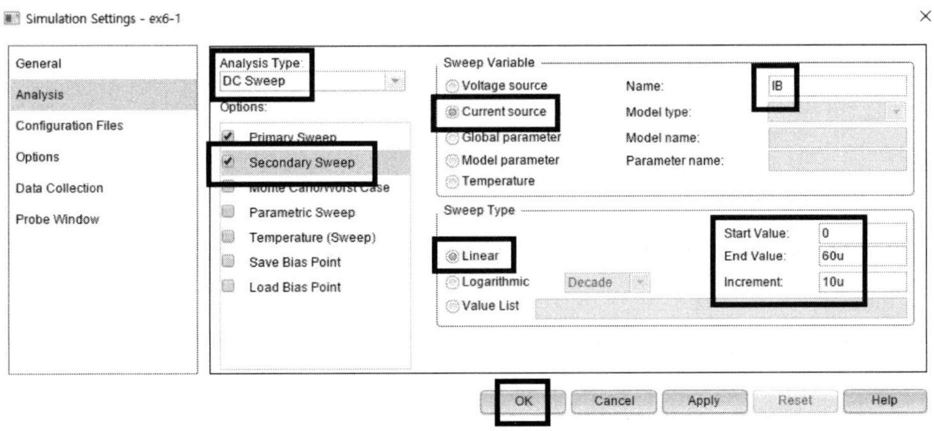

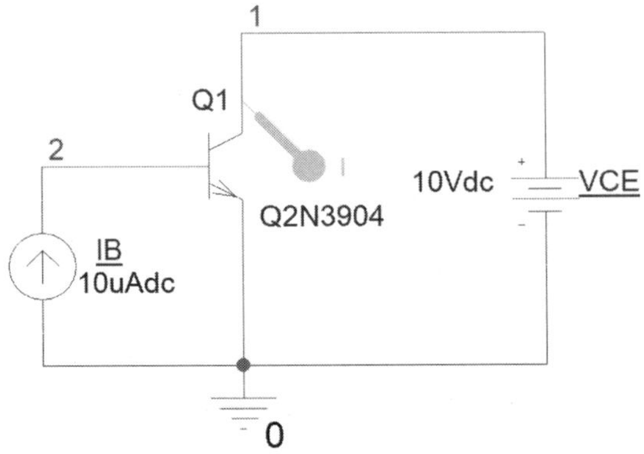

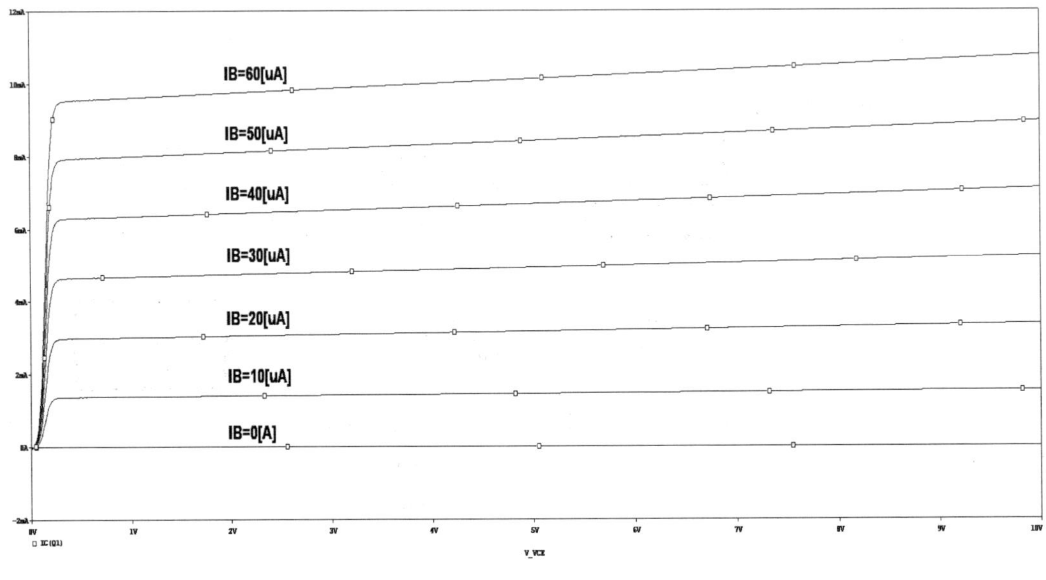

실습 6-2

NPN 트랜지스터(Q2N3904)의 전압과 전류 특성을 해석하기 위한 회로이다. 다음 조건일 때 DC Analysis를 수행하라

[조건] (1) 직류 전압원(VDC) : VCE = 10[V], Vb = 2[V]

(2) DC Analysis 조건

– 직류 전압원 Vb를 0[V]~2[V]까지 0.01[V]씩 선형적으로 증가시키면서 변화

(1) 회로 구성 및 시뮬레이션 결과

– DC Analysis 설정

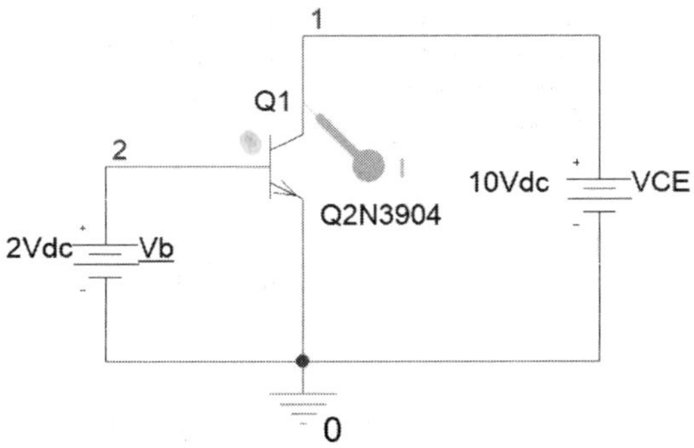

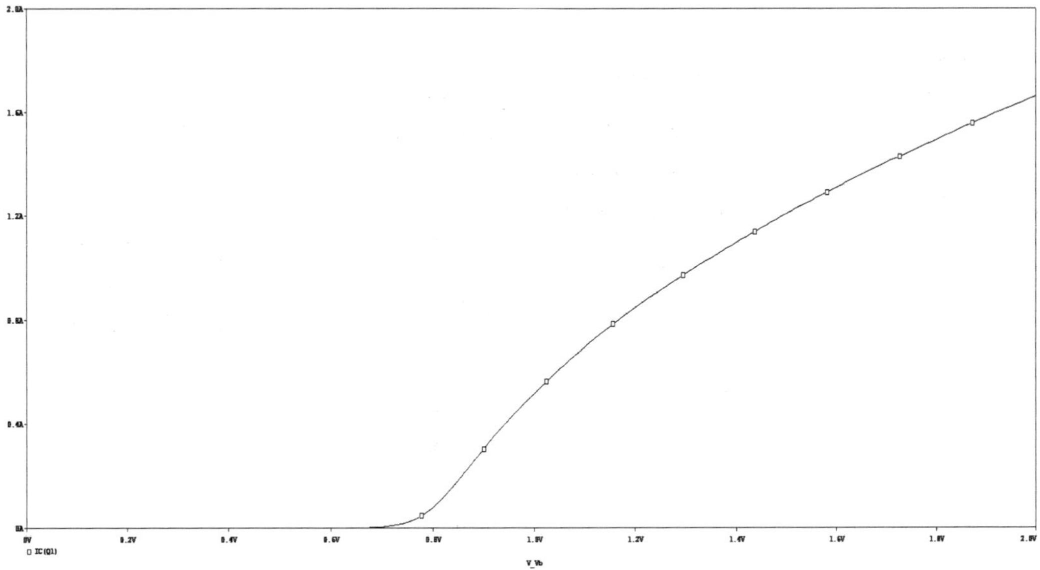

실습 6-3

NPN 트랜지스터(Q2N3904)의 컬렉터 곡선과 직류 부하선을 해석하기 위한 회로이다. 다음 조건일 때 DC Analysis를 수행하라

[조건] (1) 직류 전압원(VDC) : VCE = 5[V], Vb = 10[V]

(2) 저항(R) : 컬렉터 저항 Rc = 1[kΩ], 베이스 저항 Rb = 200[kΩ]

(3) DC Analysis 조건

– 직류 전압원 VCE를 0[V]~10[V]까지 0.2[V]씩 선형적으로 증가시키면서 변화

– 직류 전압원 Vb는 0[V]~2[V]까지 0.1[V]씩 선형적으로 증가시키면서 변화

(1) 회로 구성 및 시뮬레이션 결과

– DC Analysis 설정

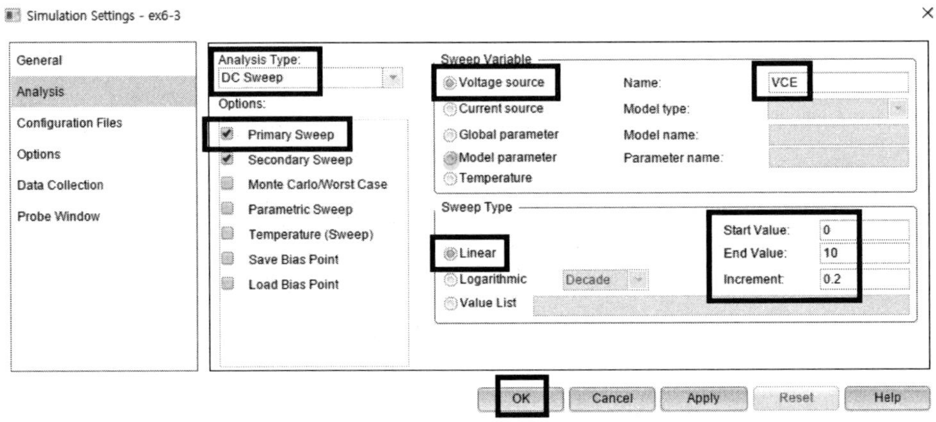

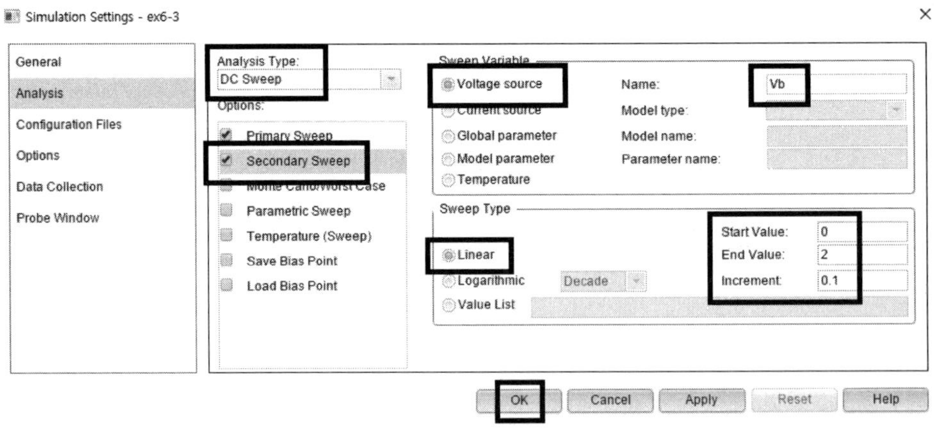

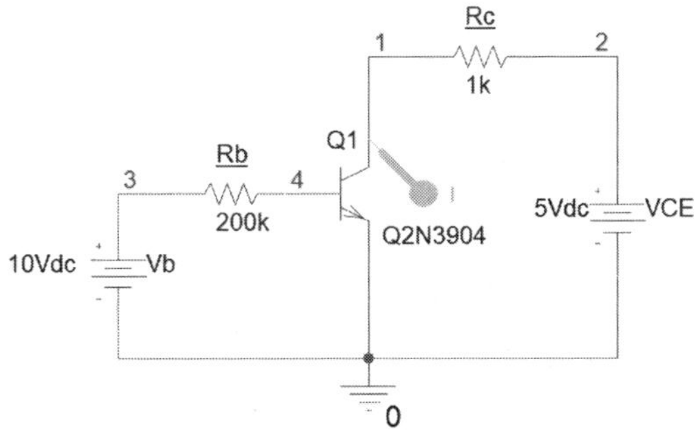

직류 부하선을 구하기 위해서는 그림과 같이 메뉴 Trace → Add Trace를 실행하여 Trace Expression에 (10−V_VCE)/10k를 입력한 뒤 OK를 누르면 된다.

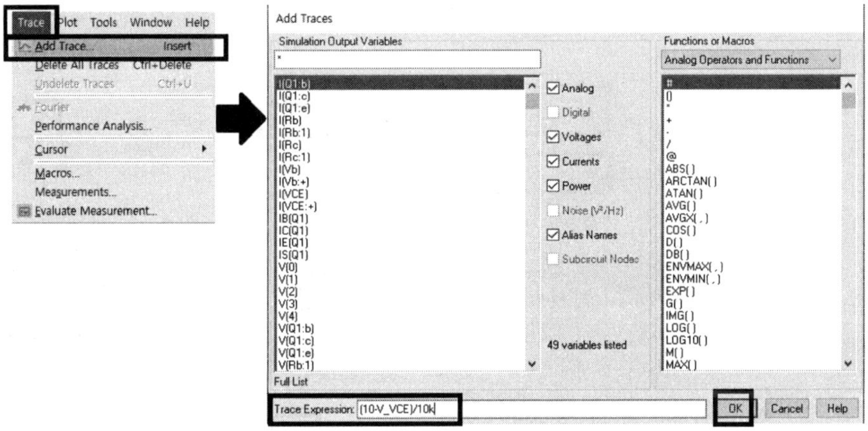

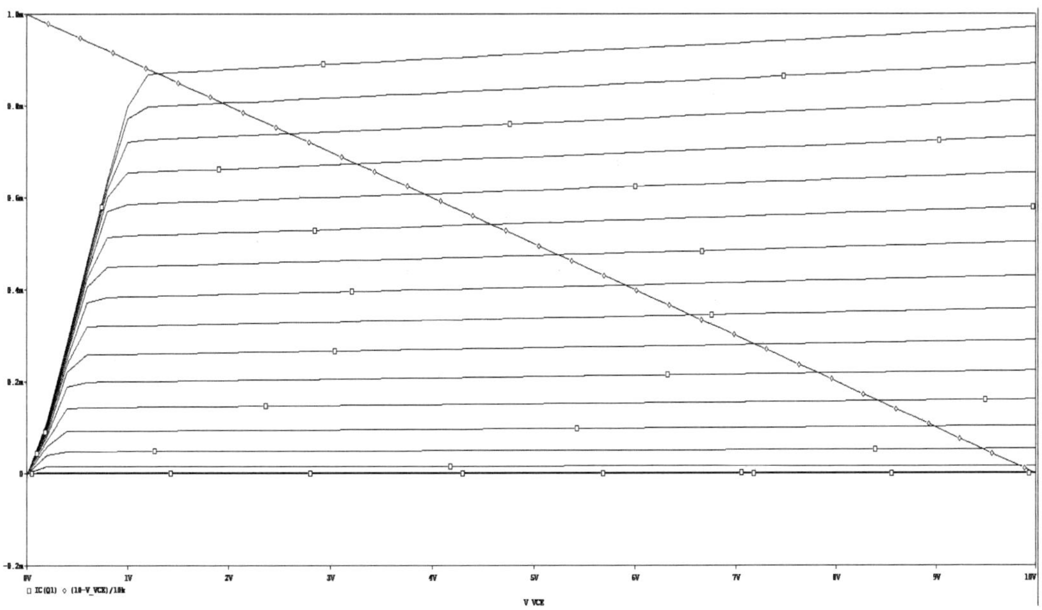

실습 6-4

NPN 트랜지스터(Q2N3904)의 동작영역을 해석하기 위한 회로이다. 다음 조건일 때 DC Analysis를 수행하라

[조건] (1) 직류 전압원(VDC) : VCE = 5[V], Vb = 10[V]

(2) 저항(R) : 컬렉터 저항 Rc = 1[kΩ], 베이스 저항 Rb = 20[kΩ]

(3) DC Analysis 조건

– 직류 전압원 Vb를 0[V]~2[V]까지 0.01[V]씩 선형적으로 증가시키면서 변화

(1) 회로 구성 및 시뮬레이션 결과

– DC Analysis 설정

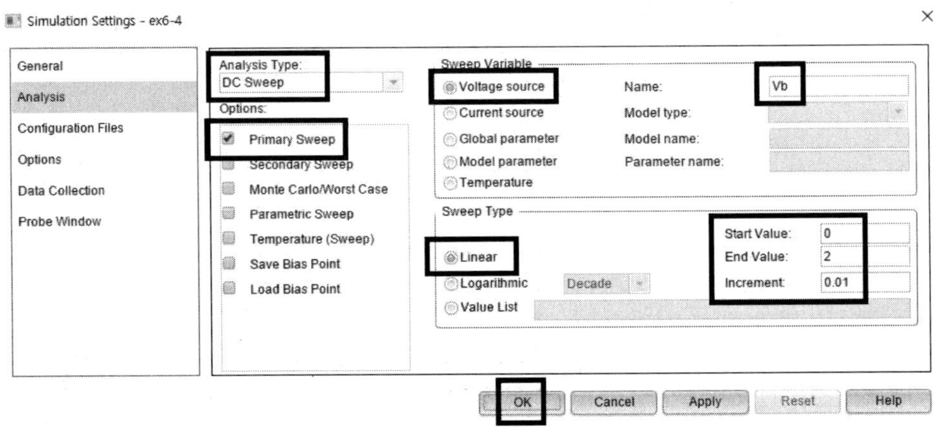

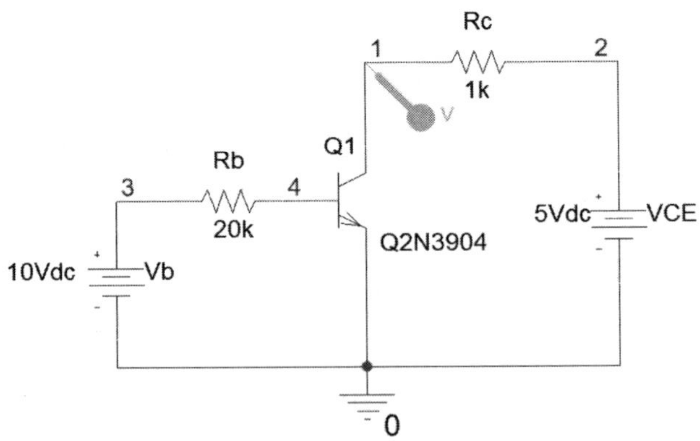

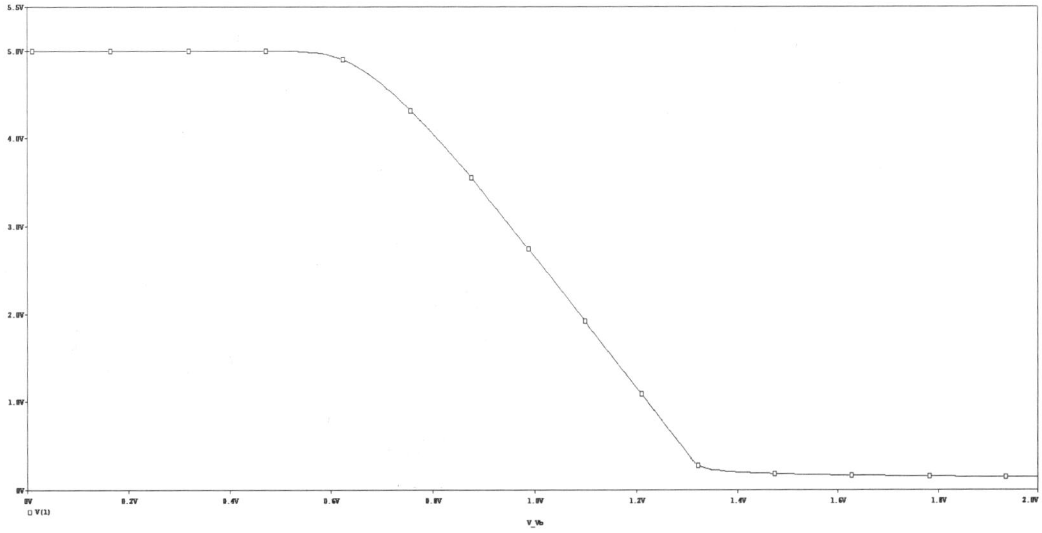

실습 6-5

트랜지스터(Q2N2222)의 스위칭 상태를 시뮬레이션 하고자 한다. 트랜지스터는 차단(cut-off)상태에서는 개방상태가 되는데, 이 때 베이스-이미터간 전압 $V_{BE} < 0.6$[V], 컬렉터-이미터간 전압 V_{CE}는 입력전압 V_{CC}와 같고 ($V_{CE} = V_{CC}$) $I_B = I_c = I_E = 0$ 이 된다. 또한, 포화(saturation)상태에서는 단락상태가 되는데. 이 때, 베이스-이미터간 전압 $V_{BE} \geq 0.7$[V], $V_{CE} \leq 0.2$[V], $I_E = I_C + I_B$가 되며, I_C는 I_B의 영향의 거의 받지 않는다. 다음 조건일 때 DC Analysis를 수행하여, ① 컬렉터단 전압 ② 컬렉터 전류 ③ 베이스단 전압 ④ 베이스 전류를 시뮬레이션 하시오.

[조건] (1) 직류 전압원(VDC) :Vcc=10[V], Vb=0[V]

(2) 저항(R) : 컬렉터 저항 Rc=1[kΩ], 베이스 저항 Rb=10[kΩ]

(3) DC Analysis 조건

- 직류 전압원 Vb를 0[V]~5[V]까지 0.01[V]씩 선형적으로 증가시키면서 변화

(1) 회로 구성 및 시뮬레이션 결과

– DC Analysis 설정

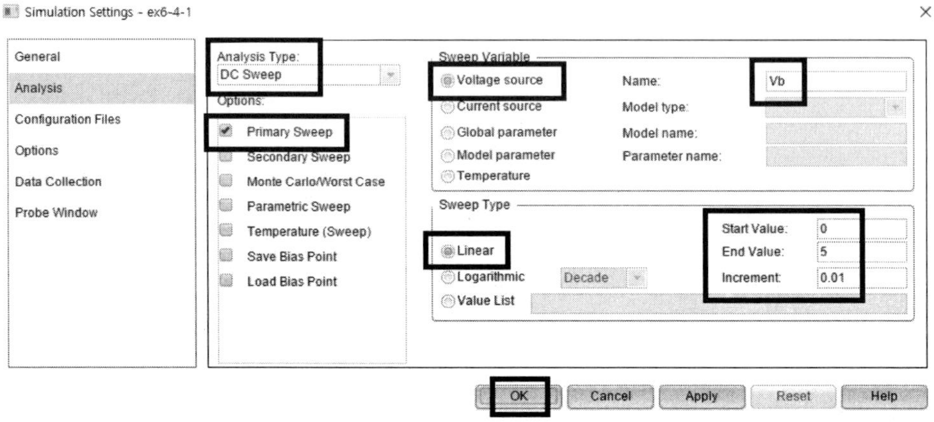

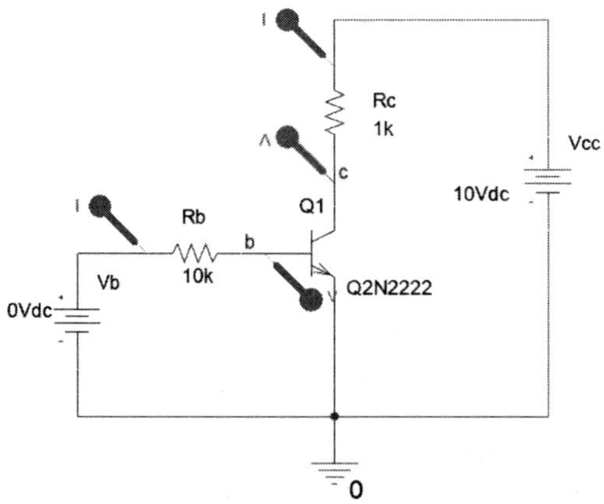

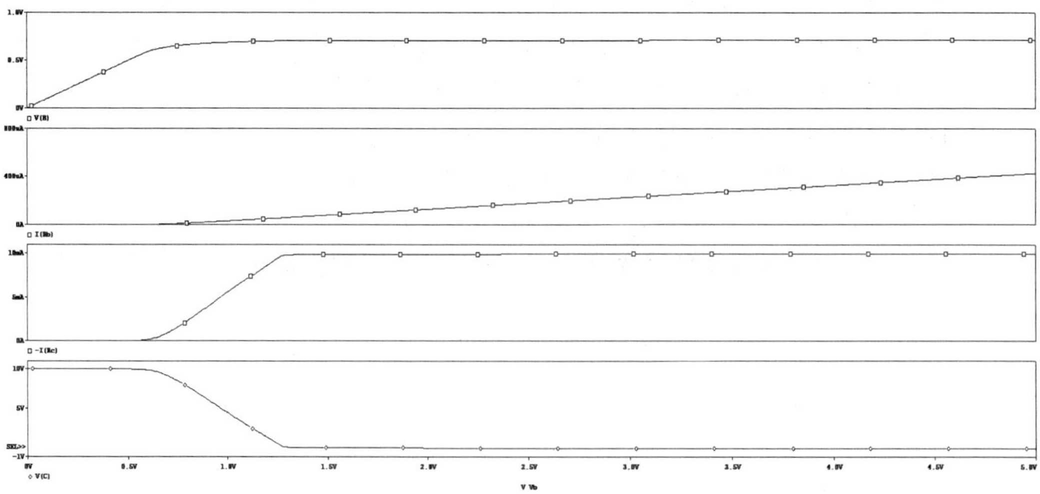

실습 6-6

트랜지스터(QbreakN)의 스위칭 상태를 시뮬레이션 하고자 한다. 다음 조건일 때 Transient Analysis 6[ms]까지 수행 하여, ① 컬렉터단 전압 ② 컬렉터 전류 ③ 베이스단 전압 ④ 베이스 전류를 시뮬레이션 하시오.

[조건] (1) 직류 전압원(VDC) : Vcc = 5[V]
(2) 구형파 전압원(VPULSE) : V_b(V1=0 V2=5 TD=0 TR=TF=10u PW=1m PER=2m)
(3) 저항(R) : 컬렉터 저항 Rc = 1[kΩ], 베이스 저항 Rb = 10[kΩ]

(1) 회로 구성 및 시뮬레이션 결과

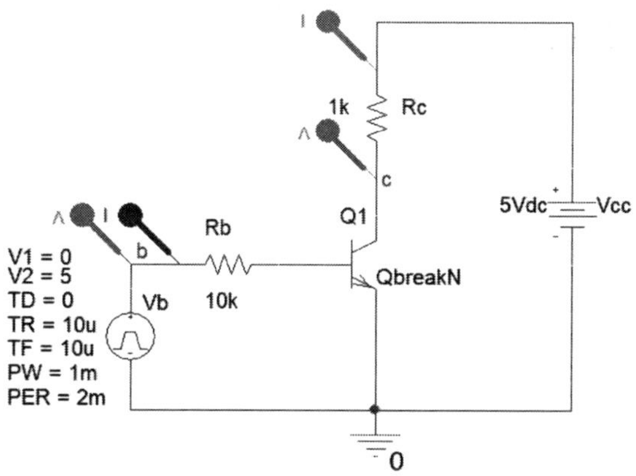

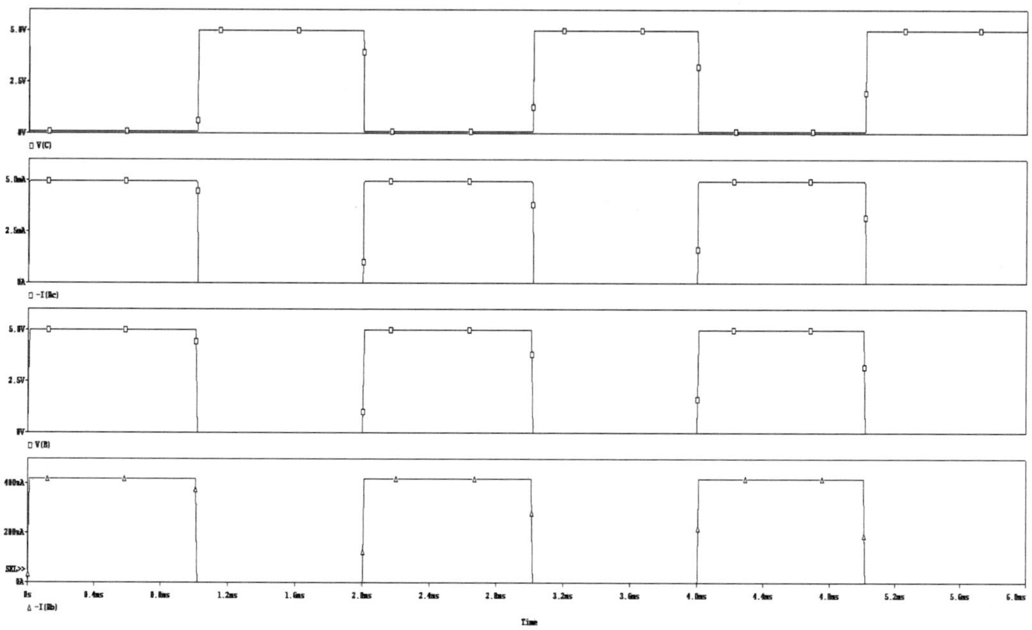

실습 6-7

이미터가 접지에 연결된 공통 이미터 증폭회로이다. 이 회로에 소신호 정현파를 베이스에 인가하면, 베이스 전류가 변화를 하여 컬렉터 전류는 입력신호와 같은 주파수로 βi_b 만큼 증폭된 정현파 전류를 발생한다. 이 전류는 컬렉터 저항을 통해 흘러 출력전압을 증폭시키는 회로이다. 다음 조건일 때 Transient Analysis를 2[ms]까지 실행하라.

[조건] (1) 정현파 교류 전압원(VSIN) : Vin(VOFF=0 VAMPL=0.5 FREQ=1000)
(2) 직류 전압원(VDC) : Vcc = 12[V]
(3) 저항(R) : R1 = 10[kΩ], R2 = 2.2[kΩ], RL = 1[MEGΩ], Rc = 3.6[kΩ], Re = 1[kΩ]
(4) 캐패시턴스(C) : C_1 = 10[μF]

(1) 회로 구성 및 시뮬레이션 결과

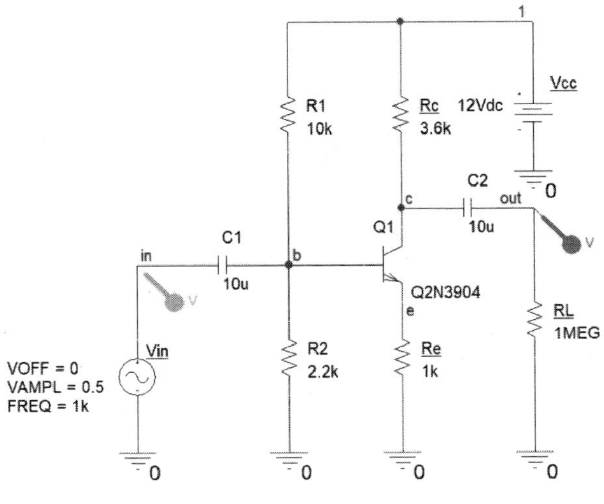

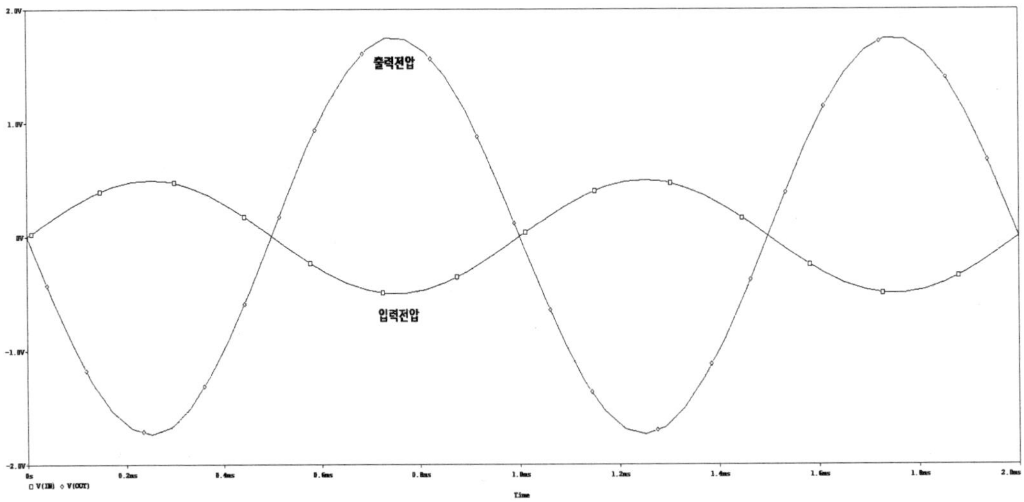

실습 6-8

PNP 트랜지스터(Q2N3906)의 컬렉터 특성 해석을 위한 회로이다. 다음 조건일 때 DC Analysis를 수행하라

[조건] (1) 직류 전압원(VDC) : Vcc = −5[V]

(2) 직류 전류원(IDC) : IB = −200[μA]

(3) DC Analysis 조건

- 직류 전압원 Vcc를 0[V]~5[V]까지 −0.05[V]씩 선형적으로 감소시키면서 변화
- 직류 전류원 IB는 0[μA]~−200[μA]까지 −40[μA]씩 선형적으로 증가시키면서 변화

(1) 회로 구성 및 시뮬레이션 결과

− DC Analysis 설정

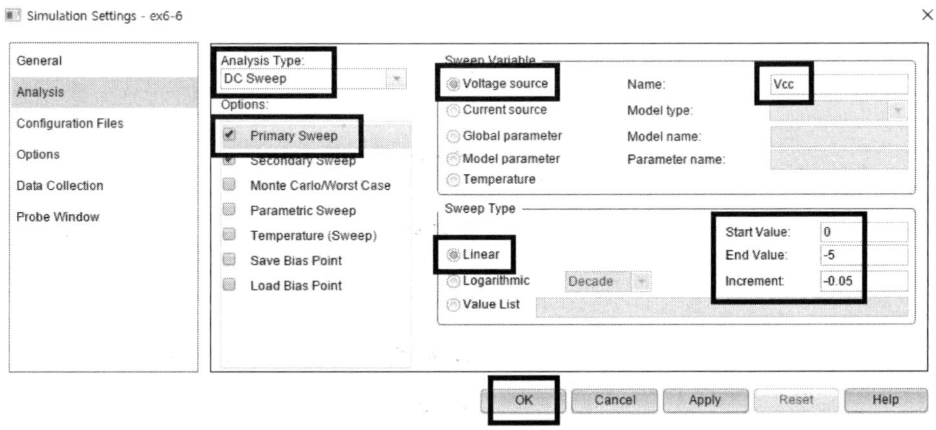

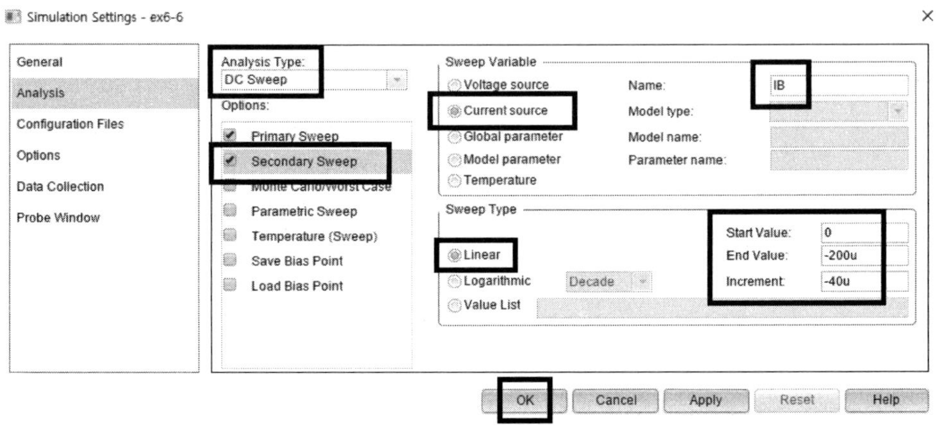

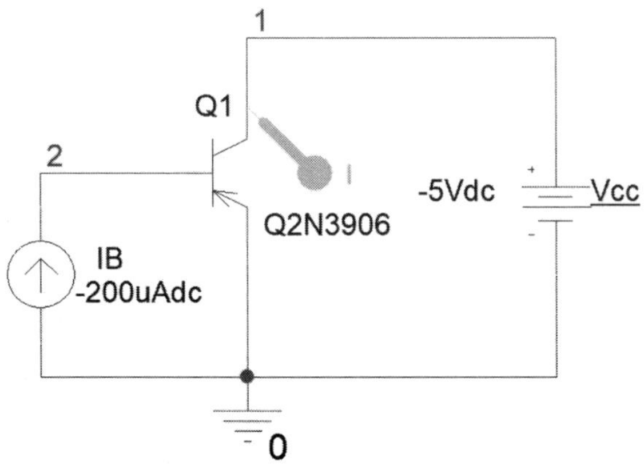
1
Q1
2
-5Vdc
Vcc
Q2N3906
IB
-200uAdc
0

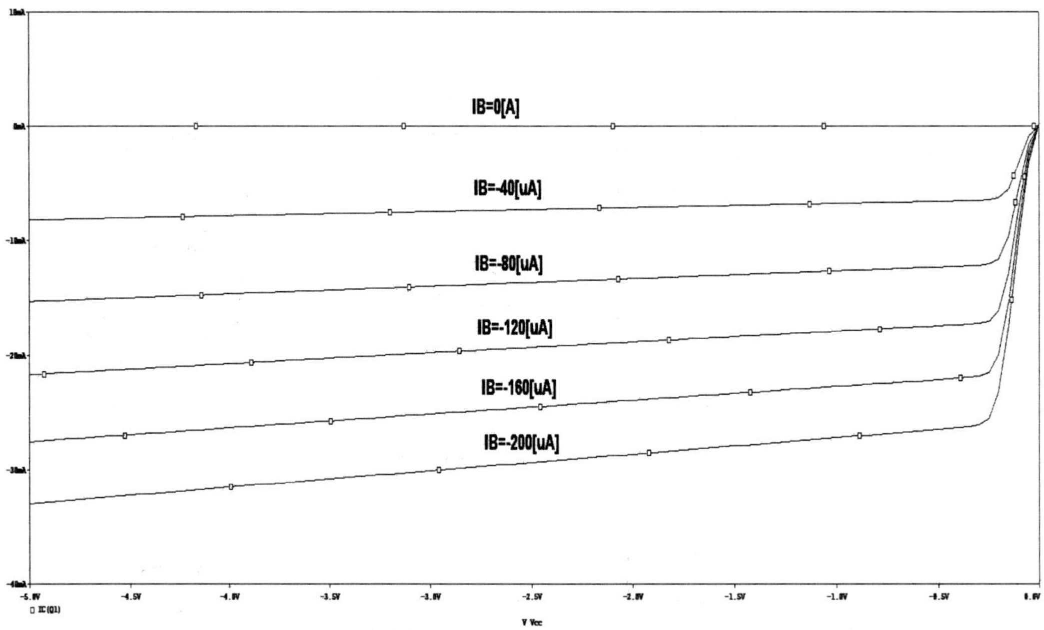
IB=0[A]
IB=-40[uA]
IB=-80[uA]
IB=-120[uA]
IB=-160[uA]
IB=-200[uA]

실습 6-9

첫 번째 단의 출력이 캐패시터에 의해 두 번째 단의 입력에 결합된 2단 증폭회로이다. 다음 조건일 때 Transient Analysis를 3[ms]까지 실행하라.

[조건] (1) 정현파 교류 전압원(VSIN) : Vin(VOFF = 0 VAMPL = 1mV FREQ = 1kH)

(2) 직류 전압원(IDC) : Vcc = 15[V]

(3) 저항(R) : 저항 Rs = 600[Ω], R1 = 200[kΩ], R2 = 50[kΩ], R3 = 10[kΩ], R4 = 2.2[kΩ], RL = 10[kΩ], Rc1 = 12[kΩ], RC2 = 6.8[kΩ], Re1 = 3.6[kΩ], Re2 = 3.6[kΩ]

(4) 캐패시턴스(C) : C1 = 1[μF], C2 = 10[μF], C3 = 1[μF], Ce1 = 15[μF], Ce2 = 25[μF]

(1) 회로 구성 및 시뮬레이션 결과

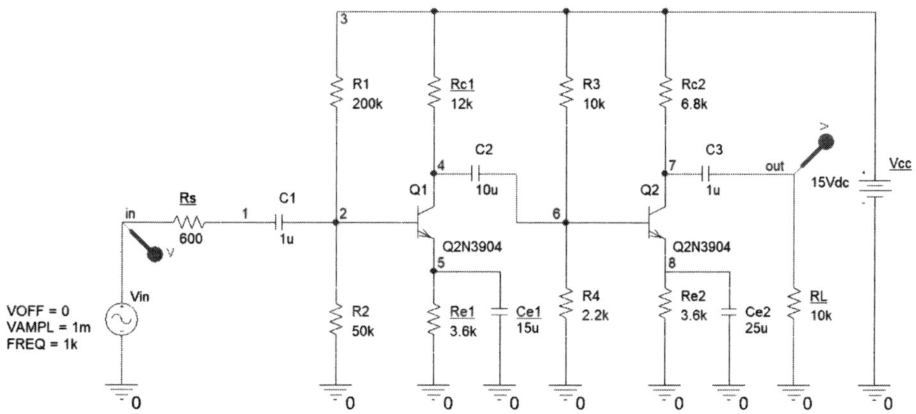

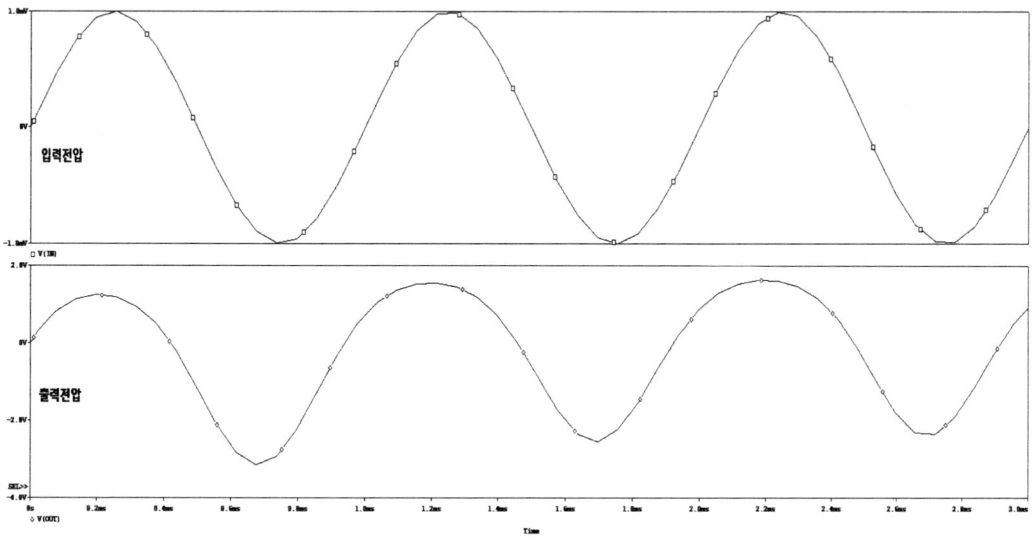

실습 6-10

저항과 캐패시터를 사용하여 일정주기의 신호를 발생시키는 회로이다. 이 회로는 전원만 인가해 주면 별도의 신호를 가하지 않아도 각 소자들의 충전과 방전으로 회로가 동작을 하는 비안정 멀티바이브레이터 회로라 부른다. 다음 조건일 때 Transient Analysis를 20[μs]까지 시뮬레이션 하시오.

[조건] (1) 직류 전압원(VDC) : Vcc=5[V]
(2) NPN 트랜지스터 : Q2N3904
(3) 저항(R) : R1=30[kΩ], R2=30[kΩ], Rc1=1[kΩ], Rc2=1kΩ]
(4) 캐패시턴스(C) : C1=150[pF] IC=5[V], C2=150[pF] IC=5[V]

(1) 회로 구성 및 시뮬레이션 결과

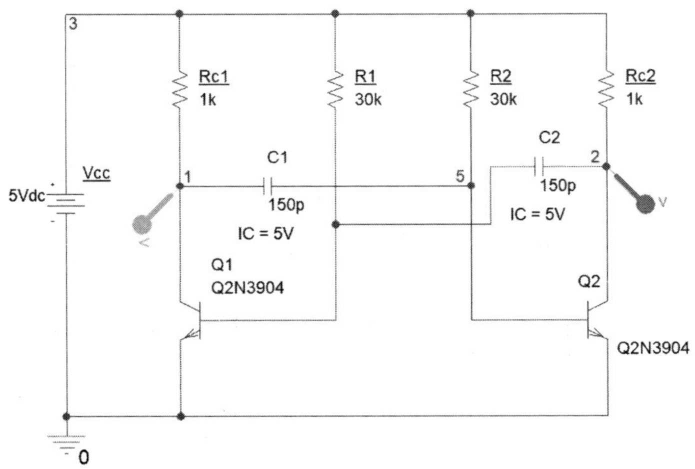

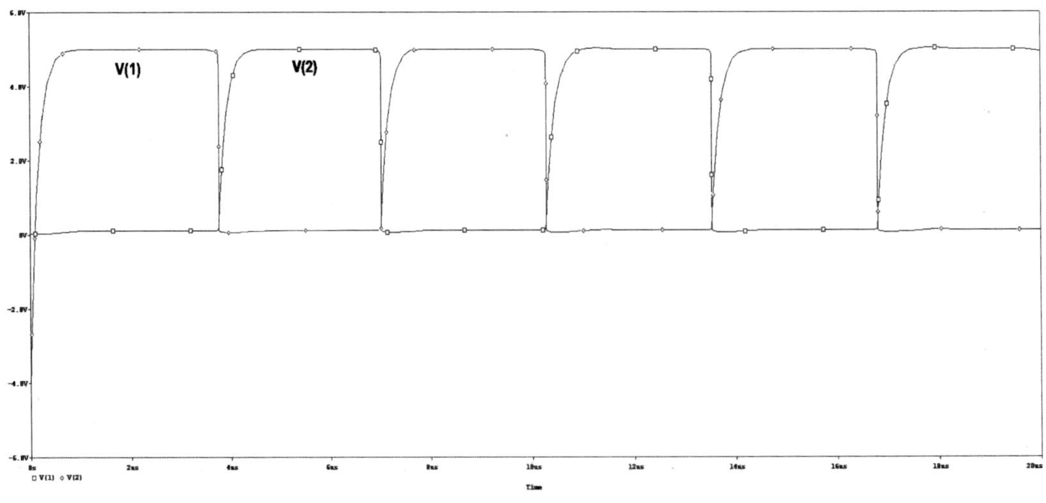

실습 6-11

입력신호의 180°에 대해서는 부하선 영역에서 동작하고, 나머지 180°에 대해서는 차단되도록 바이어스된 B급 증폭기 회로이다. 다음 조건일 때 Transient Analysis를 3[ms]까지 시뮬레이션 하시오.

[조건] (1) 교류 정현파 전압원(VSIN) : Vin(VOFF=0 VAMPL=20mV FREQ=1kHz)
(2) 직류 전압원(VDC) : Vcc=15V
(3) NPN 트랜지스터(Q2N3904)
(4) PNP 트랜지스터(Q2N3906)
(5) 다이오드(D1N4148)
(6) 저항(R) : Rs=600[Ω], R1=10[kΩ], R2=5.6[kΩ], R3=12[kΩ], R4=1[kΩ], Rc1=1[kΩ], Rc2=1[kΩ], Re1=1[kΩ], Re2=100[Ω], RL=100[Ω]
(7) 캐패시턴스(C) : C1=1[μF], C2=1[μF], C3=1[μF], Ce1=10[μF]

(1) 회로 구성 및 시뮬레이션 결과

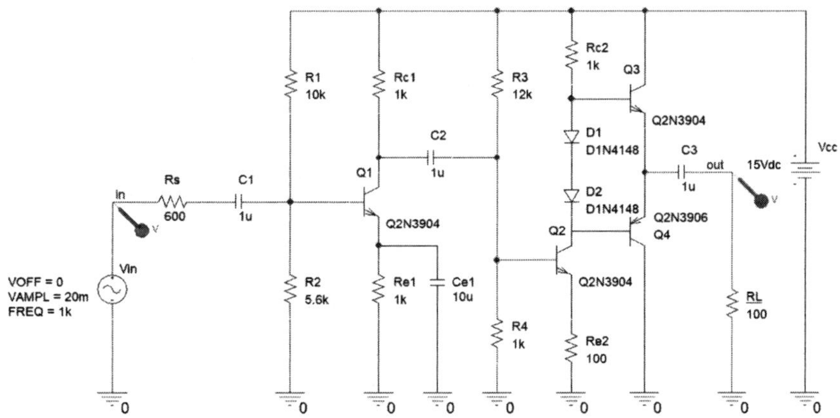

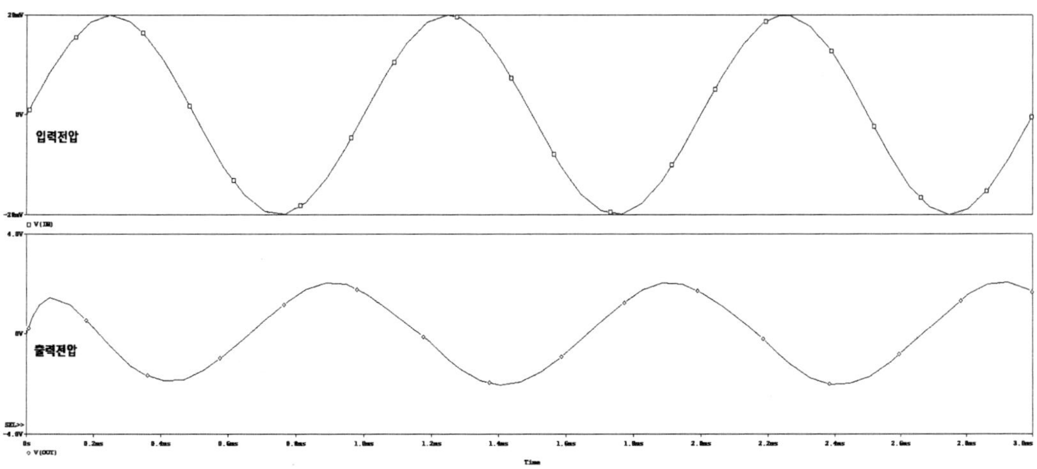

실습 6-12

입력신호의 180°보다 훨씬 작은 주기 동안만 동작할 수 있도록 바이어스시켜 180°미만의 신호만 출력이 나오는 C급 증폭기 회로이다. 다음 조건일 때 Transient Analysis를 10[μs]까지 시뮬레이션 하시오.

[조건] (1) 교류 정현파 전압원(VSIN) : V1(VOFF=0 VAMPL=4, FREQ=1MegHz
(2) 직류 전압원(IDC) : Vcc=24[V]
(3) NPN 트랜지스터(Q2N3904)
(4) 저항(R) : R1=4.7[kΩ], R2=10[kΩ]
(5) 리액턴스(L) : L=2[μH]
(6) 캐패시턴스(C) : C=470[pF], C1=0.01[μF], C2=1000[pF]

(1) 회로 구성 및 시뮬레이션 결과

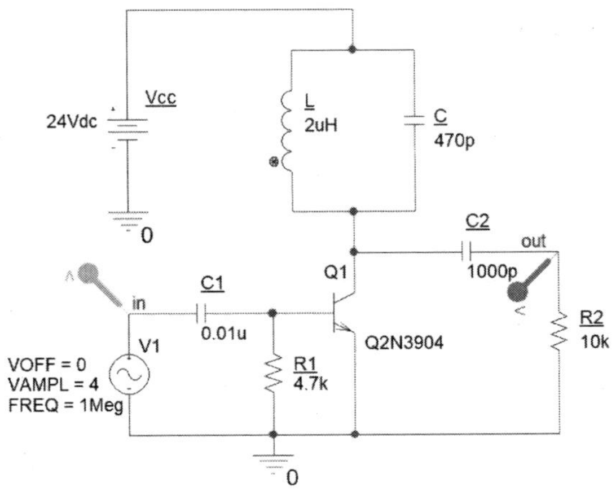

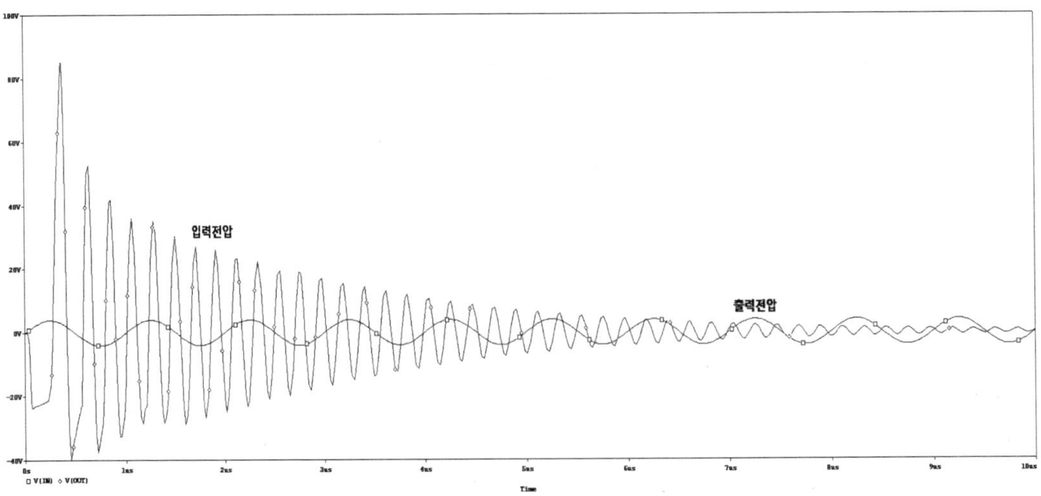

실습 6-13

다음 회로는 반송파의 진폭을 변조하는 진폭 변조기이다. 다음 조건일 때 Transient Analysis를 4[ms]까지 시뮬레이션 하시오.

[조건] (1) 교류 정현파 전압원(VSIN) : Vc(VOFF=0 VAMPL=10mV FREQ=500kHz)
Vm(VOFF=0 VAMPL=8V, FREQ=500Hz)
(2) 직류 전압원(IDC) : Vcc=30[V]
(3) NPN 트랜지스터(Q2N3904)
(4) 저항(R) : R1=10[kΩ], R2=20[kΩ], R3=10[kΩ], R4=1.5[kΩ], R5=10[kΩ]
(5) 캐패시턴스(C) : C1=0.01[μF], C2=0.001[μF], C3=0.1[μF]

(1) 회로 구성 및 시뮬레이션 결과

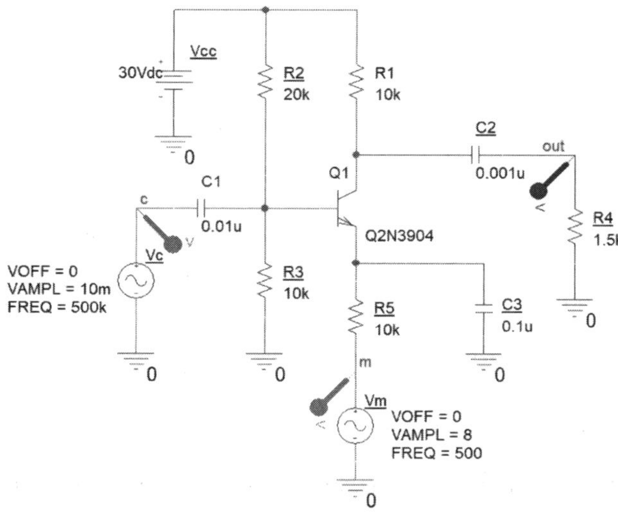

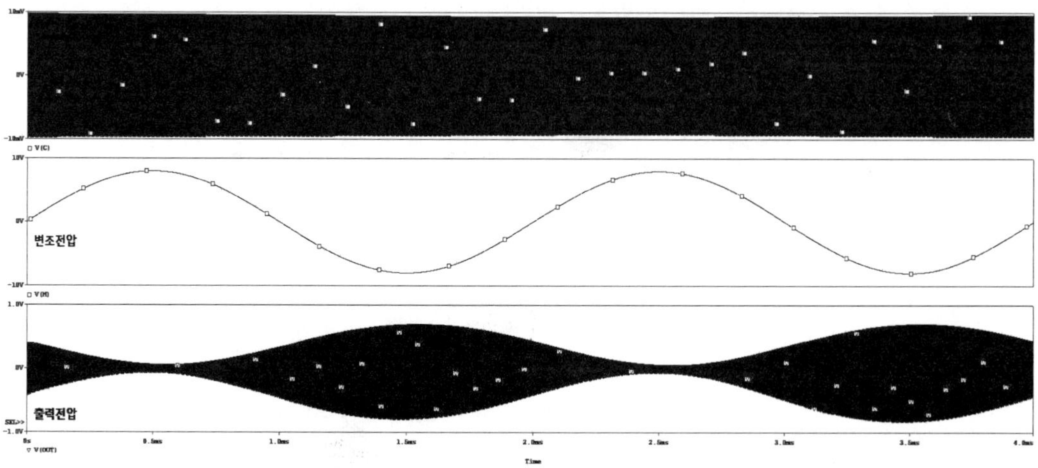

실습 6-14

다음 회로는 반송파의 진폭을 변조하는 진폭 변조기이다. 다음 조건일 때 Transient Analysis를 5[s]까지 시뮬레이션 하시오.

[조건] (1) 교류 정현파 전압원(VSIN) : Vc(VOFF=0 VAMPL=10mV, FREQ=500kHz)
Vm(VOFF=0 VAMPL=8V, FREQ=500Hz)
(2) 직류 전압원(VDC) : VCC=30V
(3) NPN 트랜지스터(Q2N3904)
(4) 저항(R) : R1=10[kΩ], R2=20[kΩ], R3=10[kΩ], R4=1.5[kΩ], R5=10[kΩ]
(5) 캐패시턴스(C) : C1=0.01[μF], C2=0.001[μF], C3=0.1[μF]

(1) 회로 구성 및 시뮬레이션 결과

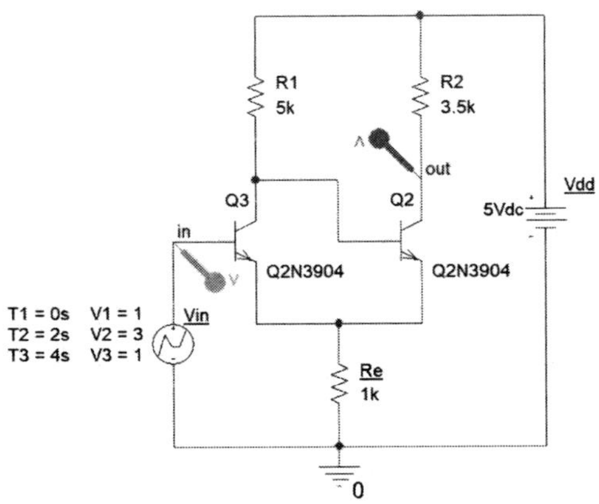

히스테리시스 특성을 보기 위해서는 메뉴의 Plot → X Axis Settings → X Axis → Axis Variable... → V(in) → OK를 실행하면 된다. (그림 참조)

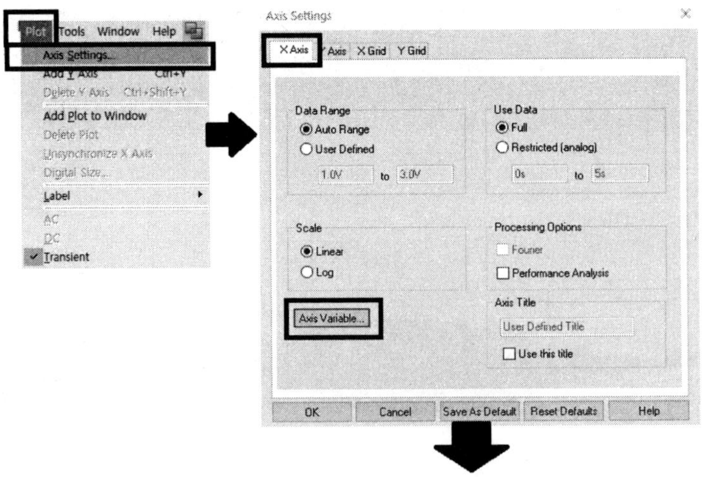

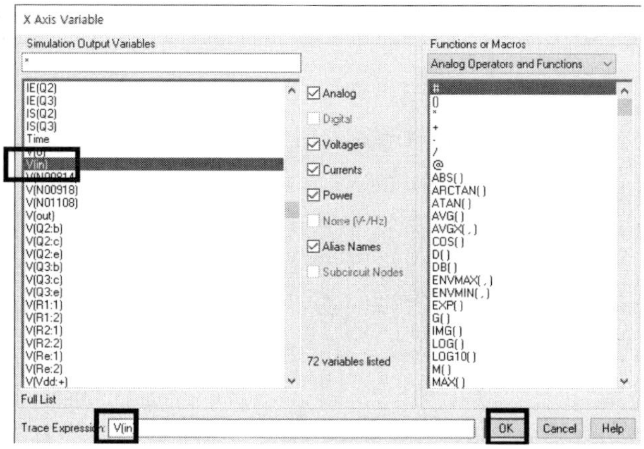
X Axis Variable
Simulation Output Variables
Functions or Macros
Analog Operators and Functions
Analog
Digital
Voltages
Currents
Power
Noise (V²/Hz)
Alias Names
Subcircuit Nodes
72 variables listed
Full List
Trace Expression: V(in)
OK
Cancel
Help

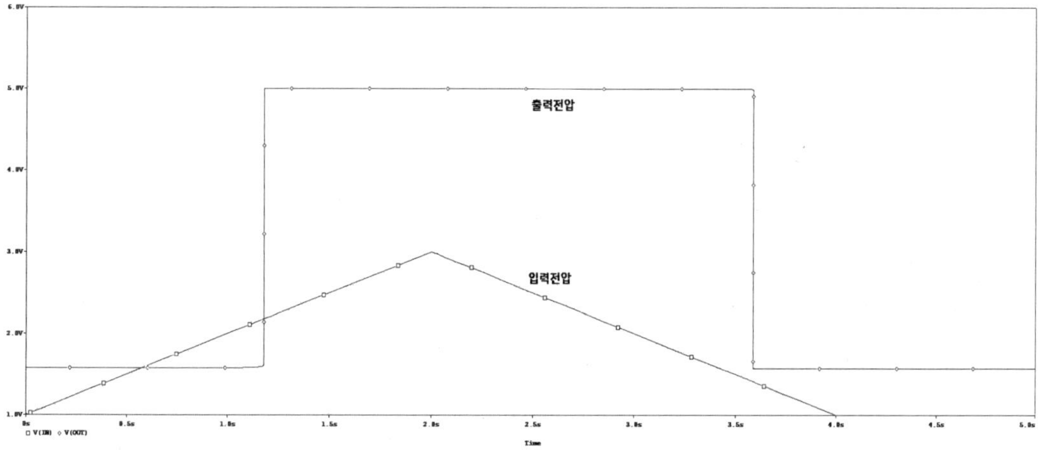
출력전압
입력전압
Time

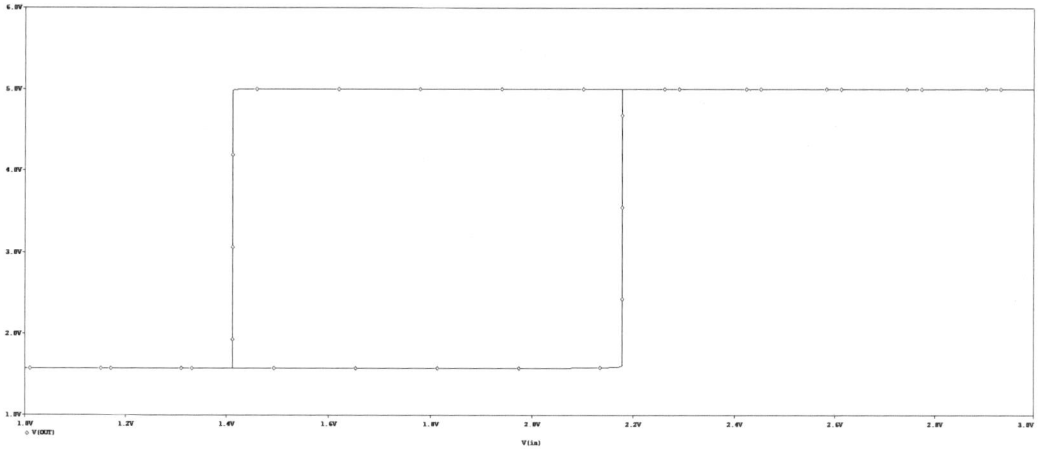
V(in)

실습 6-15

비안정 멀티바이브레이터는 안정상태가 없고 입력신호가 없는 특성 때문에 출력도 2개의 준안정 상태 사이에서 발진하며 사각형파를 발생시키고 자력으로 진동하므로 일종의 발진기라 할 수 있다.

비안정 멀리바이브레이터는 외부 소자들에 의해 준안정 상태 변화 시간이 조절되며 이를 이용한 비정현파 발진기, 또는 사각형파 발생기 그리고 디지털 시스템의 클럭 발생용으로 주로 사용된다. 한 개의 준안정 상태의 기간 T, 회로의 주기 T_p라 할 때, 사각형파의 발진주파수는 다음과 같이 된다.

$$T = 0.7RC\ ,\ f = \frac{1}{T_p} = \frac{1}{1.4RC} = \frac{1}{0.7[(R_1C_1)+(R_2C_2)]}$$

회로는 대칭구조를 갖고 있으며, 회로 동작시 외부 소자들의 차이에 의해 트랜지스터의 턴·온시간은 서로 다르며 한 쪽 트랜지스터의 컬렉터 전압이 낮아지면 다른 쪽 트랜지스터는 차단상태가 된다. 두 개의 트랜지스터는 결합 캐패시터에 의해 연결되어 있고 이 캐패시터의 충·방전 특성에 의해 준안정 상태에서 동작하게 된다. 캐패시터에 의한 방전으로 상대편 트랜지스터가 포화상태가 될 때까지 캐패시터에 의해 처음의 트랜지스터는 턴·온 상태가 유지된다. 비안전 멀티바이브레이터의 동작개요는 우선 Q_2는 온, Q_1은 오프상태로 가정하면, C_2의 전하는 대부분 방전하고, C_1의 전하는 거의 $+V_{cc}$로 충전된다. 캐패시턴스 C_2는 $+V_{cc} \rightarrow R_{c1} \rightarrow C_2 \rightarrow Q_2(ON) \rightarrow D_2(ON)$의 경로로 충전되며, 캐패시턴스 C_1은 $+C_1 \rightarrow Q_2(ON) \rightarrow D_2(ON) \rightarrow$ 접지(GND) $\rightarrow +V_{cc} \rightarrow R_{b2} \rightarrow -C_1$의 경로로 방전한다.

다음 조건일 때 Transient Analysis를 4[ms]까지 실행하여, ① 트랜지스터 Q_1의 컬렉터-이미터간 전압 V_{CE} ② 캐패시터 C2 전압 ④ 캐패시터 C1 전압의 파형을 구하라.

[조건] (1) 직류 전압원(VDC) : Vcc=5[V]
(2) NPN 트랜지스터(Q2N3904)
(3) 저항(R) : Rb1=12[kΩ], Rb2=12[kΩ], Rc1=220[Ω], Rc2=220[Ω]
(4) 캐패시턴스(C) : C1=0.1[μF] IC=1[V], C2=0.1[μF] IC=1[V]

(1) 회로 구성 및 시뮬레이션 결과

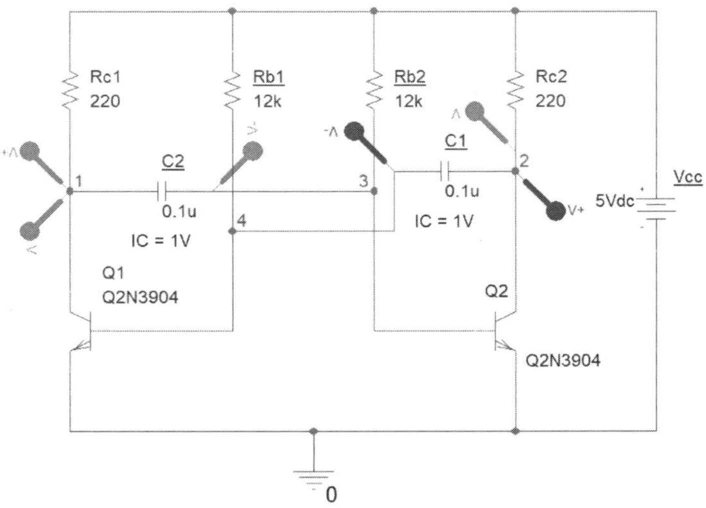

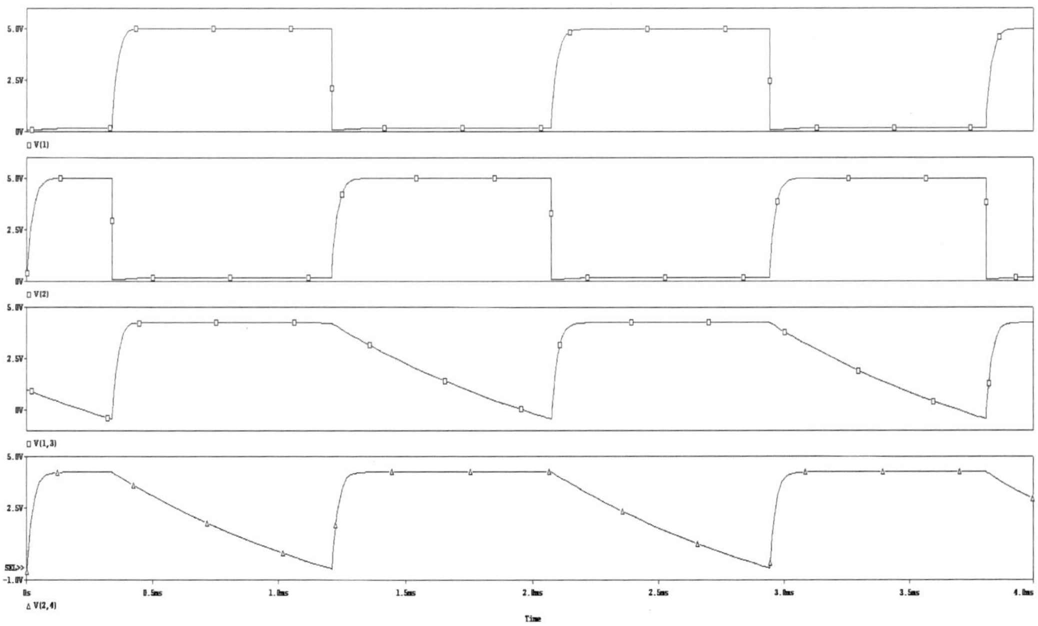

MEMO

CHAPTER 7

JFET·MOSFET·기타 회로

실습 7-1

JFET(Junction Field Effect Transistor)는 전계효과를 이용하는 트랜지스터로 BJT 트랜지스터(전류를 이용하여 스위치를 ON, OFF)와 같이 스위칭을 하는 기능은 같지만 JFET는 전압을 이용하여 스위치(GATE)을 온, 오프하는 소자이다.

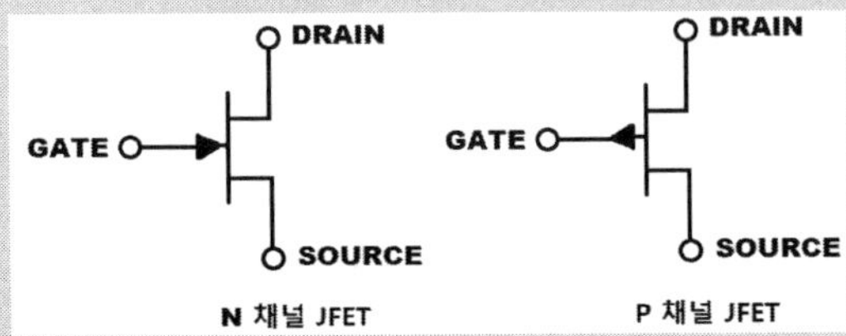

다음 회로는 N채널 JFET의 출력특성을 해석하기 위한 회로이다. 다음 조건일 때 DC Analysis을 시뮬레이션 하시오.

[조건] (1) 직류 전압원(VDC) : Vds=15[V], Vgs=0[V]
(2) JFET(J2N3819)
(3) DC Analysis 조건
- 드레인-소스간 전압 Vds : 0~15[V]까지 0.3[V]씩 선형적으로 변화
- 게이트-소스간 전압 Vgs : 0~-5[V]까지 1[V]씩 선형적으로 변화

(1) 회로 구성 및 시뮬레이션 결과

- DC Analysis 설정

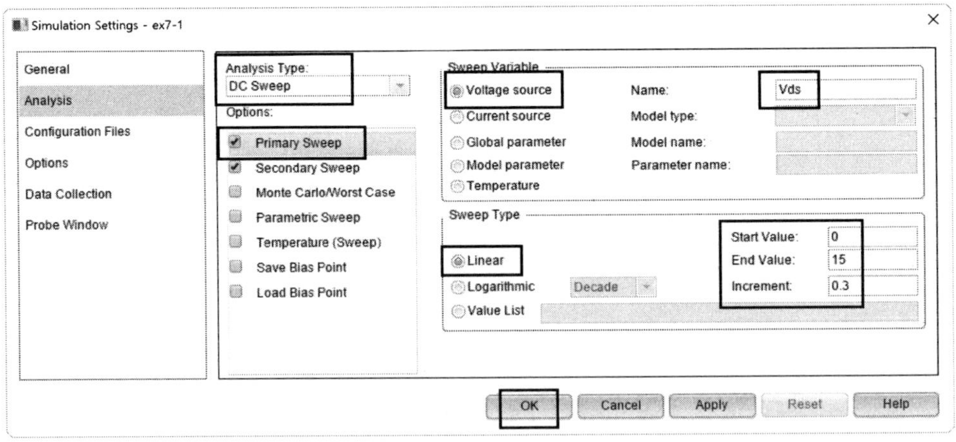

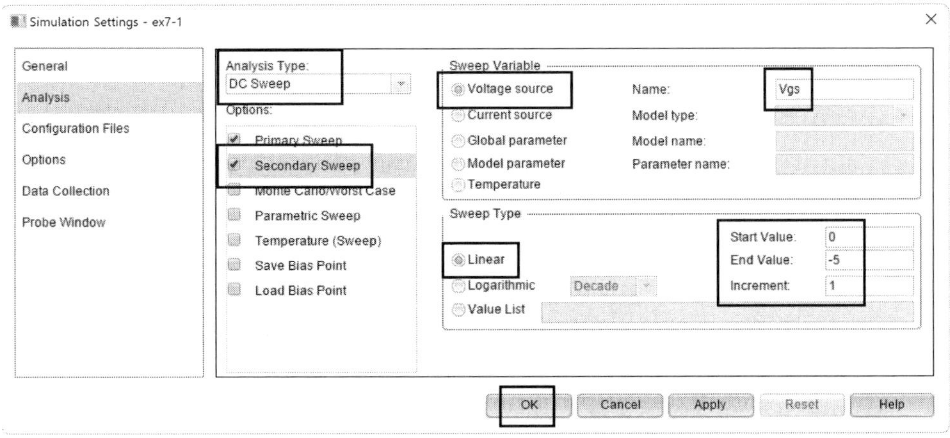
Simulation Settings - ex7-1
General
Analysis
Configuration Files
Options
Data Collection
Probe Window
Analysis Type:
DC Sweep
Options:
Primary Sweep
Secondary Sweep
Monte Carlo/Worst Case
Parametric Sweep
Temperature (Sweep)
Save Bias Point
Load Bias Point
Sweep Variable
Voltage source
Current source
Global parameter
Model parameter
Temperature
Name:
Vgs
Model type:
Model name:
Parameter name:
Sweep Type
Linear
Logarithmic
Decade
Value List
Start Value:
0
End Value:
-5
Increment:
1
OK
Cancel
Apply
Reset
Help

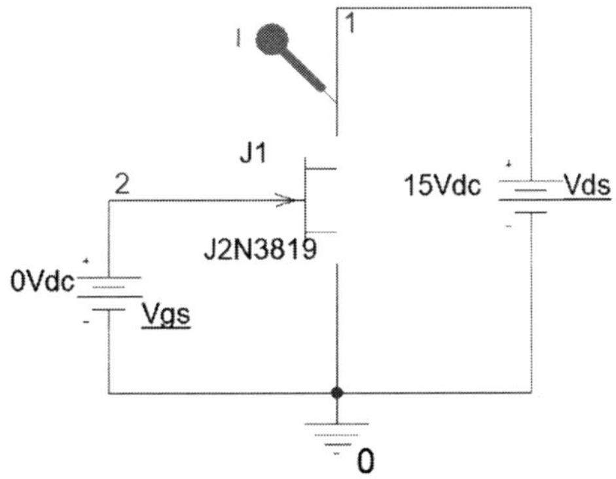
I
1
J1
2
15Vdc
Vds
J2N3819
0Vdc
Vgs
0

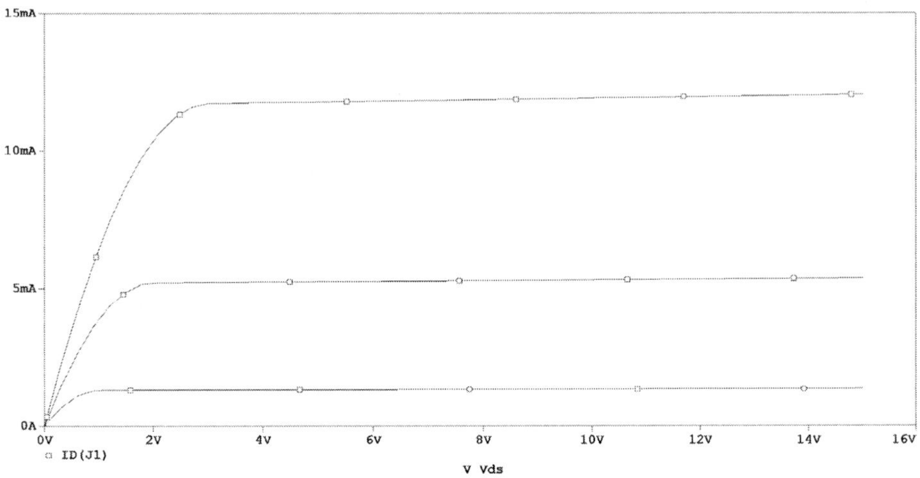
15mA
10mA
5mA
0A
0V
2V
4V
6V
8V
10V
12V
14V
16V
ID(J1)
V_Vds

실습 7-2

다음 회로는 JFET 드레인 Follower 증폭기 회로이다. 다음 조건일 때 Transient Analysis를 2[ms]까지 실행하여, ① 입력전압 ② 출력전압을 시뮬레이션 하시오.

[조건] (1) 교류 정현파 전압원(VSIN) : V_{in}(VOFF=0 VAMPL=0.5V FREQ=1kHz)
(2) 직류 전압원(VDC) : Vds=20[V]
(3) JFET(J2N3819)
(4) 저항(R) : R1=50[Ω], Rd=3.5[kΩ], Rs=1.5[kΩ], Rg=500[kΩ], RL=20[kΩ]
(5) 캐패시턴스(C) : C1 = 1[μF], C2 = 1[μF], Cs = 10[μF]

(1) 회로 구성 및 시뮬레이션 결과

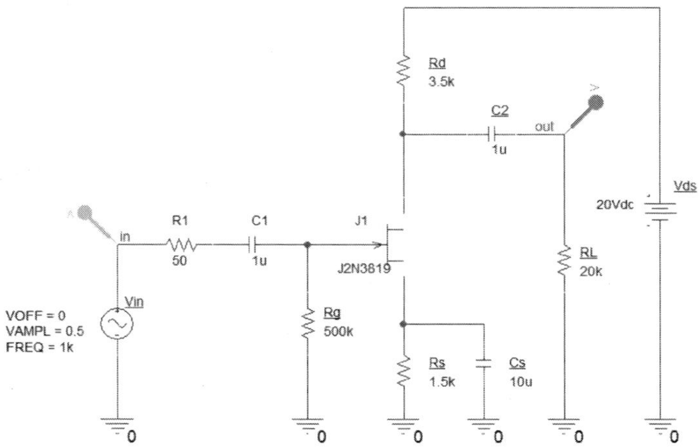

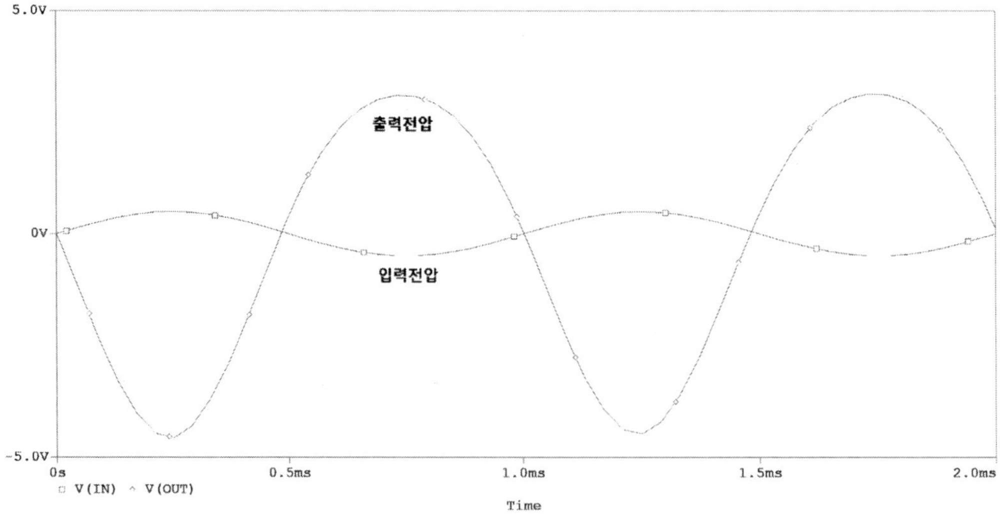

실습 7-3

MOSFET(Metal Oxide Semiconductor Field Effect Transistor)는 게이트 전극에 전압을 인가하면 전계효과에 의해 전극 밑에 영향을 주어 전류를 조절할 수 있는 소자로 게이트 산화막 밑의 채널의 크기를 조절하여 소오스와 드레인 사이에 흐르는 전류를 제어하기 때문에 전압제어 소자이다. 다음 회로는 N채널 MOSFET 특성을 해석하기 위한 회로이다. 다음 조건일 때 DC Analysis을 시뮬레이션 하시오.

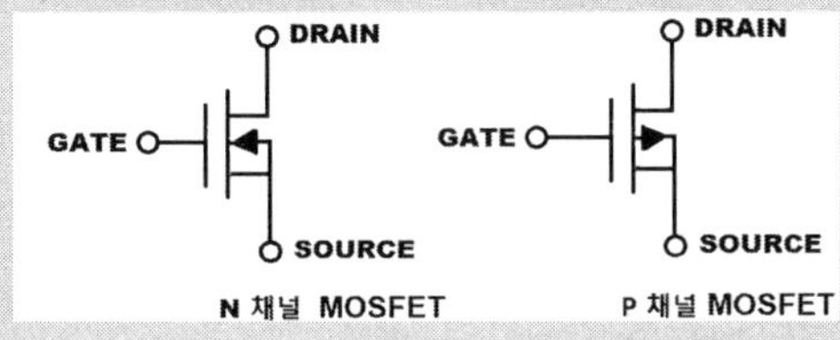

다음 회로는 N채널 JFET의 출력특성을 해석하기 위한 회로이다. 다음 조건일 때 DC Analysis을 실행하라.

[조건] (1) 직류 전압원(VDC) : Vds=10[V], Vgs=10[V]

(2) MOSFET(power_Mbreakn))

(3) DC Analysis 조건

– 드레인–소스간 전압 V_{ds} : 0~20[V]까지 0.2[V]씩 선형적으로 변화

– 게이트–소스간 전압 V_{gs} : 4~10[V]까지 2[V]씩 선형적으로 변화

(1) 회로 구성 및 시뮬레이션 결과

– DC Analysis 설정

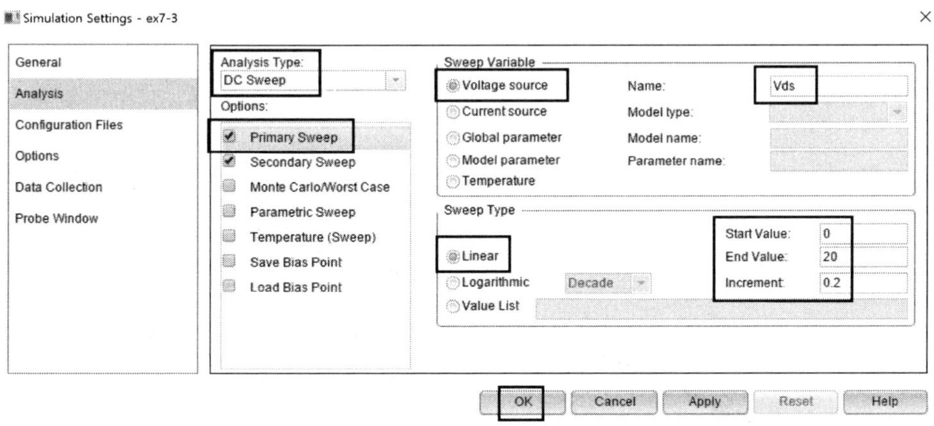

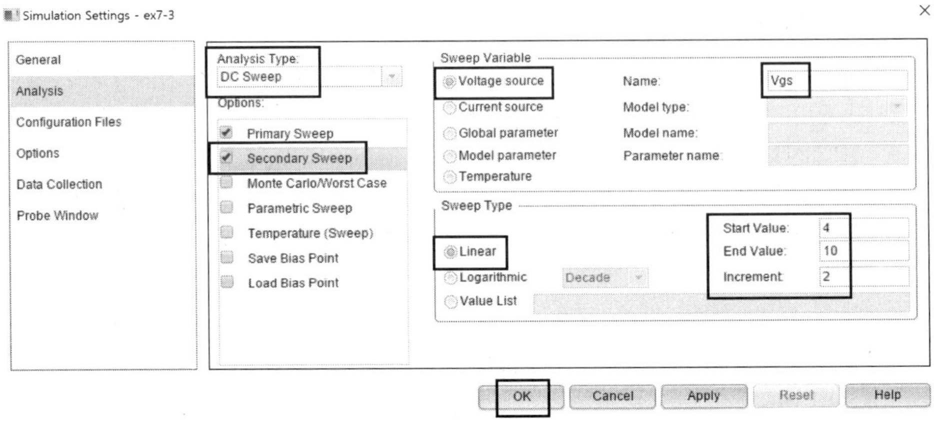
Simulation Settings - ex7-3
General
Analysis
Configuration Files
Options
Data Collection
Probe Window
Analysis Type:
DC Sweep
Options:
Primary Sweep
Secondary Sweep
Monte Carlo/Worst Case
Parametric Sweep
Temperature (Sweep)
Save Bias Point
Load Bias Point
Sweep Variable
Voltage source
Current source
Global parameter
Model parameter
Temperature
Name:
Vgs
Model type:
Model name:
Parameter name:
Sweep Type
Linear
Logarithmic
Decade
Value List
Start Value:
4
End Value:
10
Increment:
2
OK
Cancel
Apply
Reset
Help

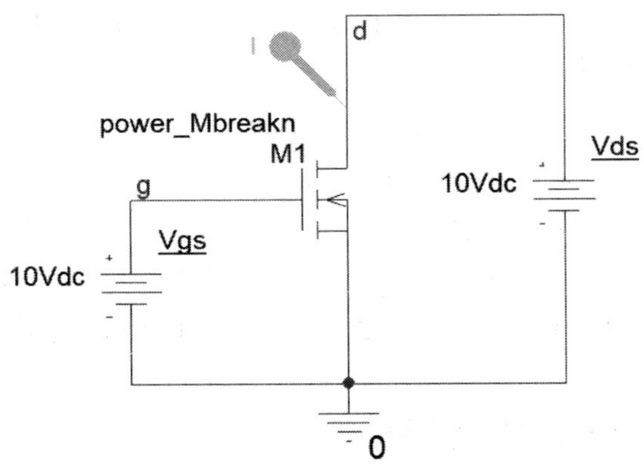
d
power_Mbreakn
M1
g
Vgs
10Vdc
Vds
10Vdc
0

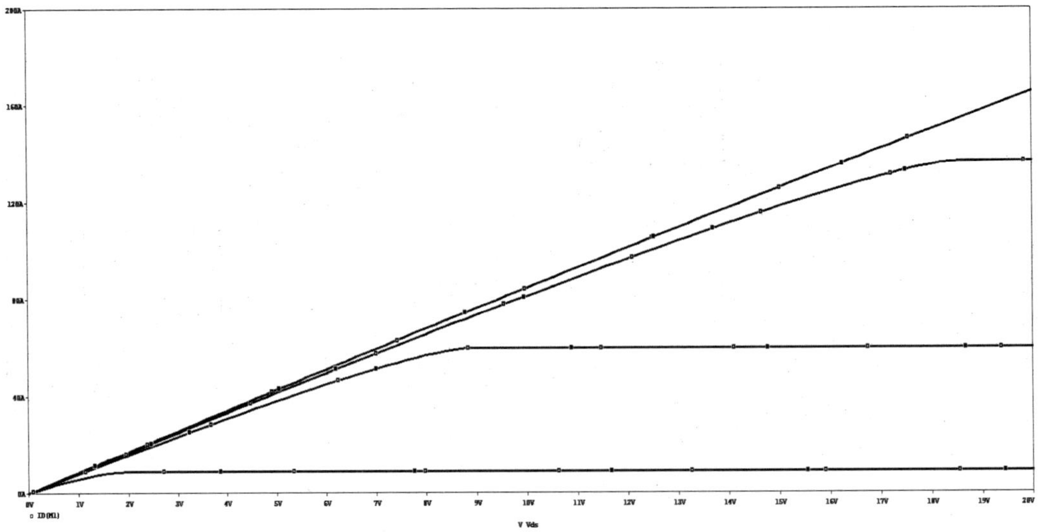

실습 7-4

MOSFET 공통 게이트 증폭기 회로이다. 공통게이트는 입력이 소오스에 인가되고, 출력이 드레인에서 나오는 구조이다. 다음 조건일 때 ① Transient Analysis 10[ms]까지 실행하고, ② AC Analysis를 시뮬레이션 하시오.

[조건] (1) 정현파 교류전압원(VSIN) : V1(VOFF=0 VAMPL=50m FREQ=1k AC=50mV)
(2) 직류 전압원(VDC) : V2 = 20[V]
(3) MOSFET(power_Mbreakn)(이상적 모델)
(4) 저항(R) : R1=22[megΩ], R2=3[kΩ], R3=10[megΩ], R4=820[Ω]
(5) 캐패시터(C) : C1=100[μF], C2=1[μF]
(6) AC Analysis 조건 : 그림참조

(1) 회로 구성 및 시뮬레이션 결과

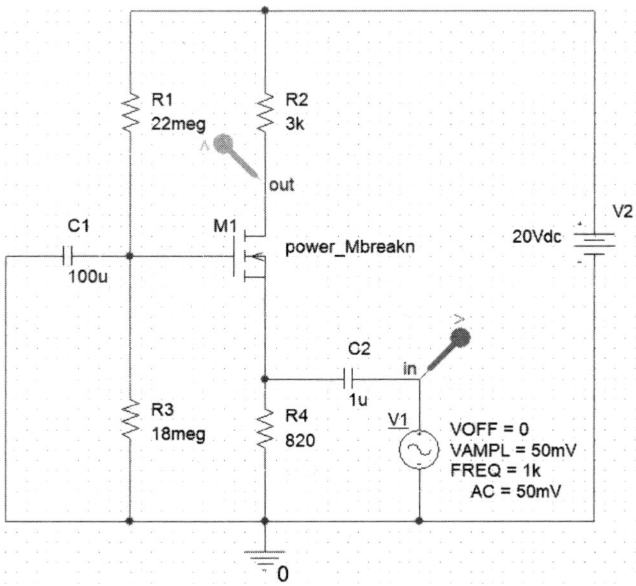

– AC Analysis 설정

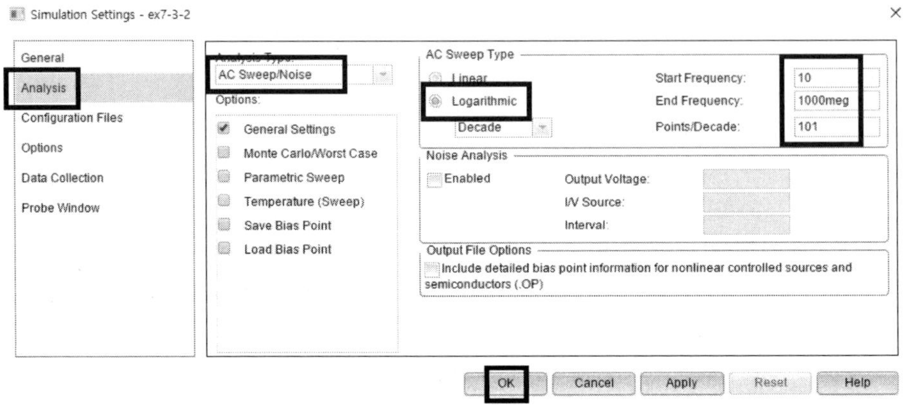

– Transient Analysis 결과

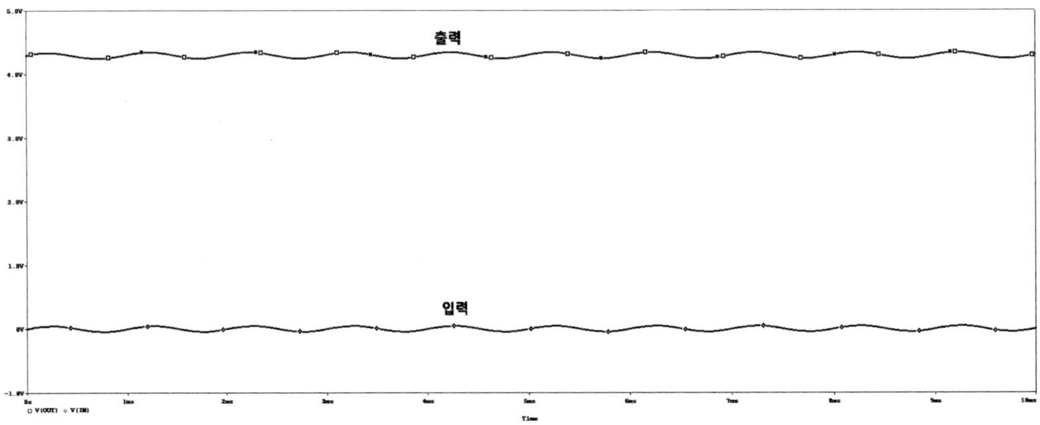

– AC Analysis 결과 (20*LOG10(V(out)))

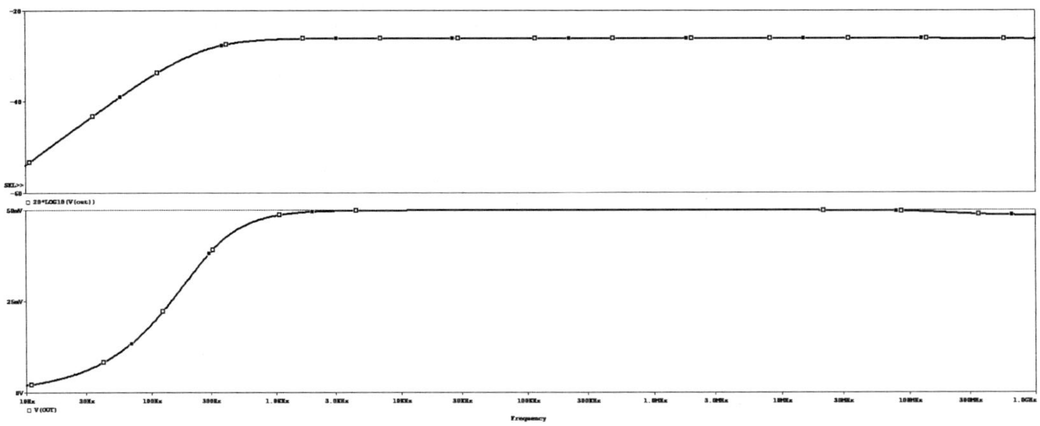

실습 7-5

다음 회로는 N채널 MOSFET의 스위치 특성을 해석하기 위한 회로이다. 다음 조건일 때 Transient Analysis 6[ms]까지 시뮬레이션 하시오.

[조건] (1) 직류 전압원(VDC) : Vdc=100[V]
(2) 구형파 전압원(VPULSE) : Vgs(V1=0 V2=5 TD=1m TR=1u TF=1u PW=1m PER=2m)
(3) MOSFET(power_Mbreakn) (이상적 모델)
(4) 저항(R) : R=10[Ω]

(1) 회로 구성 및 시뮬레이션 결과

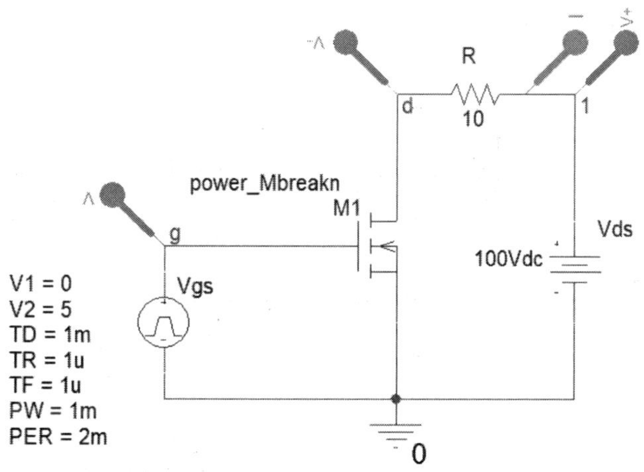

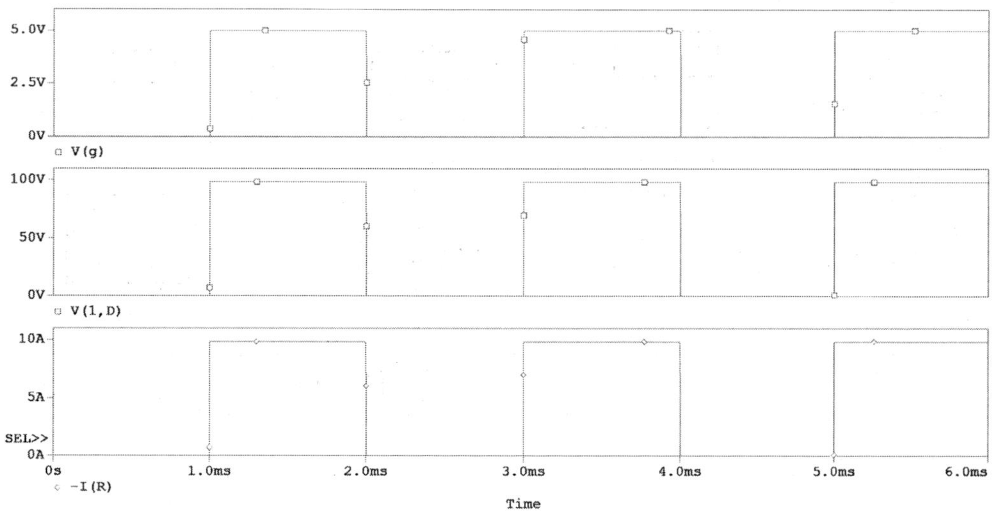

실습 7-6

다음 회로는 P채널 MOSFET 특성을 해석하기 위한 회로이다. 다음 조건일 때 DC Analysis을 시뮬레이션 하시오.

[조건] (1) 직류 전압원(VDC) : Vds = 0[V], Vgs = 0[V]
(2) MOSFET(IRF9130)
(3) DC Analysis 조건
- 드레인-소스간 전압 Vds : 0~-10[V]까지 0.2[V]씩 선형적으로 변화
- 게이트-소스간 전압 Vgs : -4~-10[V]까지 2[V]씩 선형적으로 변화

(1) 회로 구성 및 시뮬레이션 결과

- DC Analysis 설정

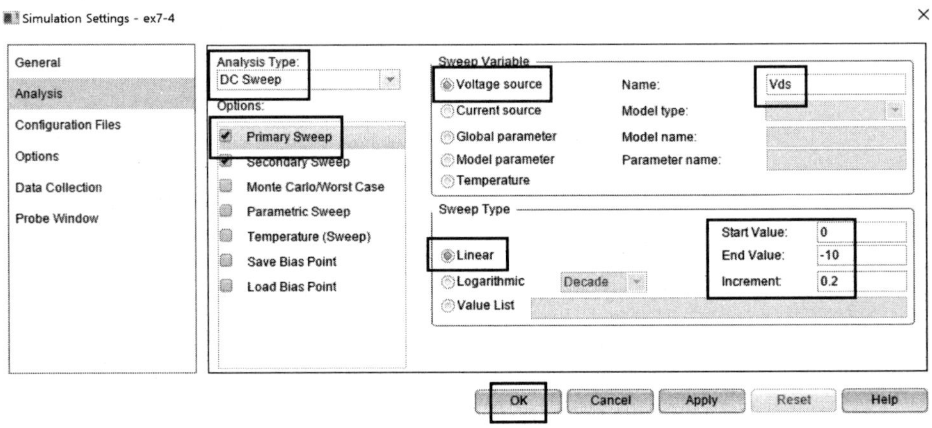

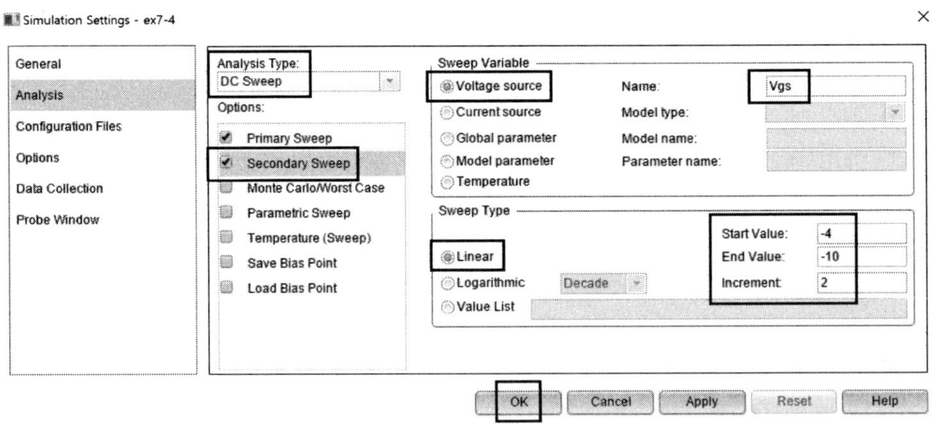

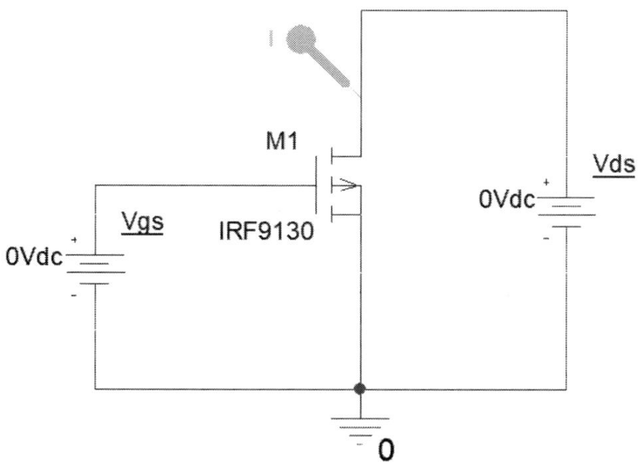

M1
Vds
0Vdc
Vgs
IRF9130
0Vdc
0

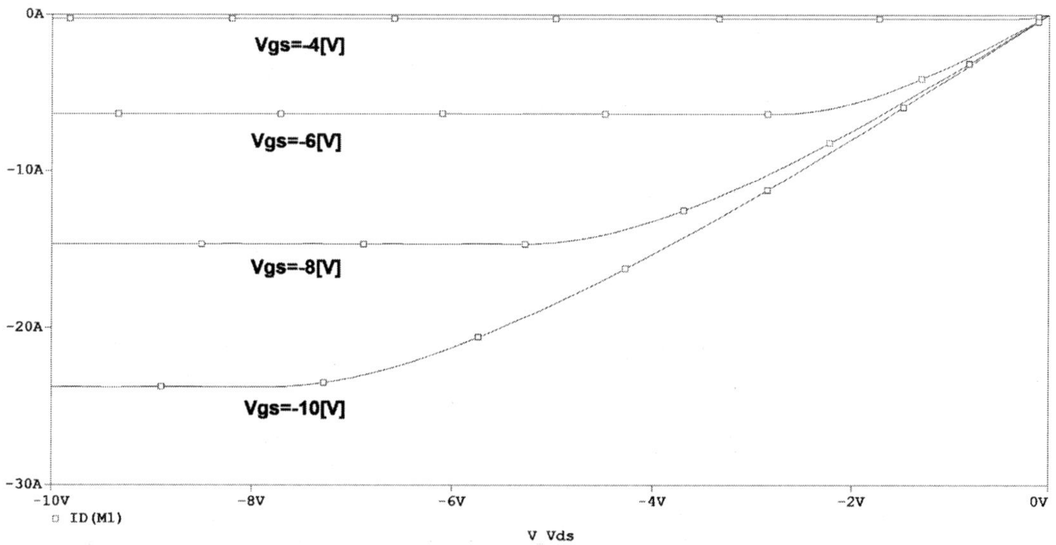

0A
-10A
-20A
-30A
Vgs=-4[V]
Vgs=-6[V]
Vgs=-8[V]
Vgs=-10[V]
-10V
-8V
-6V
-4V
-2V
0V
□ ID(M1)
V_Vds

실습 7-7

다음 회로는 Power MOSFET 특성을 해석하기 위한 회로이다. 다음 조건일 때 DC Analysis을 시뮬레이션 하시오.

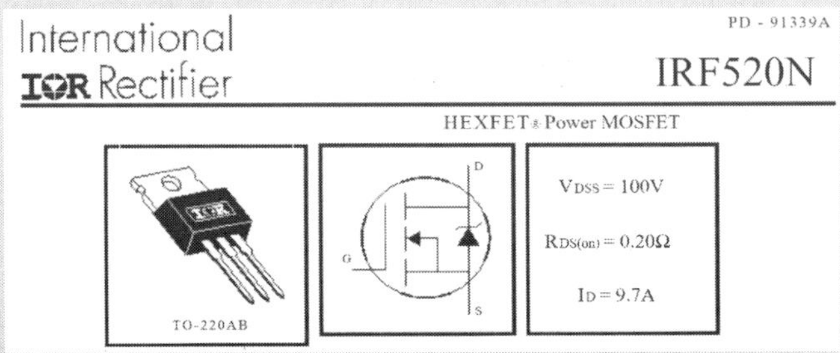

[조건] (1) 직류 전압원(VDC) : Vds=0[V], Vgs=0[V]
(2) Power MOSFET(IRF520N)
(3) DC Analysis 조건
- 드레인-소스간 전압 Vds : 0~20[V]까지 0.1[V]씩 선형적으로 변화
- 게이트-소스간 전압 Vgs : 4~6[V]까지 0.5[V]씩 선형적으로 변화

(1) 회로 구성 및 시뮬레이션 결과

– DC Analysis 설정

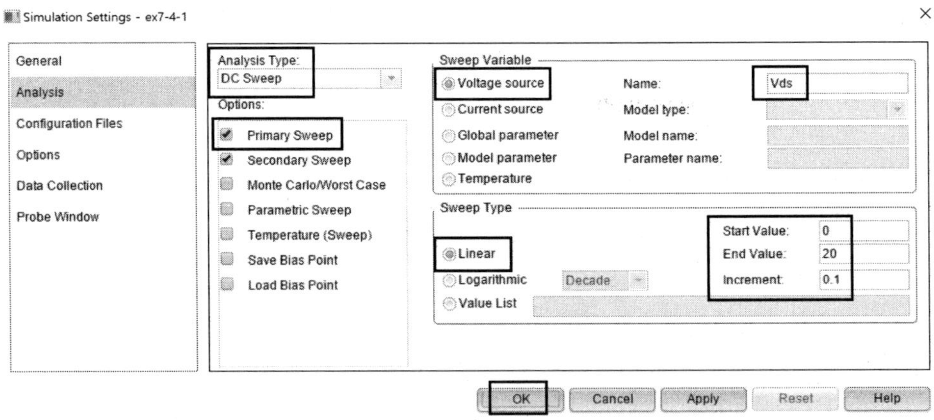

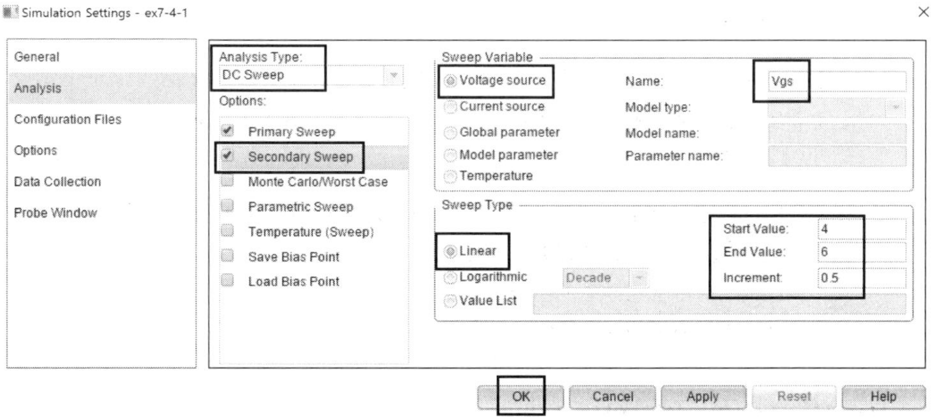
Simulation Settings - ex7-4-1
General
Analysis
Configuration Files
Options
Data Collection
Probe Window
Analysis Type:
DC Sweep
Options:
Primary Sweep
Secondary Sweep
Monte Carlo/Worst Case
Parametric Sweep
Temperature (Sweep)
Save Bias Point
Load Bias Point
Sweep Variable
Voltage source
Current source
Global parameter
Model parameter
Temperature
Name:
Vgs
Model type:
Model name:
Parameter name:
Sweep Type
Linear
Logarithmic
Decade
Value List
Start Value:
4
End Value:
6
Increment:
0.5
OK
Cancel
Apply
Reset
Help

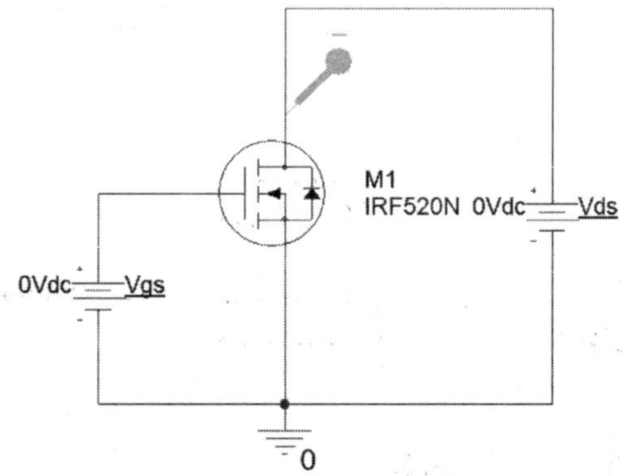
M1
IRF520N
0Vdc
Vds
0Vdc
Vgs
0

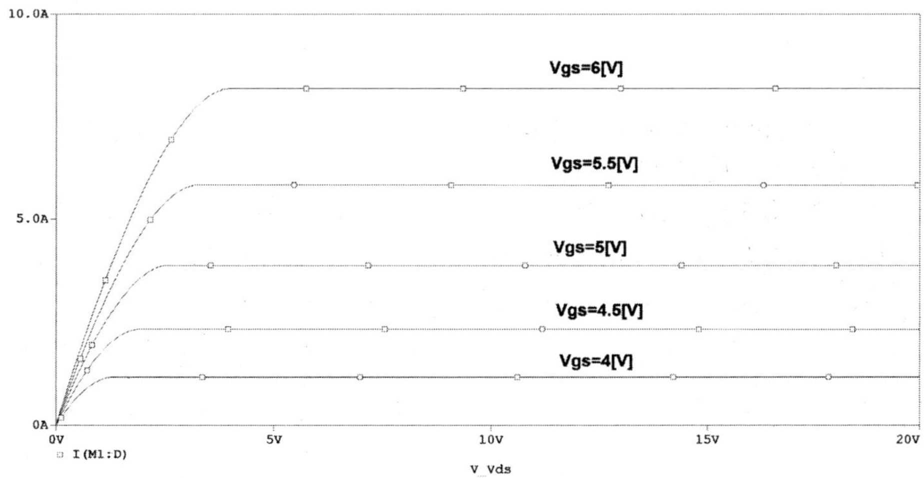
10.0A
5.0A
0A
Vgs=6[V]
Vgs=5.5[V]
Vgs=5[V]
Vgs=4.5[V]
Vgs=4[V]
0V
5V
10V
15V
20V
I(M1:D)
V_Vds

실습 7-8

다음 회로는 Power MOSFET(IRF520N)의 스위치 특성을 해석하기 위한 회로이다. 다음 조건일 때 Transient Analysis 40[ms]까지 실행하여 ① 게이트 전압 ② 저항에 걸리는 전압을 시뮬레이션 하시오.

[조건] (1) 정현파 교류 전압원(VSIN) : Vin(VOFF=0 VAMPL=50V FREQ=60Hz)
(2) 구분적 선형 전압원(VPWL_FILE) : Vg
(3) Power MOSFET(IRF520N)
(4) 부하저항 R=10[Ω]

(1) 회로 구성 및 시뮬레이션 결과

VPWL_FILE 지정하는 방법

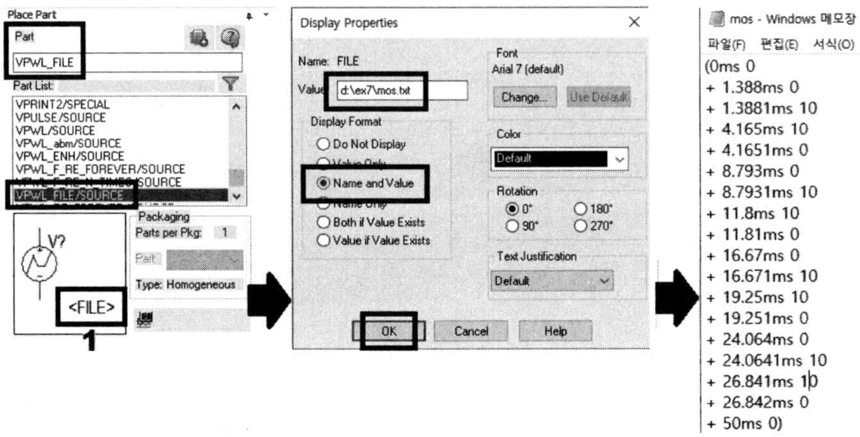

(1) VPWL_FILE를 불러온다.
(2) 〈FILE〉를 더블클릭
(3) 오른쪽 그림과 같이 설정
(4) d:₩ex7₩mos.txt를 입력

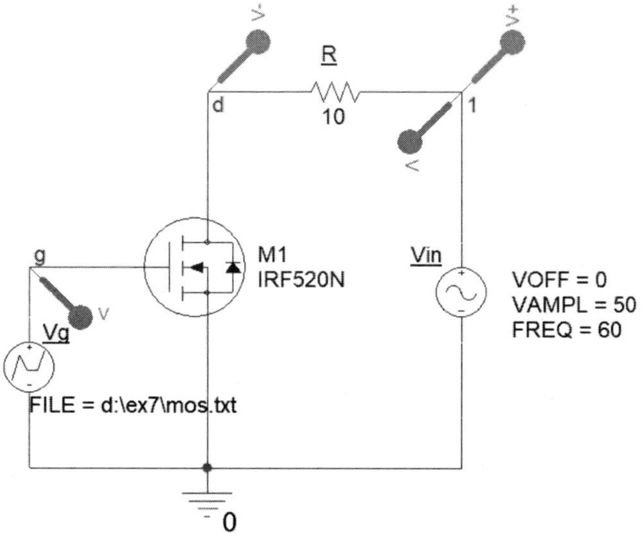
R
10
d
1
M1
IRF520N
g
Vg
Vin
VOFF = 0
VAMPL = 50
FREQ = 60
FILE = d:\ex7\mos.txt
0

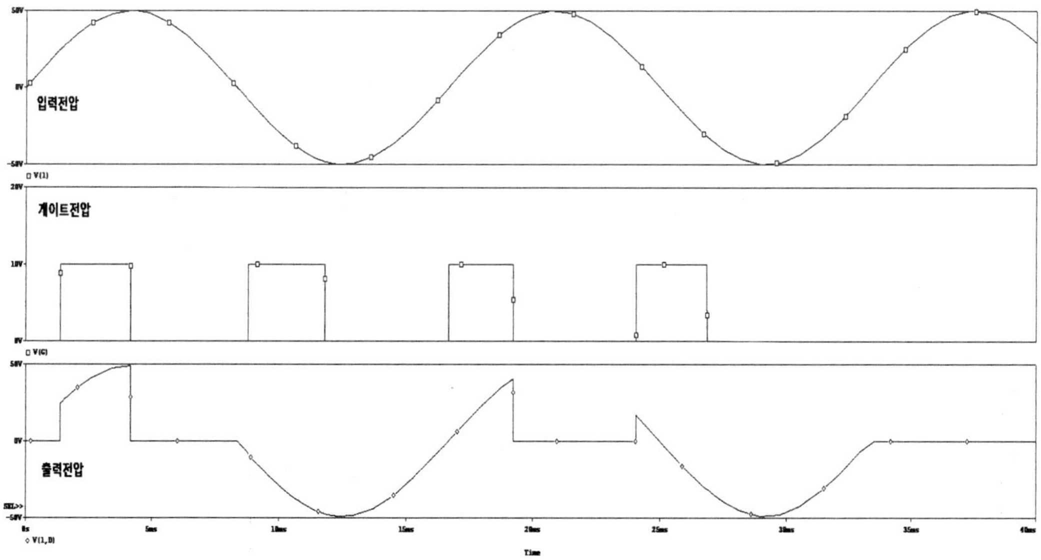
입력전압
게이트전압
출력전압

실습 7-9

다음 회로는 Power MOSFET(IRF520N)로 구성한 풀브릿지 인버터 회로이다. 다음 조건일 때 Transient Analysis 80[ms]까지 실행하여 저항에 걸리는 전압을 시뮬레이션하시오.

[조건] (1) 직류 전압원(VDC) : Vin=200V
(2) 구형파 전압원(VPULSE) V1=V2=V3=V4(V1=50 V2=0 TD=0 TR=TF=1n PW=9.999m PER=20m)
(3) Power MOSFET(IRF520N)
(4) 전압제어전압원(E/DATACONV)
(5) 저항(R) : R1=R2=R3=R4=0.02[kΩ], RL=10[Ω]

(1) 회로 구성 및 시뮬레이션 결과

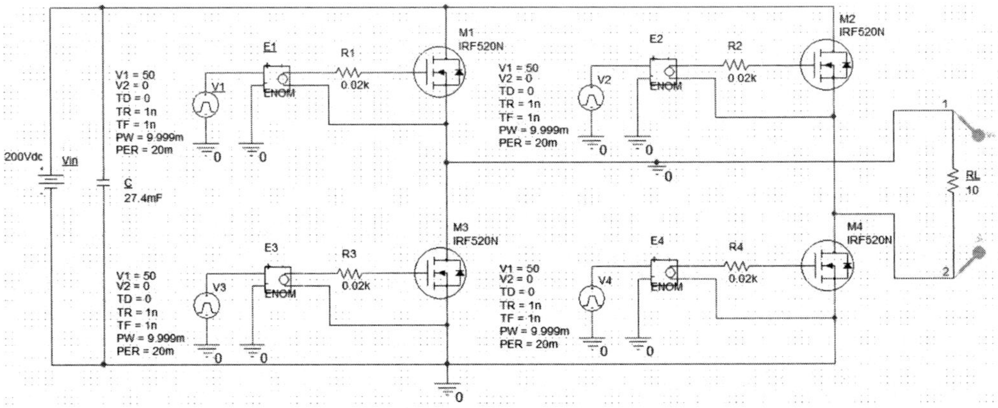

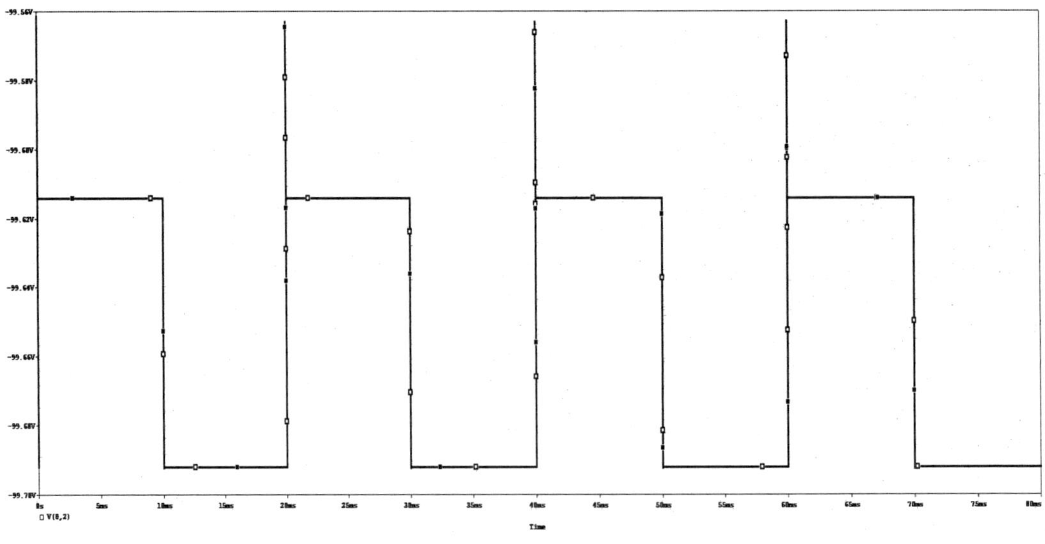

실습 7-10

다음 회로는 MOSFET와 다이오드로 구성한 3상 MOSFET 브릿지 인버터 회로이다. 다음 조건일 때, ① 각상의 상전압 파형 ② 선간전압 파형을 Transient Analysis 100[ms]까지 시뮬레이션 하시오.

[조건] (1) 직류 전압원(VDC) : Vin=250V
(2) 구형파 전압원(VPULSE)
Vg1 : V1=0 V2=20 TD=0 TR=TF=0.1u PW=10m PER=20m
Vg2 : V1=0 V2=20 TD=6.67m TR=TF=0.1u PW=10m PER=20m
Vg3 : V1=0 V2=20 TD=13.33m TR=TF=0.1u PW=10m PER=20m
Vg4 : V1=0 V2=20 TD=10m TR=TF=0.1u PW=10m PER=20m
Vg5 : V1=0 V2=20 TD=16.67m TR=TF=0.1u PW=10m PER=20m
Vg6 : V1=0 V2=20 TD=3.33m TR=TF=0.1u PW=10m PER=20m
(3) MOSFET(IRF840)
(4) 다이오드(D1N4002)
(5) 저항(R) : Ra=Rb=Rc=1[kΩ]

(1) 회로 구성 및 시뮬레이션 결과

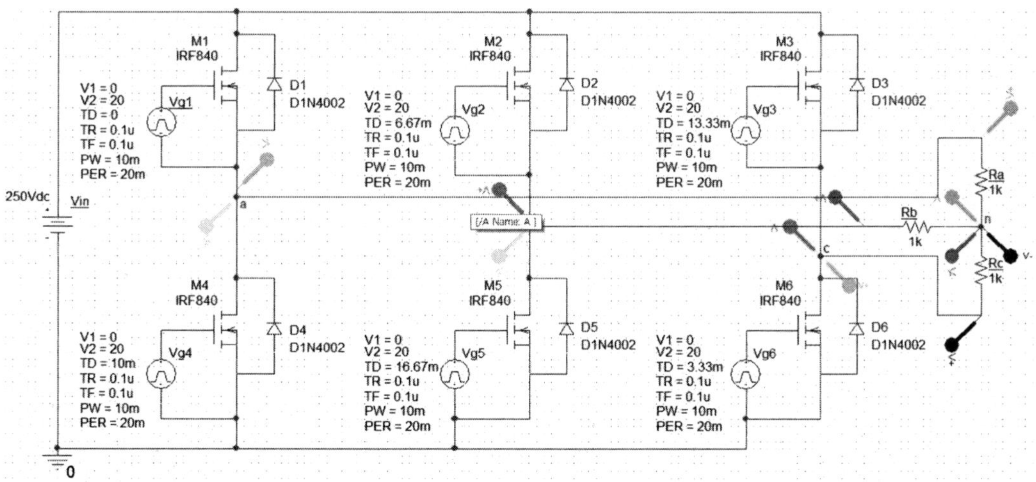

– 각상의 상전압 파형

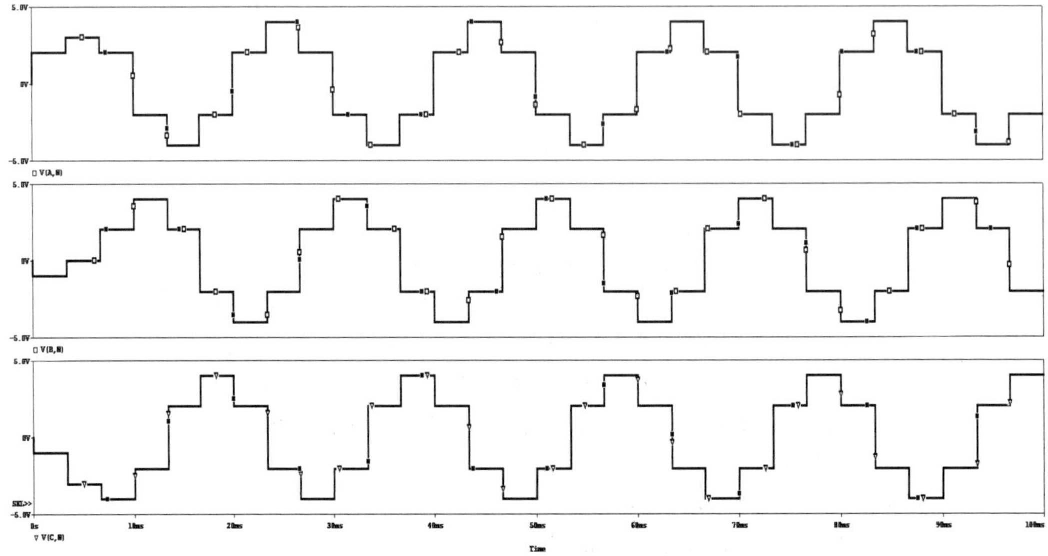

– 선간전압 파형

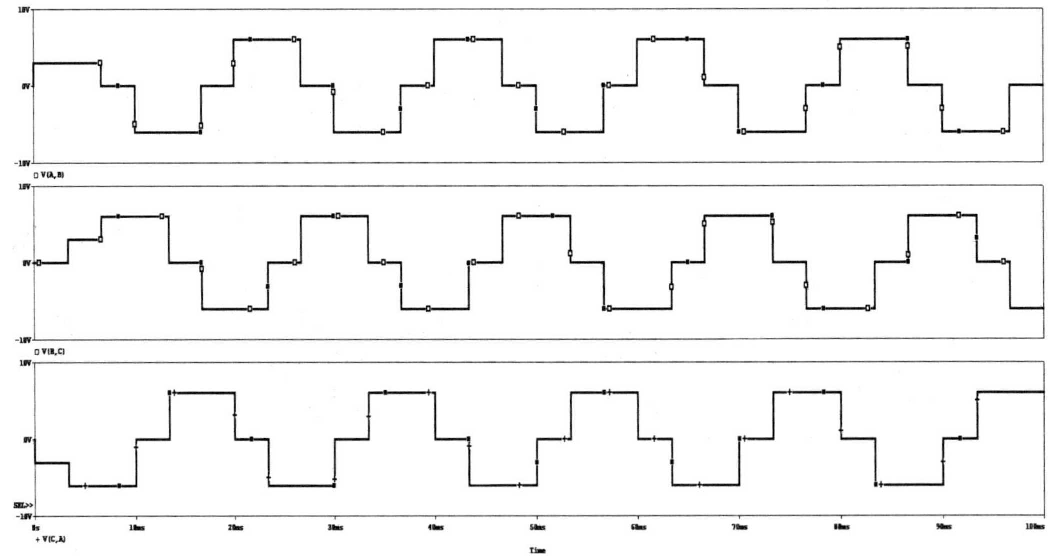

실습 7-11

다음 회로는 IGBT(IXGH40N60)의 특성을 해석하기 위한 회로이다. 다음 조건일 때 DC Analysis을 실행하라.

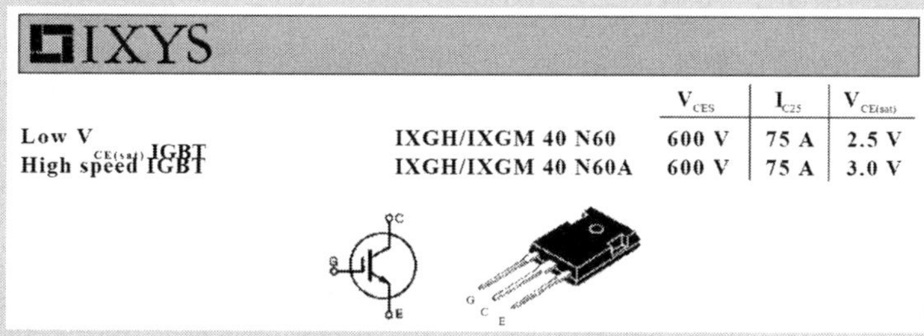

[조건] (1) 직류 전압원(VDC) : VCE=50[V], Vg=5[V]
(2) IGBT(IXGH40N60)
(3) DC Analysis 조건
- 컬렉터-이미터간 전압 VCE : 0~100[V]까지 50[V]씩 선형적으로 변화
- 게이트 전압 Vg : 4~10[V]까지 1[V]씩 선형적으로 변화

(1) 회로 구성 및 시뮬레이션 결과

- DC Analysis

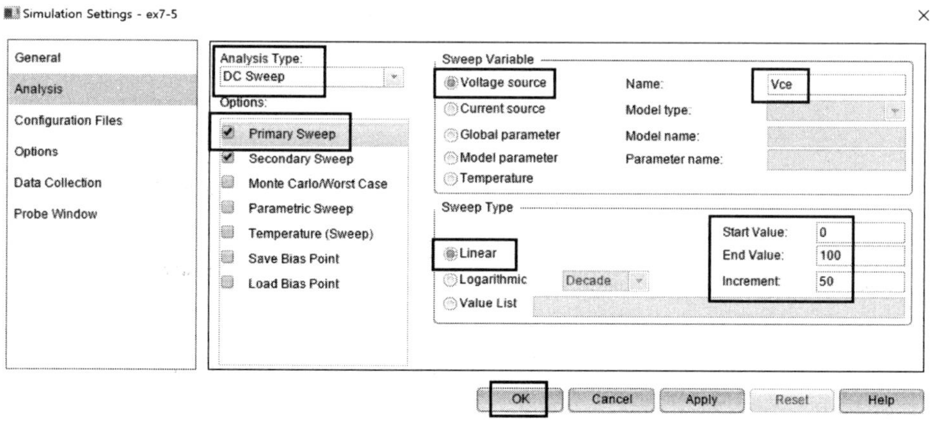

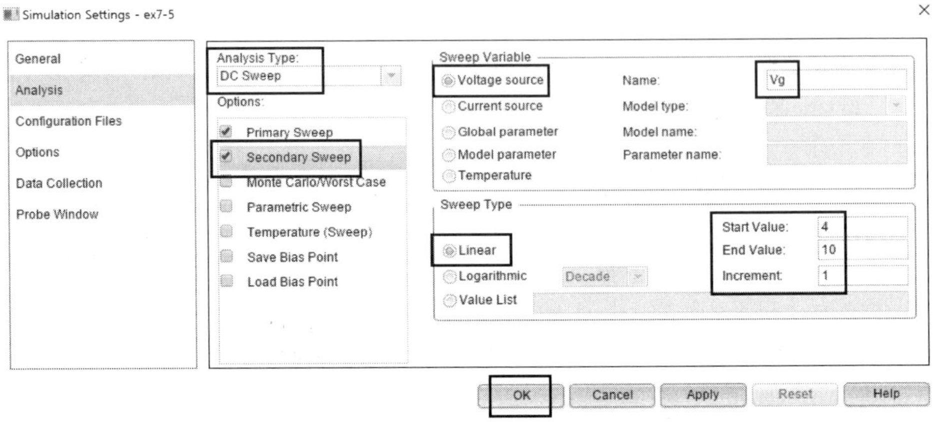
Simulation Settings - ex7-5
General
Analysis
Configuration Files
Options
Data Collection
Probe Window
Analysis Type:
DC Sweep
Options:
Primary Sweep
Secondary Sweep
Monte Carlo/Worst Case
Parametric Sweep
Temperature (Sweep)
Save Bias Point
Load Bias Point
Sweep Variable
Voltage source
Current source
Global parameter
Model parameter
Temperature
Name:
Vg
Model type:
Model name:
Parameter name:
Sweep Type
Linear
Logarithmic
Decade
Value List
Start Value:
4
End Value:
10
Increment:
1
OK
Cancel
Apply
Reset
Help

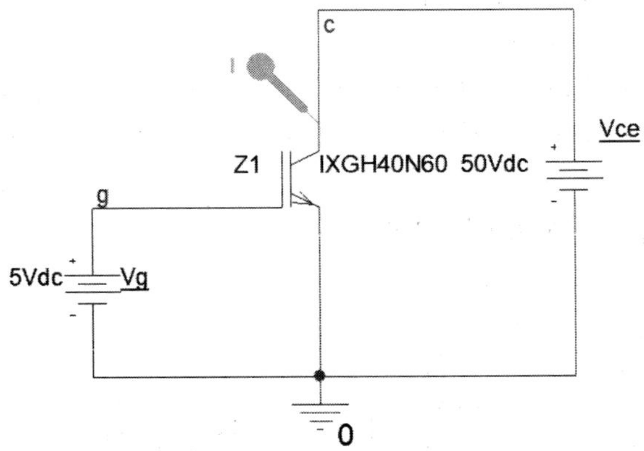
c
Vce
Z1
IXGH40N60
50Vdc
g
5Vdc
Vg
0

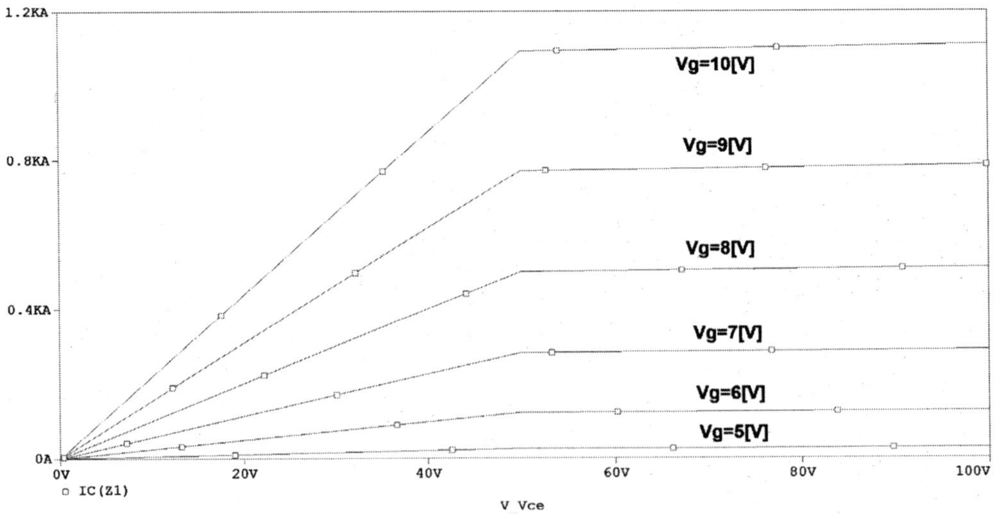
1.2KA
0.8KA
0.4KA
0A
Vg=10[V]
Vg=9[V]
Vg=8[V]
Vg=7[V]
Vg=6[V]
Vg=5[V]
0V
20V
40V
60V
80V
100V
IC(Z1)
V_Vce

실습 7-12

다음 회로는 IGBT(IXGH40N60)의 스위치 특성을 해석하기 위한 회로이다. 다음 조건일 때 Transient Analysis 6[ms]까지 수행하여, ① 게이트 전압 ② 저항에 걸리는 전압 ③ 저항에 흐르는 전류의 파형을 시뮬레이션 하시오.

[조건] (1) 직류 전압원(VDC) : Vce=300[V]
(2) 구형파 전압원(VPULSE) : Vgs(V1=0 V2=5 TD=1m TR=1u TF=1u PW=1m PER=2m)
(3) IGBT(IXGH40N60)

(1) 회로 구성 및 시뮬레이션 결과

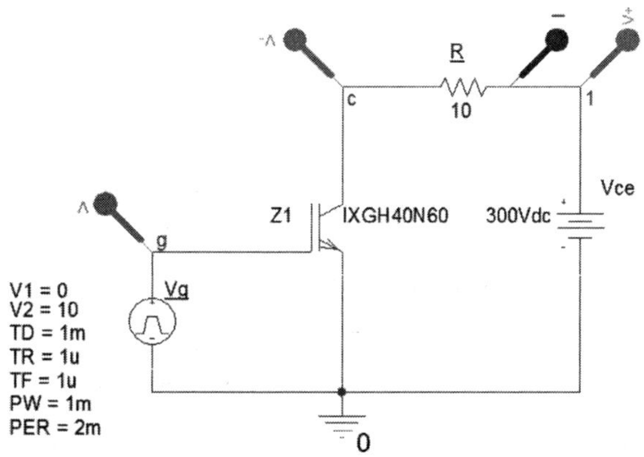

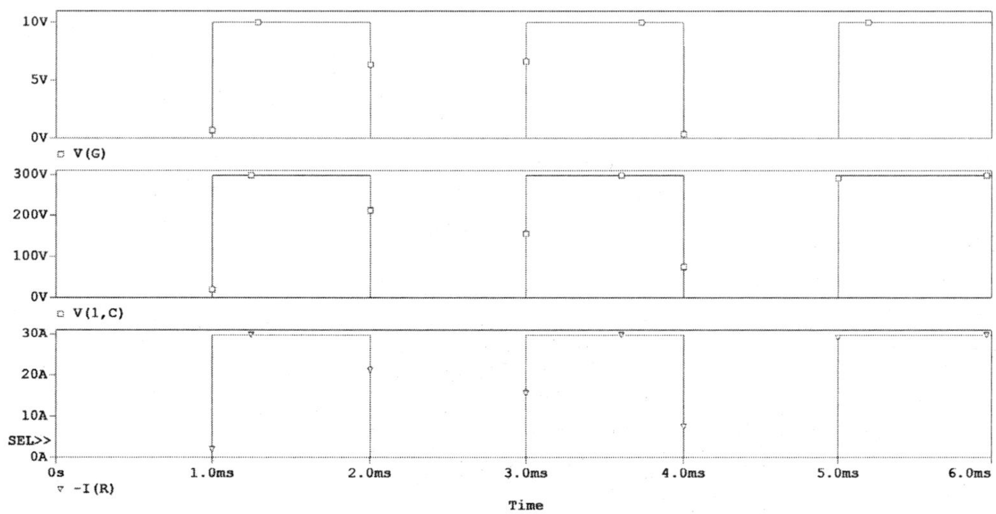

실습 7-13

다음 회로는 IGBT(IXGH40N60)의 게이트 저항 Rg=1[Ω], 150[Ω], 300[Ω], 450[Ω]으로 변화했을 때, ① 애노드 전압 ② 게이트 전압 ③ 애노드 전류 ④ 게이트 전류의 파형을 다음 조건일 때 Transient Analysis 100[μs]까지 시뮬레이션 하시오.

[조건] (1) 직류 전압원(VDC) : Vin=300[V]

(2) 구형파 전압원(VPULSE) : Vg(V1=0 V2=15 TD=0m TR=TF=0.1u PW=40u PER=80u)

(3) IGBT(IXGH40N60) (4) PARAM : Rvar=1 (그림 참조)

(1) 회로 구성 및 시뮬레이션 결과

– Parameters 설정

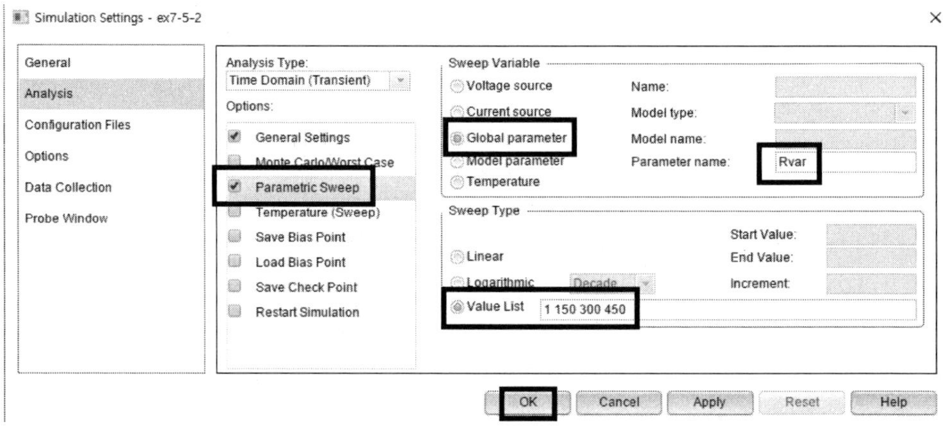

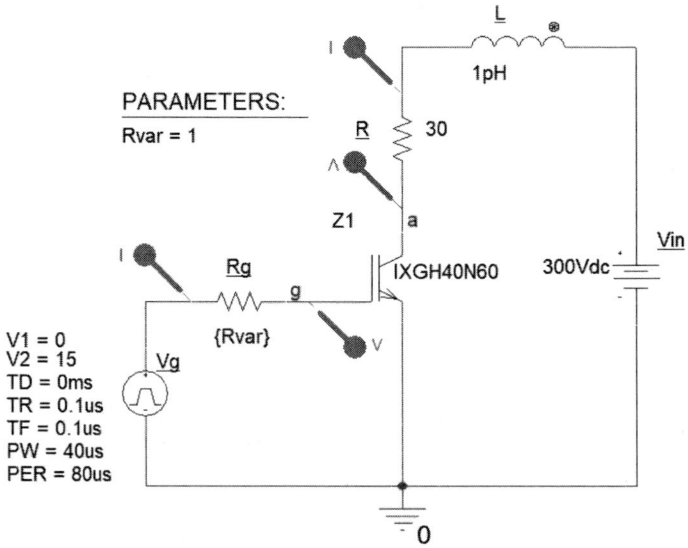

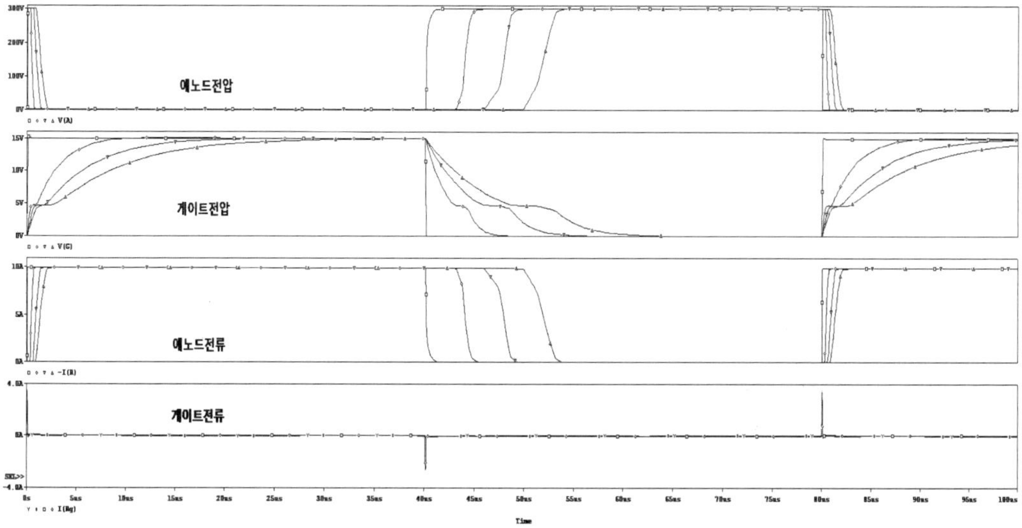

실습 7-14

다음 회로는 IGBT(IXGH40N60)의 게이트 저항 Rg=1[Ω], 150[Ω], 300[Ω], 450[Ω]으로 변화했을 때, ① 애노드 전압 ② 게이트 전압 ③ 애노드 전류 ④ 게이트 전류의 파형을 다음 조건일 때 Transient Analysis 100[μs]까지 시뮬레이션 하시오.

[조건] (1) 직류 전압원(VDC) : Vin=300[V]

(2) 구형파 전압원(VPULSE) : Vg(V1=0 V2=15 TD=0m TR=TF=0.1u PW=40u PER=80u)

(3) IGBT(IXGH40N60)

(4) PARAM : Rvar=1

(5) 부하저항 R=30[Ω], 리액턴스 L=80[μH]

(1) 회로 구성 및 시뮬레이션 결과

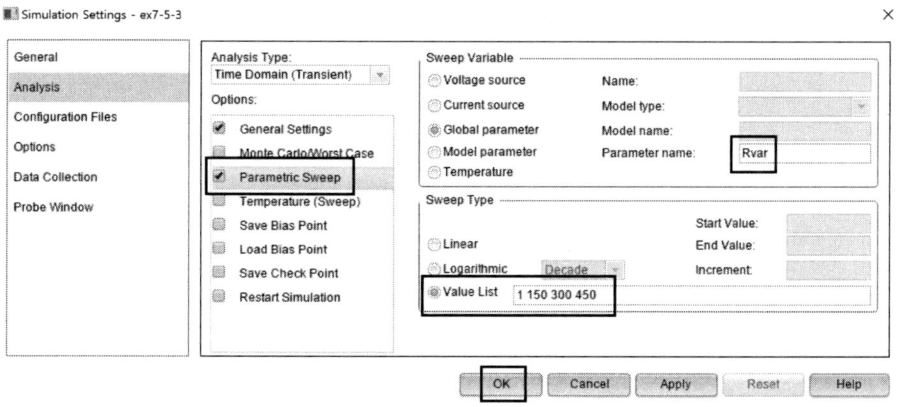

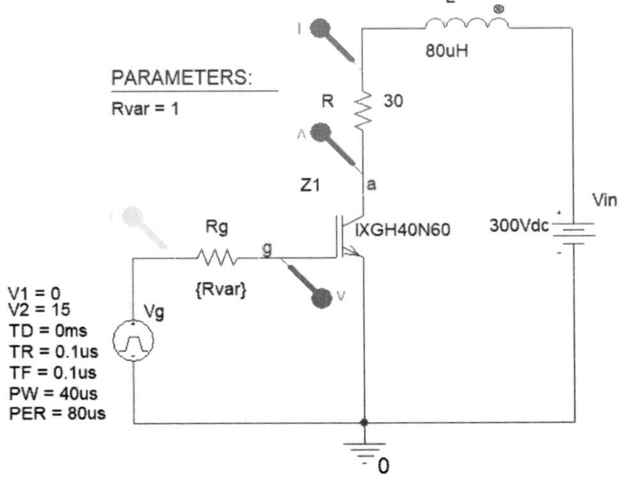
L
80uH
PARAMETERS:
Rvar = 1
R
30
Z1
a
Vin
Rg
IXGH40N60
300Vdc
g
{Rvar}
V1 = 0
V2 = 15
TD = 0ms
TR = 0.1us
TF = 0.1us
PW = 40us
PER = 80us
Vg
0

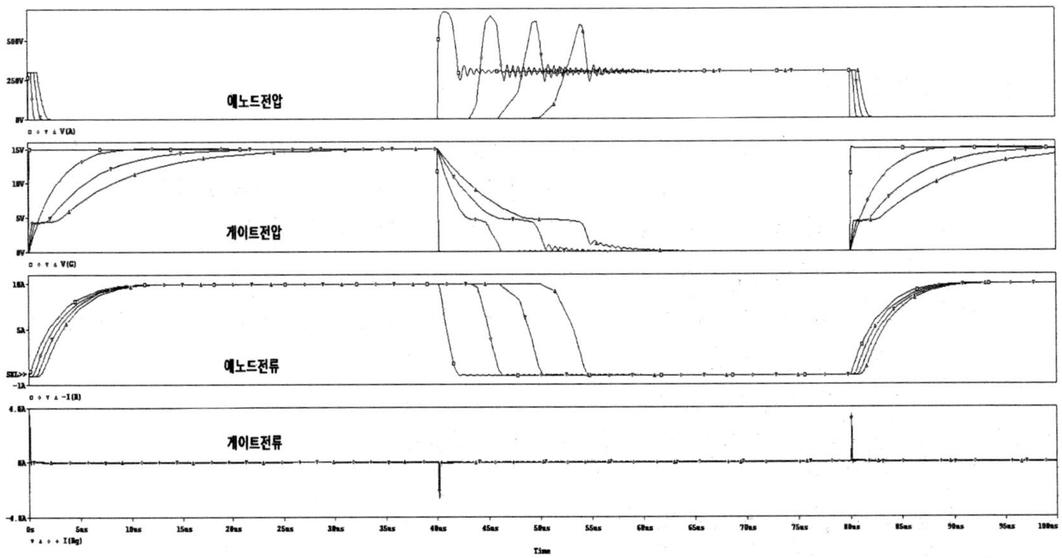
애노드전압
게이트전압
애노드전류
게이트전류
Time

실습 7-15

다음 회로는 IGBT(IXGH40N60)의 스위치 특성을 해석하기 위한 회로이다. 다음 조건일 때 Transient Analysis 40[ms]까지 수행하여 ① 입력전압 ② 게이트 전압 ③ 저항에 걸리는 전압 파형을 시뮬레이션 하시오.

[조건] (1) 정현파 전압원(VSIN) : Vin(VOFF=0, VAMPL=220V FREQ=60Hz)
(2) 구형파 전압원(VPULSE) : Vg(V1=0V, V2=20V, TD=4.1657ms, TR=1ns, TF=1ns, PW=4.165ms, PER=16.667ms)
(3) 저항(R) : R=10[Ω]

(1) 회로 구성 및 시뮬레이션 결과

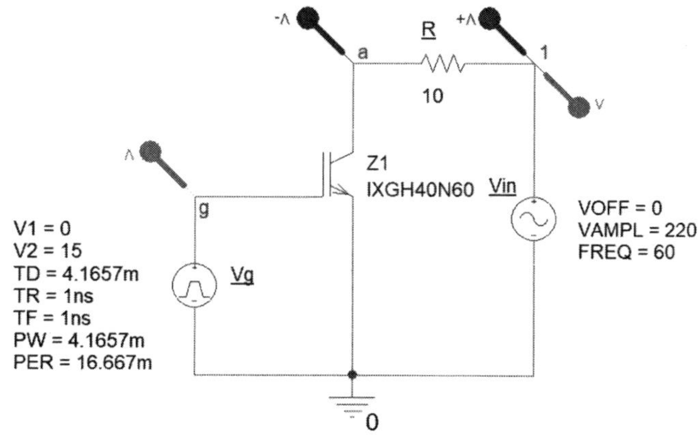

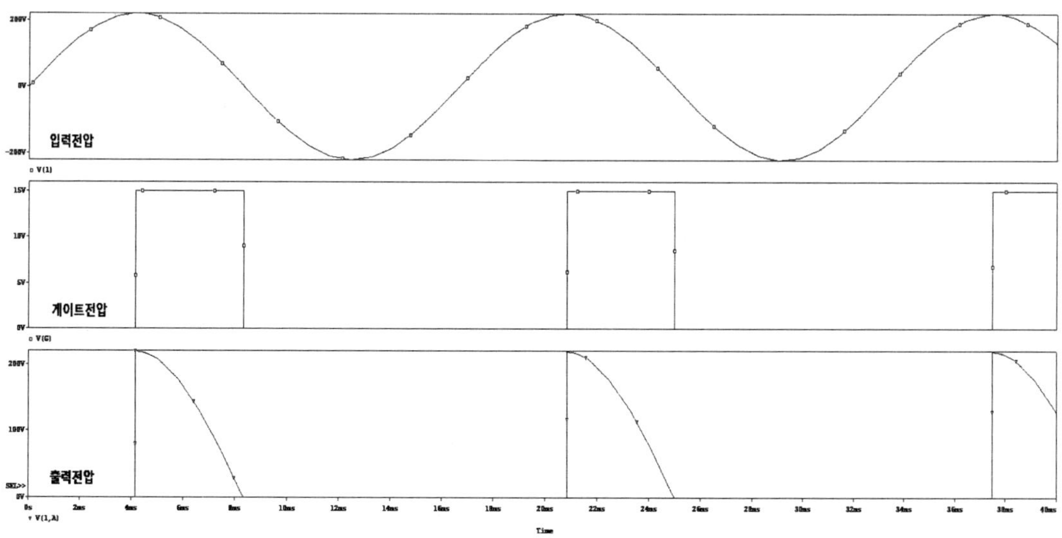

MEMO

CHAPTER 8

DC-DC 변환 회로

1 체강 쵸퍼(강압 쵸퍼)

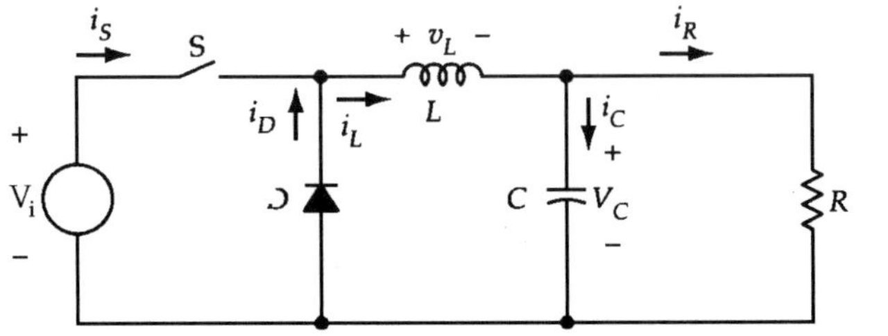

그림 8-1 강압쵸퍼회로

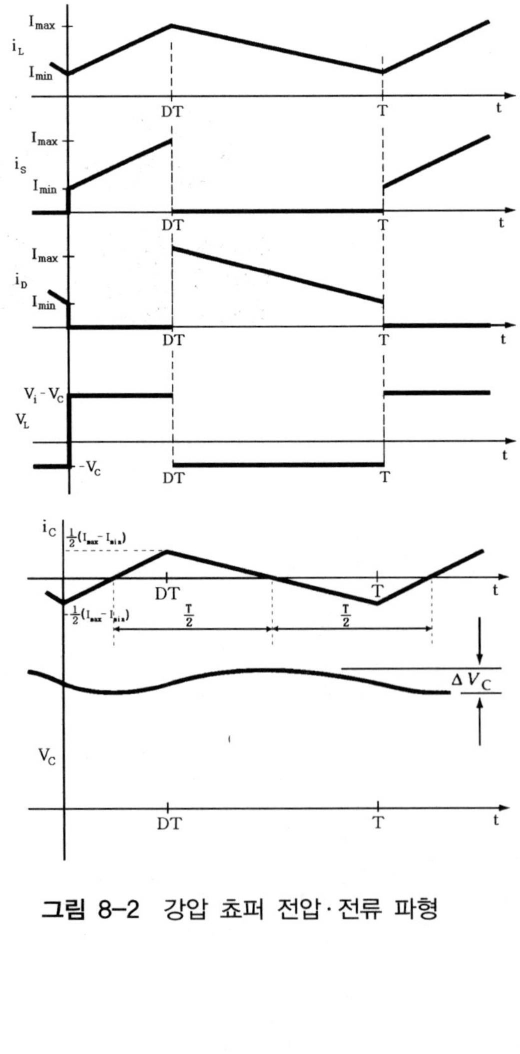

그림 8-2 강압 쵸퍼 전압·전류 파형

① $0 \le t \le DT$ (전류 상승 기간)

이 기간 동안 그림 8-2의 파형에서 볼 수 있듯이 $t = 0$ 에서 전류의 초기값은 $I_{\min}$ 이므로, 리액턴스에 흐르는 전류 i_L은 식 (8-1)로 나타낼 수 있다.

$$i_L(t) = \frac{1}{L}\int_0^t (v_i - v_c)dt + I_{\min} \qquad \cdots\cdots (8-1)$$

또한, $t = DT$에서 리액턴스 전류 $i_L(t)$은 $I_{\max}$ 을 가진다.

② $DT \le t \le T$ (전류 하강 기간)

그림 8-2의 파형에서 볼 수 있듯이 $t = DT$에서 전류의 초기값은 $I_{\max}$ 이므로, 리액턴스에 흐르는 전류 $i_L(t)$ 은 식 (12-2)로 나타낼 수 있으며, $t = T$에서 리액턴스 전류 $i_L(t)$은 $I_{\min}$ 을 가진다.

$$i_L(t) = -\frac{1}{L}\int_{DT}^t v_c dt + I_{\max} \qquad \cdots\cdots (8-2)$$

실습 8-1

그림 8-1의 강압 쵸퍼 회로에서, 다음 조건일 때 Transient Analysis를 3[㎳]까지 실행하여, ① 리액턴스에 흐르는 전류 ② 입력전류 ③ 환류 다이오드에 흐르는 전류 ④ 리액턴스에 걸리는 전압 ⑤ 캐패시턴스에 흐르는 전류 ⑥ 캐패시턴스 양단 전압을 시뮬레이션 하시오.

[조건] (1) 직류 입력 전압원(VDC) : Vin=50[V]
(2) 구형파 전압원(VPULSE) : Vb(V1=0 V2=15 TD=0 TR=TF=1n PW=80u PER=200u)
(3) 저항(R) : R=4[Ω]
(4) 리액턴스(L) : L=1[mH]
(5) 캐패시턴스(C) : C=100[μF]
(6) Power MOSFET(power_Mbreakn) (이상적인 모델)
(7) 다이오드(power_Dbreak) (이상적인 모델)

(1) 회로 구성 및 시뮬레이션 결과

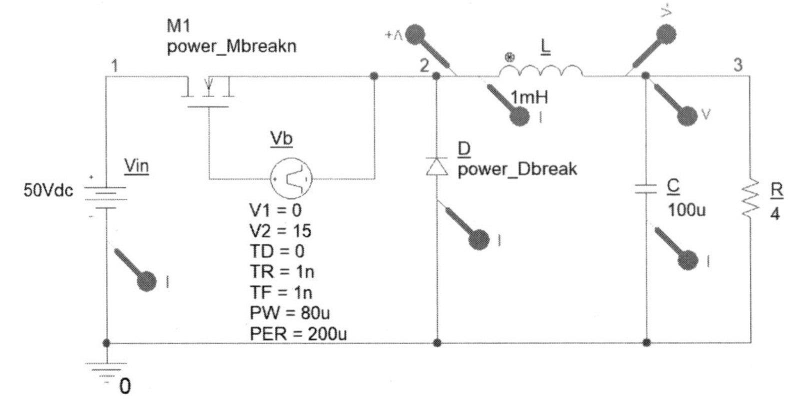

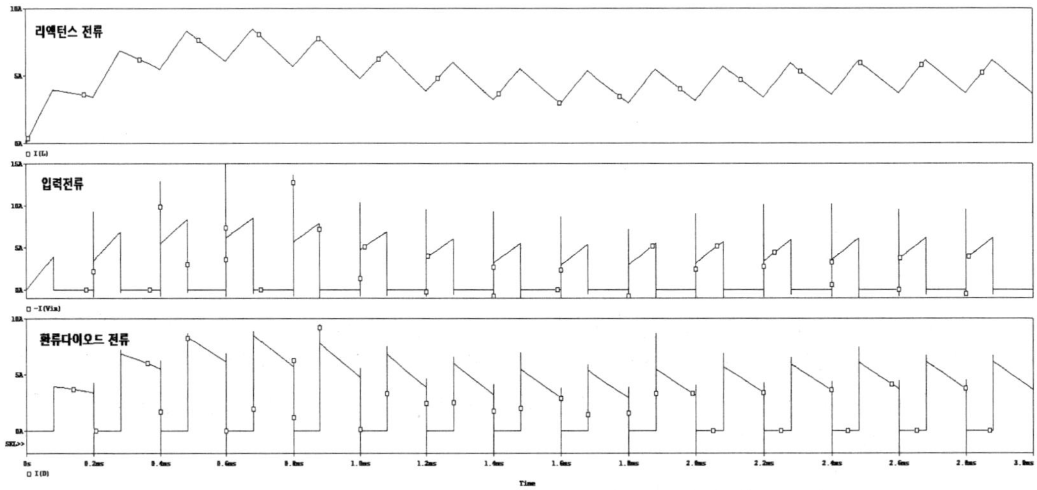

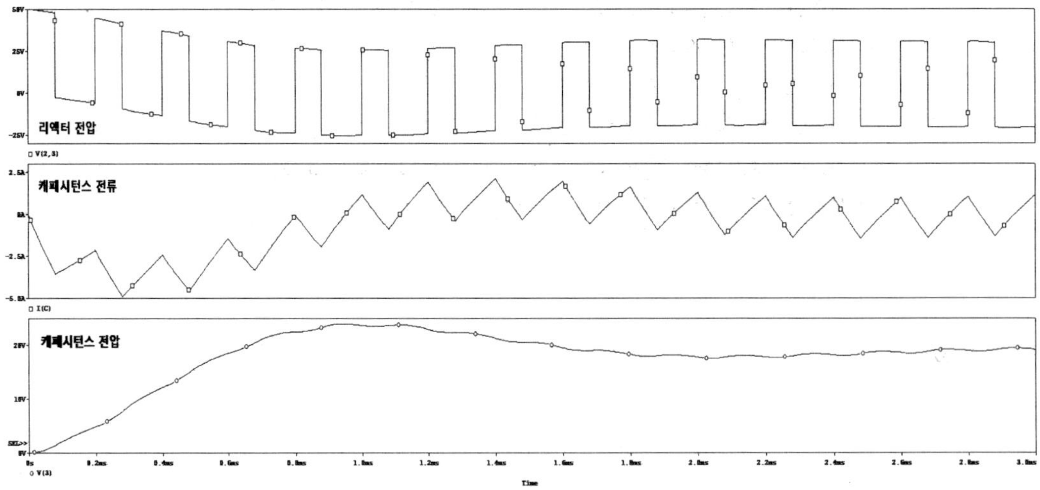

실습 8-2

다음의 강압 쵸퍼 회로에서, 다음 조건일 때 Transient Analysis를 6[ms]까지 실행하여, ① 게이트 전압 ② 출력전압 ③ 리액턴스에 흐르는 전류를 시뮬레이션 하시오.

[조건] (1) 직류 입력 전압원(VDC) : Vin=12[V]
(2) 구형파 전압원(VPULSE) : Vgs(V1=0 V2=10 TD=1n TR=TF=1n PW=4u PER=10u)
(3) 저항(R) : R=10[Ω], R1=0.1[Ω], R2=0.1[Ω], R3=0.001[Ω], Rgs=1[MEGΩ]
(4) 리액턴스(L) : L=150[μH]
(5) 캐패시턴스(C) : C1=200[μF]
(6) Power MOSFET(power_Mbreakn) (이상적인 모델)
(7) 다이오드(power_Dbreak) (이상적인 모델)

(1) 회로 구성 및 시뮬레이션 결과

연결포트 PORTNO-L 입력

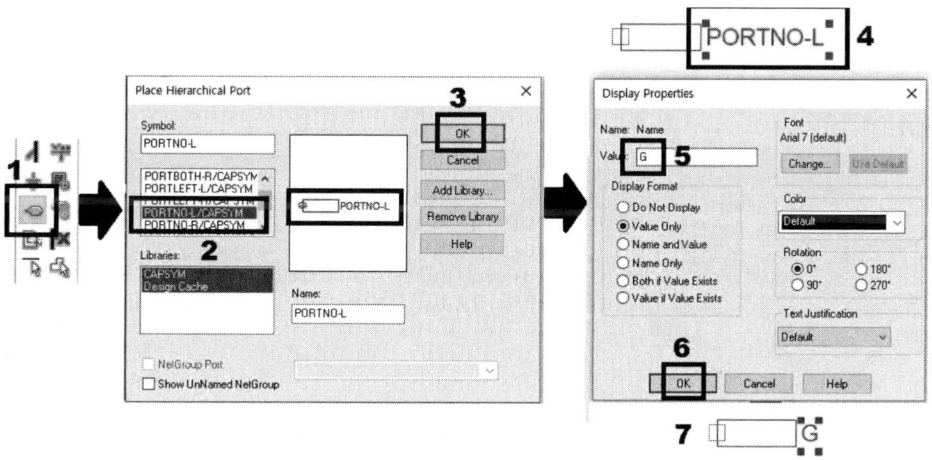

(1) Place port 선택 (1번)
(2) 2번 선택
(3) OK (3번)
(4) 4번처럼 화면 나타남
(5) 5번처럼 G응 입력
(6) OK(6번)
(7) 끝

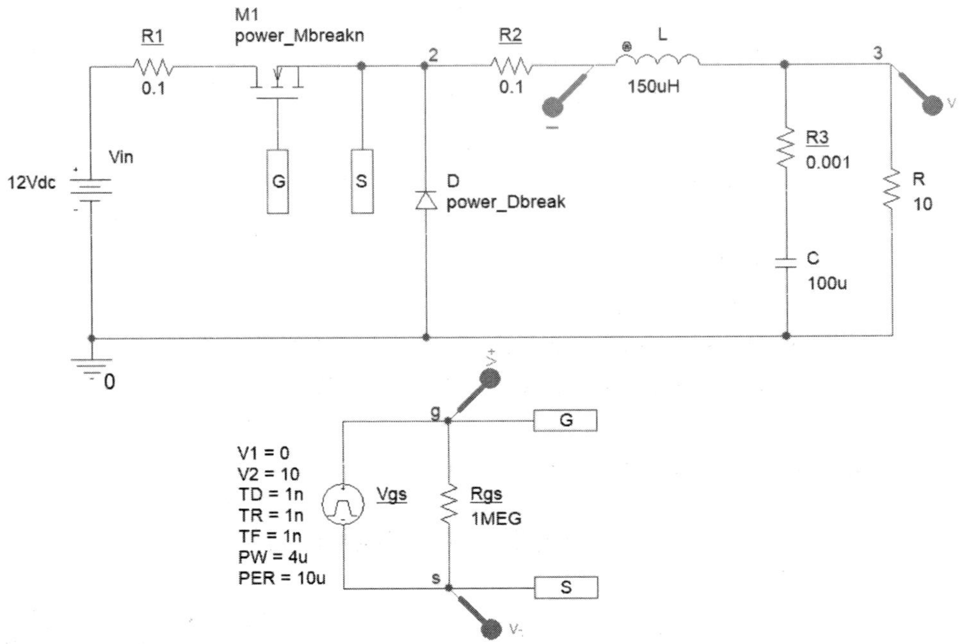
M1
power_Mbreakn
R1
0.1
2
R2
0.1
L
150uH
3
V
Vin
12Vdc
G
S
D
power_Dbreak
R3
0.001
R
10
C
100u
0
V+
g
G
V1 = 0
V2 = 10
TD = 1n
TR = 1n
TF = 1n
PW = 4u
PER = 10u
Vgs
Rgs
1MEG
s
S
V-

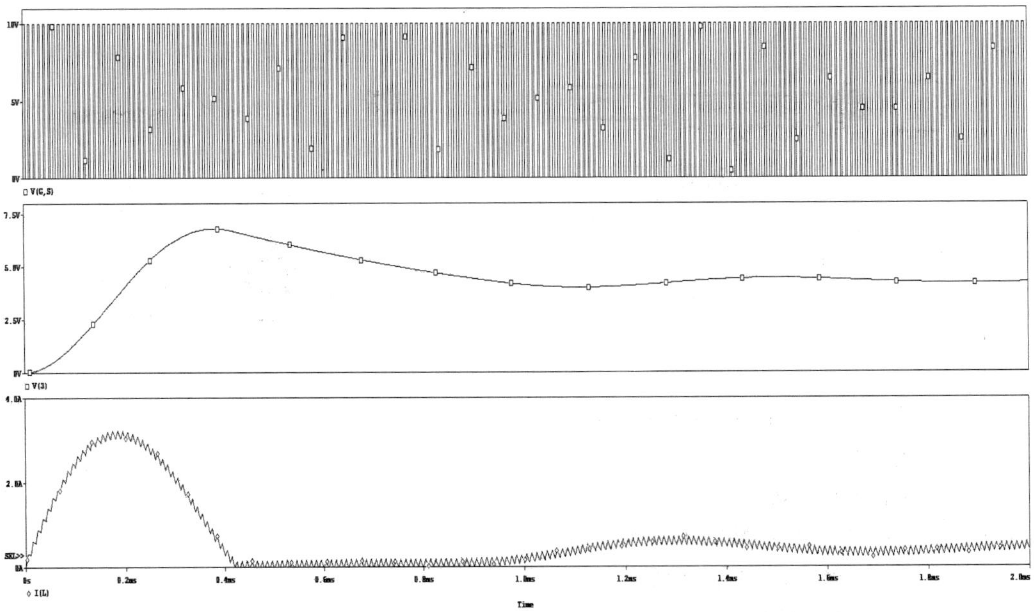

2 체승 쵸퍼(승압 쵸퍼)

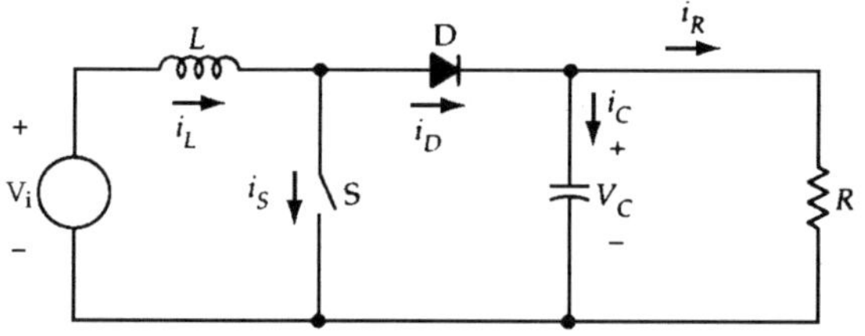

그림 8-3 승압 쵸퍼 회로

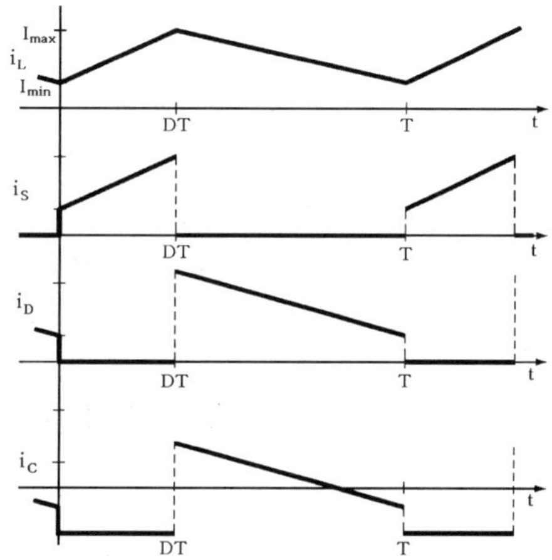

그림 8-4 승압 쵸퍼 파형

① $0 \le t \le DT$ (전류 상승 기간)

이 기간 동안 그림 8-4의 파형에서 볼 수 있듯이, $t = 0$에서 전류의 초기값은 I_{min}이므로, 리액턴스에 흐르는 전류 i_L은 식 (8-3)으로 나타낼 수 있다.

$$i_L(t) = \frac{1}{L}\int_0^t v_i\,dt + I_{min} \tag{8-3}$$

그림 8-4의 파형에서 볼 수 있듯이 $t = DT$에서 리액턴스 전류는 최대값(I_{max})이 된다.

② $DT \le t \le T$(전류 하강 기간)

이 기간 동안 다이오드는 이상적인 모델이라고 가정하면 다이오드에 걸리는 전압은 0이 되고, 그림 8-4의 파형에서 볼 수 있듯이, $t = DT$에서 전류의 초기값은 I_{max}이므로 리액턴스에 흐르는 전류 $i_L(t)$은 식 (8-4)로 나타낼 수 있다.

$$i_L(t) = \frac{1}{L}\int_{DT}^t (v_i - v_c)\,dt + I_{max} \tag{8-4}$$

$t = T$에서 인덕터 전류는 리액턴스 전류 $i_L(t)$은 최대값 I_{max}를 가진다.

실습 8-3

그림 8-3의 승압 쵸퍼 회로에서, 다음 조건일 때 Transient Analysis를 5[ms]까지 실행하여, ① 리액턴스에 흐르는 전류 ② MOSFET에 흐르는 전류 ③ 다이오드 D에 흐르는 전류 ④ 캐패시턴스에 흐르는 전류 ⑤ 출력 전압을 시뮬레이션 하시오.

[조건] (1) 직류 입력 전압원(VDC) : Vin =50[V]
(2) 구형파 전압원(VPULSE) : Vb(V1=0 V2=15 TD=0 TR=TF=1n PW=80u PER=200u)
(3) 저항(R) : R=4[Ω]
(4) 리액턴스(L) : L=1[mH]
(5) 캐패시턴스(C) : C=100[μF]
(6) Power MOSFET(Power_Mbreakn) (이상적인 모델)
(7) 다이오드(Power_Dbreak) (이상적인 모델)

(1) 회로 구성 및 시뮬레이션 결과

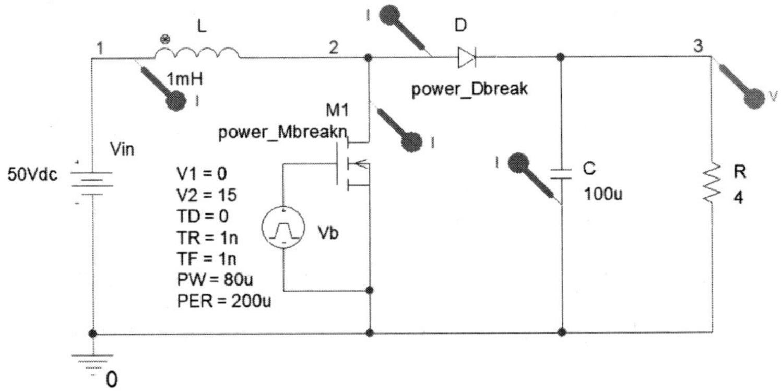

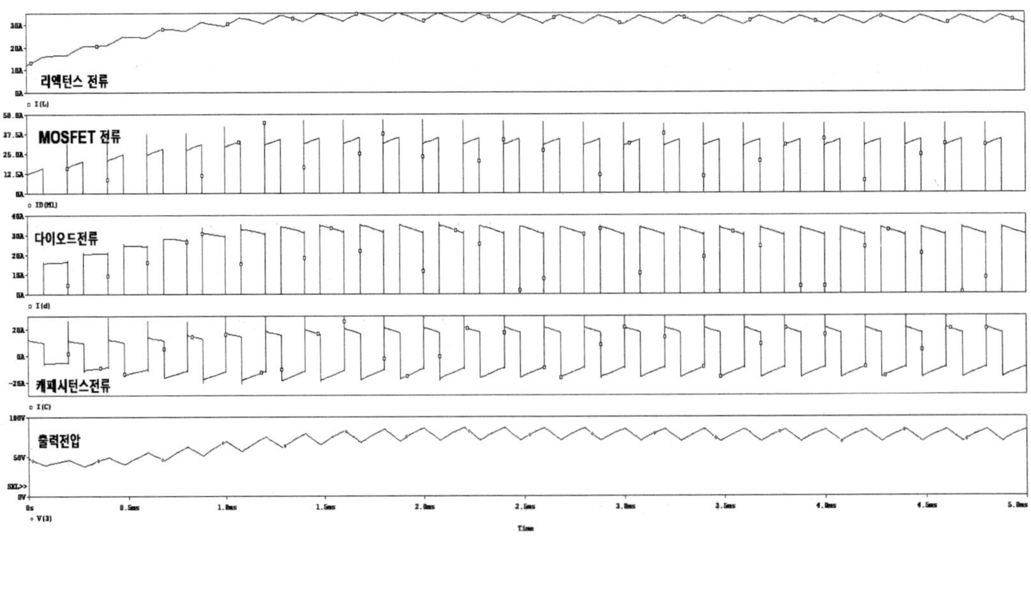

실습 8-4

다음의 승압 쵸퍼 회로에서, 다음 조건일 때 Transient Analysis를 2[ms]까지 실행하여, ① 게이트 전압 ② 출력 전압 ③ 리액턴스에 흐르는 전류를 시뮬레이션 하시오.

[조건] (1) 직류 입력 전압원(VDC) : Vin=48[V]
(2) 구형파 전압원(VPULSE) : Vg(V1=0 V2=10 TD=1n TR=TF=1n PW=3u PER=10u)
(3) 저항(R) : R1=0.1[Ω], R2=0.01[Ω], R3=10[Ω], R4=100[kΩ], Rg=10[Ω],
(4) 리액턴스(L) : L1=50[μH]
(5) 캐패시턴스(C) : C1=470[μF]
(6) Power MOSFET(power_Mbreakn) (이상적인 모델)
(7) 다이오드(power_Dbreak) (이상적인 모델)

(1) 회로 구성 및 시뮬레이션 결과

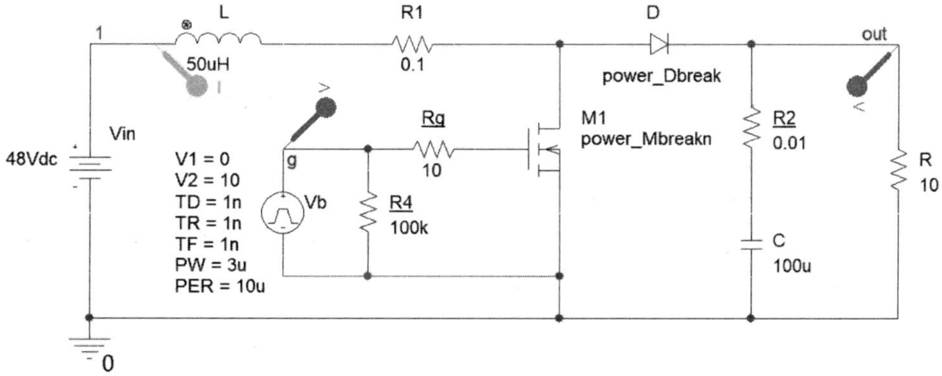

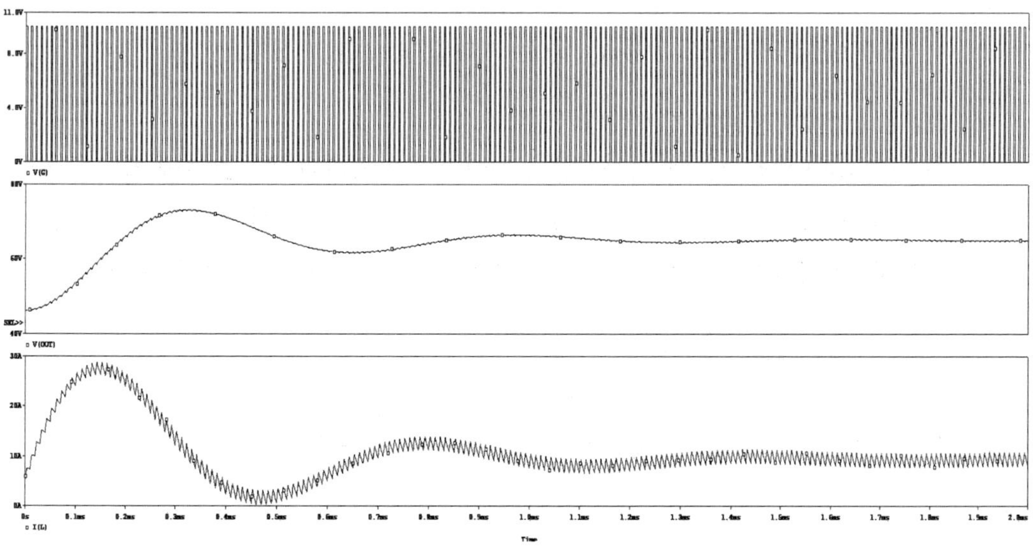

3 승·강압 쵸퍼

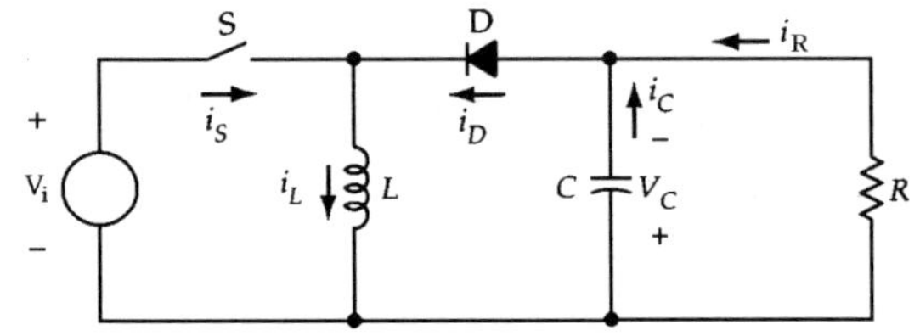

그림 8-5 승·강압 쵸퍼

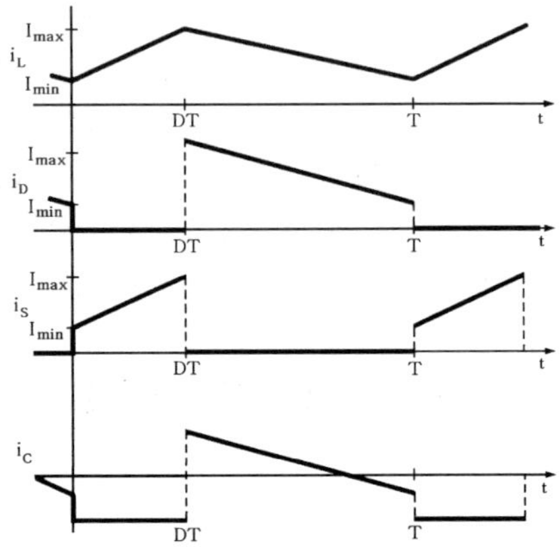

그림 8-6 승·강압쵸퍼 파형

① $0 \le t \le DT$ (전류 상승 기간)

이 기간 동안 그림 8-6의 파형에서 볼 수 있듯이 $t = 0$ 에서 전류의 초기값은 I_{min} 이므로, 리액턴스에 흐르는 전류 i_L은 식 (8-5)로 나타낼 수 있다.

$$i_L(t) = \frac{1}{L}\int_0^t v_i\,dt + I_{min} \tag{8-5}$$

$t = DT$ 에서 리액턴스 전류 $i_L(t)$는 최대값 I_{max} 을 가진다.

② $DT \le t \le T$ (전류 하강 기간)

이 기간 동안 다이오드를 이상적인 모델이라고 가정하면 다이오드에 걸리는 전압은 0이 되고, 그림 8-6의 파형에서 볼 수 있듯이 $t = DT$ 에서 전류의 초기값은 I_{max} 이므로, 리액턴스에 흐르는 전류 $i_L(t)$은 식 (8-6)으로 나타낼 수 있다.

$$i_L(t) = -\frac{1}{L}\int_0^t v_c\,dt + I_{max} \tag{8-6}$$

$t = T$ 에서 리액턴스 전류 $i_L(t)$는 최소값 I_{min} 이 된다.

실습 8-5

그림 8-5의 승·강압 쵸퍼 회로에서, 다음 조건일 때 Transient Analysis를 5[ms]까지 실행하여, ① 리액턴스에 흐르는 전류 ② 다이오드에 흐르는 전류 ③ 입력 전류 ④ 캐패시턴스에 흐르는 전류를 구하라 ⑤ 출력 전압을 시뮬레이션 하시오.

[조건] (1) 직류 입력 전압원(VDC) : Vin=50[V]
(2) 구형파 전압원(VPULSE) : Vb(V1=0 V2=15 TD=0 TR=TF=1n PW=80u PER=200u)
(3) 저항(R) : R=4[Ω]
(4) 리액턴스(L) : L=1[mH]
(5) 캐패시턴스(C) :C=100[μF]
(6) Power MOSFET(power_Mbreakn) (이상적인 모델)
(7) 다이오드(power_Dbreak) (이상적인 모델)

(1) 회로 구성 및 시뮬레이션 결과

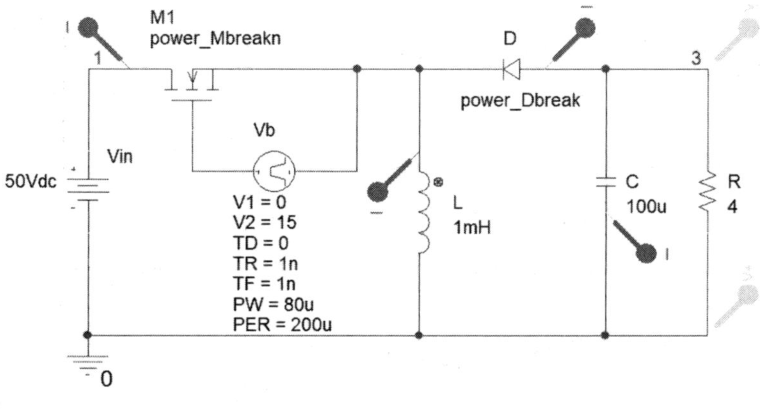

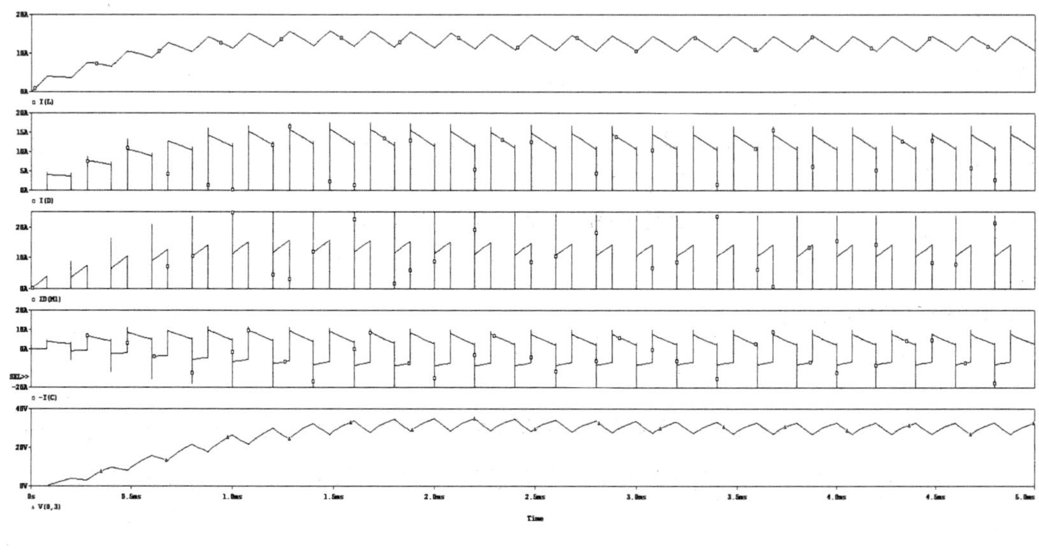

4 Cúk 쵸퍼

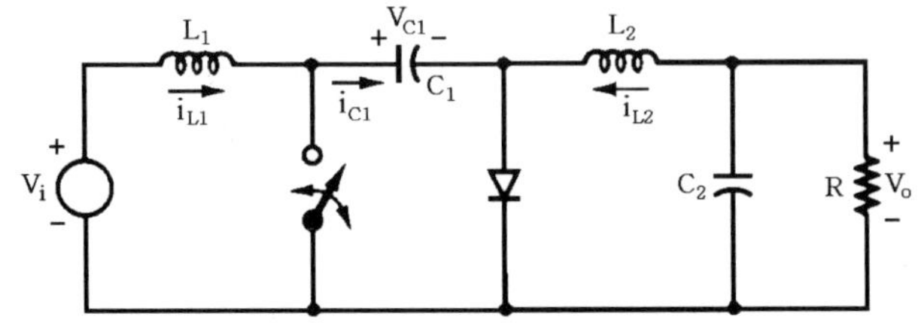

그림 8-7 Cúk 쵸퍼 회로

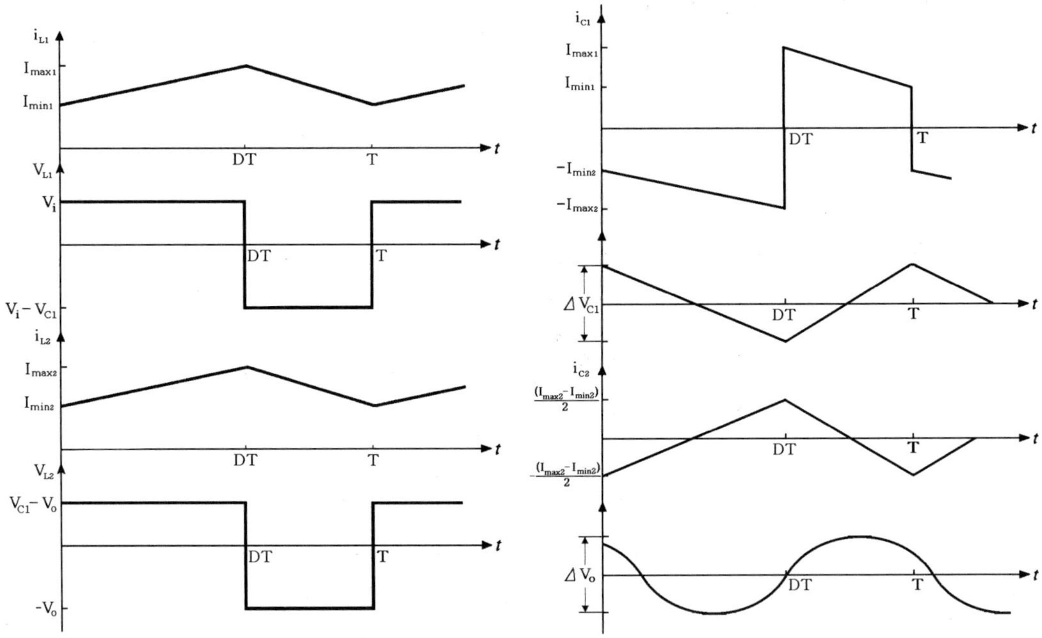

그림 8-8 Cúk 쵸퍼 회로 파형

[인덕터 전류 i_{L1}]

① $0 \le t \le DT$ (전류 상승 기간)

이 기간 동안 그림 8-8의 파형에서 볼 수 있듯이 $t=0$ 에서 리액턴스의 전류 i_{L1} 의 초기값은 $I_{\min 1}$ 이므로, 리액턴스에 흐르는 전류는 식 (8-7)로 나타낼 수 있다.

$$i_{L1}(t) = \frac{1}{L_1}\int_0^t v_i\, dt + I_{\min 1} \tag{8-7}$$

$t = DT$ 에서 리액턴스 전류 $i_{L1}(t)$는 최대값 $I_{\max 1}$ 을 가진다.

② $DT \le t \le T$ (전류 하강 기간)

이 기간 동안 다이오드는 이상적인 모델이라고 가정하면 다이오드에 걸리는 전압은 0이 되고, $t = DT$에서 리액턴스의 전류 i_{L2} 의 초기값은 $I_{\max 1}$ 이므로, 리액턴스에 흐르는 전류는 식 (8-8)로 나타낼 수 있다.

$$i_{L1}(t) = \frac{1}{L_1}\int_{DT}^t (v_i - v_{c1})\, dt + I_{\max 1} \tag{8-8}$$

$t = T$ 에서 리액턴스 전류 $i_{L1}(t)$는 최소값$I_{\min 1}$ 이 된다.

[인덕터 전류 i_{L2}]

① $0 \le t \le DT$ (전류 상승 기간)

이 기간 동안 그림 8-8의 파형에서 볼 수 있듯이 $t = 0$ 에서 리액턴스의전류 i_{L2} 의 초기값은 $I_{\min 2}$ 이므로, 리액턴스에 흐르는 전류는 식 (12-9)로 나타낼 수 있다.

$$i_{L2}(t) = \frac{1}{L_2}\int_0^t (v_{c1} - v_o)\, dt + I_{\min 2} \tag{8-9}$$

$t = DT$ 에서 리액턴스 전류 $i_{L2}(t)$는 최대값 $I_{\max 2}$ 이 된다.

② $DT \le t \le T$ (전류 하강 기간)

이 기간 동안 다이오드를 이상적인 모델이라고 가정하면 다이오드에 걸리는 전압은 0이 되고, $t = DT$에서 리액턴스의 전류 i_{L2} 의 초기값은 $I_{\max 2}$ 이므로, 리액턴스에 흐르는 전류는 식 (8-10)으로 나타낼 수 있다.

$$i_{L2}(t) = \frac{1}{L_2}\int_{DT}^t v_o\, dt + I_{\max 2} \tag{8-10}$$

$t = T$ 에서 리액턴스 전류 $i_{L2}(t)$는 최소값$I_{\min 2}$ 이 된다.

실습 8-6

그림 8-7의 Cúk 쵸퍼 회로에서, 다음 조건일 때 Transient Analysis를 20[ms]까지 실행하여, 11[ms]~11.11[ms] 동안 ① 리액턴스 L_1에 흐르는 전류 ② 리액턴스 L_1에 걸리는 전압 ③ 리액턴스 L_2에 흐르는 전류 ④ 리액턴스 L_2에 걸리는 전압 ⑤ 캐패시턴스 C_1에 흐르는 전류 ⑥ 캐패시턴스 C_2에 흐르는 전류 ⑦ 출력전압을 시뮬레이션 하시오.

[조건] (1) 직류 입력 전압원(VDC) : Vin=20[V]
(2) 구형파 전압원(VPULSE) : Vb(V1=0 V2=15 TD=0 TR=TF=1n PW=26.7u PER=40u)
(3) 저항(R) : R=5[Ω]　　(4) 리액턴스(L) : L1=200[μH], L2=150[μH]
(5) 캐패시턴스(C) : C1=200[μF], C2=220[μF]
(6) Power MOSFET(power_Mbreakn) (이상적인 모델)
(7) 다이오드(power_Dbreak) (이상적인 모델)

(1) 회로 구성 및 시뮬레이션 결과

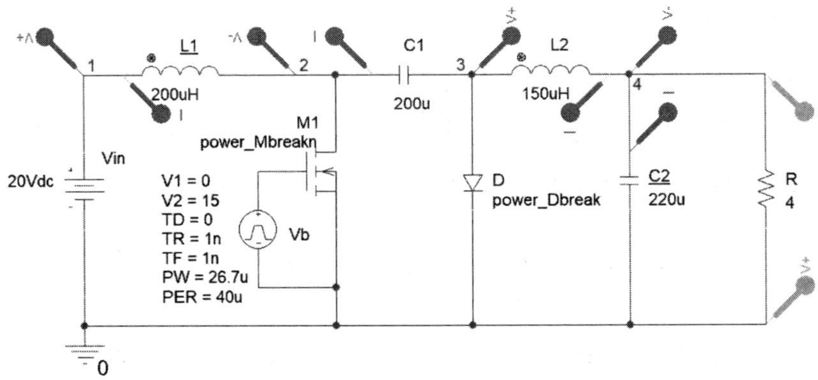

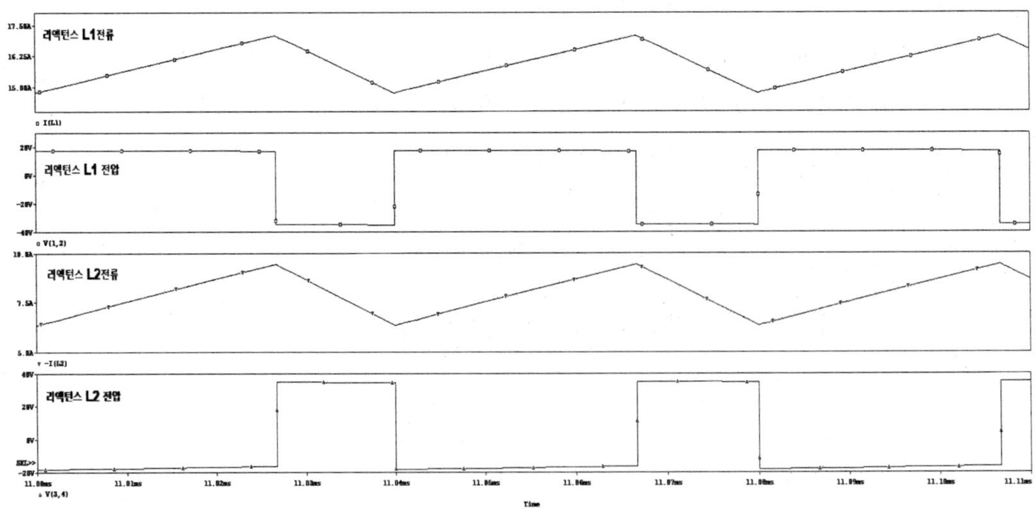

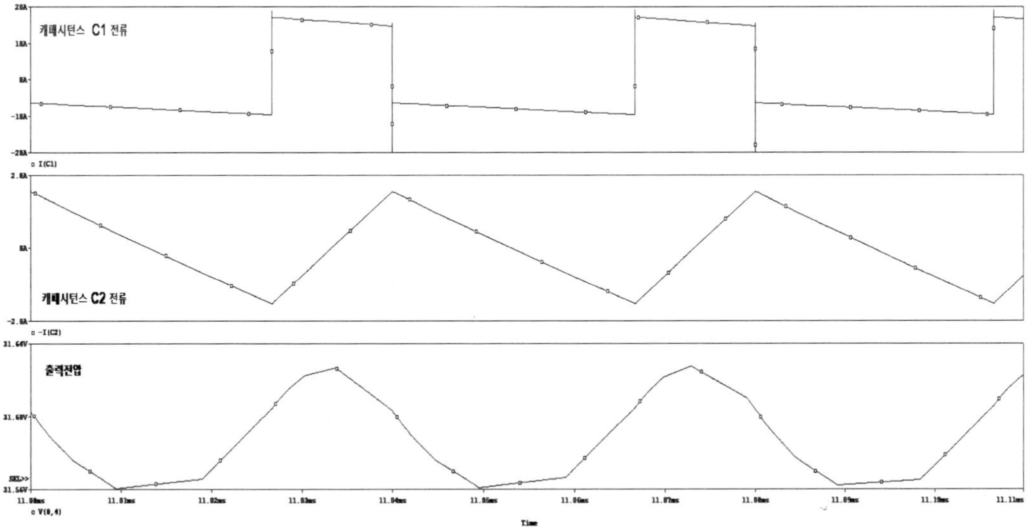

캐패시턴스 C1 전류
I(C1)
캐패시턴스 C2 전류
-I(C2)
출력전압
V(8,4)
Time

MEMO

CHAPTER

9

ABM 활용

ABM(Analog Behavioral Modeling) 라이브러리는 소자를 이용하여 회로를 구성하여 시뮬레이션을 수행하지 않고 전달함수나 Look-Up 테이블 등을 사용하여 회로를 시뮬레이션 할 수 있는 기능을 가지는 소자이다.

실습 9-1

입력파형을 미분하는 회로이다. 다음 조건에서 Transient Analysis를 40[ms]까지 실행하여, ① 입력파형 ② 미분 파형을 시뮬레이션 하시오.

[조건] (1) 교류 정현파 전압원(VSIN) : Vin(VOFF=0 VAMPL=10 FREQ=60)
(2) 미분기(DIFFER) : Gain=0.00265
(3) 저항(R) : R=1[kΩ]

(1) 회로 구성 및 시뮬레이션 결과

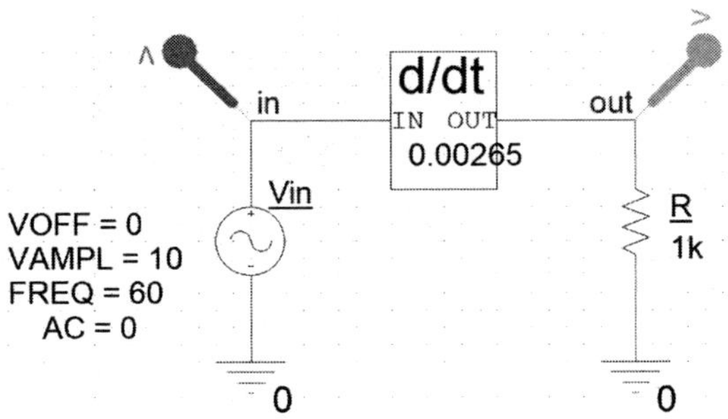

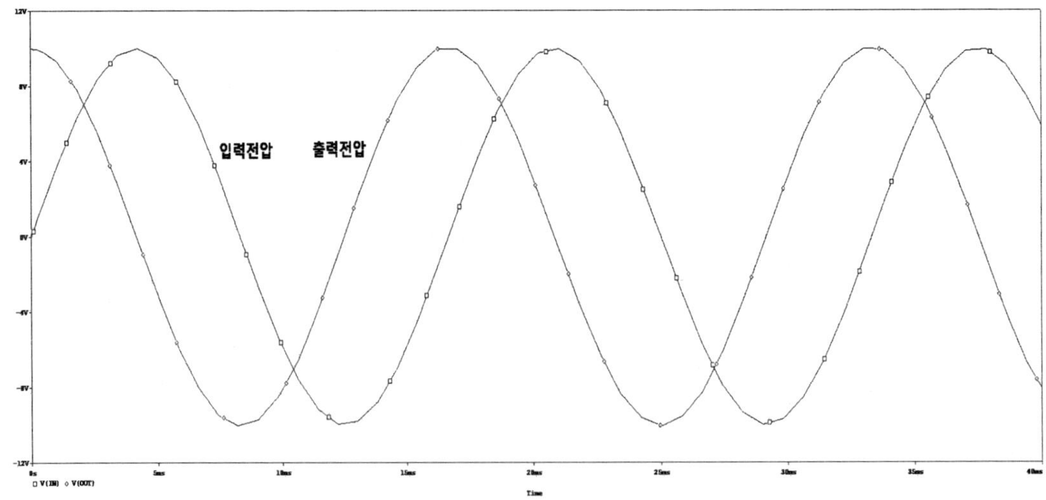

실습 9-2

입력파형을 미분하고, 그 값의 절대값을 출력회로이다. 다음 조건에서 Transient Analysis를 50[ms]까지 실행하여, ① 입력파형 ② 미분 파형 ③ 절대값 파형을 시뮬레이션 하시오.

[조건] (1) 교류 정현파 전압원(VSIN) : Vin(VOFF=0 VAMPL=10 FREQ=60)
(2) 절대값(ABS)
(3) 미분기(DIFFER)
(4) 저항(R) : R=10[Ω]

(1) 회로 구성 및 시뮬레이션 결과

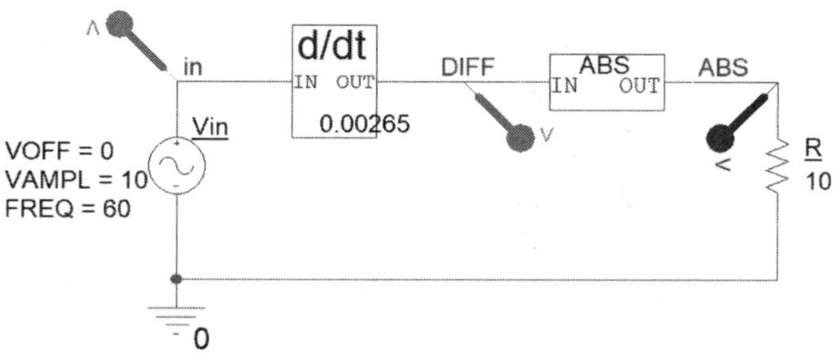

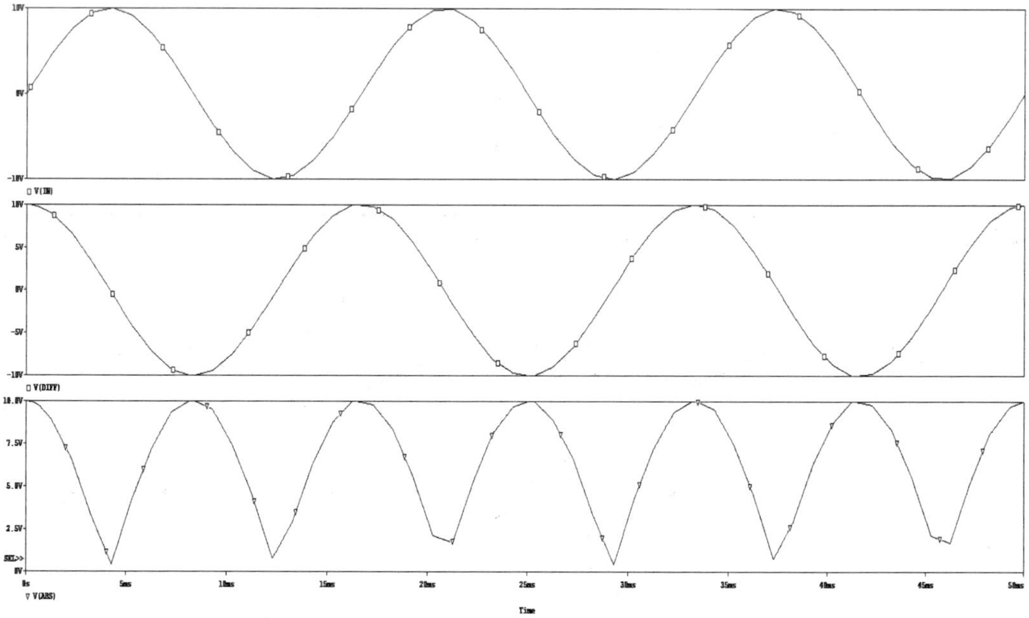

실습 9-3

입력파형을 적분하는 회로이다. 다음 조건에서 Transient Analysis를 12[ms]까지 실행하여, ① 입력파형 ② 미분 파형을 시뮬레이션 하시오.

[조건] (1) 구형파 전압원(VPULSE) : Vin(V1=5 V2=−5 TD=2m TR=TF=0 PW=2m PER=4m)
(2) 적분기(INTEG) : Gain=1.0
(3) 저항(R) : R=1[kΩ]

(1) 회로 구성 및 시뮬레이션 결과

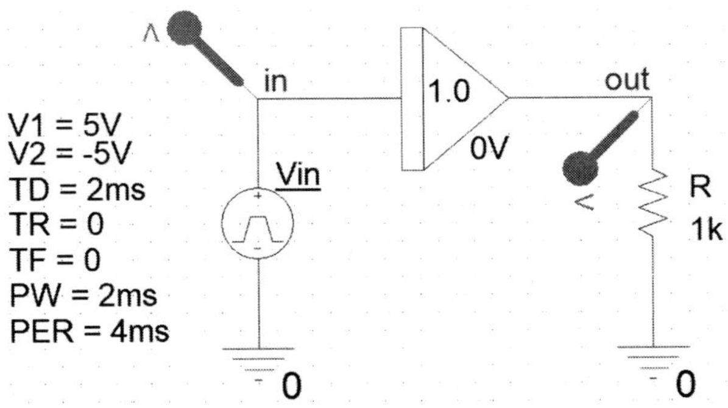

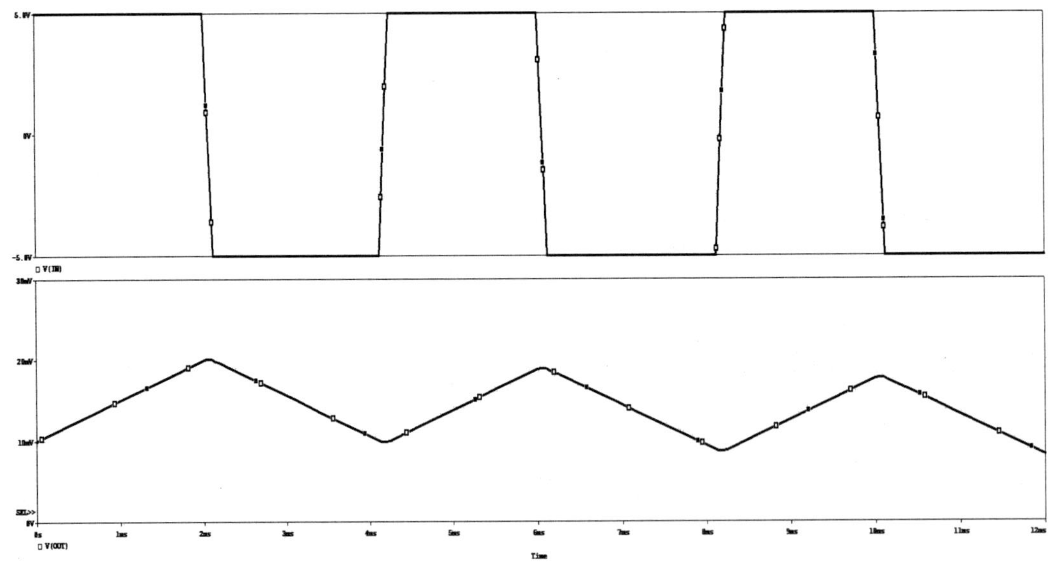

실습 9-4

입력파형을 적분하고, 적분한 파형을 미분하는 회로이다. 다음 조건에서 Transient Analysis를 60[μs]까지 실행하여, ① 입력파형 ② 미분 파형 ③ 출력 파형을 시뮬레이션 하시오.

[조건] (1) 교류 구형파 전압원(VPULSE) V_{in}: (V1=0 V2=5 TD=TR=TF=0 PW=10u PER=20u)
(2) 적분기(INTEG)
(3) 미분기(DIFFER)

(1) 회로 구성 및 시뮬레이션 결과

※ OUT 심벌을 지정하기 위해서는 1번 클릭, 2번 클릭, 3번 클릭하고 VCC를 더블 클릭하여 OUT으로 변경하면 됨

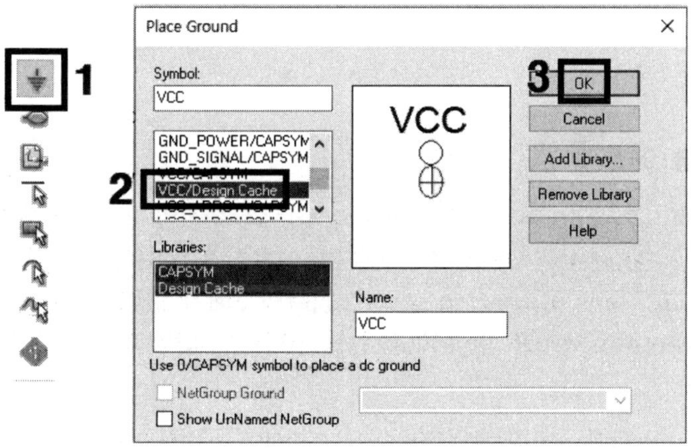

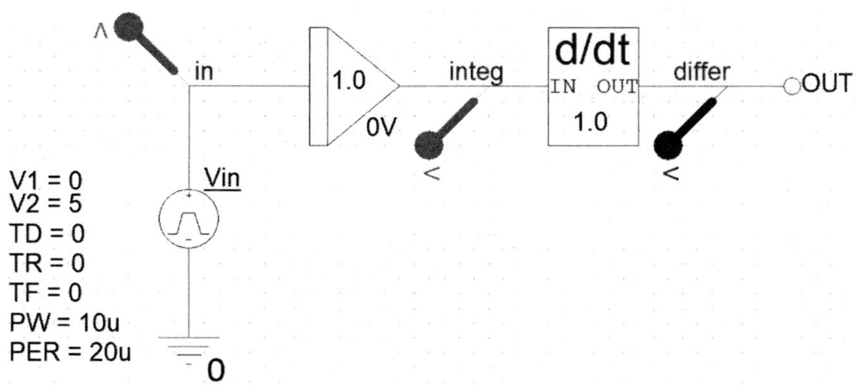

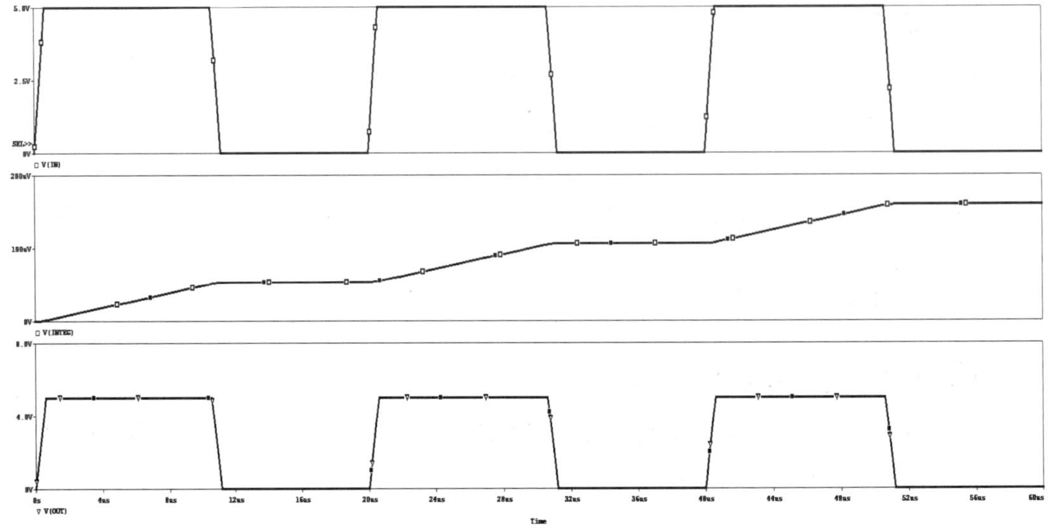

실습 9-5

입력전압을 제어하여 출력전압을 제어하는 종속 전압 제어 전압원(Voltage Controlled Voltage Source(VCVS))인 EVALUE를 이용한 회로이다. 2[ms]까지는 입력이 그대로 출력되고, 2[ms]이후부터의 출력은 입력의 3배가 출력되도록 할 때, 다음 조건에서 Transient Analysis를 4[ms]까지 실행하여, ① 입력 파형 ② 출력 파형을 시뮬레이션 하시오.

[조건] (1) 교류 정현파 전압원(VSIN) : Vin(VOFF=0 VAMPL=10 FREQ=1k)
(2) 전압제어 전압원(EVALUE)
(3) 저항(R) : R=10[Ω]

(1) 회로 구성 및 시뮬레이션 결과

IF(a,b,c)에서, a가 참이면 출력은 b이고 그렇지 않으면 출력은 c가 된다. 즉 IF(TIME < 2m,V(%IN+,%IN−), 3*V(%IN+,%IN−))는 2[ms]까지는 입력이 그대로 출력되고, 2[ms] 이후에는 입력의 3배가 출력된다.

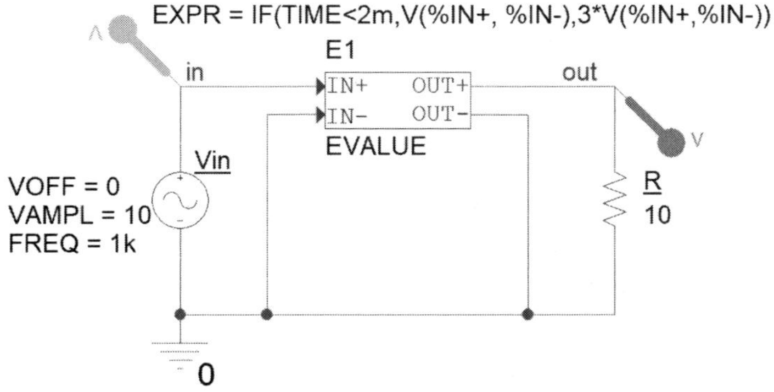
EXPR = IF(TIME<2m,V(%IN+, %IN-),3*V(%IN+,%IN-))
E1
in
IN+
OUT+
IN-
OUT-
out
EVALUE
Vin
VOFF = 0
VAMPL = 10
FREQ = 1k
R
10
0

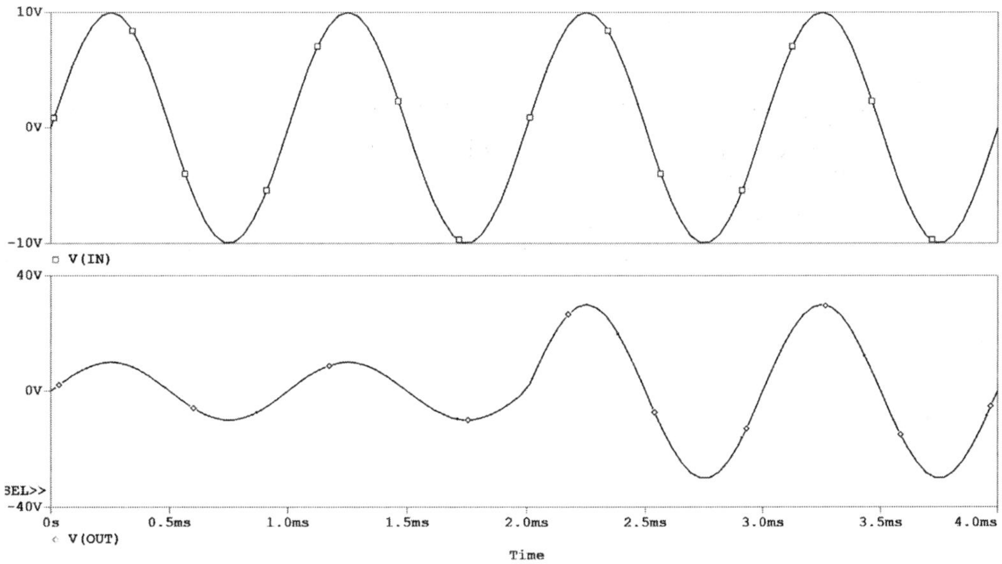
10V
0V
-10V
V(IN)
40V
0V
-40V
0s
0.5ms
1.0ms
1.5ms
2.0ms
2.5ms
3.0ms
3.5ms
4.0ms
V(OUT)
Time

실습 9-6

정류기의 동작을 하는 전압제어용 전압원인 EVALUE를 이용한 회로이다. 다음 조건에서 Transient Analysis를 40[ms]까지 실행하여, ① 입력 파형 ② 출력 파형을 시뮬레이션 하시오.

[조건] (1) 교류 정현파 전압원(VSIN) : Vin(VOFF=0 VAMPL=10 VFREQ=60)
(2) 전압제어 전압원(EVALUE) : ABS(V(%IN+,%IN−))
(3) 저항(R) : R=1[kΩ]

(1) 회로 구성 및 시뮬레이션 결과

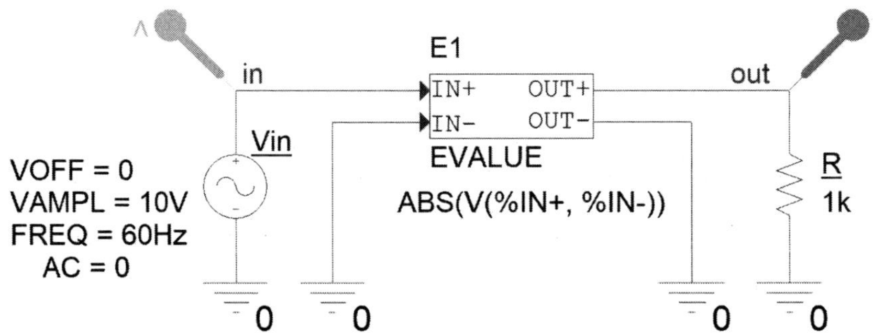

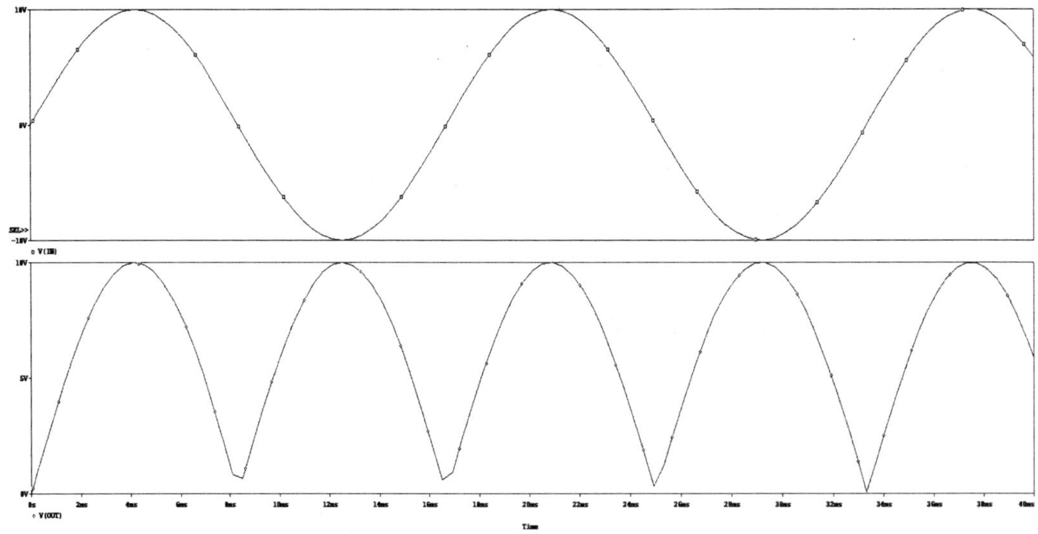

실습 9-7

전압제어용 전압원인 EFREQ를 이용한 회로이다. 다음 조건에서 AC Analysis를 ① 출력파형 ② 크기 변화 파형 ③ 위상 변화 파형을 시뮬레이션 하시오.

[조건] (1) 교류 전압원(VAC) : Vin(1Vac, 0Vdc)
(2) 저항(R) : R=1[kΩ]
(3) 전압제어 전압원(Frequency Look-up Table)(EFREQ)
Table=(0,0,0)(5kHz,0,16)(6kHz,−60,19.2)

(1) 회로 구성 및 시뮬레이션 결과

Table=(0,0,0)(5kHz,0,16)(6kHz,−60,19.2)

첫 번째항 : 주파수 성분, 두 번째항 : 크기, 세 번째항 : 위상

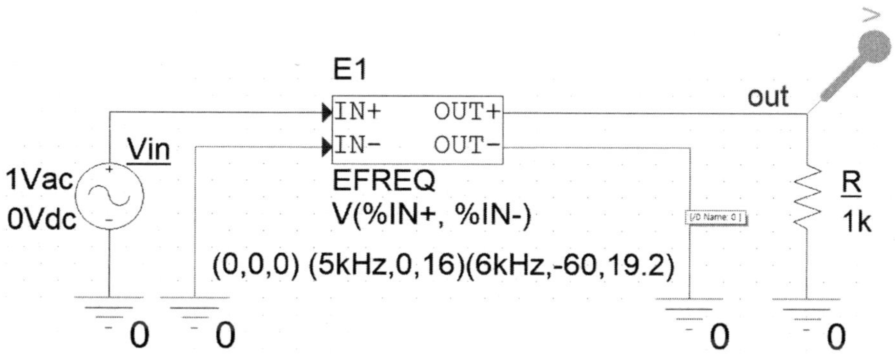

– AC Analysis 설정

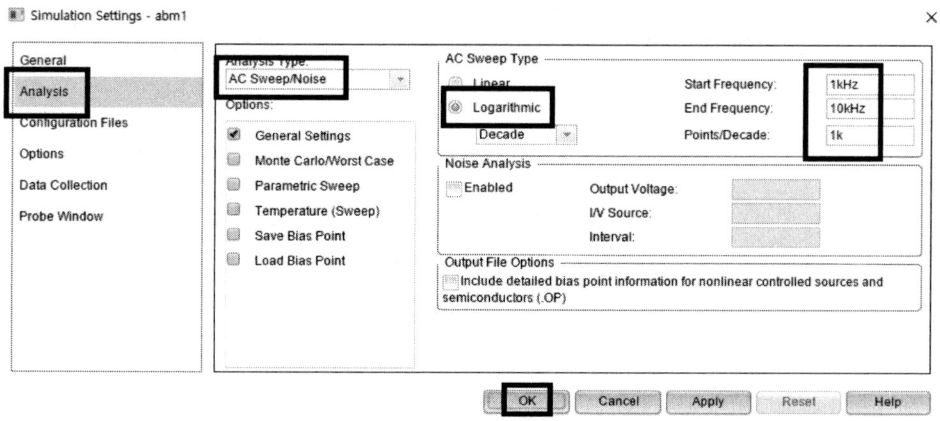

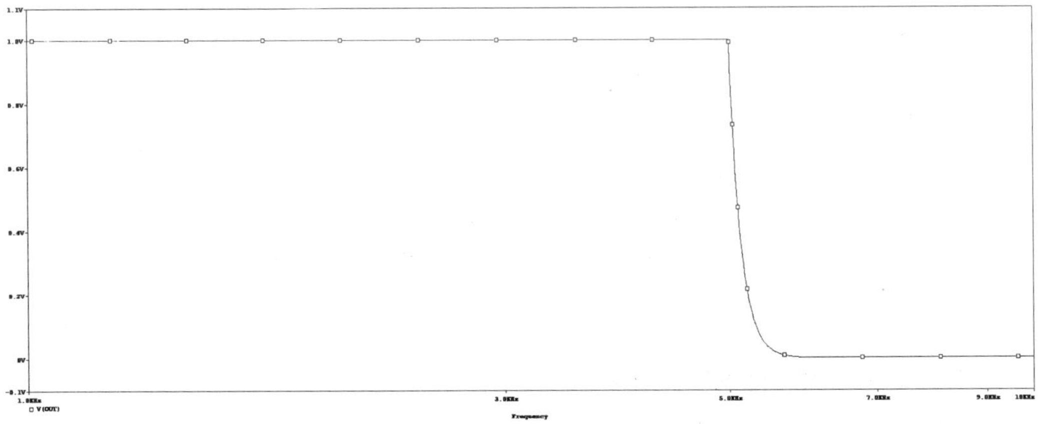

– 위상이 0°에서 60°로 변화 : db(V(out)) (Trace → Add Trace → Trace Expression)

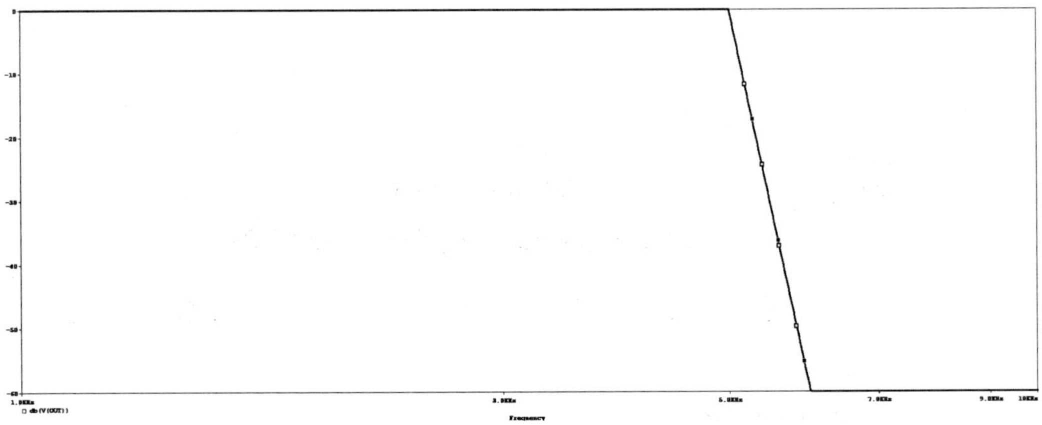

– 5kHz에서의 크기 16이 6kHz에서는 19.2로 변화 : P(V(out))

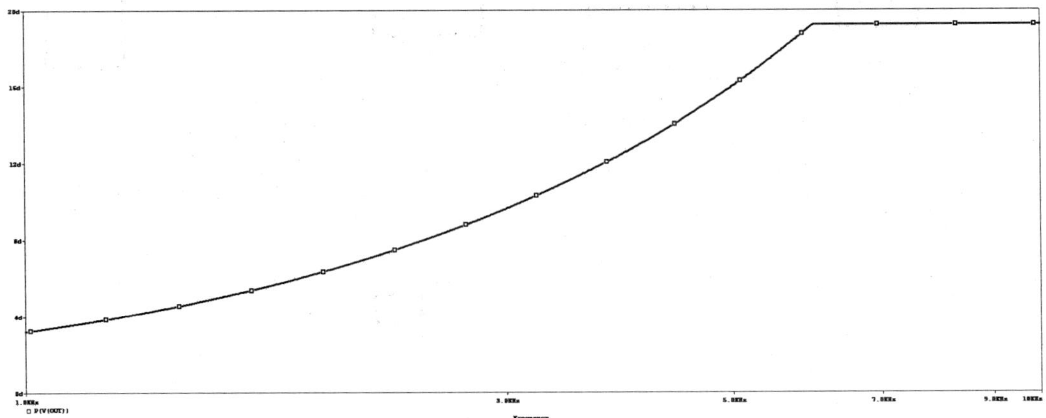

실습 9-8

전압제어용 전압원인 EFREQ를 이용한 저역필터회로이다. 다음 조건에서 AC Analysis를 ① 출력파형 ② 크기 변화 파형 ③ 위상 변화 파형을 시뮬레이션 하시오.

[조건] (1) 교류 전압원(VAC) : Vin(10Vac, 0Vdc)
(2) 저항(R) : R=1[kΩ]
(3) 전압제어 전압원(Frequency Look-up Table) : EFREQ
Table=(100,0,0)(160,−3,−45)(1.6k,−20,−84)(16k,−40,−89)(160k,−60,−90)

(1) 회로 구성 및 시뮬레이션 결과

Table=(100, 0, 0)(160, −3, −45)(1.6k, −20, −84)(16k, −40, −89)(160k, −60, −90)
첫 번째항 : 주파수 성분, 두 번째항 : 크기, 세 번째항 : 위상

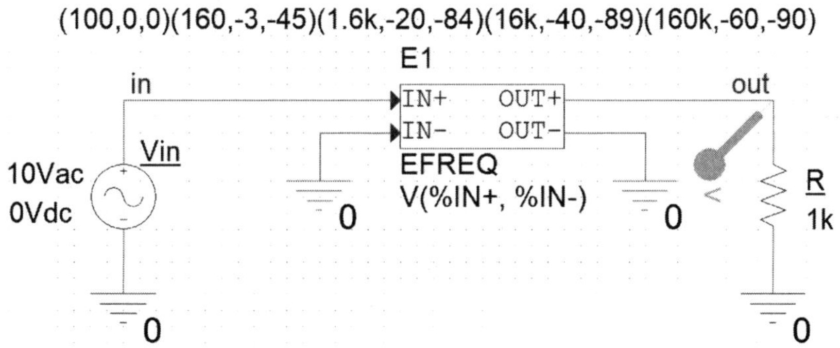

− AC Analysis

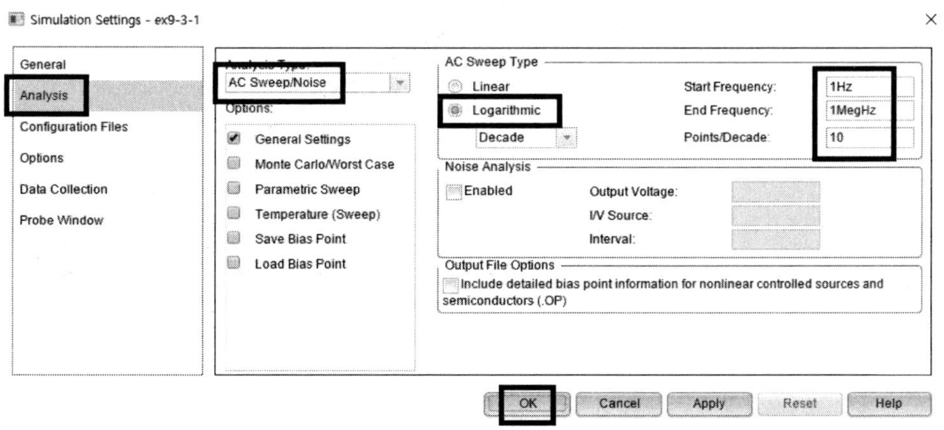

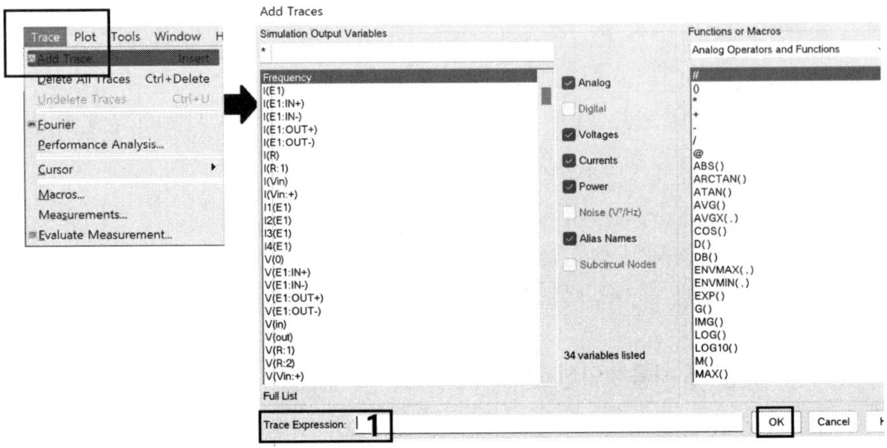

– 위 그림에서 1번의 Trace Expression에 위상 변화=db(V(out)), 크기 변화 : P(V(out))를 입력하면 아래와 같은 파형이 나옴.

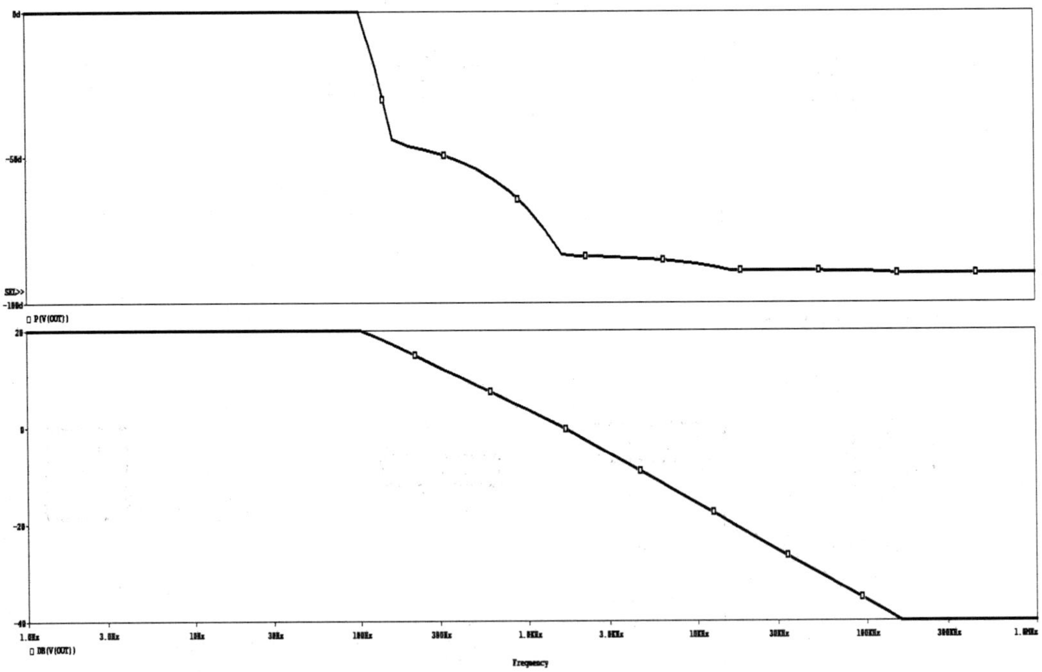

실습 9-9

Limiters들은 출력전압의 크기를 최대값과 최소값으로 제한하는 기능을 소자들이다. LIMIT는 출력전압의 크기의 최대값과 최소값을 제한하며, GLIMIT는 LIMIT과 같은 기능과 Gain으로 증폭을 하는 기능을 가지고 있다. 입력을 교류 정현파로 가했을 때 LIMIT를 −10V ~ +10V, GLIMIT는 −20V ~ +20V, Gain=2로 하였을 때의 Transient 무묘논 해석을 실행하여, 각 단의 파형을 시뮬레이션 하시오.

[조건] (1) 교류 전압원(VAC) : Vin(VOFF=0 VAMPL=20 FREQ=1k)
(2) LIMIT : HI=10, LO=−10
(3) GLIMIT : HI=10, LO=−10, Gain=2

(1) 회로 구성 및 시뮬레이션 결과

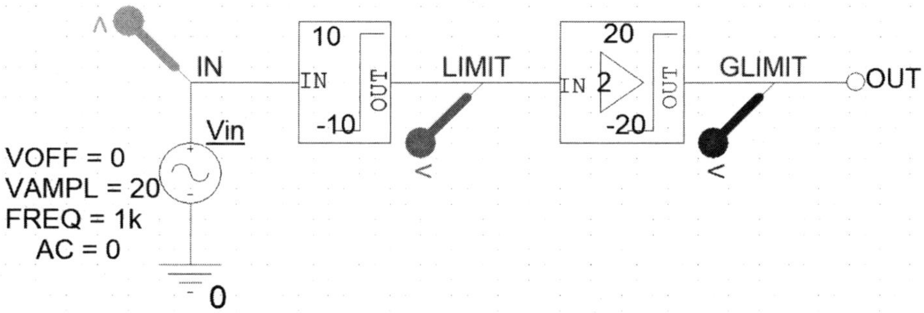

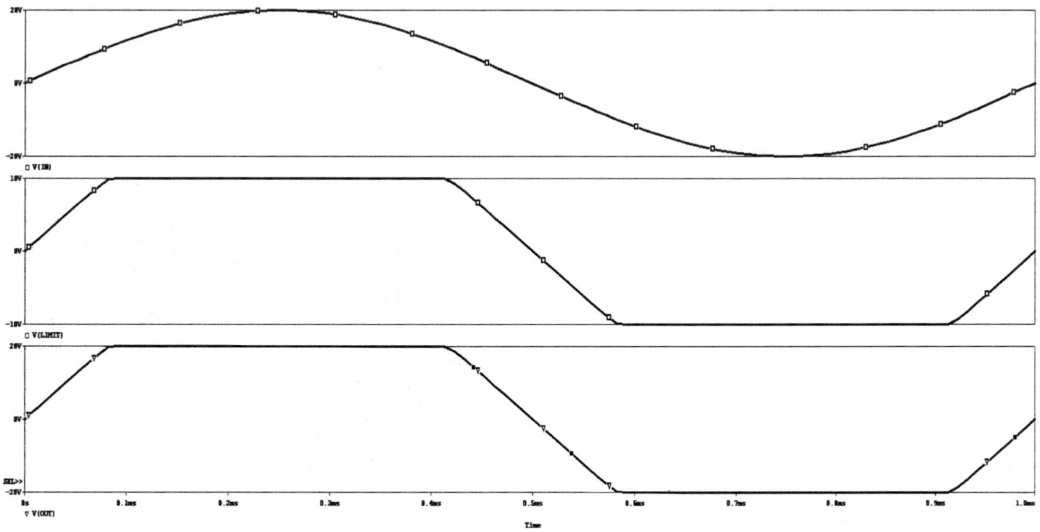

실습 9-10

전압제어용 전류원인 GVALUE를 이용한 회로이다. 2[ms]까지는 입력이 그대로 출력되고, 2[ms] 이후부터의 출력은 입력의 3배가 출력되도록 할 때, 다음 조건에서 Transient Analysis를 4[ms]까지 실행하여, ① 입력 파형 ② 출력 파형을 시뮬레이션 하시오.

[조건] (1) 교류 정현파 전압원(VSIN) : Vin(VOFF=0 VAMPL=10 FREQ=1k)
(2) 전압제어 전압원(GVALUE)
(3) 저항(R) : R=10[Ω]

(1) 회로 구성 및 시뮬레이션 결과

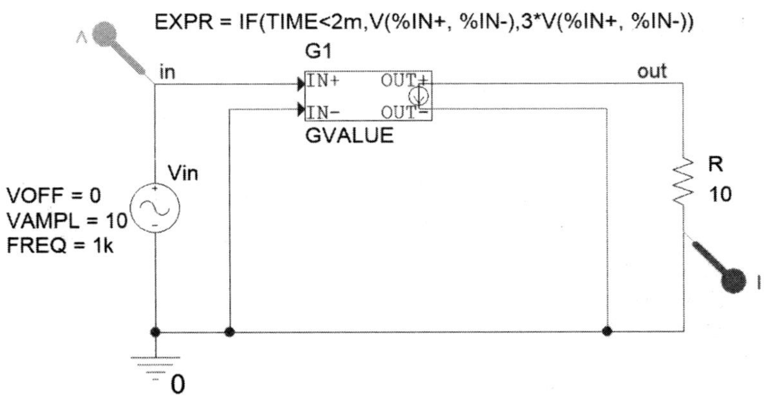

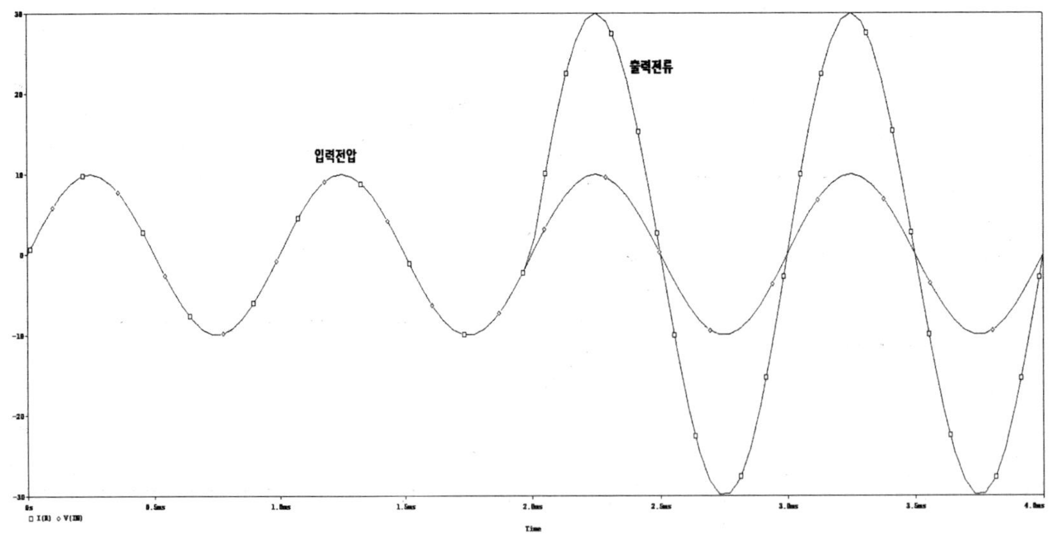

실습 9-11

전압제어용 전류원인 GFREQ를 이용한 회로이다. 다음 조건에서 Transient Analysis를 3[ms]까지 실행하여, ① 입력 파형 ② 출력 파형을 시뮬레이션 하시오.

[조건] (1) 교류 정현파 전압원(VSIN) :Vin(VOFF=0 VAMPL=10 FREQ=1k)
(2) 전압제어 전류원(GFREQ)
(3) 저항(R) : R=5[Ω]
(4) DC 성분 : 0[dB], 크기 : 0[dB], 위상 : 0°
주파수 1[MegHz], 크기 : –5[dB], 위상 90°

(1) 회로 구성 및 시뮬레이션 결과

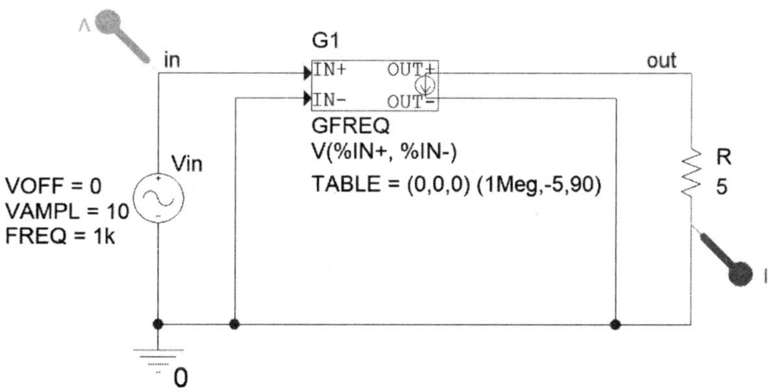

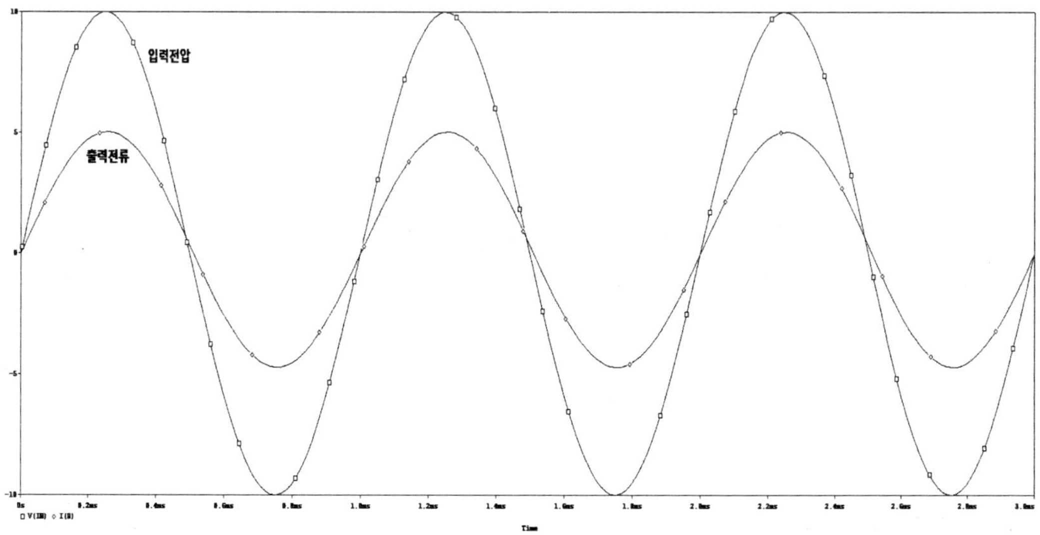

실습 9-12

전압제어용 전압원인 ETABLE를 이용한 회로이다. 다음 조건에서 Transient Analysis를 3[ms]까지 실행하여, ① 입력 파형 ② 출력 파형을 시뮬레이션 하시오.

[조건] (1) 교류 정현파 전압원(VSIN) : Vin(VOFF=0 VAMPL=20 FREQ=1k)
(2) 전압제어 전압원(ETABLE)
(3) 저항(R) : R=5[Ω]
(4) 입력전압이 -15[V]이하일 때 출력전압은 -15[V]를 유지하고,
입력전압이 +15[V]이상일 때 출력전압은 +15[V]를 출력전압을 유지

(1) 회로 구성 및 시뮬레이션 결과

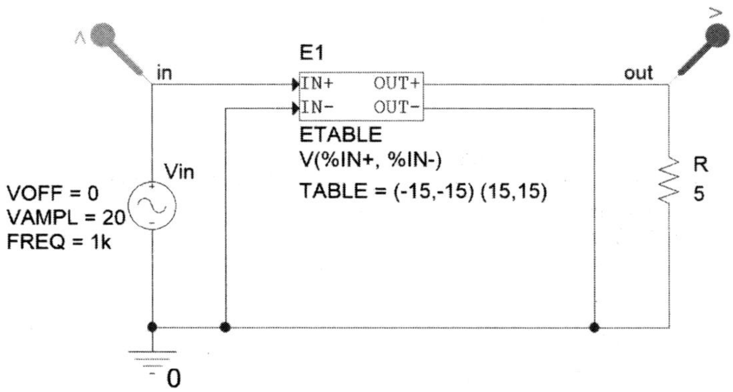

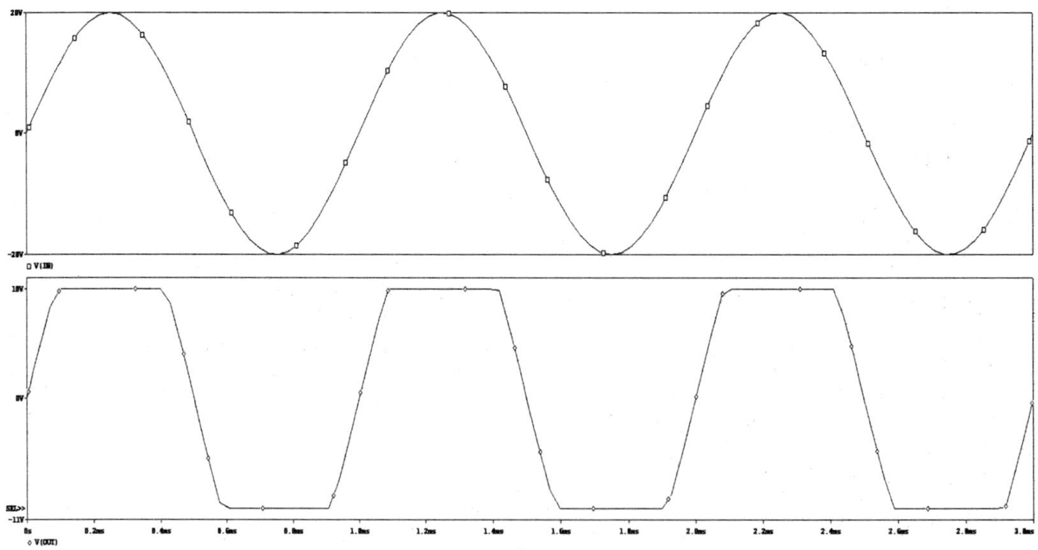

실습 9-13

전압제어용 전압원인 ETABLE를 이용한 회로이다. 다음 조건에서 Transient Analysis를 3[ms]까지 실행하여, ① 입력 파형 ② 출력 파형을 시뮬레이션 하시오.

[조건] (1) 교류 정현파 전압원(VSIN) : Vin(VOFF=0 VAMPL=20 VFREQ=1k)
(2) 전압제어 전압원(GTABLE)
(3) 저항(R) : R=5[Ω]
(4) 출력전류가 –15[A]이하이면, –5[A]로 제한하고,
출력전류가 15[A]이상일 때에는 출력전류를 –5[A]로 제한

(1) 회로 구성 및 시뮬레이션 결과

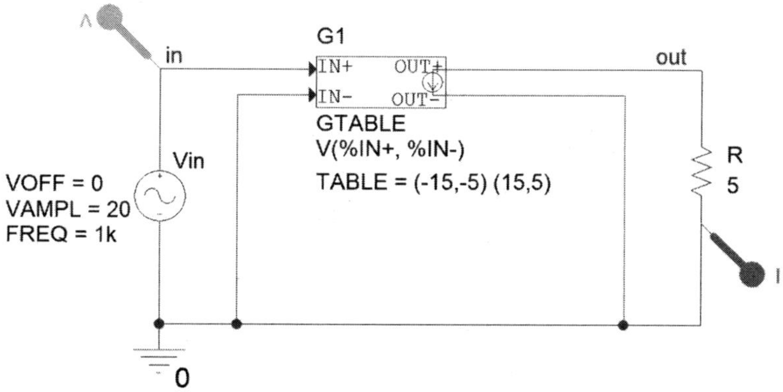

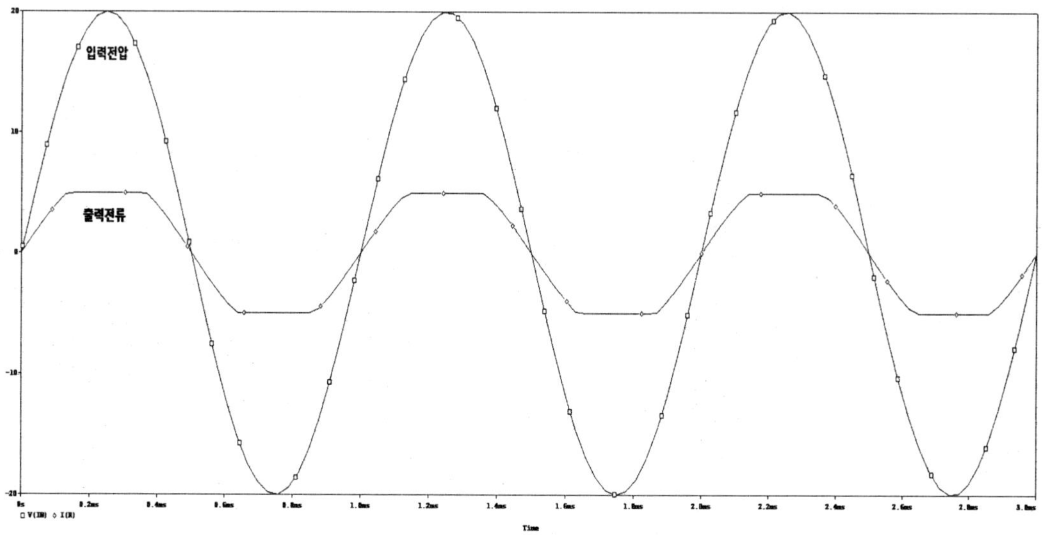

실습 9-14

크기 변조 신호(Amplitude Modulated)에 대한 회로이다. 다음 조건에서 Transient Analysis를 10[ms]까지 실행하여, AM 변조 신호 파형을 시뮬레이션 하시오.

[조건] (1) 교류 정현파 전압원(VSIN) : Vcar (VOFF=0 VAMPL=1 FREQ=5k)
(2) 교류 정현파 전압원(VSIN) : Vmod(VOFF=0 VAMPL=0.5 FREQ=500)
(3) 저항(R) : R=100[Ω]
(4) 승산기(MULT)

(1) 회로 구성 및 시뮬레이션 결과

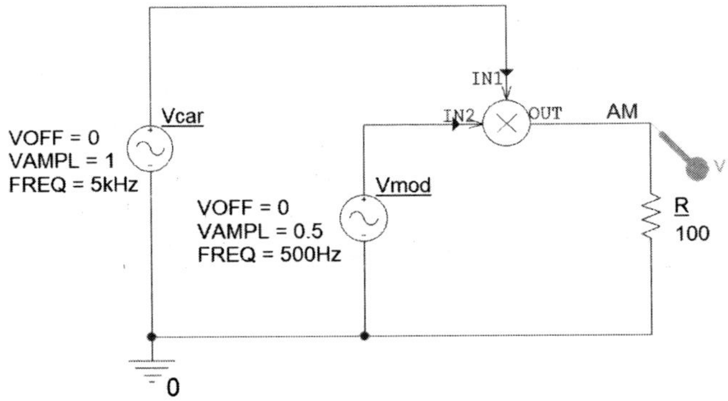

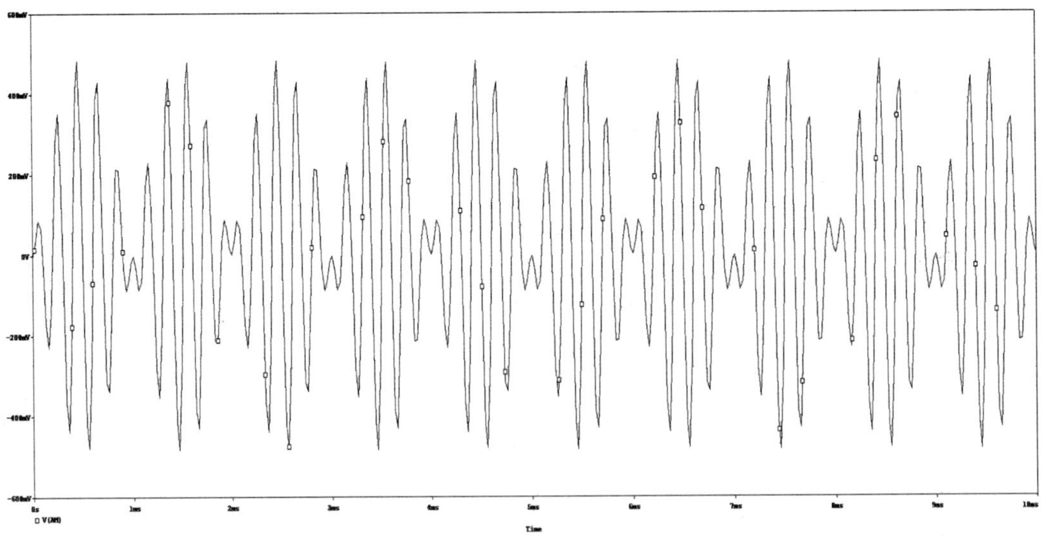

실습 9-15

2개의 파형을 더한 뒤 증폭을 하는 회로이다. 다음과 같은 조건일 때, Transient Analysis를 3[s]까지 실행하여, 각 단의 파형을 시뮬레이션 하시오.

[조건] (1) 교류 정현파 전압원(VSIN) : Vs(VOFF=0 VAMPL=1 FREQ=1 AC=0)
(2) 교류 구형파 전압원(VPULSE) : Vp(V1=-1 V2=1 TD=0 TR=TF=1m PW=498m PER=1)
(3) SUM
(4) GAIN : 5
(5) VCC : 실습 9-2-1 참조

(1) 회로 구성 및 시뮬레이션 결과

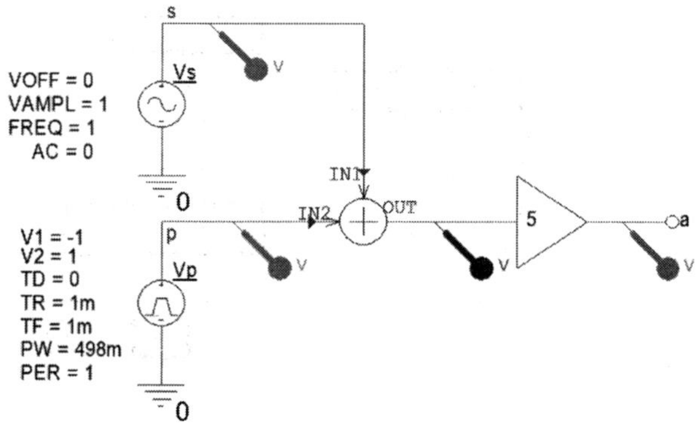

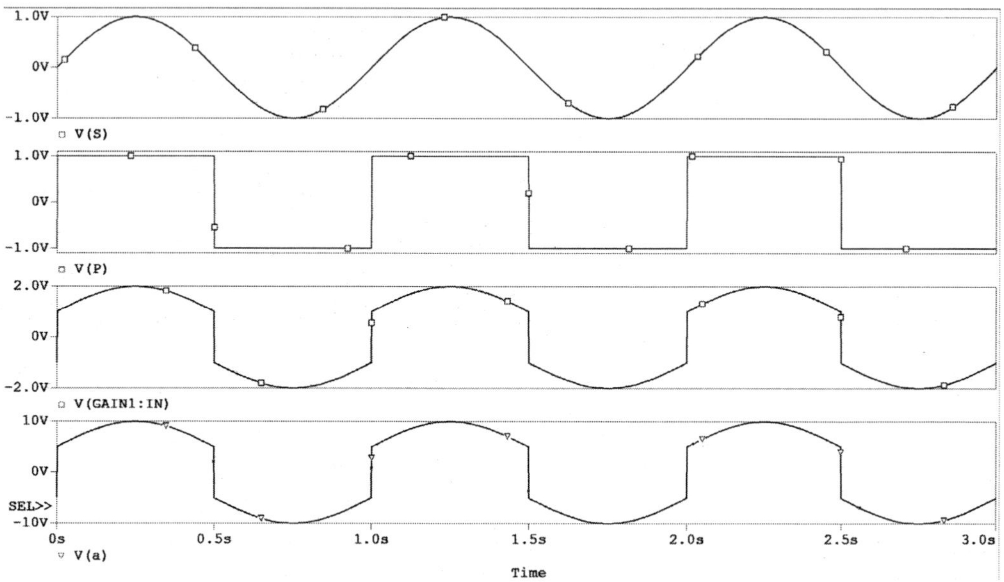

실습 9-16

Unity Feedback 제어 시스템의 스텝 응답을 구하고자 한다. 다음 조건에서 Transient Analysis를 12[s]까지 실행하여, K=0.5, 1, 1.5, 2일 때의 과도응답을 시뮬레이션 하시오.

[조건] (1) 구분적 변조 전원(VPWL) : Vr(0[s] 0[V], 1[ns], 1[V], 10[ms], 1[V])
(2) 전압 제어 전압원(ELAPLACE) : XFORM={K}/(s*(1+s)*(1+0.2*s))
(3) DIFF (4) PARAM : K=1

(1) 회로 구성 및 시뮬레이션 결과

– Parametic 설정

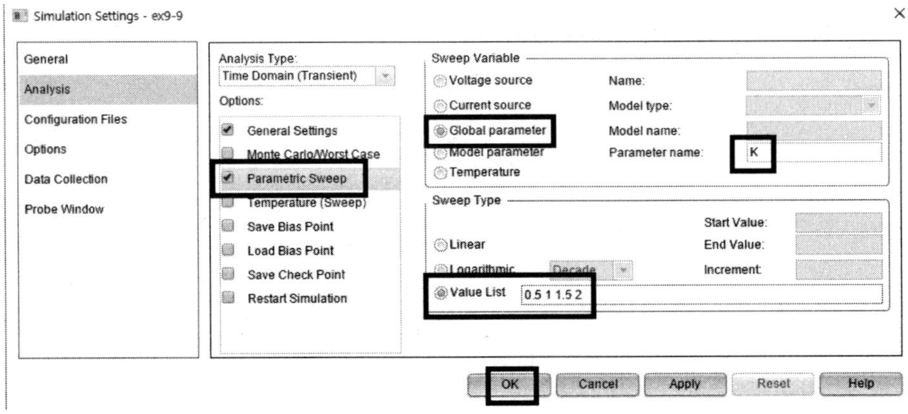

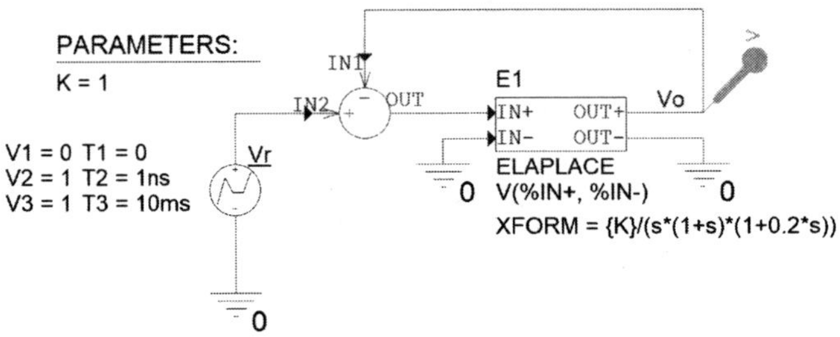

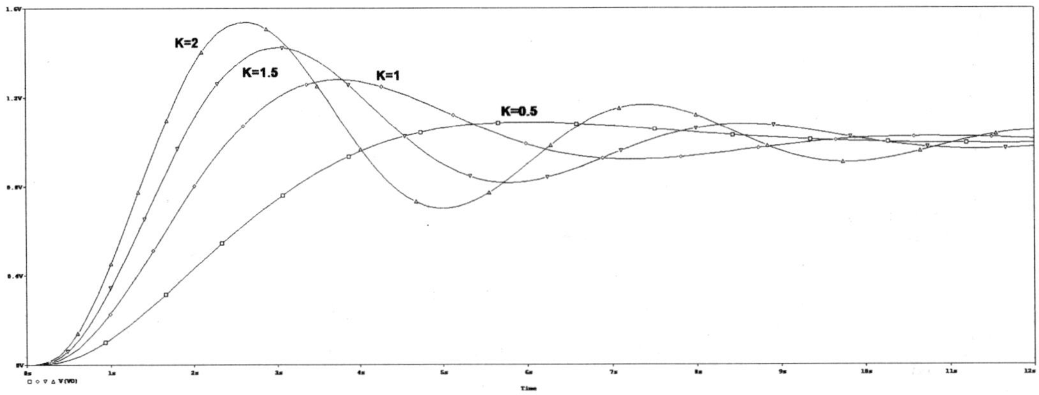

실습 9-17

삼각파의 입력을 가할 때 평균값을 구하는 회로이다. 다음 조건에서 Transient Analysis를 6[ms]까지 실행하여, ① 입력전압 ② 출력전압의 과도응답을 시뮬레이션 하시오.

[조건] (1) 구형파 전압원(VPULSE) : Vin(V1=0 V2=1 TD=0 TR=TF=0.5m PW=1n PER=1m)
(2) 전압 제어 전압원(EVALUE) : EXPR=V(%IN+,%IN−)*1/Time
(3) 적분기(INTEG) : Gain=1
(4) 저항(R) : RL=1G

(1) 회로 구성 및 시뮬레이션 결과

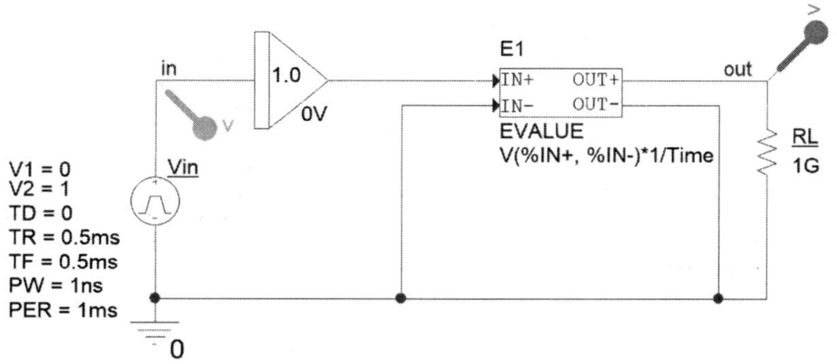

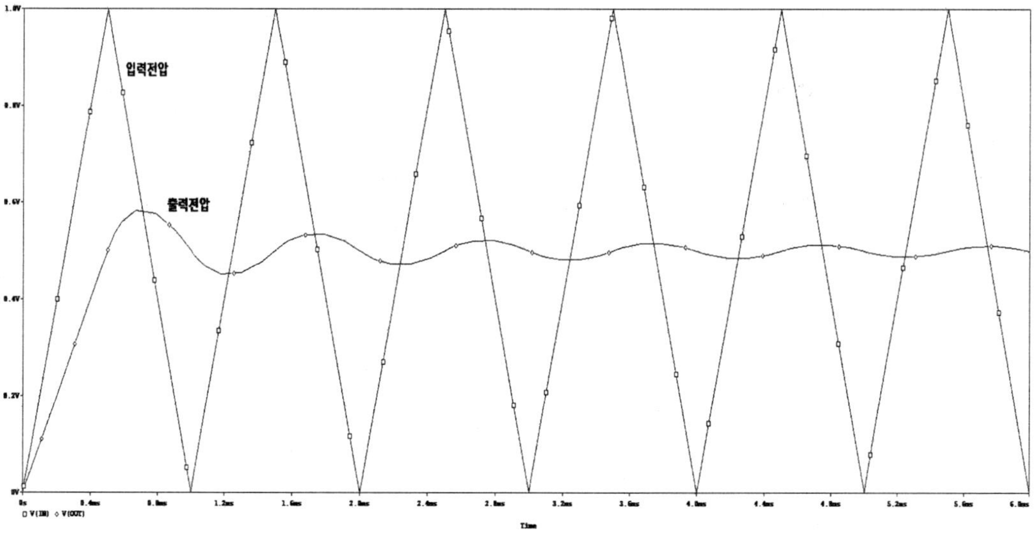

실습 9-18

정현파의 입력을 가할 때 실효값을 구하는 회로이다. 다음 조건에서 Transient Analysis를 40[ms]까지 실행하여, ① 입력전압 ② 출력전압의 과도응답을 시뮬레이션 하시오.

[조건] (1) 교류 정현파 전압원(VSIN) : Vin(VOFF=0 VAMPL=10 FREQ=60)
(2) 전압 제어 전압원(EVLUSE) : EXPR=SQRT(V(%IN+, %IN−)*1/Time)
(3) 적분기(INTEG) : Gain=1
(4) 승산기(MULT)
(5) 저항(R) : RL=1G

(1) 회로 구성 및 시뮬레이션 결과

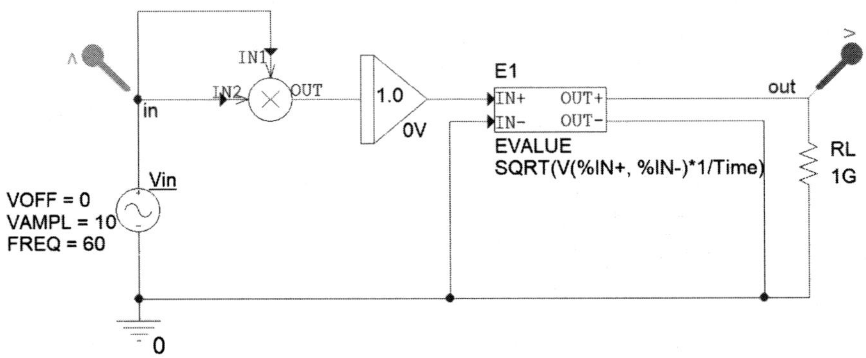

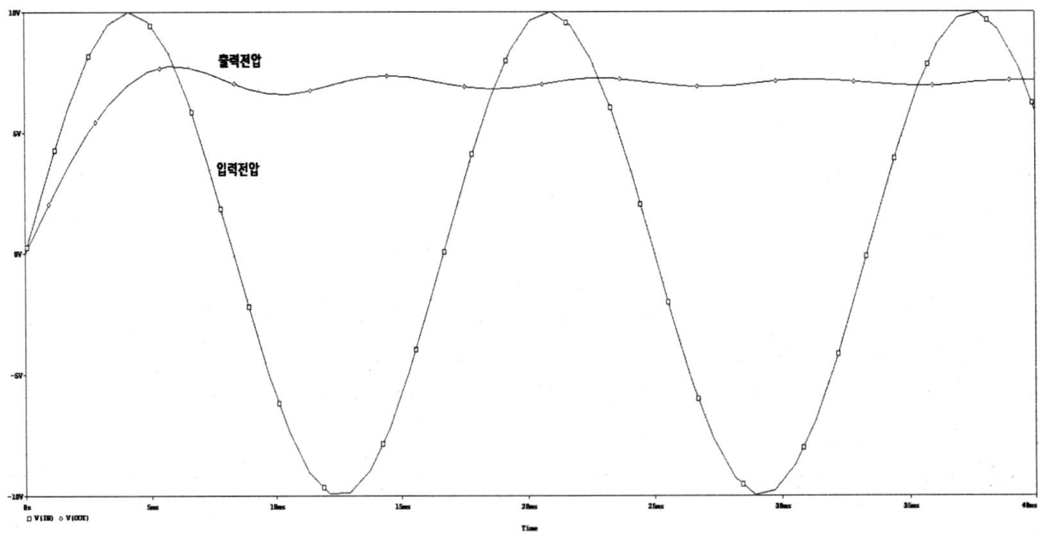

실습 9-19

비교기와 인버터를 이용하여 PWM 파형을 발생하는 회로이다. 다음 조건에서 Transient Analysis를 20[ms]까지 실행하여, ① 비교기에 입력되는 2개의 파형 ② 인버터의 입력 파형 ③ 게이트 전압 파형을 시뮬레이션 하시오.

[조건] (1) 구형파 전압원(VPULSE) : Vref
V1=1 V2=0 TD=0 TR={1/(2*{2*{p}*{fout}})} TF={1/(2*{2*{p}*{fout}})−1n}
PW=1n PER={1/{2*{p}*{fout}}}
(2) 구형파 전압원(VPULSE) : Vx
V1=0 V2=1 TD=0 TR=TF=1n PW={1/(2*{fout})−2ns} PER={1/{fout}}
(3) 직류 전압원(VDC) : Vcr=0.6[V]
(4) 승산기(MULT)
(5) ABM1, ABM2
(6) PARAM : fout=60, p=4
(7) 연결핀 : Place port → PORTNO-L

(1) 회로 구성 및 시뮬레이션 결과

ABM2 입력

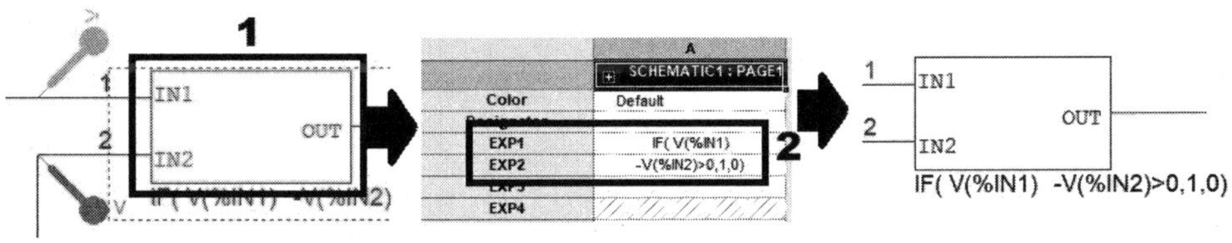

(1) ABM2를 더블클릭 (1번)
(2) EXP1에 IF(V(%IN1), EXP2에 −V(%IN2) > 0,1,0)를 입력(2번)
(3) 3번처럼 됨

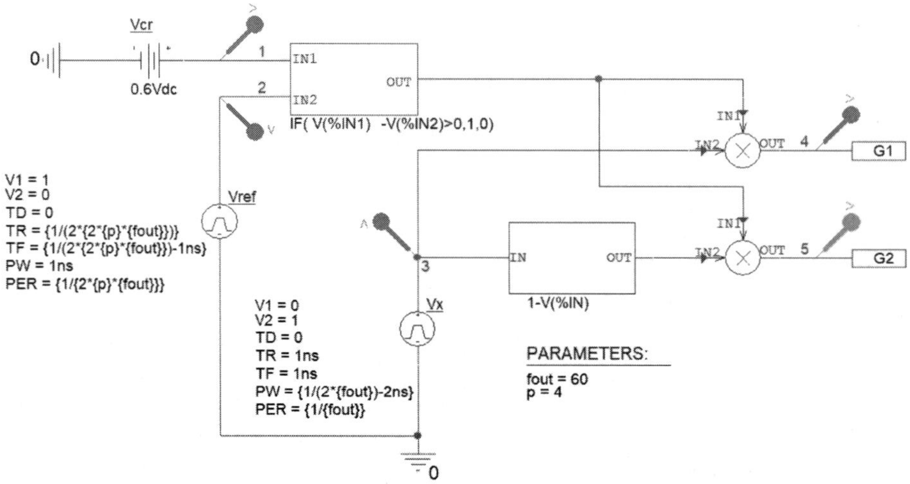
Vcr
0.6Vdc
IN1
IN2
OUT
IF(V(%IN1) -V(%IN2)>0,1,0)
V1 = 1
V2 = 0
TD = 0
TR = {1/(2*{2*{p}*{fout}})}
TF = {1/(2*{2*{p}*{fout}})-1ns}
PW = 1ns
PER = {1/{2*{p}*{fout}}}
Vref
V1 = 0
V2 = 1
TD = 0
TR = 1ns
TF = 1ns
PW = {1/(2*{fout})-2ns}
PER = {1/{fout}}
Vx
IN
OUT
1-V(%IN)
PARAMETERS:
fout = 60
p = 4
G1
G2

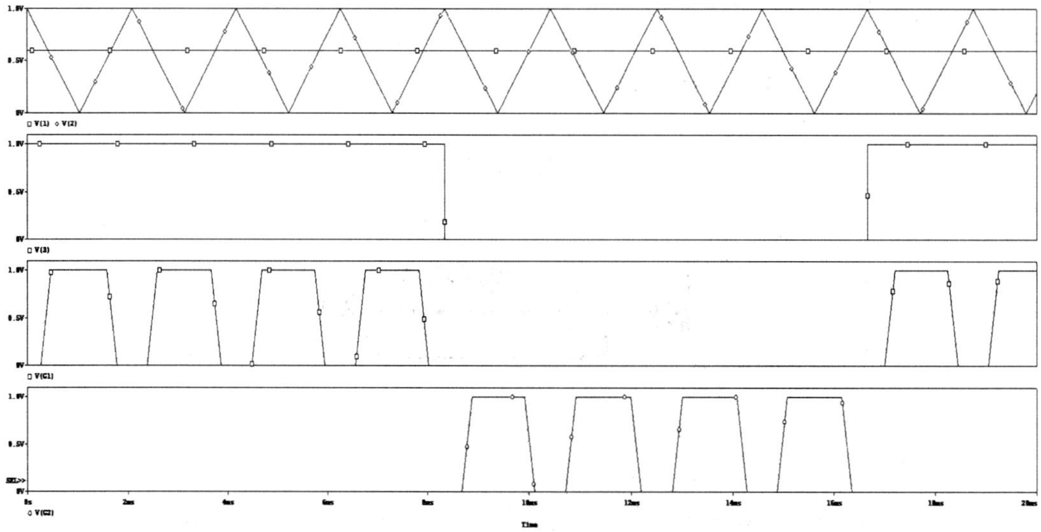

실습 9-20

비교기와 인버터를 이용하여 SPWM파형을 발생하는 회로이다. 다음 조건에서 Transient Analysis를 20[ms]까지 실행하여, ① 비교기에 입력되는 2개의 파형 ② 인버터의 입력 파형 ③ 게이트 전압 파형을 시뮬레이션 하시오.

[조건] (1) 교류 정현파 전압원(VSIN) : Vcr(VOFF=0 VAMPLE=0.6 FREQ==60)

(2) 구형파 전압원(VPULSE) : Vref

V1=1 V2=0 TD=0 TR={1/(2*{2*{p}*{fout}})}

TF={1/(2*{2*{p}*{fout}})–1ns} PW=1n PER={1/{2*{p}*{fout}}}

(3) 구형파 전압원(VPULSE) : Vx

V1=0 V2=1 TD=0 TR=TF=1n PW={1/(2*{fout})–2ns}, PER={1/{fout}}

(4) 승산기(MULT) (5) ABM1, ABM2 (6) ABS

(7) PARAM : fout=60, p=4 (8) 연결핀 : Place port → PORTNO-L

(1) 회로 구성 및 시뮬레이션 결과

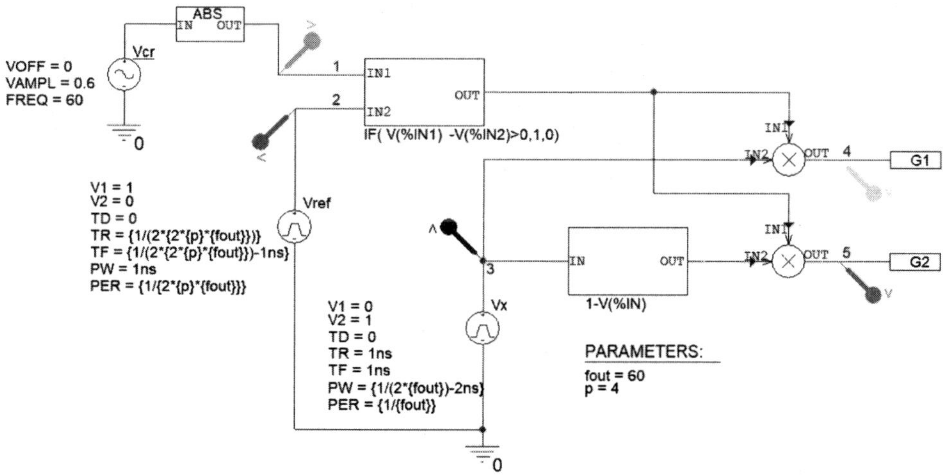

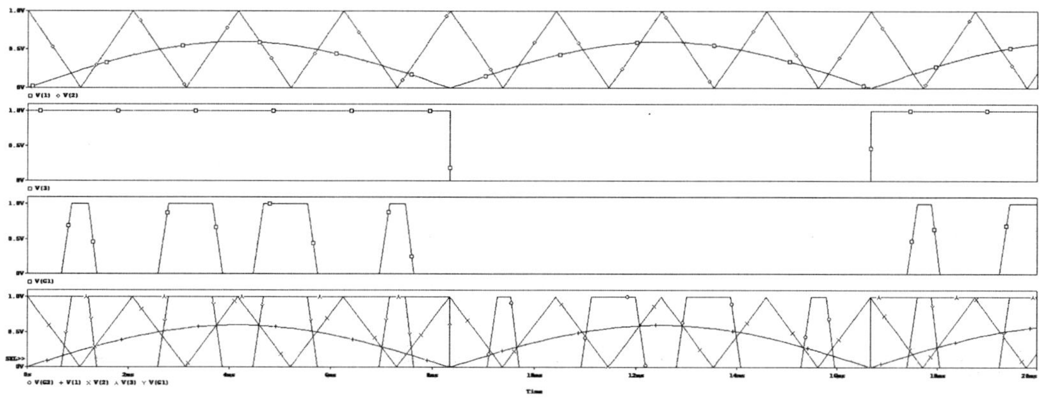

실습 9-21

톱니파와 직류전압을 비교하여 구형파를 발생하는 회로이다. 다음 조건에서 Transient Analysis를 200[μs]까지 실행하여, ① 톱니파와 직류전압 ② 출력 구형파형을 시뮬레이션 하시오.

[조건] (1) 구형파 전압원(VPULSE) : Vs

V1=1 V2=4 TD=0 TR={20u–20n} TF=10n PW=10n, PER=20u

(2) 직류 전압원(VDC) : Vc=2.5[V]

(3) 전압 제어용 전압원(ETABLE) : TABLE=(0,0) (200u,12)

(1) 회로 구성 및 시뮬레이션 결과

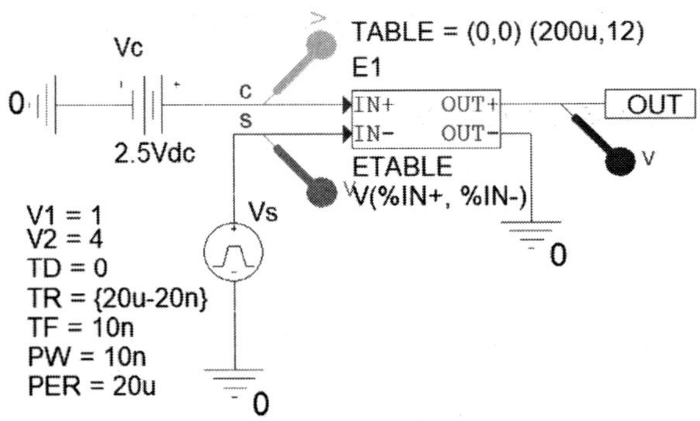

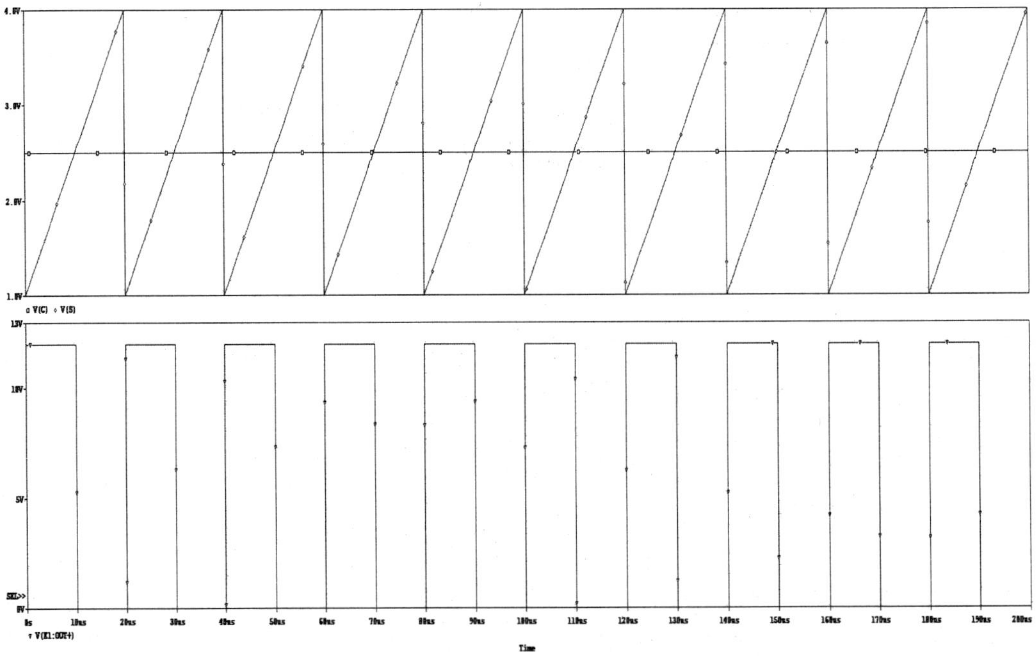

실습 9-22

삼각파와 사인파을 비교하여 출력하는 Bipolar SPWM 회로이다. 다음 조건에서 Transient Analysis를 30[ms]까지 실행하여, ① 삼각파와 사인파형 ② 출력파형을 시뮬레이션 하시오.

[조건] (1) 교류 정현파 전압원(VSIN) : Vin
VOFF=0 VAMPL={Ma} FREQ=={FSIN}, PHASE={−90/Mf}
(2) 구형파 전압원(VPULSE) : Vs
V1=−1 V2=1 TD=0, TR={(1/(FTRI*2))−10n} TF={(1/(FTRI*2)−10n)}
PW=20n PER={1/FTRI}
(3) ABM : EXP1=VDC*(V(SIN)−V(TRI))/ABS(V(SIN)−V(TRI))
(4) PARAM : VDC=100, FSIN=60, FTR

(1) 회로 구성 및 시뮬레이션 결과

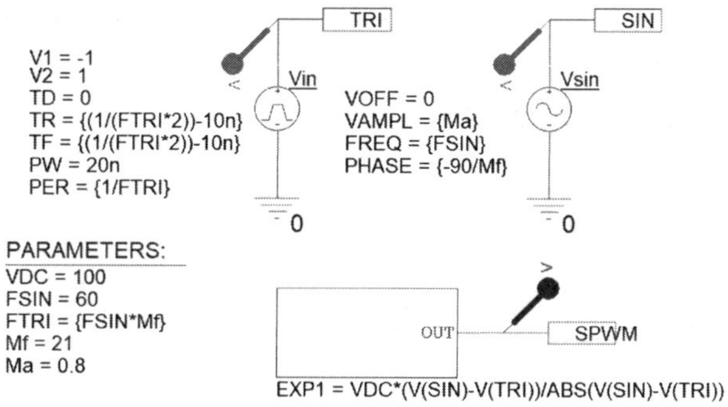

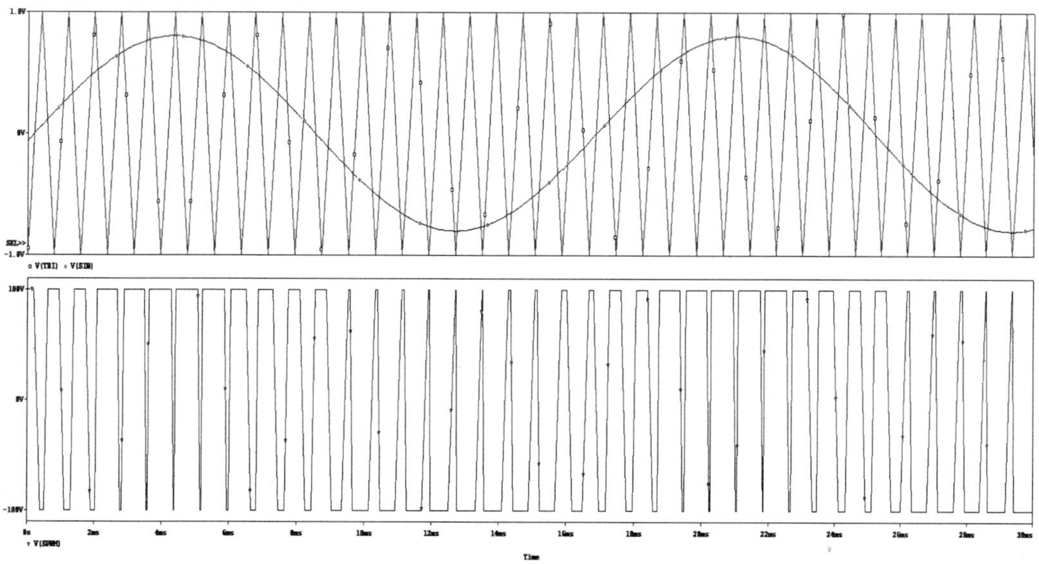

실습 9-23

삼각파와 사인파을 비교하여 출력하는 Unipolar SPWM 회로이다. 다음 조건에서 Transient Analysis를 30[ms]까지 실행하여, ① 삼각파와 사인파형 ② 출력파형 ③ 출력파형의 차(V(SPWM1)–V(SWPM2))를 시뮬레이션 하시오.

[조건] (1) 교류 정현파 전압원(VSIN) : Vin1
VOFF=0 VAMPL={Ma} FREQ={FSIN} PHASE={–90/Mf}
(2) 교류 정현파 전압원(VSIN) : Vin2
VOFF=0 VAMPL={Ma} FREQ={FSIN} PHASE={–90/Mf+180}
(3) 구형파 전압원(VPULSE) : Vs
V1=–1 V2=1 TD=0 TR={(1/(FTRI*2))–10n} TF={(1/(FTRI*2)–10n)}
PW=20n PER={1/FTRI}
(4) ABM : EXP1=0.5*VDC*(V(SIN1)–V(TRI))/ABS(V(SIN1)–V(TRI))
(5) ABM : EXP1=0.5*VDC*(V(SIN2)–V(TRI))/ABS(V(SIN2)–V(TRI))
(6) PARAM : VDC=100, FSIN=60, FTRI={FSIN*Mf}, Mf=21, Ma=0.8

(1) 회로 구성 및 시뮬레이션 결과

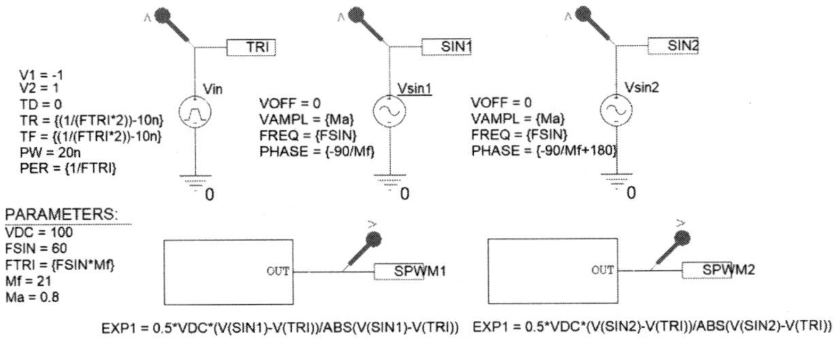

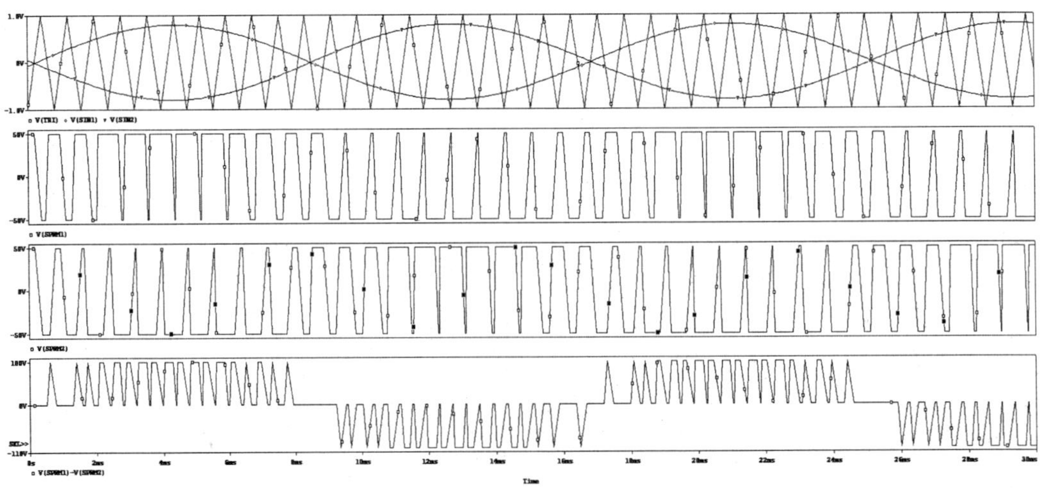

실습 9-24

ABM의 필터함수인 저역통과필터(LOPASS), 고역통과필터(HIPASS)를 사용하여 다음과 같은 조건일 때 AC Analysis 해석에 대한 파형을 시뮬레이션 하시오.

[조건] (1) 교류 전압원(VAC) : Vin(1Vac, 0Vdc)
(2) 저역통과필터(LOPASS) : FP=10Hz, FS=100Hz, RIPPLE=1dB, STOP=50dB
(3) 고역통과필터(HIPASS) : FP=10Hz, FS=100Hz, RIPPLE=1dB, STOP=50dB
(4) AC Sweep :
logarithm, Start Frequency : 1, End Frequency : 1000, Points/Decade 1000

(1) 회로 구성 및 시뮬레이션 결과

– AC Anlaysis 설정

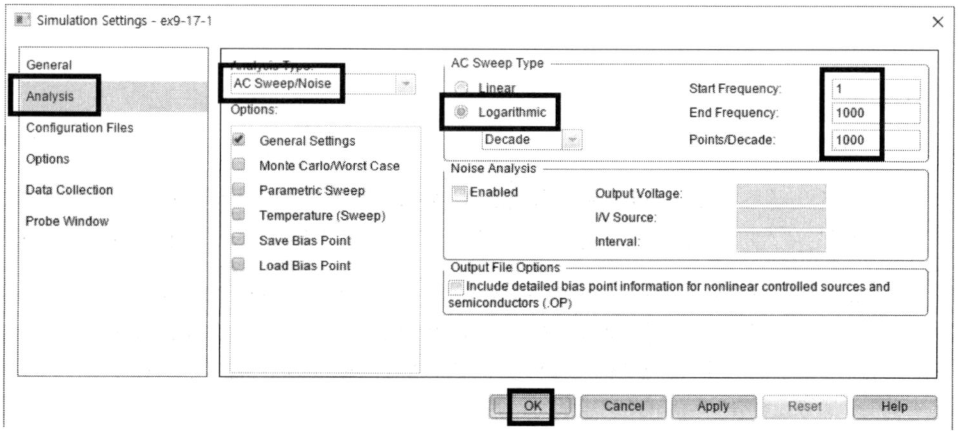

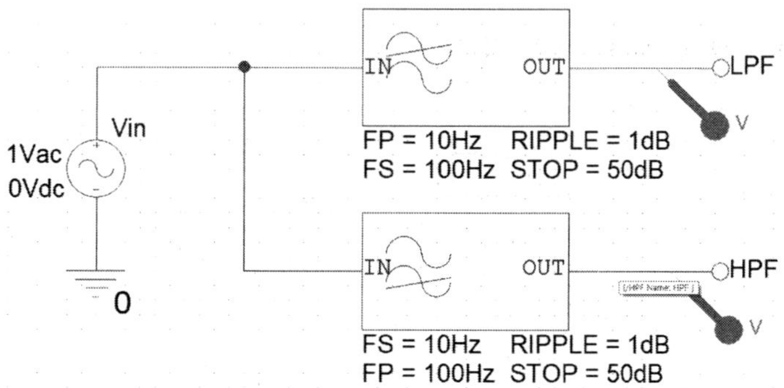

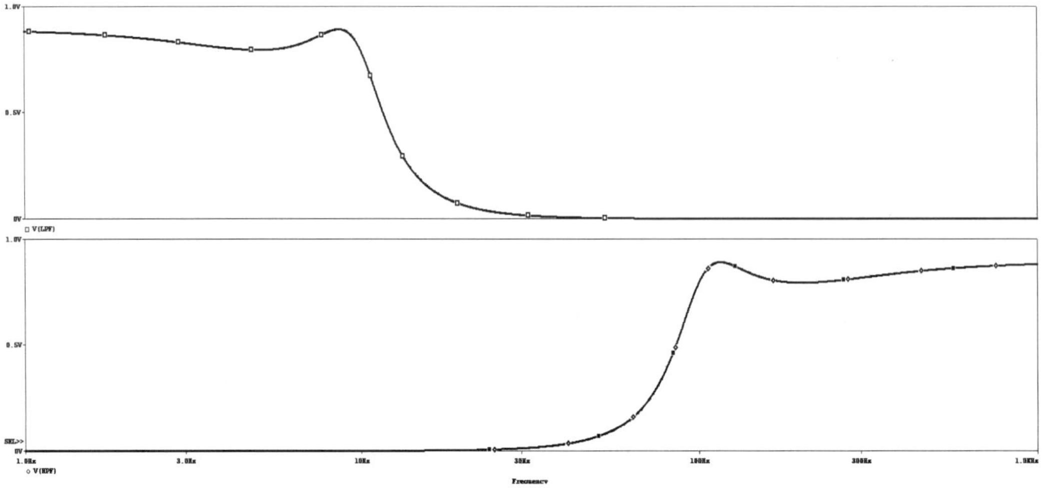

실습 9-25

ABM의 필터함수인 저역통과필터(LOPASS), 고역통과필터(HIPASS)를 사용하여 다음과 같은 조건일 때 AC Analysis 해석에 대한 각 단의 파형을 시뮬레이션 하시오.

[조건] (1) 교류 정현파 전압원(VSIN) : Vin(VOFF=0 VAMPL=1 FREQ=1k AC=1)
(2) 저역통과필터(LOPASS) : FP=1kHz, FS=10kHz, RIPPLE=0.01dB, STOP=50dB
(3) 고역통과필터(HIPASS) : FP=10Hz, FS=100Hz, RIPPLE=0.01dB, STOP=50dB
(4) AC Sweep :
logarithm, Start Frequency : 1, End Frequency : 100k, Points/Decade 100

(1) 회로 구성 및 시뮬레이션 결과

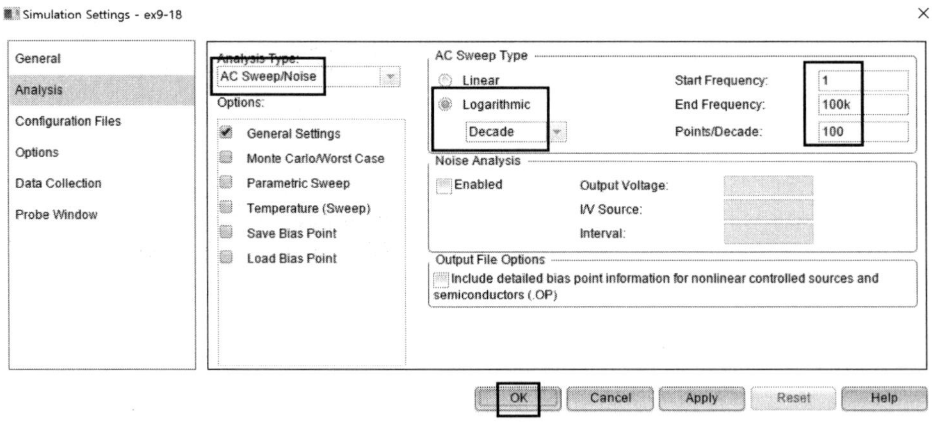

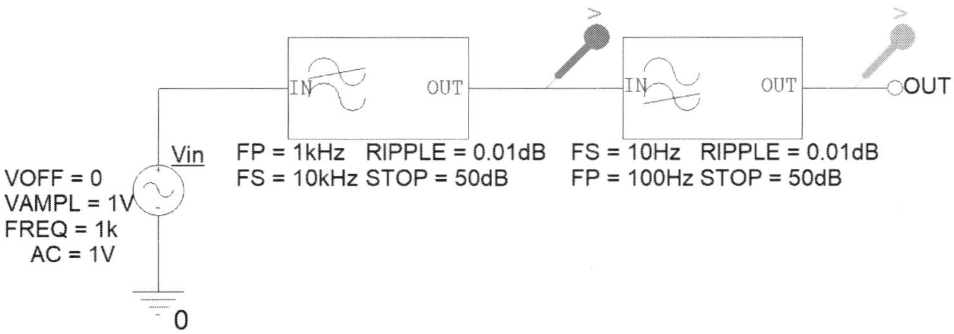

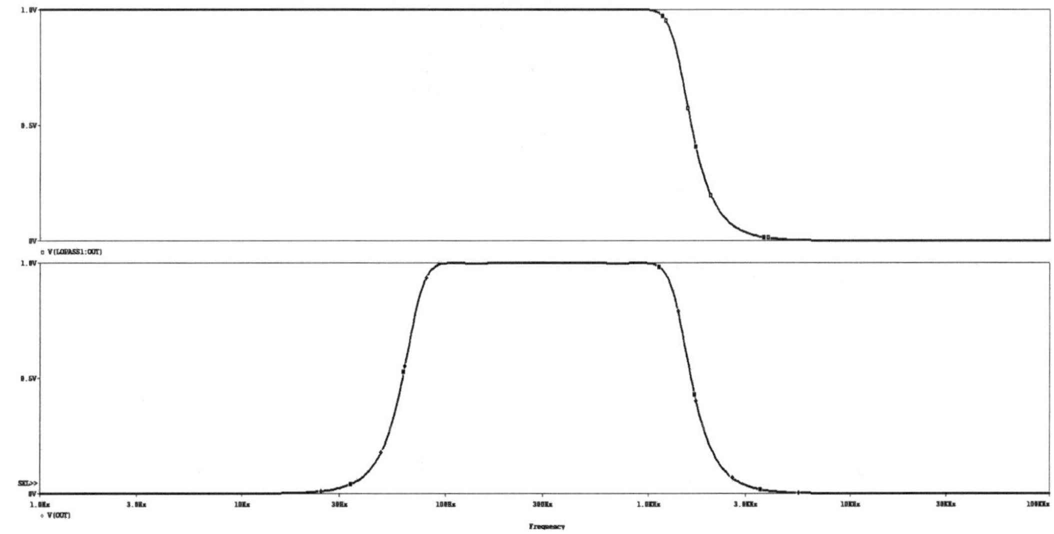

실습 9-26

ABM을 활용하여 $V_{out} = (1 + t^3)$을 일 때, 다음과 같은 조건에서 Transient C Analysis 해석을 10[s]까지 실행한 파형을 시뮬레이션 하시오.

[조건] (1) ABM(그림 참조)

(2) EVALTE : PWR(V%IN+,%IN−)+1,3)

(1) 회로 구성 및 시뮬레이션 결과

ABM 구성

- Place Part에서 ABM을 불러온다(1번)
- 1번에서 3.14159265를 더블 클릭하면 2번 화면이 나타난다
- EXP1의 3.14159265를 TIME으로 변경한다(3번)
- 4번 화면과 같이 변경된다.

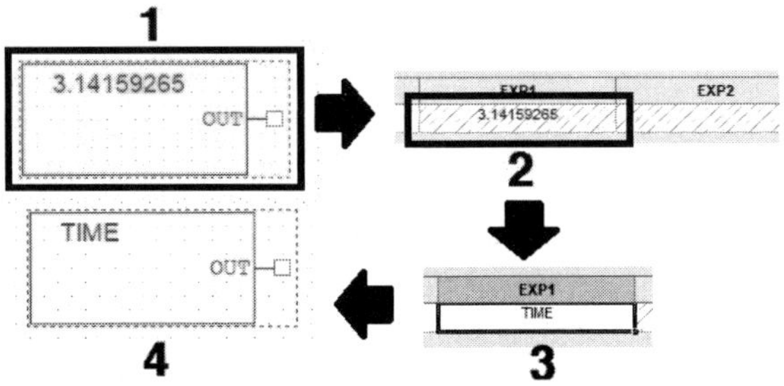

※ PWR : 입력절대값의 X제곱값. 출력 = |입력|^{EXP}

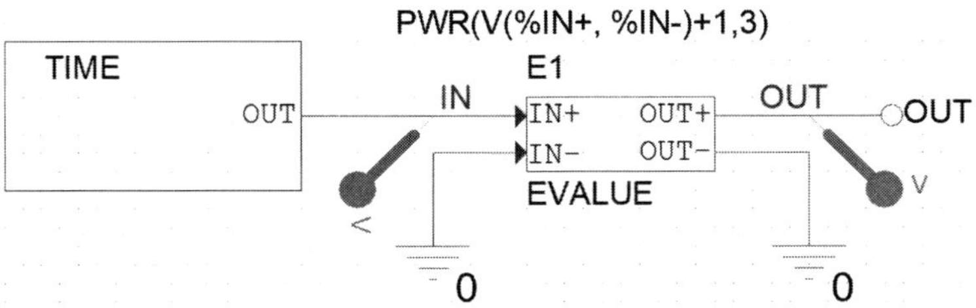

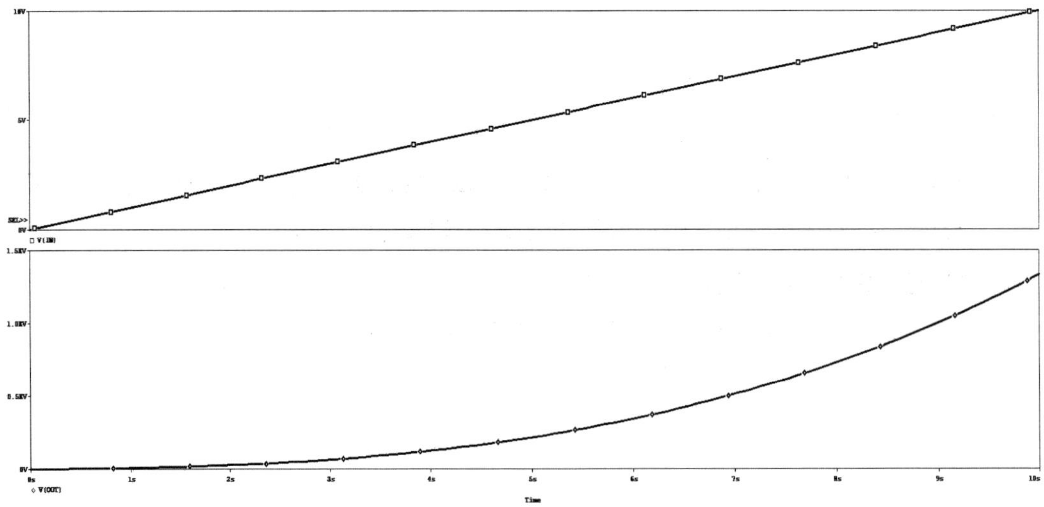

실습 9-27

ABM을 활용하여 $V_{out} = \int_0^5 (1+t^3)dt = 323.75$일 때, 다음과 같은 조건에서 Transient C Analysis 해석을 6[s]까지 실행한 각 단의 파형을 시뮬레이션 하시오.

[조건] (1) ABM(그림 참조)

(2) EVALTE : PWR(V%IN+,%IN–)+1,3)

(3) 적분기(INTEG) : Gain=1

(1) 회로 구성 및 시뮬레이션 결과

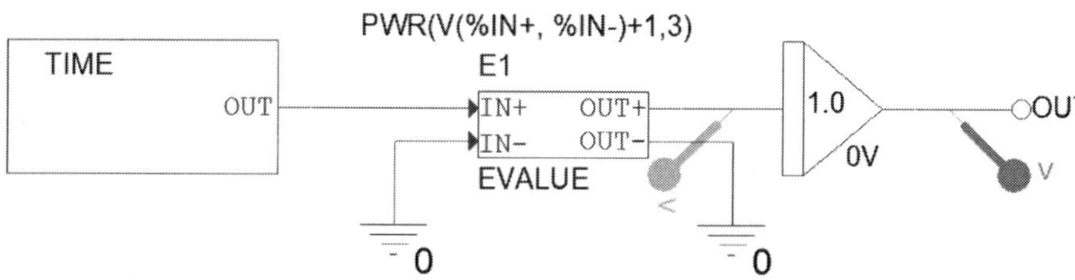

※ 시뮬레이션을 실행한 후 그림과 같이 Trace → Cursor → Display를 선택하고, 시뮬레이션 파형에서 1번 부분을 클릭하면 t=5[s]에서 Y축의 크기가 323.75가 됐음을 알 수 있다.

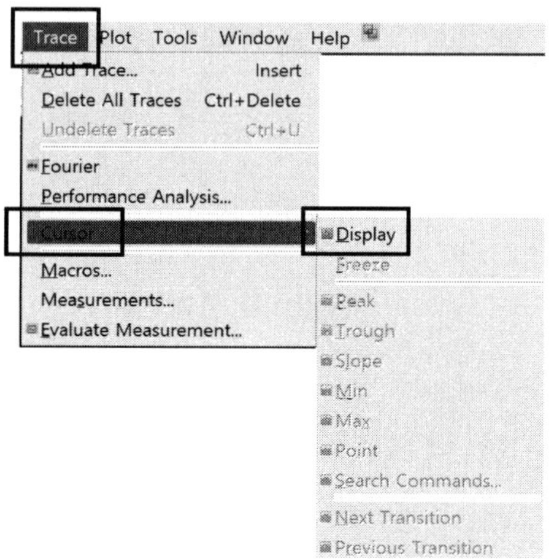

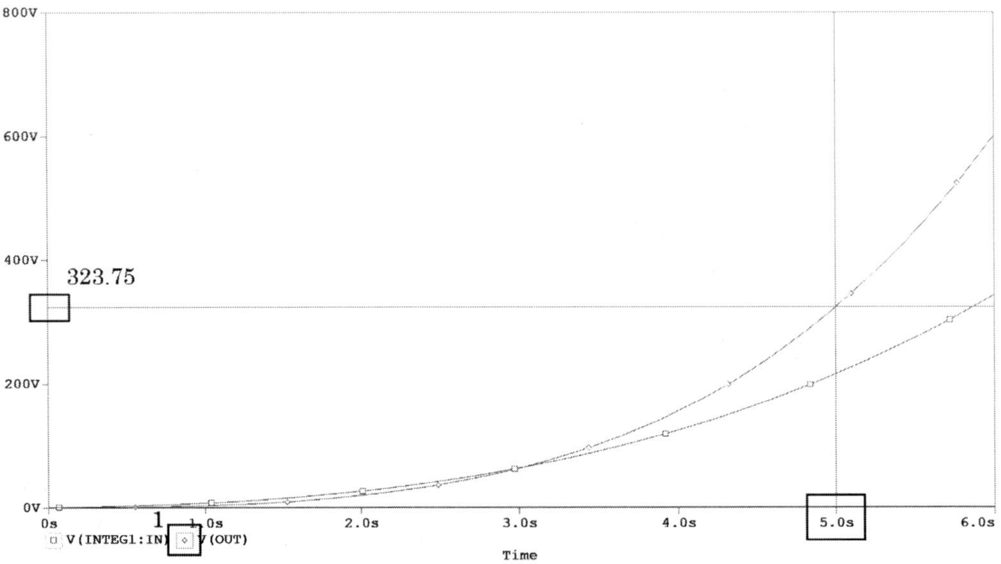

800V
600V
400V
323.75
200V
0V
0s
1
1.0s
2.0s
3.0s
4.0s
5.0s
6.0s
V(INTEG1:IN)
V(OUT)
Time

CHAPTER 10

다이리스터 회로

1 SCR 구조 및 특성

그림 10-1에서 A, G, K는 애노드(Anode), 게이트(Gate), 캐소드(Cathode)이고, 전류는 애노드에서 캐소드로 흐른다. SCR은 $V_{AK} > 0$이고, +의 게이트 전류 펄스에 턴온되고, 도통이 되면 게이트 전류 펄스가 없어도 온상태를 유지한다. SCR은 애노드에서 캐소드로 1방향의 전류만 흘리고(단방향성 소자), 순방향 전압 강하는 약 1~3 [V]이다.

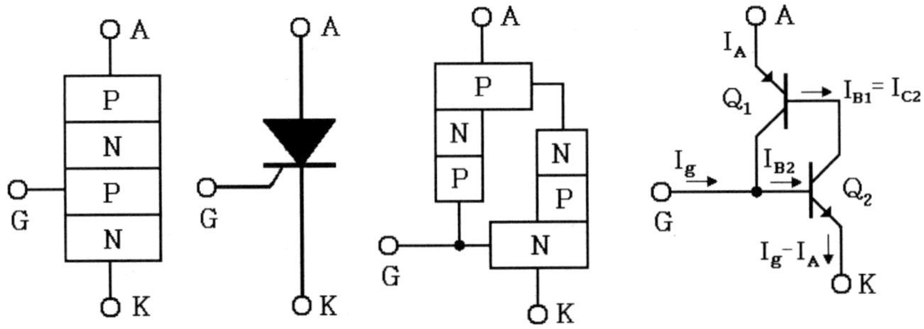

(a) (b)

그림 10-1 SCR의 구조 및 등가회로

SCR을 턴오프시키려면 애노드 전류를 0으로 하거나 역전압을 가하거나 강제전류(轉流) 회로를 사용해야 한다.

SCR이 턴오프된 후 다시 게이트 전류 펄스에 의해 턴·온될 수 있는 상태로 회복할 때까지의 간격을 턴오프시간이라고 한다.

오프상태의 SCR은 순방향 전압과 역방향 전압의 차단능력을 갖고, 이 때의 누설전류는 매우 작다. 그림 10-2는 SCR의 전압 - 전류 특성 곡선이다. 그림에서 애노드 전압이 캐소드 전압보다 어느 정도 크면 누설전류만이 애노드에서 캐소드로 흐르는 순방향 저지 또는 오프상태가 된다. 그러나 V_{AK}가 충분히 커지면 SCR은 브레이크 오버가 되어 도통상태 또는 온상태가 된다. 온상태에서의 애노드 전류는 외부 임피던스에 의해 제어되고, 이 애노드 전류는 접합면을 통해 흐르는 캐리어의 양을 유지하기 위해 래칭전류(latching current) 이상이 되어야 한다. 그렇지 않으면 V_{AK} 전압이 감소되어 차단 상태로 된다. 래칭전류란 SCR이 턴·온되고, 게이트 전류 펄스를 제거한 직후 SCR

이 온상태를 유지하기 위해 필요한 애노드 전류의 최소값이다. SCR이 도통되면 소자는 제어할 수 없고, 애노드 전류가 유지전류(holding current) I_H 미만으로 감소하여야 SCR이 오프된다. 이 유지전류는 [mA] 단위이고, 래칭전류보다 작다. 유지전류란 사이리스터가 온상태를 유지하기 위한 최소의 애노드 전류이다.

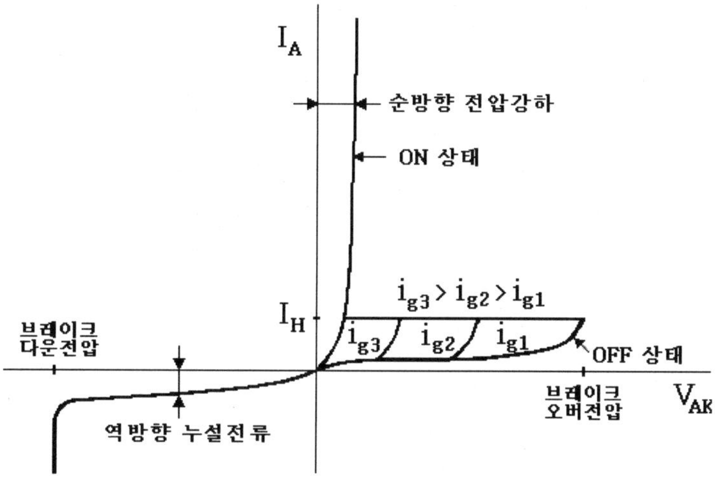

그림 10-2 SCR 전압-전류 특성

SCR이 턴·온되는 경우는 다음과 같은 경우로 ②~④항은 비정상적인 턴·온이므로 피해야 한다.

① +의 게이트 전류 펄스를 인가하는 경우
② 브레이크 오버 전압보다 큰 애노드 전압을 인가하는 경우(전압)
③ 애노드와 캐소드간의 전압 상승률(dv/dt)이 규격이상인 경우(전압 상승률)
④ 접합면이 허용온도 이상이 되는 경우(빛)
⑤ 접합면 내부에 빛을 조사(照射)하는 경우(빛)

COMSET SEMI CONDUCTORS

2N1595 thru 2N1599

SILICON THYRISTOR

Industrial-type, low-current silicon controlled rectifiers
in a three-lead package ideal for printed-circuit applications.
Current handling capability of 1.6 amperes at junction temperetures to 125°C

MAXIMUM RATINGS (*)

T_J=125°C unless otherwise noted

Symbol	Ratings	2N1595	2N1596	2N1597	2N1598	2N1599	
$V_{RSM(REP)}$	Peak reverse blocking voltage *	50	100	200	300	400	V
$I_{T(RMS)}$	Forward Current RMS (all conduction angles)	1.6					Amp
I_{TSM}	Peak Surge Current (One Cycle, 60Hz, T_J=-65 to +125°C)	15					Amp
P_{GM}	Peak Gate Power – Forward	0.1					W
$P_{G(AV)}$	Average Gate Power - Forward	0.01					W
I_{GM}	Peak Gate Current – Forward	0.1					Amp
V_{GFM}	Peak Gate Voltage - Forward	10					V
V_{GRM}	Peak Gate Voltage - Reverse	10					V
T_J	Operating Junction Temperature Range	-65 to +125					°C
T_{STG}	Storage Temperature Range	-65 to +150					°C

ELECTRICAL CHARACTERISTICS

T_J=25°C unless otherwise noted, R_{GK}=1000Ω

Symbol	Ratings		2N1595	2N1596	2N1597	2N1598	2N1599	
V_{DRM}	Peak Forward Blocking Voltage *	Min :	50	100	200	300	400	V
I_{RRM}	Peak Reverse Blocking Current (Rated V_{DRM}, T_J=125°C)		Max : 1.0					mA

2N1595 thru 2N1599

Symbol	Ratings	2N1595	2N1596	2N1597	2N1598	2N1599	
I_{DRM}	Peak Forward Blocking Current (Rated V_{DRM} with gate open, T_J =125°C)	Max :1.0					mA
I_{GT}	Gate Trigger Current (2) Anode Voltage=7.0 Vdc, R_L=12Ω	Typ : 2.0 Max : 10					mA
V_{GT}	Gate Trigger Voltage Anode Voltage=7.0 Vdc, R_L=12Ω	Typ : 0.7 Max : 3.0					V
	V_{DRM} = Rated, R_L=100Ω, T_J=125°C	Min : 0.2					
I_H	Holding Current Anode Voltage=7.0 Vdc, gate open	Typ : 5.0					mA
V_{TM}	Forward On Voltage I_T=1 Adc	Typ : 1.1 Max : 2.0					V
t_{gt}	Turn-On Time (t_d+t_r) I_{GT}=10 mA, I_T=1 A	Typ : 0.8					μs
t_q	Turn-Off Time I_T=1 A, I_R =1 A, dv/dt=20 V/μs, T_J=125°C V_{DRM} = Rated Voltage	Typ : 10					μs

* V_{DRM} or V_{RRM} can be applied for all types on a continuous dc basis without incurring damage.

MECHANICAL DATA CASE TO-39

DIMENSIONS		
	mm	inches
A	6,25	0,24
B	13,59	0,53
C	9,24	0,36
D	8,24	0,32
E	0,78	0,03
F	1,05	0,041
G	0,42	0,165
H	45°	
L	5,1	0,2

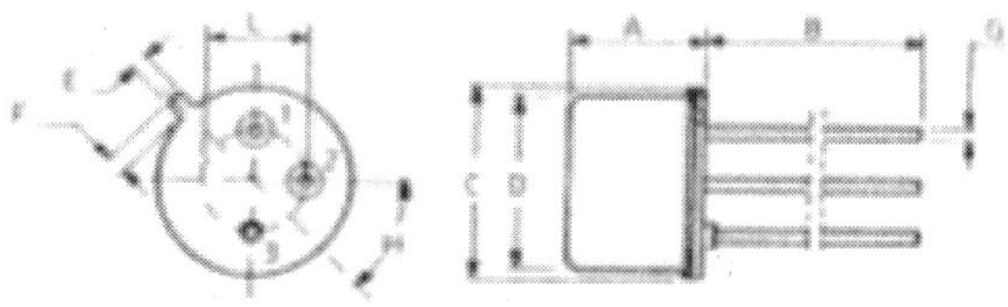

Pin 1 :	Cathode
Pin 2 :	Gate
Pin 3 :	Anode

Information furnished is believed to be accurate and reliable. However, CS assumes no responsability for the consequences of use of such information nor for errors that could appear. Data are subject to change without notice.

실습 10-1

다음의 회로는 2N1595(SCR)의 전압-전류의 특성을 위한 회로도이다. 다음과 같은 조건일 때, DC Analysis 실행하여, 전압-전류 특성곡선을 시뮬레이션 하시오.

[조건] (1) DC Analysis 조건
- Sweep variable → Name : Vin
- Sweep type : Linear → Start value 0, End value 50, Increment 1
- Sweep variable → Name : Vg
- Sweep type : Linear → Start value 7, End value 9, Increment 0.05

(2) 직류 전압원(VDC) : Vin=10[V], Vg=5[V]

(3) 저항(R) : R=4.7[kΩ], Rg=3[kΩ]

(1) 회로 구성 및 시뮬레이션 결과

– DC Analysis 설정

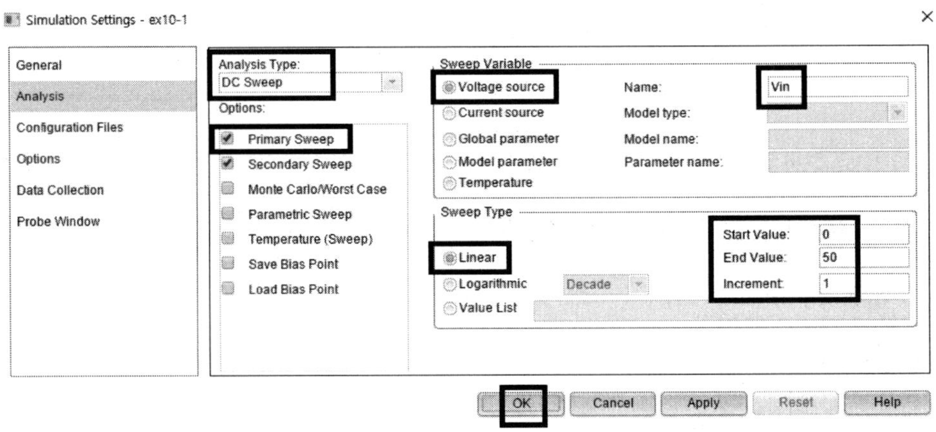

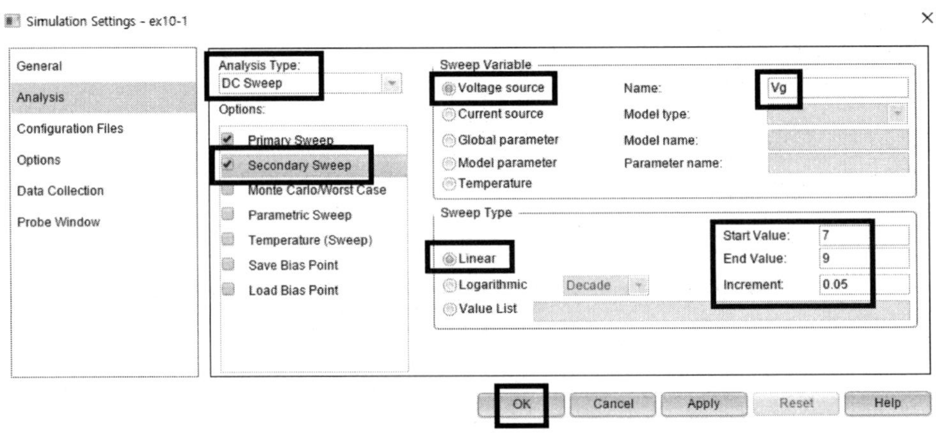

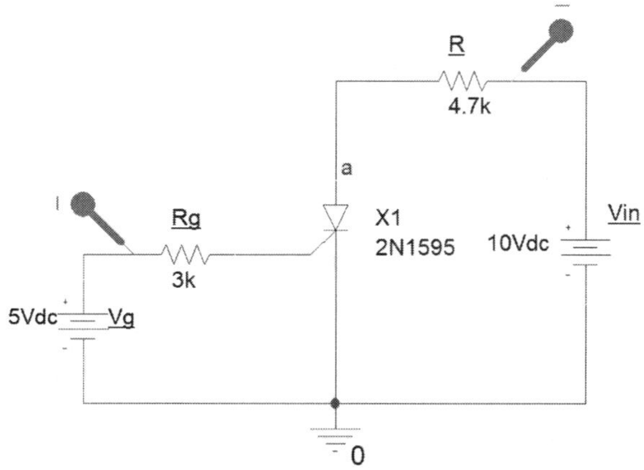

파형이 보이면 아래 그림과 같이 지정한다.

① Plot → Axis Settings

② X Axis → Axis Variable

③ Anode 전압 V(a)를 지정

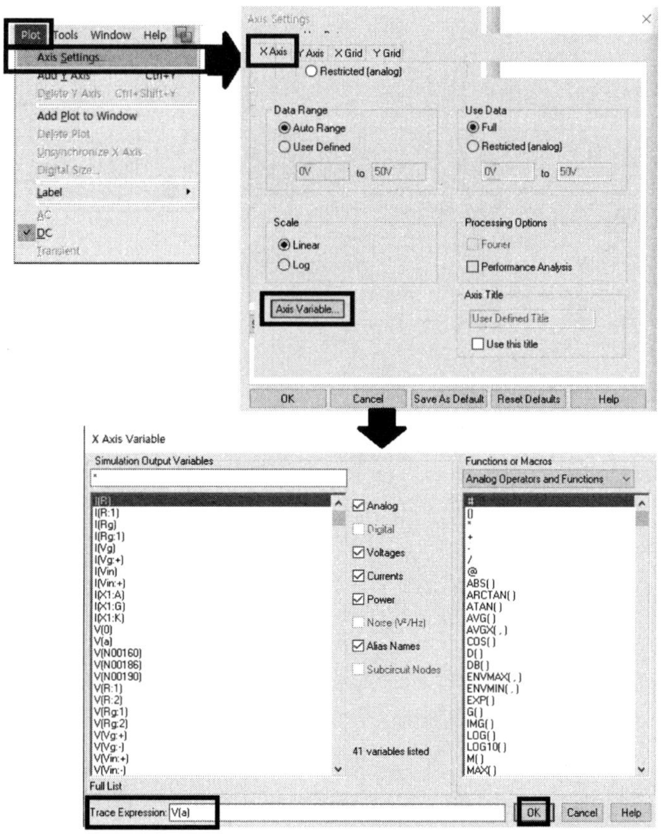

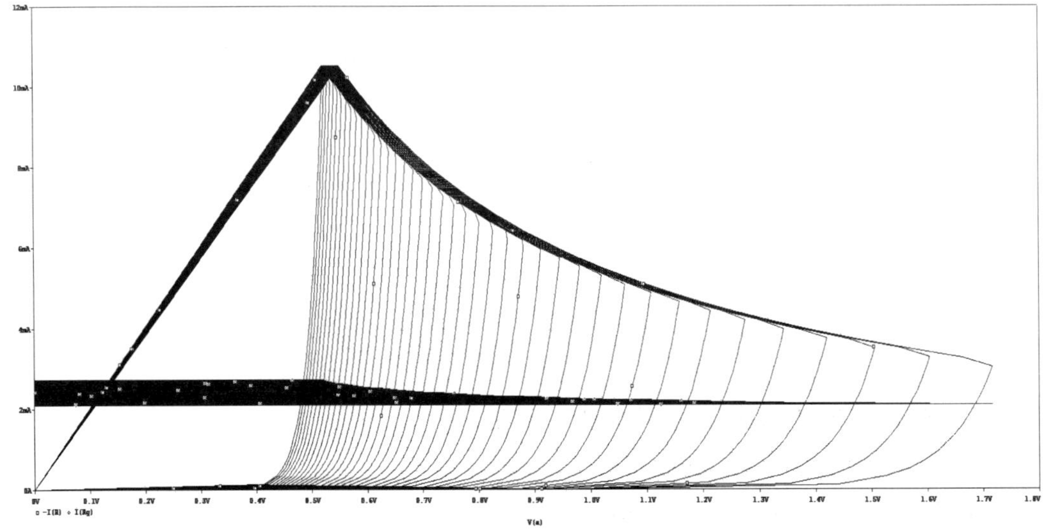
12mA
10mA
8mA
6mA
4mA
2mA
0A
0V
0.1V
0.2V
0.3V
0.4V
0.5V
0.6V
0.7V
0.8V
0.9V
1.0V
1.1V
1.2V
1.3V
1.4V
1.5V
1.6V
1.7V
1.8V
□ -I(R) ◇ I(Rg)
V(a)

2 단상 반파 위상제어 정류회로(저항부하)

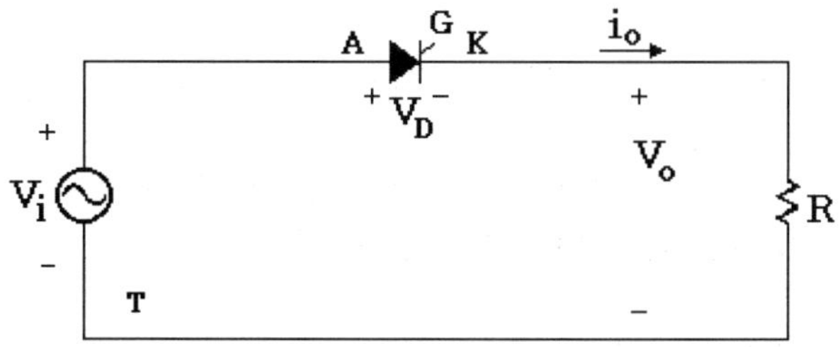

그림 10-3 단상 반파 위상제어 정류회로(저항부하)

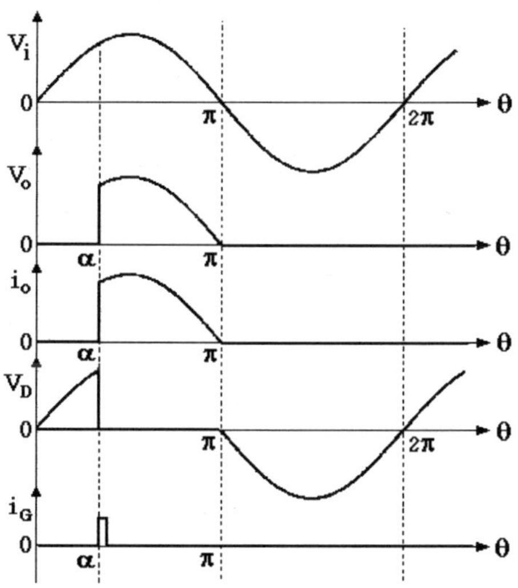

그림 10-4 단상 반파 위상제어 정류회로 파형(저항부하)

SCR은 3단자(애노드, 캐소드, 게이트) 단방향성 소자로써 게이트에 구동전류를 흘려주어야 턴·온되어, 애노드(A)에서 캐소드(K)를 통해 전류가 흐른다.

그림 10-4에서처럼 정현파 전압을 가했을 때 양의 반주기($0 \leq \theta \leq \pi$) 동안은 게이트 펄스가 주어지는 시점 즉 점호각(firing angle) α 만큼 늦은 시점에서 저항 R을 통해 흐르지만 음의 반주기($\pi \leq \theta \leq 2\pi$) 동안은 SCR은 저지상태에 있기 때문에 전류가 흐를 수 없으므로 출력 전압 v_o은 0이 된다. 출력 파형(v_o)에서 볼 수 있듯이 한 주기 동안($0 \leq \theta \leq 2\pi$) 반주기만 출력이 되고, 전원전압의 위상에 대하여 임의로 가변되어 교류전압을 직류전압으로 변환을 하므로 반파 위상제어정류라 한다.

실습 10-2

SCR(2N1595) 단상 반파 위상제어 정류회로(저항부하)에서, 점호각 $\alpha = 45°$일 때 Transient Analysis를 35[ms]까지 실행하여, ① 입력전압 ② 게이트 전압 ③ 출력전압 ④ 출력전류 ⑤ SCR에 걸리는 전압을 시뮬레이션 하시오.

[조건] (1) 교류 정현파 전압원(VSIN) : Vin(VOFF=0 VAMPL=50 V FREQ=60)
(2) 구형파 전압원(VPULSE) : Vgate
V1=0 V2=10 TD=2.084m TR=TF=1u PW=200u PER=16.667m
(3) 저항(R) : RLoad=10[Ω], Rgate=10[Ω]

(1) 회로 구성 및 시뮬레이션 결과 1

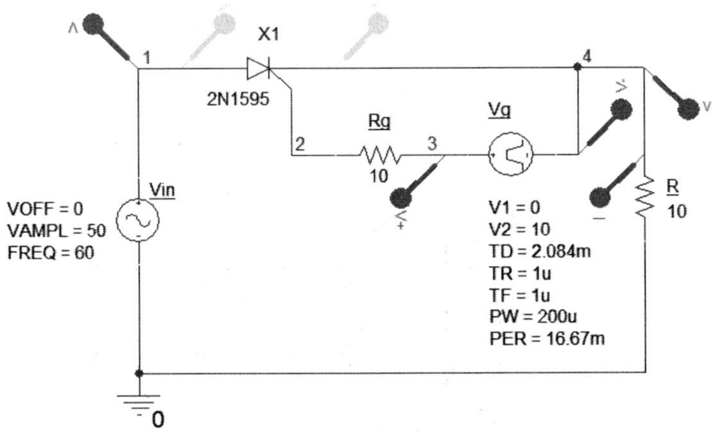

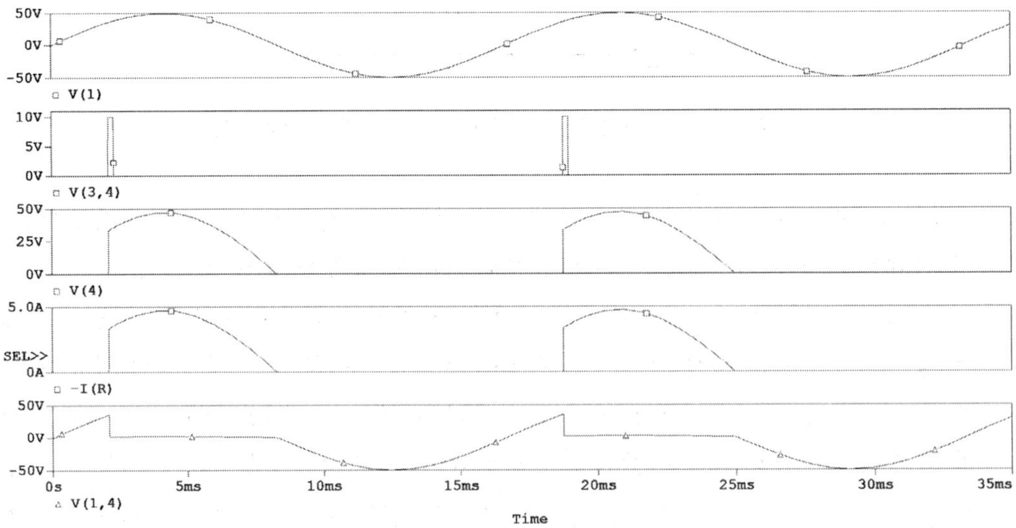

(2) 회로 구성 및 시뮬레이션 결과 2

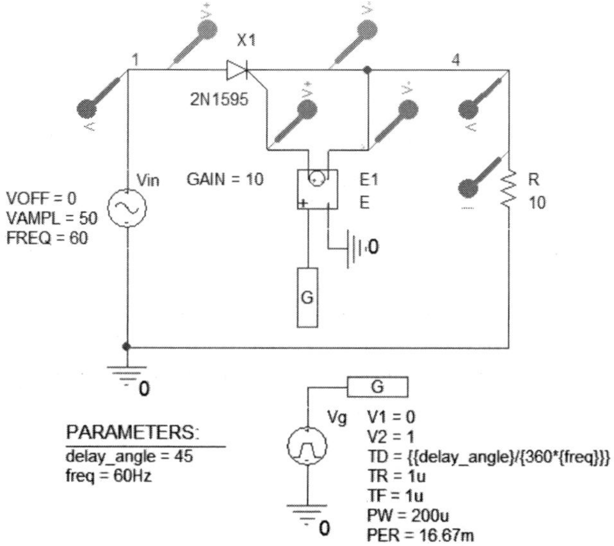

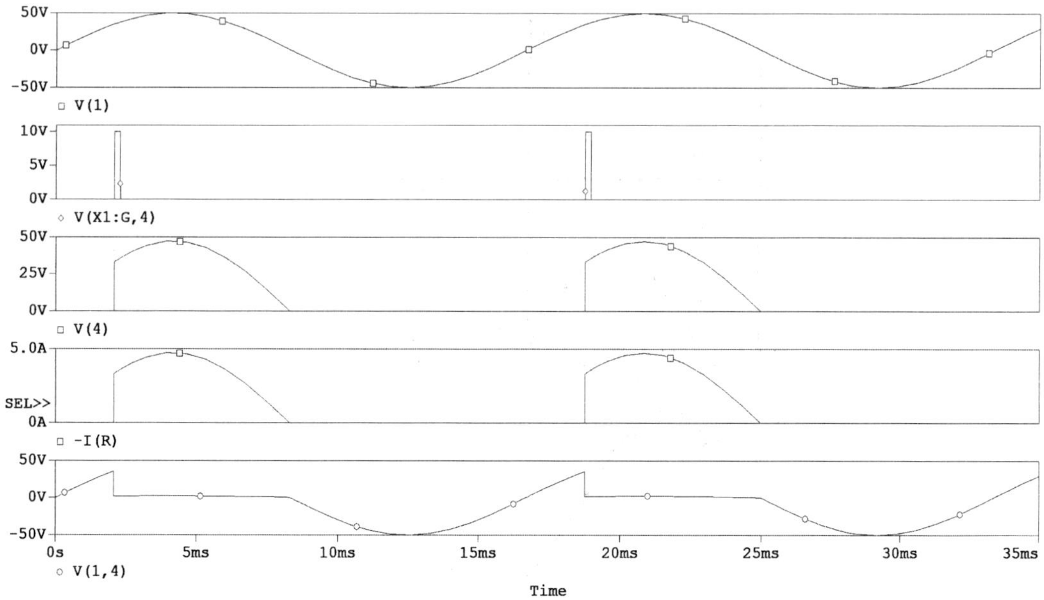

3 단상 반파 위상 제어 정류회로(유도성 부하)

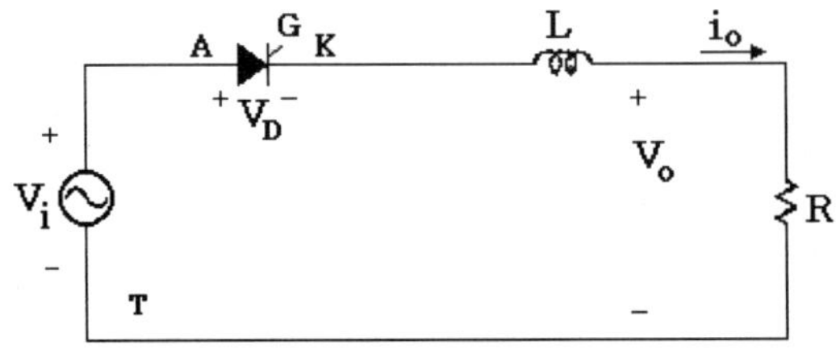

그림 10-5 단상 반파 위상제어정류회로(유도성 부하)

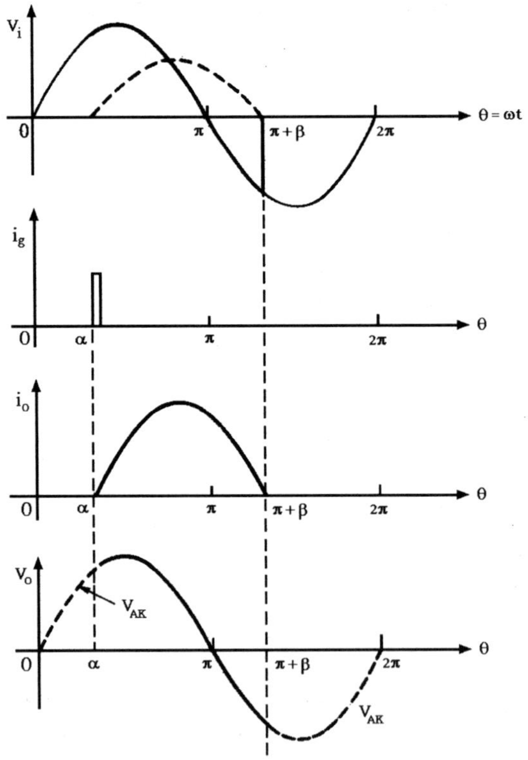

그림 10-6 단상 반파 위상제어 정류회로 파형(유도성 부하)

점호각 α 에서 SCR은 턴·온되어 저항을 통해 전류가 흐른다. 즉 $\alpha \leqq \theta < \pi + \beta$ 구간에서 전원으로부터 SCR를 통해 부하로 전류가 흐르면, 이 때, 축적소자인 인덕턴스에는 에너지가 저장이 되며, $\pi \leqq \theta < \pi + \beta$ 구간에서는 인덕터에 축적된 에너지가 방출되는 구간이며, $\theta = \pi + \beta$ 에서 다이오드는 오프가 된다.
키르히호프의 법칙에 의해 $\theta = \omega t$ 이므로 식 (10-9)와 같이 정리할 수 있다.

$$\omega L \frac{di_o}{d\theta} + Ri_o = \sqrt{2}\, V \sin\theta, \;\; t = \frac{\theta}{\omega} \qquad \cdots\cdots (10-9)$$

식 (10-9)로부터 다이오드 회로에서 해석한 것과 같은 방법으로 출력전류 i_o 를 구하면 식 (10-10)과 같이 쓸 수 있다

$$i_o = \frac{\sqrt{2}\, V}{Z} \sin(\theta - \varphi) + A \cdot e^{-\frac{R}{\omega L}\theta} \qquad \cdots\cdots (10-10)$$

식 (10-10)에서 상수 A 는 초기값 조건 즉, $\theta = \alpha$ 일 때 $i_o = 0$을 대입하여 식 (10-11)과 같이 구할 수 있다.

$$0 = \frac{\sqrt{2}\, V}{Z} \sin(\alpha - \varphi) + A \cdot e^{-\frac{R}{\omega L}\alpha}$$

$$A = -\frac{\sqrt{2}\, V}{Z} \sin(\alpha - \varphi) \cdot e^{\frac{R}{\omega L}\alpha} \qquad \cdots\cdots (10-11)$$

식 (10-11)을 식 (10-10)에 대입함으로써 식 (10-12)와 같은 출력 전류의 완전해를 구할 수 있다.

$$i_o = \frac{\sqrt{2}\, V}{Z} \sin(\theta - \varphi) - \frac{\sqrt{2}\, V}{Z} \sin(\alpha - \varphi) e^{\frac{R}{\omega L}(\theta - \alpha)} \qquad \cdots\cdots (10-12)$$

여기서, $\varphi = \tan^{1} \frac{\omega L}{R}$

실습 10-3

그림 10-3의 단상 반파 위상제어 정류회로(유도성부하)에서, 점호각 $\alpha = 30°$이고, 다음 조건일 때 Transient Analysis를 35[ms]까지 실행하여, ① 입력전압 ② 게이트 전압 ③ 출력전류 ④ 출력전압의 파형을 시뮬레이션 하시오.

[조건] (1) 교류 정현파 전압원(VSIN) : Vin(VOFF=0 VAMPL=50 FREQ=60)
(2) 구형파 전압원(VPULSE) : Vgate
V1=0 V2=10 TD=3m TR=TF=1u PW=200u PER=16.67m
(3) 저항(R) : R=0.5[Ω], Rgate=10[Ω]
(4) 리액턴스(L) : L=1[mH]
(5) SCR(2N1595)

(1) 회로 구성 및 시뮬레이션 결과 1

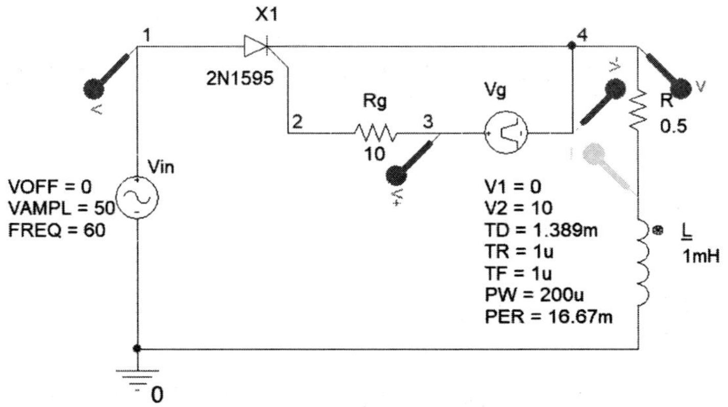

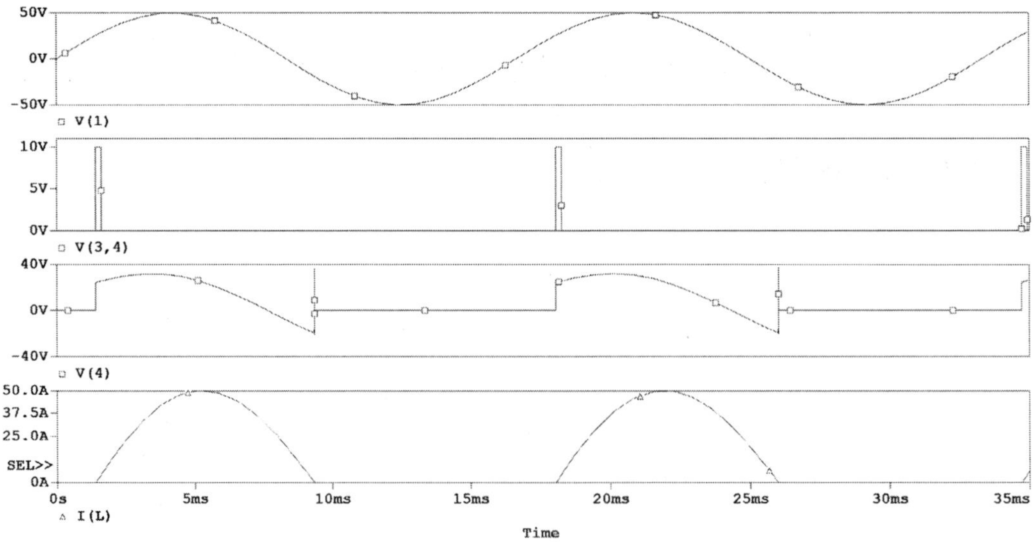

(2) 회로 구성 및 시뮬레이션 결과 2

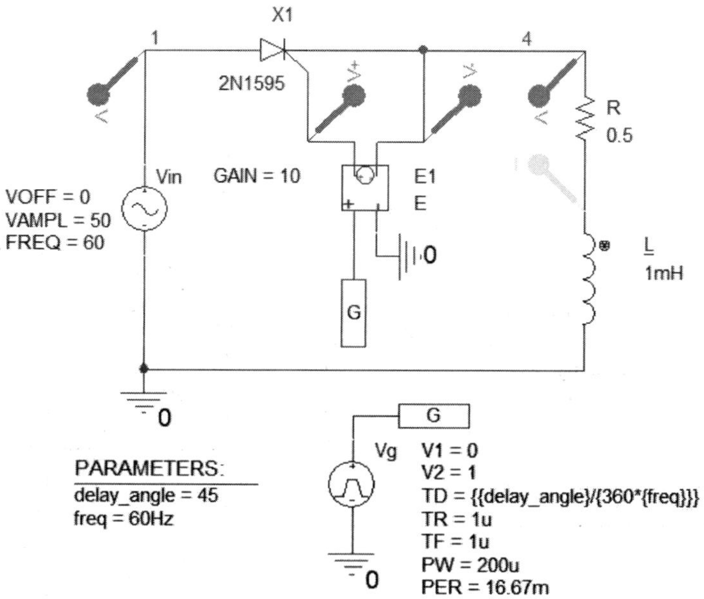

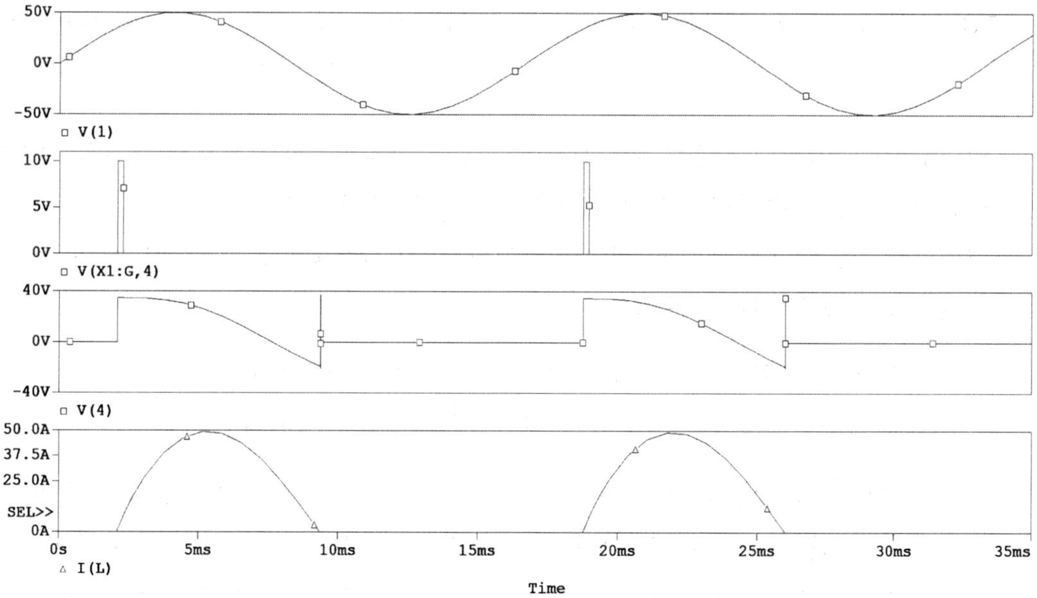

4 교류 전력 제어(교류 → 교류 변환 : 저항부하)

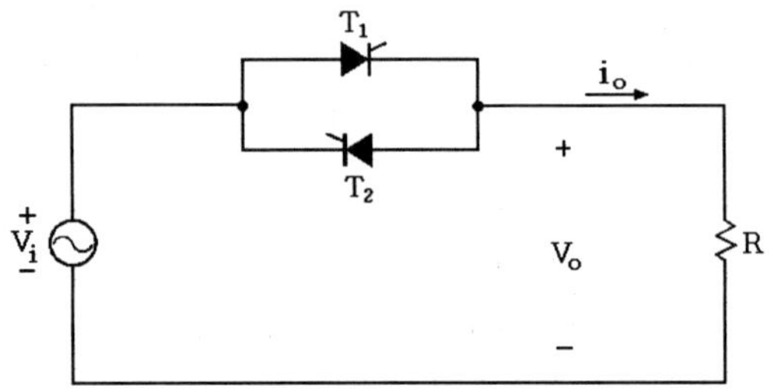

그림 10-11 단상 교류-교류 위상제어회로

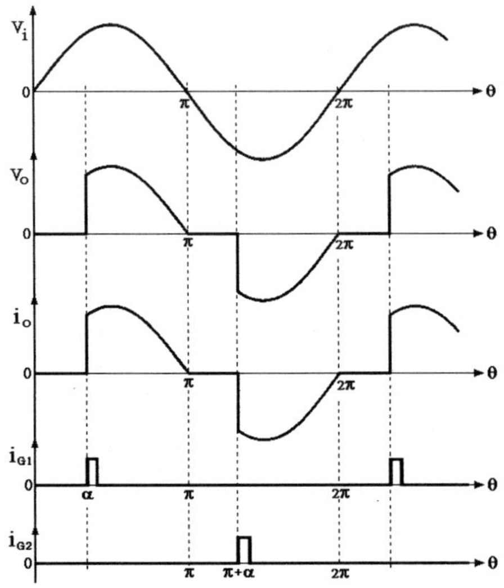

그림 10-12 단상 교류-교류 위상제어회로 파형 (저항부하)

입·출력의 기본파 주파수를 변화시키지 않고서 교류전원에서 부하로 전력을 전력용 반도체 소자를 이용하여 제어하는 것을 교류 전력 제어라 한다.

그림 10-11은 단상 교류 전력 제어의 기본회로이며, SCR T_1, T_2를 교대로 점호함으로써 부하에 공급 전력을 제어한다.

$\alpha \leq \pi$ 일 때 v_i → SCR T_1 → 부하(저항 R)

$\pi + \alpha \leq 2\pi$일 때 v_i → 부하(저항 R) → SCR T_1

$v > 0$에서, SCR T_1을 점호하면 부하 전류 i가 도통을 시작하며, 전압이 감소하며 $v \leq 0$가 되면 SCR T_1은 역바이어스되어 턴-오픈한다. v가 음의 반사이클에 대해서도 같은 방법의 동작을 반복하여 i_1 및 출력전압 그림 10-12와 같이 되고, 점호각 α의 조정에 따라서 부하의 전력제어가 연속적으로 제어된다.

실습 10-4

그림 10-11은 입·출력의 기본파 주파수를 변화시키지 않고서 교류전원에서 부하로 전력을 전력용 반도체 소자를 이용하여 제어하는 교류전력 제어회로이다. 다음 조건일 때 Transient Analysis를 35[ms]까지 실행하여, ① 입력전압 ② 출력전압 ③ 부하전류 ④ 게이트 전압 파형을 시뮬레이션 하시오.

[조건] (1) 교류 정현파 전압원(VSIN) : Vin(VOFF=0 VAMPL=220 FREQ=60)
(2) 구형파 전압원(VPULSE)
Vg1 : V1=0 V2=20 TD=4.1667m TR=TF=1u PW=200u PER=16.67m
Vg2 : V1=0 V2=20 TD=12.5m TR=TF=1u PW=200u PER=16.67m
(3) 저항(R) : R=10[Ω] (4) SCR : 2N1599

(1) 회로 구성 및 시뮬레이션 결과

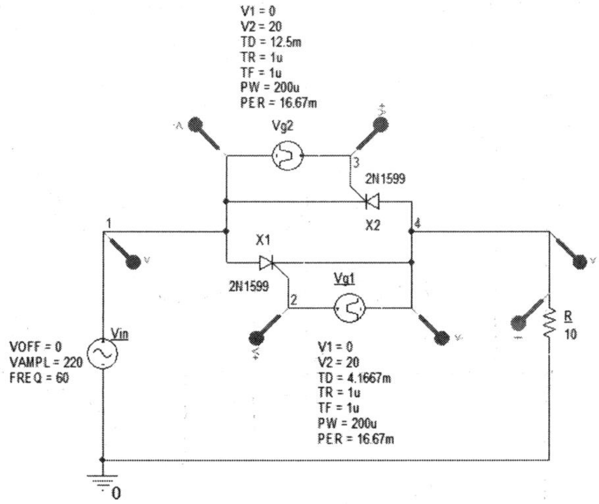

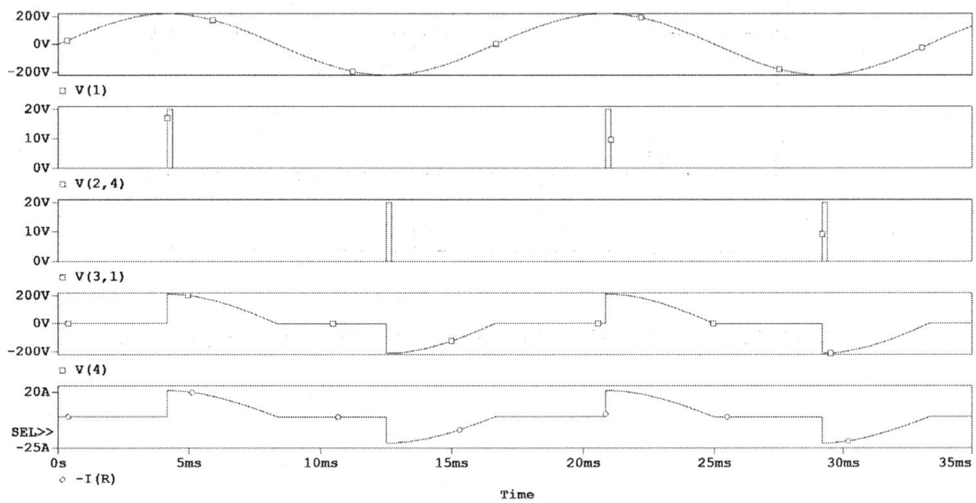

5 교류 전력 제어(교류 → 교류 변환 : 유도성부하)

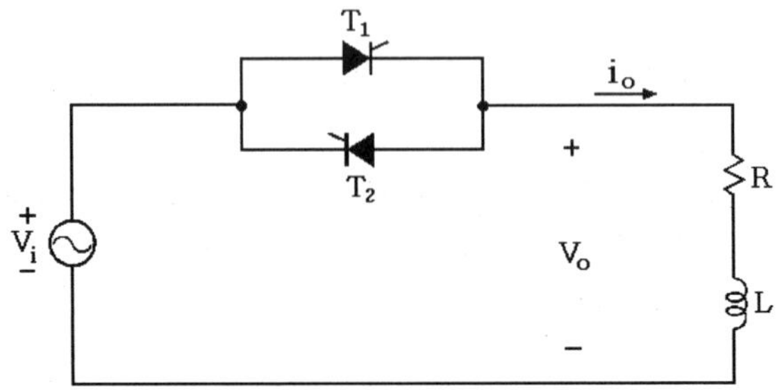

그림 10-13 단상 교류-교류 위상 제어 회로(저항-인덕턴스 부하)

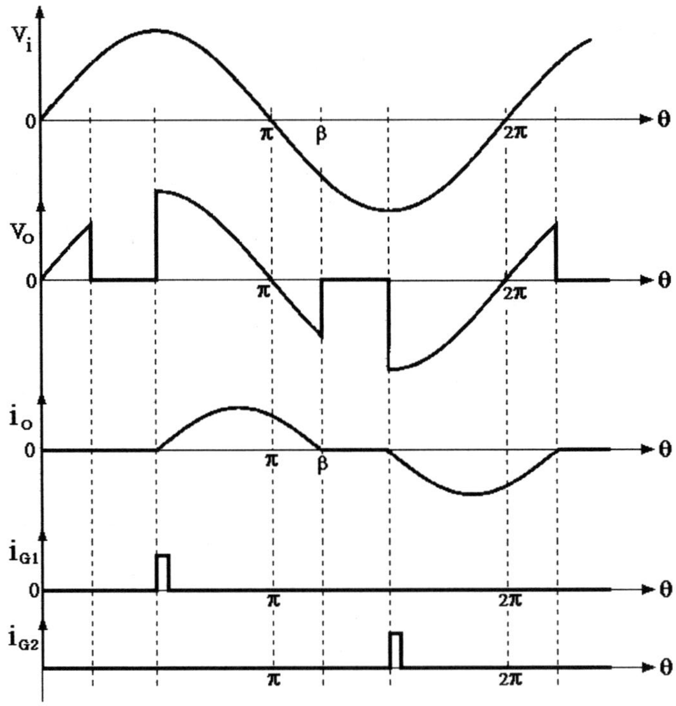

그림 10-14 단상 교류-교류 위상 제어 회로 파형(저항-인덕턴스 부하)

실습 10-5

그림 10-13은 유도성 부하를 갖는 교류 전력 제어 회로이다. 다음 조건일 때 Transient Analysis를 35[ms]까지 실행하여, ① 입력전압 ② 출력전압 ③ 부하전류 ④ 게이트 전압 파형을 시뮬레이션 하시오.

[조건] (1) 교류 정현파 전압원(VSIN) : Vin(VOFF=0 VAMPL=220 VFREQ=60)

(2) 구형파 전압원(VPULSE)

Vg1 : V1=0 V2=20 TD=4.1667m TR=TF=1u PW=200u PER=16.67m

Vg2 : V1=0 V2=20 TD=12.5m TR=TF=1u PW=200u PER=16.67m

(3) 저항(R) : R=1[Ω] (4) 리액턴스(L) : L=1[mH] (5) SCR(2N1599)

(1) 회로 구성 및 시뮬레이션 결과

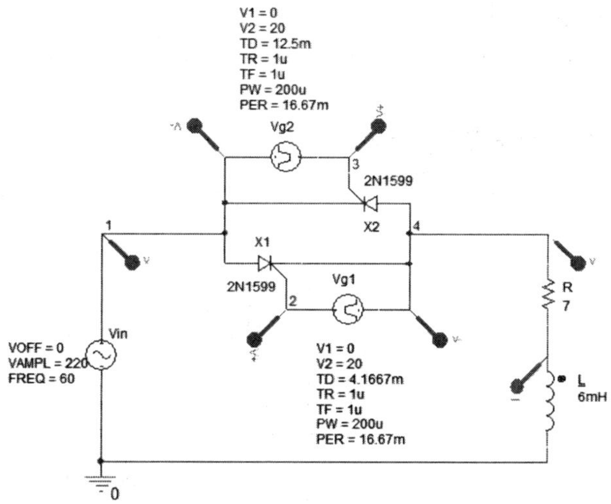

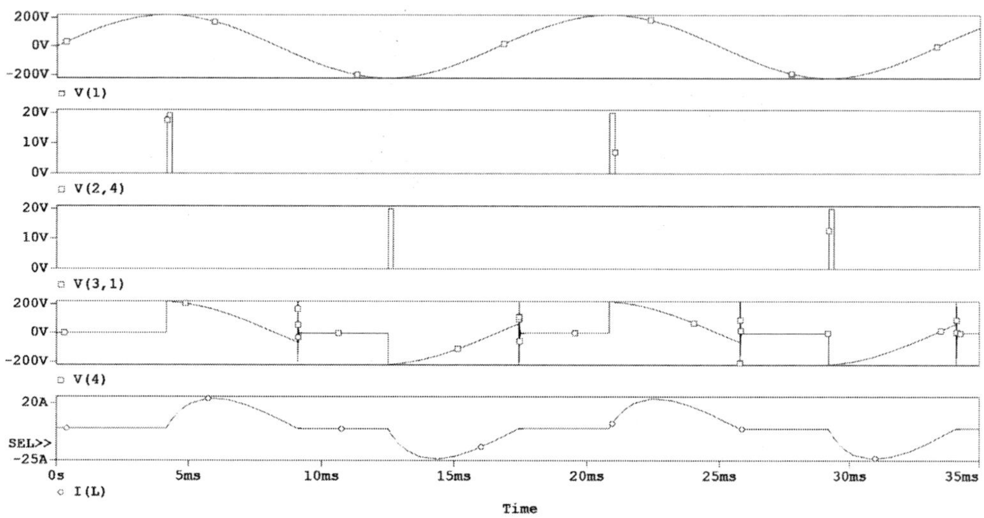

실습 10-6

스너버 회로와 유도성 부하를 갖는 교류 전력 제어 회로이다. 다음 조건일 때 Transient Analysis를 35[㎳]까지 실행하여, ① 입력 전압 ② 게이트 전압 ③ 출력 전압 ④ 부하 전류 파형을 시뮬레이션 하시오.

[조건] (1) 교류 정현파 전압원(VSIN) : Vin(VOFF=0 VAMPL=220 FREQ=60)
(2) 구형파 전압원(VPULSE)
Vg1 : V1=0 V2=20 TD=4.1667m TR=TF=1u PW=200u PER=16.67m
Vg2 : V1=0 V2=20 TD=12.5m TR=TF=1u PW=200u PER=16.67m
(3) 저항(R) : R=2.5[Ω], Rs=750[Ω]
(4) 리액턴스(L) : L=6.5[mH]
(5) 캐패시턴스(C) : Cs=0.1[μF]
(6) SCR(2N1599)

(1) 회로 구성 및 시뮬레이션 결과

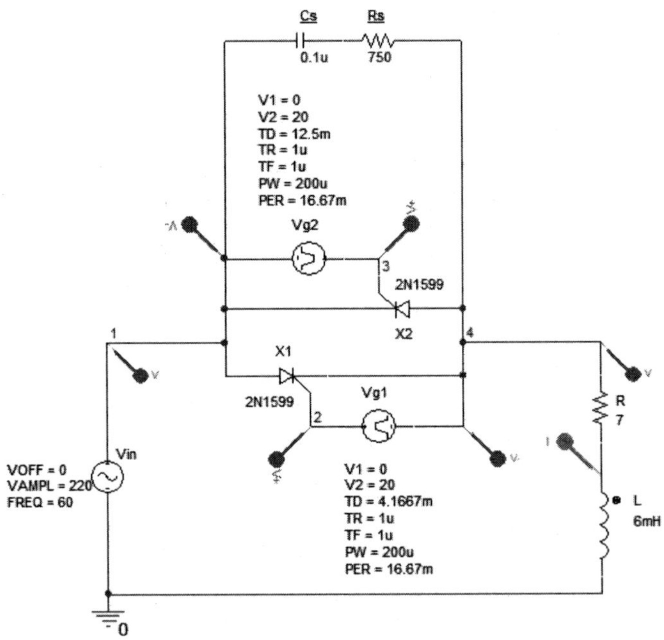

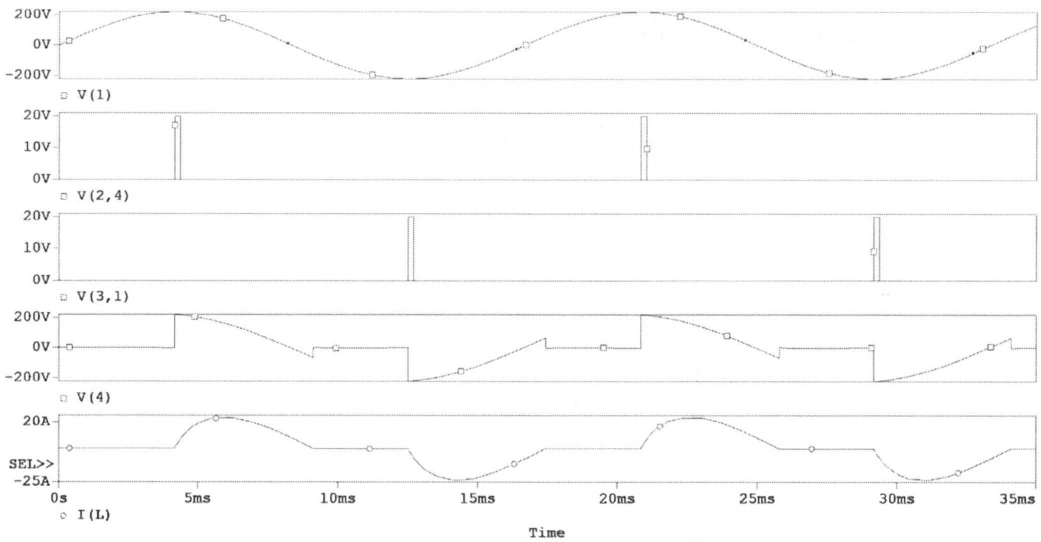

실습 10-7

예제 10-13과 같은 회로이지만 PARAM 명령어와 전압 제어 전압원을 이용하여 수정한 회로이다. Transient Analysis를 35[ms]까지 실행하여, ① 출력전압 ② 부하전류 ③ 게이트 전압 파형을 시뮬레이션 하시오.

[조건] (1) 교류 정현파 전압원(VSIN) : Vin(VOFF=0 VAMPL=170 FREQ=60)
(2) 구형파 전압원(VPULSE)
Vg1 : V1=0 V2=10 TD={{delay_angle}/{360*{freq}}} TR=TF=1n
PW=100u PER=1/{freq}
Vg2 : V1=0 V2=10 TD={{{delay_angle}+180}/{360*{freq}}} TR=TF=1n
PW=100u PER=1/{freq}
(3) 저항(R) : R=7[Ω], Rs=750[Ω]
(4) 리액턴스(L) : L=6[mH]
(5) SCR(2N1599)
(6) 캐패시턴스(C) : Cs=0.1[μF]
(7) PARAM : delay_angle=90 freq=60hz

(1) 회로 구성 및 시뮬레이션 결과

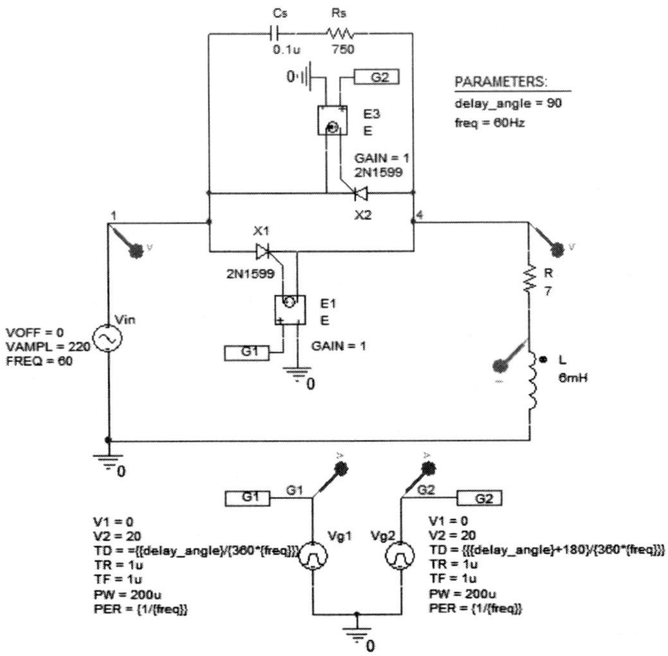

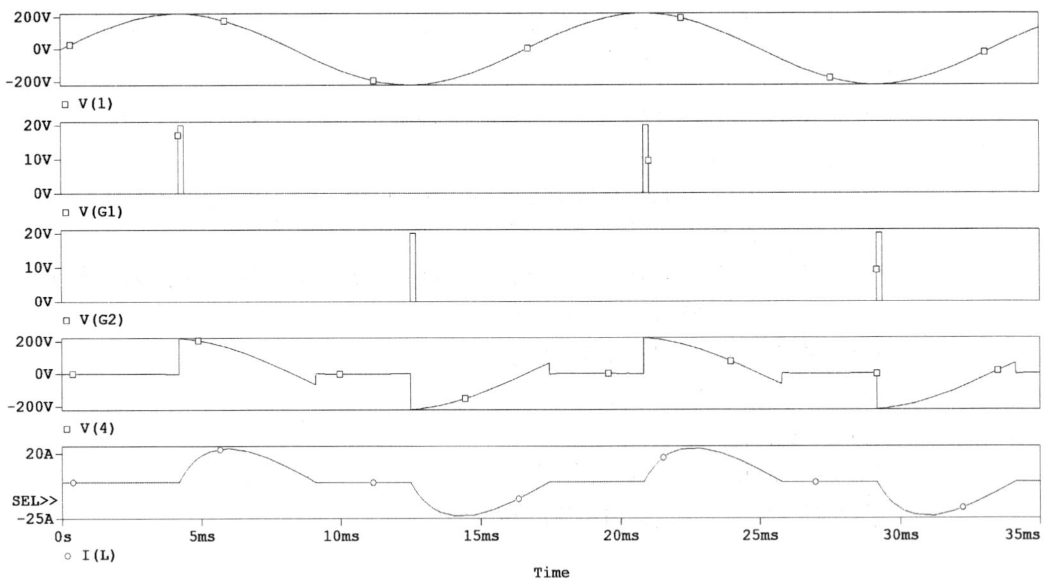

6 단상 전파 위상제어 정류회로(저항부하)

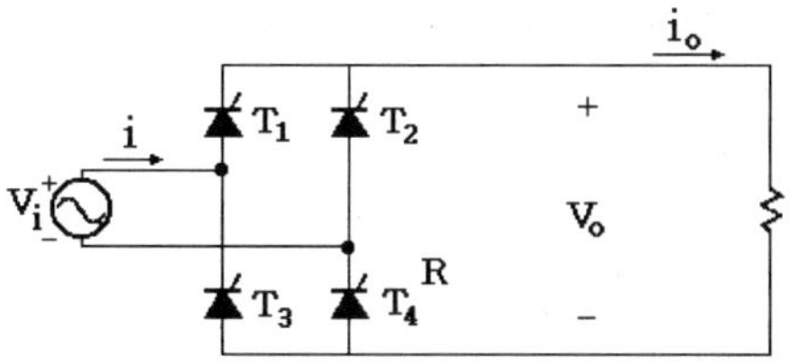

그림 10-5 단상 전파 위상제어정류회로(저항 부하)

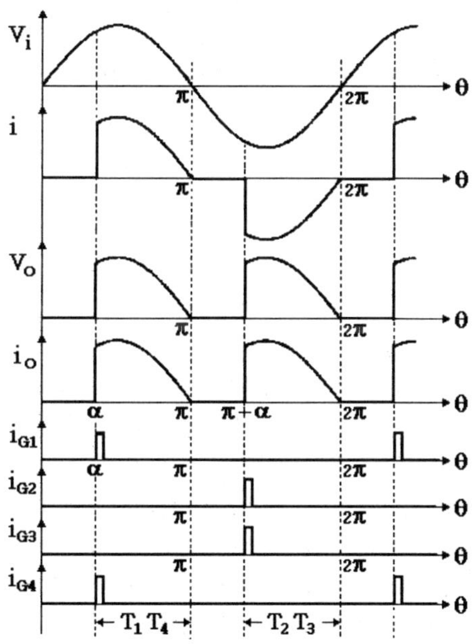

그림 10-6 단상 전파 위상제어 정류회로 파형(저항 부하)

T_1, T_4의 SCR에 점호각 α에서 게이트 펄스를 가해주면, 양의 반주기($\alpha \le \theta \le \pi$)동안 전류는 SCR T_1 → 저항 R → SCR T_4로 흐르게 된다.

또한, T_2, T_3의 SCR에 점호각 $\pi + \alpha$에서 게이트 펄스를 가해주면 음의 반주기($\pi + \alpha \le \theta \le 2\pi$)동안 전류는 SCR T_2 → 저항 R → SCR T_3로 흘러 출력전압 파형은 그림 10-6과 같은 직류를 얻을 수 있다.

SCR 라이브러리 만들기

라이브러리를 등록하는 방법은 여러 가지 방법들이 있다. 이 장에서는 부품에 대한 정보들을 절점 방정식에 의해 텍스트 파일인 *.lib파일을 작성하고, 이것을 심벌로 만드는 방법에 대해 알아본다.

먼저 교류용 다이리스터 모델인 ASCR에 대한 라이브러리 파일을 표에 나타냈고, 이것으로부터 심벌을 만들어 등록하는 방법까지 나타냈다.

```
******************************************************************************************
*C:₩Cadence₩SPB_17.2₩tools₩sample.lib
*SCR모델 ASCR 라이브러리 파일
*Subcircuit for AC Thristor Model
*$
.SUBCKT ASCR    1       2       3       2
*               |       |       |       |
*         model anode  cathode  +control  -control
S1 1 5 6 2 SMOD ; Switch
RG 3 4 50
VX 4 2 DC 0V
VY 5 2 DC 0V
RT 2 6 1
CT 6 2 10UF
F1 2 6 POLY(2) VX VY 0 50 11
.MODEL SMOD VSWITCH (RON=0.01 ROFF=10E+5 VON=0.1V VOFF=0V)
.ENDS
******************************************************************************************
```

(1) Windows의 시작에서 Cadence가 인스톨된 폴더의 Model Editor을 실행(그림1)

(2) Model Editor의 File 메뉴에서 Export to Capture Part Library...을 실행(그림2)

(3) 모델 라이브러리의 입력과 출력을 그림과 같이 지정하고, OK (그림2의 4번)

- Enter Input Model Library (폴더는 변경해도 된다.)
  C:₩Cadence₩SPB_17.2₩tools₩sample.lib (표에 나타낸 모델)
- Enter Output Model Library (폴더는 변경해도 된다.)
  C:₩Cadence₩SPB_17.2₩tools₩sample.olb (부품의 심벌)

(3)번에서 OK를 누르면, 에러가 없을 때에 5번과 같은 화면이 나타난다.

SCR 라이브러리 만들기

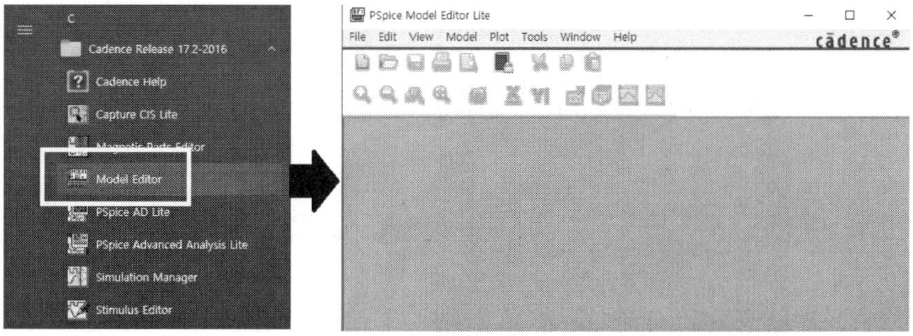

그림 1

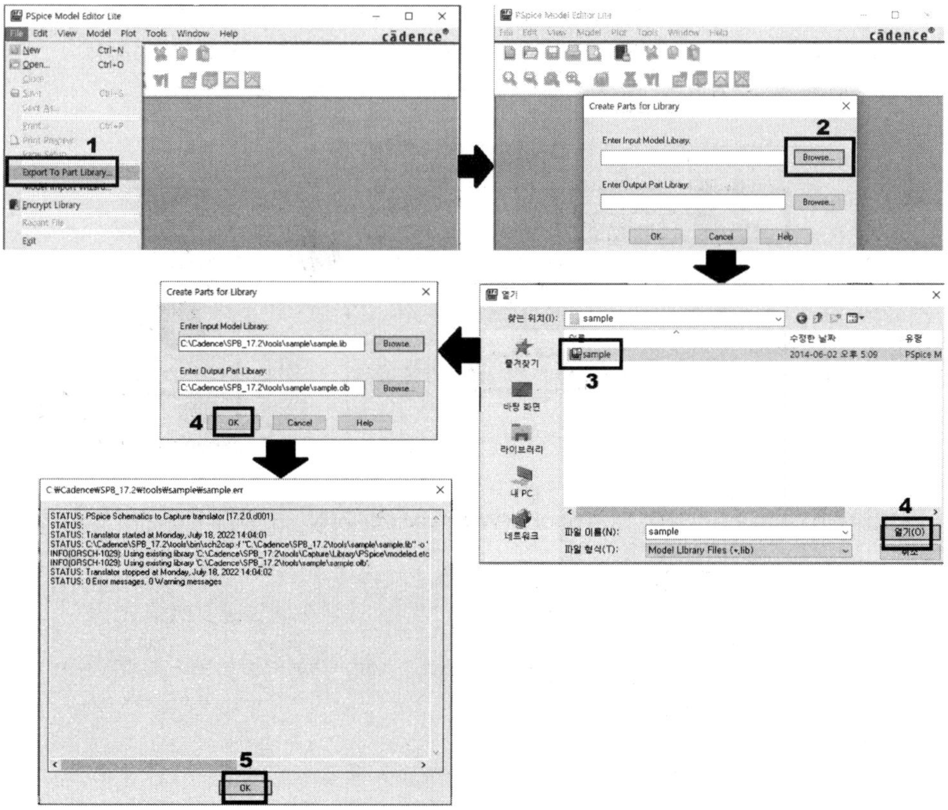

그림 2

SCR 라이브러리 만들기

(4) Orcad/PSPICE를 실행

(5) File → New → Library

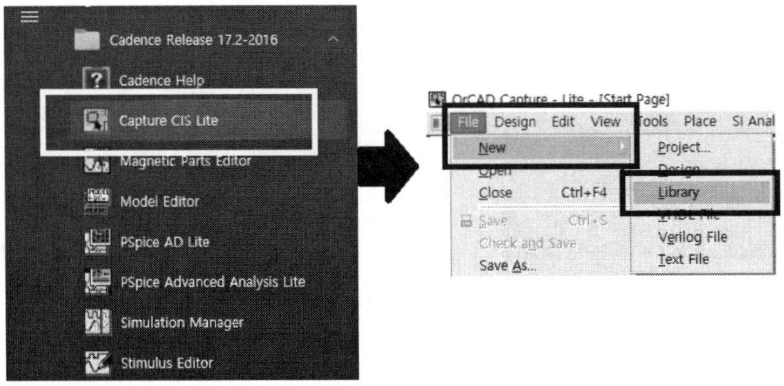

(6) Library를 클릭한 뒤 오른쪽 마우스를 눌러 Cut 실행하여 라이브러리 삭제

(7) Library를 클릭한 뒤 오른쪽 마우스를 눌러 Add File 실행

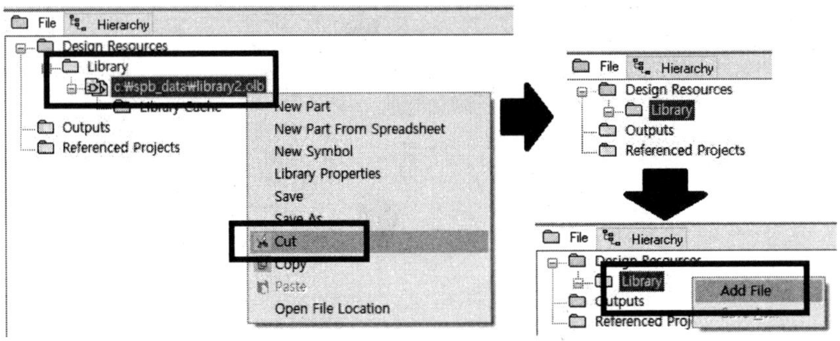

(8) C:\Cadence\SPB_17.2\tools\\sample.olb 지정 → 열기

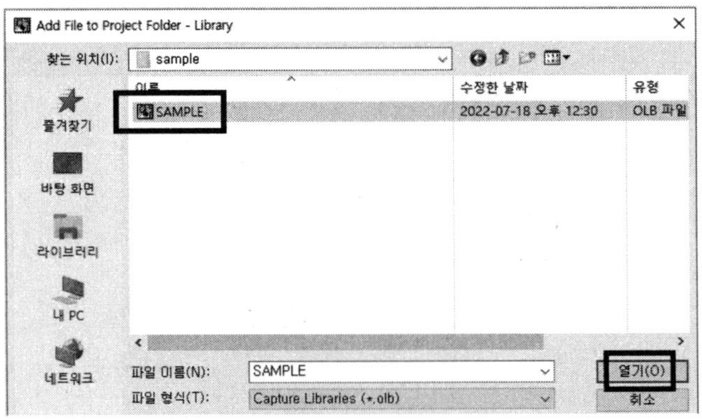

SCR 라이브러리 만들기

(9) 1을 더블 클릭하면 sample.olb에 지정된 라이브러리 목록이 나온다. 2를 더블클릭

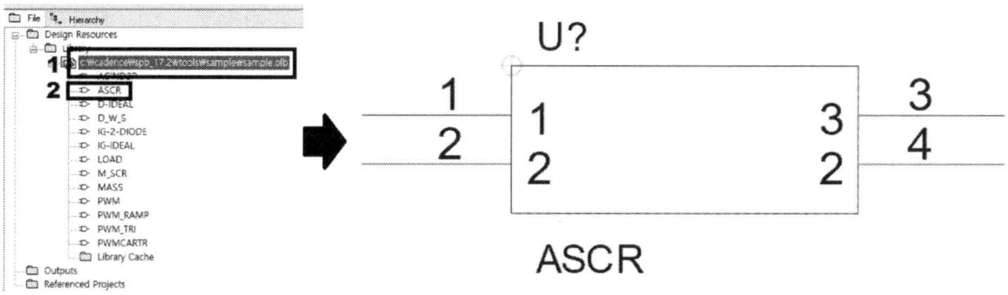

(10) 직사각형을 선택한 뒤 Delete키를 눌러 삭제

(11) 점선으로 된 직사각형의 안쪽을 더블클릭하면 그림처럼 메뉴창이 뜨고 그곳에서 pin numbers visible의 체크를 지우면(1번) 오른쪽 그림처럼 숫자가 없어진다.

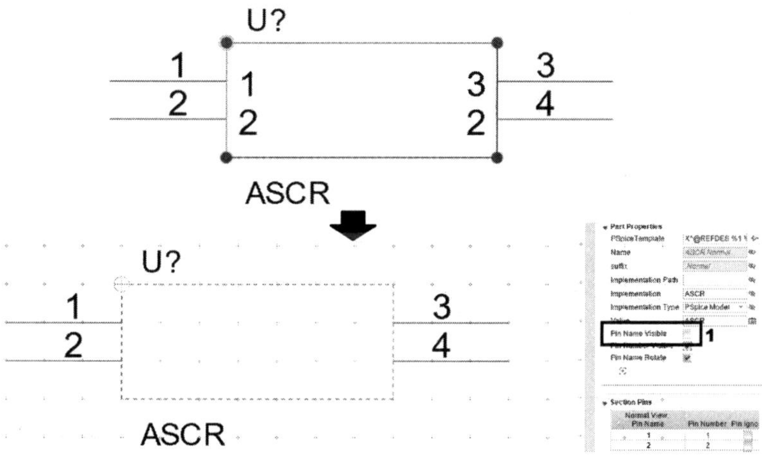

(12) U? 안보이게 하기 (2번을 클릭하고 3번을 클릭)

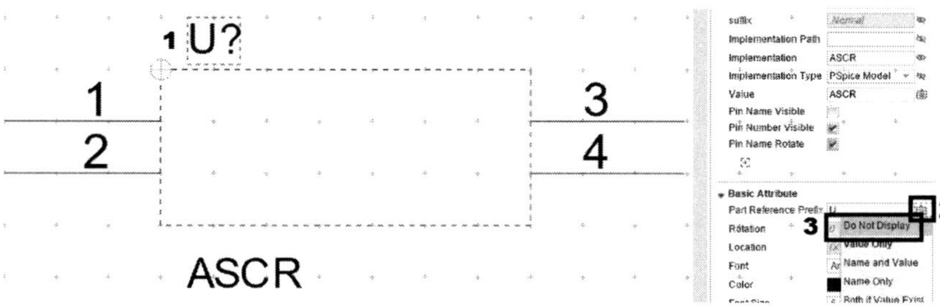

SCR 라이브러리 만들기

(13) 1번처럼 4를 선택한 뒤 delete키로 지운다.(1번)
(14) 그리기 도구(2번)로 그림과 같이 ASCR 심벌을 그린다.
(15) 3번의 직사각형을 누른 상태에서ASCR심벌의 범위까지 설정
(16) 1, 2, 3번의 핀을 그림과 같이 지정한다.

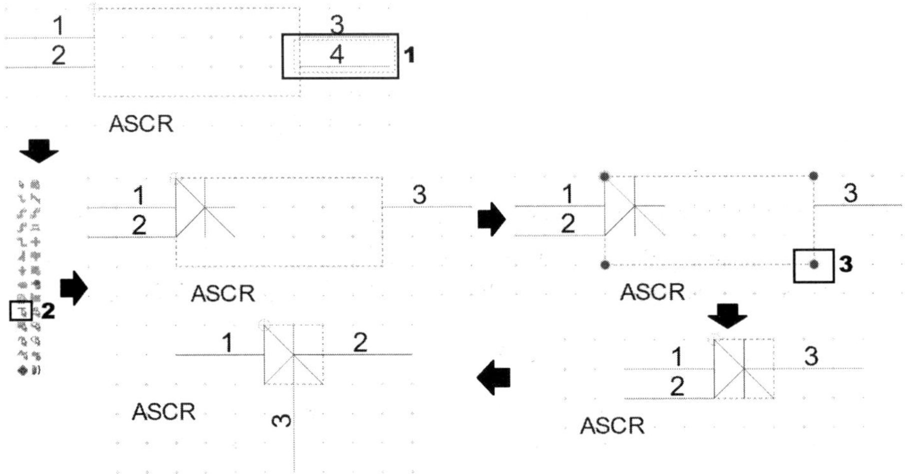

(17) 1~3핀을 안보이도록 설정

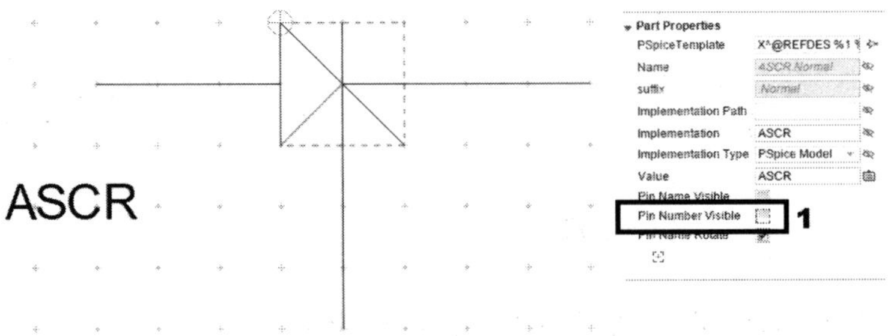

SCR 라이브러리 만들기

(18) 입력(1번), 출력(2번), 제어(3)핀 설정

Pin Properties를 참조로 짧은 선인 Short을 사용하고, SCR은 수동소자이므로 Passive를 사용하여 1번 핀에 적용시킨 결과를 그림에 나타냈다. 2번, 3번핀도 같은 방법으로 설정

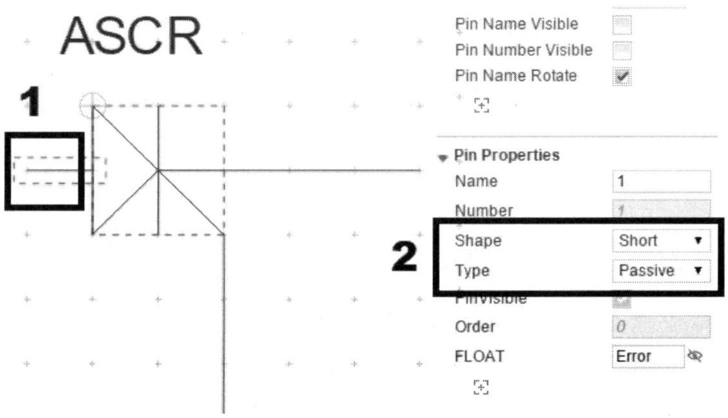

(19) FIle → Save

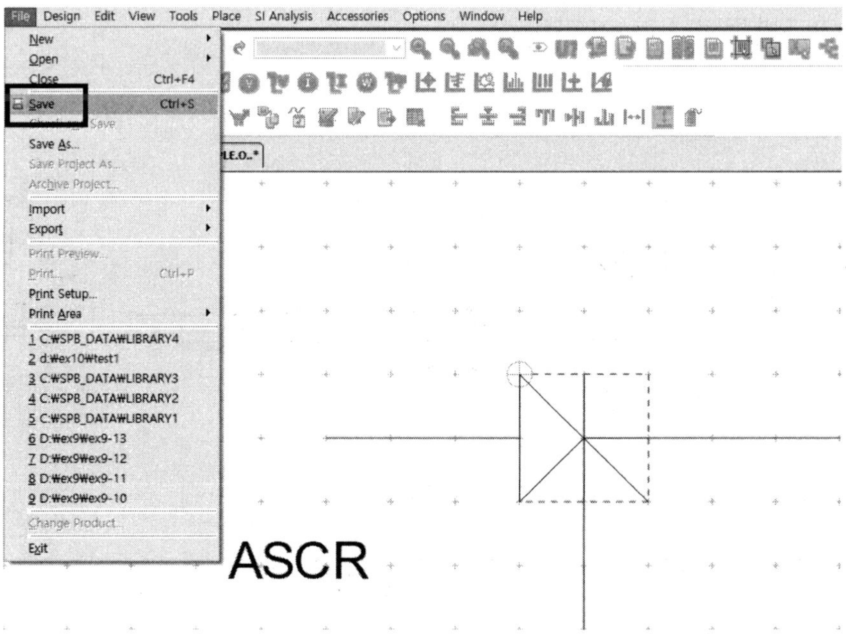

실습 10-8

그림 10-5의 단상 전파 위상제어 정류회로(저항부하)에서, 다음 조건일 때 Transient Analysis를 40[ms]까지 실행하여, ① 입력전압 ② 입력전류 ③ 출력전압 ④ 부하전류의 파형을 시뮬레이션 하시오.

[조건] (1) 교류 정현파 전압원(VSIN) : Vin(VOFF=0 VAMPL=220 VFREQ=60)
(2) 구형파 전압원(VPULSE)
Vg1=Vg2 : V1=0 V2=10 TD=2777.8u TR=TF=1u PW=200u PER=16.667m
Vg3=Vg4 : V1=0 V2=10 TD=11111.1u TR=TF=1u PW=200u, PER=16.667m
(3) 저항(R) : R=10[Ω]
(4) SCR(ASCR)

(1) 회로 구성 및 시뮬레이션 결과

– 학생용 버전은 절점수의 제한이 있어서 그 문제를 해결하고자 SCR을 모델링하여 절점수를 최소화하여 시뮬레이션 실행했음.
– 시뮬레이션 할 때, ASCR 라이브러리 등록
① Simulation Setting에서 1번 선택(Configuration Fules), 2번 클릭(Library)
② 3번의 Browse..에서 ASCR 라이브러리 파일이 있는 폴더 지정 (4번)
③ 5번 클릭(Add as Global)
④ OK

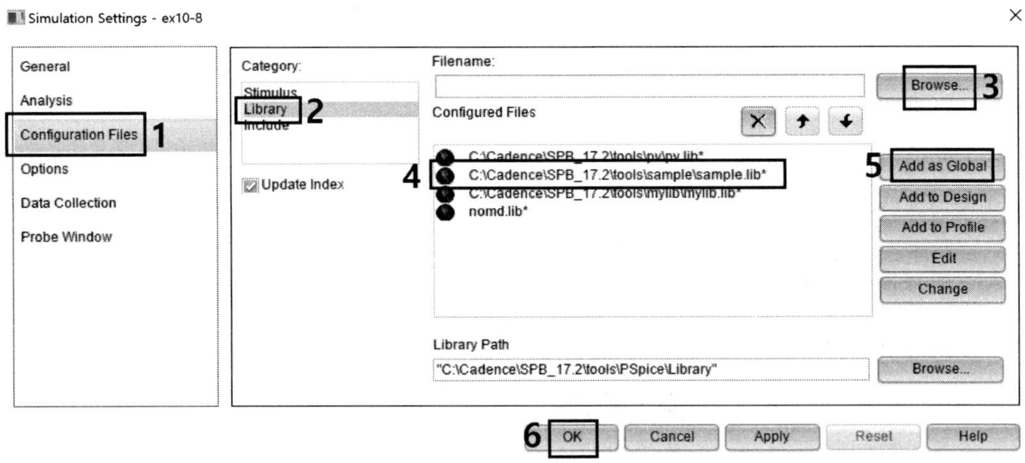

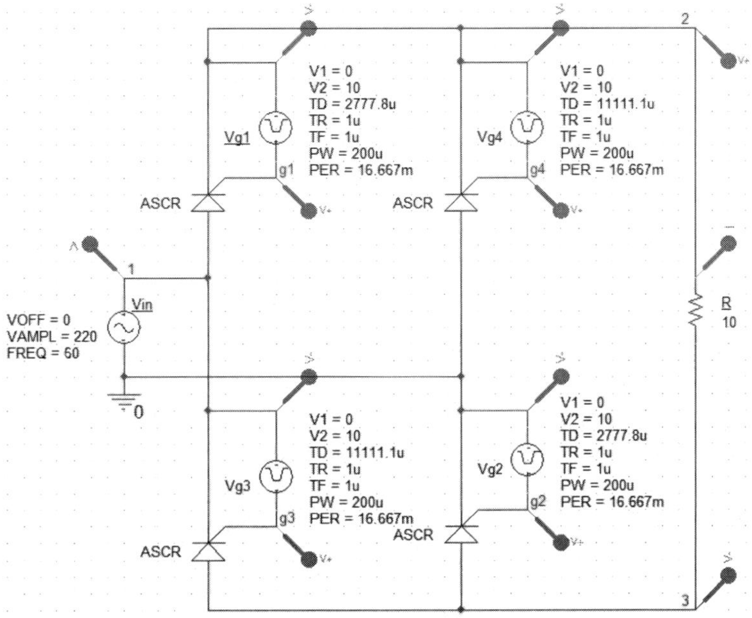
V1 = 0
V2 = 10
TD = 2777.8u
TR = 1u
TF = 1u
PW = 200u
PER = 16.667m
Vg1
g1
ASCR
V1 = 0
V2 = 10
TD = 11111.1u
TR = 1u
TF = 1u
PW = 200u
PER = 16.667m
Vg4
g4
ASCR
2
R
10
1
Vin
VOFF = 0
VAMPL = 220
FREQ = 60
0
V1 = 0
V2 = 10
TD = 11111.1u
TR = 1u
TF = 1u
PW = 200u
PER = 16.667m
Vg3
g3
ASCR
V1 = 0
V2 = 10
TD = 2777.8u
TR = 1u
TF = 1u
PW = 200u
PER = 16.667m
Vg2
g2
ASCR
3

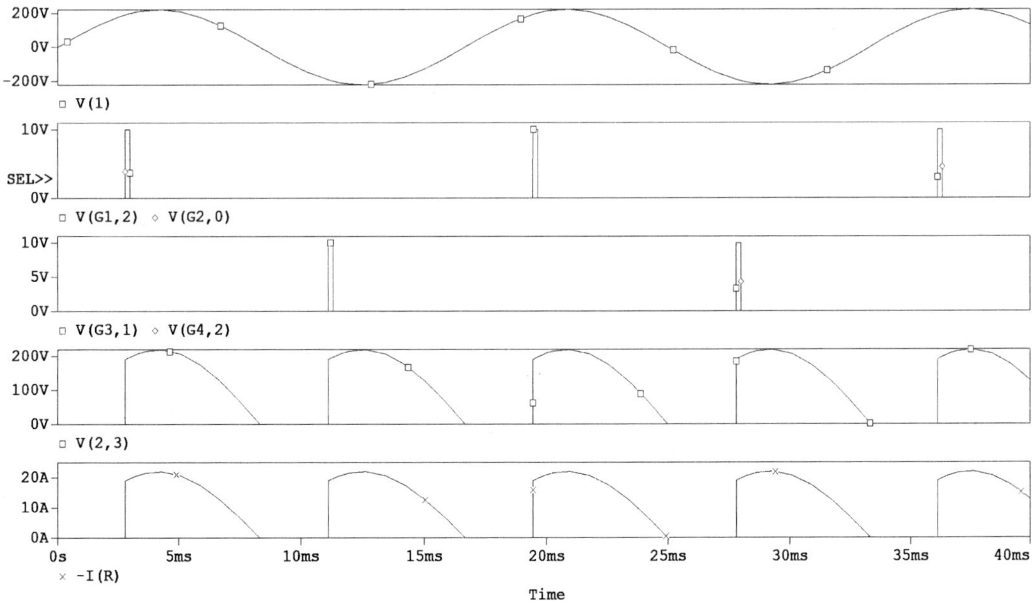
200V
0V
-200V
V(1)
10V
SEL>>
0V
V(G1,2) V(G2,0)
10V
5V
0V
V(G3,1) V(G4,2)
200V
100V
0V
V(2,3)
20A
10A
0A
0s
5ms
10ms
15ms
20ms
25ms
30ms
35ms
40ms
-I(R)
Time

실습 10-9

그림 10-5의 단상 전파 위상제어 정류회로에서 유도성 부하일 경우, 다음 조건일 때 Transient Analysis를 40[ms]까지 실행하여, ① 입력전압 ② 출력전압 ③ 부하전류의 파형을 시뮬레이션 하시오.

[조건] (1) 교류 정현파 전압원(VSIN) : Vin(VOFF=0 VAMPL=220 FREQ=60)
(2) 구형파 전압원(VPULSE)
Vg1=Vg2 : V1=0 V2=10 TD=2777.8u TR=TF=1u PW=200u PER=16.667m
Vg3=Vg4 : V1=0 V2=10 TD=11111.1u TR=TF=1u PW=200u PER=16.667m
(3) 저항(R) : R=10[Ω]
(4) 리액턴스(L) : L=6.5[mH]
(5) SCR(ASCR)

(1) 회로 구성 및 시뮬레이션 결과

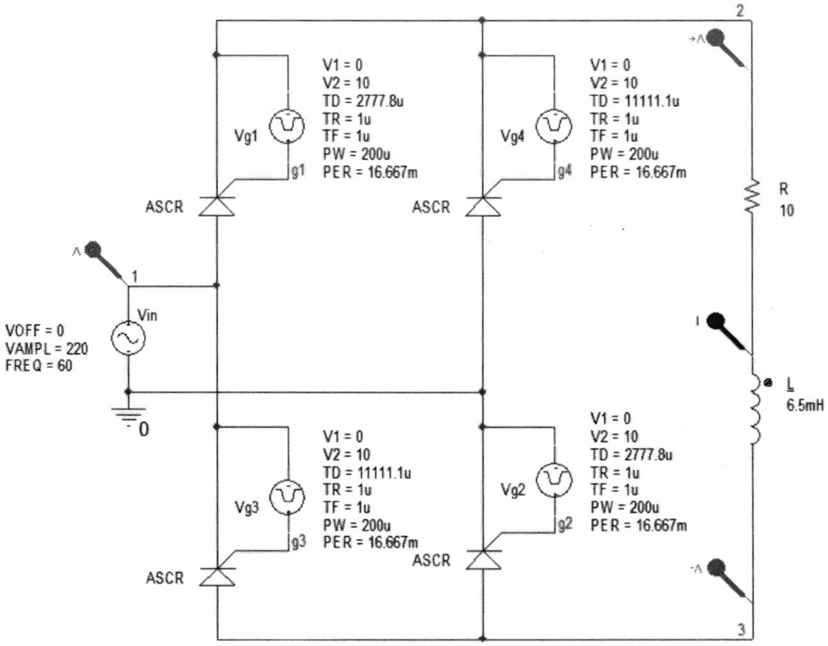

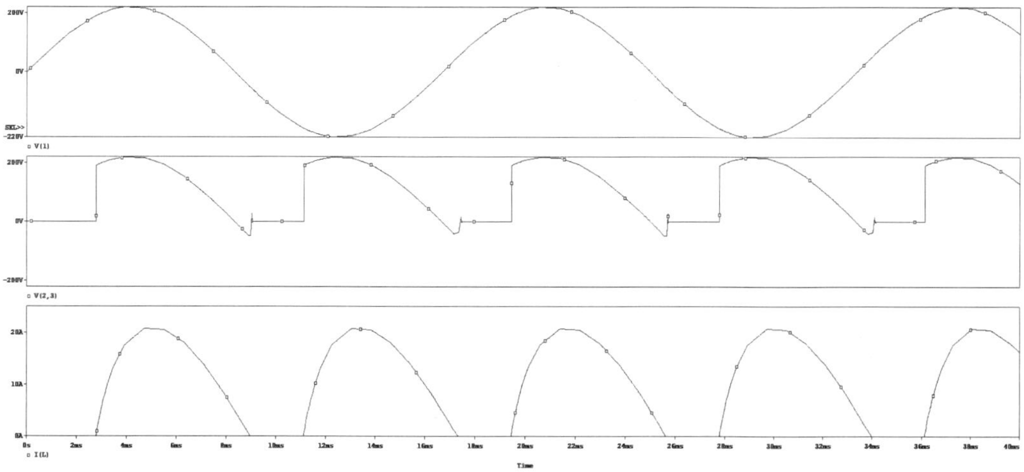

실습 10-10

점호각 $\alpha = 60°$인 단상 세미 컨버터의 회로이다. 다음 조건일 때 Transient Analysis를 40[ms]까지 실행하여, ① 입력전압 ② 게이트 전압 ③ 출력전압 ④ 부하전류의 파형을 시뮬레이션 하시오.

[조건] (1) 교류 정현파 전압원(VSIN) : Vin(VOFF=0 VAMPL=50 FREQ=60)

(2) 구형파 전압원(VPULSE)

Vg1 : V1=0 V2=1 TD={{delay_angle}/{360*{freq}}} TR=TF=1n PW=100u PER={1/{freq}}

Vg2 : V1=0 V2=1 TD={{{delay_angle}+180}/{360*{freq}}} TR=TF=1n PW=100u PER={1/{freq}}

(3) 저항(R) : R=0.5[Ω]

(4) 리액턴스(L) : L=6.5[mH]

(5) SCR : ASCR

(6) 다이오드(power_Dbreak)

(7) 전압 제어 전압원(E) : GAIN=10

(8) PARAM : freq=60, delay_angle=60

(9) 연결핀 : Place port → PORTNO-L

(1) 회로 구성 및 시뮬레이션 결과

$$V_{g1}\text{에서 시간지연 } TD = \frac{\text{delayangle}}{360° \times \text{freq}} = \frac{60°}{360°} \times \frac{1}{60[\text{Hz}]} \fallingdotseq 2.78[\text{ms}]$$

$$PER = \frac{1}{\text{freq}} = \frac{1}{60} \fallingdotseq 16.67[\text{ms}]$$

$$V_{g2}\text{에서 시간지연 } TD = \frac{\text{delay angle} + 180°}{360° \times \text{freq}} = \frac{60° + 180°}{360°} \times \frac{1}{60[\text{Hz}]}$$

$$\fallingdotseq 11.11[\text{ms}]$$

$$PER = \frac{1}{\text{freq}} = \frac{1}{60} \fallingdotseq 16.67[\text{ms}]$$

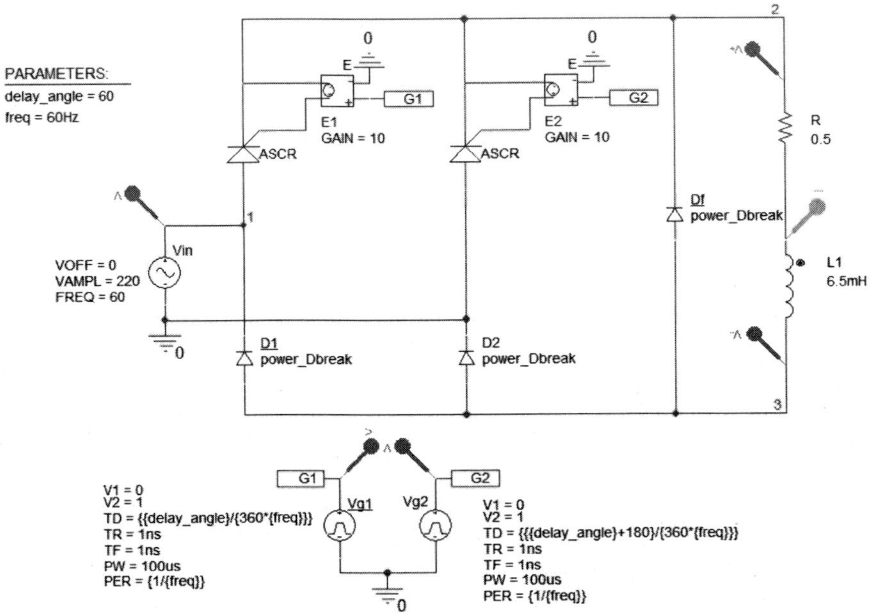

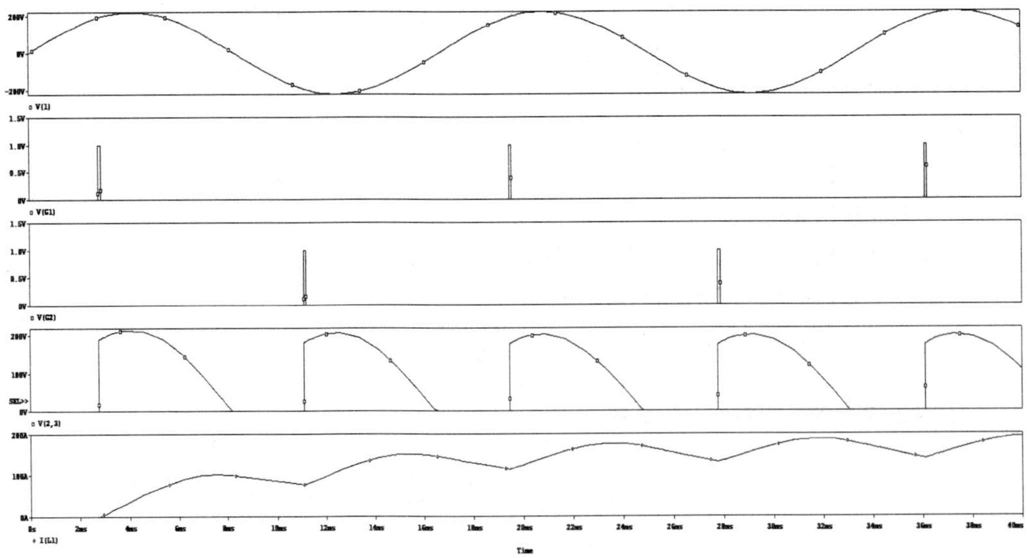

7 3상 반파 위상제어 정류회로(저항부하)

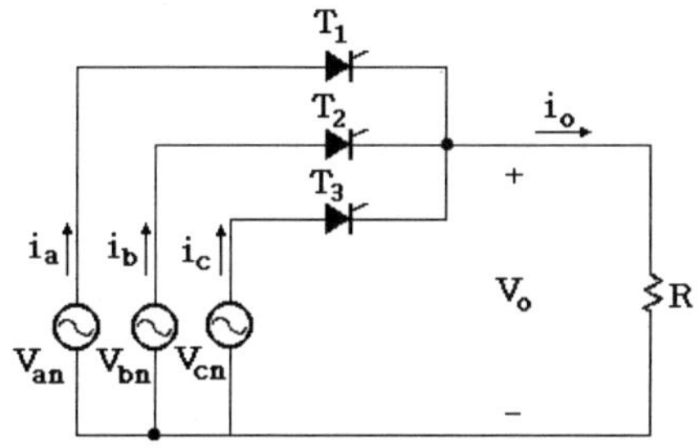

그림 10-7 3상 반파 정류회로(저항부하)

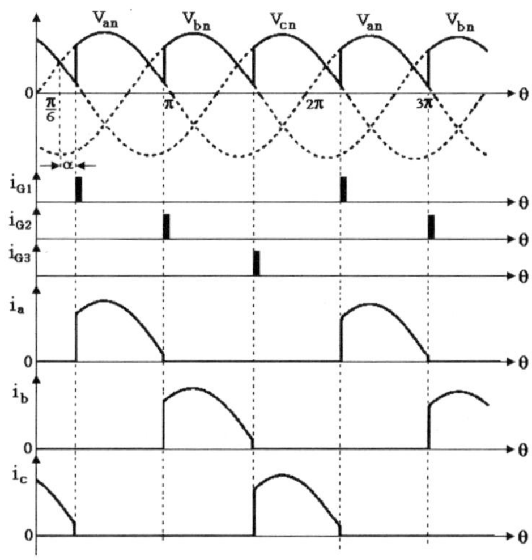

그림 10-8 3상 반파 정류회로 파형(저항부하)

3상 전원은 식 (10-13)과 같이 전압의 크기는 동일하며 위상은 120°의 위상차를 가진다.

$$v_{an} = \sqrt{2}\,V\sin\omega t$$

$$v_{bn} = \sqrt{2}\,V\sin\left(\omega t - \frac{2}{3}\pi\right) \qquad \cdots\cdots (10-13)$$

$$v_{cn} = \sqrt{2}\,V\sin\left(\omega t - \frac{4}{3}\pi\right)$$

그림 10-8에서 보면, 상전압 v_{an}과 v_{cn}이 만나는 점을 기준으로 하면(0으로 본다) 점호각 α는 30°보다 작은 범위에서 턴-온되고 있다는 걸 알 수 있다.

점호각 $\alpha = 30°$에서 SCR T_1이 도통을 하며, 게이트 전류 I_{G2}가 가해지면 SCR T_2, 게이트 전류 I_{G3}가 가해지면 SCR T_3가 도통을 한다.

실습 10-11

그림 10-7의 3상 전파 위상제어 정류회로(저항부하)에서, 다음 조건일 때 Transient Analysis를 40[ms]까지 실행하여, ① 입력 전압 ② 게이트 전압 ③ 입력 전류 ④ 출력 전압파형을 시뮬레이션 하시오.

[조건] (1) 교류 정현파 전압원(VSIN) : Va=Vb=Vc(VOFF=0 VAMPL=220 VFREQ=60)
Va : 위상 0°, Vb : 위상 −120°, Vc : 위상 −240°
(2) 구형파 전압원(VPULSE)
Vg1 : V1=0 V2=20 TD=4166.7u TR=TF=1n PW=200u PER=16666.7u
Vg2 : V1=0 V2=20 TD=9722.2u TR=TF=1n PW=200u PER=16666.7u
Vg3 : V1=0 V2=20 TD=15277.8u TR=TF=1n PW=200u PER=16666.7u
(3) 저항(R) : R=10[Ω]
(4) SCR(ASCR)

(1) 회로 구성 및 시뮬레이션 결과

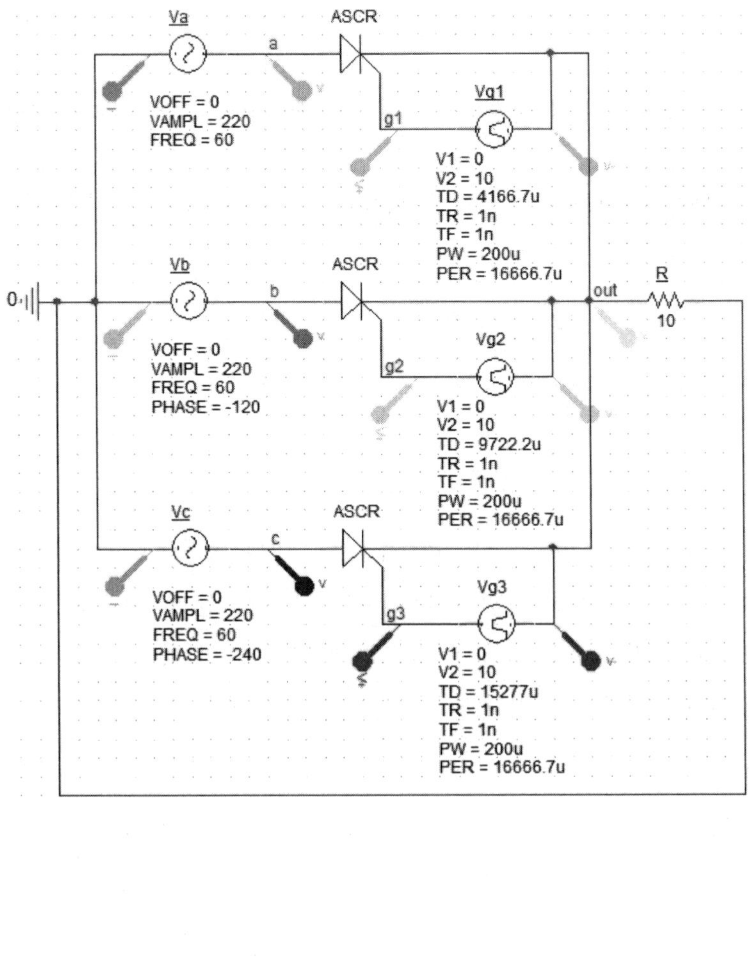

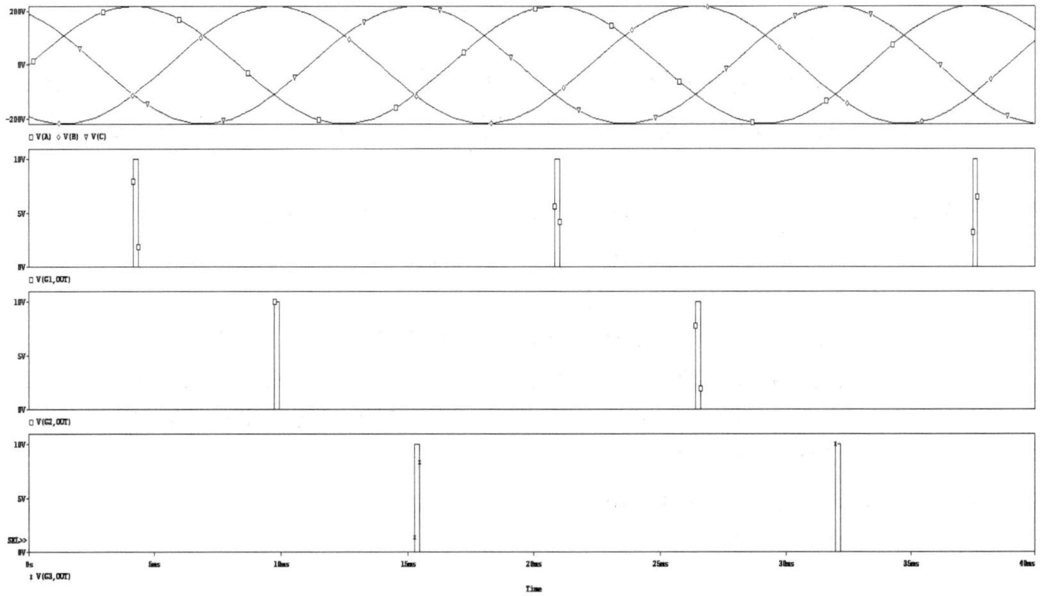

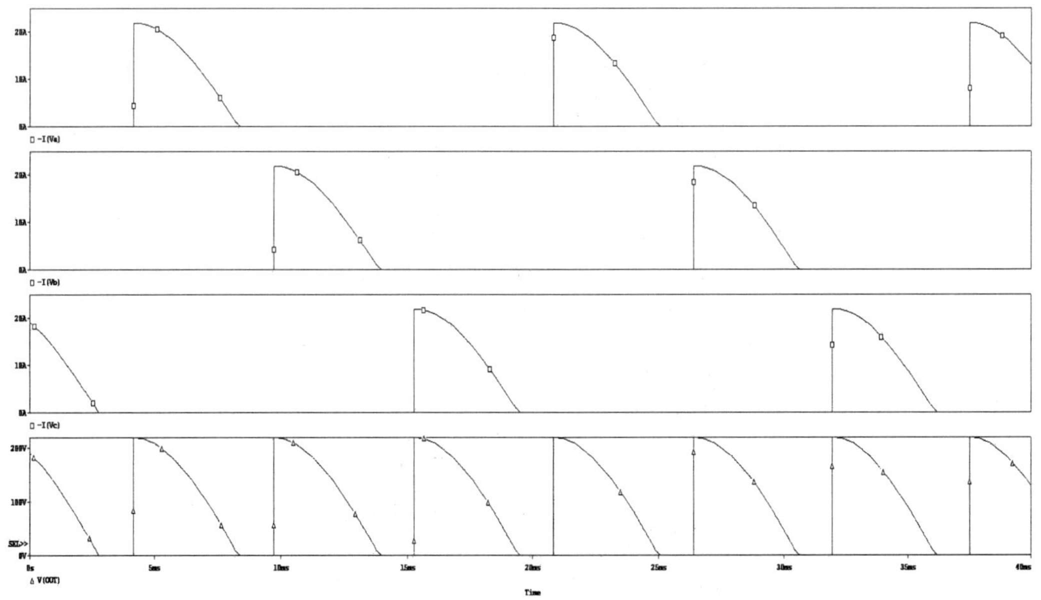

실습 10-12

그림 10-7의 3상 전파 위상제어 정류회로(유도성 부하)에서, 다음 조건일 때 Transient Analysis를 40[ms]까지 실행하여, ① 입력전압 ② 출력전압 ③ 부하 전류 파형을 시뮬레이션 하시오.

[조건] (1) 교류 정현파 전압원(VSIN) : Va=Vb=Vc(VOFF=0 VAMPL=220 FREQ==60)
Va : 위상 0°, Vb : 위상 −120°, Vc : 위상 −240°
(2) 구형파 전압원(VPULSE)
Vg1 : V1=0 V2=20 TD=4166.7u TR=TF=1n PW=200u PER=16666.7u
Vg2 : V1=0 V2=20 TD=9722.2u TR=TF=1n PW=200u PER=16666.7u
Vg3 : V1=0 V2=20 TD=15277.8u TR=TF=1n PW=200u PER=16666.7u
(3) 저항(R) : R=10[Ω]
(4) 리액턴스(L) : L=6.5[mH]
(5) SCR(ASCR)

(1) 회로 구성 및 시뮬레이션 결과

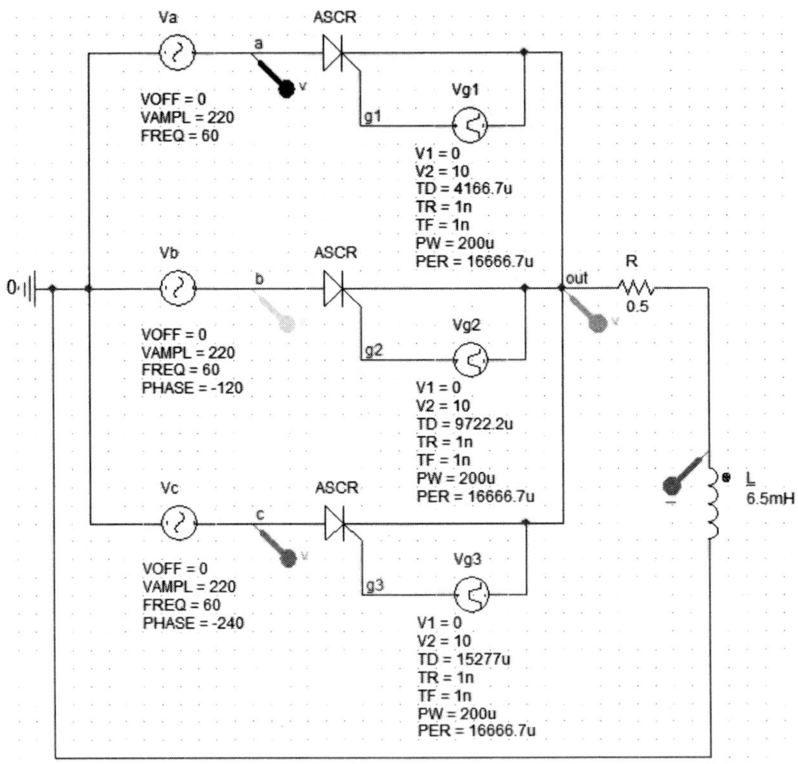

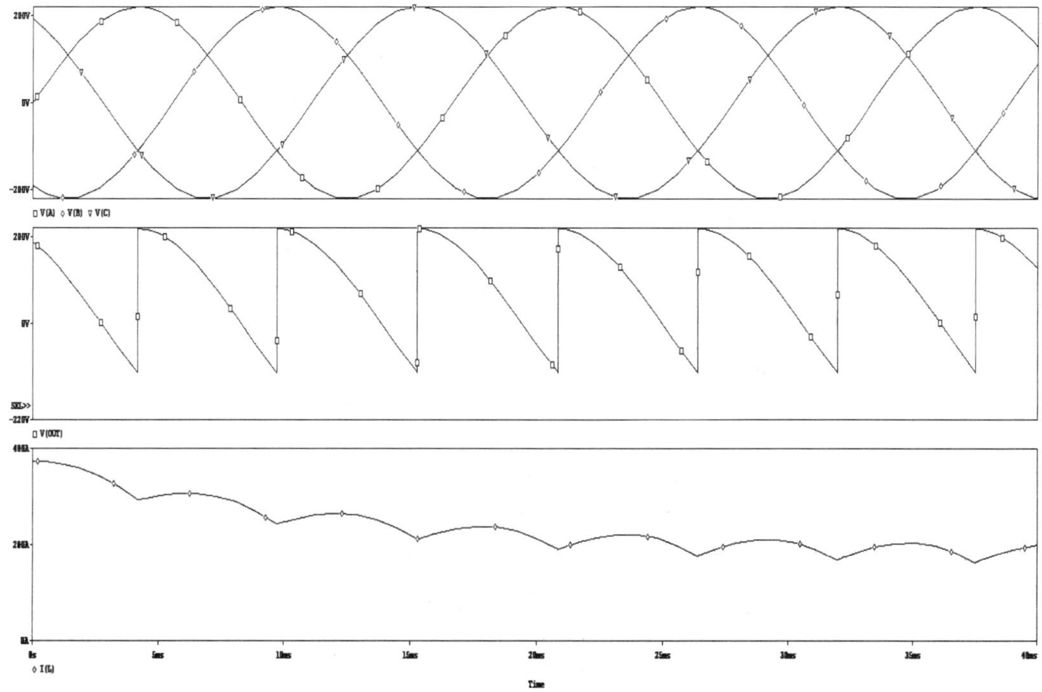

8 3상 전파 위상제어 정류회로(저항부하)

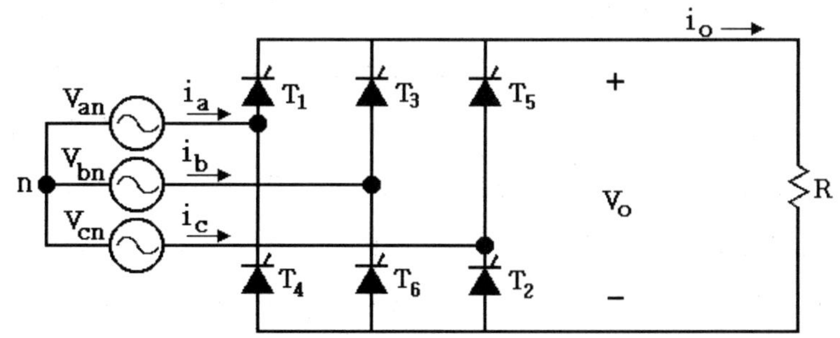

그림 10-9 3상 전파 정류회로(저항부하)

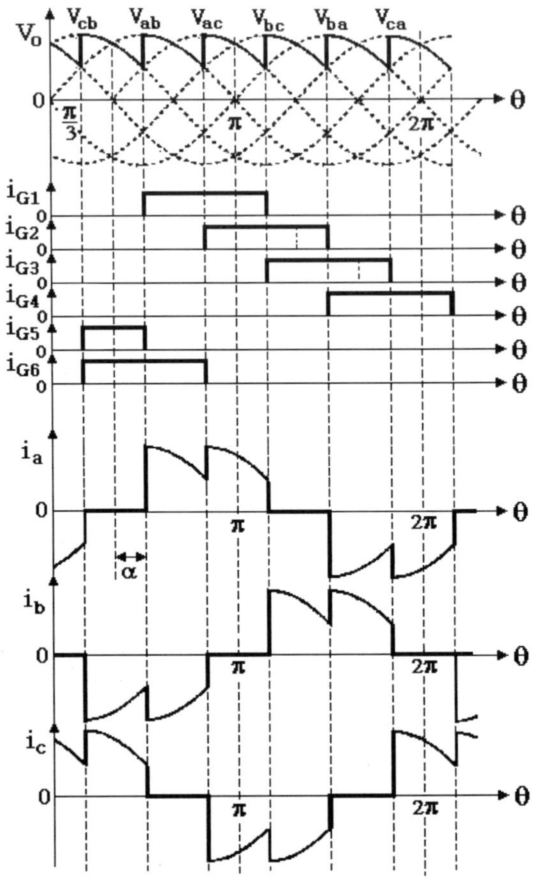

그림 10-10 3상 전파 정류 회로(저항부하, α =30°)

그림 10-10에서 보면, 다음과 같은 도통 순서를 가진다.

입력전압 v_{cn} → 부하 → v_{an} ; SCR T_5, T_4 도통 ; 출력전압 = v_{ca}

입력전압 v_{cn} → 부하 → v_{bn} ; SCR T_5, T_6 도통 ; 출력전압 = v_{cb}

입력전압 v_{an} → 부하 → v_{bn} ; SCR T_1, T_6 도통 ; 출력전압 =v_{ab}

입력전압 v_{an} → 부하 → v_{cn} ; SCR T_1, T_2 도통 ; 출력전압 = v_{ac}

입력전압 v_{bn} → 부하 → v_{cn} ; SCR T_3, T_2 도통 ; 출력전압 = v_{bc}

입력전압 v_{bn} → 부하 → v_{an} ; SCR T_3, T_4 도통 ; 출력전압 = v_{ba}

입력전압 v_{cn} → 부하 → v_{an} ; SCR T_5, T_4 도통 ; 출력전압 = v_{ca}

입력전압 v_{cn} → 부하 → v_{bn} ; SCR T_5, T_6 도통 ; 출력전압 = v_{cb}

입력전압 v_{an} → 부하 → v_{bn} ; SCR T_1, T_6 도통 ; 출력전압 = v_{ab}

실습 10-13

그림 10-9의 3상 전파 위상제어 정류회로(저항부하)에서, 다음 조건일 때 Transient Analysis를 40[ms]까지 실행하여, ① 게이트 전압 ② 입력 전압 ③ 출력 전압 ④ 입력 전류 파형을 시뮬레이션 하시오.

[조건] (1) 교류 정현파 전압원(VSIN) : Va=Vb=Vc(VOFF=0 VAMPL=220 FREQ==60)
Va : 위상 0˚, Vb : 위상 −120˚, Vc : 위상 −240˚
(2) 구형파 전압원(VPULSE)
Vg1 : V1=0 V2=20 TD=4166.7u TR=TF=1n PW=200u PER=16666.7u
Vg2 : V1=0 V2=20 TD=6944.4u TR=TF=1n PW=200u PER=16666.7u
Vg3 : V1=0 V2=20 TD=9722.2u TR=TF=1n PW=200u PER=16666.7u
Vg4 : V1=0 V2=20 TD=12500u TR=TF=1n PW=200u PER=16666.7u
Vg5 : V1=0 V2=20 TD=15277u TR=TF=1n PW=200u PER=16666.7u
Vg6 : V1=0 V2=20 TD=1388.9u TR=TF=1n, PW=200u PER=16666.7u
(3) 저항(R) : R=10[Ω]
(4) SCR(ASCR)

(1) 회로 구성 및 시뮬레이션 결과

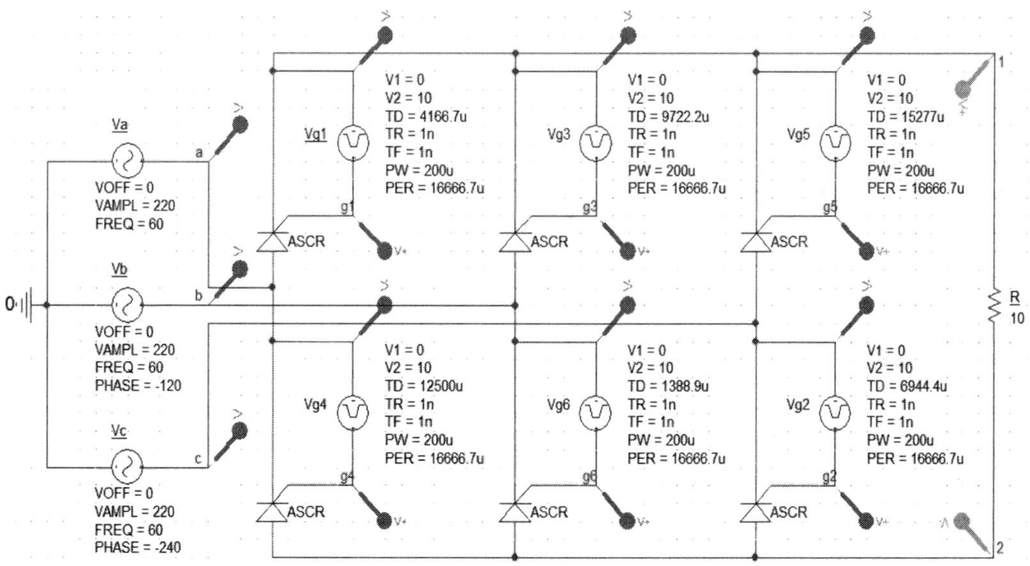

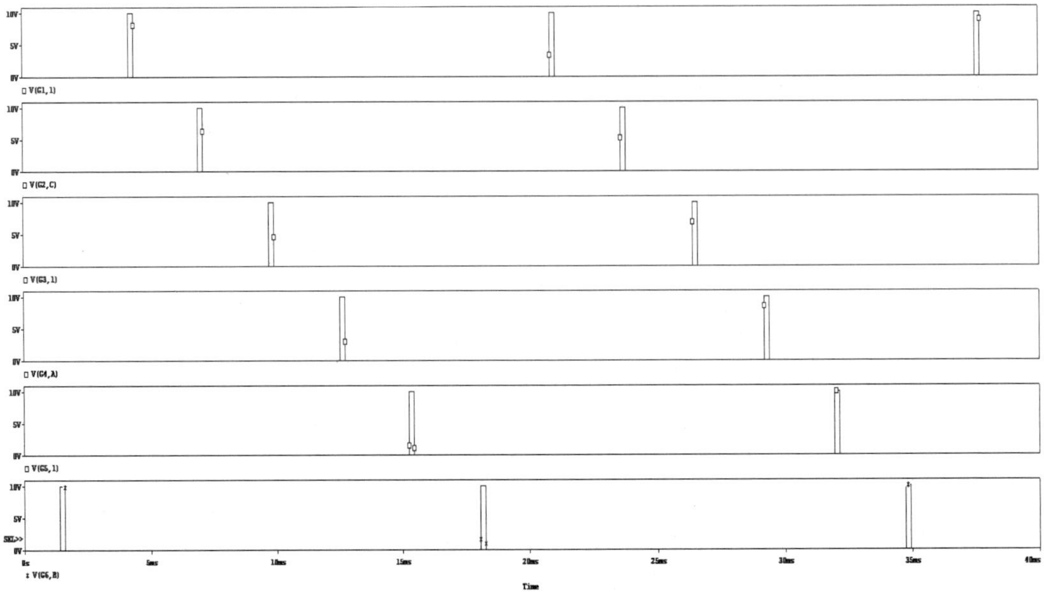
10V
5V
0V
V(G1,1)
V(G2,C)
V(G3,1)
V(G4,A)
V(G5,1)
V(G6,B)
0s
5ms
10ms
15ms
20ms
25ms
30ms
35ms
40ms
Time

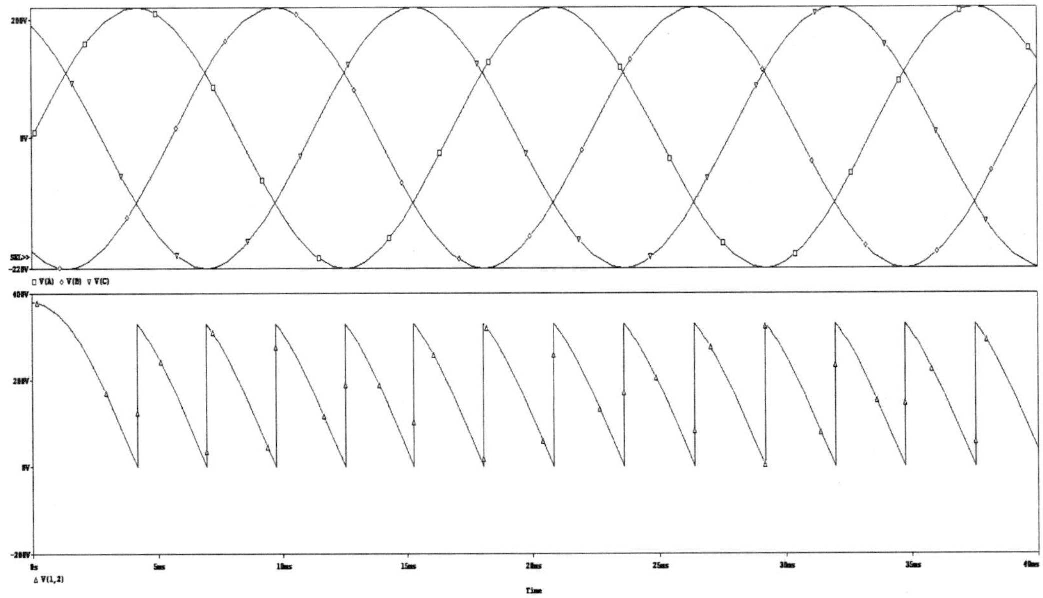
200V
0V
-220V
V(A) V(B) V(C)
400V
200V
0V
-200V
V(1,2)
0s
5ms
10ms
15ms
20ms
25ms
30ms
35ms
40ms
Time

실습 10-14

점호각 $\alpha=90°$인 3상 세미 컨버터의 회로이다. 다음 조건일 때 Transient Analysis를 40[ms]까지 실행하여, ① 입력전압 ② 게이트 전압 ③ 출력전압 ④ 부하전류의 파형을 시뮬레이션 하시오.

[조건] (1) 교류 정현파 전압원(VSIN) : Va=Vb=Vc(VOFF=0 VAMPL=220 FREQ==60)
Va : 위상 0°, Vb : 위상 −120°, Vc : 위상 −240°
(2) 구형파 전압원(VPULSE)
Vg1 : V1=0 V2=1 TD={{delay_angle}/{360*{freq}}} TR=TF=1n PW=100u PER={1/{freq}}
Vg2 : V1=0 V2=1 TD={{{delay_angle}+120}/{360*{freq}}} TR=TF=1n PW=100u PER={1/{freq}}
Vg3 : V1=0 V2=1 TD={{{delay_angle}+240}/{360*{freq}}} TR=TF=1n PW=100u PER={1/{freq}}
(3) 저항(R) : R=0.5[Ω]
(4) 리액턴스(L) : L=6.5[mH]
(5) SCR(ASCR)
(6) 다이오드(power_Dbreak)
(7) 전압 제어 전압원(E) : (GAIN=10)
(8) PARAM : freq=60, delay_angle=90
(9) 연결핀 : Place port → PORTNO-L

(1) 회로 구성 및 시뮬레이션 결과

V_{g1}에서 $TD = \dfrac{\text{delay angle}}{360° \times \text{freq}} = \dfrac{90°}{360°} \times \dfrac{1}{60[\text{Hz}]} \fallingdotseq 4.1667[\text{ms}]$

$$PER = \frac{1}{\text{freq}} = \frac{1}{60} \fallingdotseq 16.67[\text{ms}]$$

V_{g2}에서 $TD = \dfrac{\text{delay angle} + 120°}{360° \times \text{freq}} = \dfrac{90° + 120°}{360°} \times \dfrac{1}{60[\text{Hz}]} \fallingdotseq 9.7222[\text{ms}]$

$$PER = \frac{1}{\text{freq}} = \frac{1}{60} \fallingdotseq 16.67[\text{ms}]$$

V_{g3}에서 $TD = \dfrac{\text{delay angle} + 240°}{360° \times \text{freq}} = \dfrac{90° + 240°}{360°} \times \dfrac{1}{60[\text{Hz}]} \fallingdotseq 15.277[\text{ms}]$

$$PER = \frac{1}{\text{freq}} = \frac{1}{60} \fallingdotseq 16.67[\text{ms}]$$

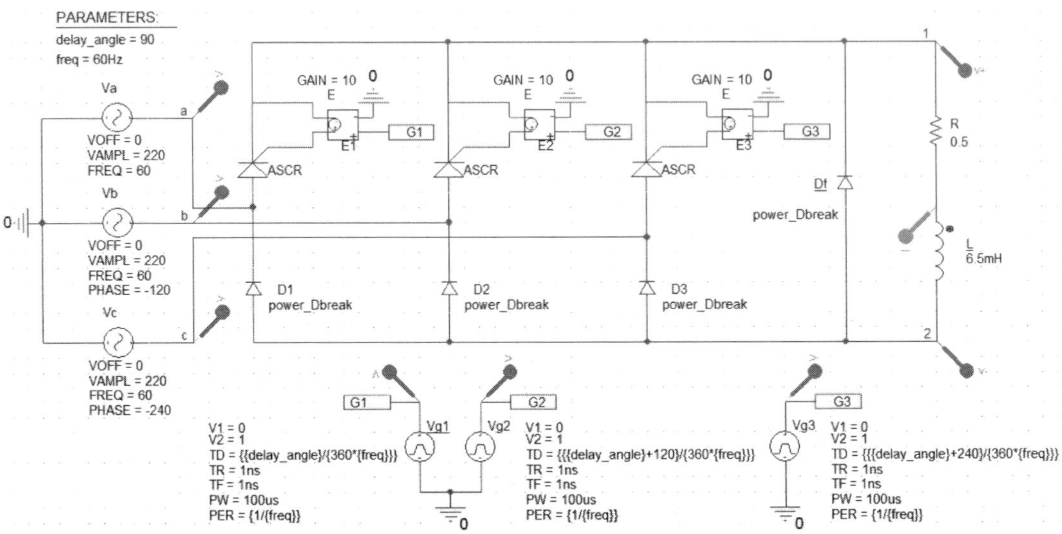

PARAMETERS:
delay_angle = 90
freq = 60Hz
Va
VOFF = 0
VAMPL = 220
FREQ = 60
Vb
VOFF = 0
VAMPL = 220
FREQ = 60
PHASE = -120
Vc
VOFF = 0
VAMPL = 220
FREQ = 60
PHASE = -240
GAIN = 10
E1
E2
E3
G1
G2
G3
ASCR
D1
D2
D3
power_Dbreak
Df
R
0.5
L
6.5mH
Vg1
Vg2
Vg3
V1 = 0
V2 = 1
TD = {{delay_angle}/{360*{freq}}}
TD = {{{delay_angle}+120}/{360*{freq}}}
TD = {{{delay_angle}+240}/{360*{freq}}}
TR = 1ns
TF = 1ns
PW = 100us
PER = {1/{freq}}

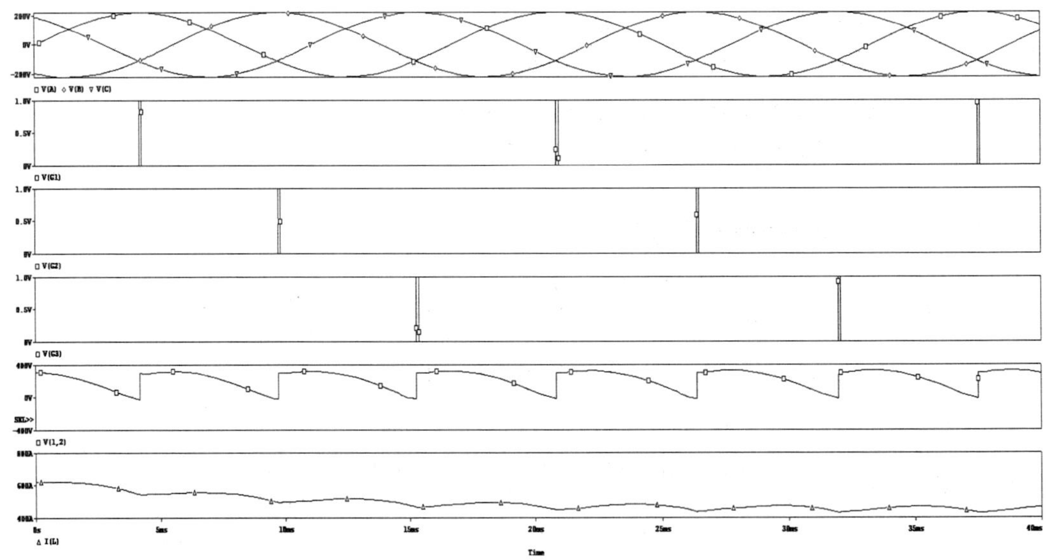

Time

9 교류 전력 제어(교류 → 교류 변환 : 저항부하)

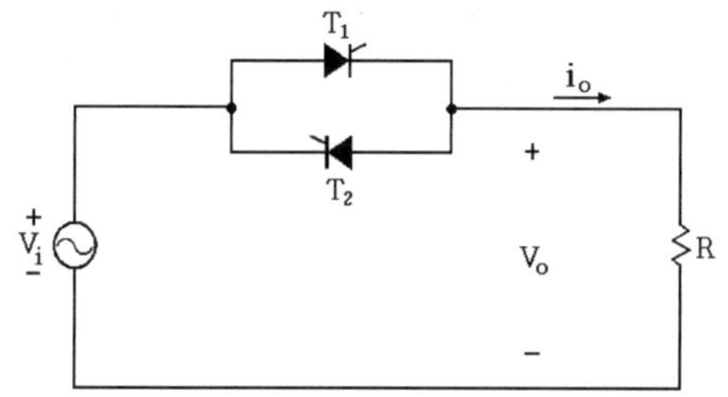

그림 10-11 단상 교류-교류 위상제어회로

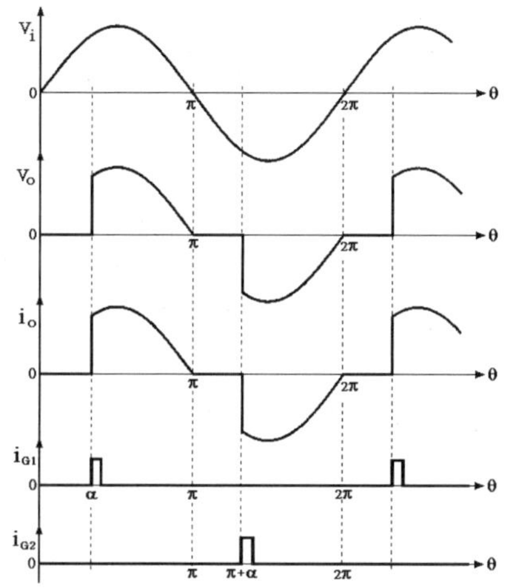

그림 10-12 단상 교류-교류 위상제어회로 파형 (저항부하)

입·출력의 기본파 주파수를 변화시키지 않고서 교류전원에서 부하로 전력을 전력용 반도체 소자를 이용하여 제어하는 것을 교류 전력 제어라 한다.

그림 10-11은 단상 교류 전력 제어의 기본회로이며, SCR T_1, T_2를 교대로 점호함으로써 부하에 공급 전력을 제어한다.

$\alpha \leq \pi$일 때 v_i → SCR T_1 → 부하(저항 R)

$\pi + \alpha \leq 2\pi$일 때 v_i → 부하(저항 R) → SCR T_1

$v > 0$에서, SCR T_1을 점호하면 부하 전류 i가 도통을 시작하며, 전압이 감소하며 $v \leq 0$가 되면 SCR T_1은 역바이어스되어 턴-오픈한다. v가 음의 반사이클에 대해서도 같은 방법의 동작을 반복하여 i_1 및 출력전압 그림 10-12와 같이 되고, 점호각 α의 조정에 따라서 부하의 전력제어가 연속적으로 제어된다.

실습 10-15

그림 10-11은 입·출력의 기본파 주파수를 변화시키지 않고서 교류전원에서 부하로 전력을 전력용 반도체 소자를 이용하여 제어하는 교류전력제어회로이다. 다음 조건일 때 Transient Analysis를 40[ms]까지 실행하여, ① 입력전압 ② 출력전압 ③ 부하전류 ④ 게이트 전압 파형을 시뮬레이션 하시오.

[조건] (1) 교류 정현파 전압원(VSIN) : Vin(VOFF=0 VAMPL=50 FREQ=60)
(2) 구형파 전압원(VPULSE)
Vg1 : V1=0 V2=20 TD=4166.7u TR=TF=1u PW=200u PER=16666.7u
Vg2 : V1=0 V2=20, TD=12500u TR=TF=1u PW=200u PER=16666.7u
(3) 저항(R) : RLoad=10[Ω]
(4) SCR(2N1595)

(1) 회로 구성 및 시뮬레이션 결과

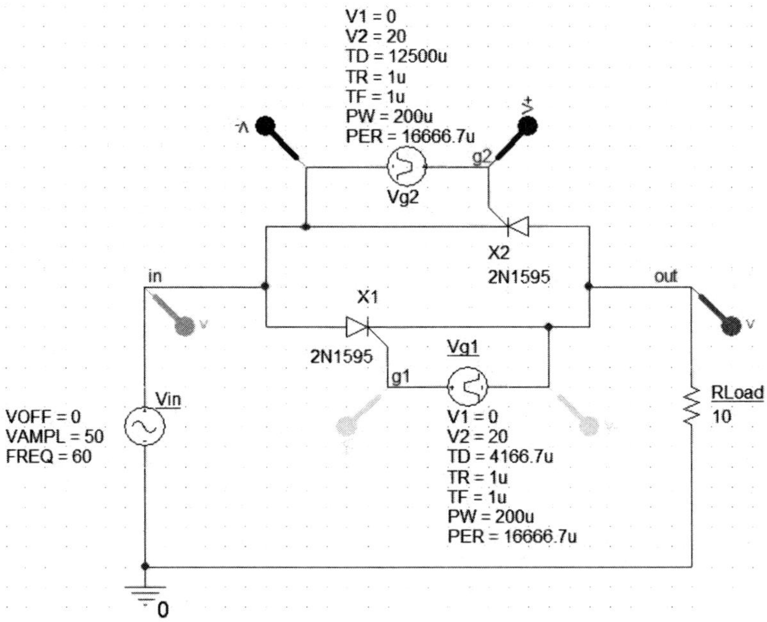

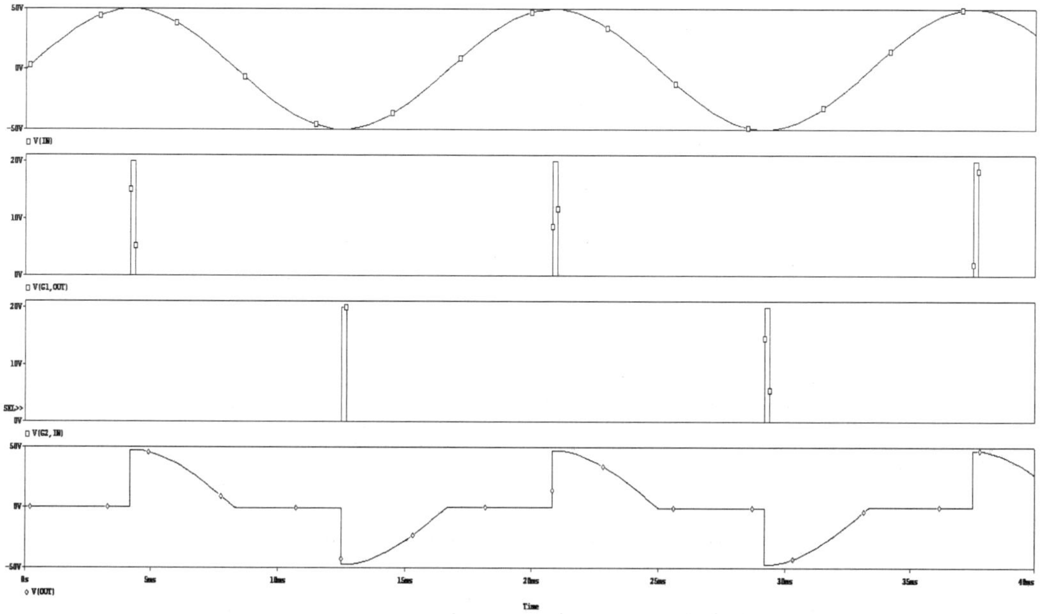

10 교류 전력 제어(교류 → 교류 변환 : 유도성부하)

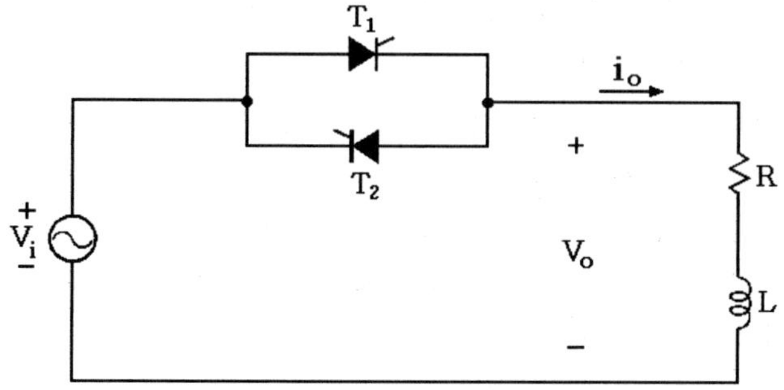

그림 10-13 단상 교류-교류 위상 제어 회로(저항-인덕턴스 부하)

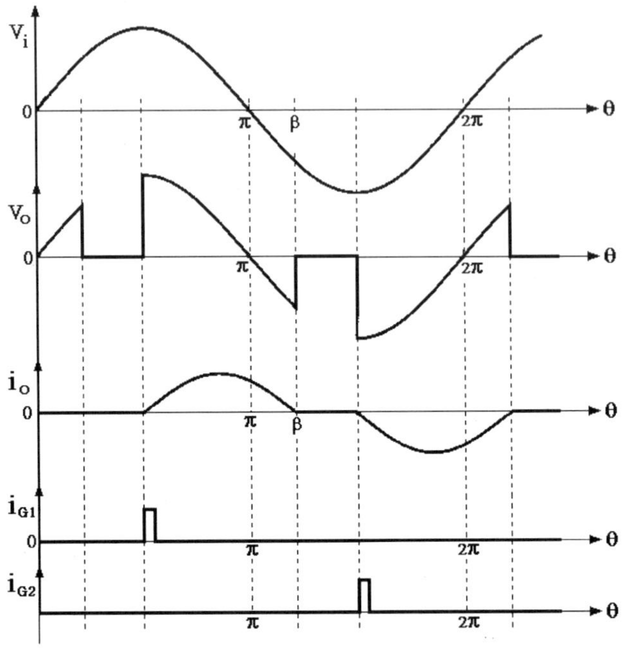

그림 10-14 단상 교류-교류 위상 제어 회로 파형(저항-인덕턴스 부하)

실습 10-16

그림 10-13은 유도성 부하를 갖는 교류 전력 제어 회로이다. 다음 조건일 때 Transient Analysis를 40[ms]까지 실행하여, ① 입력전압 ② 출력전압 ③ 부하전류 ④ 게이트 전압 파형을 시뮬레이션 하시오.

[조건] (1) 교류 정현파 전압원(VSIN) : Vin(VOFF=0 VAMPL=220 VFREQ=60)
(2) 구형파 전압원(VPULSE)
Vg1 : V1=0 V2=30 TD=4166.7u TR=TF=1u PW=200u PER=16666.7u
Vg2 : V1=0 V2=30 TD=12500u TR=TF=1u PW=200u PER=16666.7u
(3) 저항(R) : R=1[Ω]
(4) 리액턴스(L) : L=1[mH]
(5) SCR(ASCR)

(1) 회로 구성 및 시뮬레이션 결과

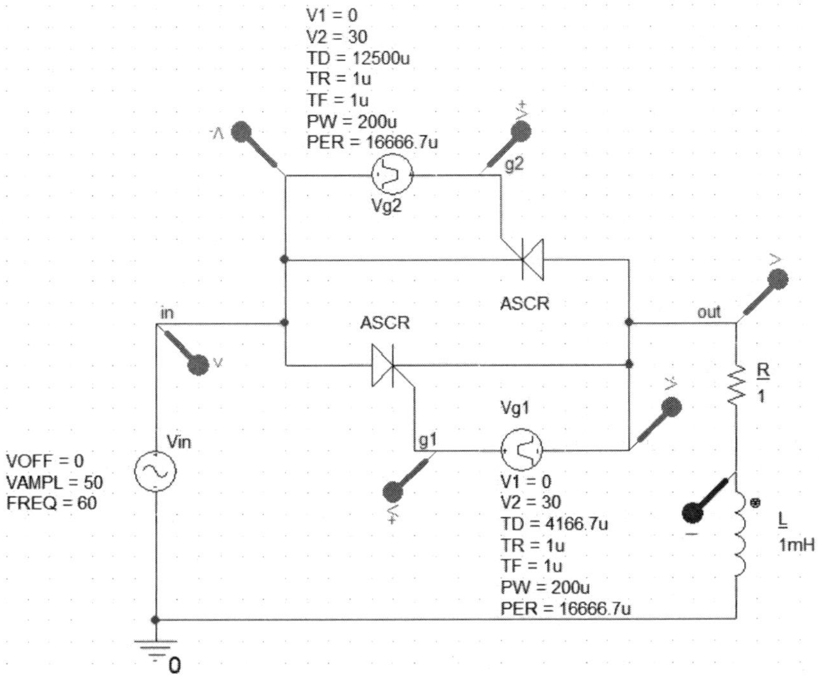

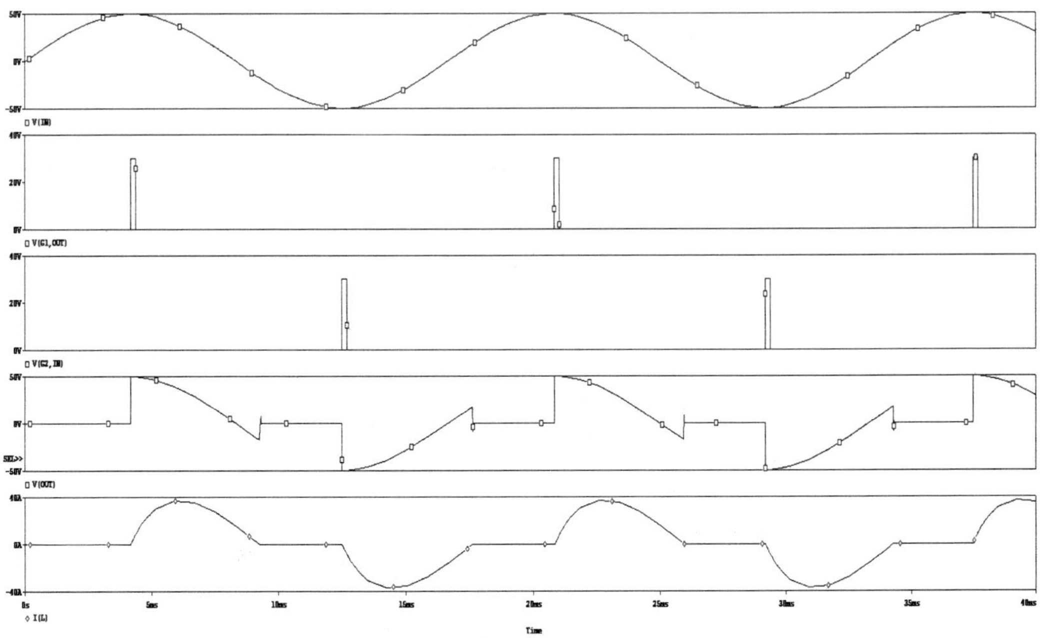

실습 10-17

그림 10-13은 유도성 부하와 스너버 회로를 갖는 교류 전력 제어 회로이다. 다음 조건일 때 Transient Analysis를 40[ms]까지 실행하여, ① 입력전압 ② 출력전압 ③ 부하전류 ④ 게이트 전압 파형을 시뮬레이션 하시오.

[조건] (1) 교류 정현파 전압원(VSIN) : Vin(VOFF=0 VAMPL=220 VFREQ=60)
(2) 구형파 전압원(VPULSE)
Vg1 : V1=0 V2=20 TD=4166.7u TR=TF=1u PW=200u PER=16666.7u
Vg2 : V1=0 V2=20 TD=12500u TR=TF=1u PW=200u PER=16666.7u
(3) 저항(R) : R=2.5[Ω]
(4) 리액턴스(L) : L=6.5[mH]
(5) SCR(ASCR)

(1) 회로 구성 및 시뮬레이션 결과

V_{g1}에서 $TD = \dfrac{\text{delay angle}}{360° \times \text{freq}} = \dfrac{90°}{360°} \times \dfrac{1}{60[\text{Hz}]} \fallingdotseq 4.1667[\text{ms}]$

$PER = \dfrac{1}{\text{freq}} = \dfrac{1}{60} \fallingdotseq 16.67[\text{ms}]$

V_{g2}에서 $TD = \dfrac{\text{delay angle} + 180°}{360° \times \text{freq}} = \dfrac{90° + 180°}{360°} \times \dfrac{1}{60[\text{Hz}]} \fallingdotseq 12.5[\text{ms}]$

$PER = \dfrac{1}{\text{freq}} = \dfrac{1}{60} \fallingdotseq 16.67[\text{ms}]$

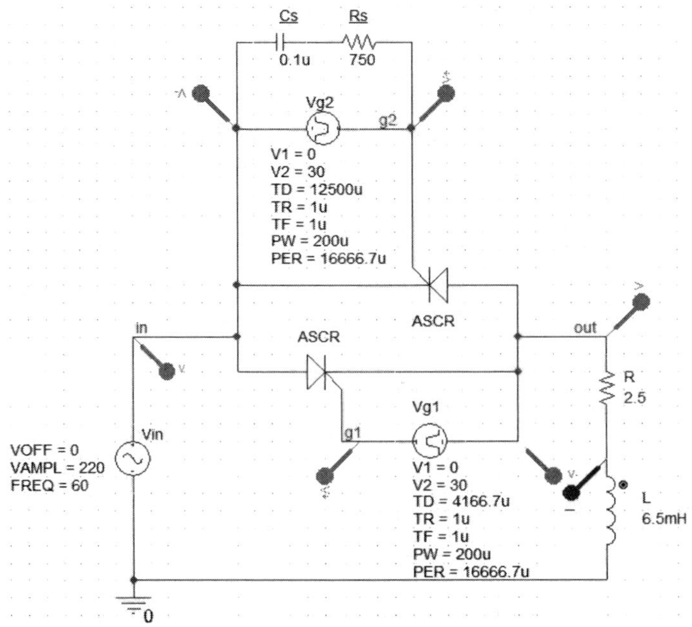

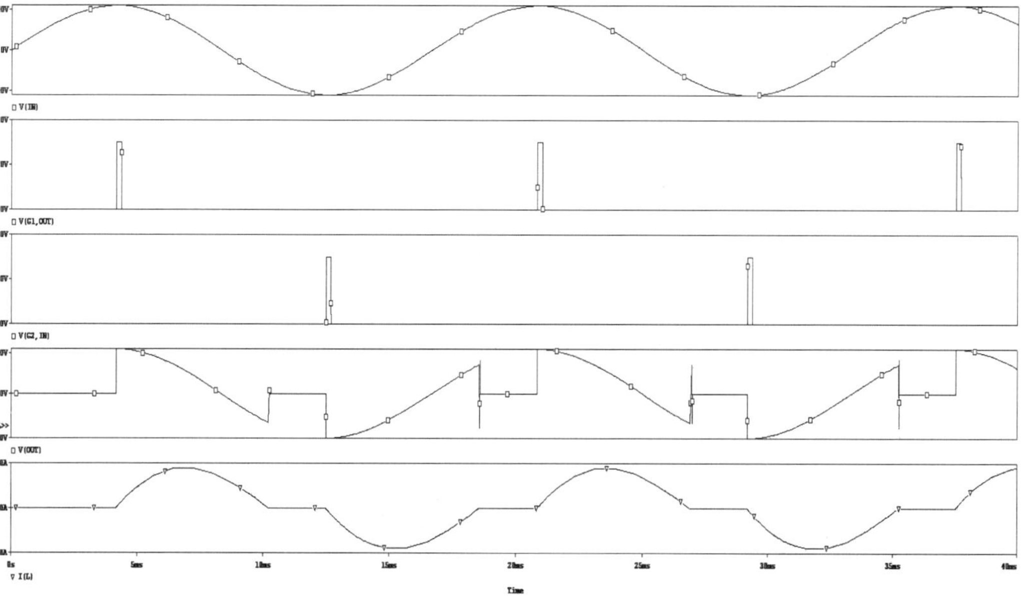

실습 10-18

예제 10-17과 같은 회로이지만 PARAM 명령어과 전압 제어 전압원을 이용하여 수정한 회로이다. 예제 10-17과 같은 조건일 때, Transient Analysis를 40[㎳]까지 실행하여, ① 출력전압 ② 부하전류 ③ 게이트 전압 파형을 시뮬레이션 하시오.

[조건] (1) 교류 정현파 전압원(VSIN) : Vin(VOFF=0 VAMPL=220 FREQ=60)
(2) 구형파 전압원(VPULSE)
Vg1 : V1=0 V2=10 TD={{delay_angle}/{360*{freq}}} TR=TF=1n PW=100u PER=1/{freq}
Vg2 : V1=0 V2=10 TD={{{delay_angle}+180}/{360*{freq}}} TR=TF=1n PW=100u PER=1/{freq}
(3) 저항(R) : R=2.5[Ω], Rs=750[Ω]
(4) 리액턴스(L) : L=6.5[mH]
(5) 캐패시턴스(C) : Cs=0.1[㎌]
(6) SCR(ASCR)
(7) PARAM : delay_angle=90 freq=60hz

(1) 회로 구성 및 시뮬레이션 결과

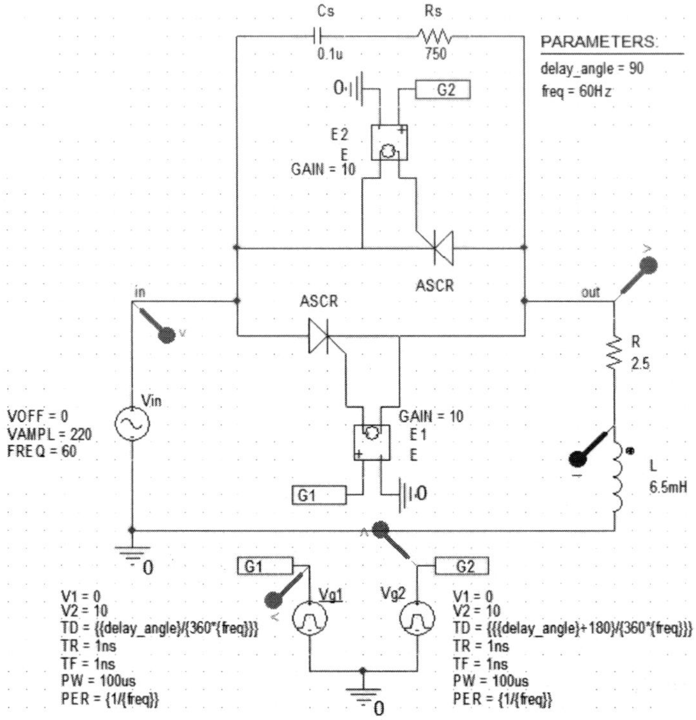

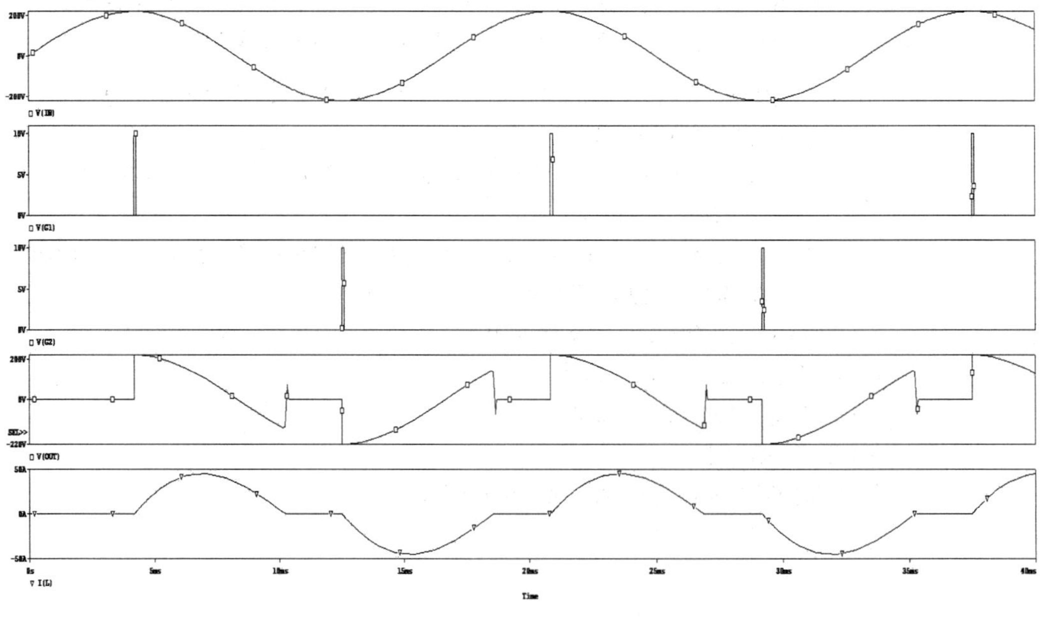

실습 10-19

예제 10-17과 같은 회로이지만 부하단에 캐패시터를 추가한 회로이다. 예제 10-17과 같은 조건일 때, Transient Analysis를 40[ms]까지 실행하여, ① 출력전압 ② 부하전류 ③ 게이트 전압 파형을 시뮬레이션 하시오.

[조건] (1) 교류 정현파 전압원(VSIN) : Vin(VOFF=0 VAMPL=220 FREQ=60)
(2) 구형파 전압원(VPULSE)
Vg1 : V1=0 V2=10 TD=4166.7u TR=TF=1u PW=200u PER=16666.7u
Vg2 : V1=0 V2=10 TD=12500u TR=TF=1u PW=200u PER=16666.7u
(3) 저항(R) : R=2.5[Ω], Rs=750[Ω]
(4) 리액턴스(L) : L=6.5[mH]
(5) 캐패시턴스(C) : C=779.8[μF], Cs=0.1[μF]
(6) SCR(ASCR)

(1) 회로 구성 및 시뮬레이션 결과

$$V_{g1}\text{에서 } TD = \frac{\text{delay angle}}{360° \times \text{freq}} = \frac{90°}{360°} \times \frac{1}{60[\text{Hz}]} \fallingdotseq 4.1667[\text{ms}]$$

$$PER = \frac{1}{\text{freq}} = \frac{1}{60} \fallingdotseq 16.67[\text{ms}]$$

$$V_{g2}\text{에서 } TD = \frac{\text{delay angle} + 180°}{360° \times \text{freq}} = \frac{90° + 180°}{360°} \times \frac{1}{60[\text{Hz}]} \fallingdotseq 12.5[\text{ms}]$$

$$PER = \frac{1}{\text{freq}} = \frac{1}{60} \fallingdotseq 16.67[\text{ms}]$$

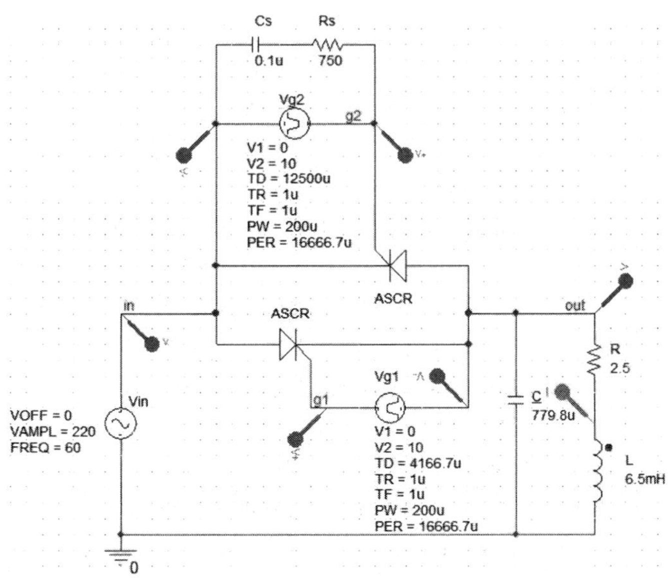

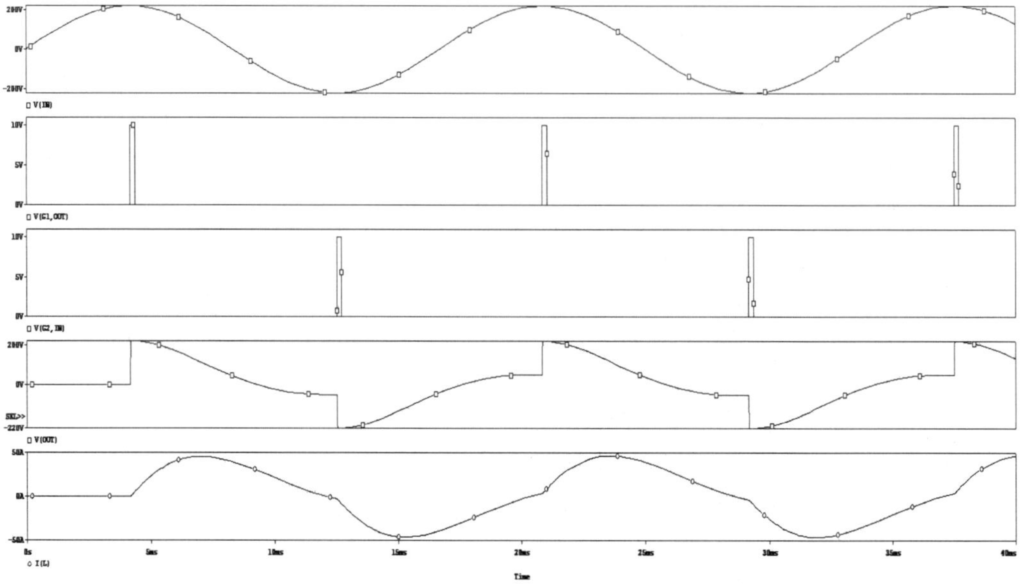

실습 10-20

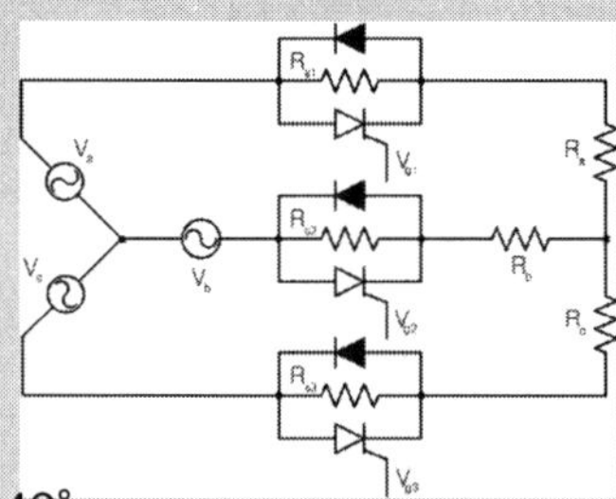

점호각 $\alpha = 60°$인 3상 반파 교류 전압 제어회로이다. 다음 조건일 때 Transient Analysis를 60[ms]까지 실행하여, ① 3상 입력전압 ② 게이트 전압 ③ 상전류 ④ 상전압 파형을 시뮬레이션 하시오.

[조건] (1) 교류 정현파 전압원(VSIN) : Va=Vb=Vc
(VOFF=0 VAMPL=170 FREQ=60)
Va : 위상 0°, Vb : 위상 −120°, Vc : 위상 −240°

(2) 구형파 전압원(VPULSE)
Vg1 : V1=0 V2=10 TD={{delay_angle}/{360*{freq}}} TR=TF=1n
PW=100u PER={1/{freq}}
Vg2 : V1=0 V2=10 TD={{{delay_angle}+120}/{360*{freq}}} TR=TF=1n
PW=100u PER={1/{freq}}
Vg3 : V1=0 V2=10 TD= {{{delay_angle}+240}/{360*{freq}}} TR=TF=1n
PW=100u PER={1/{freq}}

(3) 저항(R) : Ra=Rb=Rc=2.5[Ω], Rs1=Rs2=Rs3=10[MEG]

(4) 전압 제어 전압원(E) : Gain=10 (5) SCR(ASCR)

(6) 다이오드(power_Dbreak) (7) PARAM : delay_angle=60 freq=60hz

(1) 회로 구성 및 시뮬레이션 결과

$$V_{g1}\text{에서 } TD = \frac{\text{delay angle}}{360° \times \text{freq}} = \frac{90°}{360°} \times \frac{1}{60[\text{Hz}]} \fallingdotseq 4.1667[\text{ms}]$$

$$PER = \frac{1}{freq} = \frac{1}{60} \fallingdotseq 16.67[\text{ms}]$$

$$V_{g2}\text{에서 } TD = \frac{\text{delay angle} + 120°}{360° \times \text{freq}} = \frac{90° + 120°}{360°} \times \frac{1}{60[\text{Hz}]} \fallingdotseq 9.7222[\text{ms}]$$

$$PER = \frac{1}{\text{freq}} = \frac{1}{60} \fallingdotseq 16.67[\text{ms}]$$

$$V_{g3}\text{에서 } TD = \frac{\text{delay angle} + 240°}{360° \times \text{freq}} = \frac{90° + 240°}{360°} \times \frac{1}{60[\text{Hz}]} \fallingdotseq 15.277[\text{ms}]$$

$$PER = \frac{1}{\text{freq}} = \frac{1}{60} \fallingdotseq 16.67[\text{ms}]$$

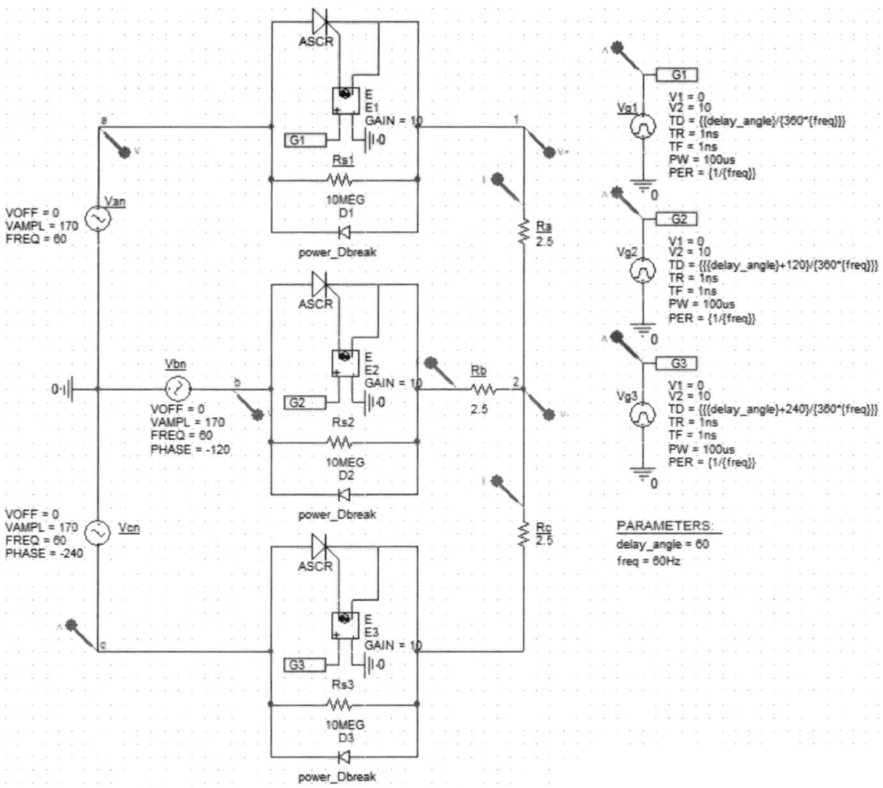

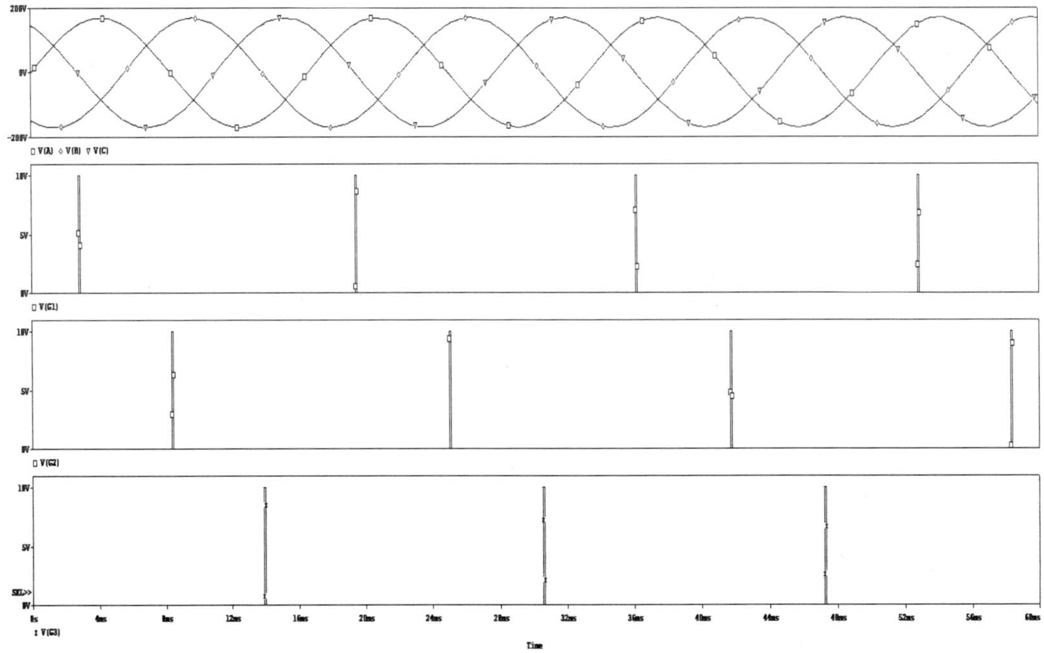
V(A) V(B) V(C)
V(G1)
V(G2)
V(G3)
Time

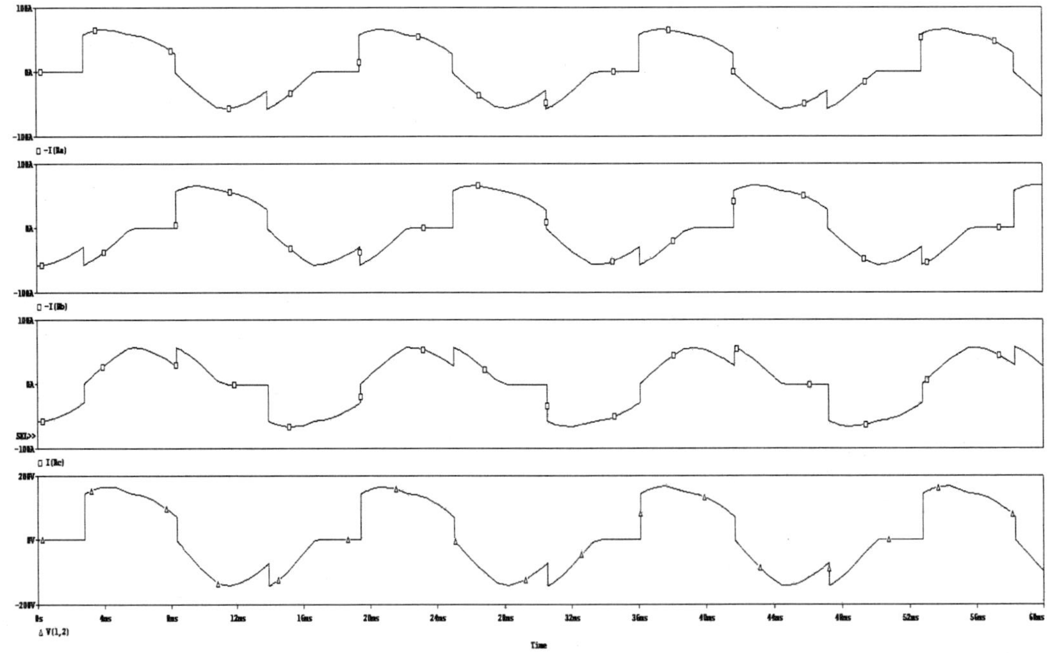
-I(Ra)
-I(Rb)
I(Rc)
V(1,2)
Time

실습 10-21

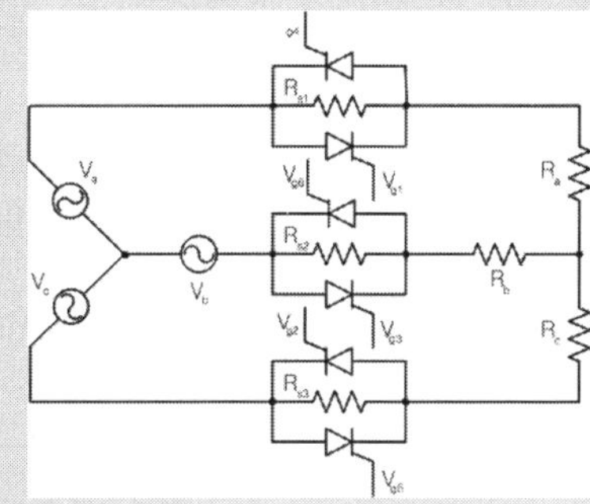

점호각 $\alpha=60°$인 Y결선 3상 전파 교류 전압 제어 회로이다. 다음 조건일 때 Transient Analysis를 40[ms]까지 실행하여, ① 출력전압 ② 게이트 전압의 파형을 시뮬레이션 하시오.

[조건] (1) 교류 정현파 전압원(VSIN) : Va=Vb=Vc
(VOFF=0 VAMPL=170 FREQ=60)
Va : 위상 0°, Vb : 위상 −120°,
Vc : 위상 −240°

(2) 구형파 전압원(VPULSE)
Vg1 : V1=0 V2=10 TD={{delay_angle}/{360*{freq}}} TR=TF=1n PW=100u PER={1/{freq}}
Vg2 : V1=0 V2=10 TD={{{delay_angle}+60}/{360*{freq}}} TR=TF=1n PW=100u PER={1/{freq}}
Vg3 : V1=0 V2=10 TD={{{delay_angle}+120}/{360*{freq}}} TR=TF=1n PW=100u PER={1/{freq}}
Vg4 : V1=0 V2=10 TD={{{delay_angle}+180}/{360*{freq}}} TR=TF=1n PW=100u PER={1/{freq}}
Vg5 : V1=0 V2=10 TD={{{delay_angle}+240}/{360*{freq}}} TR=TF=1n PW=100u PER={1/{freq}}
Vg6 : V1=0 V2=10 TD={{{delay_angle}+300}/{360*{freq}}} TR=TF=1n PW=100u PER={1/{freq}}

(3) 저항(R) : Ra=Rb=Rc=2.5[Ω]
(4) 전압 제어 전압원(E) : Gain=10
(5) SCR(ASCR)
(6) 파라미터(PARAM) delay_angle=60 freq=60hz

(1) 회로 구성 및 시뮬레이션 결과

V_{g1}에서 $TD = \dfrac{\text{delay angle}}{360° \times \text{freq}} = \dfrac{60°}{360°} \times \dfrac{1}{60[\text{Hz}]} \fallingdotseq 2.7778[\text{ms}]$

$$PER = \frac{1}{\text{freq}} = \frac{1}{60} \fallingdotseq 16.67[\text{ms}]$$

V_{g2}에서 $TD = \dfrac{\text{delay angle} + 60°}{360° \times \text{freq}} = \dfrac{60° + 60°}{360°} \times \dfrac{1}{60[\text{Hz}]} \fallingdotseq 5.5556[\text{ms}]$

$$PER = \frac{1}{\text{freq}} = \frac{1}{60} \fallingdotseq 16.67[\text{ms}]$$

$$V_{g3}\text{에서 } TD = \frac{\text{delay angle} + 120°}{360° \times \text{freq}} = \frac{60° + 120°}{360°} \times \frac{1}{60[\text{Hz}]} \fallingdotseq 8.3333[\text{ms}]$$

$$PER = \frac{1}{\text{freq}} = \frac{1}{60} \fallingdotseq 16.67[\text{ms}]$$

$$V_{g4}\text{에서 } TD = \frac{\text{delay angle} + 180°}{360° \times \text{freq}} = \frac{60° + 180°}{360°} \times \frac{1}{60[\text{Hz}]} \fallingdotseq 11.1111[\text{ms}]$$

$$PER = \frac{1}{\text{freq}} = \frac{1}{60} \fallingdotseq 16.67[\text{ms}]$$

$$V_{g5}\text{에서 } TD = \frac{\text{delay angle} + 240°}{360° \times \text{freq}} = \frac{60° + 240°}{360°} \times \frac{1}{60[\text{Hz}]} \fallingdotseq 12.8889[\text{ms}]$$

$$PER = \frac{1}{\text{freq}} = \frac{1}{60} \fallingdotseq 16.67[\text{ms}]$$

$$V_{g6}\text{에서 } TD = \frac{\text{delay angle} + 300°}{360° \times \text{freq}} = \frac{60° + 300°}{360°} \times \frac{1}{60[\text{Hz}]} \fallingdotseq 16.6667[\text{ms}]$$

$$PER = \frac{1}{\text{freq}} = \frac{1}{60} \fallingdotseq 16.67[\text{ms}]$$

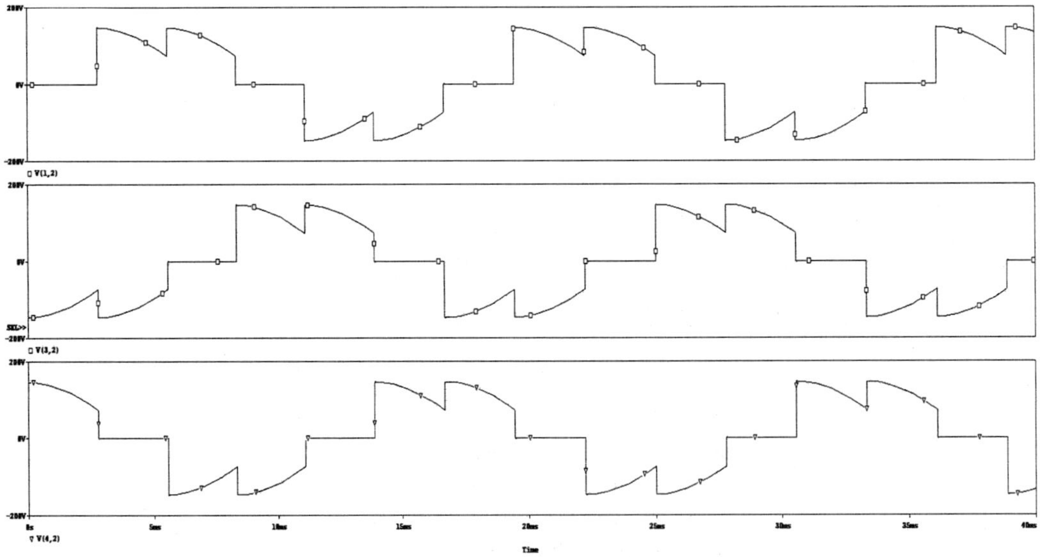

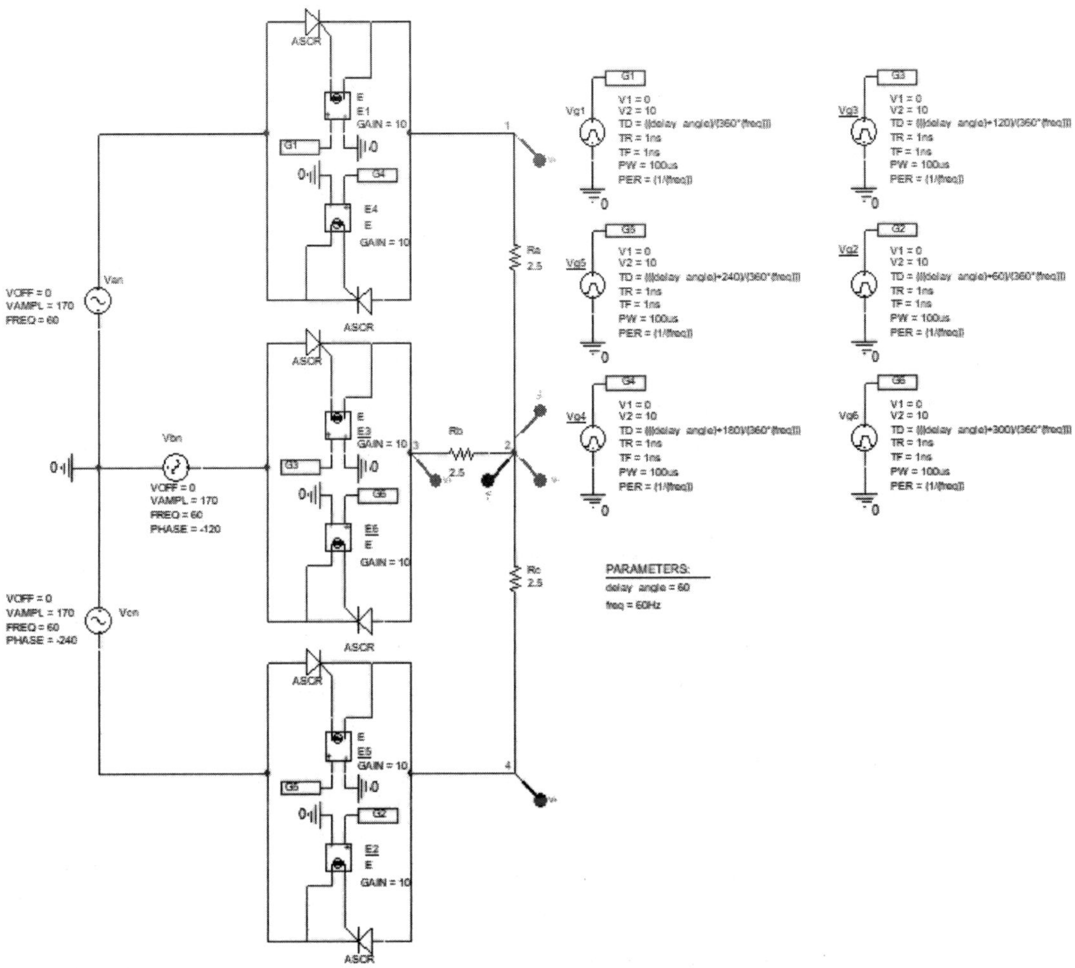
ASCR
E
E1
GAIN = 10
G1
G4
E4
E
GAIN = 10
ASCR
Van
VOFF = 0
VAMPL = 170
FREQ = 60
ASCR
E
E3
GAIN = 10
G3
G6
E6
E
GAIN = 10
ASCR
Vbn
VOFF = 0
VAMPL = 170
FREQ = 60
PHASE = -120
Vcn
VOFF = 0
VAMPL = 170
FREQ = 60
PHASE = -240
ASCR
E
E5
GAIN = 10
G5
G2
E2
E
GAIN = 10
ASCR
Ra
2.5
Rb
2.5
Rc
2.5
1
2
3
4
G1
Vg1
V1 = 0
V2 = 10
TD = {((delay angle)/(360*{freq}))}
TR = 1ns
TF = 1ns
PW = 100us
PER = {1/{freq}}
G3
Vg3
V1 = 0
V2 = 10
TD = {((delay angle)+120)/(360*{freq}))}
TR = 1ns
TF = 1ns
PW = 100us
PER = {1/{freq}}
G5
Vg5
V1 = 0
V2 = 10
TD = {((delay angle)+240)/(360*{freq}))}
TR = 1ns
TF = 1ns
PW = 100us
PER = {1/{freq}}
G2
Vg2
V1 = 0
V2 = 10
TD = {((delay angle)+60)/(360*{freq}))}
TR = 1ns
TF = 1ns
PW = 100us
PER = {1/{freq}}
G4
Vg4
V1 = 0
V2 = 10
TD = {((delay angle)+180)/(360*{freq}))}
TR = 1ns
TF = 1ns
PW = 100us
PER = {1/{freq}}
G6
Vg6
V1 = 0
V2 = 10
TD = {((delay angle)+300)/(360*{freq}))}
TR = 1ns
TF = 1ns
PW = 100us
PER = {1/{freq}}
PARAMETERS:
delay angle = 60
freq = 60Hz

실습 10-22

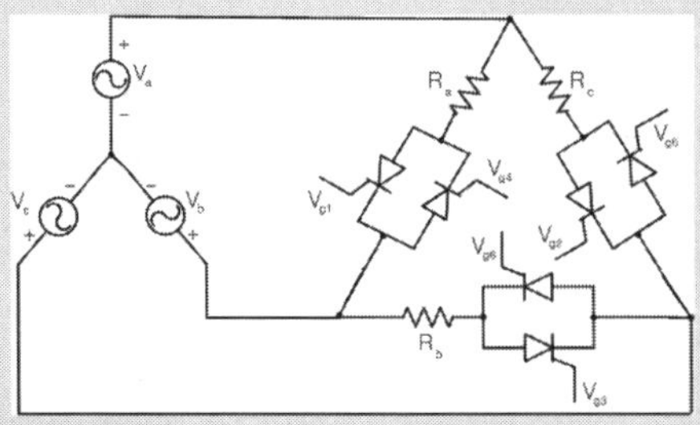

점호각 $\alpha=60°$인 Δ결선 3상 전파 교류 전압 제어회로이다. 다음 조건일 때 Transient Analysis를 40[ms]까지 실행하여, ① 상전압 ② 선전류 ③ 게이트 전압의 파형을 시뮬레이션 하시오.

[조건] (1) 교류 정현파 전압원(VSIN) : Va=Vb=Vc(VOFF=0 VAMPL=170 FREQ=60)
Va : 위상 0°, Vb : 위상 −120°, Vc : 위상 −240°
(2) 구형파 전압원(VPULSE)
Vg1 : V1=0 V2=10 TD={{delay_angle}/{360*{freq}}} TR=TF=1n PW=100u PER={1/{freq}}
Vg2 : V1=0 V2=10 TD={{{delay_angle}+60}/{360*{freq}}} TR=TF=1n PW=100u PER={1/{freq}}
Vg3 : V1=0 V2=10 TD={{{delay_angle}+120}/{360*{freq}}} TR=TF=1n PW=100u PER={1/{freq}}
Vg4 : V1=0 V2=10 TD={{{delay_angle}+180}/{360*{freq}}} TR=TF=1n PW=100u PER={1/{freq}}
Vg5 : V1=0 V2=10 TD={{{delay_angle}+240}/{360*{freq}}} TR=TF=1n PW=100u PER={1/{freq}}
Vg6 : V1=0 V2=10 TD={{{delay_angle}+300}/{360*{freq}}} TR=TF=1n PW=100u PER={1/{freq}}
(3) 저항(R) : Ra=Rb=Rc=2.5[Ω]
(4) 전압 제어 전압원(E) : Gain=10
(5) SCR(ASCR)
(6) PARAM : delay_angle=60 freq=60hz

(1) 회로 구성 및 시뮬레이션 결과

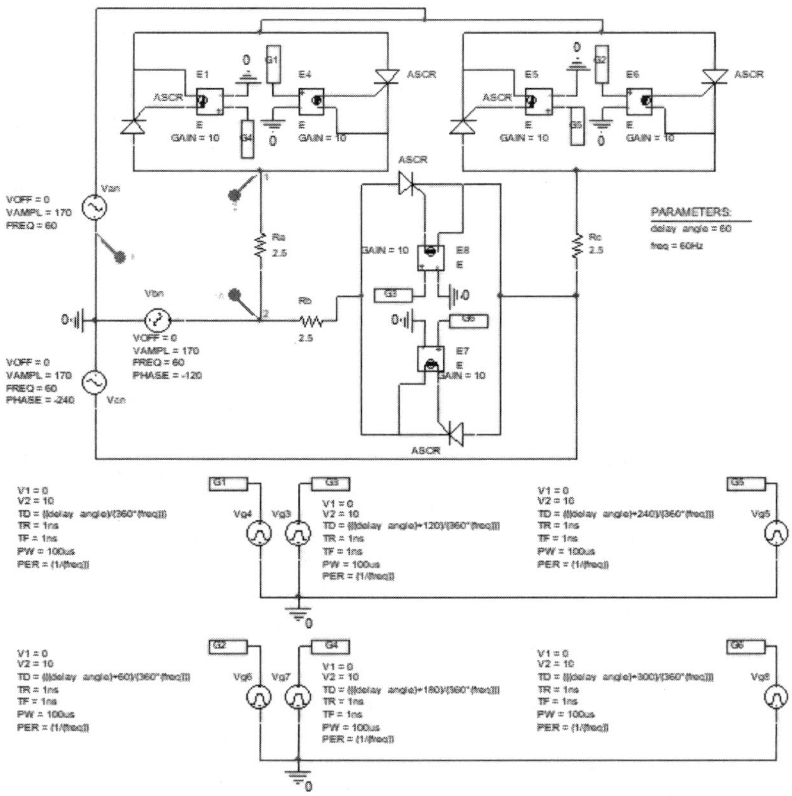

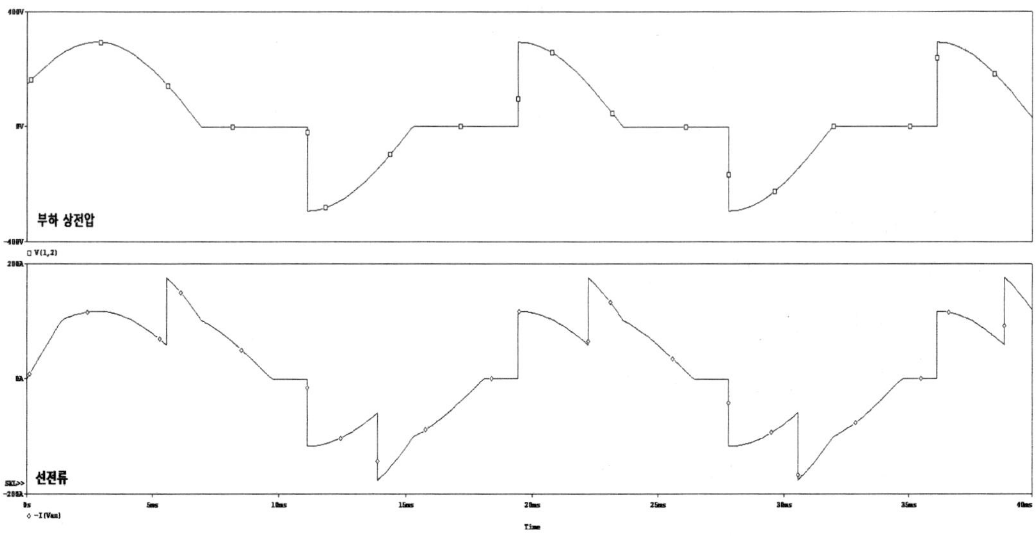

11 사이클로 컨버터

사이클로 컨버터는 기본회로와 동작은 브리지 정류 회로와 똑같다. 가변 주파수를 얻기 위해 위상 제어각의 변조가 근본적으로 다른 점이다. 이 위상각 변조에 의해서 가변 전압과 가변 주파수를 얻게 된다.

사이클로 컨버터는 제어 동작에 따라서 표 10-11과 같은 방식이 있다.

표 10-11 사이클로 컨버터의 분류

분 류	방 식
출력 파형	정현파 출력 사이클로 컨버터 사다리꼴 출력 사이클로 컨버터
순환 전류	순환 전류식 사이클로 컨버터 비순환 전류식 사이클로 컨버터
전류 방식	타려 전류식 사이클로 컨버터 자려 전류식 사이클로 컨버터
주파수 변환	정비 주파수 사이클로 컨버터 연속 가변 주파수 사이클로 컨버터 일정 주파수 사이클로 컨버터
위상 제어	대칭 제어 사이클로 컨버터 비대칭 사이클로 컨버터
복합 구성	다중 접속 사이클로 컨버터 타려·자려 하이브리드 사이클로 컨버터 보상장치 조합 사이클로 컨버터 고주파 사이클로 컨버터

11.1 동작원리

각 구간별로 도통순서는 다음과 같다.

• P-컨버터 도통

$\alpha = \frac{\pi}{3}$ SCR T_1, T_2 도통

$\alpha = \frac{4}{3}\pi$ SCR T_3, T_4 도통

$\alpha = \frac{7}{3}\pi$ SCR T_1, T_2 도통

• N−컨버터 도통

$\alpha = \frac{10}{3}\pi$ SCR T_1', T_2' 도통

$\alpha = \frac{13}{3}\pi$ SCR T_3', T_4' 도통

$\alpha = \frac{16}{3}\pi$ SCR T_1', T_2' 도통

11.2 관계수식

11.2.1 평균값

그림 10−22에서 볼 수 있듯이 출력전압의 평균값 V_d는 식 (10−20)과 같이 쓸 수 있다.

$$
\begin{aligned}
V_d &= \frac{1}{3\pi}\int_{\alpha}^{\pi} v_s \, d\theta \\
&= \frac{1}{3\pi}\int_{\alpha}^{\pi} \sqrt{2}\, V\sin\theta \, d\theta \\
&= \frac{\sqrt{2}\,V}{3\pi}[-\cos\theta]_{\alpha}^{\pi} = \frac{\sqrt{2}\,V}{3\pi}[-\cos\pi - (-\cos\pi)] \\
&= \frac{\sqrt{2}\,V}{3\pi}(1+\cos\alpha) \qquad \cdots\cdots (10-20)
\end{aligned}
$$

따라서, 출력전류의 전류의 평균값 I_d는 다음과 같다.

$$I_d = \frac{V_d}{R} = \frac{\sqrt{2}\,V}{3\pi R}(1+\cos\alpha) \qquad (10-21)$$

또한 SCR에 흐르는 전류의 평균값 I_{ds}는 식 (10−22)로 나타낼 수 있다.

$$I_{sd} = \frac{I_d}{2} \qquad (10-22)$$

11.2.2 실효값

출력전압의 실효값 V_r은 식 (10−23)와 같다.

$$V_r = \sqrt{\frac{1}{3\pi}\left[\int_{\alpha}^{\pi}(\sqrt{2}\,V\sin\theta)^2 d\theta + \int_{\pi+\alpha}^{2\pi}(\sqrt{2}\,V\sin\theta)^2 d\theta + \int_{2\pi+\alpha}^{3\pi}(\sqrt{2}\,V\sin\theta)^2 d\theta\right]}$$

$$= \sqrt{\frac{1}{\pi}\int_{\alpha}^{\pi}(\sqrt{2}\,V\sin\theta)^2 d\theta}$$

$$= V\sqrt{\frac{1}{\pi}\cdot 2\cdot\frac{1}{2}(\pi-\alpha+\frac{1}{2}\sin 2\alpha)}$$

$$= V\sqrt{\frac{1}{\pi}\left(\pi-\alpha+\frac{1}{2}\sin 2\alpha\right)} \quad \cdots\cdots (10-23)$$

따라서 실효전류 I_r은 식 (10-24)와 같이 쓸 수 있다.

$$I_r = \frac{V_r}{R} \quad \cdots\cdots (10-24)$$

실습 10-23

점호각 $\alpha = 60°$, 출력주파수 $f_{out} = 20$[Hz]인 단상 사이클로컨버터이다. 다음 조건일 때 Transient Analysis를 60[ms]까지 실행하여, ① 상전압 ② 선전류 ③ 게이트 전압의 파형을 시뮬레이션 하시오.

[조건] (1) 교류 정현파 전압원(VSIN) : Va=Vb=Vc(VOFF=0 VAMPL=220 FREQ=60)
(2) 구형파 전압원(VPULSE)
Vg1 : V1=0 V2=1 TD={{delay_angle}/{360*{freq}}} TR=TF=1n PW=200u PER={1/{freq}}
Vg3 : V1=0 V2=1 TD={{{delay_angle}+180}/{360*{freq}}} TR=TF=1n PW=200u PER={1/{freq}}
Vp1 : V1=0 V2=1 TD=0 TR=TF=1n PW={0.5/{fout}} PER={1/{freq}}
Vn : V1=0 V2=1 TD={0.5/{fout}} TR=TF=1n PW={0.5/{fout}} PER={1/{fout}}
(3) 저항(R) : R=10[Ω]
(4) 전압 제어 전압원(E) : Gain=10
(5) SCR(ASCR)
(6) PARAM : delay_angle=60 fout=20hz freq=60hz

(1) 회로 구성 및 시뮬레이션 결과

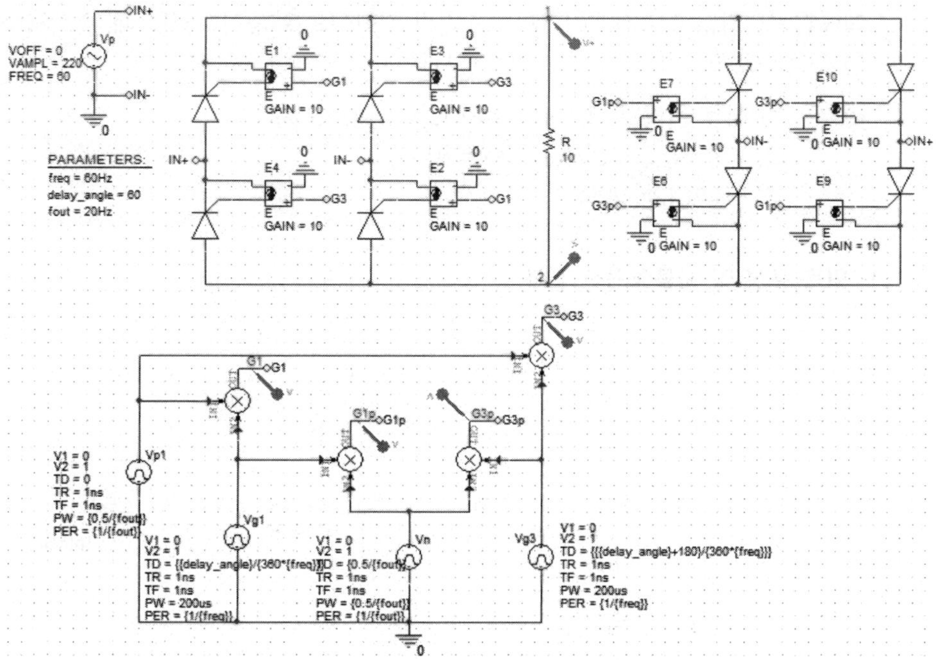

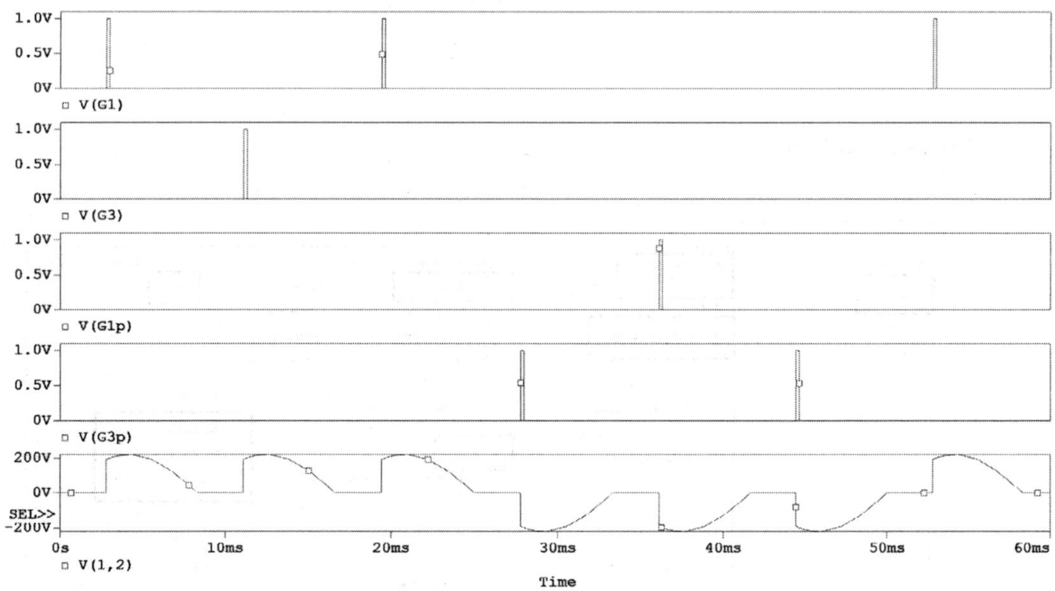

실습 10-24

TRIAC은 SCR 2개를 연결하여 양방향 스위칭을 하는 소자이다. 그림과 같이 구성하고 직류입력전압을 0~500[V]까지 0.1[V]씩 선형적으로 증가하였을 때, DC Sweep해석을 이용하요 V–I 특성 곡선을 확인하시오.

[조건] (1) 직류 전압원(VDC) : Vin=100[V], Vg=5[V]
(2) 저항(R) : R=2.5[kΩ], Rg=5[kΩ]
(3) TRIAC(2N5444)

(1) 회로 구성 및 시뮬레이션 결과

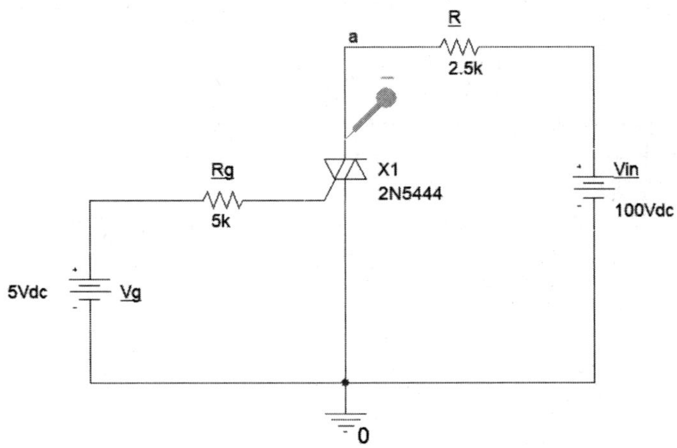

– DC Analysis

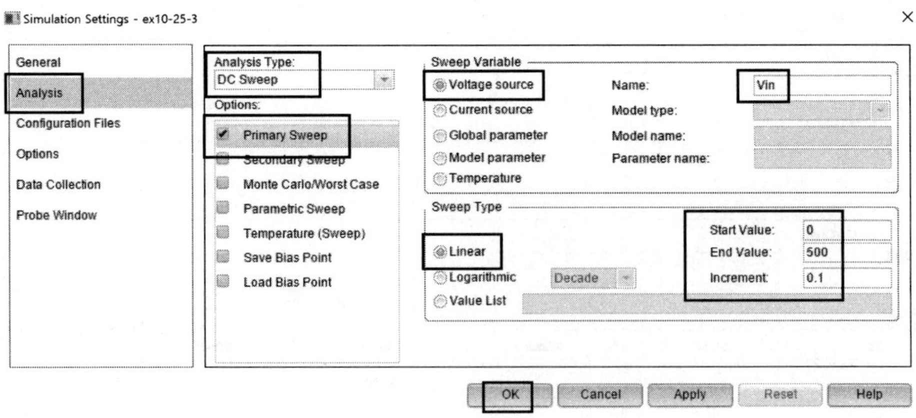

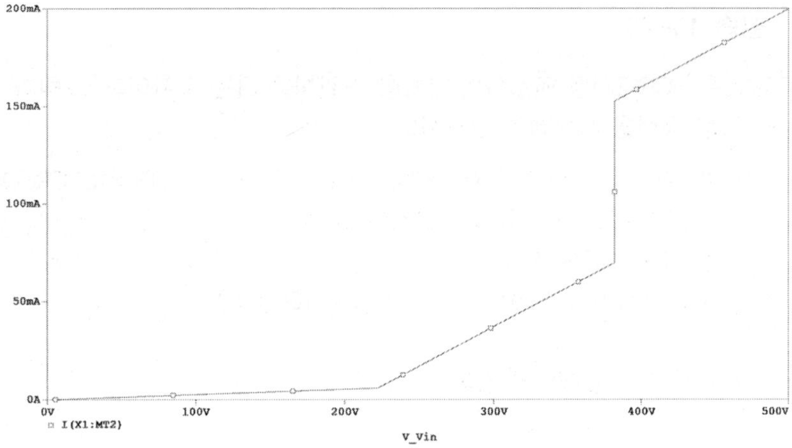

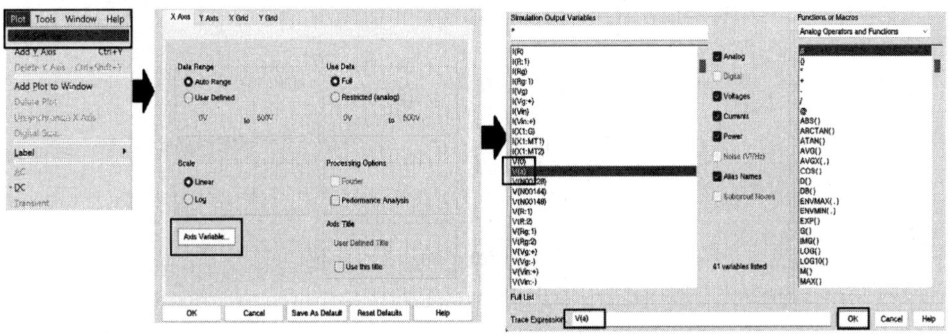

(1) Plot→Axis Setting...

(2) Axis Variable...

(3) V(a) 선택

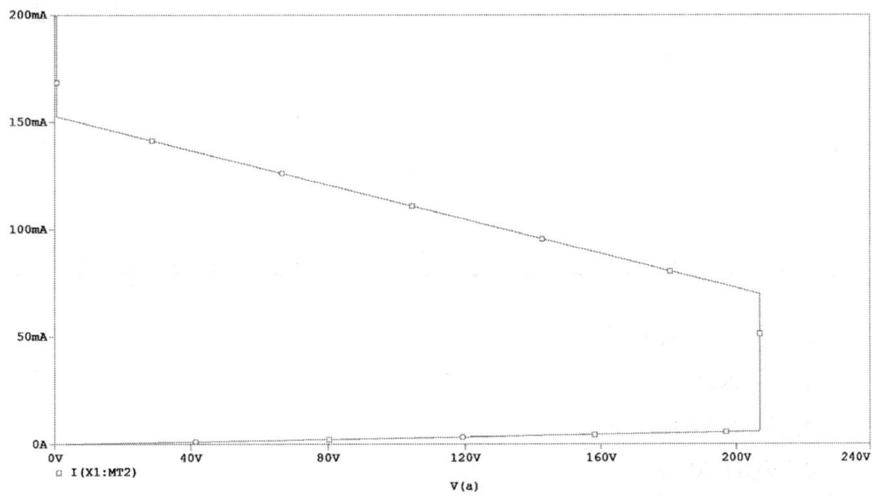

실습 10-25

TRIAC은 SCR 2개를 연결하여 양방향 스위칭을 하는 소자이다. 그림과 같이 구성하여 V-I 특성 곡선을 시뮬레이션 하시오.

[조건] (1) 교류 정현파 전압원(VSIN) : V1(VOFF=0, VAMPL=12, FREQ=60)
(2) 저항(R) : R1=1[kΩ], R2=10[Ω]
(3) TRIAC(2N5444)
(4) Transient Analysis : Final time 100[ms]

(1) 회로 구성 및 시뮬레이션 결과

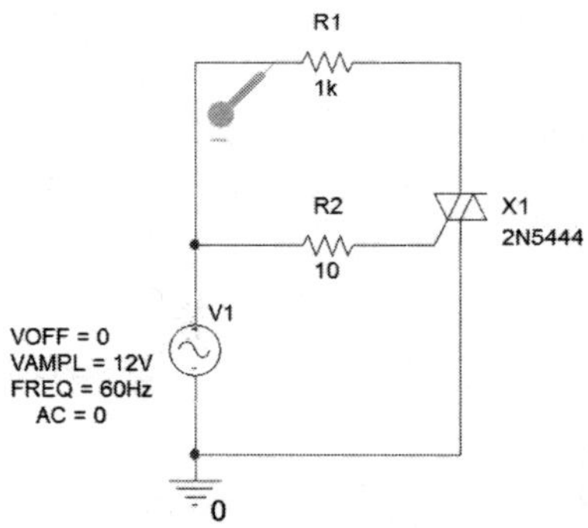

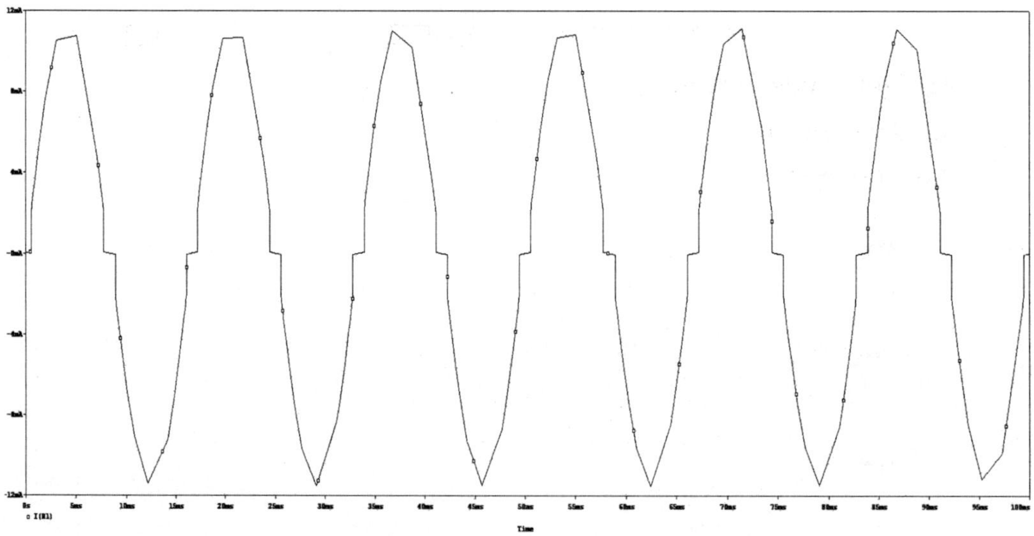

1. Plot → Axis Settings...
2. X Axis
3. Axis Variable...
4. V(X1:MT2)
5. OK

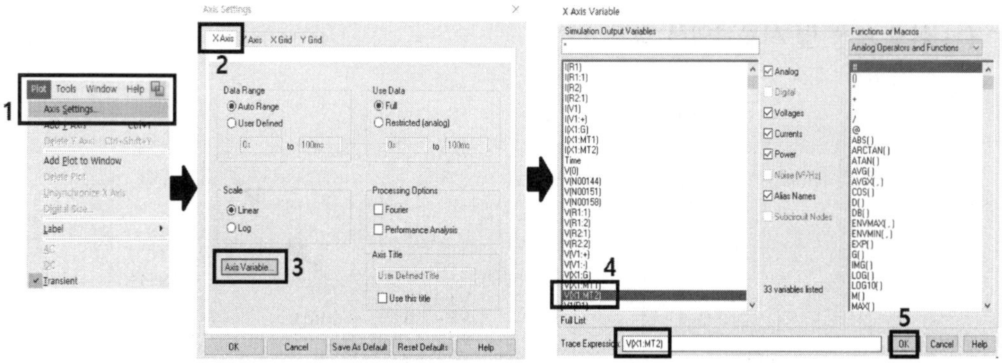

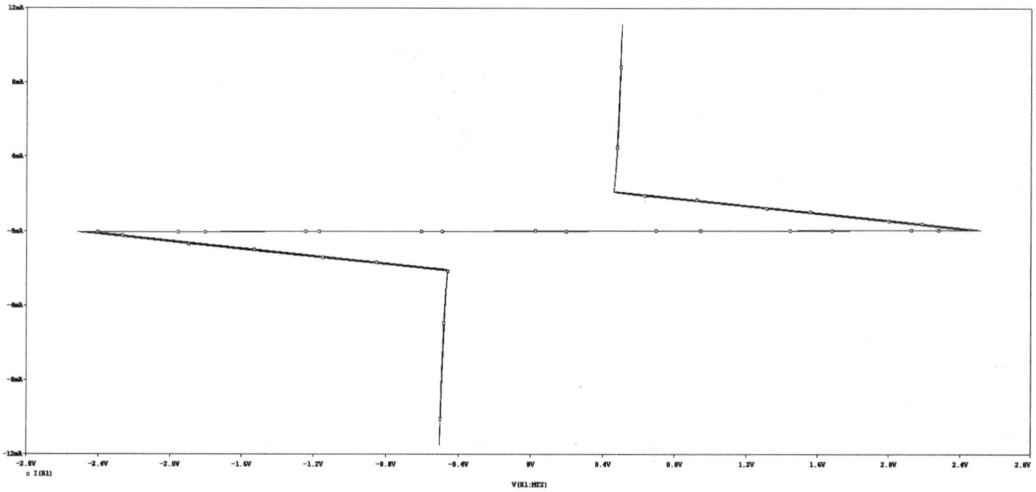

실습 10-26

TRIAC과 저항이 직렬로 연결된 회로에서 점호각 $\alpha = 60°$일 때, ① 전원전압 ② 게이트 신호전압 ③ 저항에 걸리는 전압의 파형을 시뮬레이션 하시오.

[조건] (1) 교류 정현파 전압원(VSIN) : Vin (VOFF=0 VAMPL=220 FREQ =60, AC=0)
(2) 저항(R) : R=10[Ω]
(3) TRIAC(2N5445)
(4) 구형파 전압원(VPULSE)
Vg1 : V1=0 V2=1.5 TD=2.78m, TR=TF=1n PW=0.1m PER=16.67m
Vg2 : V1=0 V2=−1.5 TD=11.11m TR=TF=1n PW=0.1m PER=16.67m
(5) Transient Analysis : Final time 30[ms]

(1) 회로 구성 및 시뮬레이션 결과

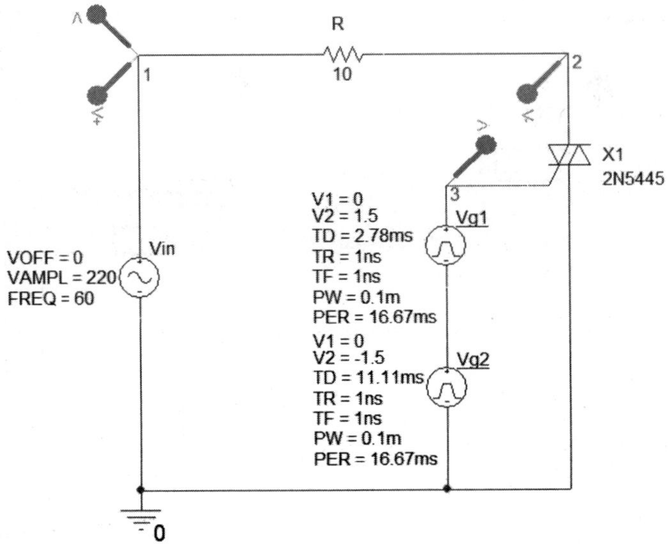

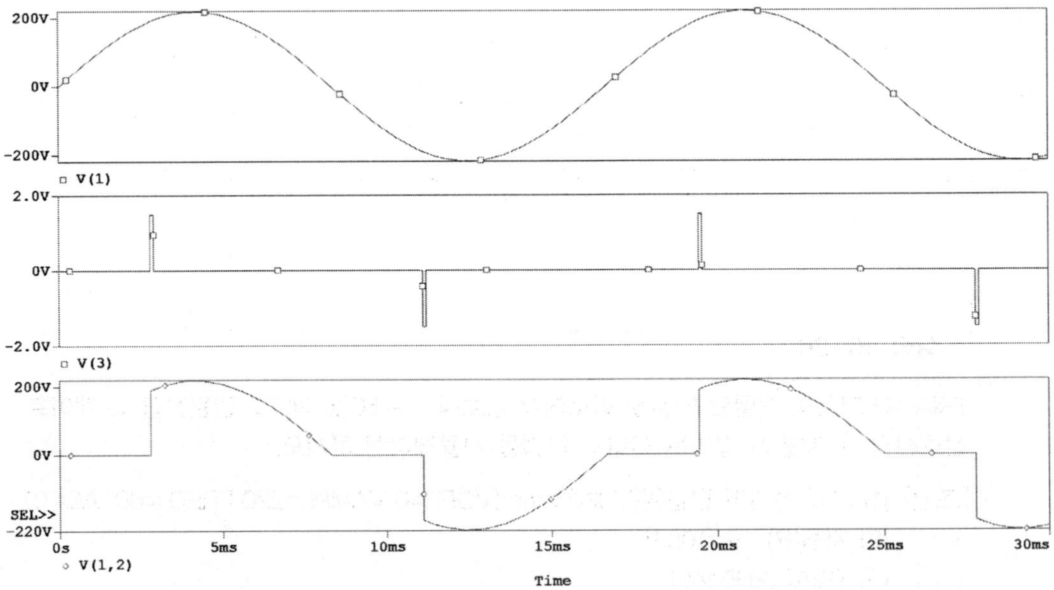

실습 10-27

TRIAC과 저항이 직렬로 연결된 회로에서 점호각 $\alpha = 90^o$ 일 때, Transient Analysis 60[ms]까지 실행하여 ① 전원전압 ② 게이트 신호전압 ③ 저항에 걸리는 전압의 파형을 시뮬레이션 하시오.

[조건] (1) 교류 정현파 전압원(VSIN) : Vin (VOFF=0 VAMPL=120 FREQ=60 AC=0)
(2) 저항(R) : Ra=5[Ω]
(3) TRIAC(2N5444)
(4) 구형파 전류원(VPULSE)
Ig1 : I1=0 I2=50mA TD=4.1675m TR=TF=0 PW=1m PER=16.67m
Ig2 : I1=0 I2=−50mA TD=12.5m TR=TF=0 PW=1m PER=16.67m

(1) 회로 구성 및 시뮬레이션 결과

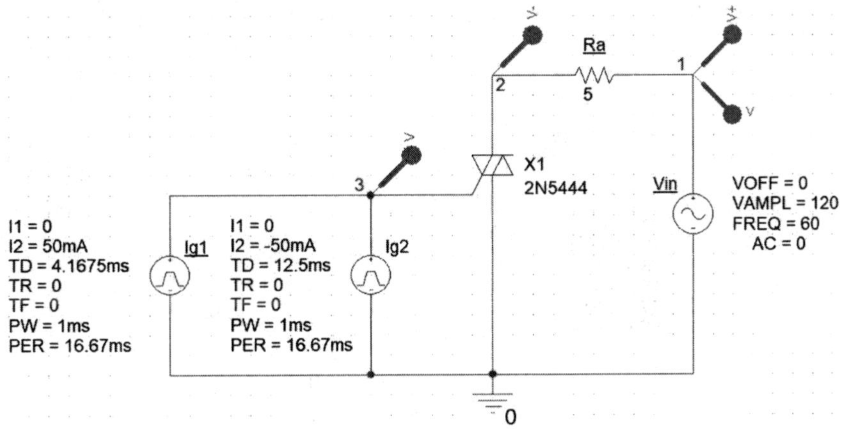

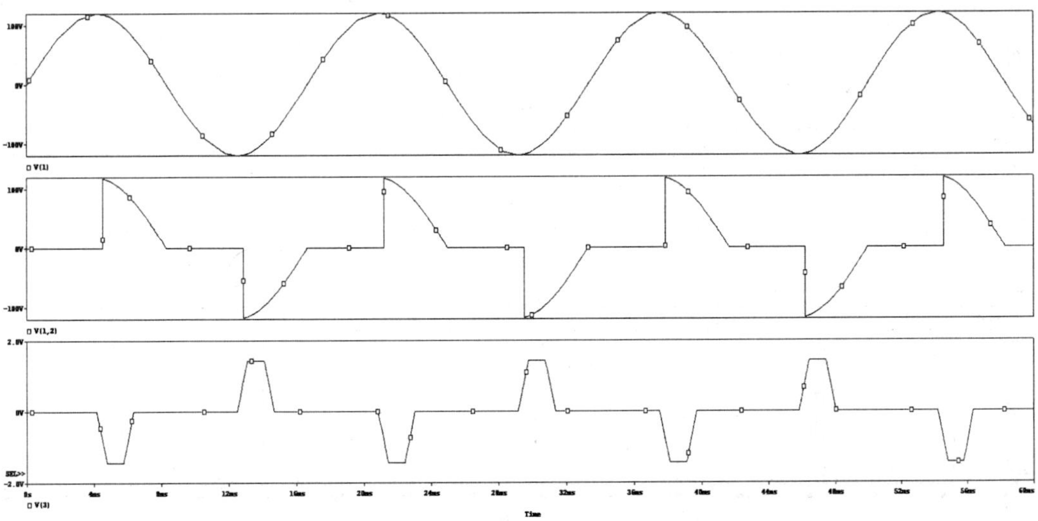

실습 10-28

TRIAC과 저항이 직렬로 연결된 회로에서 점호각 $\alpha=60°$일 때, Transient Analysis를 60[ms]까지 실행하여, ① 전원전압 ② 게이트 신호전압 ③ 저항에 걸리는 전압의 파형을 시뮬레이션 하시오.

[조건] (1) 교류 정현파 전압원(VSIN) : Vin (VOFF=0 VAMPL=120 FREQ=60 AC=0)
(2) 저항(R) : Ra=5[Ω]
(3) TRIAC(2N5444)
(4) 구형파 전압원(VPULSE) : Va
V1=0 V2=50 TD=2.78m TR=TF=1u PW=0.5m PER=8.33m

(1) 회로 구성 및 시뮬레이션 결과

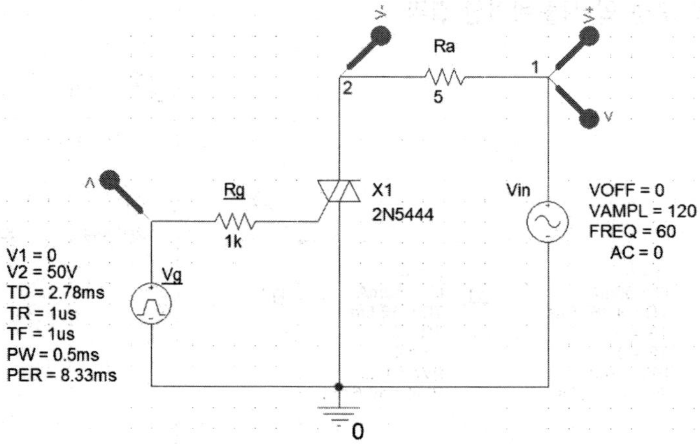

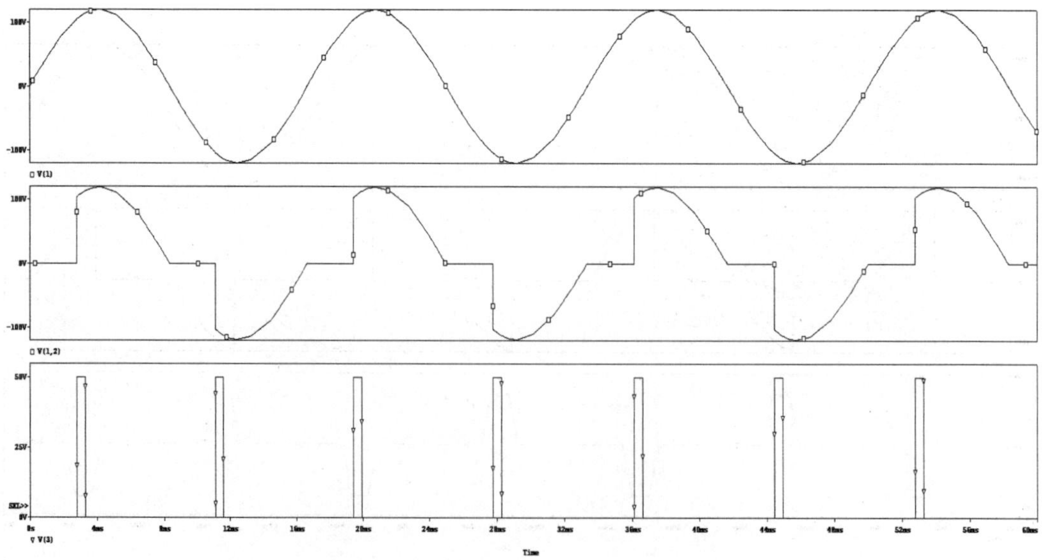

GTO 라이브러리 만들기

```
*C:₩Cadence₩SPB_17.2₩tools₩GTO₩gto.lib
*GTO모델 GTOMOD 라이브러리 파일
*2개 트랜지스터와 1개 저항으로 구성
.SUBCKT GTOMOD 1 2 3
RI 2 3 3.75
D1 2 4 DMOD
Q1 2 4 1 QMOD1
Q2 4 2 3 QMOD2
.MODEL DMOD D (BV=1300)
.MODEL QMOD1 PNP (BF=.475 BR=.475 IS=1.0E-34
+ RE=.6 TF=2.02E-7 TR=6.75E-6)
.MODEL QMOD2 NPN (BF=9 IS=1.0E-34 CJC=11.5E-9)
.ENDS
```

(1) Windows의 시작에서 Cadence가 인스톨된 폴더의 Model Editor을 실행(그림1)
(2) Model Editor의 File 메뉴에서 Export to Capture Part Library...을 실행(그림2)
(3) 모델 라이브러리의 입력과 출력을 그림과 같이 지정하고, OK (그림2의 4번)
 - Enter Input Model Library (폴더는 변경해도 된다.)
 C:₩Cadence₩SPB_17.2₩tools₩GTO₩gto.lib (표에 나타낸 모델)
 - Enter Output Model Library (폴더는 변경해도 된다.)
 C:₩Cadence₩SPB_17.2₩tools₩GTO₩gto..olb (부품의 심벌)
 (3)번에서 OK를 누르면, 에러가 없을 때에 5번과 같은 화면이 나타난다.

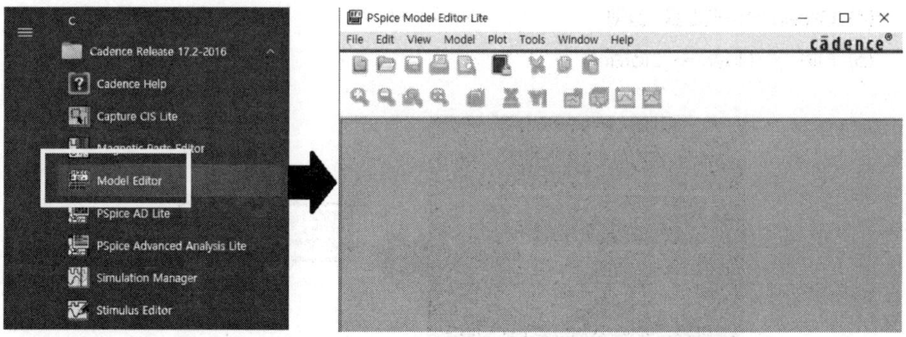

그림 1

GTO 라이브러리 만들기

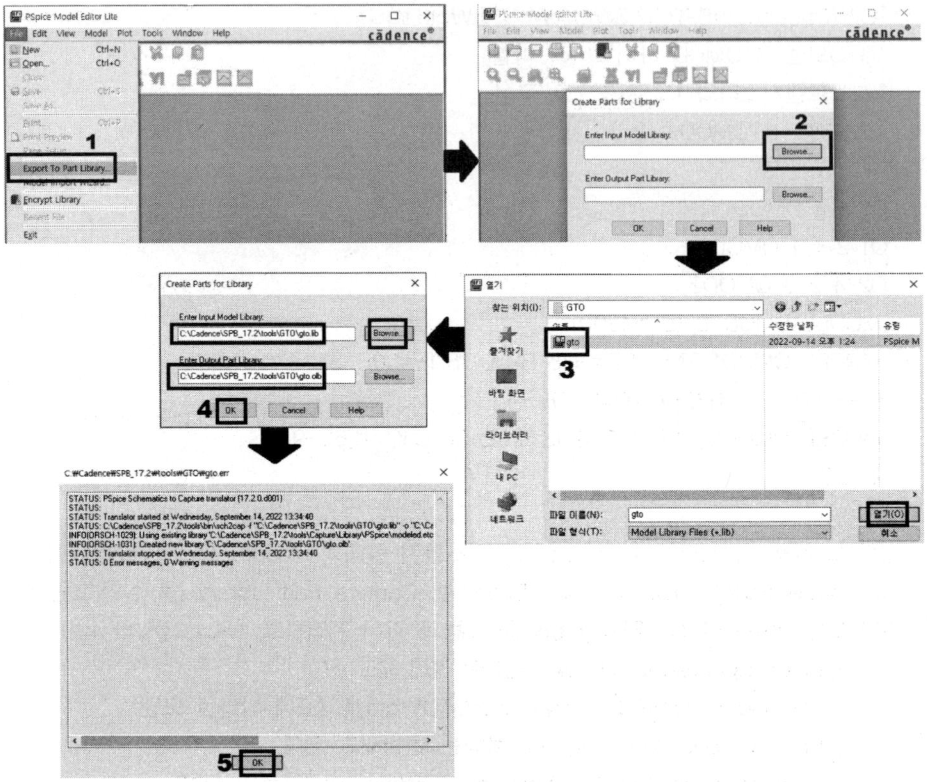

그림 2

(4) Orcad/PSPICE를 실행

(5) File → New → Library

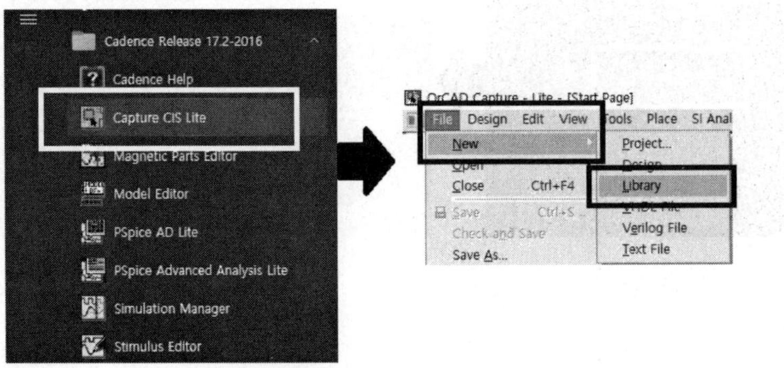

GTO 라이브러리 만들기

(6) Library를 클릭한 뒤 오른쪽 마우스를 눌러 Cut 실행하여 라이브러리 삭제

(7) Library를 클릭한 뒤 오른쪽 마우스를 눌러 Add File 실행

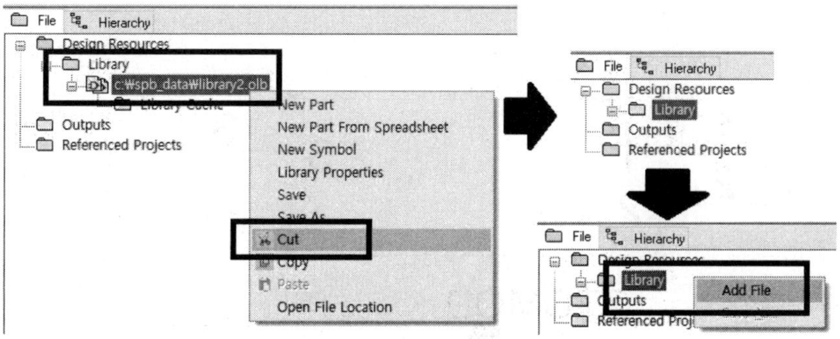

(8) C:\Cadence\SPB_17.2\tools\\sample.olb 지정 → 열기

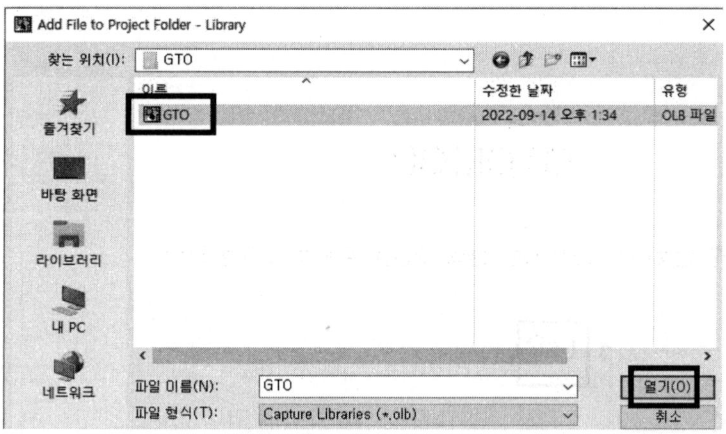

(9) 1을 더블 클릭하면 gto.olb에 지정된 라이브러리 목록이 나온다. 2를 더블클릭

(10) 1을 더블 클릭하면 sample.olb에 지정된 라이브러리 목록이 나온다. 2를 더블클릭

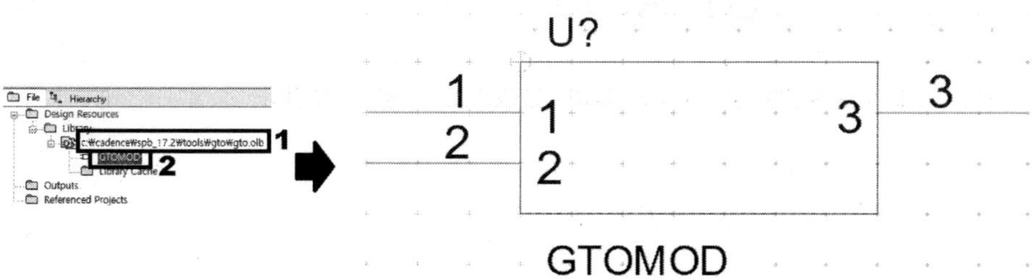

GTO 라이브러리 만들기

(11) 직사각형을 선택한 뒤 Delete키를 눌러 삭제

(12) 점선으로 된 직사각형의 안쪽을 더블클릭하면 그림처럼 메뉴창이 뜨고 그곳에서 pin numbers visible의 체크를 지우면(1번) 오른쪽 그림처럼 숫자가 없어진다.

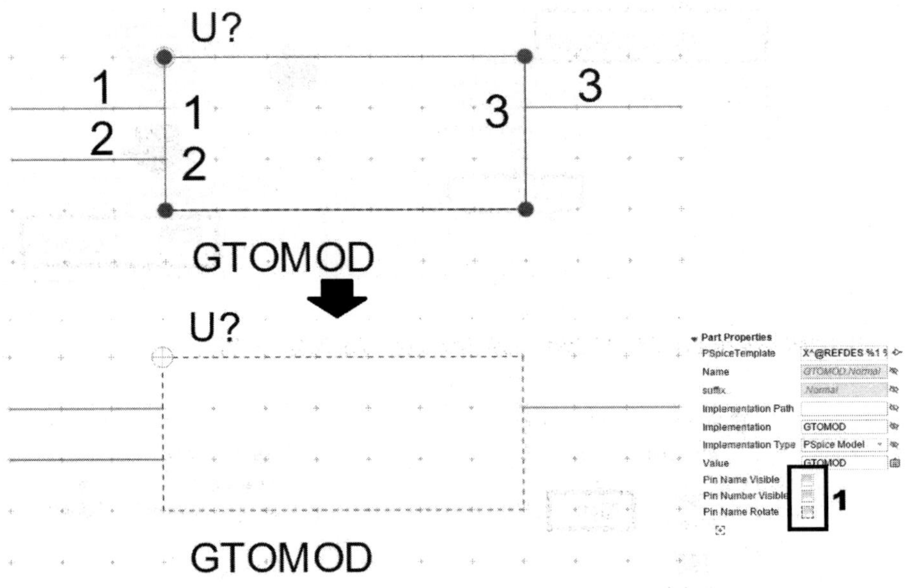

(13) U? 안보이게 하기 (1번 클릭, 2번을 클릭하고 3번 클릭)

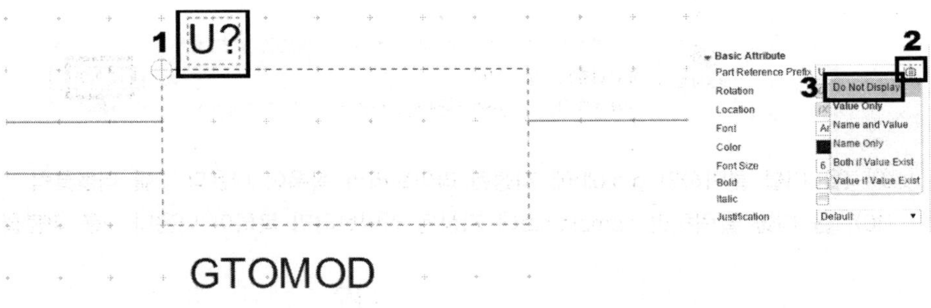

(14) 그리기 도구(2번)로 그림과 같이 GTOMOD 심벌을 그린다.

GTO 라이브러리 만들기

(15) 3번의 직사각형을 누른 상태에서 GTOMOD 심벌의 범위까지 설정

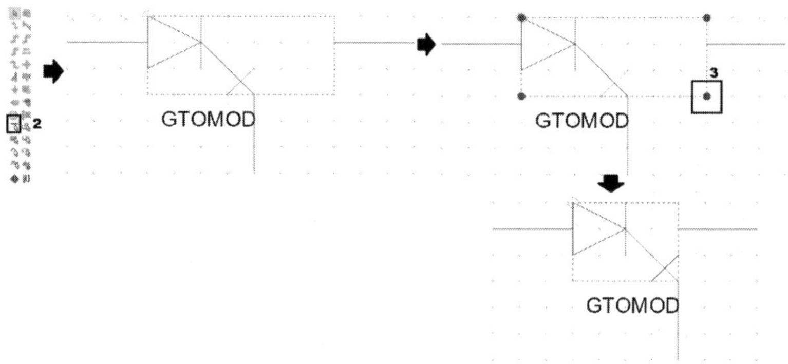

(16) 1, 2, 3번의 핀을 그림과 같이 지정한다.
Pin Properties를 참조로 짧은 선인 Short을 사용하고, GTOMOD는 수동소자이므로 Passive를 사용하여 1번을 더블클릭하여 2번처럼 Short, Passive로 선택나머지도 같은 방법으로 설정

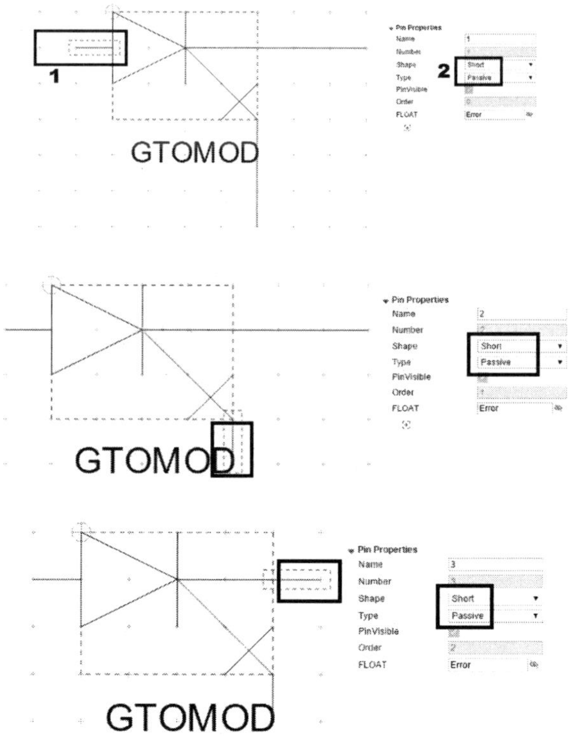

GTO 라이브러리 만들기

(17) 1번 클릭, 2번 클릭, 3번을 선택하여 GTOMOD를 안보이도록 한다.

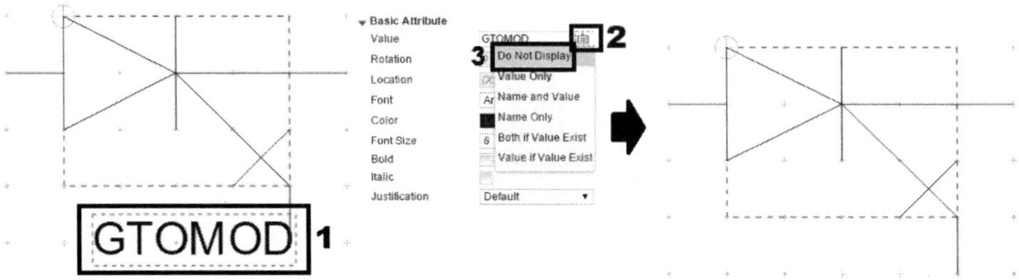

(18) FIle → Save

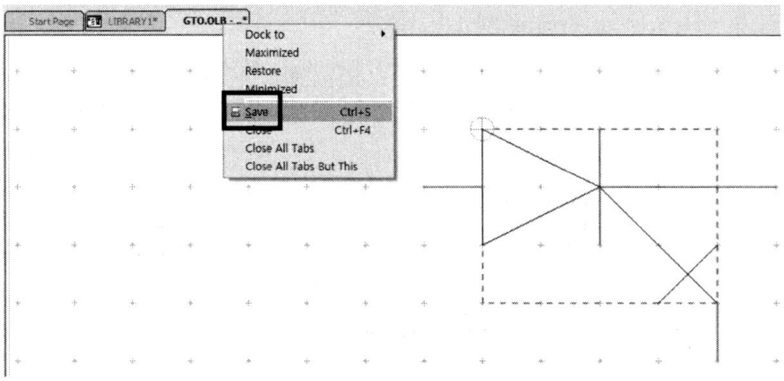

실습 10-29

2개의 트랜지스터로 구성된 GTO를 이용하여, Transient Analysis를 40[us]까지 실행하여 ① 애노드-캐소트간 전압 ② 애노드에 흐르는 전류 ③ 게이트 전압 ④ 게이트 전류를 시뮬레이션 하시오.

[조건] (1) 직류 전압원(VDC) : VD=250[V]
(2) 저항(R) : RD=50[Ω], Rg=5[Ω]
(3) GTO(GTOMOD)
(4) 구형파 전압원(VPULSE)
Vg1 : V1=0 V2=6.25 TD=10u TR=TF=0
PW=1u PER=25u
Vg2 : V1=0 V2=5 TD=0 TR=TF=0
PW=10u PER=25u

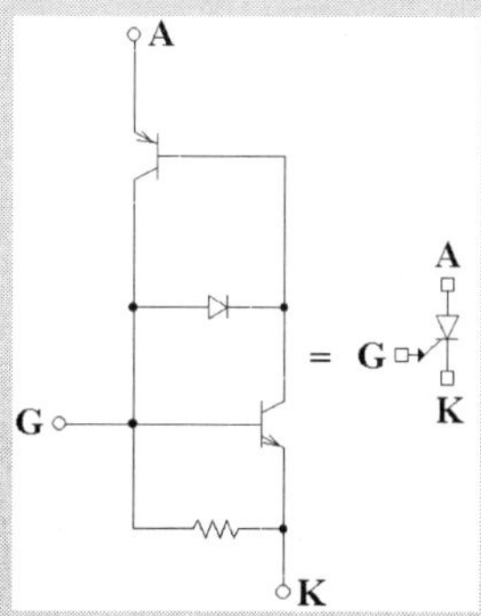

(1) 회로 구성 및 시뮬레이션 결과

– 시뮬레이션 할 때, GTO 라이브러리 등록

① Simulation Setting에서 1번 선택(Configuration Fules), 2번 클릭(Library)

② 3번의 Browse..에서 GTO 라이브러리 파일이 있는 폴더 지정

③ 4번 클릭(Add as Global)하면 5번처럼 라이브러리가 저장된 곳이 나타남

④ OK

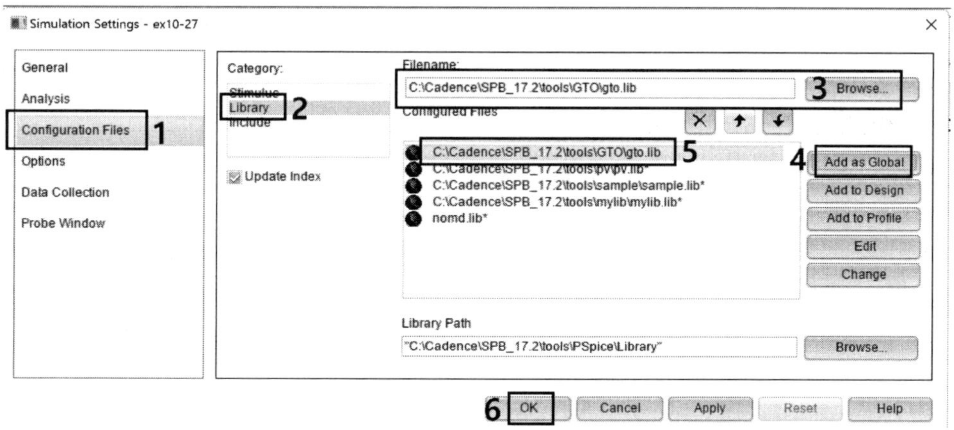

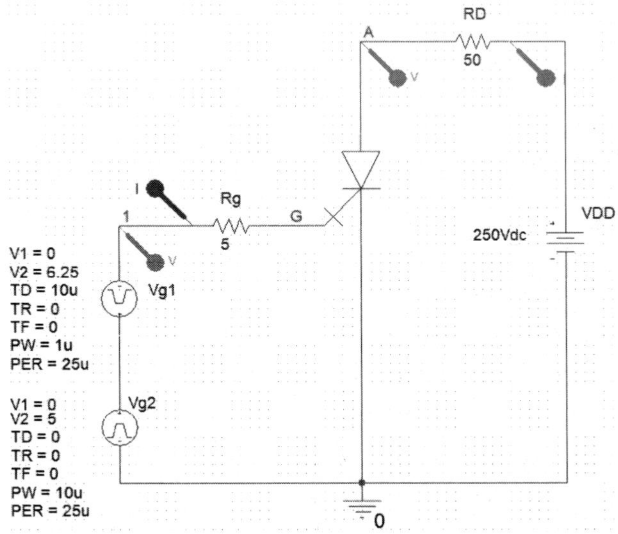
RD
A
50
I
Rg
1
G
5
VDD
250Vdc
V1 = 0
V2 = 6.25
TD = 10u
TR = 0
TF = 0
PW = 1u
PER = 25u
Vg1
V1 = 0
V2 = 5
TD = 0
TR = 0
TF = 0
PW = 10u
PER = 25u
Vg2
0

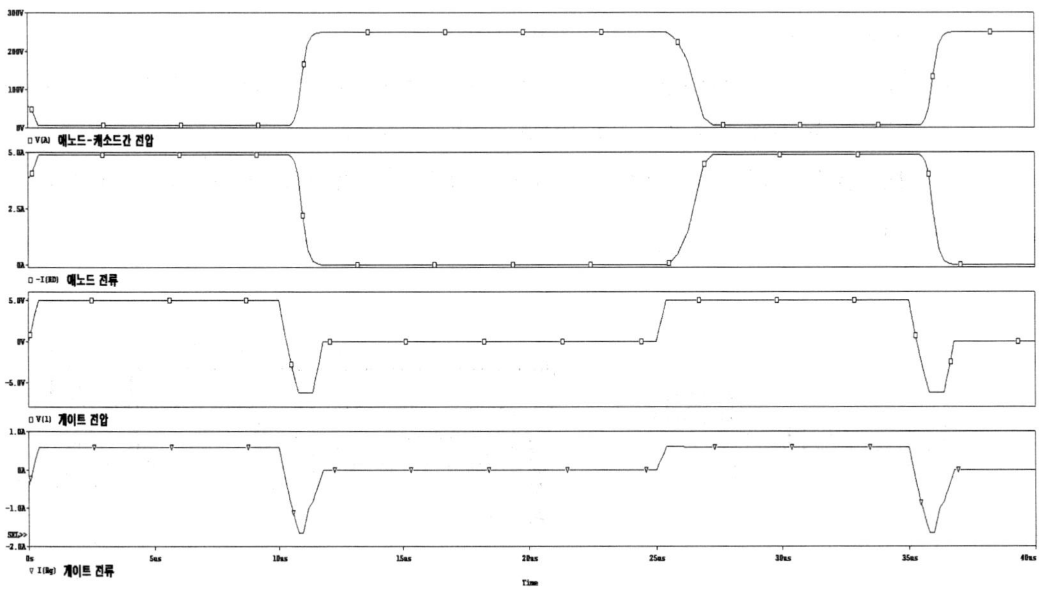
300V
200V
100V
0V
V(A) 애노드-캐소드간 전압
5.0A
2.5A
0A
-I(RD) 애노드 전류
5.0V
0V
-5.0V
V(1) 게이트 전압
1.0A
0A
-1.0A
-2.0A
0s
5us
10us
15us
20us
25us
30us
35us
40us
I(Rg) 게이트 전류
Time

실습 10-30

2개의 트랜지스터로 구성된 GTO에 스너버 회로를 추가하였을 때, Transient Analysis를 50[us]까지 실행하여 ① 애노드-캐소트간 전압 ② 애노드에 흐르는 전류 ③ 게이트 전압 ④ 게이트 전류를 시뮬레이션 하시오.

[조건] (1) 직류 전압원(VDC) : VD=1300[V]
(2) 저항(R) : RD=260[Ω], Rg=2[Ω]
(3) 리액턴스(L) : Lg=1[uH], LD=10[uH]
(4) 캐패시턴스(C) : CS=3333[pF]
(5) GTO(GTOMOD)
(6) 다이오드(power_Dbreak)
(7) 구형파 전압원(VPULSE)
VG1 : V1=0 V2=10 TD=10u TR=TF=0 PW=5u PER=25u
VG2 : V1=0 V2=5 TD=0 TR=TF=0 PW=10u PER=25u

(1) 회로 구성 및 시뮬레이션 결과

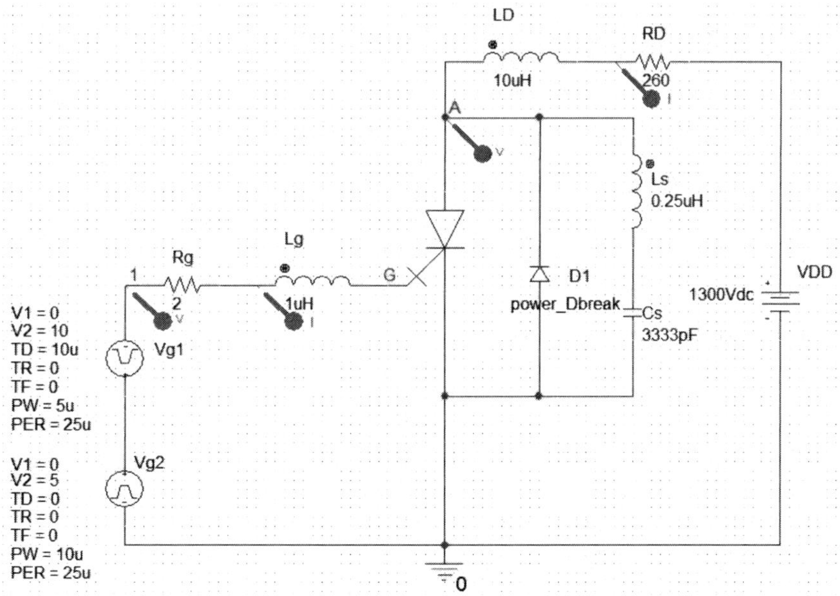

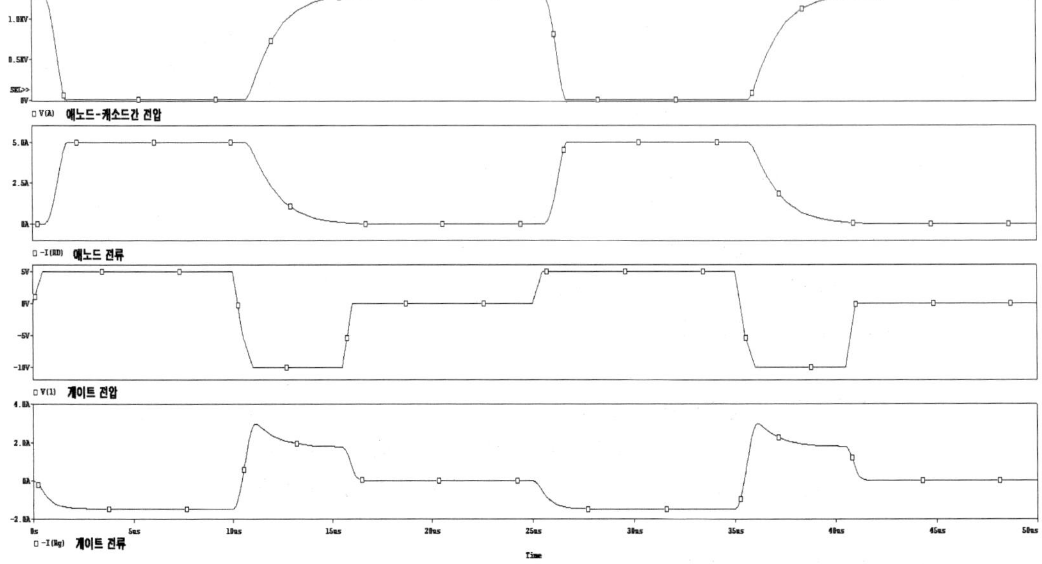

V(A) 애노드-캐소드간 전압
-I(RD) 애노드 전류
V(1) 게이트 전압
-I(Rg) 게이트 전류
Time

CHAPTER 11

인버터 회로

1 인버터 개요

인버터는 직류전력을 교류전력으로 변환하는 장치로서 일정크기의 직류전압을 가변 전압, 가변 주파수의 교류로 변환하거나, 가변의 직류전압을 일정 크기인 전압 및 주파수의 교류로 변환한다.

1.1 인버터 분류

1.1.1 교류 출력의 상수

① 단상 인버터

② 3상 인버터

1.1.2 전류(轉流) 회로의 내장 여부

① 자여식(Self-Commutated) 인버터

② 타여식(External Commutated) 인버터

인버터의 전류(轉流)가 회로자체의 캐패시터, 인덕터 또는 GTO 등 소자 자체가 전류(轉流)능력을 갖고, 독립된 교류를 발생할 수 있는 것이 자여식 인버터이고, 외부의 교류 전원을을 이용하여 회로 외부에서 전류(轉流)가 이루어지는 것이 타여식 인버터이다.

대부분의 인버터는 자여식이다. 위상 제어 정류 회로에서 점호각 α를 90°~180° 범위로 운전하면, 전력이 직류측에서 교류측으로 이동하며, 이것이 타여자 인버터이고 직류 송전 등에 사용된다.

③ 전류(轉流)소자와 부하의 접속

㉮ 직류 인버터

㉯ 병렬 인버터

전류(轉流)소자로는 캐패시터가 많이 사용되고, 직렬 인버터는 회로내에서 RLC공진을 이용한 것으로, 정현파, 고주파의 출력 특성을 갖는다.

④ 직류 전원

㉮ 전압원 인버터(VSI ; Voltage Source Inverter)

㉯ 전류원 인버터(CSI ; Currnt Source Inverter)

㉰ 가변 DC 링크 인버터

직류 입력이 전압원이면 전압원 인버터, 직류 입력이 전류원이면 전류원 인버터이고, 직류 입력이 가제어이면 가변 DC 링크 인버터라고 한다. 대부분의 인버터는 전압원 인버터이다.

⑤ 공진 현상의 이용

㉮ 구형파 인버터

㉯ 공진형 인버터

구형파 인버터가 대부분이고, 전압원 인버터의 출력전압과 전류원 인버터의 출력 전류는 구형파이다.

⑥ 출력전압의 제어 방법

㉮ 펄스 진폭 변조(PAM ; Pulse Amplitude Modulation) 인버터

㉯ 펄스 폭 변조(PWM ; Pulse Width Modulation) 인버터

PAM 인버터는 출력 펄스의 진폭을 조절하여 출력전압을 제어하는 것을 복수개의 직류전원이 필요하다. PWM 인버터는 출력 펄스의 폭울 조절하여 출력 전압을 제어하는 것이고, 가장 많이 사용되고 있다.

항목	PAM 인버터	PWM 인버터
전력 회로	복잡하다	간단하다
제어 회로	간단하다	다소 복잡하다
역률 , 효율	나쁘다	좋다
속응성	나쁘다	좋다
스위칭 주파수	낮다	높다

1.2 전류원 인버터

인버터의 입력단에 인가되는 직류전력에서 전류의 값이 일정하여, 직류 전원을 직류 전류원으로 볼 수 있는 인버터이다. 전류원 인버터는 출력 전류의 파형이 구형파이고, 스위칭 주파수가 높지 않으므로 SCR을 사용할 수 있다. 전류원 인버터로 유도 전동기를 구동할 경우 안정 영역의 폭이 매우 좁아 귀환(Feedback) 제어가 필요하다.

전류원이 용도로는 동기 전동기의 기동, 유도가열, 지상 무효 전력의 발생, 타여자 직류 전동기의 구동 등이 있다.

이 인버터 그룹은 그림 11-1의 (a)와 같이 직류전원과 인버터 입력단자간에 유도성 필터 L이 연결되어 있다. 인버터는 직류전원에 대해 비선형 부하로 나타낸다. 필터 또는 쵸크코일이 회로에 없다면 인버터 입력단자에서 전류는 고조파를 포함하게 된다.

필터가 있는 경우에 고조파는 억제된다.

인버터의 출력은 교류나 정현파가 아니다. 전압과 전류파형은 그림 11-1의 (c)에 나타내었다. 각 ½싸이클 내에서 전압파형은 톱니파, 모양으로 되고 전류파형은 구형파이다.

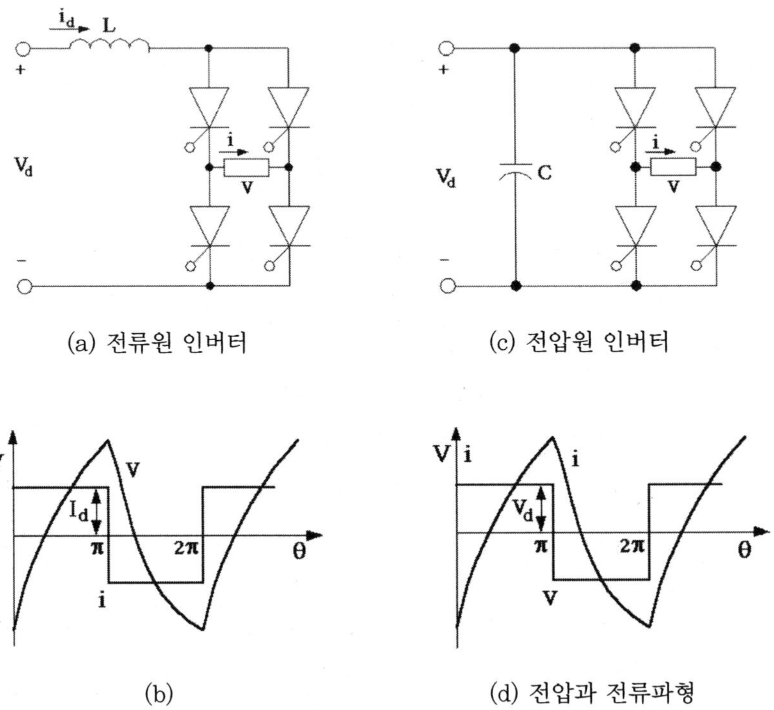

그림 11-1 인버터 회로

1.3 전압원 인버터

전류원 인버터의 쌍대가 전압원 인버터이다. 직렬 인버터대신에 그림 11-1의 (b)와 같이 인버터 입력단에 직류전원을 연결하는 양단에 캐패시터 C가 병렬로 연결되어 있다. 결과는 입력단자에서 전압을 일정하게 유지한다.

또 전압원 인버터의 출력은 교류이나 정현파가 아니다. 그림 11-1의 (d)와 같이 파형은 전류원 인버터 전압, 전류파형에 쌍대이다. 여기서 전류는 톱니파형, 전압은 구형파를 이룬다.

한가지 알아야 할 사실은 무한 인덕터 또는 캐패시터를 얻을 수 없기 때문에 실제 회로는 전류원 인버터와 전압원 인버터간에 어느 정도 구분된다.

1.3.1 출력 전압의 제어

출력 전압을 제어하는 목적은 다음과 같은 목적이 있다.

① 입력전압의 변동시에도 일정 출력 전압을 유지하기 위해

② 원하는 출력 전압을 얻기 위해

③ 일정 V/F 제어를 위해

또한 출력 전압 제어 기법으로는 다음과 같은 방법들이 있다.

㉮ 단일 펄스폭 변조(Single Pulse Width Modulation)

출력 주기의 ½주기에 1개의 펄스가 존재하고, 펄스의 폭은 인버터의 출력 전압을 제어하기 위해 가변된다.

출력전압의 실효값은 $V_r = V_s\sqrt{\dfrac{\delta}{\pi}}$

(단, V_s : 입력 전압 , δ : 펄스폭)

㉯ 다중 펄스폭 변조(MPWM ; Mutiple Pulse Width Modulation)

고조파 성분은 출력 전압의 ½주기마다 여러 개의 펄스를 사용하여 감소시킨다. 즉, 기준신호와 삼각 반송파를 비교하여 반도체 소자의 턴·온과 턴·오프 게이트 신호를 발생한다. 기준 신호의 주파수는 출력 주파수 f_o로 하고, 반송 신호의 주파수를 f_c라 하면, ½주기당 펄스의 수 P는

$$p = \frac{f_c}{2f_o} = \frac{m_f}{2}$$

(단, $m_f = f_c / f_o$이고, 주파수 변조비라고 한다.) 주파수 변조 지수를 0~1로 가변하면 $0 \sim \pi/P$까지 펄스폭을 변화시키고, $0 \sim V_s$까지 출력 전압을 변화 시킨다.)

출력 전압의 실효값 $V_r = V_s\sqrt{\dfrac{P\delta}{\pi}}$

(단, V_s : 입력 전압, δ : 펄스의 폭, P : ½주기당 펄스 수) 이러한 변조를 균일 펄스폭 변조(UPWM : Uniform Pulse Width Modulation)이라고 한다.

㉰ 정현 펄스폭 변조 SPWM ; Sinusoidal Pulse Width Modulation)

정현 기준 신호와 삼각 반송 신호를 비교하여 게이트 신호를 내는 방식으로 출력 전압의 ½주기에 여러 개의 펄스가 존재하지만, 각 펄스의 폭은 동일 펄스의 중앙

에서 평가되는 정현파의 크기에 비례하여 변한다. 이 방식은 출력측의 고조파 함유율을 대폭 낮출 수 있기 때문에 많이 사용된다.

㉣ 수정된 정현 펄스폭 변조(MSPWM;Modified Sinusoidal Pulse Width Modulation)
정현 펄스폭 변조 방식이 고조파를 줄일 수 있으나, 스위칭 횟수가 많아져 스위칭 손실이 증가하고, 제어가 복잡하다. 이러한 단점을 개선한 것이 이 방식이다. 정현파 펄스폭 변조에서 정현파의 피크에 가까운 펄스의 폭은 정현파의 특성 때문에 변조 지수의 가변에 영향을 크게 받지 않는다. 따라서 반주기의 처음과 마지막의 ⅓구간(0°~60°, 120°~180°) 동안만 삼각 반송파가 적용되도록 한 것이다. 이렇게 하면 기본파 성분은 증가하고, 고조파 특성은 개선된다. 또한 소자의 스위칭 횟수가 감소되고 스위칭 손실도 감소하게 된다.

㉤ 위상 변위 제어
여러 대의 단상 인버터를 사용하고, 각각의 인버터의 출력전압을 합한다. 이 때 각 인버터의 출력에 위상차를 갖게하여 전압을 제어한다. 즉, 단상 반파 브리지 인버터를 2개 더하면 단상 전파 브리지 인버터가 되고, 2대의 인버터를 사용하면 단일 펄스폭 변조 방식과 같은 결과를 얻는다.

출력전압의 실효값은 $V_r = V_s\sqrt{\dfrac{\beta}{\pi}}$

(단, V_s : 입력 전압, β : 지연(변위)각)

2 단상 브리지 인버터 회로

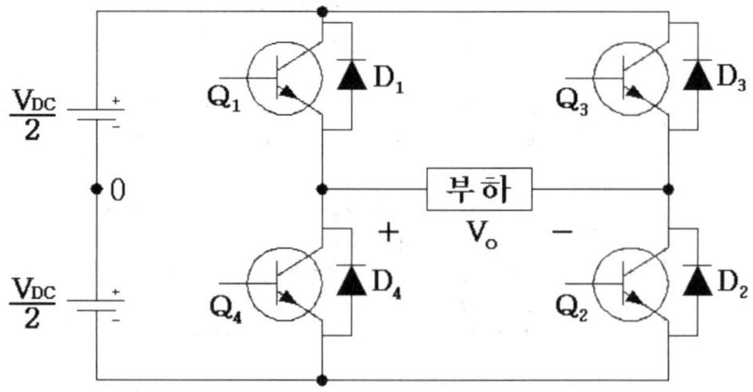

그림 11-2 단상 브리지 인버터

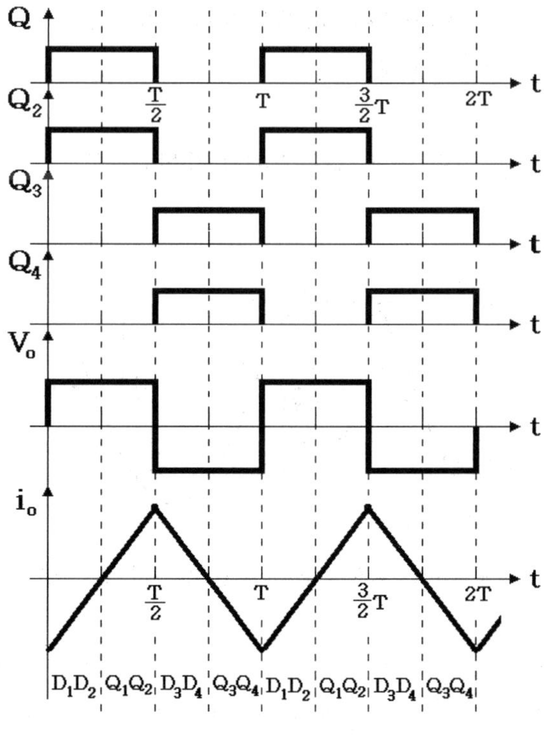

그림 11-3 단상 브리지 인버터 파형

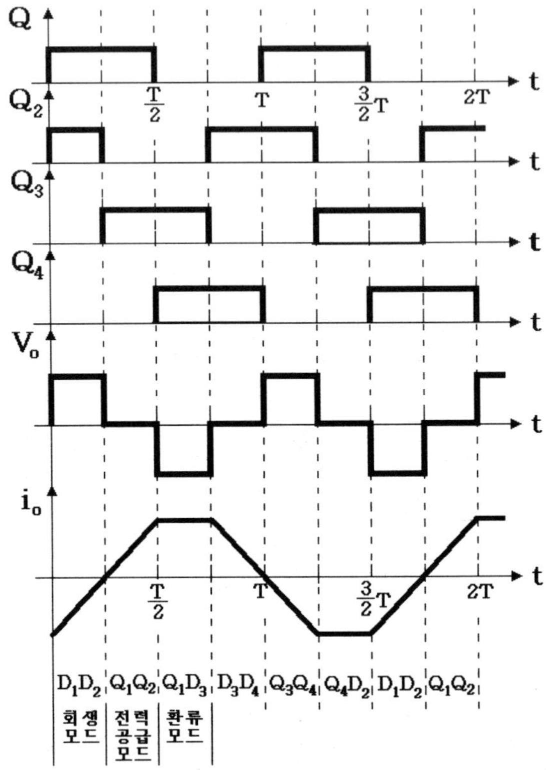

그림 11-4 단상 브리지 인버터 파형

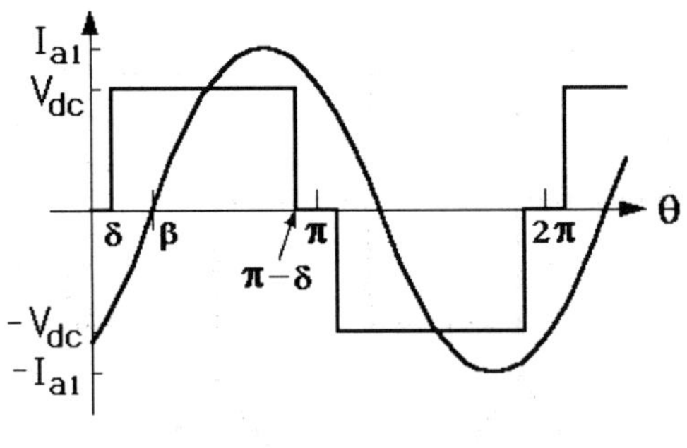

그림 11-5 유도성 부하시 출력 전압 및 전류

단상 브리지 컨버터는 그림 11-2에 나타내었다. 반도체 소자의 온·오프을 제어하는 브리지결선 이외에는 아무 것도 연결된 것이 없으므로 교류시스템에 인가하는 전압의 극성을 주기적으로 가역하도록 하였다. .

스위치 Q_1과 Q_2 또는 Q_3과 Q_4을 제어하여 스위칭 온하게 하여 전원이 언제나 부하에 연결되게 한다. 교류주파수는 스위치를 열고 닫는 비율로 제어한다. 스위치로 직류전압원에서 교류전압을 발생하는 이런 회로를 인버터회로라 하고 전압원 인버터라 한다. 전류원 인버터는 직류전류원에서 교류전류를 발생하는 인버터를 일컫는다.

교류 전압의 실효전압 V_r은 식 (11-1)과 같이 된다.

$$V_r = \sqrt{\frac{1}{\frac{2}{T}}\int_0^{\frac{T}{2}} v_{dc}^2 dt} = \sqrt{\frac{2}{T} \cdot v_{dc}^2 \cdot \frac{T}{2}} = v_s \qquad \cdots\cdots (11-1)$$

2.1 동작원리

① $0 \le t \le \frac{T}{4}$

D_1, D_2 도통, 부하전류 $i_o > 0$, 회생모드

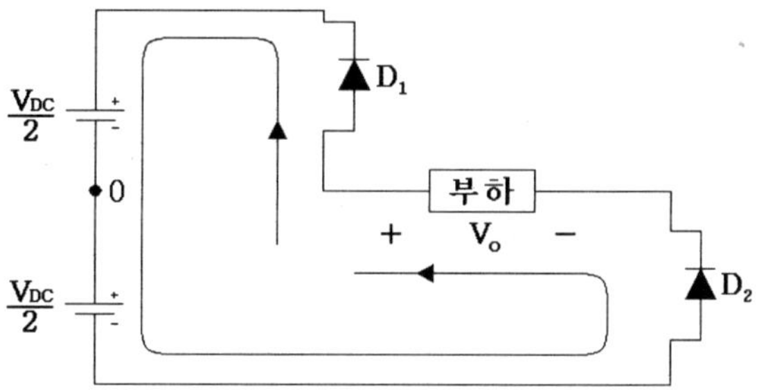

② $\frac{T}{4} \le t \le \frac{T}{2}$

Q_1, Q_2 도통, 부하전류 $i_o > 0$, 전력공급모드

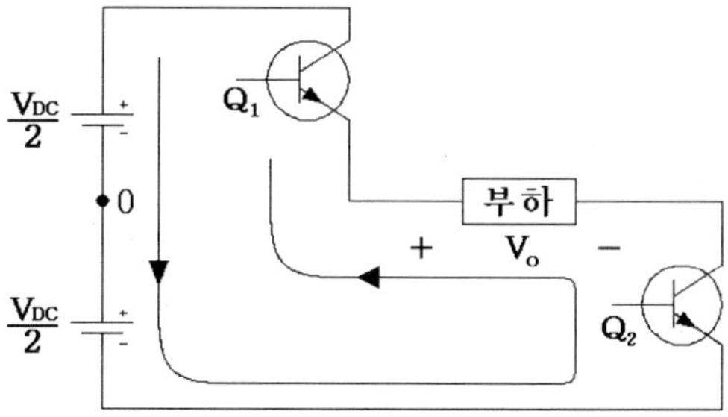

③ $\frac{T}{2} \leq t \leq \frac{3}{4}T$

D_3, D_4 도통 , 부하전류 $i_o > 0$

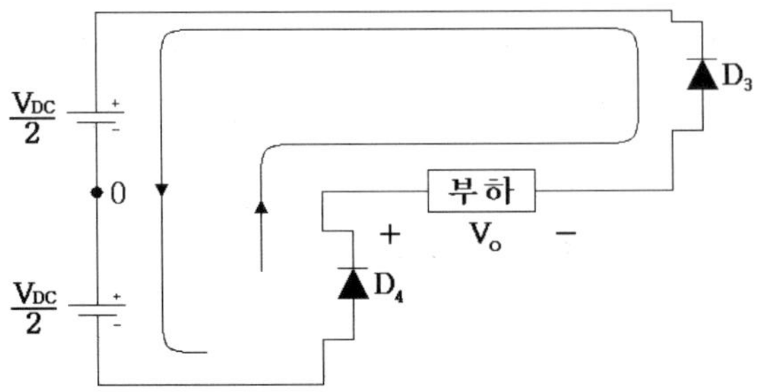

④ $\frac{3}{4}T \leq t \leq T$

Q_3, Q_4 도통, 부하전류 $i_o < 0$

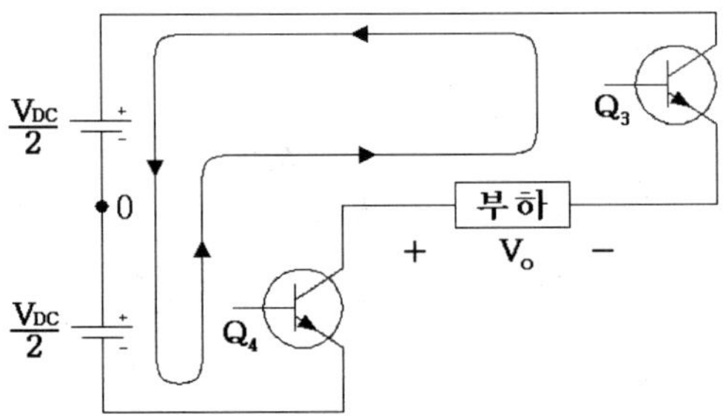

2.2 동작원리

① $0 \leq t \leq \frac{T}{4}$

D_1, D_2 도통, 부하전류 $i_o < 0$, $v_o = v_s$

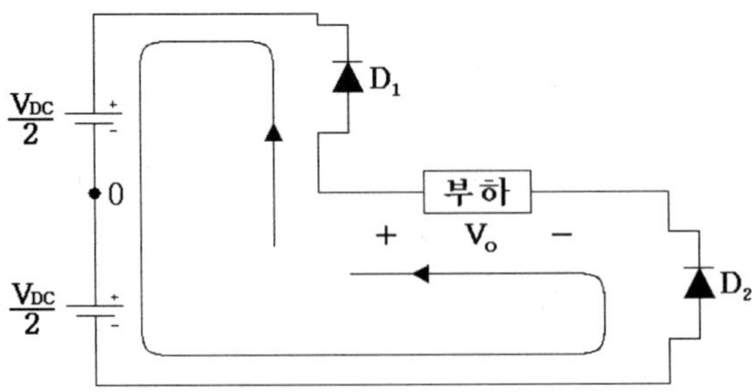

② $\frac{T}{4} \le t \le \frac{T}{2}$

Q_1, Q_2 도통, 부하전류 $i_o > 0$, $v_o = 0$

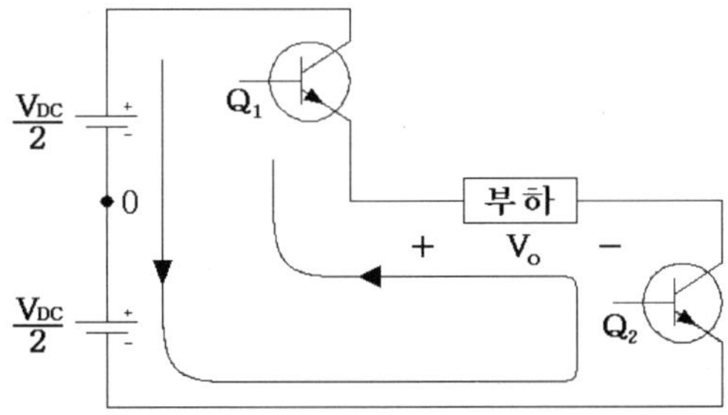

③ $\frac{T}{2} \le t \le \frac{3}{2}T$

Q_1, D_3 도통, 부하전류 $i_o > 0$, $v_o = -v_s$

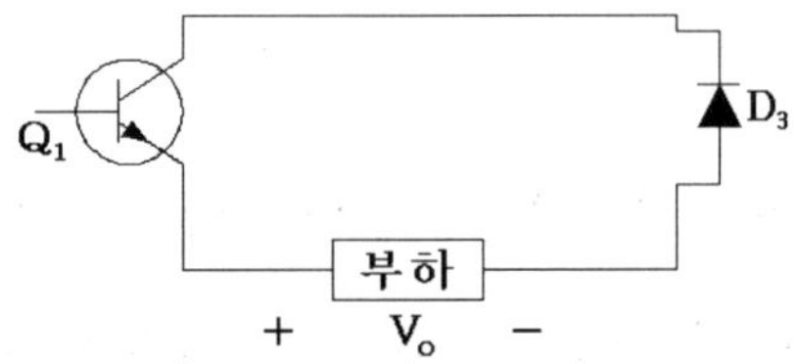

④ $\frac{3}{2}T \le t \le T$

D_3, D_4 도통, 부하전류 $i_o > 0$, $v_o = 0$

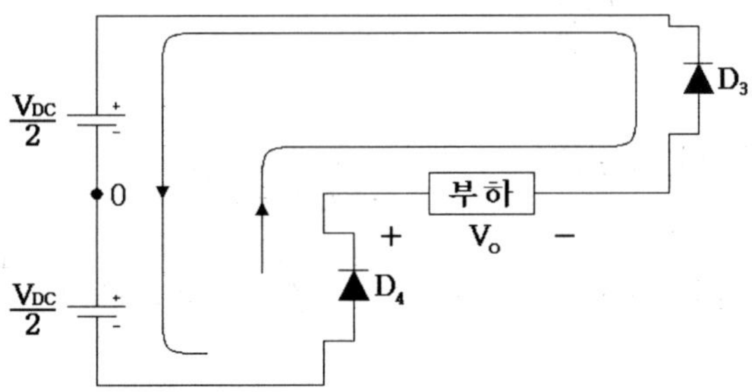

⑤ $T \le t \le \frac{5}{4}T$

Q_3, Q_4 도통, 부하전류 $i_o < 0$, $v_o = v_s$

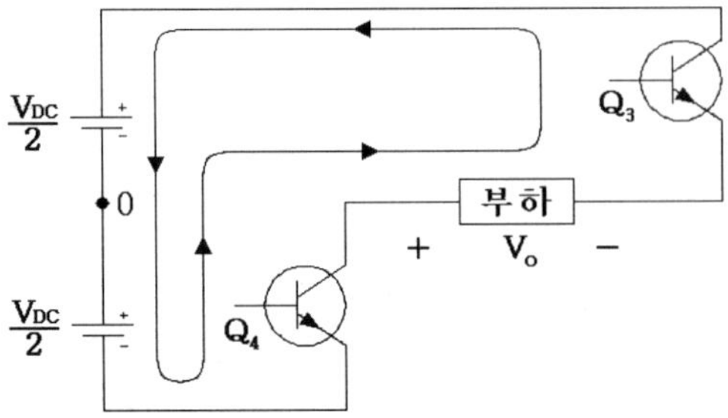

⑥ $\frac{5}{4}T \le t \le \frac{3}{2}T$

Q_3, Q_4 도통, 부하전류 $i_o < 0$, $v_o = 0$

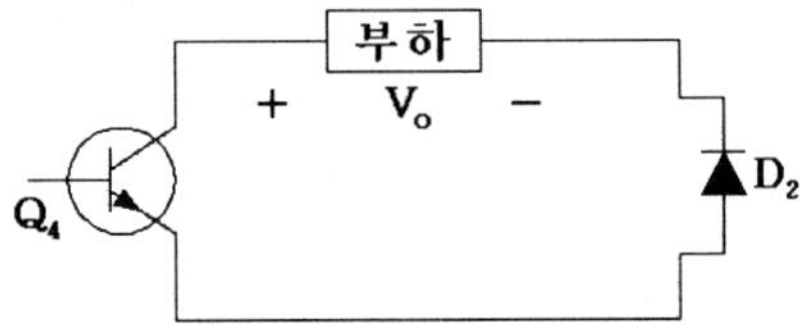

유도성 부하에 전력을 공급하는 전압원 인버터 회로의 파형을 나타냈다. $\frac{L}{R} > \frac{\pi}{\omega}$이면 부하전류 i_a의 제 3차 고조파성분은 기본파의 10[%] 정도이고 i_a는 근사 식으로 다음과 같이 나타낸다.

$$i_a(t) = I_{a1}\sin(\omega t - \beta) \qquad \cdots\cdots (11-2)$$

여기서 $\beta = \tan^{-1}\left(\frac{\omega L}{R}\right)$

$$\text{전류의 최대값 } I_{a1} = \frac{V_{a1}}{\sqrt{(\omega L)^2 + R^2}}$$

$$\text{전압의 최대값 } V_{a1} = \frac{2V_{dc}}{\pi}\int_{\delta}^{\pi-\delta}\sin\theta\, d\theta = \frac{4V_{dc}}{\pi}\cos\delta$$

따라서, 부하저항 R로 발생하는 평균전력 P는 식 (11-3)으로 쓸 수 있다.

$$P = I_{a1rms}V_{a1rms}\cos\theta = \frac{I_{a1}V_{a1}}{2}\cos\theta \qquad (11-3)$$

전압과 전류의 최대값을 식 (11-3)에 대입하면 평균전력 P는 식 (11-4)와 같다.

$$
\begin{aligned}
P &= \frac{1}{2}\frac{V_{a1}}{\sqrt{R^2+(\omega L)^2}}\cdot\frac{4V_{dc}}{\pi}\cos\delta\cos\theta \\
&= \frac{1}{2}\frac{1}{\sqrt{R^2+(\omega L)^2}}\cdot\left(\frac{4V_{dc1}}{\pi}\cos\delta\right)\cos\theta \\
&= \frac{8V_{dc}^2}{\pi^2\sqrt{(\omega L)^2+R^2}}\cos^2\delta\cos\theta \qquad \cdots\cdots (11-4)
\end{aligned}
$$

이 해석에서 얻은 결과는 유도성 부하에 대한 식 (11−4)로 주어진 δ에 대한 전력함수의 종속관계는 저항성 부하에 대한 것 보다 함수관계가 다르다. 전력에 관련된 추가 고조파를 고려하면 관계는 더욱 복잡해지나 δ와 기본파와 고조파 변위역률에 따르게 된다. 유도성 부하에 대하여 역률은 일정하고 δ와 V_{dc}을 제어함으로써 전력을 제어할 수 있다.

실습 11-1

그림 11-1은 유도성 부하를 갖는 단상 브리지 인버터 회로이다. 다음 조건일 때 Transient Analysis를 5[ms]까지 실행하여, ① 게이트 전압 ② 출력 전압 ③ 부하 전류의 파형을 시뮬레이션 하시오.

[조건] (1) 직류 전압원(VDC) : Vin=460[V]
(2) 구형파 전압원(VPULSE)
Vg1=Vg2 : V1=0 V2=20 TD=0 TR=TF=1n PW=0.5m PER=1m
Vg3=Vg4 : V1=0 V2=20 TD=500u TR=TF=1n PW=0.5m PER=1m
(3) 저항(R) : R=10[Ω]
(4) 리액턴스(L) : L=10[mH]
(5) IGBT(zbreakN)
(6) 다이오드(power_Dbreak)

(1) 회로 구성 및 시뮬레이션 결과

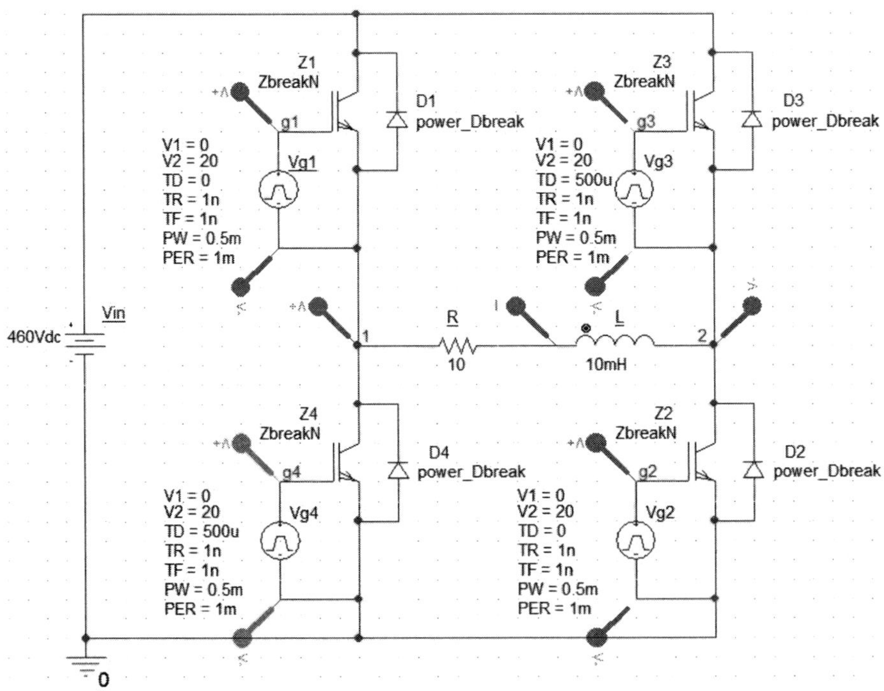

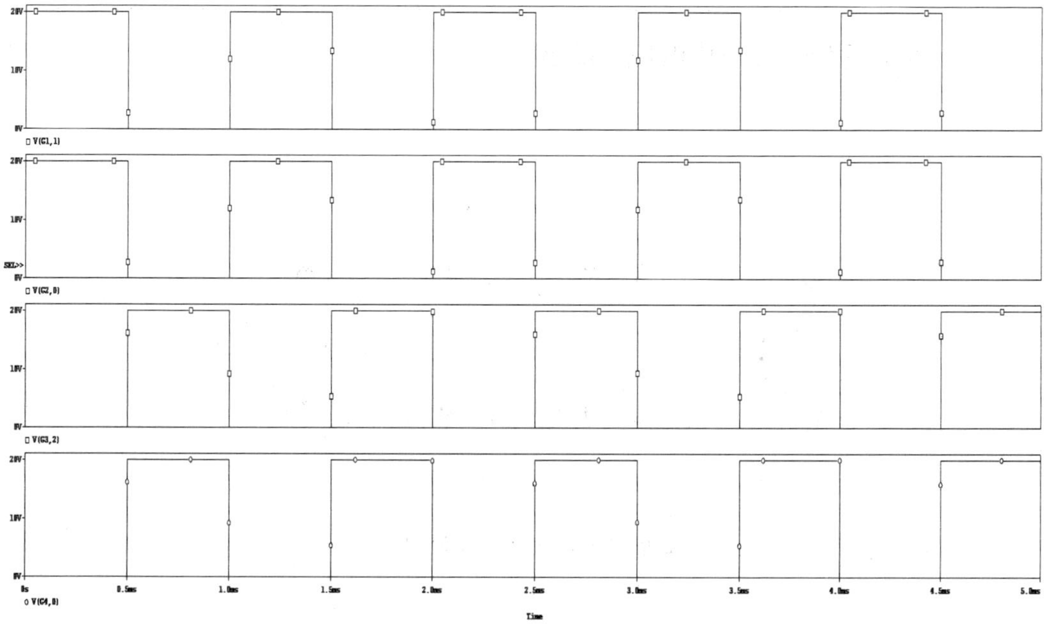

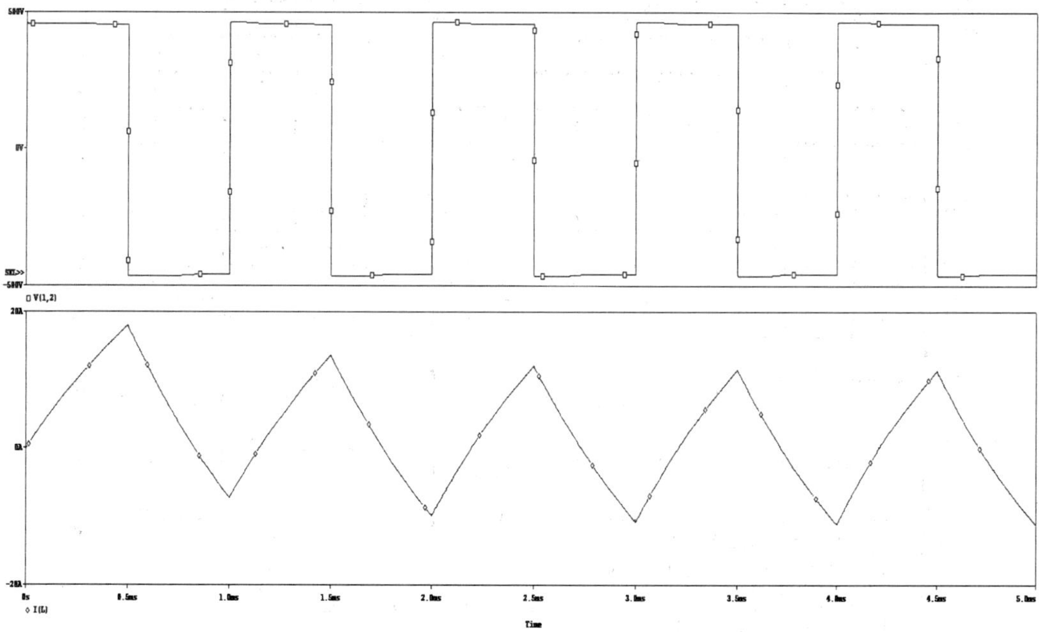

3 3상 브리지 인버터 회로

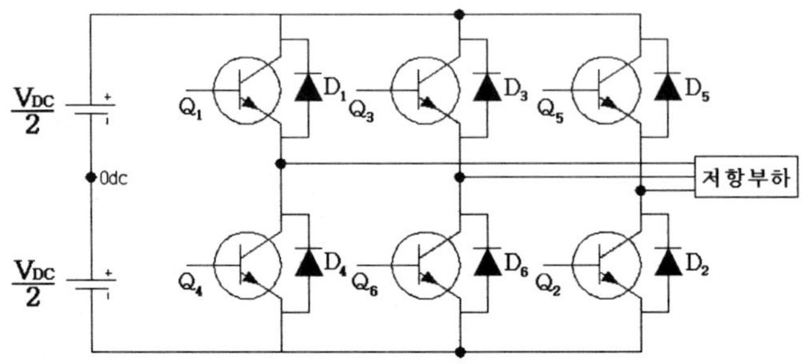

그림 11-6 3상 인버터 회로

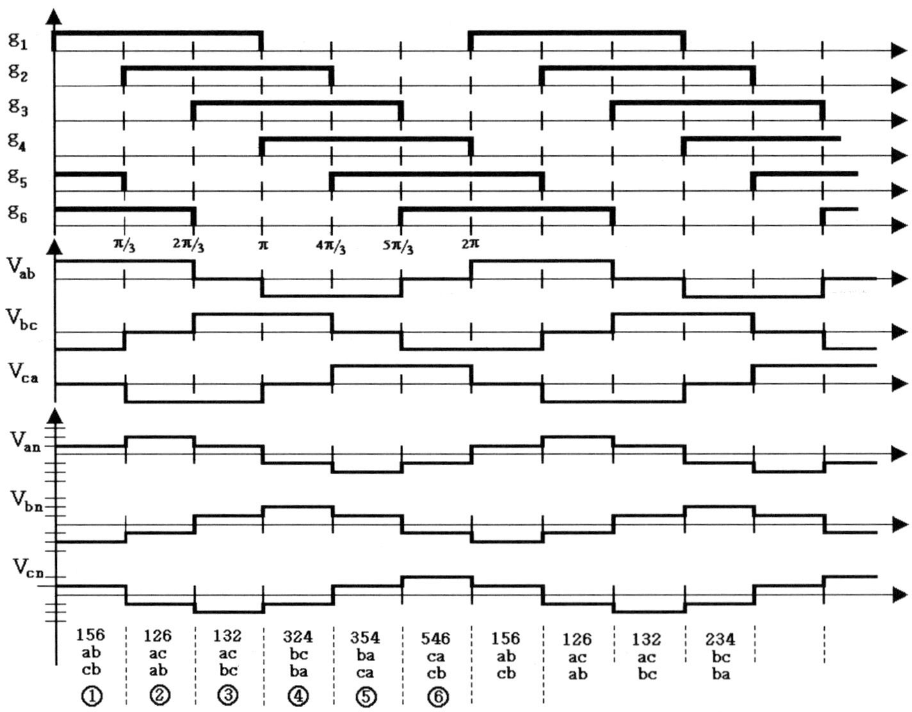

그림 11-7 3상 인버터 회로 파형

3.1 동작원리

① $0 \le t \le \frac{\pi}{3}$

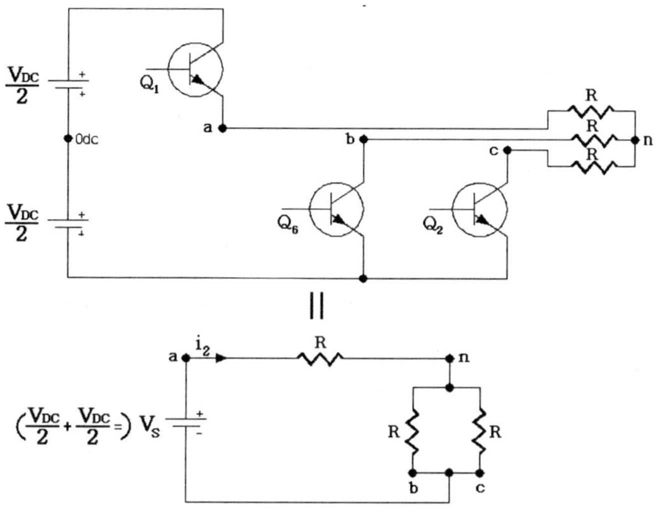

전체 저항 R_T와 입력 전류 i_1은 다음과 같이 구할 수 있다.

$$R_T = R + \frac{R}{2} = \frac{3R}{2}$$

$$i_1 = \frac{V_s}{R_T} = \frac{V_s}{\frac{3R}{2}} = \frac{2V_s}{3R}$$

등가회로에서 볼 수 있듯이 병렬로 연결된 저항R의 양단 전압 v_{an}과 v_{cn}의 크기는 같으며, v_{bn}의 전압은 입력전류의 방향과 반대로 극성이 지정되었다.

$$V_{an} = V_{cn} = i_1 \times \frac{R^2}{2R} = i_1 \frac{R^2}{2R} = i_1 \frac{R}{2} = \frac{2V_s}{3R}\frac{R}{2} = \frac{V_s}{3}$$

$$V_{bn} = -i_1 \times R = -\frac{2V_s}{3R}R = -\frac{2}{3}V_s$$

$$V_{cn} = V_{an}$$

② $\frac{\pi}{3} \le t \le \frac{2}{3}\pi$

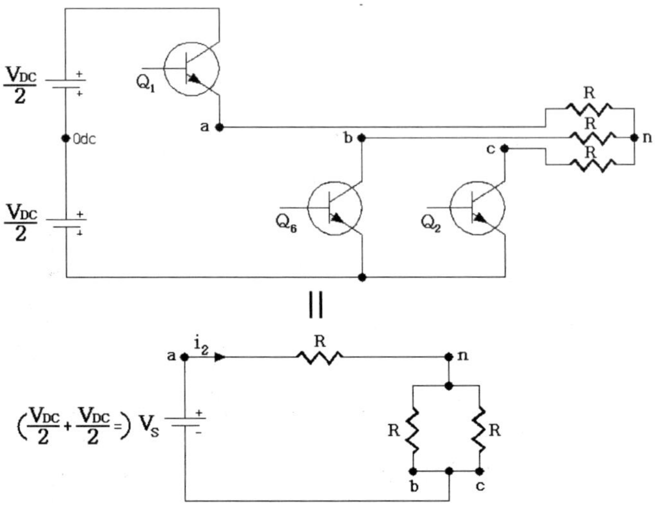

전체 저항 R_T와 입력 전류 i_2은 다음과 같이 구할 수 있다.

$$R_T = R + \frac{R}{2} = \frac{3R}{2}$$

$$i_2 = \frac{V_s}{R_T} = \frac{2V_s}{3R}$$

등가회로에서 볼 수 있듯이 병렬로 연결된 저항R 의 양단 전압 입력 전류의 방향가 반대로 극성이 지정되었으며, v_{bn}과 v_{cn}의 크기는 같다. 또한 v_{an}의 전압은 입력전류와 저항 R 의 곱이 된다.

$$V_{an} = i_2 \times R = \frac{2V_s}{3R} \times R = \frac{2V_s}{3}$$

$$V_{bn} = V_{cn} = -i_2 \times \frac{R^2}{2R} = -\frac{2V_s}{3R} \times \frac{R^2}{2R} = -\frac{V_s}{3}$$

③ $\frac{2}{3}\pi \le t \le \pi$

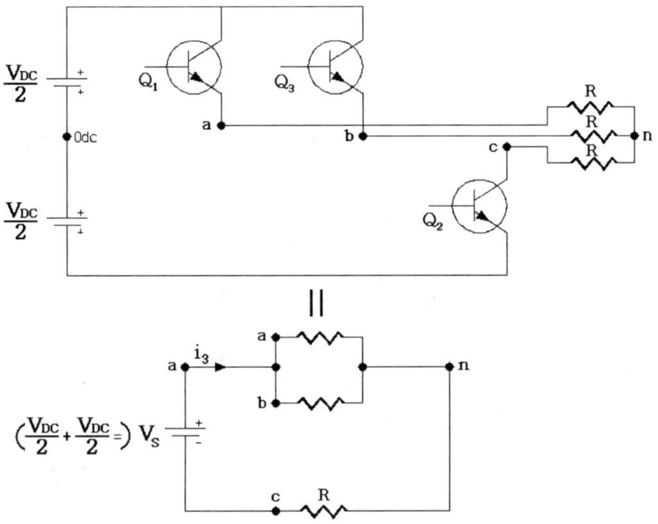

전체 저항 R_T와 입력 전류 i_3은 다음과 같이 구할 수 있다.

$$R_T = R + \frac{R}{2} = \frac{3R}{2}$$

$$i_3 = \frac{V_s}{R_T} = \frac{2V_s}{3R}$$

등가회로에서 볼 수 있듯이 병렬로 연결된 저항 R의 양단 전압 v_{an}과 v_{bn}의 크기는 같다. 또한v_{cn}의 전압은 입력전류의 방향과 반대로 극성이 지정되었다.

$$V_{an} = V_{bn} = i_3 \times \frac{R^2}{2R} = \frac{2V_s}{3R} \times \frac{R^2}{2R} = \frac{V_s}{3}$$

$$V_{cn} = -i_3 \times R = -\frac{2V_s}{3R} \times R = -\frac{2}{3}V_s$$

④ $\pi \le t \le \frac{4}{3}\pi$

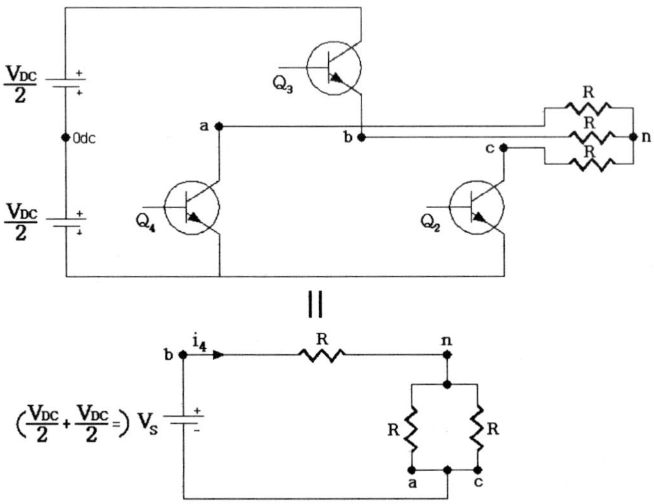

전체 저항 R_T와 입력 전류 i_4은 다음과 같이 구할 수 있다.

$$R_T = R + \frac{R}{2} = \frac{3R}{2}$$

$$i_4 = \frac{V_s}{R_T} = \frac{2V_s}{3R}$$

등가회로에서 볼 수 있듯이 병렬로 연결된 저항 R의 양단 전압 입력 전류의 방향가 반대로 극성이 지정되었으며, v_{an}과 v_{cn}의 크기는 같다. 또한 v_{bn}의 전압은 입력 전류와 저항 R의 곱이 된다.

$$V_{an} = V_{cn} = -i_4 \times \frac{R^2}{2R} = -\frac{2V_s}{3R} \times \frac{R^2}{2R} = -\frac{V_s}{3}$$

$$V_{bn} = i_4 \times R = \frac{2V_s}{3R} \times R = \frac{2V_s}{3}$$

⑤ $\frac{4}{3}\pi \leq t \leq \frac{5}{3}\pi$

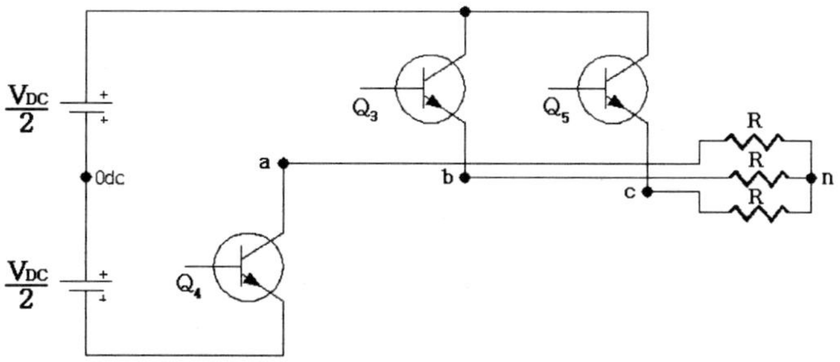

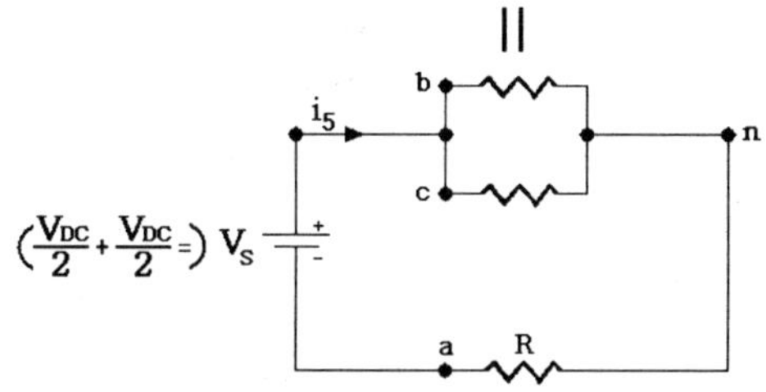

전체 저항 R_T와 입력 전류 i_5은 다음과 같이 구할 수 있다.

$$R_T = R + \frac{R}{2} = \frac{3R}{2}$$

$$i_5 = \frac{V_s}{R_T} = \frac{2V_s}{3R}$$

등가회로에서 볼 수 있듯이 병렬로 연결된 저항 R의 양단 전압 v_{bn}과 v_{cn}의 크기는 같다. 또한 v_{an}의 전압은 입력전류의 방향과 반대로 극성이 지정되었다.

$$V_{an} = -i_5 \times R = -\frac{2V_s}{3R} \times R = -\frac{2V_s}{3}$$

$$V_{bn} = V_{cn} = i_5 \times \frac{R^2}{2R} = \frac{2V_s}{3R} \times \frac{R^2}{2R} = \frac{V_s}{3}$$

⑥ $\frac{5}{3}\pi \leq t \leq 2\pi$

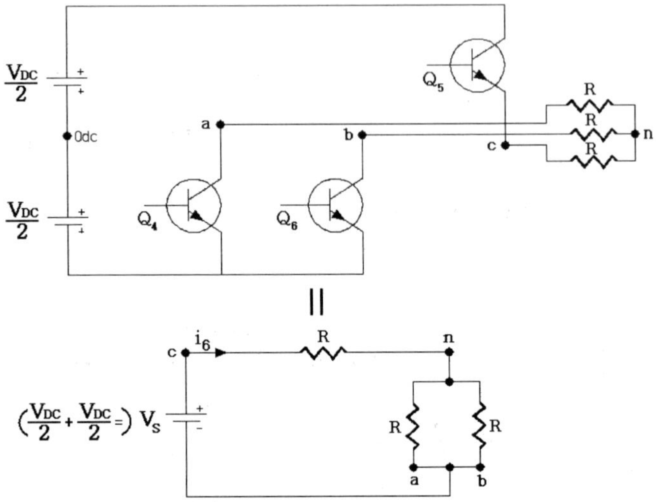

전체 저항 R_T와 입력 전류 i_6은 다음과 같이 구할 수 있다.

$$R_T = R + \frac{R}{2} = \frac{3R}{2}$$

$$i_6 = \frac{V_s}{R_T} = \frac{2V_s}{3R}$$

등가회로에서 볼 수 있듯이 병렬로 연결된 저항 R의 양단 전압 입력 전류의 방향가 반대로 극성이 지정되었으며, v_{an}과 v_{bn}의 크기는 같다. 또한 v_{cn}의 전압은 입력 전류와 저항 R의 곱이 된다.

$$V_{an} = V_{bn} = -i_6 \times \frac{R^2}{2R} = -\frac{2V_s}{3R} \times \frac{R^2}{2R} = -\frac{V_s}{3}$$

$$V_{cn} = i_6 \times R = \frac{2V_s}{3R} \times R = \frac{2V_s}{3}$$

실습 11-2

그림 11-3은 유도성 부하를 갖는 3상 인버터 회로이다. 다음 조건일 때 Transient Analysis를 3[ms]까지 실행하여, ① 게이트 전압 ② 상전압 ③ 선간전압 ④ 상전류을 시뮬레이션 하시오.

[조건] (1) 직류 전압원((VDC) : Vin=460[V]
(2) 구형파 전압원(VPULSE)
Vg1 : V1=0 V2=20 TD=0 TR=TF=1n PW=0.5m PER=1m
Vg2 : V1=0, V2=20 TD=166.67u TR=TF=1n PW=0.5m PER=1m
Vg3 : V1=0, V2=20 TD=333.33u TR=TF=1n PW=0.5m PER=1m
Vg4 : V1=0, V2=20 TD=500u TR=TF=1n PW=0.5m PER=1m
Vg5 : V1=0, V2=20 TD=666.67u TR=TF=1n PW=0.5m PER=1m
Vg6 : V1=0, V2=20 TD=833.33u TR=TF=1n PW=0.5m PER=1m
(3) 저항(R) : Ra=Rb=Rc=10[Ω]
(4) 리액턴스(L) : La=Lb=Lc=5[mH]
(5) IGBT(zbreakN)
(6) 다이오드(power_Dbreak)

(1) 회로 구성 및 시뮬레이션 결과

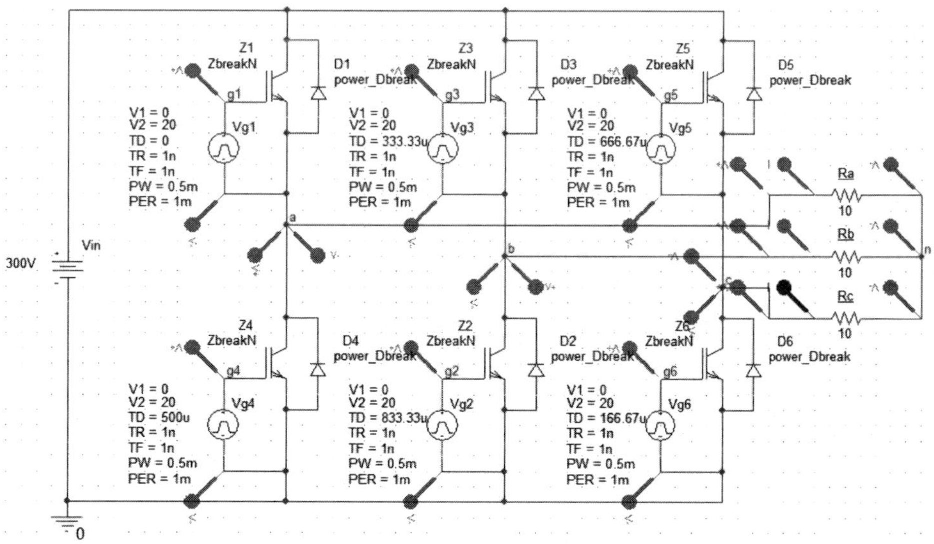

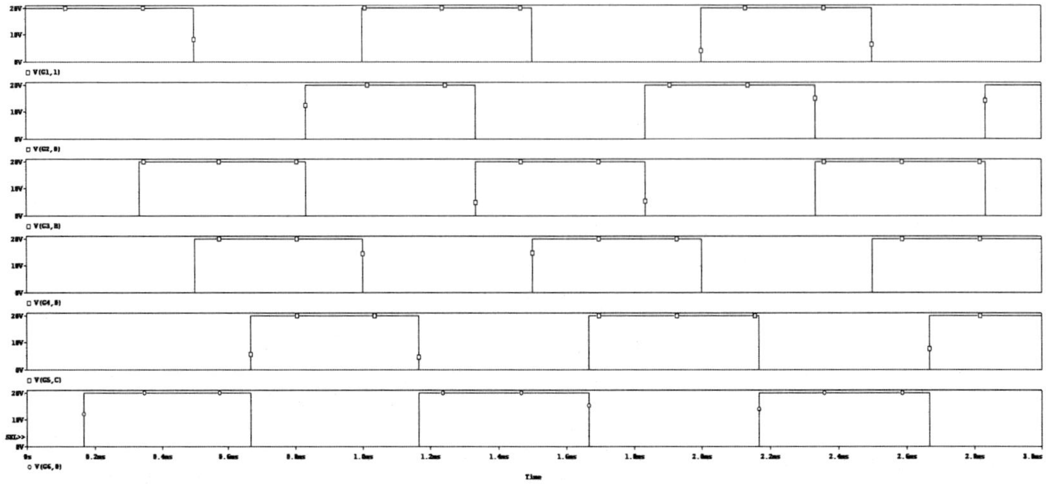

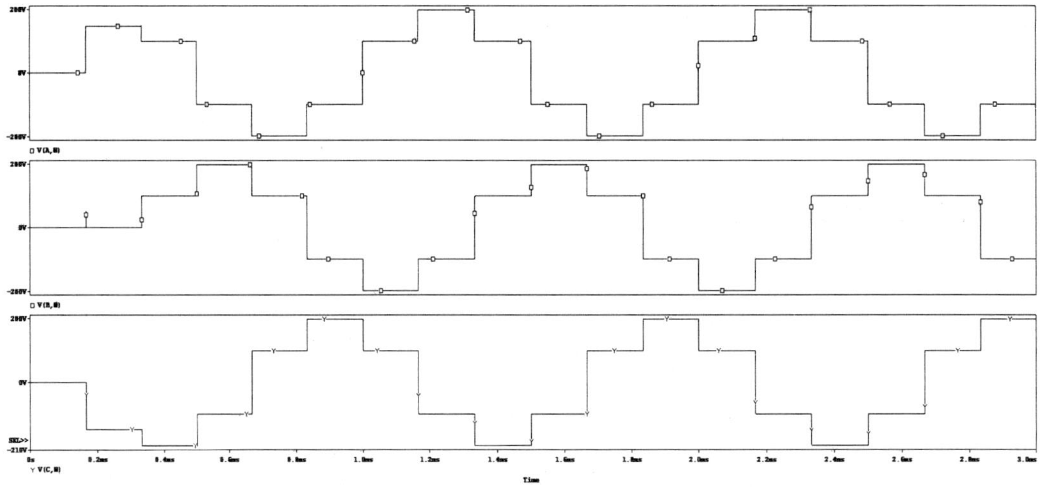

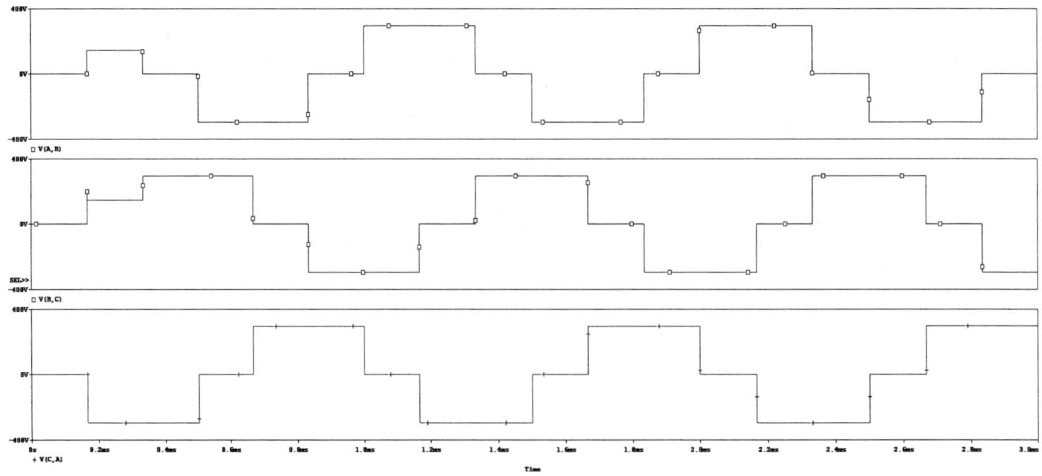

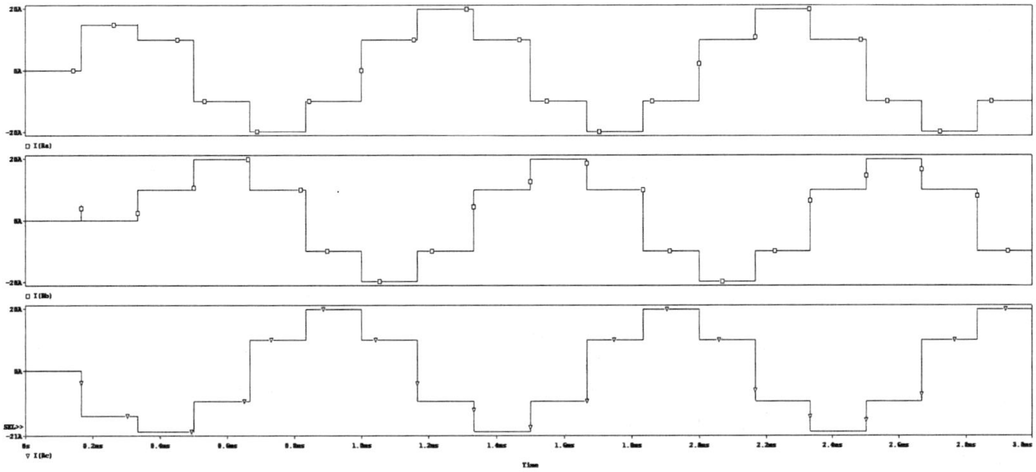

실습 11-3

그림은 반파 브리지 공진형 인버터 회로이다. 다음 조건일 때 Transient Analysis를 500[μs]까지 실행하여, ① 게이트 전압 ② 입력전류 ③ 부하 전류 파형을 시뮬레이션 하시오.

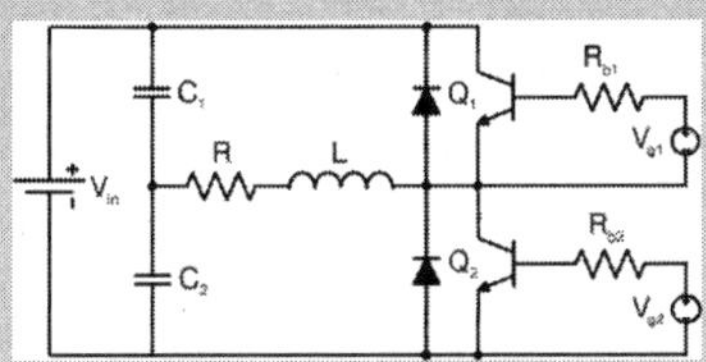

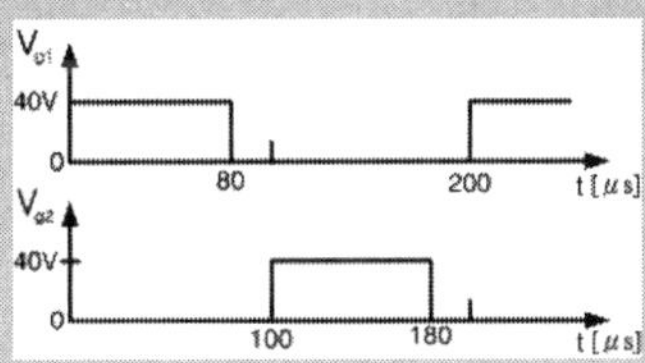

[조건] (1) 직류 전압원(VDC) : Vin=100[V]

(2) 구형파 전압원(VPULSE)

Vg1 : V1=0 V2=40 TD=0 TR=TF=1n PW={{duty_cycle}/(200*{freq})−2ns}
PER={1/{freq}}

Vg2 : V1=0 V2=40 TD={1/(2*{freq})} TR=TF=1n
PW={{duty_cycle}/(200*{freq})−2ns}
PER={1/{freq}}

(3) 저항(R) : R=1[Ω], Rb1=Rb2=150[Ω]

(4) 리액턴스(L) : L=50[μH]

(5) 캐패시턴스(C) : C1=C2=4[μF]

(6) NPN 트랜지스터(QbreakN)

(7) 다이오드(power_Dbreak)

(1) 회로 구성 및 시뮬레이션 결과

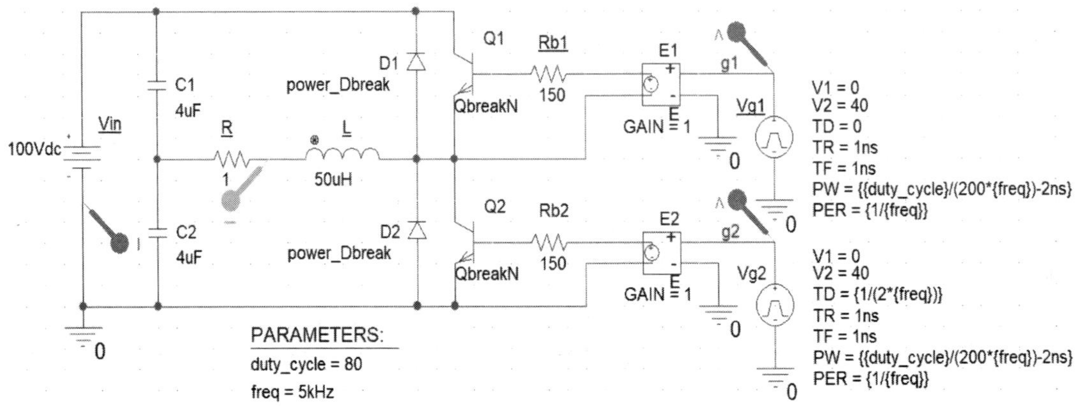

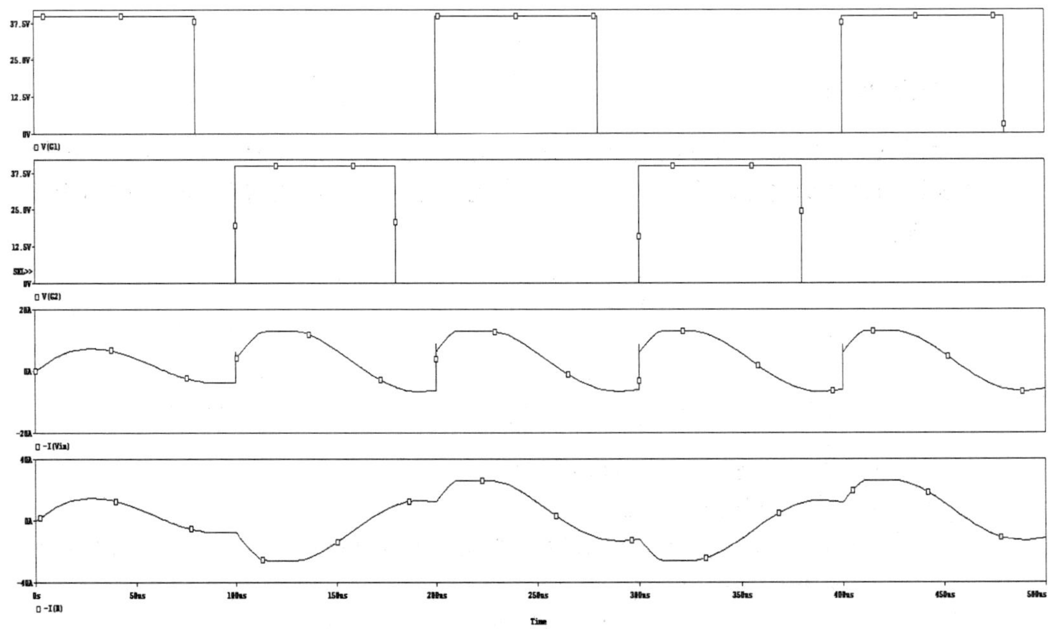

실습 11-4

그림은 단상 하프 브리지 인버터이다. 단상 하프 브리지 인버터는 2개의 직류전원으로부터 교류출력전압을 발생하여 부하에 공급하며, 교류출력전압은 양방향 전환스위치를 제어하는 방법에 따라 정해진다. 트랜지스터 Q1, Q2애 인가되는 게이트 신호에 따라 출력전압이 결정된다. a점에 Q1에 동작하면 (+)V1이 부하에 인가되고, Q2가 동작하면 (−)V2가 부하에 인가되는 방식이다. 즉, Q1, Q2가 일정주기로 왕복하는 간단한 형태의 스위치 제어방법을 가지고 있다
다음 조건일 때 Transient Analysis를 40[ms]까지 실행하여, ① 게이트 전압 ② 입력전류 ③ 부하 전류 파형을 시뮬레이션 하시오.

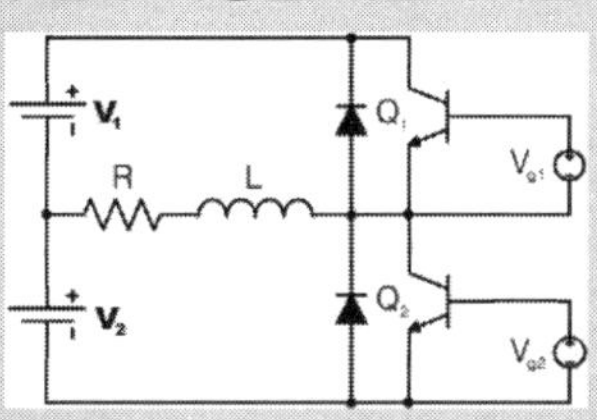

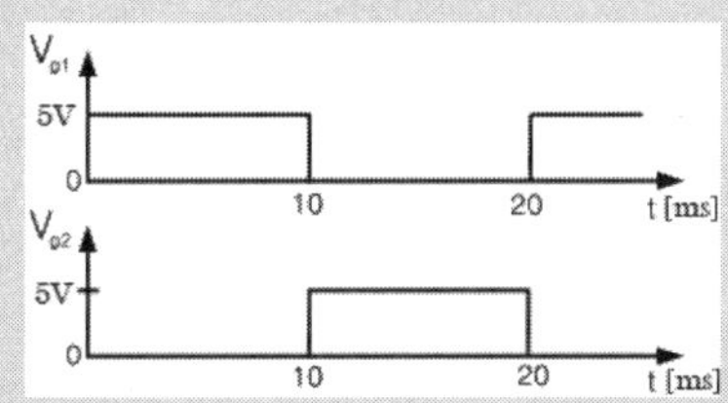

[조건] (1) 직류 전압원(VDC) : V1=V2=50[V]
(2) 구형파 전압원(VPULSE)
Vg1 : V1=0 V2=5 TD=0 TR=1n TF=2u PW=10m PER=20m
Vg2 : V1=0 V2=5 TD=10m TR=1n TF=2u PW=10m PER=20m
(3) 저항(R) : R=10[Ω] (4) 리액턴스(L) : L=10[mH]
(5) NPN 트랜지스터(Q2N2222) (6) 다이오드(D1N1190)

(1) 회로 구성 및 시뮬레이션 결과

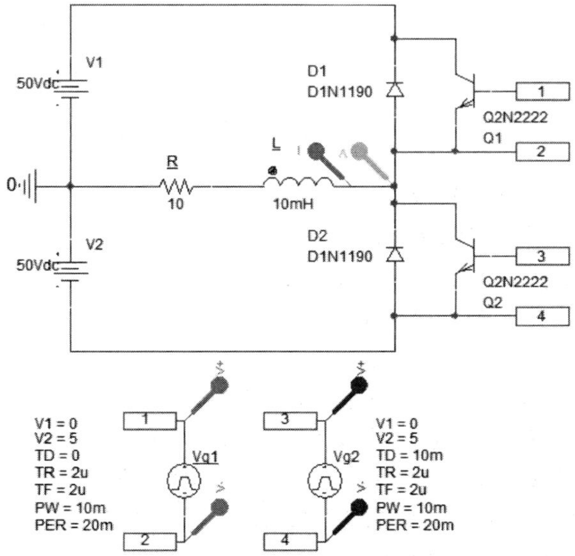

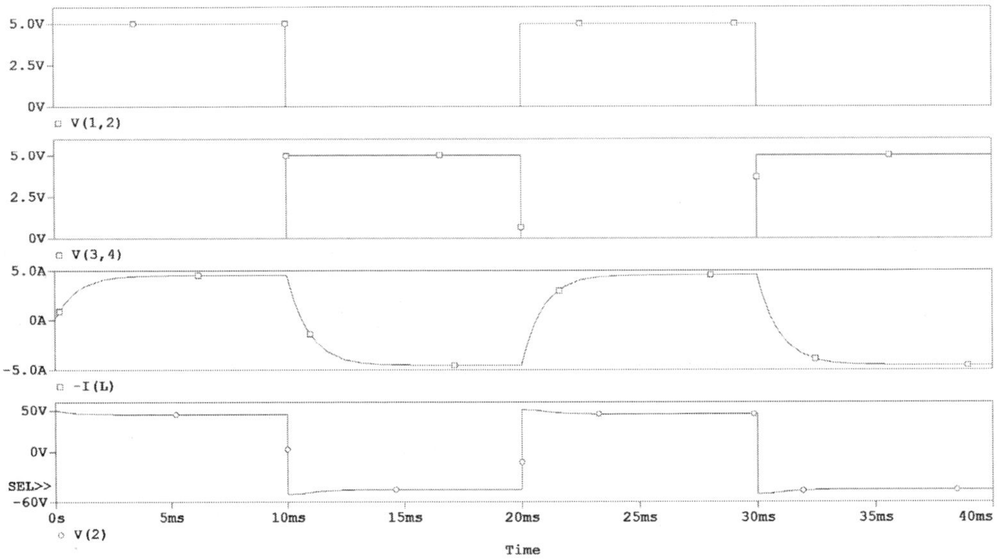

실습 11-5

그림은 M-Type 영전류 스위칭 인버터이다. 입력전압이 15[V], 출력 주파수는 8.33[kHz]이다. 다음 조건일 때 Transient Analysis를 1[ms]까지 실행하여, ① 게이트 전압 ② 캐패시턴스 C에 흐르는 전류 ③ 다이오드에 걸리는 전압 ④ 캐패시턴스 C_e에 걸리는 전압 파형을 시뮬레이션 하시오.

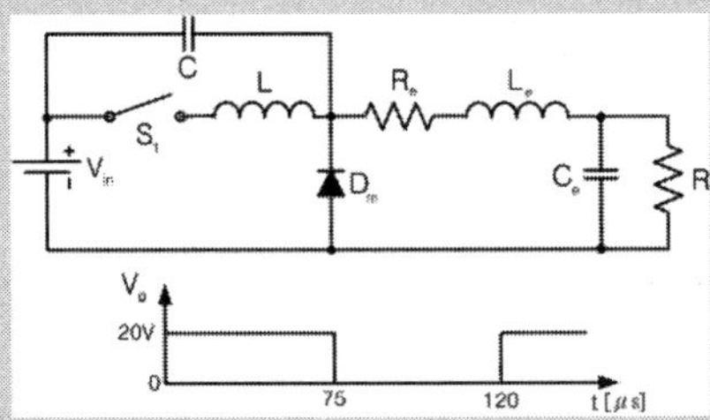

[조건] (1) 직류 전압원(VDC) : Vin=15[V]

(2) 구형파 전압원(VPULSE)

Vg1 : V1=0 V2=1 TD=0 TR=TF=1n

PW={{duty_cycle}/(100*{freq})−2ns}, PER={1/{freq}}

(3) 저항(R) : R=5[Ω], Re=0.01[Ω], Rg=250[Ω]

(4) 리액턴스(L) : L=10[μH] Le=150[μH]

(5) 캐패시턴스(C) : C=20[μF], Ce=20[μF]

(6) IGBT(IXGH40N60) (7) 다이오드(power_Dbreak)

(8) PARAM : freq=8.33kHz, duty_cycle=62.5

(9) 전압 제어 스위치(E) : GAIN=10

(1) 회로 구성 및 시뮬레이션 결과

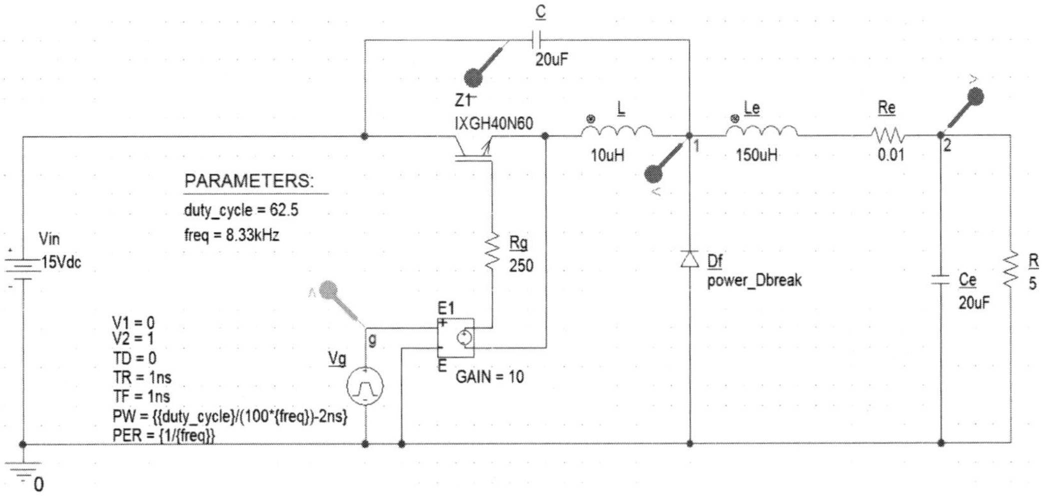

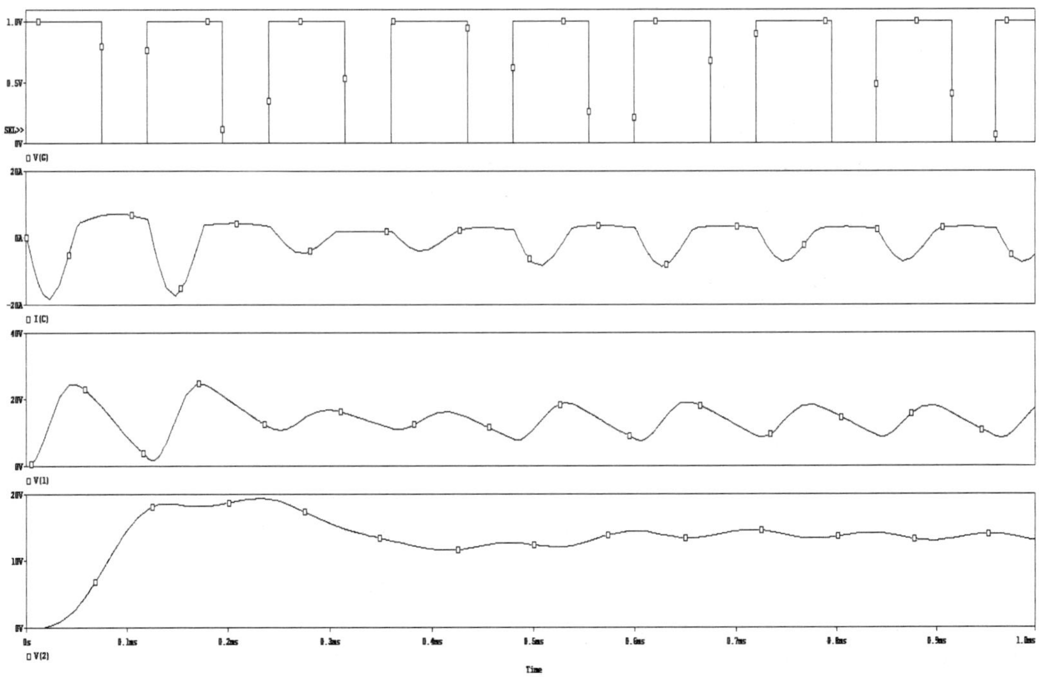

실습 11-6

그림은 L-Type 영전류 스위칭 인버터이다. 다음 조건일 때 Transient Analysis를 1[ms]까지 실행하여, ① 게이트 전압 ② 캐패시턴스 C에 흐르는 전류 ④ 리액턴스 L에 흐르는 전류 ⑤ 다이오드에 걸리는 전압 파형을 시뮬레이션 하시오.

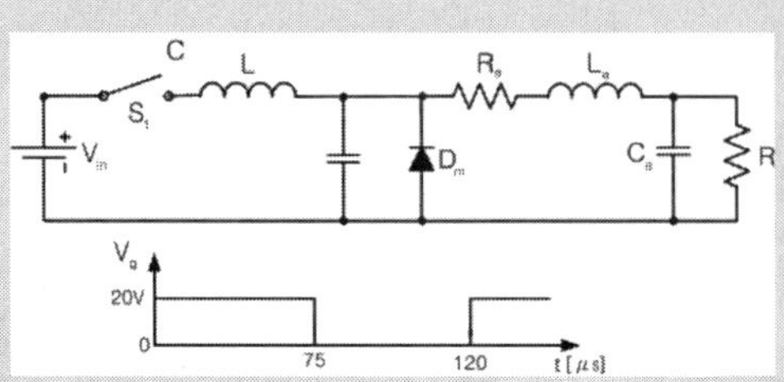

[조건] (1) 직류 전압원(VDC) : Vin=15[V]

(2) 구형파 전압원(VPULSE) : Vg1
V1=0 V2=1 TD=0 TR=TF=1n PW={{duty_cycle}/(100*{freq})–2ns}
PER={1/{freq}}

(3) 저항(R) : R=5[Ω], Re=0.01[Ω], Rg=250[Ω]

(4) 리액턴스(L) : L=10[μH], Le=150[μH]

(5) 캐패시턴스(C) : C=Ce=20[μF]

(6) IGBT(IXGH40N60)

(7) 다이오드(power_Dbreak)

(8) PARAM : freq=8.33kHz, duty_cycle=62.5

(9) 전압 제어 스위치(E) : GAIN=10

(1) 회로 구성 및 시뮬레이션 결과

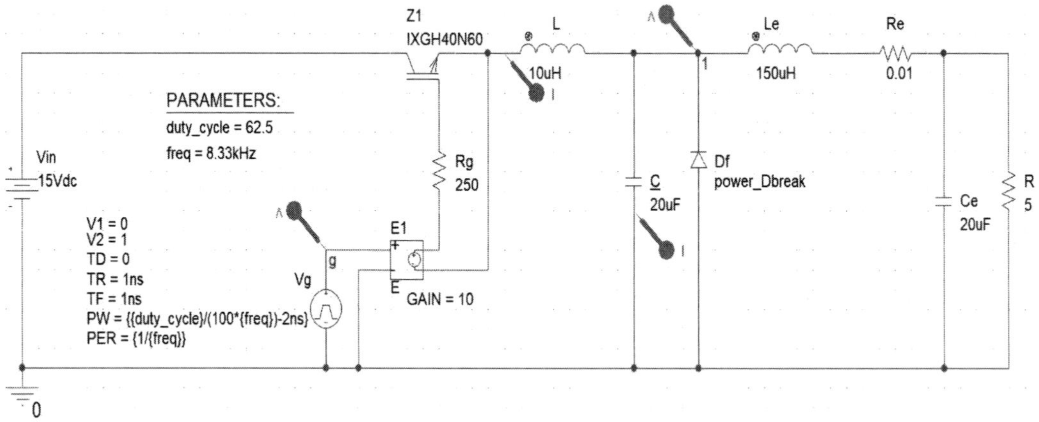

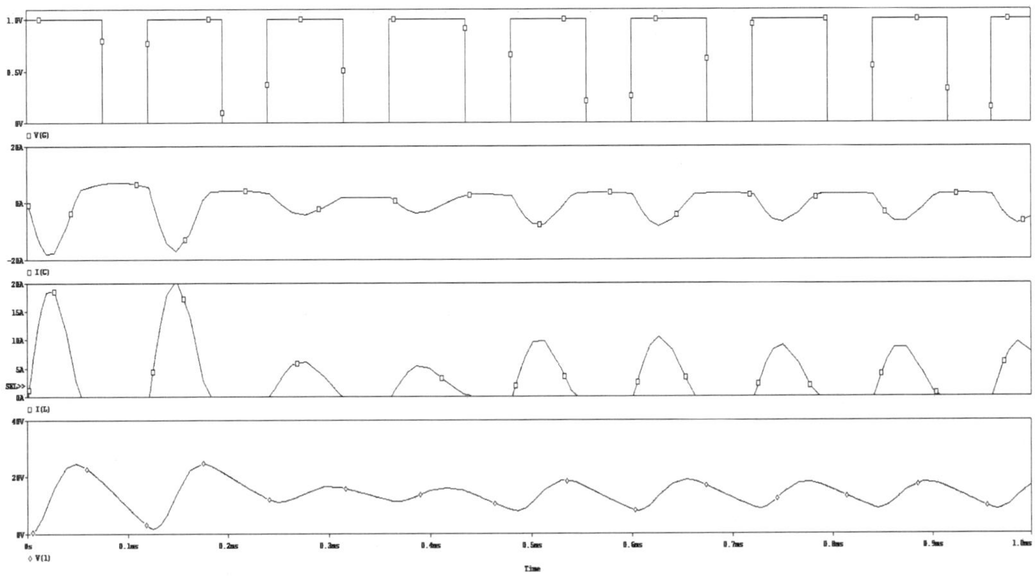

실습 11-7

그림은 영전압 스위칭 컨버터(ZVSC) 회로이다. 다음 조건일 때 Transient Analysis를 2[ms]까지 실행하여, ① 게이트 전압 ② 다이오드에 걸리는 전압 ③ 출력 전압 ④ 캐패시턴스 C에 걸리는 전압 ⑤ 리액턴스 L에 흐르는 전류 파형을 시뮬레이션 하시오.

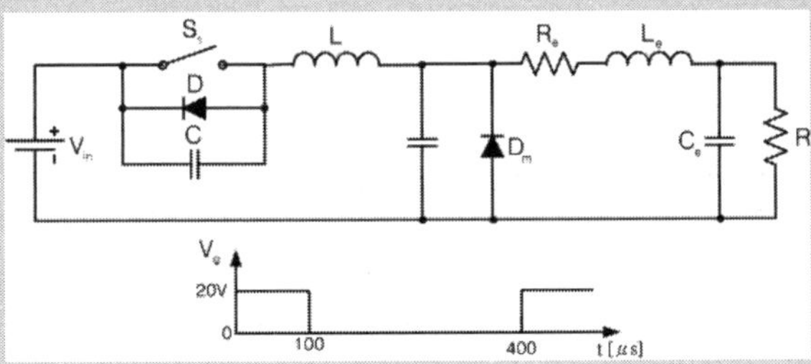

[조건] (1) 직류 전압원(VDC) : Vin =15[V]

(2) 구형파 전압원(VPULSE) : Vg1

V1=0 V2=1 TD=0 TR=TF=1n PW={{duty_cycle}/(100*{freq})−2ns}

PER={1/{freq}}

(3) 저항(R) : R=50[Ω], Re=0.01[Ω], Rg=1[kΩ]

(4) 리액턴스(L) : L=20[μH], Le=150[μH]

(5) 캐패시턴스(C) : C=20[μF], Ce=220[μF]

(6) IGBT : IXGH40N60 (7) 다이오드(power_Dbreak)

(8) PARAM : freq=2.5kHz, duty_cycle=30

(9) 전압 제어 스위치(E) : GAIN=10

(1) 회로 구성 및 시뮬레이션 결과

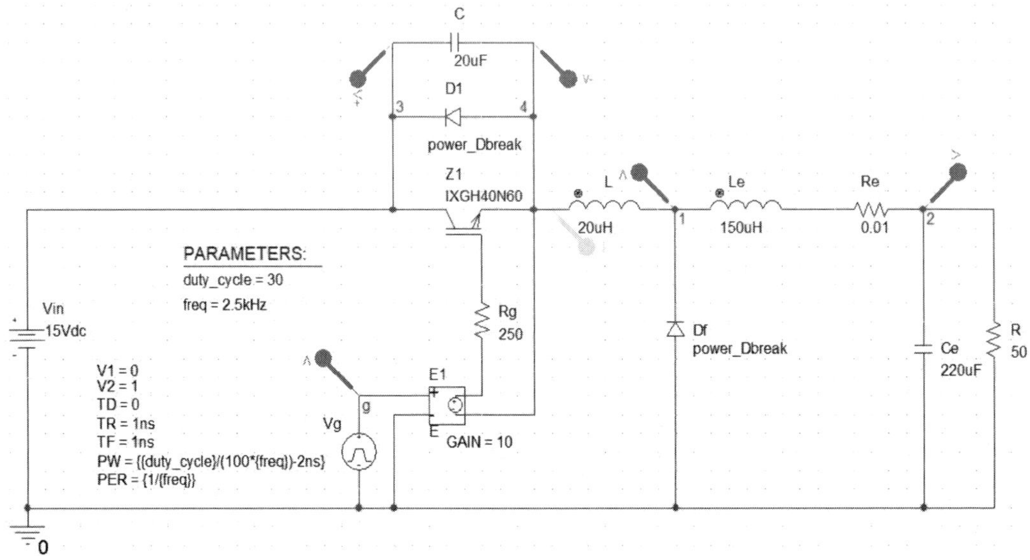

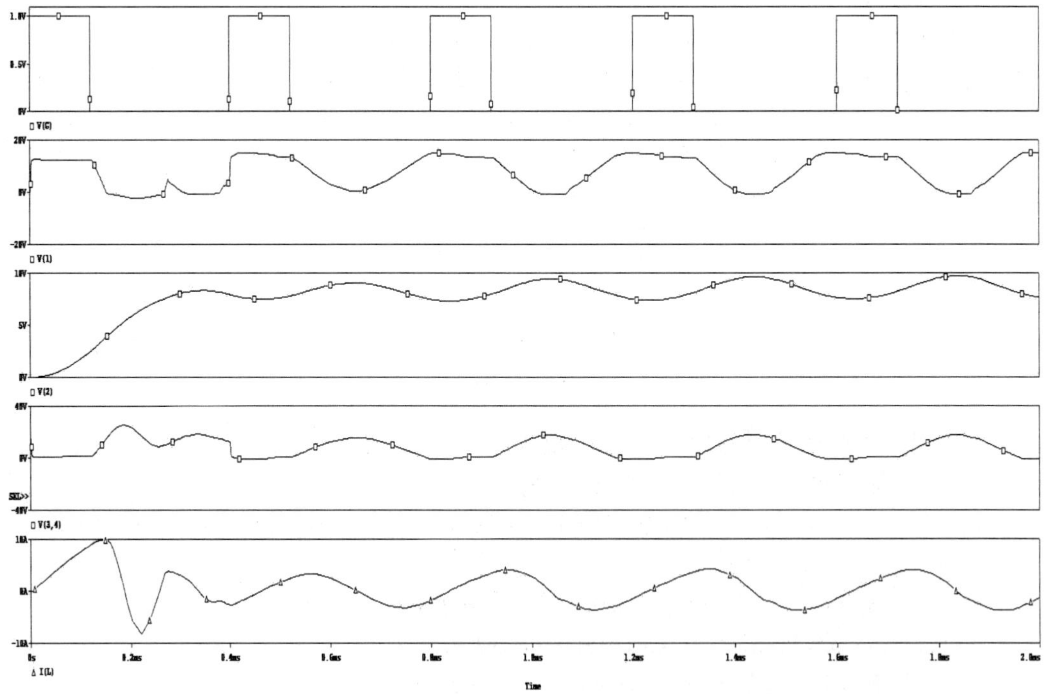

실습 11-8

전류형 인버터는 직류 회로에 리액터를 사용해 전류를 일정하게 유지하고 교류를 출력하는 인버터이다. 전류형 인버터에는 제어정류기의 제어각을 조정하므로 피드백 다이오드가 필요하지 않으며 그 대신에 직렬 다이오드를 사용한다.
다음 조건일 때 Transient Analysis를 10[ms]까지 실행하여, ① Le에 흐르는 전류 ② Lm에 흐르는 전류 ③ 부하 전류의 파형을 시뮬레이션 하시오.

[조건] (1) 직류 전압원(VDC) :Vs=100[V]
(2) 구형파 전압원(VPULSE)
Vg : PULSE(0 20 0 1n 1n 300u 500u), Vg1 : PULSE(0 20 0 1n 1n 0.5m 1m)
Vg4 : PULSE(0 20 750u 1n 1n 0.5m 1m), Vg2 : PULSE(0 20 250u 1n 1n 0.5m 1m)
Vg3 : PULSE(0 20 500u 1n 1n 0.5m 1m)
(3) 저항(R) : R=10[Ω]
(4) 리액턴스(L) : L=6.5[mH], Le=10[mH], Lm=20[mH]
(5) 캐패시턴스(C) : Ce : 10[μF]
(6) IGBT(ZbreakN)
(7) 다이오드(Dbreak)

(1) 회로 구성 및 시뮬레이션 결과

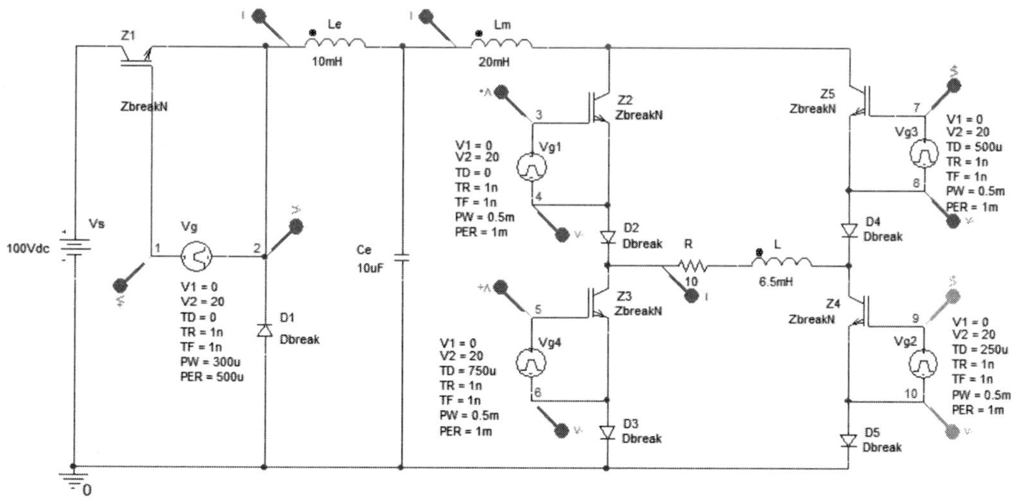

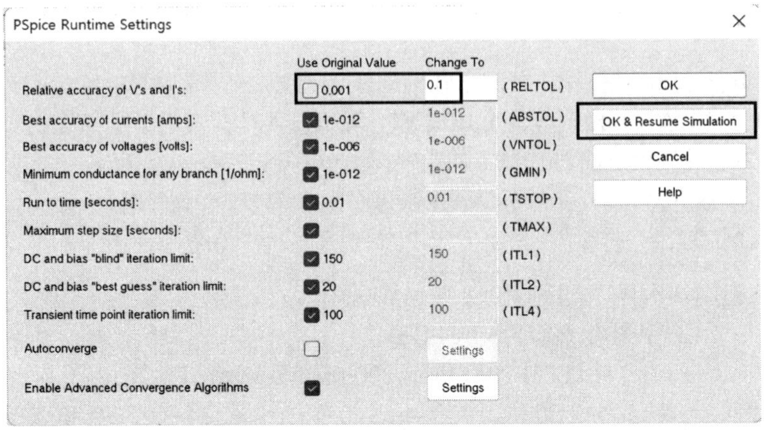
PSpice Runtime Settings
Use Original Value
Change To
Relative accuracy of V's and I's:
0.001
0.1
(RELTOL)
Best accuracy of currents [amps]:
1e-012
(ABSTOL)
Best accuracy of voltages [volts]:
1e-006
(VNTOL)
Minimum conductance for any branch [1/ohm]:
1e-012
(GMIN)
Run to time [seconds]:
0.01
(TSTOP)
Maximum step size [seconds]:
(TMAX)
DC and bias "blind" iteration limit:
150
(ITL1)
DC and bias "best guess" iteration limit:
20
(ITL2)
Transient time point iteration limit:
100
(ITL4)
Autoconverge
Enable Advanced Convergence Algorithms
Settings
OK
OK & Resume Simulation
Cancel
Help

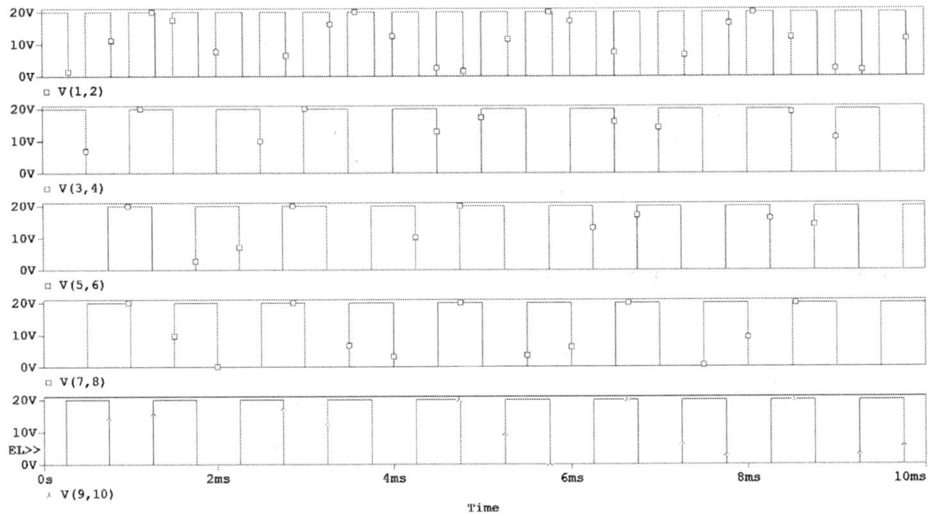
20V
10V
0V
V(1,2)
V(3,4)
V(5,6)
V(7,8)
EL>>
V(9,10)
0s
2ms
4ms
6ms
8ms
10ms
Time

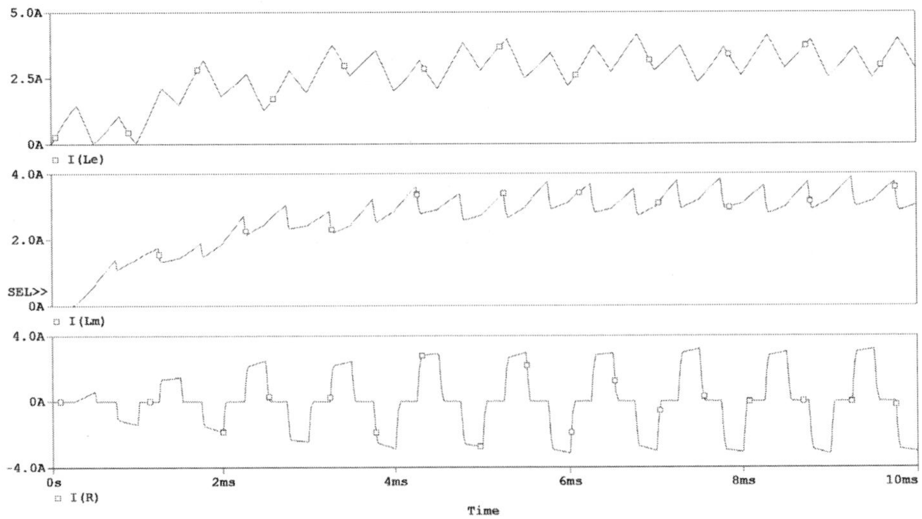
5.0A
2.5A
0A
I(Le)
4.0A
2.0A
SEL>>
I(Lm)
-4.0A
I(R)
0s
2ms
4ms
6ms
8ms
10ms
Time

태양전지 라이브러리

2개의 다이오드(D1, D2)와 직렬 및 병렬 저항(RS, RSH)으로 구성한 태양전지를 라이브러지로 만들었다.

```
*******************************************************************************
  C:₩Cadence₩SPB_17.2₩tools₩pv.lib
  .SUBCKT CELL_2 300 303 302 params: area=1, j0=1, jsc=1, j02=1, rs=1,
  + rsh=1 girrad 300 301 value={(jsc/1000)*v(302)*area}
  d1 301 300 diode
  .model diode d(is={j0*area})
  d2 301 300 diode2
  .model diode2 d(is={j02*area}, n=2)
  rs 301 303 {rs}
  rsh 301 300 {rsh}
  .ENDS CELL_2
*******************************************************************************
```

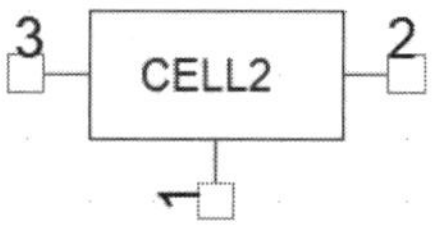

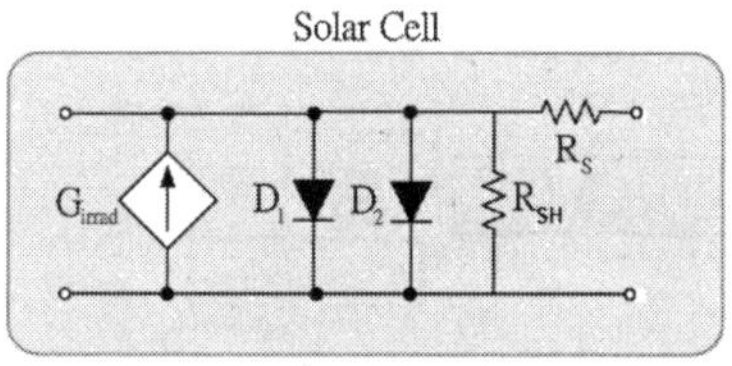

실습 11-9

태양전지의 특성을 해석하기 위한 회로이다. 여기서, RS:직렬저항, RSH:병렬저항, area:태양전지 면적, JSC:단락전류밀도일 때, ① vbias 전압을 −0.1[V]~0.6[V]까지 0.01[V]씩 선형적으로 증가시키고, 직렬저항 RS를 0.0001[Ω], 0.001[Ω], 0.01[Ω], 0.1[Ω], 1[Ω]으로 변화시 ① V-I특성곡선 ② 최대전력점 파형을 시뮬레이션 하시오.

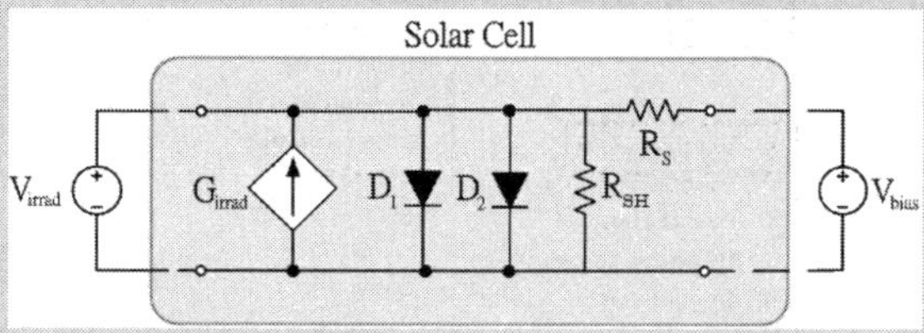

[조건] (1) 직류 전압원(VDC) : Virrad=1000[V], Vbias=0[V]
(2) 태양전지(CELL_2)
(3) 태양전지 파라미터 : AREA=126.6, J0=1e−11, J02=1e−9, JSC=0.0343, RSH=10000

(1) 회로 구성 및 시뮬레이션 결과

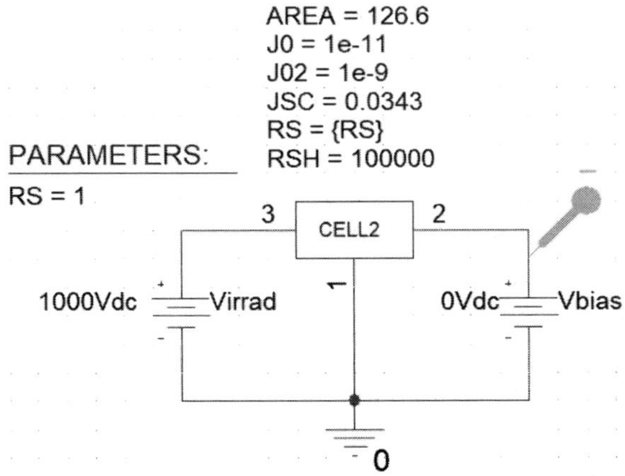

– DC Analysis 설정

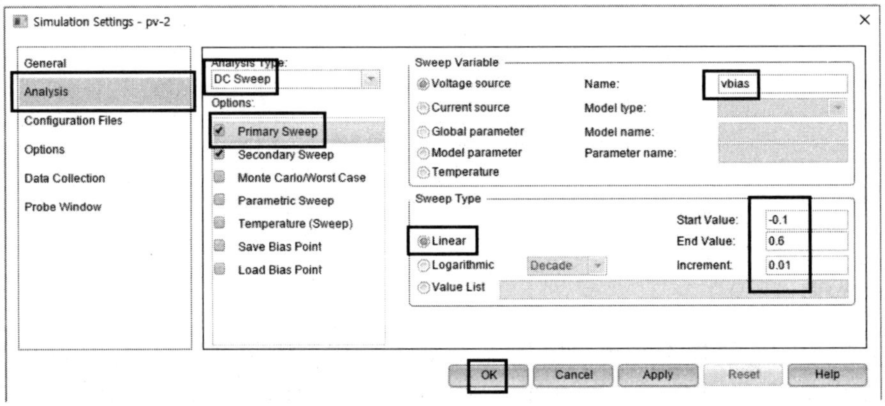

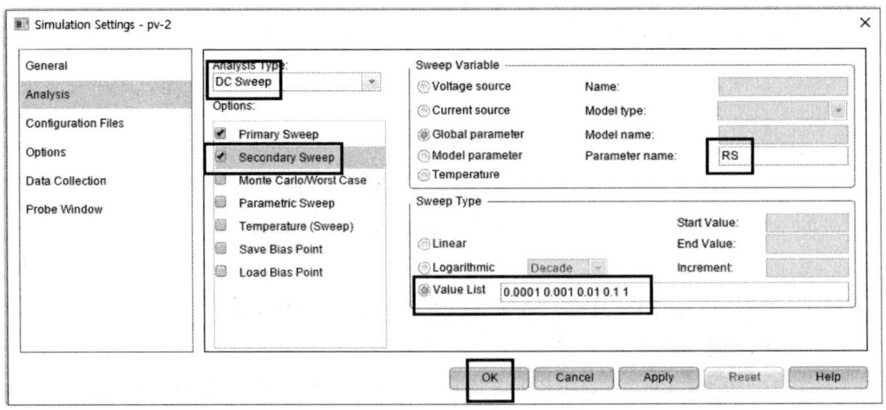

– 라이브러리 등록

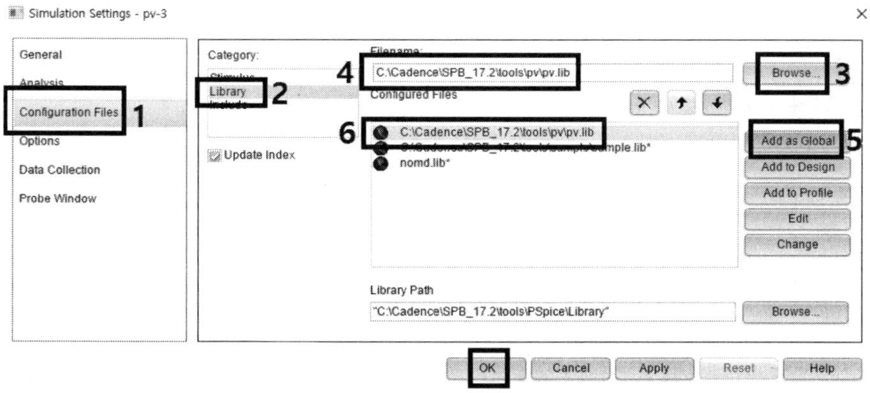

– V–I 특성곡선의 Y축 범위를 0~5A를 변경

– 최대전력파형의 Y축 범위의 0~2.5W로 변경

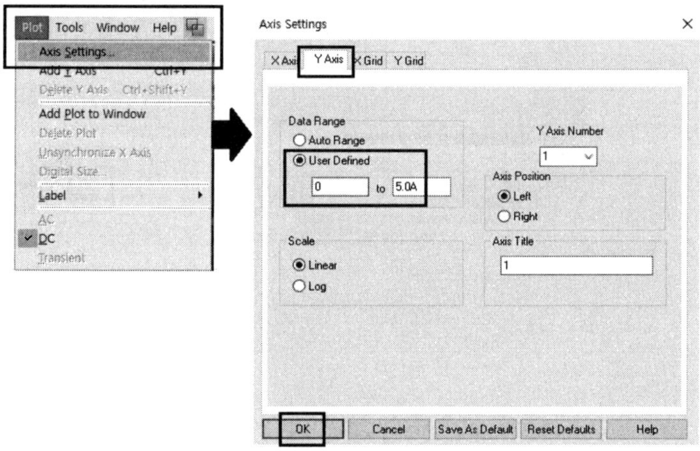

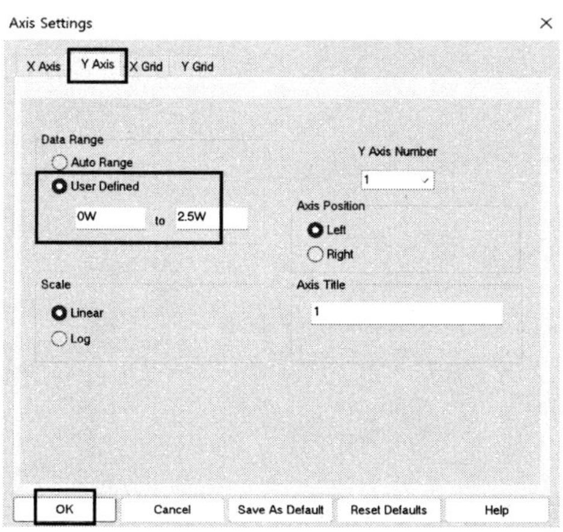

– Plot → Add Plot to Window (파형 창의 1개 추가)

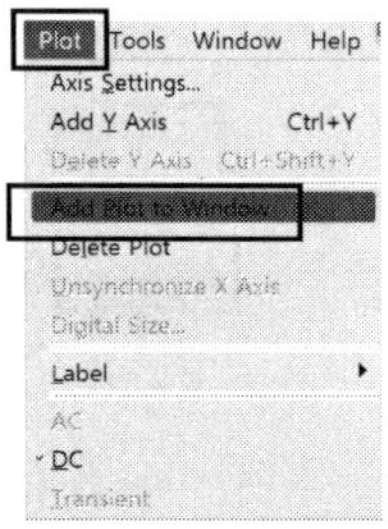

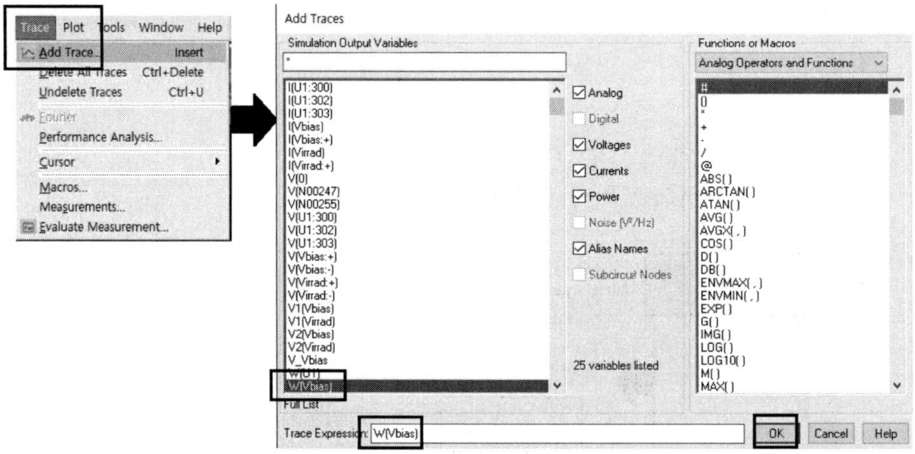

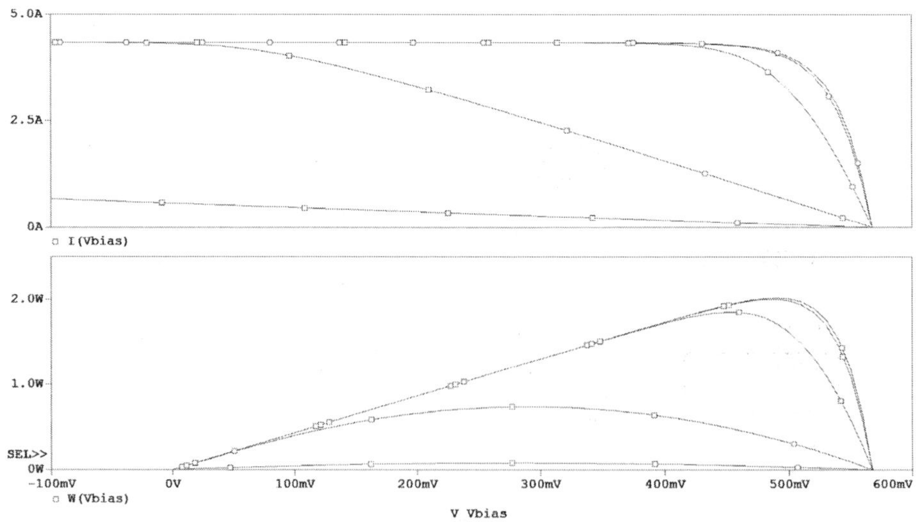

실습 11-10

태양전지의 특성을 해석하기 위한 회로이다. 여기서, RS:직렬저항, RSH:병렬저항, area:태양전지 면적, JSC:단락전류밀도일 때, ① vbias 전압을 0[V]~0.6[V]까지 0.01[V]씩 선형적으로 증가시키고, 병렬저항 RSH를 10000[Ω], 1000[Ω], 100[Ω], 10[Ω], 1[Ω], 0.1[Ω]으로 변화시 V-I특성곡선과 최대전력점 파형을 시뮬레이션 하시오.

[조건] (1) 직류 전압원(VDC) : Virrad=1000[V], Vbias=0[V]
(2) 태양전지(CELL_2)
(3) 태양전지 파라미터 : AREA=126.6, J0=1e-11, J02=0, JSC=0.0343, RS=1

(1) 회로 구성 및 시뮬레이션 결과

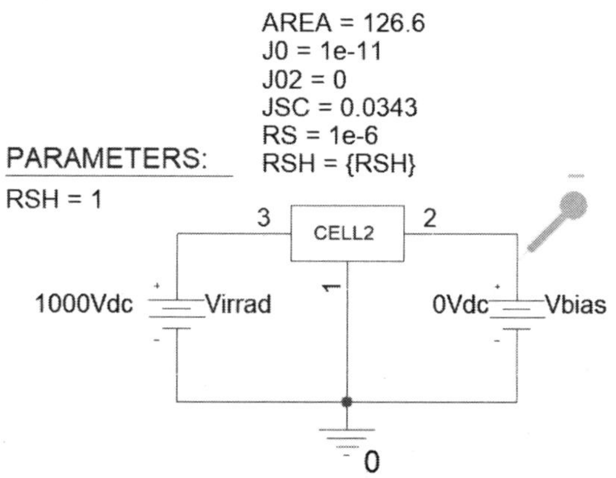

– DC Analysis 설정

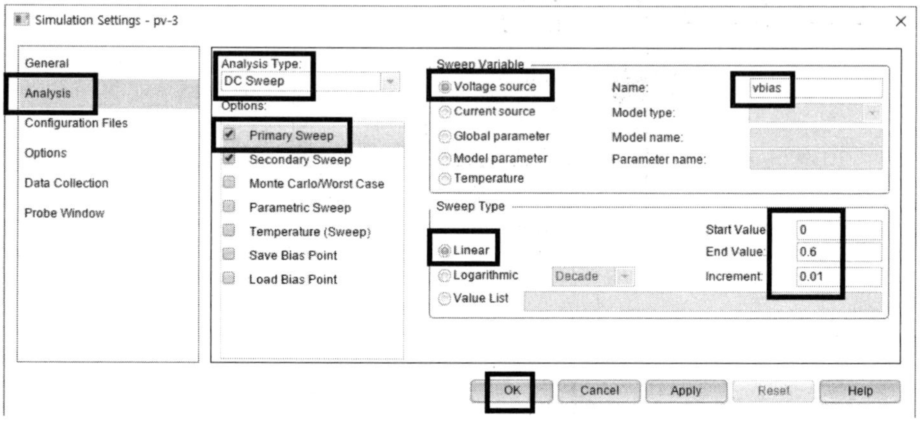

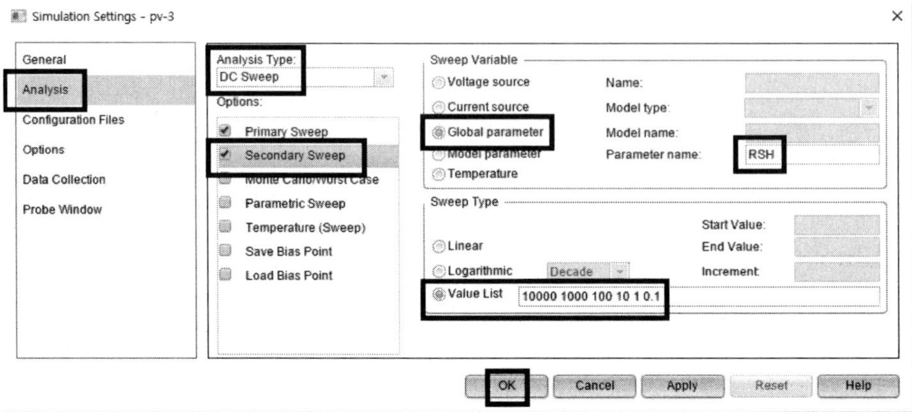

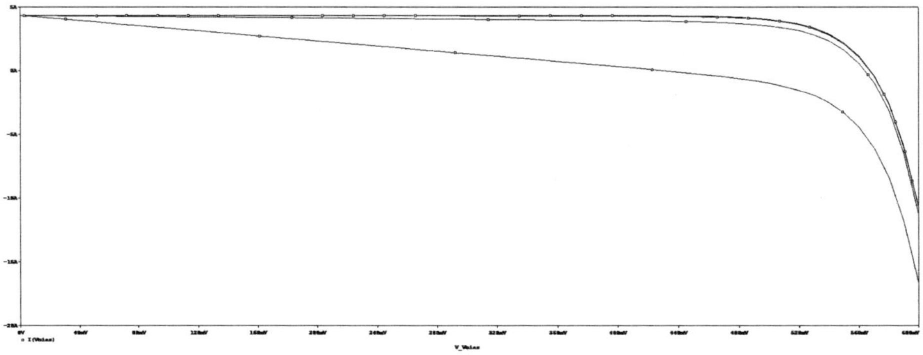

– Y축의 범위를 0~5A를 변경

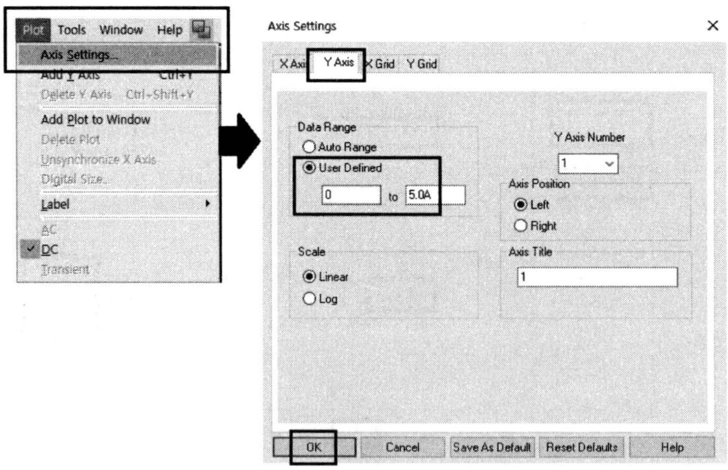

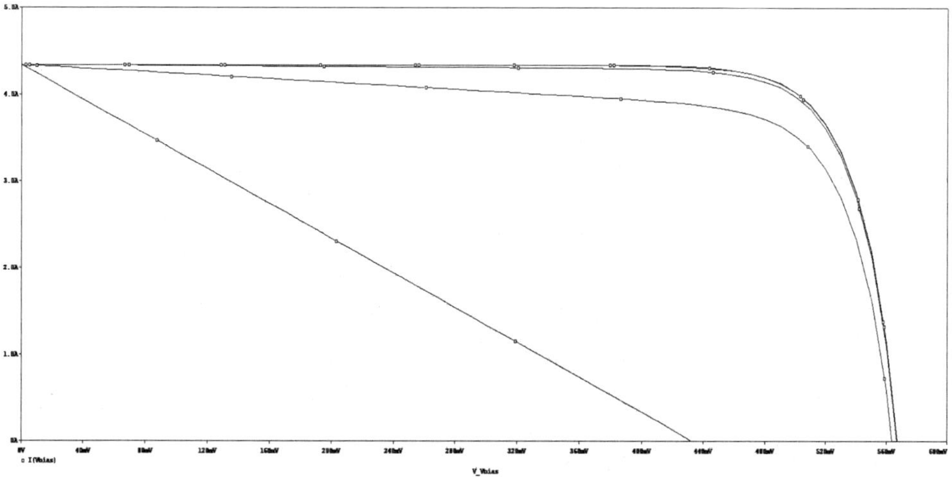

– 최대전력점 파형

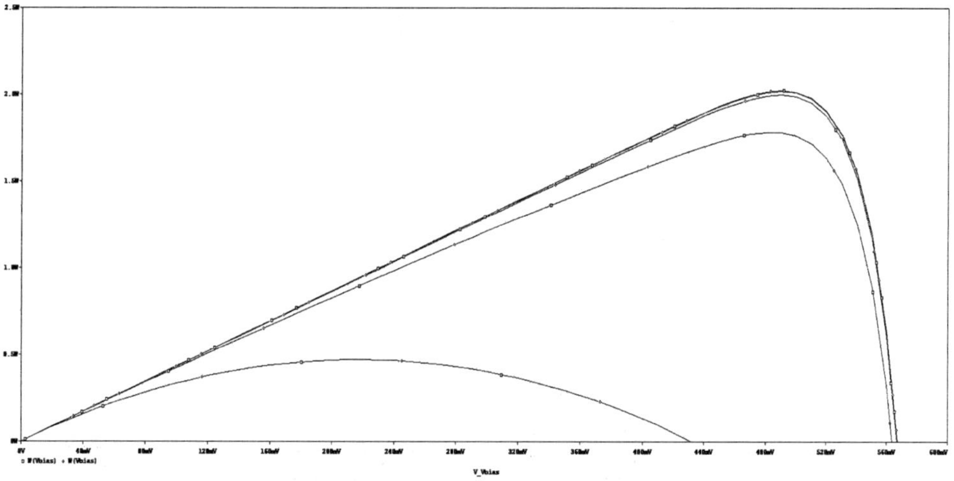

실습 11-11

태양전지의 특성을 해석하기 위한 회로이다. 여기서, RS:직렬저항, RSH:병렬저항, area:태양전지 면적, JSC:단락전류밀도일 때, ① vbias 전압을 0[V]~0.6[V]까지 0.01[V]씩 선형적으로 증가시키고, 재결합 전류밀도 J02를 1e-8, 1e-7, 1e-6, 1e-5, 1e-4로 변화시 V-I특성곡선과 최대전력점 파형을 시뮬레이션 하시오.

[조건] (1) 직류 전압원(VDC) : Virrad=1000[V], Vbias=0[V]
(2) 태양전지(CELL_2)
(3) 태양전지 파라미터 : AREA=126.6, J0=1e-11, J02=0, JSC=0.0343, RS=1e-6, RSH= 1000

(1) 회로 구성 및 시뮬레이션 결과

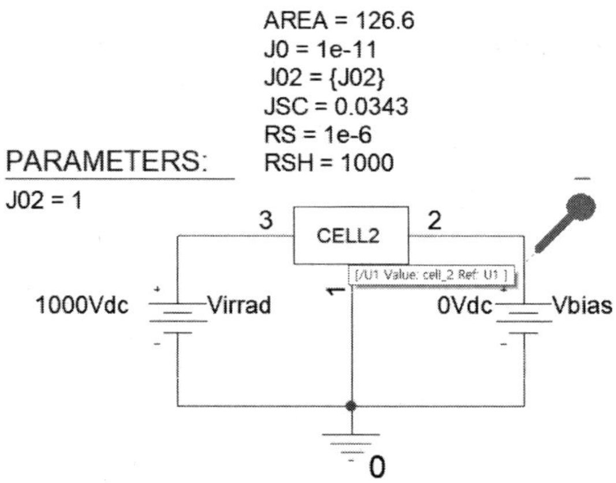

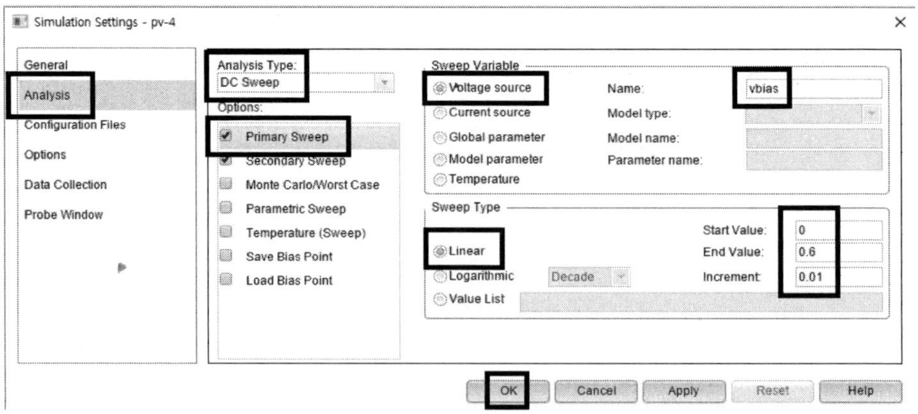

– DC Anlysis 설정

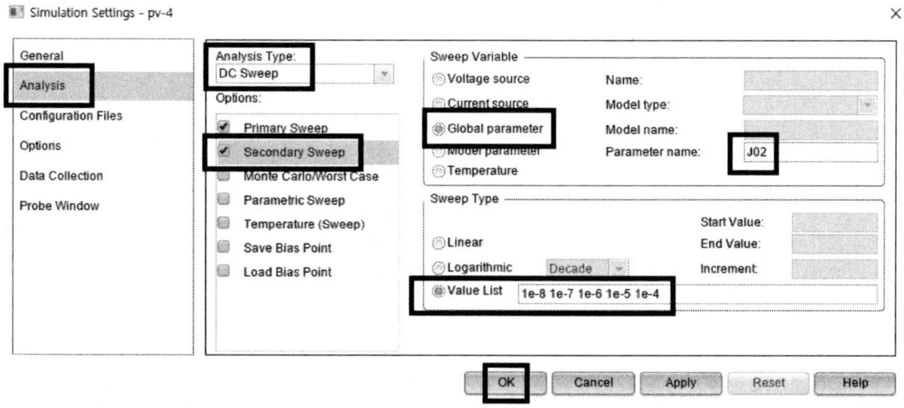

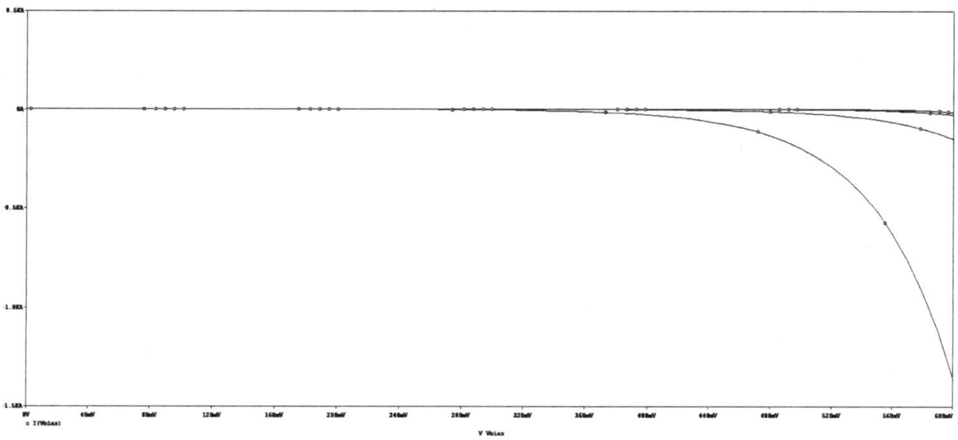

– Y축의 범위를 0~5A를 변경

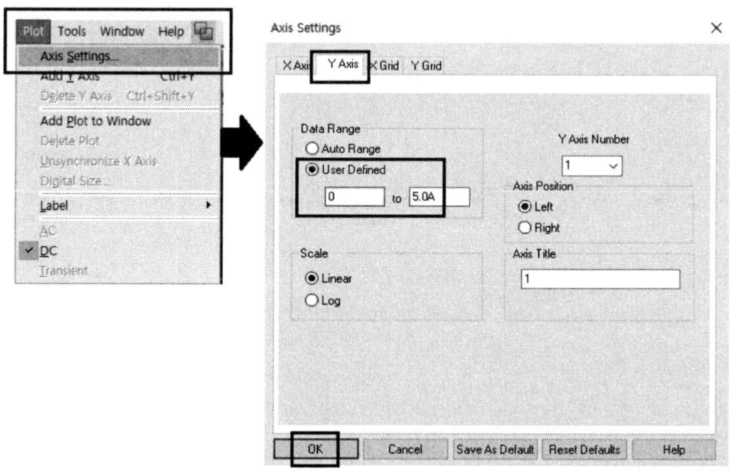

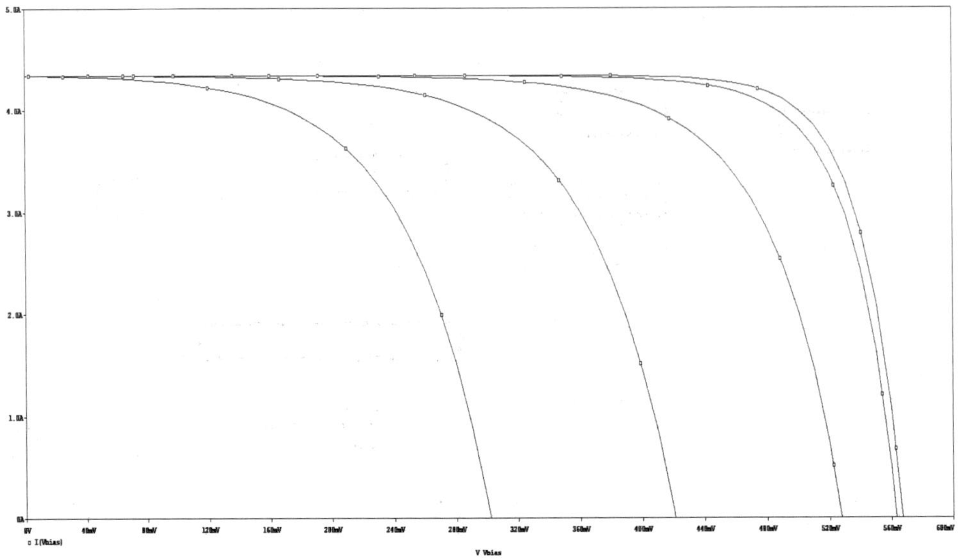
5.0A
4.0A
3.0A
2.0A
1.0A
0A
0V
40mV
80mV
120mV
160mV
200mV
240mV
280mV
320mV
360mV
400mV
440mV
480mV
520mV
560mV
600mV
I(Vbias)
V_Vbias

– 최대전력점 파형

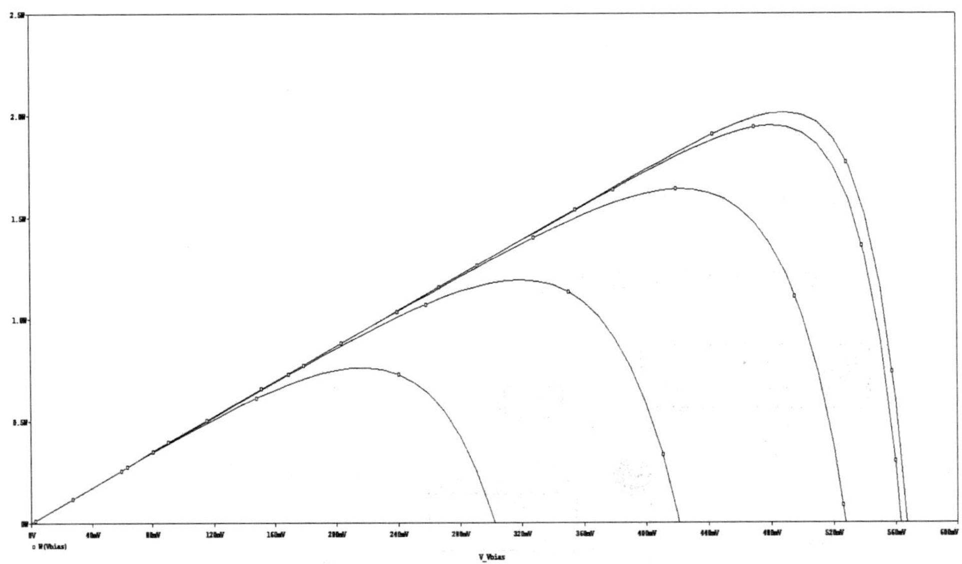
2.5W
2.0W
1.5W
1.0W
0.5W
0W
0V
40mV
80mV
120mV
160mV
200mV
240mV
280mV
320mV
360mV
400mV
440mV
480mV
520mV
560mV
600mV
W(Vbias)
V_Vbias

실습 11-12

2개의 태양전지를 직렬로 연결했을 때 특성을 해석하기 위한 회로이다. 여기서, RS:직렬저항, RSH:병렬저항, area:태양전지 면적, JSC:단락전류밀도일 때, vbias 전압을 0[V]~1.2[V]까지 0.01[V]씩 선형적으로 증가시킬 때, ① V-I특성곡선 ② 최대전력점 파형을 시뮬레이션 하시오.

[조건] (1) 직류 전압원(VDC) :Virrad=1000[V], Vbias=0[V]
(2) 태양전지(CELL_2) 파라미터
AREA=126.6, J0=1e-11, J02=1e-9, JSC=0.0343, RS=1e-3, RSH= 10000

(1) 회로 구성 및 시뮬레이션 결과

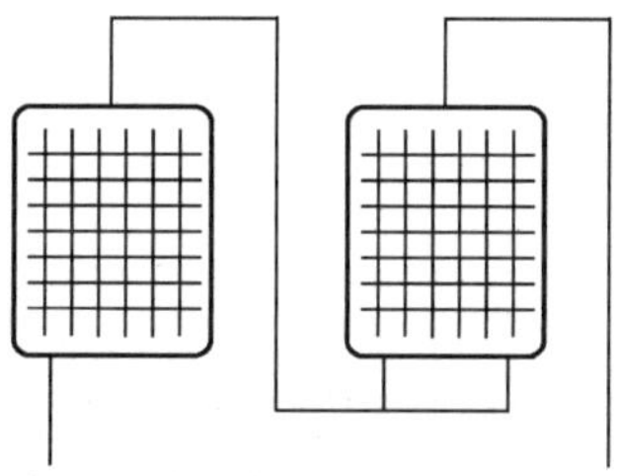

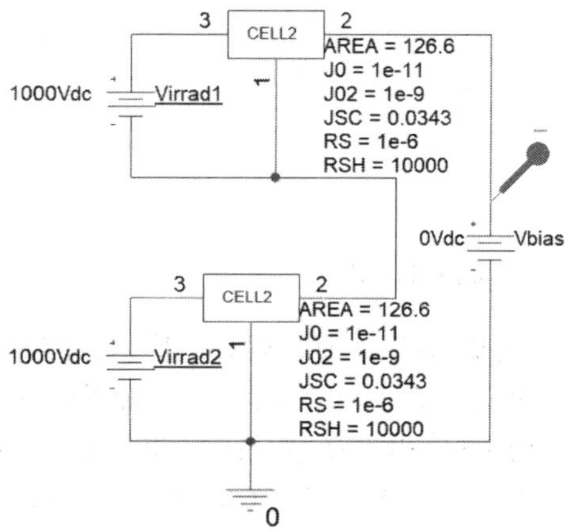

– DC Analysis 설정

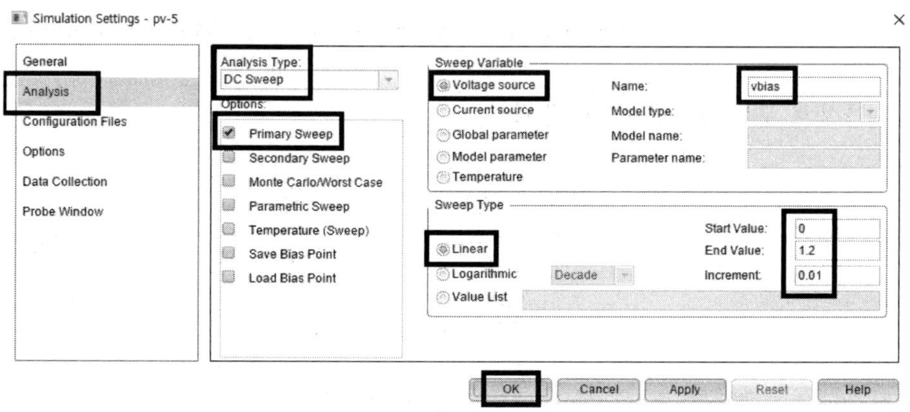

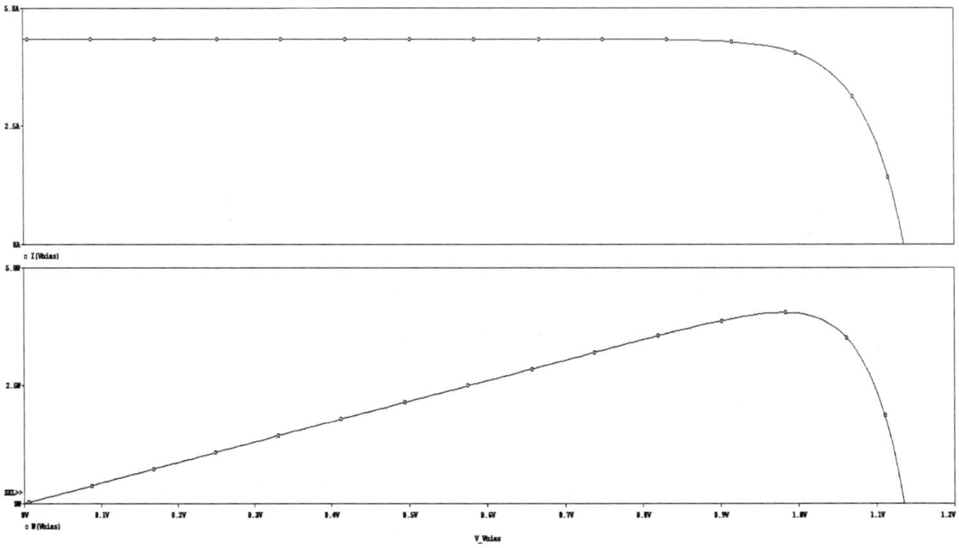

실습 11-13

2개의 태양전지를 병렬로 연결했을 때 특성을 해석하기 위한 회로이다. 여기서, RS:직렬저항, RSH:병렬저항, area:태양전지 면적, JSC:단락전류밀도일 때, 태양전지의 일사량(Virrad1=1000[W/m^2], Virrad2=700[W/m^2]으로 변화하였으며, vbias 전압을 0[V]~0.6[V]까지 0.01[V]씩 선형적으로 증가시킬 때, ① V-I 특성곡선 ② 최대전력점 파형을 시뮬레이션 하시오.

[조건] (1) 직류 전압원(VDC) : Virrad1 = 1000[W/m^2], Virrad2 = 700[W/m^2]

(2) 태양전지(CELL_2) 파라미터

AREA=126.6, J0=1e-11, J02=1e-9, JSC=0.0343, RS=1e-2, RSH= 1000

(1) 회로 구성 및 시뮬레이션 결과

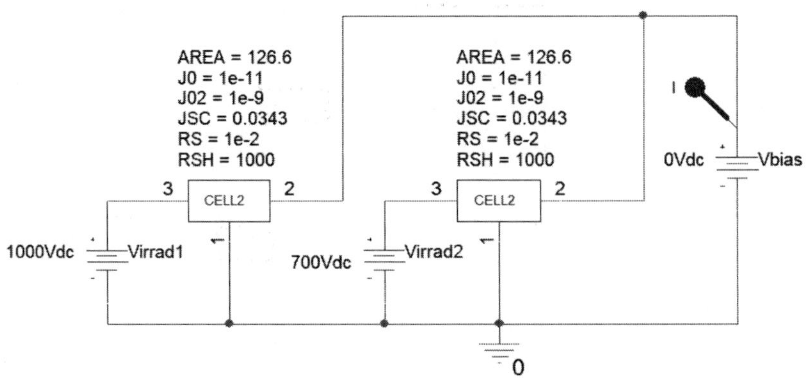

– DC Analysis 설정

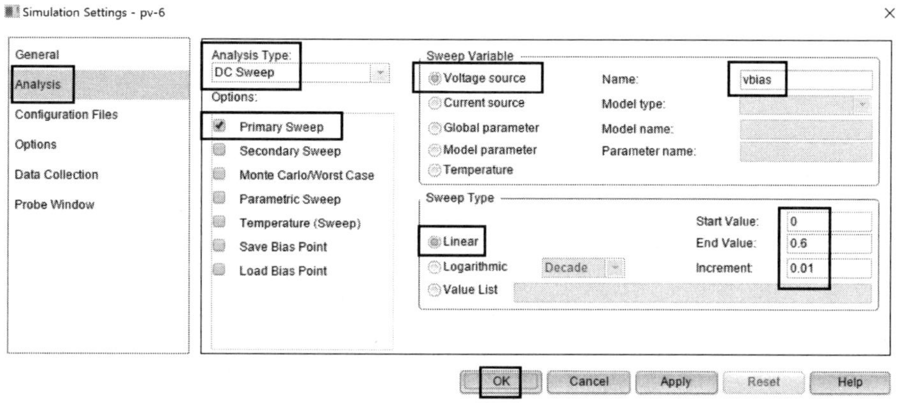

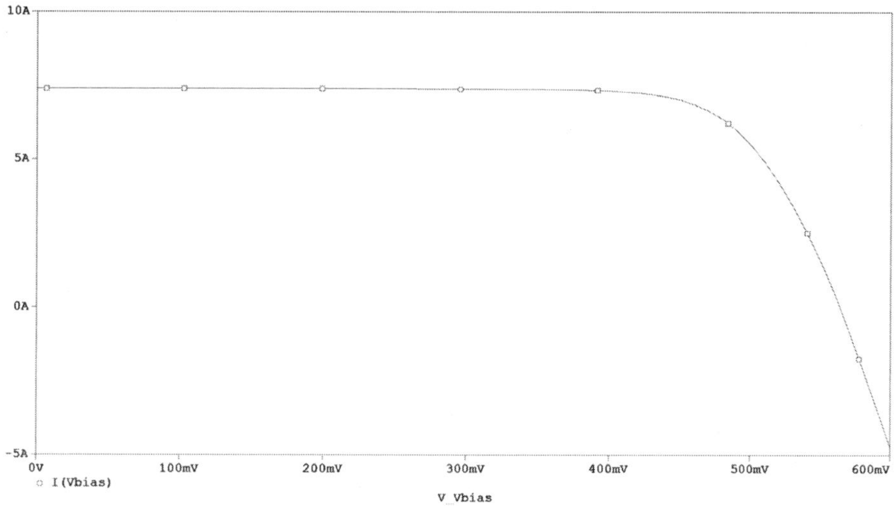

– 각각의 태양전지에 흐르는 전류는 아래 그림처럼 선택하고, Y축의 범위를 0~10A로 선택하면 된다.

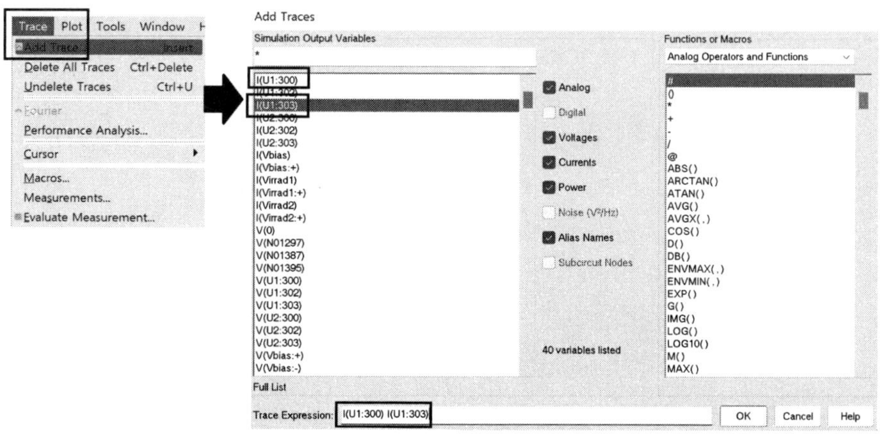

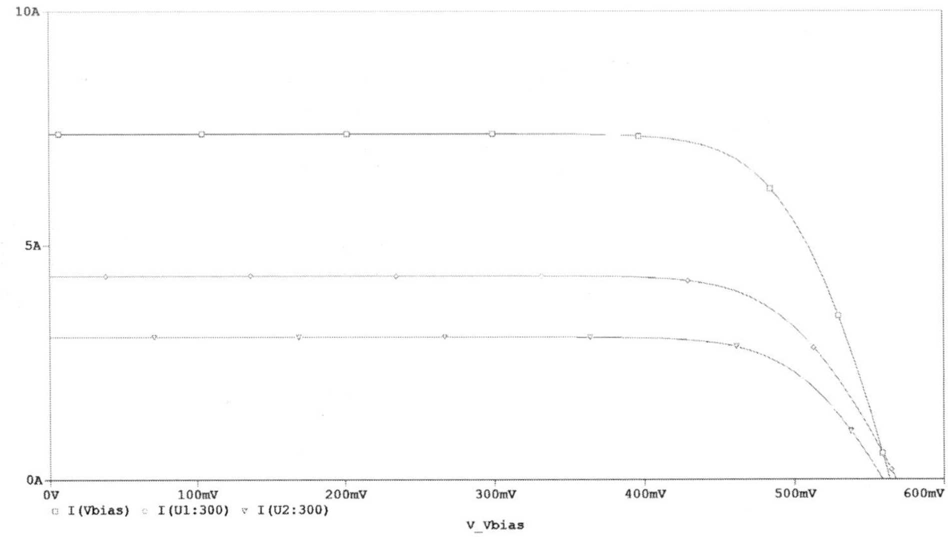
10A
5A
0A
0V
100mV
200mV
300mV
400mV
500mV
600mV
□ I(Vbias) ◇ I(U1:300) ▽ I(U2:300)
V_Vbias

CHAPTER 12

PWM 발생기

PWMCARTR 라이브러리 만들기

삼각파 발생기로 부품 이름은 PWMCARTR이고 라이브러리는 표에 나타냈고, 이것으로 부터 심벌을 만들어 등록하는 방법을 나타냈다.
이 작업은 전 장에서 만들었던 SCR 모델과 같은 방법이지만 차이점은 라이브러리 파일들을 불러들일 때 에러가 발생하지 않았기 때문에(SCR작업 ④) 핀 정보 등을 포함한 심벌만 그려주면 된다.

```
***************************************************************************************
*C:₩Cadence₩SPB_17.2₩tools₩sample.lib
* PWMCARTR : PWM-triangular signal generation.
* node: 1 : output signal
* params: delay : initial delay of pwm
* period : signal period
* dt : small time of signal, required for top of signal.
.subckt    pwmcartr    1    params: delay=0 dt=1us period=1ms
VRAMP      1           0    PULSE (-1V 1V 0 {period/2} {period/2} {dt} {PERIOD})
rramp      1           0    1meg
.ends
***************************************************************************************
```

(1) Orcad/PSPICE를 실행
(2) File → New → Library

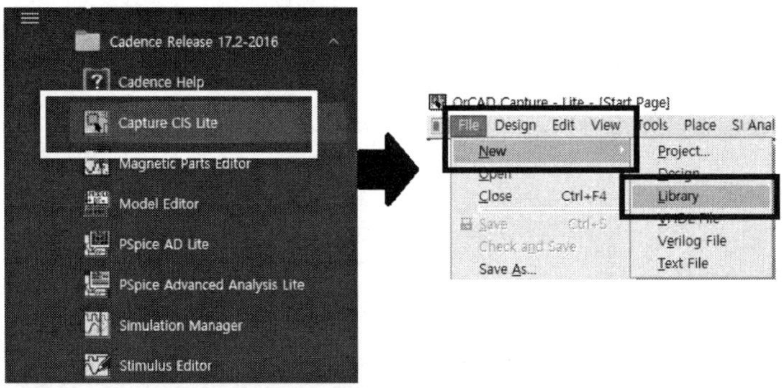

(3) Library를 클릭한 뒤 오른쪽 마우스를 눌러 Cut 실행하여 라이브러리 삭제
(4) Library를 클릭한 뒤 오른쪽 마우스를 눌러 Add File 실행

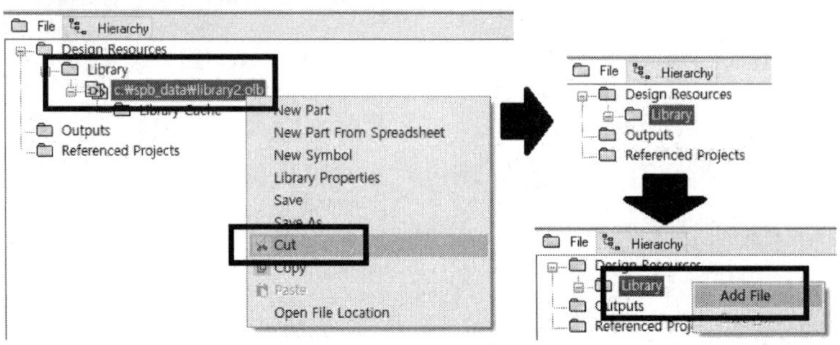

PWMCARTR 라이브러리 만들기

(5) C:₩Cadence₩SPB_17.2₩tools₩₩sample.olb 지정 → 열기

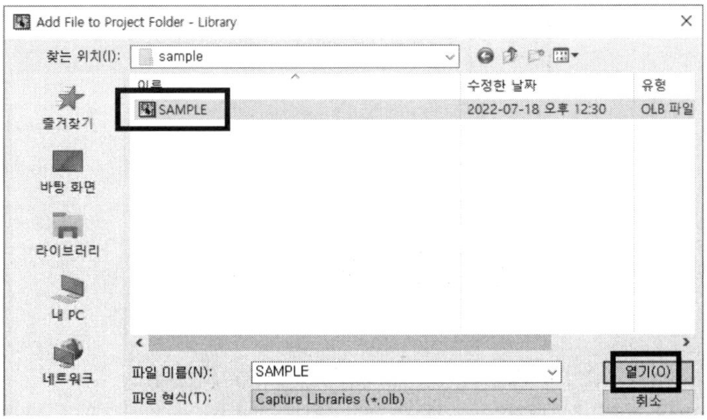

(6) 1을 더블 클릭하면 sample.olb에 지정된 라이브러리 목록이 나온다. 2를 더블클릭

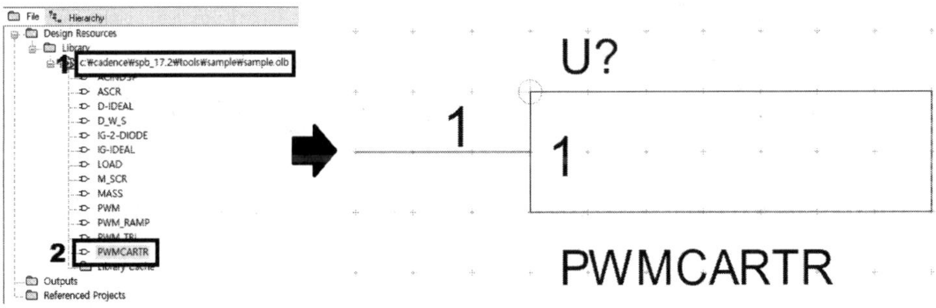

(7) 직사각형을 선택한 뒤 Delete키를 눌러 삭제

(8) 점선으로 된 직사각형의 안쪽을 더블클릭하면 그림처럼 메뉴창이 뜨고 그곳에서 pin numbers visible의 체크를 지우면(1번) 오른쪽 그림처럼 숫자가 없어진다.

PWMCARTR 라이브러리 만들기

(9) U? 안보이게 하기 (1번 클릭, 2번 클릭하고 3번 체크)

(10) 그리기 도구(1번)로 그림과 같이 PWMCARTR을 그린다.
- 1번을 눌러 직사각형을 만든다

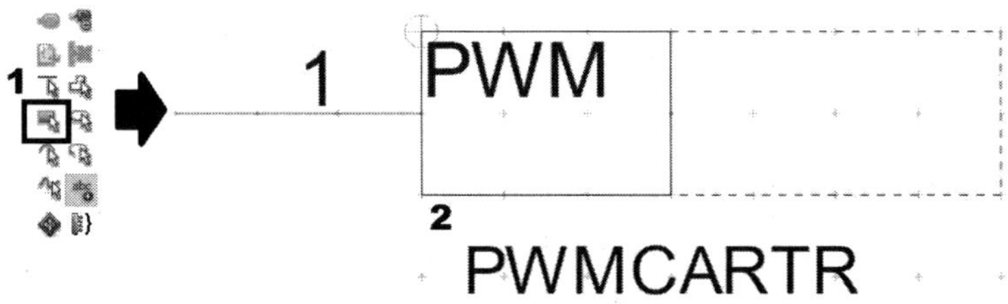

(11) 그리기 도구(1번)을 클릭하여 직사각형을 내부에 PWM TRI을 입력한다.

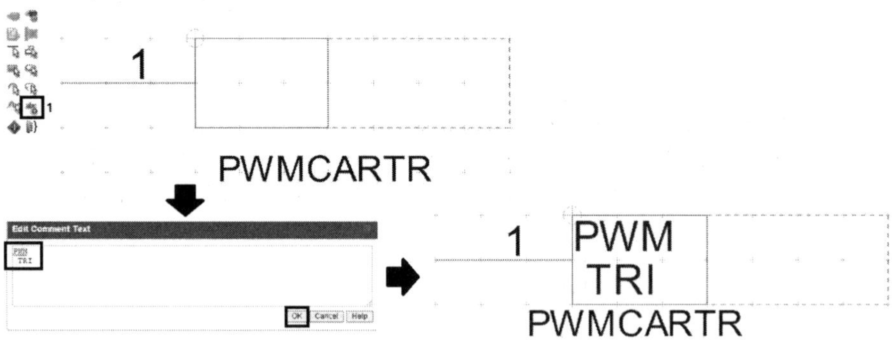

PWMCARTR 라이브러리 만들기

(12) Pin Properties를 참조로 짧은 선인 Short을 사용하고, PWMCARTR은 수동소자이므로 Passive를 사용하여 1번 핀에 적용시킨 결과를 그림에 나타냈다.
1을 더블블릭하여 2번처럼 설정

(13) 직사각형 점선(1번)을 마우스로 누른 상태엣 오른쪽 그림까지 이동한다.

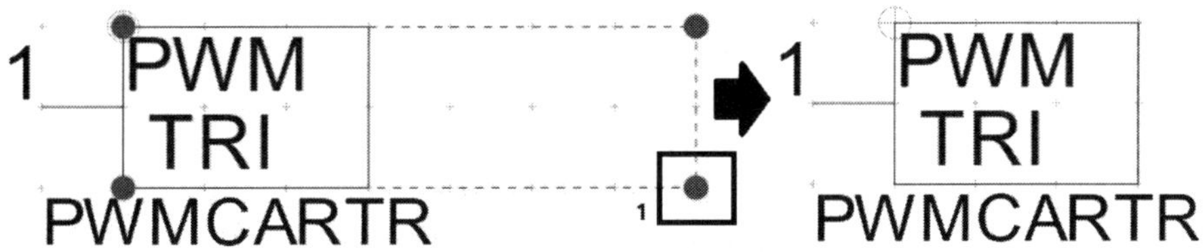

(14) 1번에 마우스를 두고 오른쪽 마우스 클릭한 뒤 Save

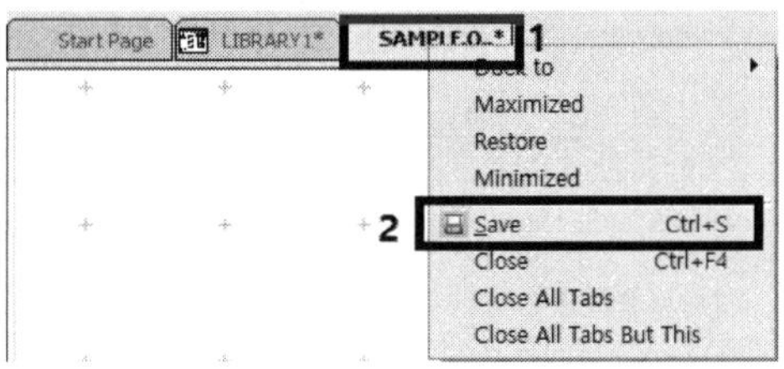

실습 12-1

아래 그림은 정현파와 삼각파를 발생하는 회로이다. 다음 조건일 때 Transient Analysis를 40[ms]까지 실행하여, ① 정현파 전압 ② 삼각파 전압 파형을 시뮬레이션 하시오.

[조건] (1) 교류 정현파 전압원(VSIN) : Vref(VOFF=0 VAMPL=0.9 FREQ=60)
(2) 삼각파 전압원(PWMCARTR) : DELAY=0 DT=0.001ms PERIOD=1MS
(3) 저항(R) : R1=R2=10[Ω]

(1) 회로 구성 및 시뮬레이션 결과

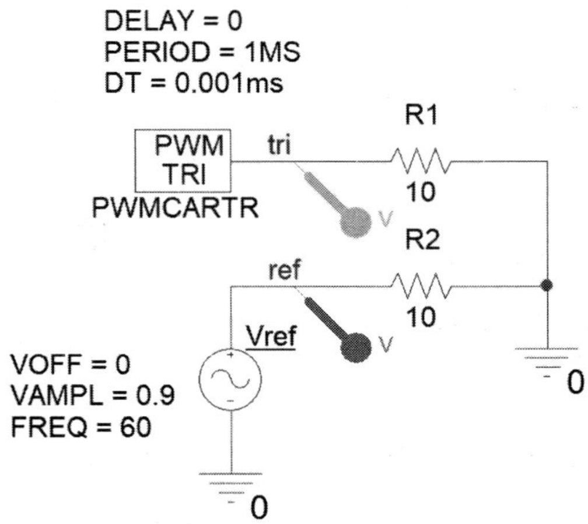

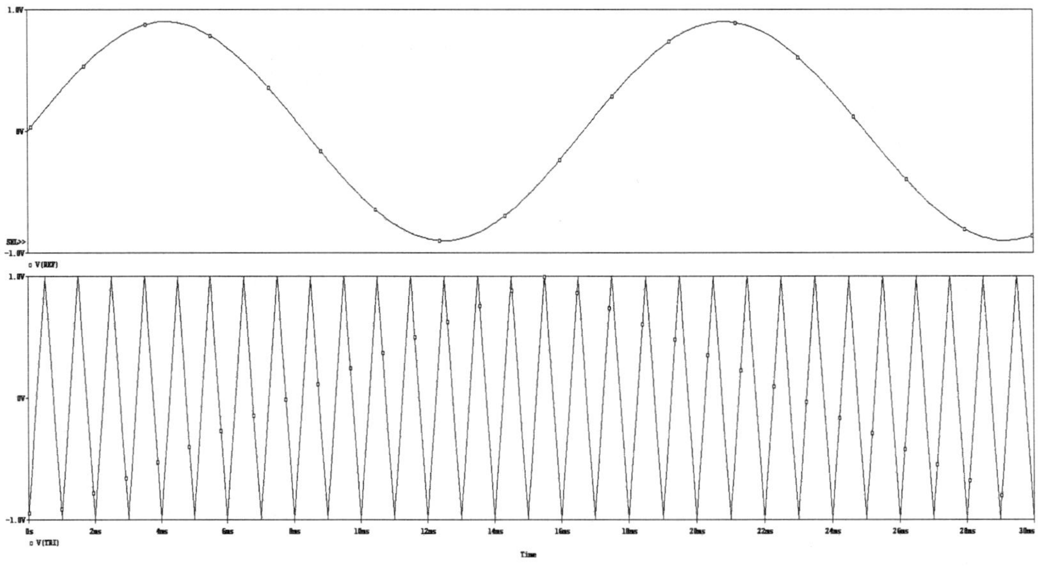

PWM 라이브러리 만들기

정현파와 삼각파의 만나는 점의 크기를 비교하여 구형파를 발생하는 PWM 발생기로 부품 이름은 PWM이고 라이브러리는 표에 나타냈고, 이것으로 부터 심벌을 만들어 등록하는 방법을 나타냈다.
이 작업은 핀 정보 등을 포함한 심벌만 정의하여 그려주면 된다.

```
*************************************************************************************
*C:₩Cadence₩SPB_17.2₩tools₩sample.lib
* Subcircuit for PWM Control
* PWM    : generation of pwm signal. The signal provides a single output.
* nodes : 101   : input signal (control)
*          vcar  : carrier signal
*           201  : positive output signal
* paramete  rs : Vpos : positive output voltage
*          Vneg : negative output voltage
.subckt pwm 101 vcar 201 params: Vpos=1 Vneg=-1
rin          101  0   1T
Epwm         300  0   TABLE {V(101,vcar)} = (-1,-1)(-.005,-1)(0,0)(.005,1)(1,1)
Rpwm         300  0   1T
egate1       200  0   value= {((Vpos +Vneg) + (Vpos-Vneg)*v(300))/2}
rgate1       201  0   1T
RCURR1       200  201  1n
.ends
*************************************************************************************
```

(1) File → New → Library

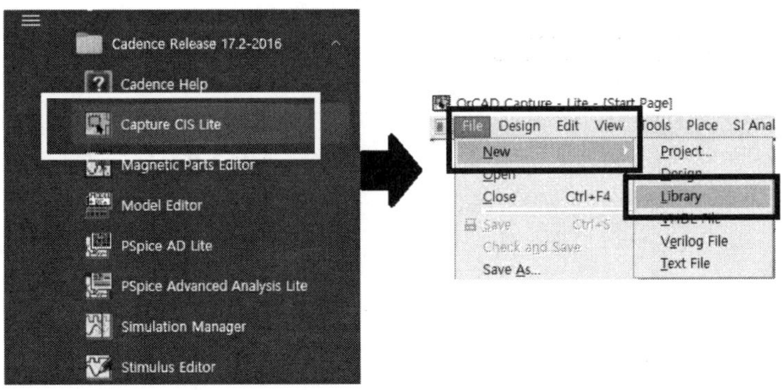

(2) Library를 클릭한 뒤 오른쪽 마우스를 눌러 Cut 실행하여 라이브러리 삭제
(3) Library를 클릭한 뒤 오른쪽 마우스를 눌러 Add File 실행

PWM 라이브러리 만들기

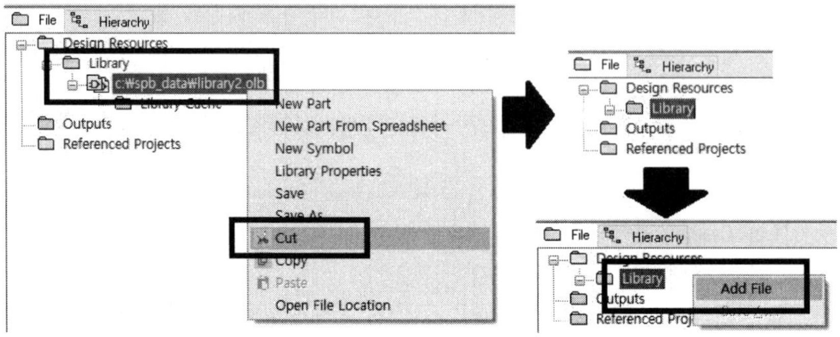

(4) C:₩Cadence₩SPB_17.2₩tools₩₩sample.olb 지정 → 열기

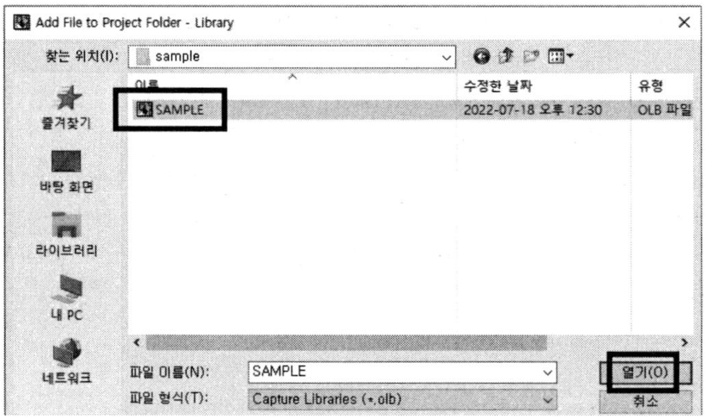

(5) 1을 더블 클릭하면 sample.olb에 지정된 라이브러리 목록이 나온다. 2를 더블클릭

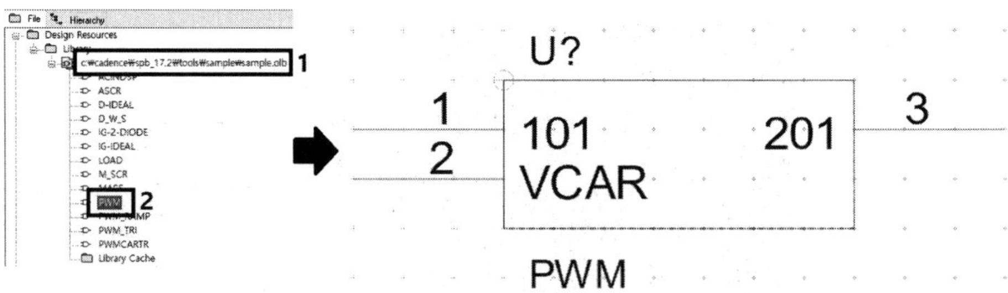

(6) 직사각형을 선택한 뒤(1번) Delete키를 눌러 삭제

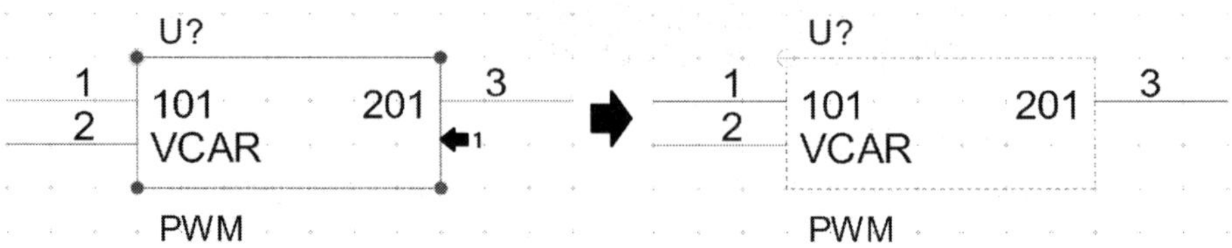

PWM 라이브러리 만들기

(7) 점선으로 된 직사각형의 안쪽을 더블클릭하면 그림처럼 메뉴창이 뜨고 그곳에서 pin numbers visible의 체크를 지우면(1번) 오른쪽 그림처럼 숫자가 없어진다.

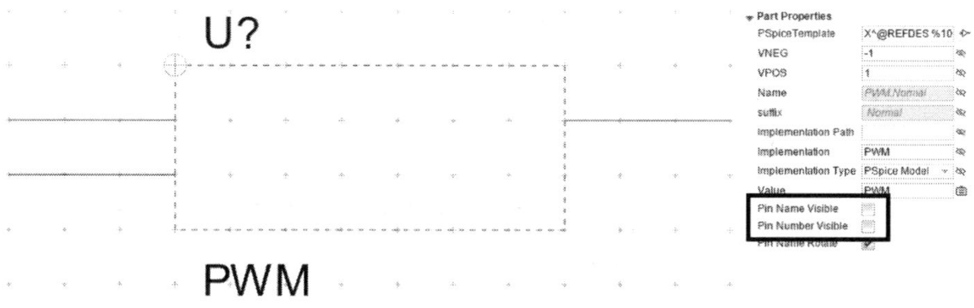

(8) U? 안보이게 하기 (1번 클릭, 2번 클릭하고 3번 체크)

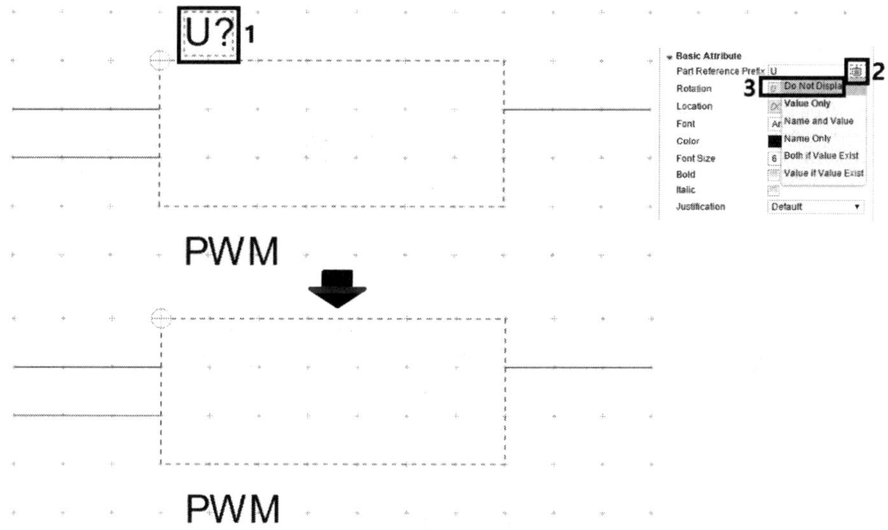

(9) 그리기 도구(1번)로 그림과 같이 PWM을 그린다.
 – 1번을 눌러 직사각형을 만든다

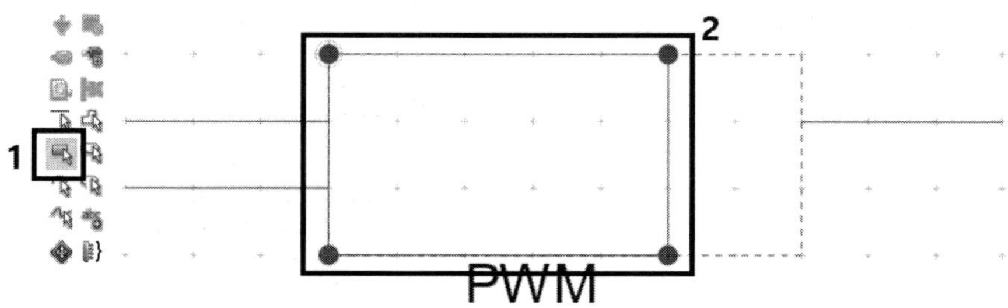

PWM 라이브러리 만들기

(10) 그리기 도구(1번)을 클릭하여 직사각형을 내부에 PWM을 입력한다.

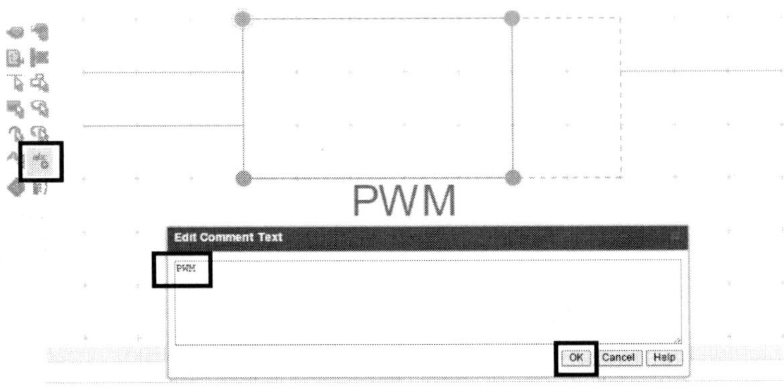

(11) 1번을 누른 상태에서 2번까지 설정

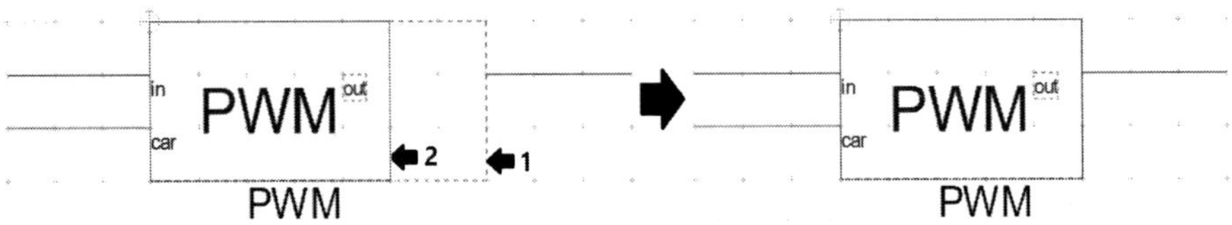

(12) Pin Properties를 참조로 짧은 선인 Short을 사용하고, PWM은 수동소자이므로 Passive를 사용하여 1번, 2번, 3번핀에 적용시킨 결과를 그림에 나타냈다.
1을 더블블릭하여 2번처럼 설정

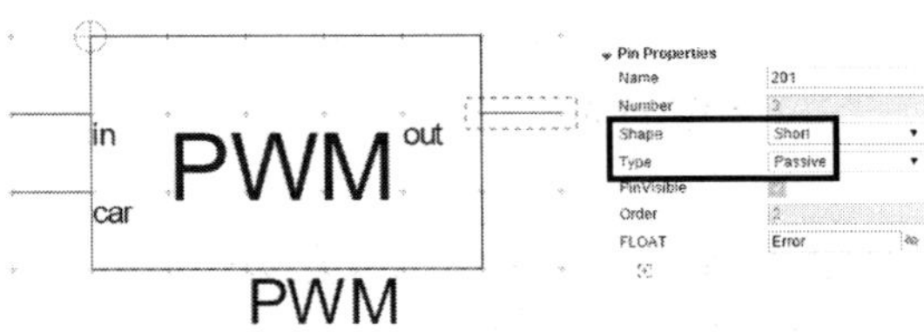

(13) 1번에 마우스를 두고 오른쪽 마우스 클릭한 뒤 Save

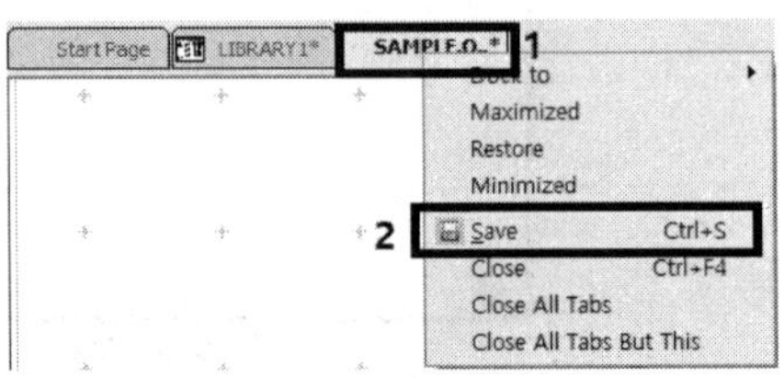

실습 12-2

정현파와 삼각파를 비교하여 PWM파를 발생하는 회로이다. 다음 조건일 때 Transient Analysis를 30[ms]까지 실행하여, ① 정현파 전압 ② 삼각파 전압 ③ PWM 신호 파형을 시뮬레이션 하시오.

[조건] (1) 교류 정현파 전압원(VSIN) : Vref(VOFF=0 VAMPL=0.9 FREQ=60)
(2) 삼각파 전압원(PWMCARTR) : DELAY=0 DT=0.001ms PERIOD=1.852ms
(3) Place port → PORTNO-L

(1) 회로 구성 및 시뮬레이션 결과

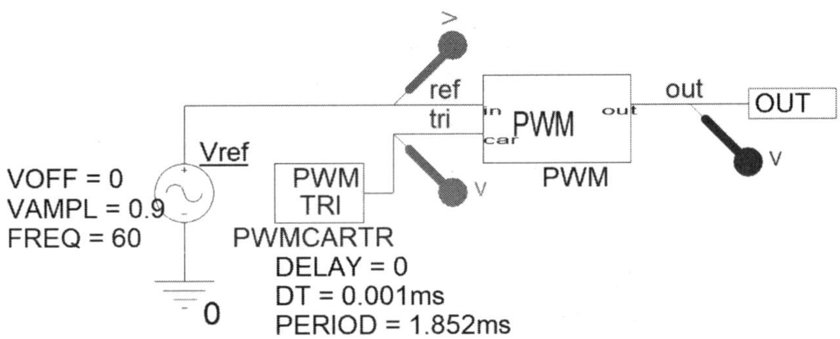

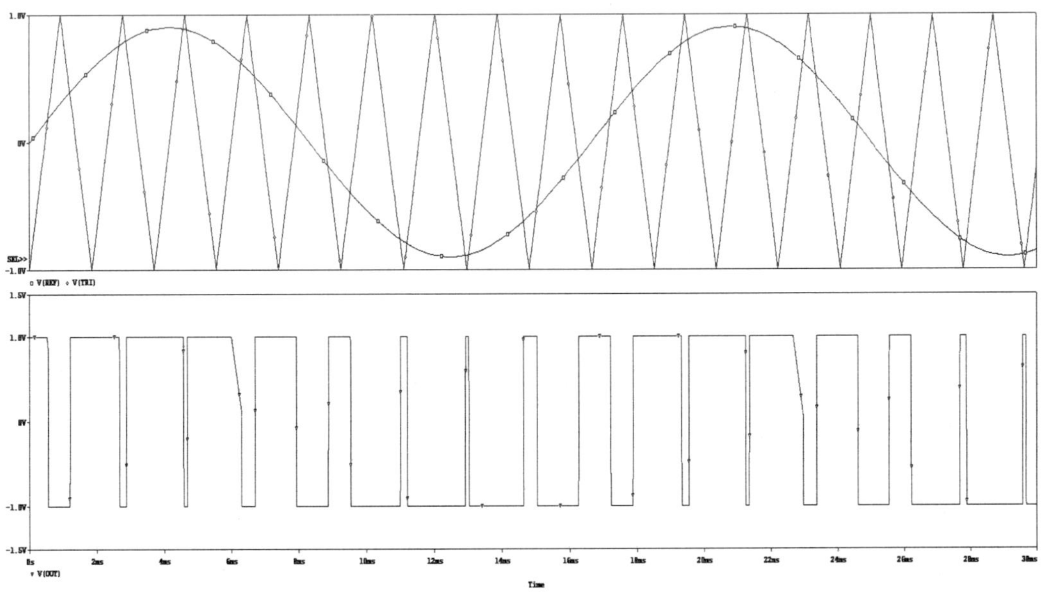

실습 12-3

정현파와 삼각파를 비교하여 PWM파를 발생하는 회로이다. 다음 조건일 때 Transient Analysis를 30[ms]까지 실행하여, ① 정현파 전압 ② 삼각파 전압 ③ PWM 신호 파형을 시뮬레이션 하시오.

[조건] (1) 교류 정현파 전압원(VSIN) : Vref(VOFF=0 VAMPL=0.9 FREQ=60)
(2) 삼각파 전압원(PWMCARTR) : DELAY=0 DT=0.001ms PERIOD=1.852ms
(3) Place port → PORTNO-L

(1) 회로 구성 및 시뮬레이션 결과

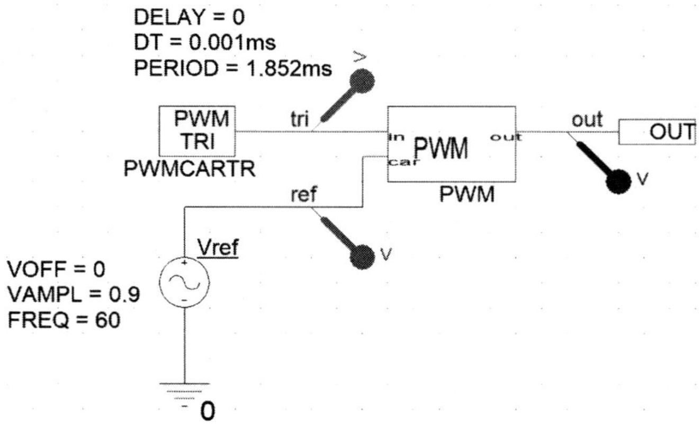

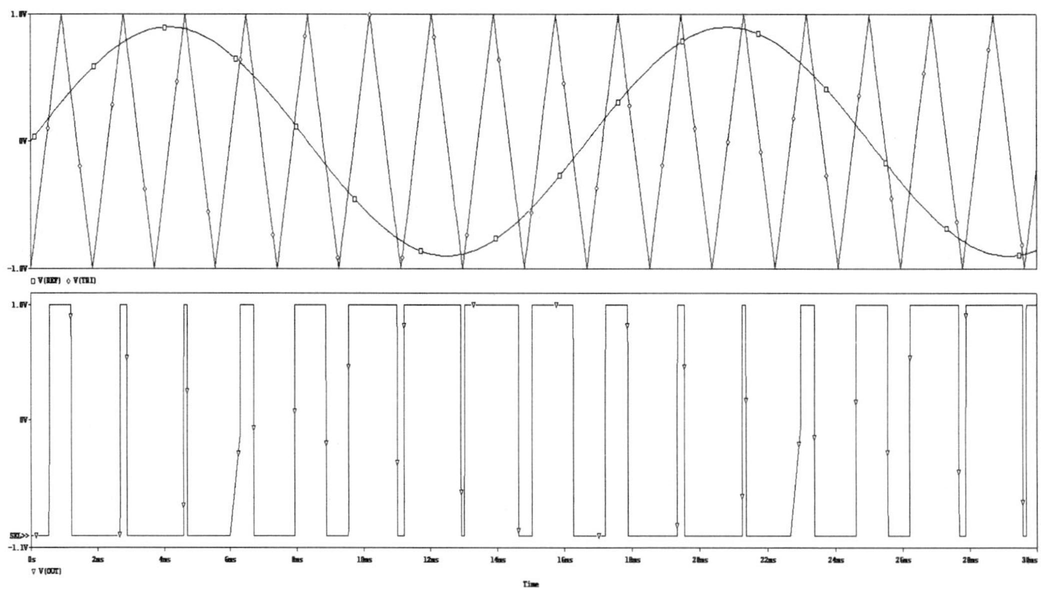

실습 12-4

정현파와 삼각파를 비교하여 2개의 PWM 발생기를 이용한 회로이다. 다음 조건일 때 Transient Analysis를 20[ms]까지 실행하여, ① 정현파 전압 ② 삼각파 전압 ③ PWM 신호 파형을 시뮬레이션 하시오.

[조건] (1) 교류 정현파 전압원(VSIN) : Vref(VOFF=0 VAMPL=0.9 FREQ=60)]
(2) 삼각파 전압원(PWMCARTR) : DELAY=0 DT=0.001ms PERIOD=1.852ms
(3) Place port → PORTNO-L

(1) 회로 구성 및 시뮬레이션 결과

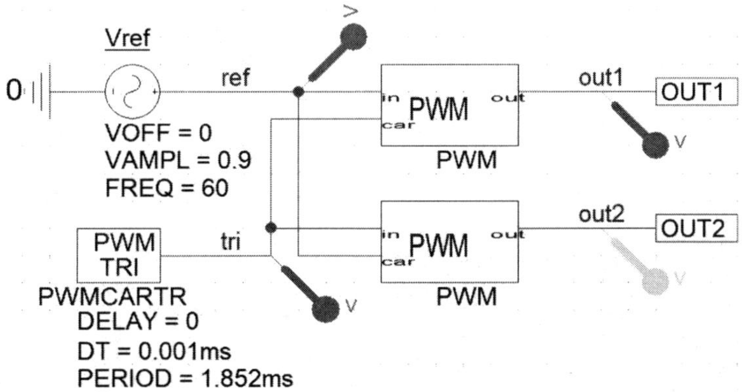

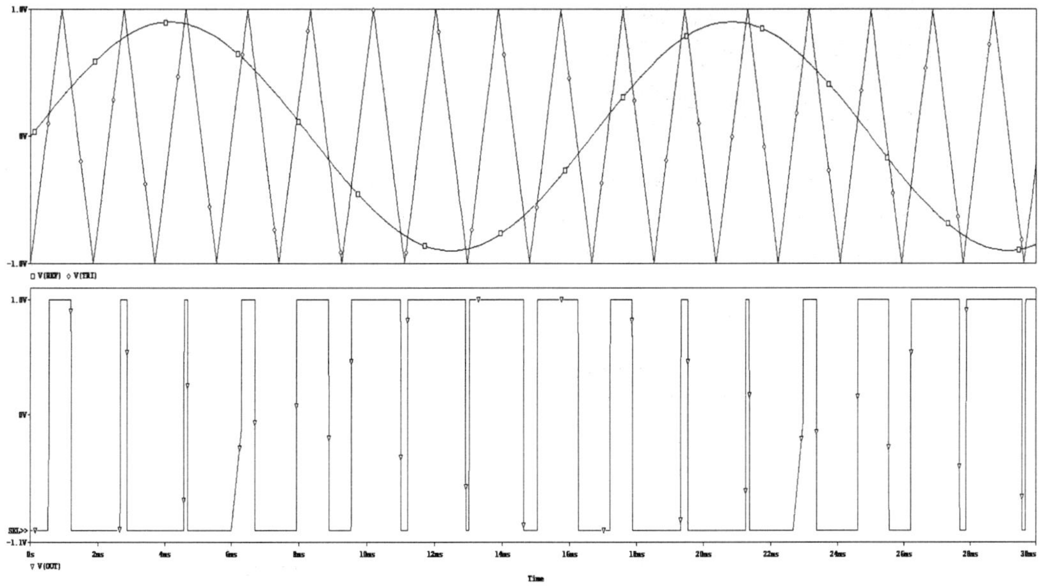

이상적인 IGBT 라이브러리 만들기

IG–IDEAL은 이상적인 IGBT 모델이다. 라이브러리는 표에 나타냈고, 이것으로 부터 심벌을 만들어 등록하는 방법을 나타냈다.
이 작업은 핀 정보 등을 포함한 심벌만 정의하여 그려주면 된다.

```
*****************************************************************************
*C:₩Cadence₩SPB_17.2₩tools₩sample.lib
* PWMCARTR : PWM–triangular signal generation.
* ideal IGBT
.subckt ig–ideal 1 2 3 4
sw 1 2 3 4 igbt
.model igbt vswitch(ron=1e–3 roff=1e6 von=10v voff=1e–3)
.ends ig–ideal
*$
*****************************************************************************
```

(1) Orcad/PSPICE를 실행　　　(2) File → New → Library

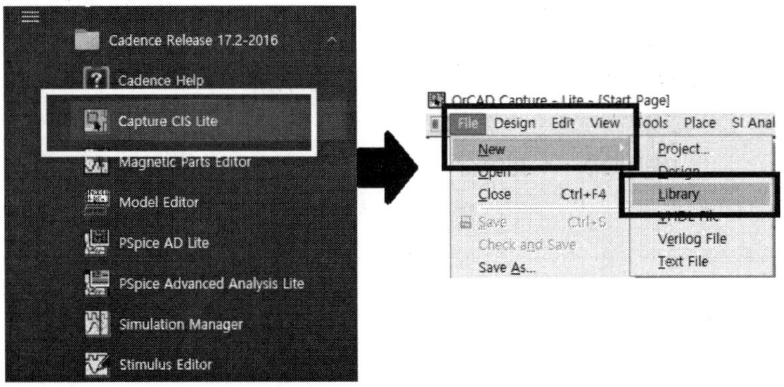

(3) Library를 클릭한 뒤 오른쪽 마우스를 눌러 Cut 실행하여 라이브러리 삭제
(4) Library를 클릭한 뒤 오른쪽 마우스를 눌러 Add File 실행
(5) C:₩Cadence₩SPB_17.2₩tools₩₩sample.olb 지정 → 열기

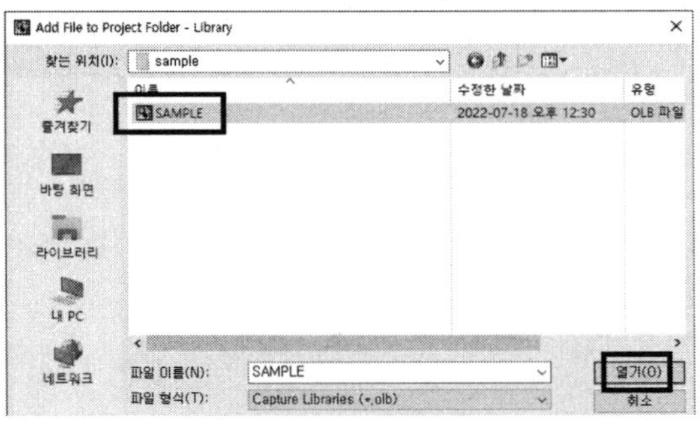

이상적인 IGBT 라이브러리 만들기

(6) 1을 더블 클릭

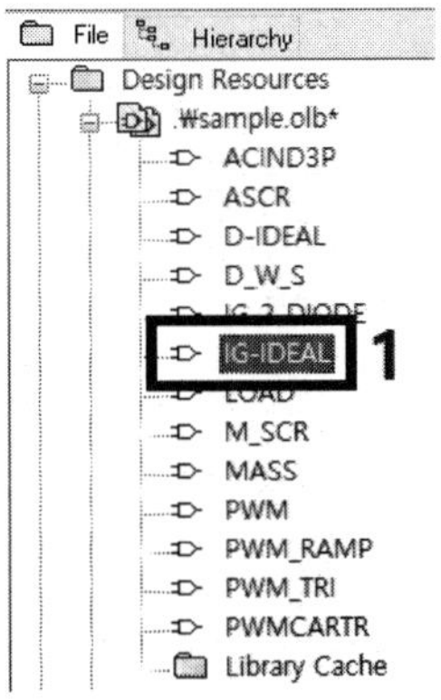

(7) (6)에서 1을 더블 클릭한 상태이다.

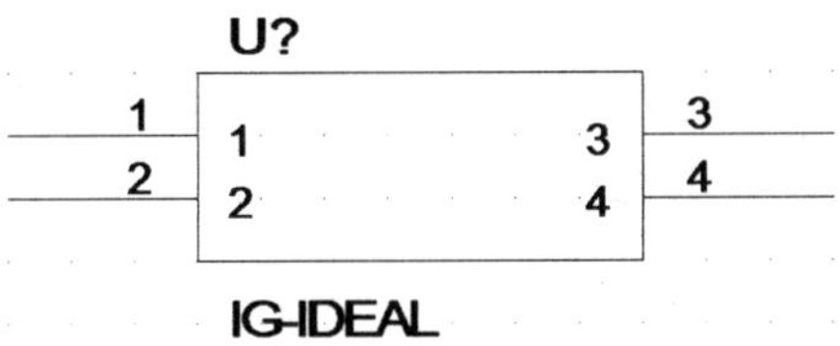

(8) 직사각형을 선택한 뒤 Delete키를 눌러 삭제한다.

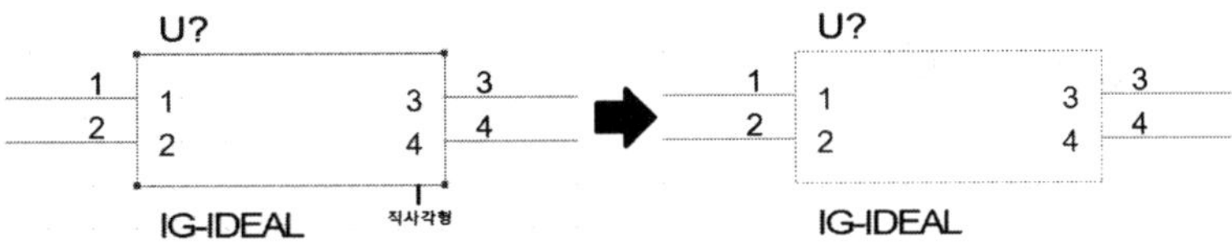

(9) IG–IDEAL 심벌을 아래의 그리기 아이콘을 사용하여 그리고, 핀 정보를 지정한다.

㉠처럼 IG–IDEAL 심벌과 핀들을 배치한다.

㉠ 화살표로 지정한 1번에서 왼쪽 마우스를 누르고 2번까지 드레그 한다.

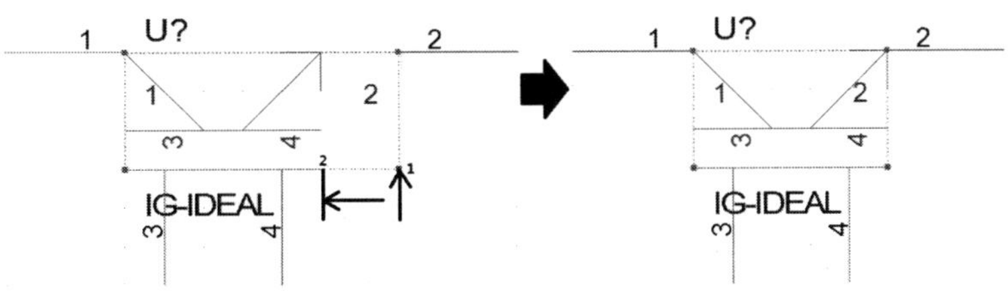

이상적인 IGBT 라이브러리 만들기

㉡ U? / IG-IDEAL 안보이게 하기

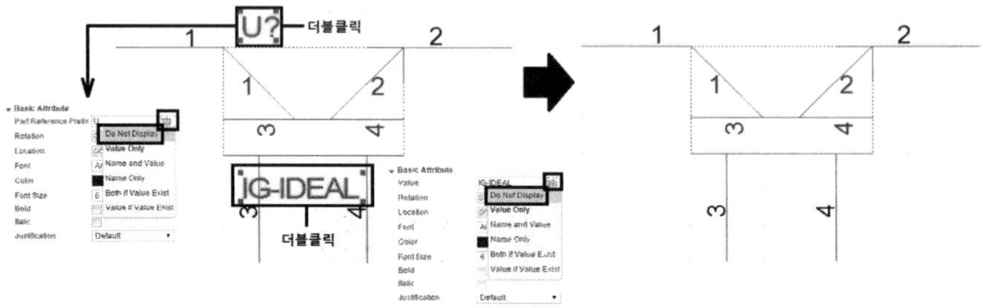

㉢ 핀 설정

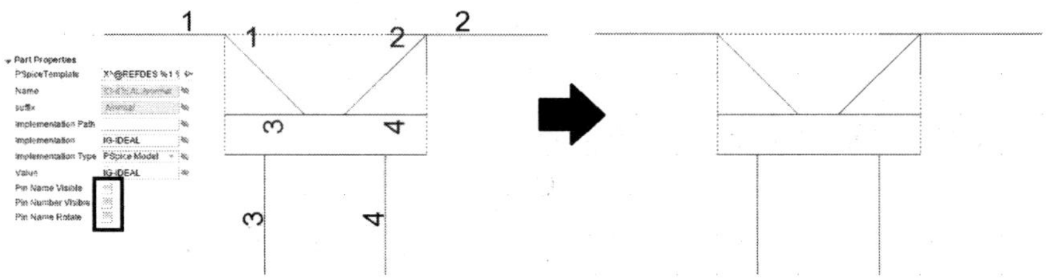

(10) IG-IDEAL 심벌 / 핀 설정하기

㉠

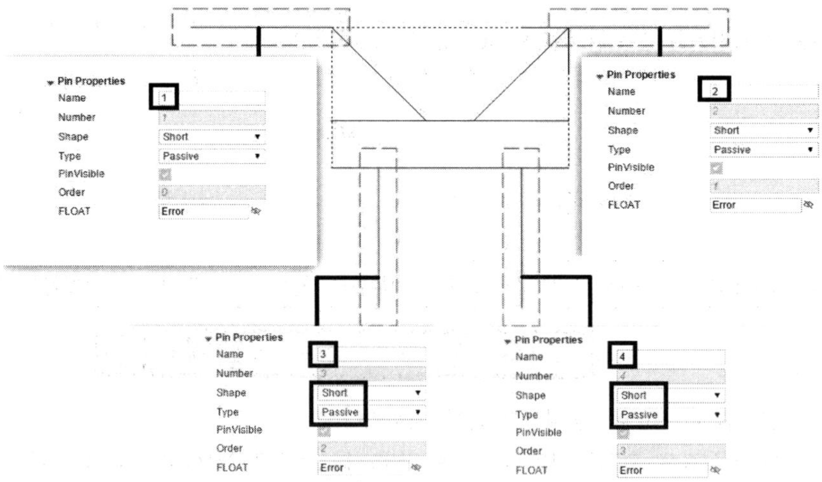

㉡

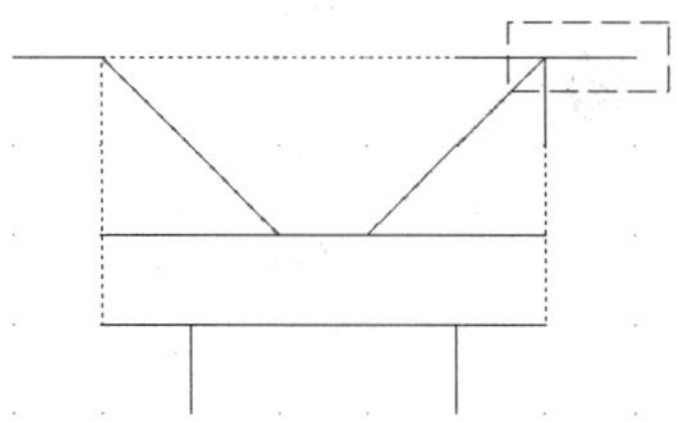

이상적인 IGBT 라이브러리 만들기

(11) 1에 마우스를 두고 오른쪽 마우스 클릭, 2번 저장

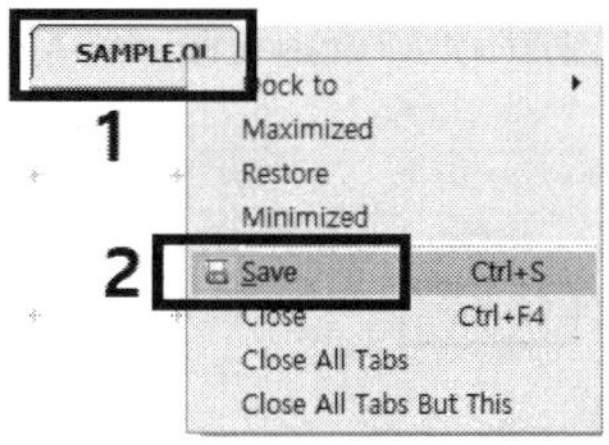

이상적인 다이오드 라이브러리 만들기

D-IDEAL은 이상적인 다이오드 모델이다. 라이브러리는 표에 나타냈고, 이것으로 부터 심벌을 만들어 등록하는 방법을 나타냈다.
이 작업은 핀 정보 등을 포함한 심벌만 정의하여 그려주면 된다.

```
******************************************************************************************
*C:₩Cadence₩SPB_17.2₩tools₩sample.lib
* ideal diode
.subckt d-ideal 1 2
dio 1 2 diode
.model diode d(rs=1m cjo=0.1pf n=0.001)
.ends d-ideal
*$
******************************************************************************************
```

(1) Orcad/PSPICE를 실행

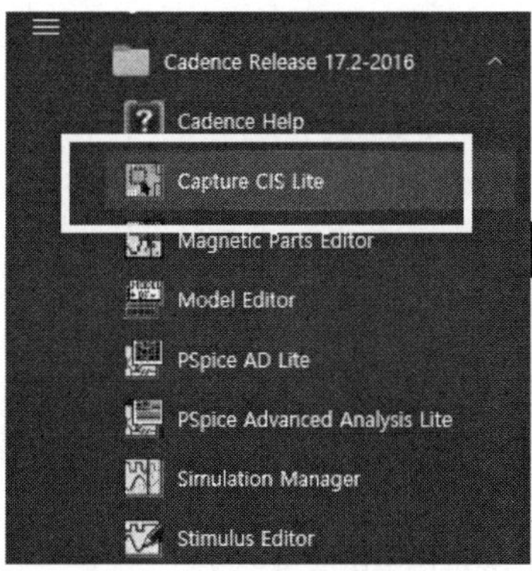

(2) File → New → Library

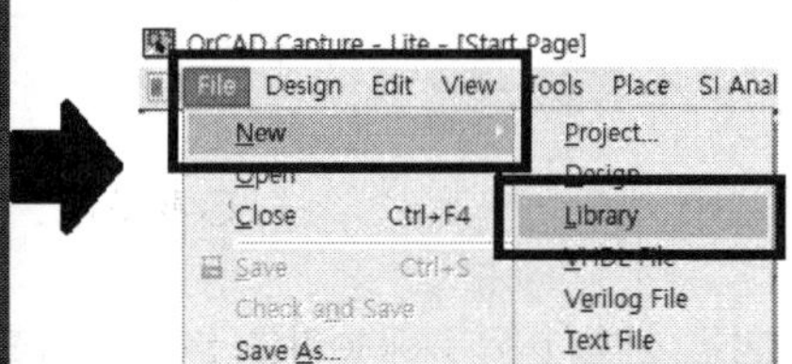

이상적인 다이오드 라이브러리 만들기

(3) Library를 클릭한 뒤 오른쪽 마우스를 눌러 Cut 실행하여 라이브러리 삭제

(4) Library를 클릭한 뒤 오른쪽 마우스를 눌러 Add File 실행

(5) C:₩Cadence₩SPB_17.2₩tools₩₩sample.olb 지정 → 열기

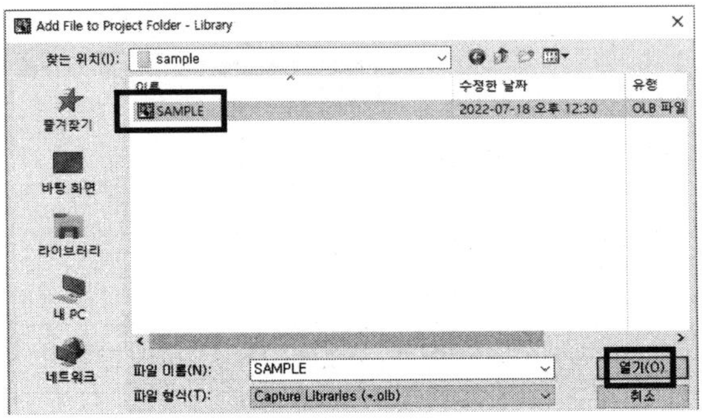

(6) 1을 더블 클릭

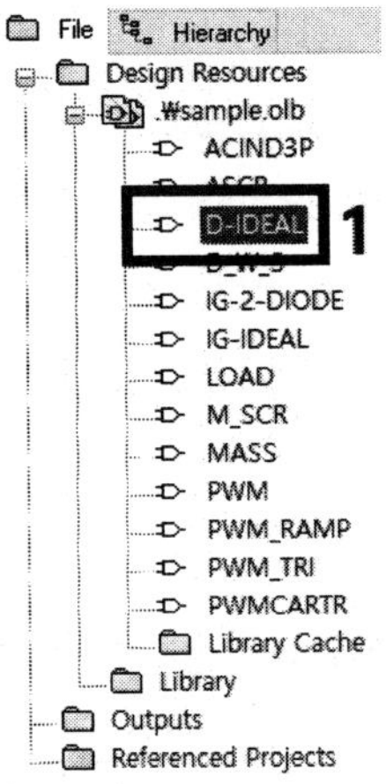

(7) (6)에서 1을 더블 클릭한 상태이다.

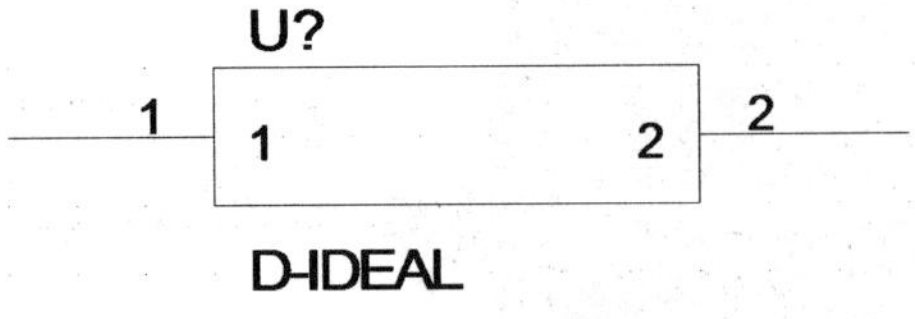

(8) 직사각형을 선택한 뒤 Delete키를 눌러 삭제한다.

(9) D-IDEAL 심벌을 아래의 그리기 아이콘을 사용하여 그리고, 핀 정보를 지정한다.

이상적인 다이오드 라이브러리 만들기

㉠처럼 D-IDEAL 심벌과 핀들을 배치한다.

㉠ 화살표로 지정한 1번에서 왼쪽 마우스를 누르고 2번까지 드레그 한다.

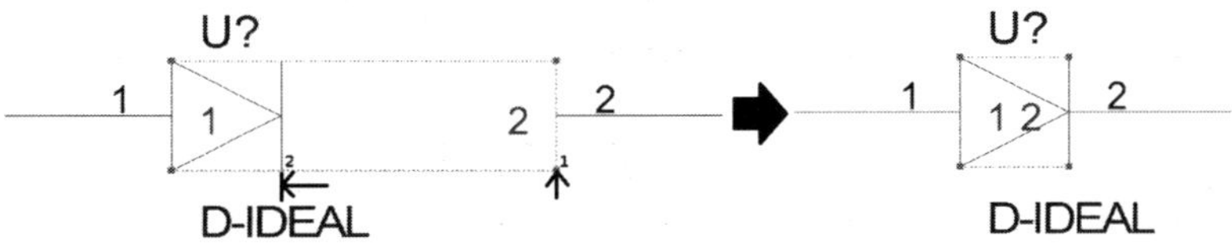

㉡ U? / D-IDEAL 안보이게 하기

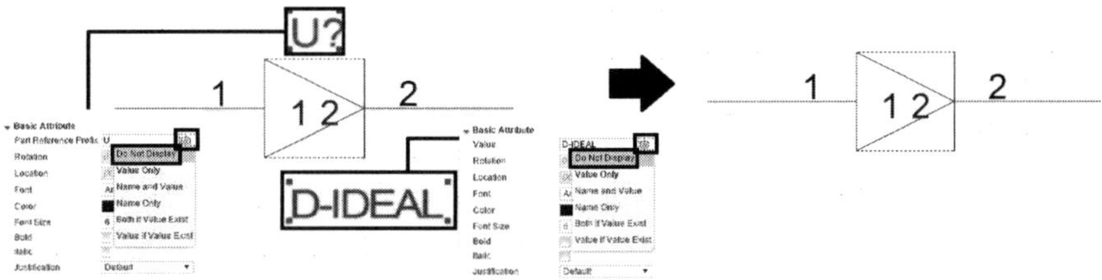

㉢ 핀 설정

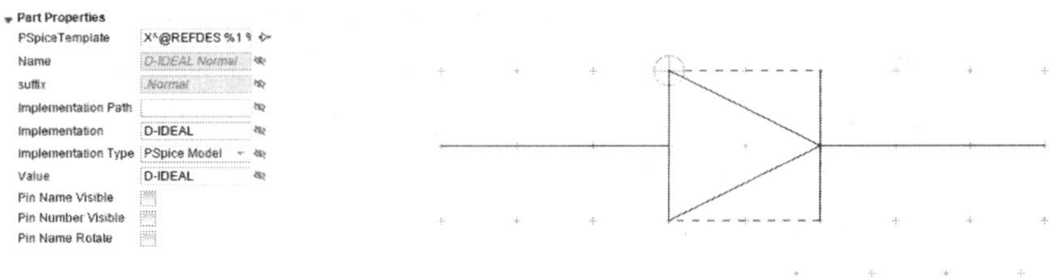

(10) D-IDEAL 심벌 / 핀 설정하기

㉠

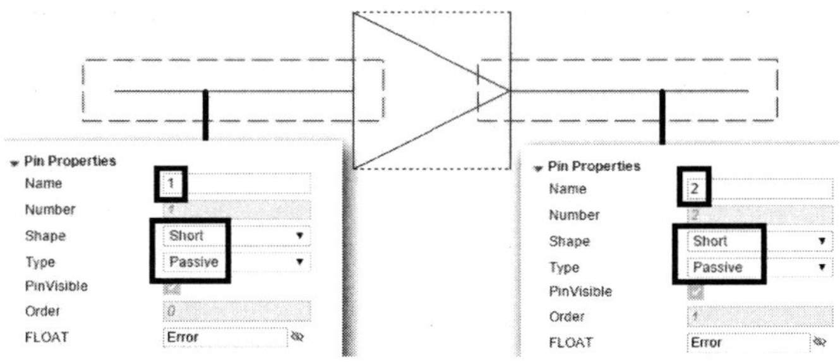

㉡

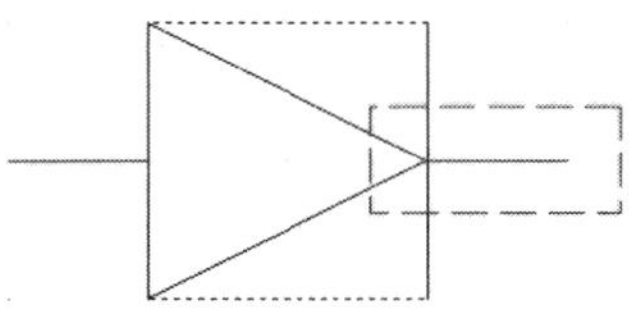

이상적인 다이오드 라이브러리 만들기

(11) 1에 마우스를 두고 오른쪽 마우스 클릭, 2번 저장

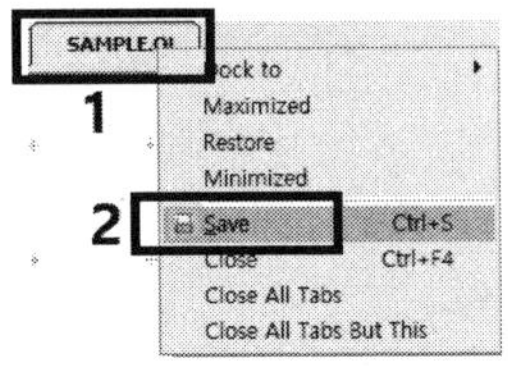

실습 12-5

단상 PWM 인버터 회로이다. Transient Analysis를 40[ms]까지 실행하여, ① 정현파 전압 ② 삼각파 전압 ③ IGBT 게이트 전압 ④ 출력전압 파형을 시뮬레이션 하시오.

[조건] (1) 직류 전압원(VDC) : Vin=220[V]
(2) 교류 정현파 전압원(VSIN) : Vrefa(VOFF=0 VAMPL=0.9 FREQ=60)
Vrefb(VOFF=0 VAMPL=0.9 FREQ=60 PHASE=−120)
(3) 삼각파 전압원(PWMCARTR) : DELAY=0 DT=0.001ms PERIOD=1.190476ms
(4) PWM 신호 발생기(PWM) : V_{pos}=15, N_{pos}=−15
(5) 이상적인 IGBT(IG−IDEAL)
(6) 이상적인 다이오드(D−IDEAL)
(7) 연결핀 : Place port → PORTNO−L
(8) 저항(R) : R=10[Ω]

(1) 회로 구성 및 시뮬레이션 결과

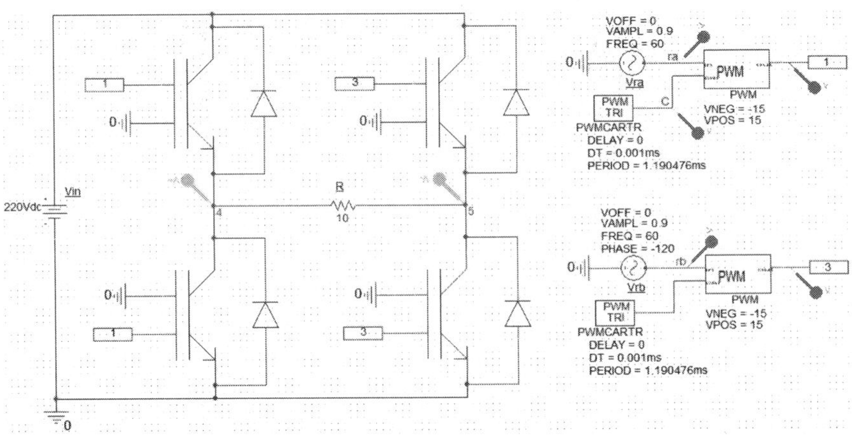

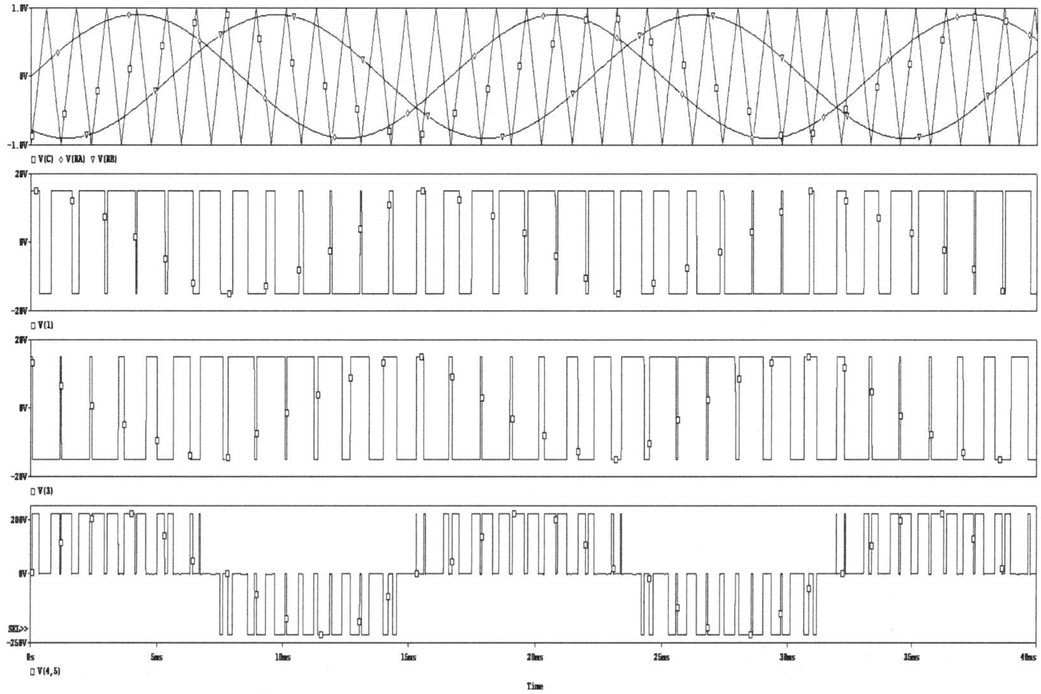

실습 12-6

3상 PWM 인버터 회로이다. 다음 조건일 때 Transient Analysis를 40[ms]까지 실행하여, ① 정현파 전압 ② 삼각파 전압 ③ IGBT 게이트 전압 ④ 저항 Ra상에 걸리는 전압 ⑤ a상과 b상간의 전압 파형을 시뮬레이션 하시오.

[조건] (1) 직류 전압원(VDC) : Vin=220[V]
(2) 교류 정현파 전압원(VSIN) Vrefa(VOFF=0 VAMPL=0.9 FREQ=60)
Vrefb(VOFF=0 VAMPL=0.9 FREQ=60 PHASE=−120)
Vrefc(VOFF=0 VAMPL=0.9 FREQ=60 PHASE=−240)
(3) 삼각파 전압원(PWMCARTR) : DELAY=0 DT=0.001ms PERIOD=1.190476ms
(4) PWM 신호 발생기(PWM) : V_{pos}=15, N_{pos}=−15
(5) 이상적인 IGBT(IG−IDEAL)
(6) 이상적인 다이오드(D−IDEAL)
(7) 연결핀 : Place port → PORTNO−L
(8) 저항(R) : Ra=Rb=Rc=10[Ω]

(1) 회로 구성 및 시뮬레이션 결과

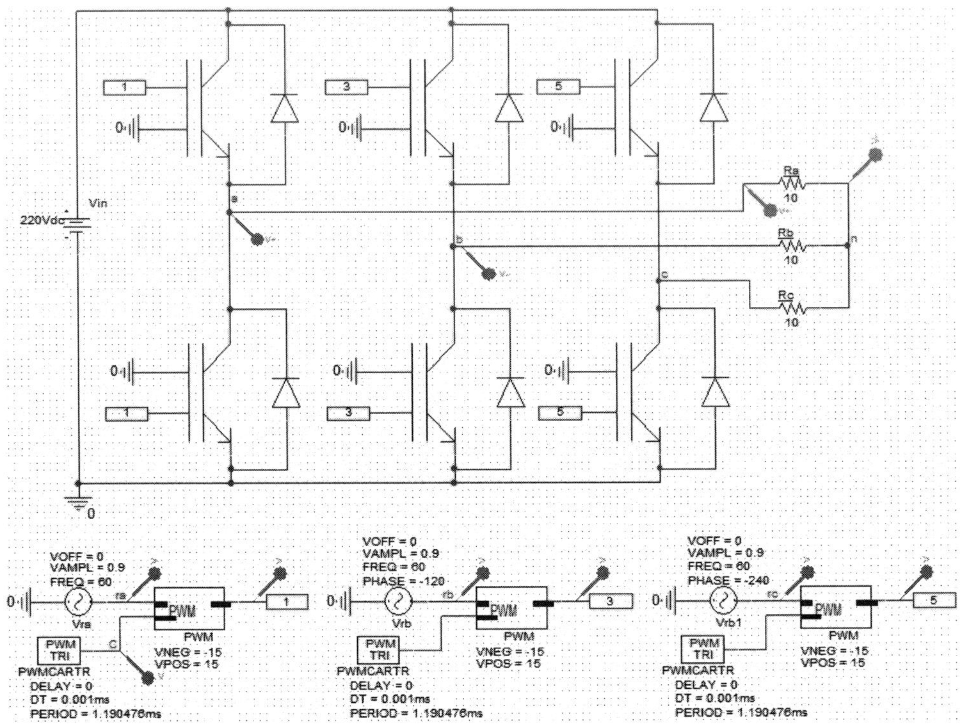

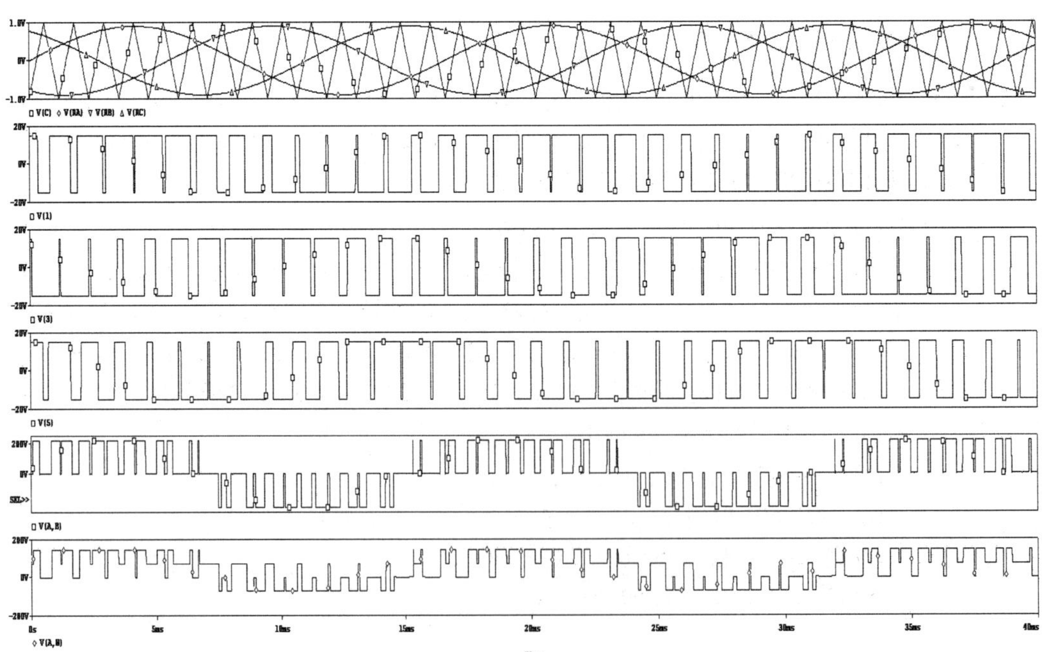

ACIND3P 라이브러리 만들기

```
******************************************************************************************
*C:₩Cadence₩SPB_17.2₩tools₩sample.lib
* Induction Motor Model Library
.subckt ACIND3p p1 p2 p3 shaft shaft_ref  params:
+ Rs=1 Rr=1 M=1mH Ls=1.05mH Lr=1.05mH Jm=50u Bm=1n Wm=0 Th0=0 w0=0
+ Np=2 gamma=2.094395102 v15=1.224744871
+ ph2dq=0.816496580928  ; previously ph2dq=1 dq2ph=2/3
en n 0 value={(v(p1)+v(p2)+v(p3))/3}
rn n 0 1T
eusd usd 0 value={ph2dq*( v(p1,n) - 0.5*v(p2,n) - 0.5*v(p3,n))}
eusq usq 0 value={ph2dq* 0.866025404*( v(p2,n) - v(p3,n) ) }
x usd usdn usq usqn urd urdn urq urqn  shaft shaft_ref acdq4w
+ params: Rs={Rs} Rr={Rr} M={M} Ls={Ls} Lr={Lr}
+ Jm={Jm} Bm={Bm} Wm={Wm} Th0={Th0} w0={w0} Np={Np} ph2dq={ph2dq}
visd usdn 0     ; sense stator current
visq usqn 0     ; sense quadrature component stator  current
vird urd urdn   ; sense rotor current
virq urq urqn   ; sense rotor current quadrature component
gs1 p1 n value={i(visd)*2/(3*ph2dq)}
gs3 p3 n value={(-.5*i(visd)-0.866025404*i(visq))*2/(3*ph2dq) }
gs2 p2 n value={(-.5*i(visd)+0.866025404*i(visq))*2/(3*ph2dq) }
.ends
******************************************************************************************
.subckt ACDQ4W usd1 usd2 usq1 usq2 urd1 urd2 urq1 urq2 shaft shaft_ref
+ params:  Rs=1 Rr=1  M=1mH Lr=1.05mH  Ls=1.05mH Jm=50u  Bm=1n Wm=0  Th0=0
w0=0 Np=2 ph2dq=0.816496580928
Rsr    usd1 101 {Rs}
Lsr    101    102 {Ls-M}
Lmr     102    103 {M}
visd   103    usd2
Rrr    urd1 201 {Rr}
Lrr    201    102 {Lr-M}
ewrr  103    204 value={v(wel)*(M*i(visq)+Lr*i(virq))}
vird  204    urd2
Rsi    usq1 111 {Rs}
Lsi    111    112 {Ls-M}
Lmi     112    113 {M}
visq  113    usq2
Rri    urq1 211 {Rr}
Lri    211    112 {Lr-M}
ewir  113    214 value={-v(wel)*(M*i(visd)+Lr*i(vird))}
```

ACIND3P 라이브러리 만들기

```
virq  214   urq2
gt1 shaft_ref shaft  value={(i(visq)*i(vird)–i(visd)*i(virq))*(2/(3*ph2dq*ph2dq))*M*Np/2}
xload shaft shaft_ref load params: m={Jm} b={Bm} w={Wm} v0={w0}
xel  shaft shaft_ref wel   amprel       params: K={Np/2}      ; electrical velo.
.ends
```

(1) File → New → Library

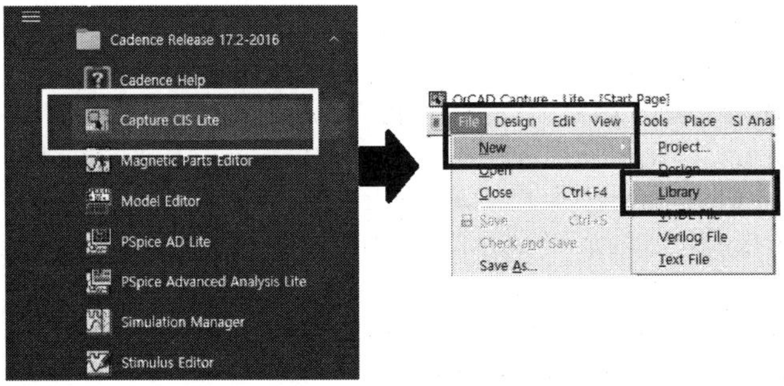

(2) Library를 클릭한 뒤 오른쪽 마우스를 눌러 Cut 실행하여 라이브러리 삭제

(3) Library를 클릭한 뒤 오른쪽 마우스를 눌러 Add File 실행

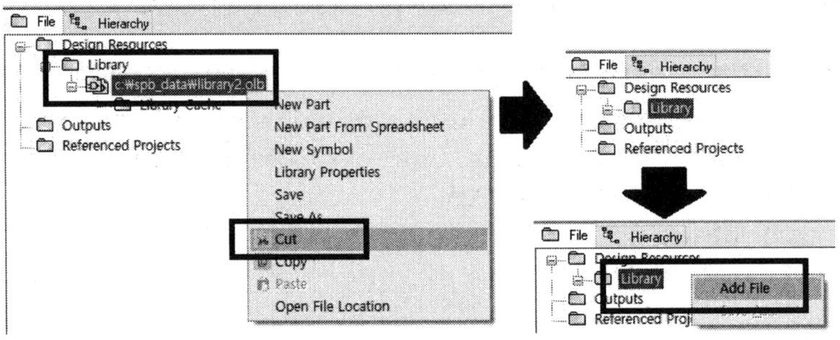

(4) C:₩Cadence₩SPB_17.2₩tools₩₩sample.olb 지정 → 열기

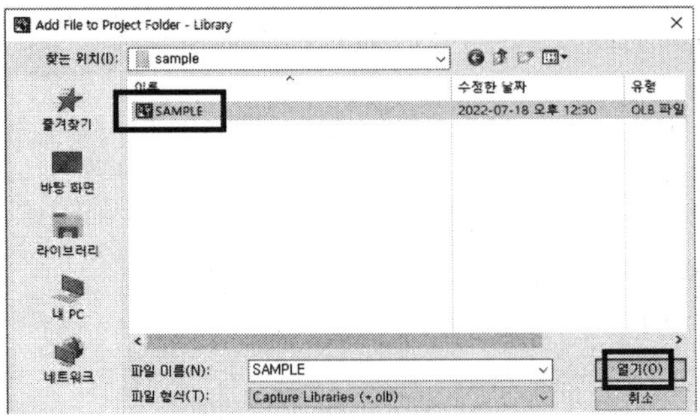

ACIND3P 라이브러리 만들기

(5) 1을 더블 클릭하면 sample.olb에 지정된 라이브러리 목록이 나온다. 2를 더블클릭

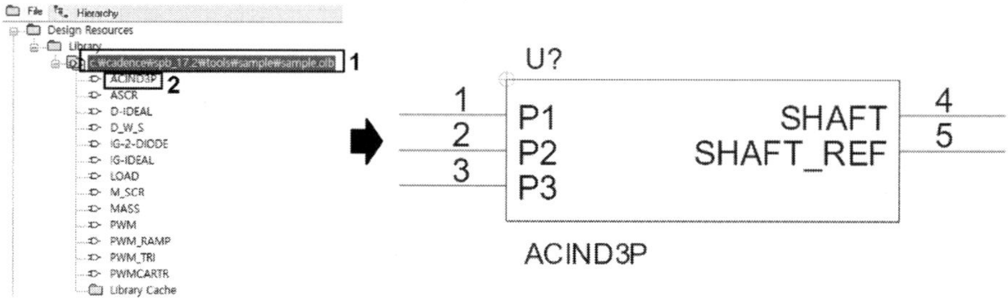

(7) 직사각형을 선택한 뒤(1번) Delete키를 눌러 삭제

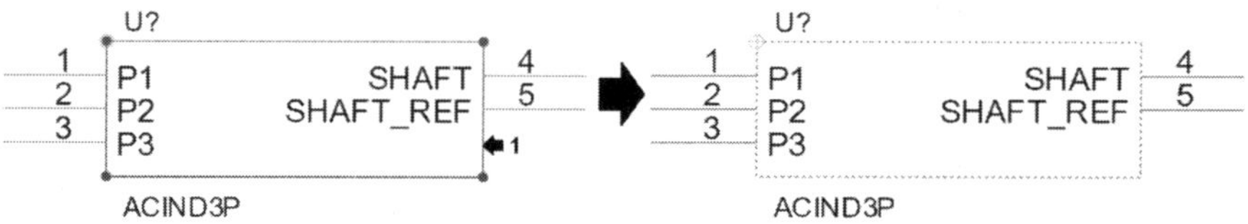

(8) 점선으로 된 직사각형의 안쪽을 더블클릭하면 그림처럼 메뉴창이 뜨고 그곳에서 pin numbers visible의 체크를 지우면(1번) 오른쪽 그림처럼 숫자가 없어진다.

(9) U? 안보이게 하기 (1번 클릭, 2번 클릭하고 3번 체크)

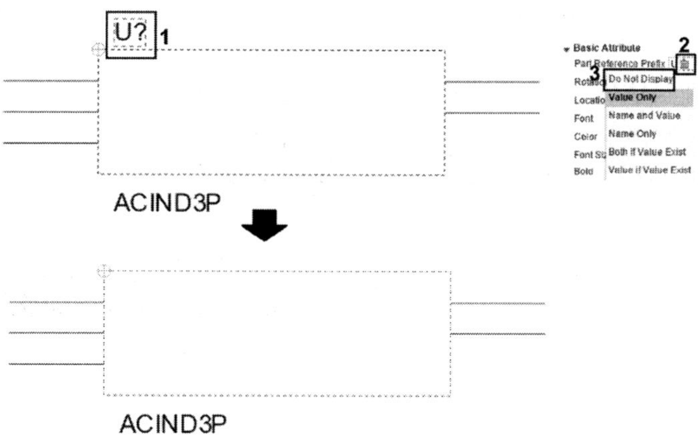

ACIND3P 라이브러리 만들기

(10) 그리기 도구(1번)로 원을 그리고 그리기 도구(2번)으로 IM을 폰트 크기 12(3번)으로 설정하여 그린다. (그림이나 폰트의 크기는 사용자가 임의로 정하면 됨)

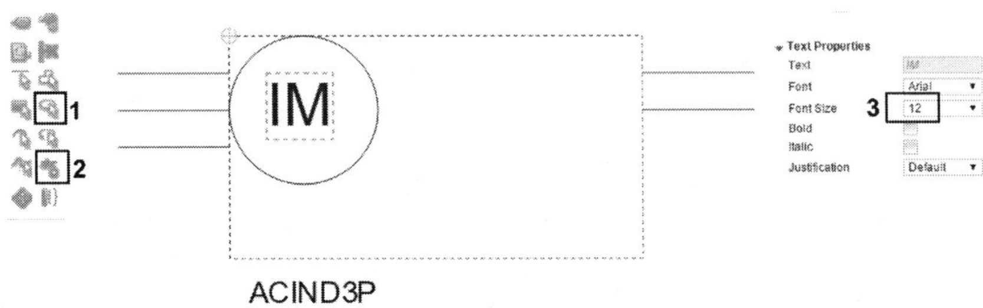

(11) 1번을 누른 상태에서 2번까지 설정

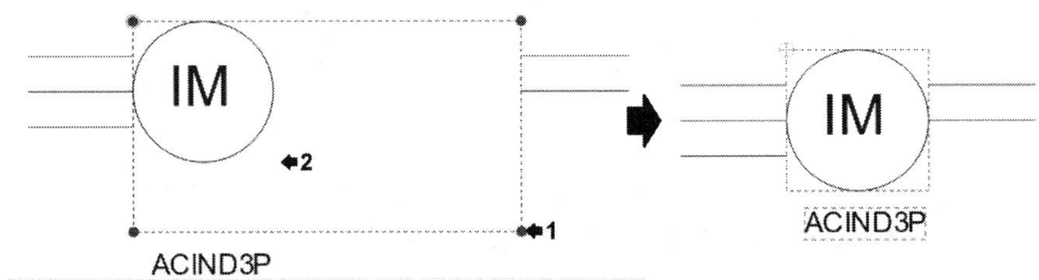

(12) Pin Properties를 참조로 짧은 선인 Short을 사용하고, PWM은 수동소자이므로 Passive를 사용하여 1번, 2번, 3번, 4번, 5번핀에 적용. (1번을 더블블릭하여 2번처럼 설정)

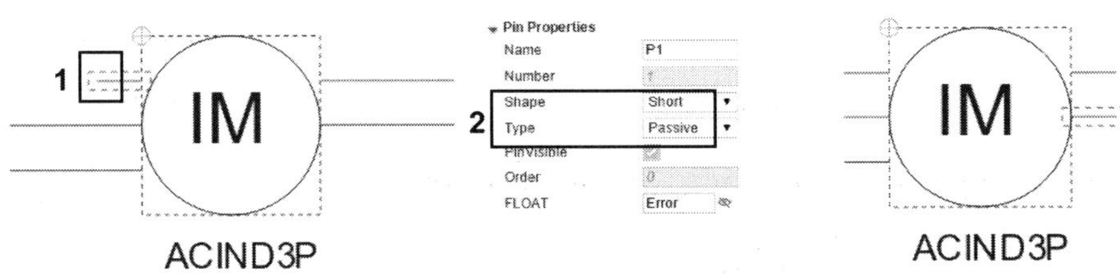

(13) 1번에 마우스를 두고 오른쪽 마우스 클릭한 뒤 Save

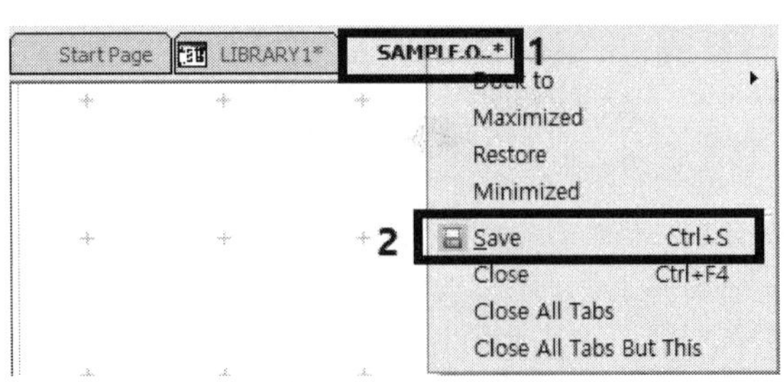

MASS 라이브러리 만들기

```
*****************************************************************************
*C:₩Cadence₩SPB_17.2₩tools₩sample.lib
*------------------------------------------------------------------------------
* MASS : Mass (1 node)
* input node 1
* parameter : m : mass
*           v0 : initial velocity
*
.SUBCKT MASS 1 params: m=1 v0=0
v 1   101        ; dummy voltage source, which improves the accuracy
r1 1 0  1T
R 101 0 1T       ; dummy resistance to avoid floating node
C 101 0 {m} ic={v0}
.ENDS
*$
*****************************************************************************
```

(1) File → New → Library

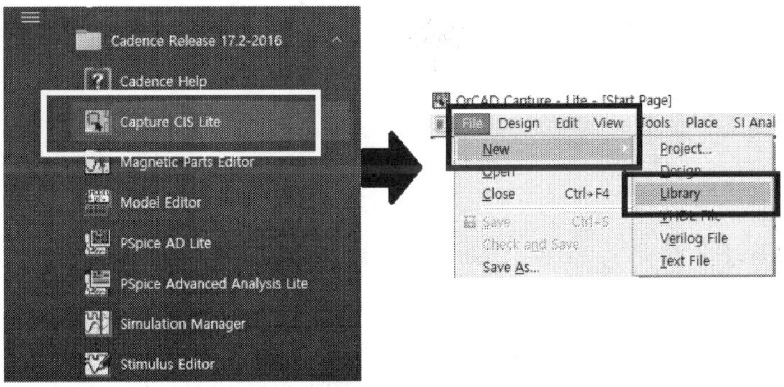

(2) Library를 클릭한 뒤 오른쪽 마우스를 눌러 Cut 실행하여 라이브러리 삭제

(3) Library를 클릭한 뒤 오른쪽 마우스를 눌러 Add File 실행

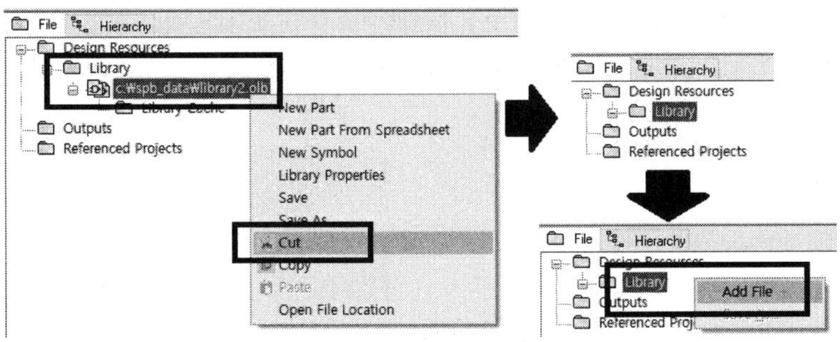

MASS 라이브러리 만들기

(4) C:₩Cadence₩SPB_17.2₩tools₩₩sample.olb 지정 → 열기

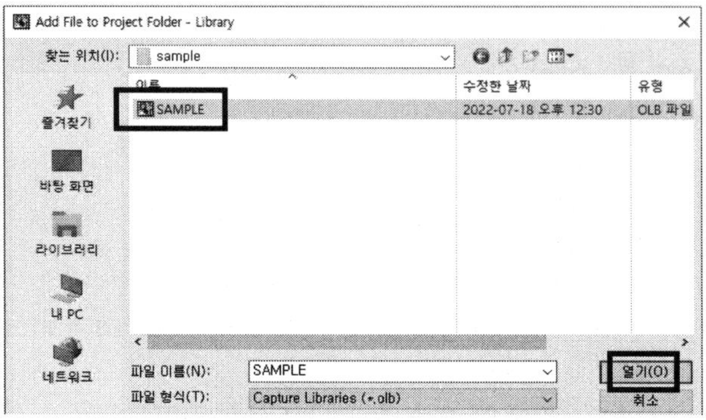

(5) 1을 더블 클릭하면 sample.olb에 지정된 라이브러리 목록이 나온다. 2를 더블클릭

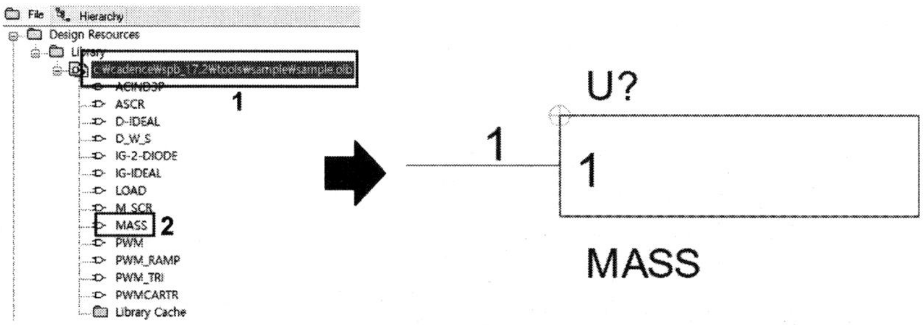

(7) 직사각형을 선택한 뒤(1번) Delete키를 눌러 삭제

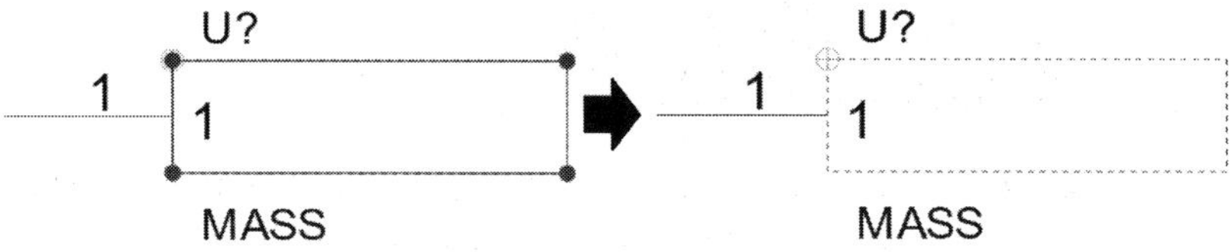

(8) 점선으로 된 직사각형의 안쪽을 더블클릭하면 그림처럼 메뉴창이 뜨고 그곳에서 pin numbers visible의 체크를 지우면(1번) 오른쪽 그림처럼 숫자가 없어진다.

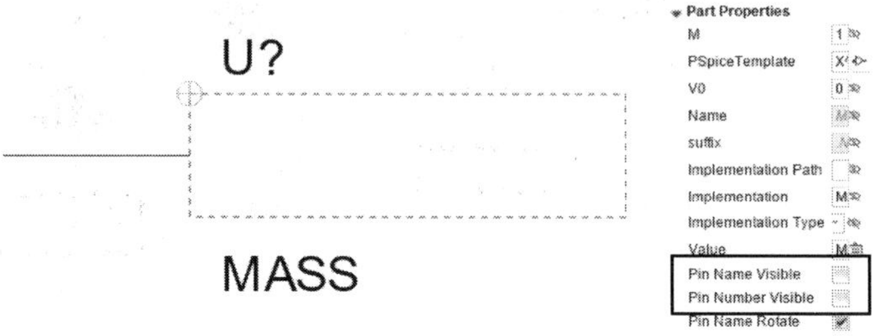

MASS 라이브러리 만들기

(9) U? 안보이게 하기 (1번 클릭, 2번 클릭하고 3번 체크)

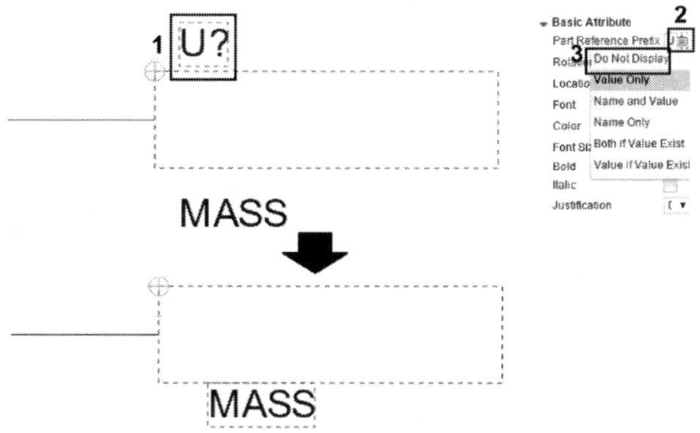

(10) 그리기 도구(1번)로 직사각형을 그리고, 그리기 도구(2번)으로 MASS을 폰트 크기 12(2번)으로 설정하여 그린다. (그림이나 폰트의 크기는 사용자가 임의로 정하면 됨)

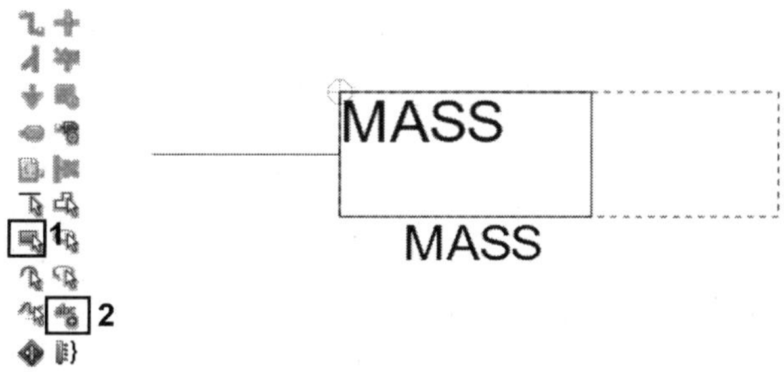

(11) 1번을 누른 상태에서 2번까지 설정

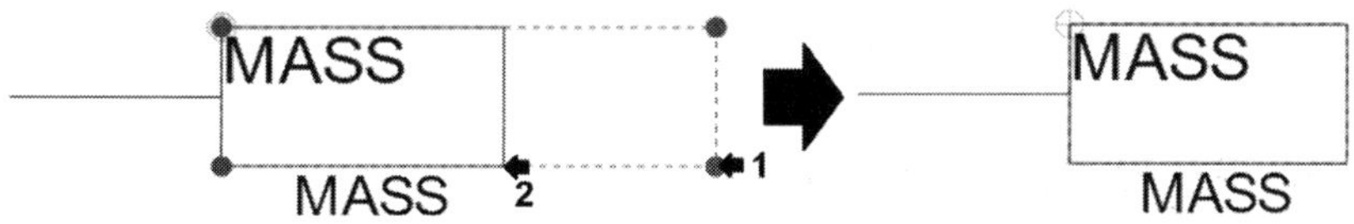

(12) Pin Properties를 참조로 짧은 선인 Short을 사용하고, MASS는 수동소자이므로 Passive를 사용하여 1번핀에 적용. (1번을 클릭 → 설정)

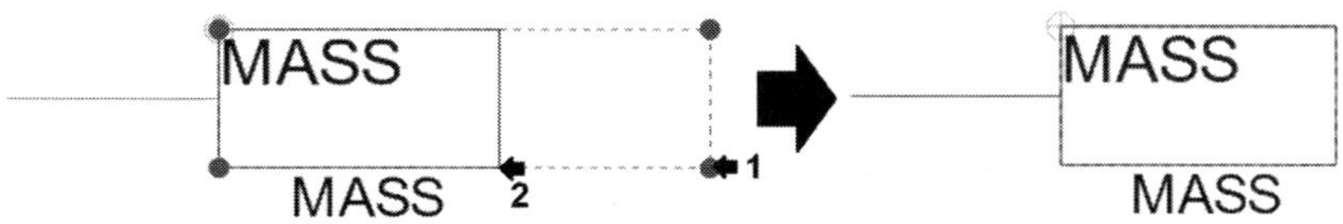

MASS 라이브러리 만들기

(13) 1번에 마우스를 두고 오른쪽 마우스 클릭한 뒤 Save

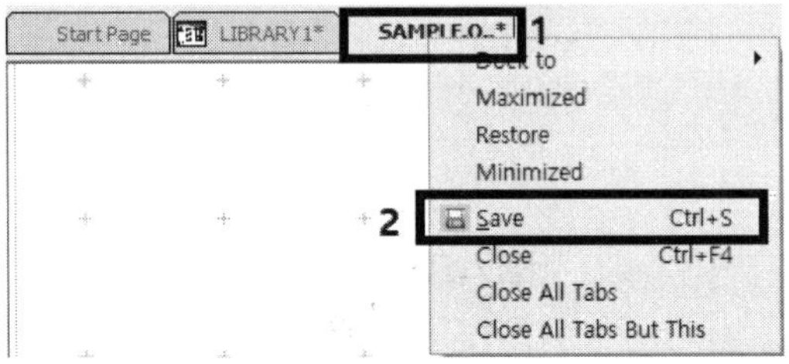

실습 12-7

3상 유도 전동기에 3상 교류 전압을 인가했을 때의 회로이다. 다음 조건일 때 Transient Analysis를 800[ms]까지 실행하여, ① 3상 입력 전압 ② 속도를 시뮬레이션 하시오.

[조건] (1) 교류 정현파 전압원(VSIN) : Va(VOFF=0 VAMPL=220 FREQ=60)
Vb(VOFF=0 VAMPL=220 FREQ=60 PHASE=−120)
Vc(VOFF=0 VAMPL=220 FREQ=60 PHASE=−240)
2) 3상 유도 전동기(ACIND3P)
RS=1[Ω], RR=1[Ω], M=1[mH], LS=1.05[mH], LR=1.05[mH],
JM=50U,BM=1N, WM=0, TH0=0 W0=0 NP=2, V15=1.224744871
GAMMA=2.094395102, PH2DQ=0.816496580928
(3) 부하(MASS) : 중량 M=0.01 초기속도 V0=0

(1) 회로 구성 및 시뮬레이션 결과

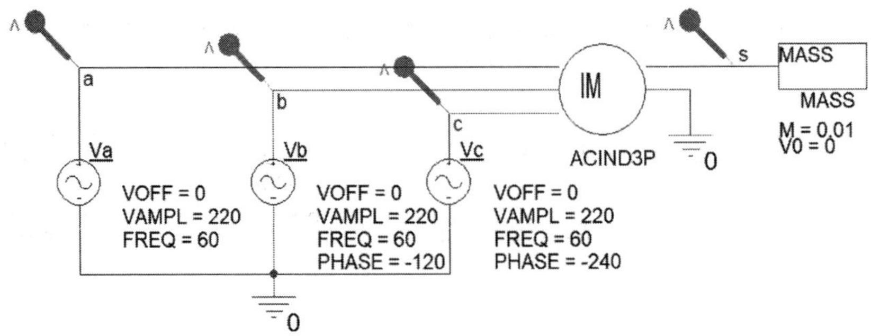

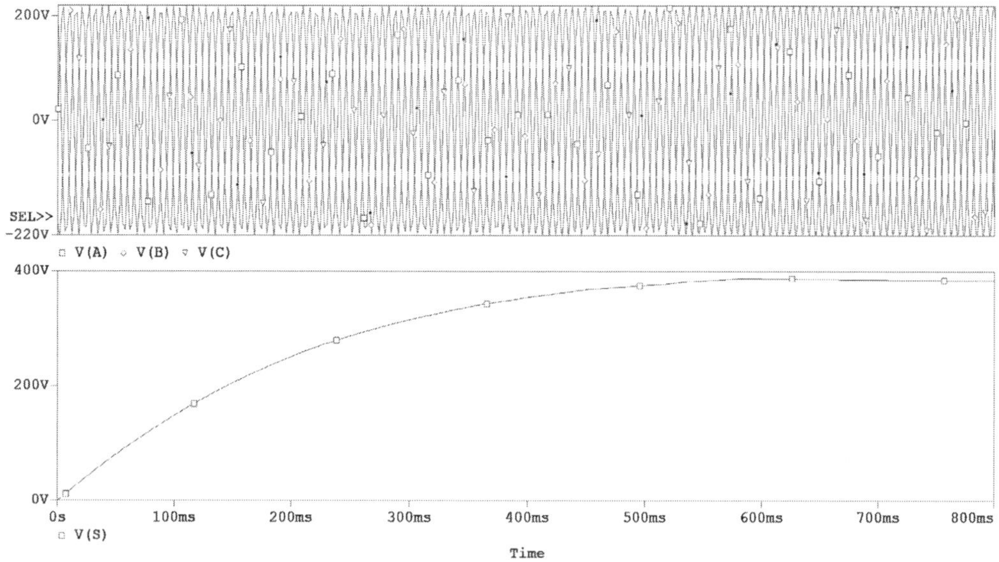

실습 12-8

3상 PWM 인버터 회로에 3상 유도 전동기를 부하로 사용했을 때의 회로이다. 다음 조건일 때 Transient Analysis를 60[ms]까지 실행하여, a상 전류 파형을 시뮬레이션 하시오.

[조건] (1) 직류 전압원(VDC) : Vin=220[V], V1=0[V]
(2) 교류 정현파 전압원(VSIN) : Va(VOFF=0 VAMPL=220 FREQ=60)
Vb(VOFF=0 VAMPL=220 FREQ=60 PHASE=−120)
Vc(VOFF=0 VAMPL=220 FREQ=60 PHASE=−240)
(3) 3상 유도 전동기(ACIND3P/SAMPLE)
RS=1[Ω], RR=1[Ω], M=1[mH], LS=1.05[mH], LR=1.05[mH],
JM=50U,BM=1N, WM=0, TH0=0 W0=0 NP=2, V15=1.224744871
GAMMA=2.094395102, PH2DQ=0.816496580928
(4) 부하(MASS) : 중량 M=0.01 초기속도 V0=0
(5) 삼각파 전압원(PWMCARTR) : DELAY=0 DT=0.001ms PERIOD=1.190476ms
(6) PWM 신호 발생기(PWM) : V_{pos}=15, N_{pos}=−15
(7) 이상적인 IGBT(IG−IDEAL)
(8) 이상적인 다이오드(D−IDEAL)
(9) 연결핀 : Place port → PORTNO−L

(1) 회로 구성 및 시뮬레이션 결과

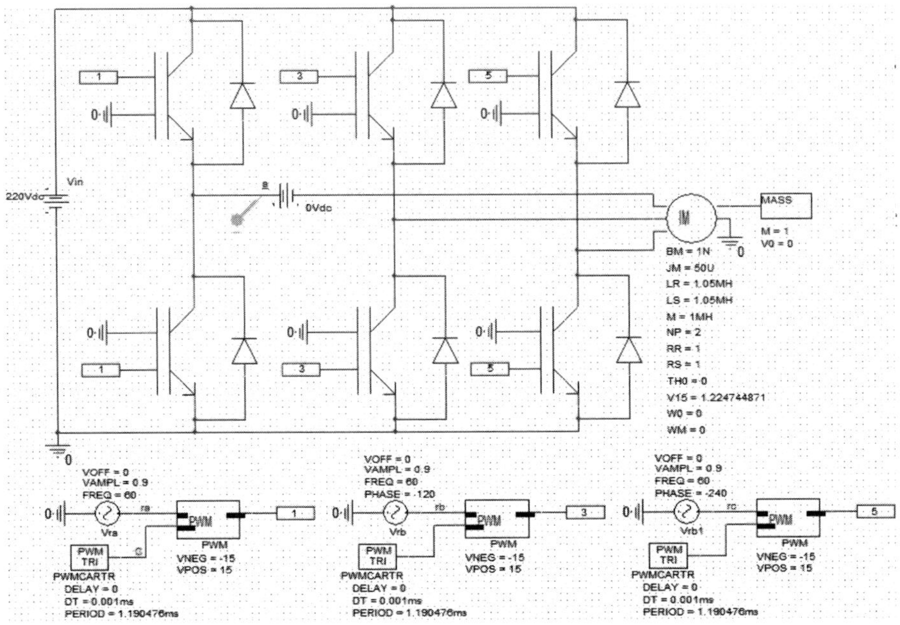

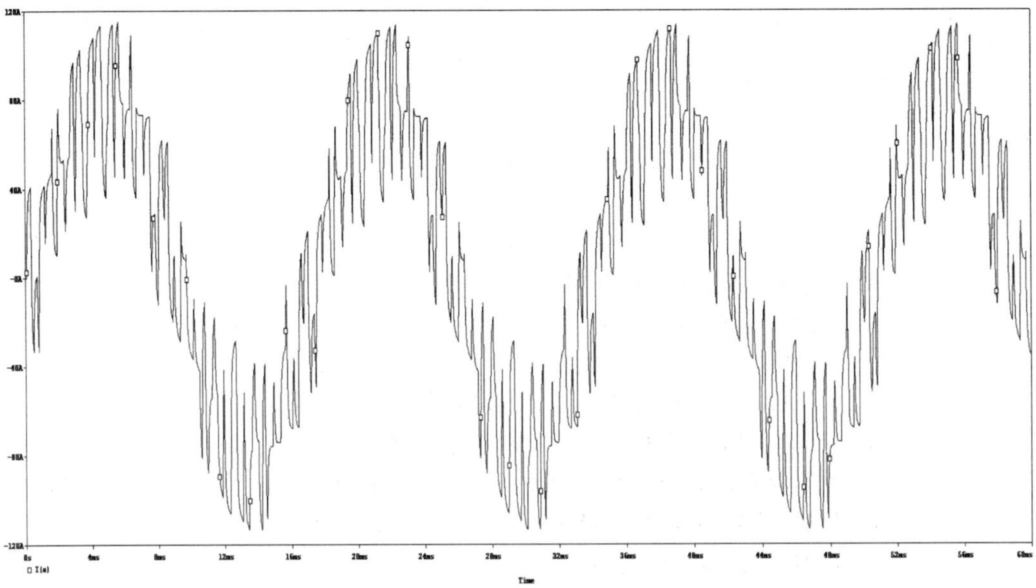

실습 12-9

그림의 유도 전동기의 등가회로에서 슬립 s를 0.1, 0.25, 0.5, 0.75으로 주파수는 0.01[Hz]~100[Hz]로 변경했을 때 토크-속도 특성곡선을 구하는 회로이다. 다음 조건일 때 AC Analysis를 수행하라.

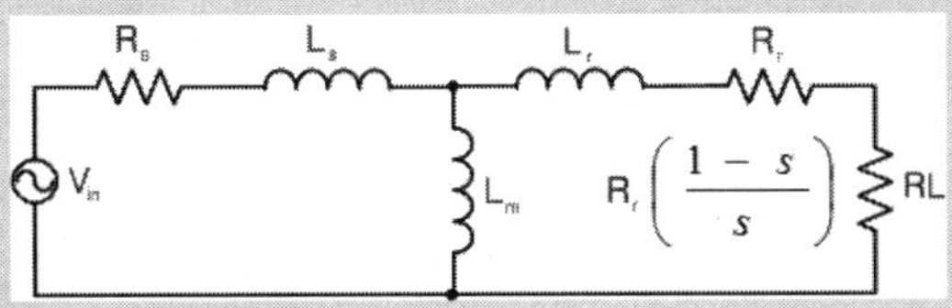

[조건] (1) AC 전압원(VAC) : Vin=ACMAG=170Vac

(2) 저항(R) : Rs=Rr= 0.42[Ω], 등가부하저항 $\mathrm{RL} = \mathrm{R_r}\left(\frac{1-\mathrm{s}}{\mathrm{s}}\right)$[Ω]

(3) 리액턴스(L) : Ls=Lr=2.18[mH], Lm=58.36[mH]

(4) PARAM : Rr = 0.42, slip=0.05

(1) 회로 구성 및 시뮬레이션 결과

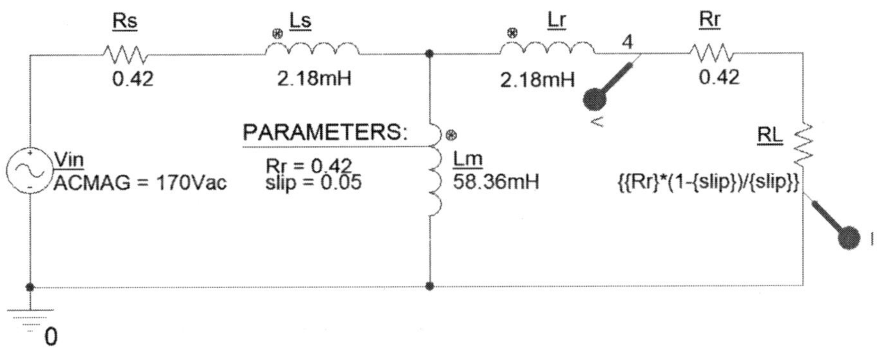

– AC Analysis 조건

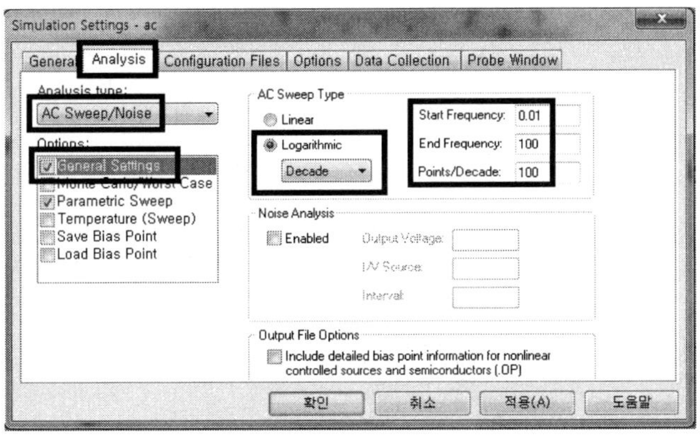

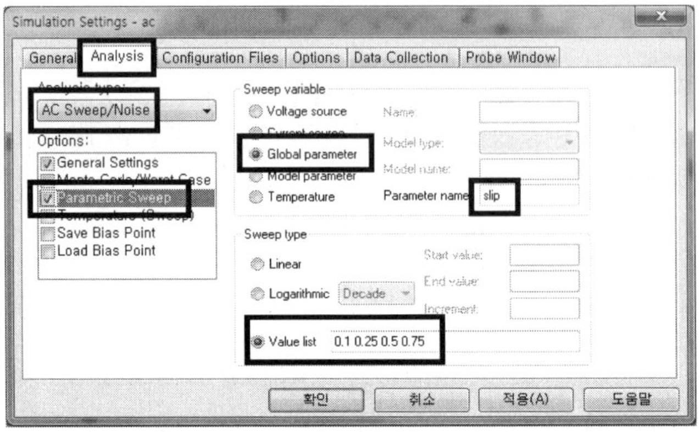

– 파형 창이 나타나면 아래 그림과 같이 Trace메뉴에서 Add Trace를 지정하여, V(4)*I(RL)/2/(2*3.14*Frequency)을 입력한다.

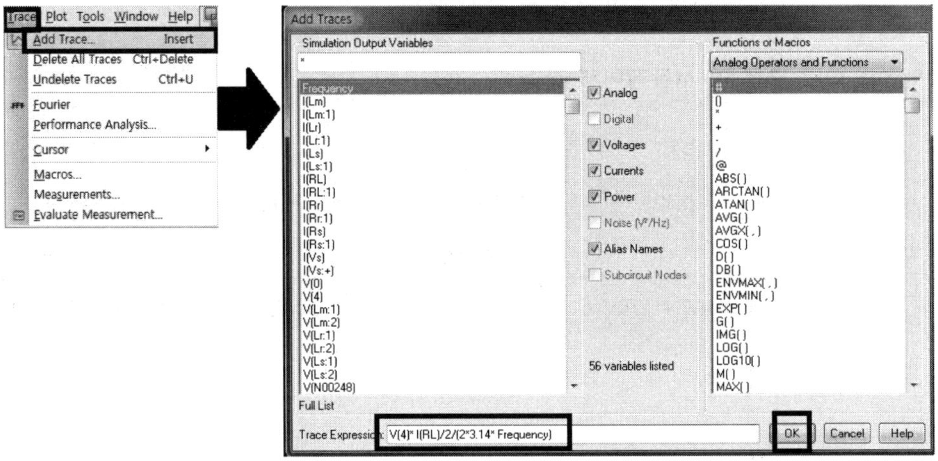

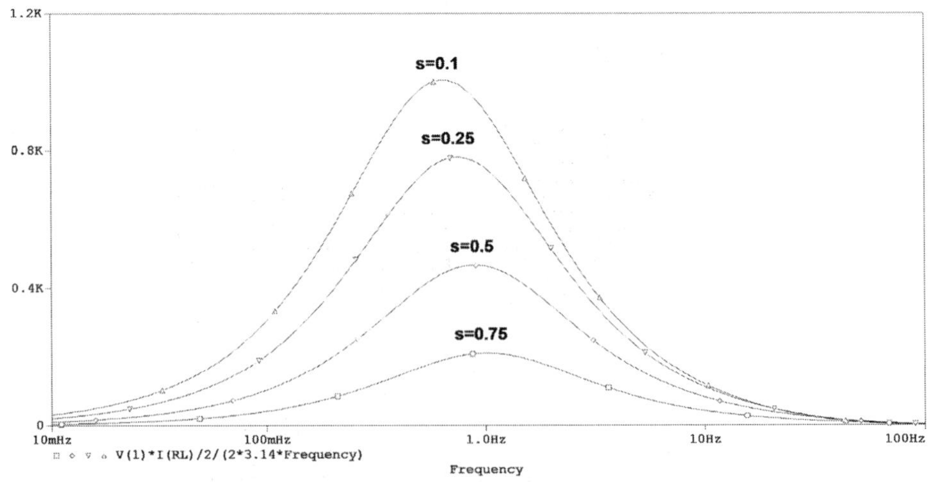

실습 12-10

유도 전동기의 등가회로에서 회전자 저항 $R_s = R_r$은 0.1[Ω], 0.2[Ω], 0.3[Ω], 0.42[Ω]으로 주파수는 0.01[Hz]~100[Hz]로 변경했을 때 토크-속도 특성곡선을 구하는 회로이다. 다음 조건일 때 AC Analysis를 수행하라.

[조건] (1) AC 전압원(VAC) : Vin=ACMAG=170Vac

(2) 저항(R) : Rs=Rr={res}[Ω], 등가부하저항 $RL = \{res\}\left(\frac{1-s}{s}\right)$[Ω]

(3) 리액턴스(L) : Ls=Lr=2.18[mH], Lm=58.36[mH]

(4) PARAM : res = 0.42, slip=0.1

(1) 회로 구성 및 시뮬레이션 결과

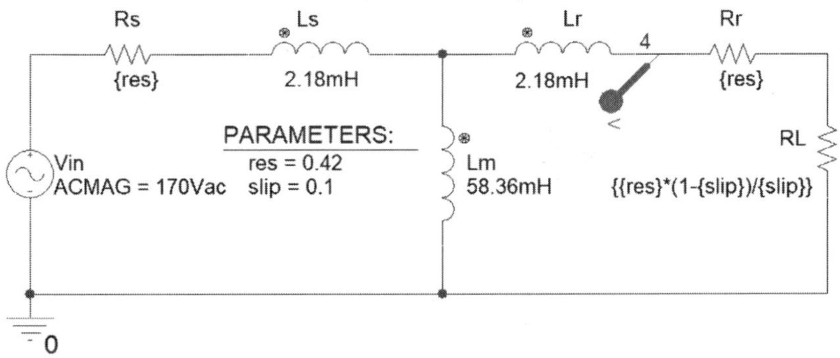

– AC Analysis 조건

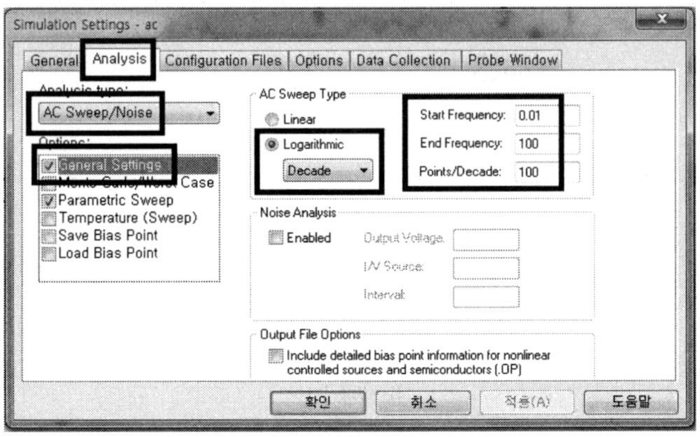

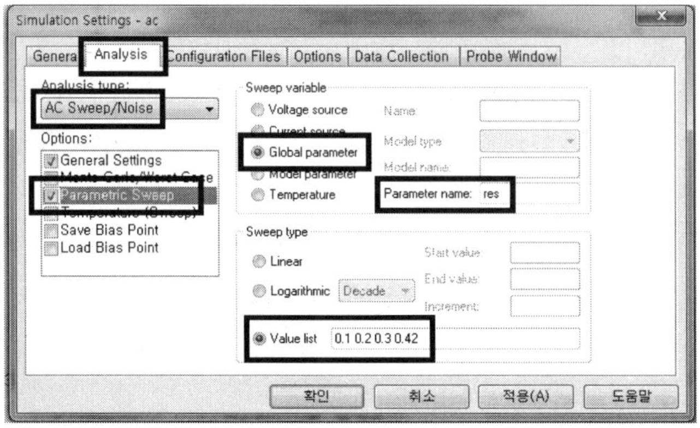

– 파형 창이 나타나면 아래 그림과 같이 Trace메뉴에서 Add Trace를 지정하여, V(4)*I(RL)/2/(2*3.14*Frequency)을 입력한다.

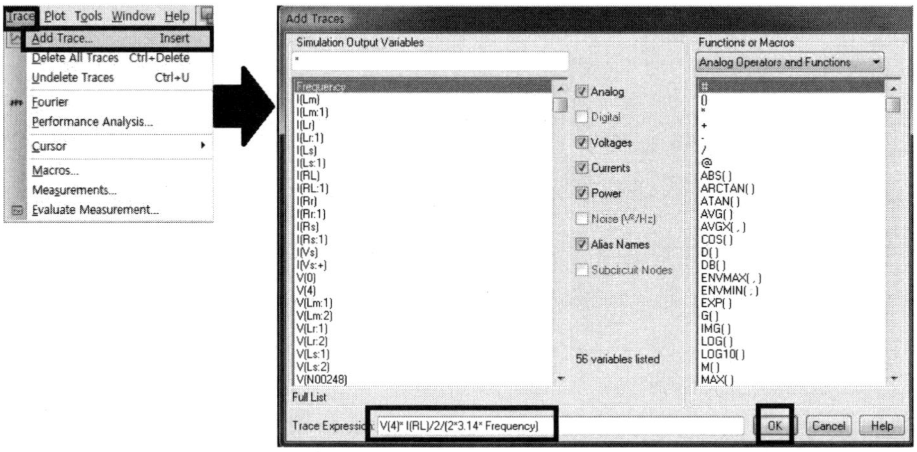

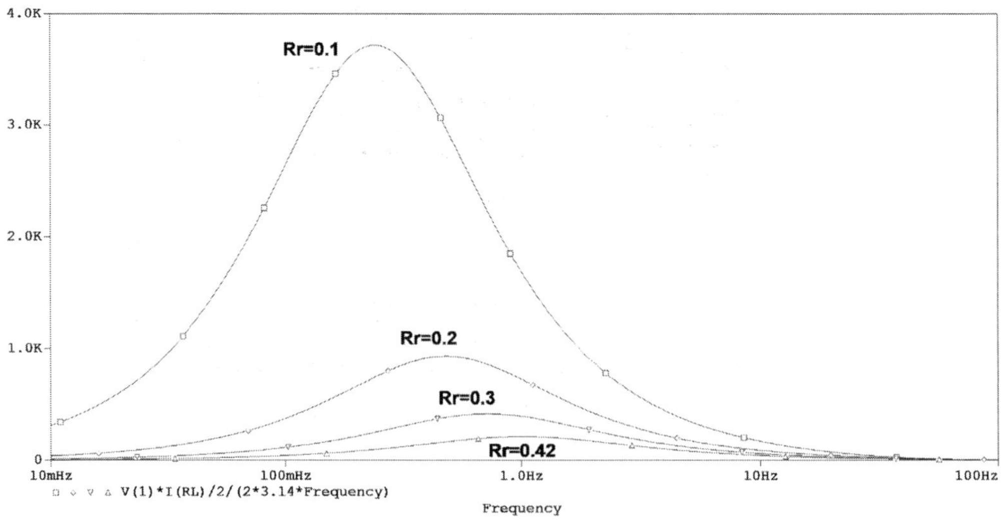

```
*___________________________________________
*C:₩Cadence₩SPB_17.2₩tools₩sample.lib
* 3상 전원
*___________________________________________
.subckt NET3PY p1 p2 p3 n params: V=220 f=60
v1 p1 n sin( 0 {V*sqrt(2.)} {f} 0 0 0)
v2 p2 n sin( 0 {V*sqrt(2.)} {f} 0 0 -120)
v3 p3 n sin( 0 {V*sqrt(2.)} {f} 0 0 -240)
.ends
*___________________________________________
```

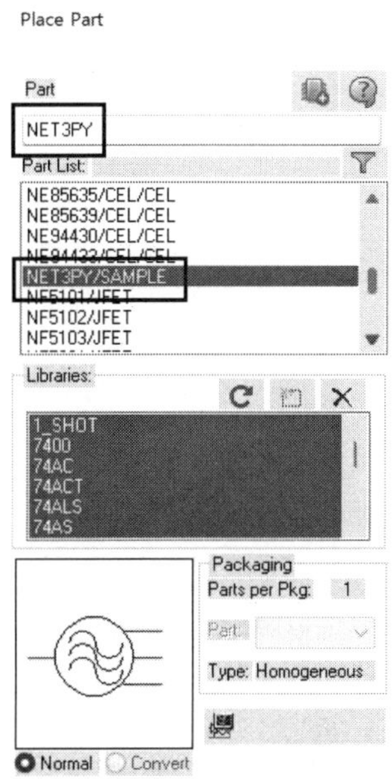

실습 12-11

그림 5-33의 회로에서 3상 입력전압의 조건이 아래와 같을 때, Transient Analysis를 40[ms]까지 실행하여, ① 3상 입력 전압 ② 출력전압 ③ 각 상에 흐르는 전류를 시뮬레이션 하시오.

[조건] (1) 3상전원(NET3PY) : 실효전압=220[V], f=60[Hz]
(2) 저항(R) : R=10[Ω]
(3) 다이오드(power_Dbreak)

(1) 회로 구성 및 시뮬레이션 결과

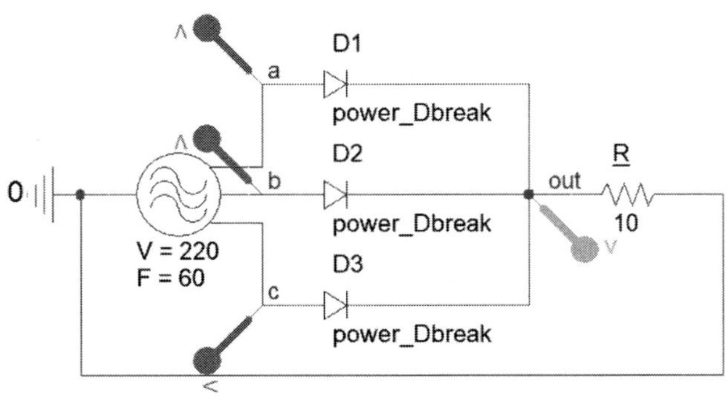

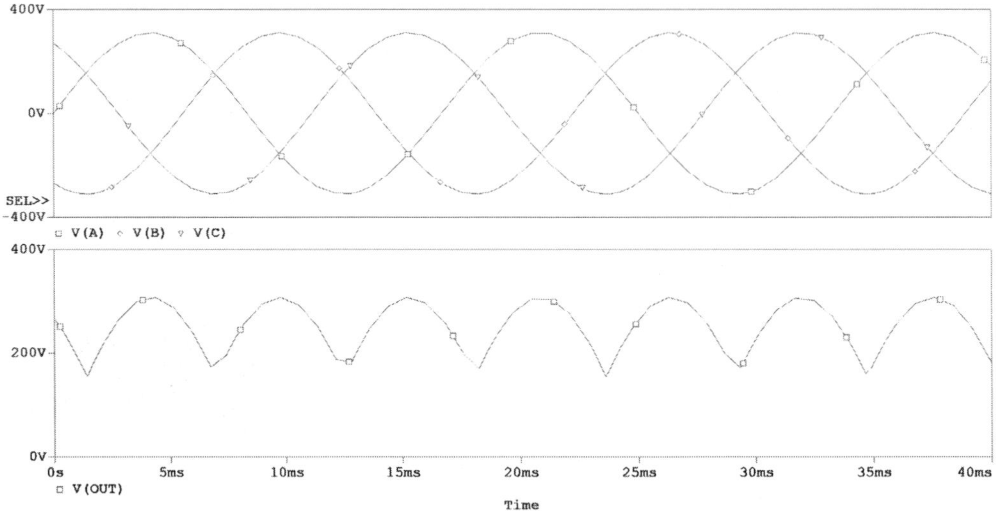

※ 회로도를 그릴 때 간격이 맞지 않을 때 간격을 조정하는 방법

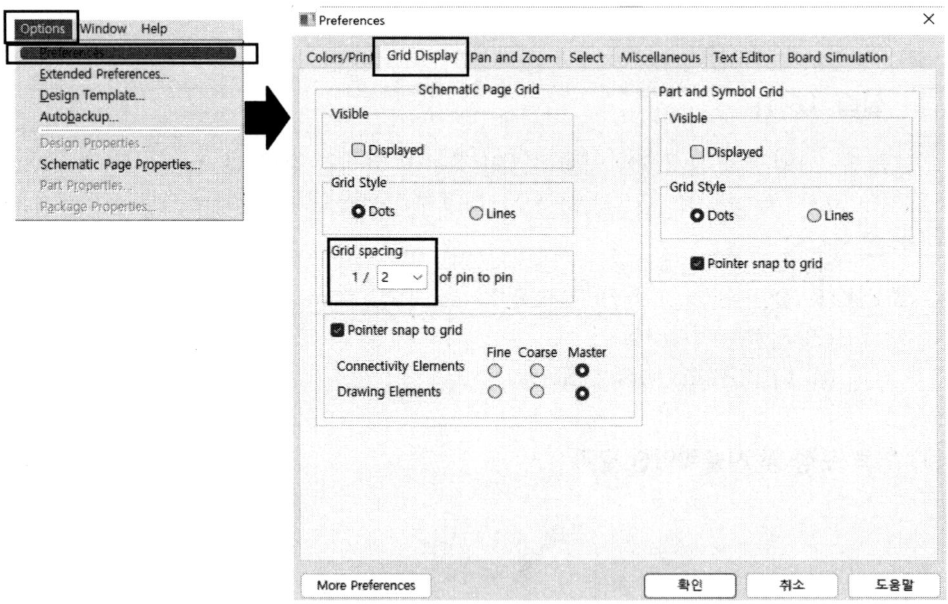

CHAPTER 13

디지털 논리회로

1 디지털 전압원

소자명	기능	심벌
STIM1	Digital Stimulus – Single Node	DSTM1 S1
STIM4	Digital Stimulus – 4 bit	DSTM1 S4
STIM8	Digital Stimulus – 8 bit	DSTM1 S8
STIM16	Digital Stimulus – 16 bit	DSTM1 S16
FileStim1	File Digital Stimulus – Single Node	DSTM1 F1 FILENAME = SIGNAME =
FileStim2	File Digital Stimulus – 2 bit	DSTM1 F2 FILENAME = SIGNAME =
FileStim4	File Digital Stimulus – 4 bit	DSTM1 F4 FILENAME = SIGNAME =
FileStim8	File Digital Stimulus – 8 bit	DSTM1 F8 FILENAME = SIGNAME =
FileStim16	File Digital Stimulus – 16 bit	DSTM1 F16 FILENAME = SIGNAME =
FileStim32	File Digital Stimulus – 32 bit	DSTM1 F32 FILENAME = SIGNAME =

2 디지털 클럭 전압원

소자명	기능	심벌
DigStim1	Digital Clock Stimulus – Single Node	DSTM1 S1 Implementation =
DigStim2	Digital Clock Stimulus – 2 bit	DSTM1 S2 Implementation =
DigStim4	Digital Clock Stimulus – 4 bit	DSTM1 S4 Implementation =

소자명	기능	심벌
DigStim8	Digital Clock Stimulus - 8 bit	DSTM1 S8 Implementation =
DigStim16	Digital Clock Stimulus - 16 bit	DSTM1 S16 Implementation =
DigStim32	Digital Clock Stimulus - 32 bit	DSTM1 S32 Implementation =

3 AND 게이트 회로

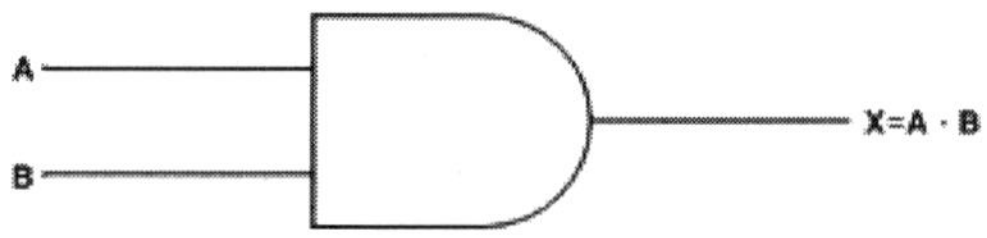

그림 13-1 AND 게이트

AND 연산은 논리곱 연산이라고 부르며, 입력 부울 변수를 A, B라 하고 출력 함수를 X라 한다면 다음과 같은 부울식으로 정의된다.

$$X = A \cdot B$$

입 력		출 력
A	B	X = A · B
0	0	0
0	1	0
1	0	0
1	1	1

실습 13-1

그림 13-1의 AND 게이트 회로에서, 다음 조건일 때 Transient Analysis를 40[μs]까지 실행하여, ① 입력 ② 출력 파형을 시뮬레이션 하시오.

[조건] (1) 1비트 디지털 입력(STIM1)

DSTM1 : 0[μs] 0, 9[μs] 1, 18[μs] 0, 27[μs] 1, 36[μs] 0

DSTM2 : 0[μs] 0, 3[μs] 1, 12[μs] 0, 21[μs] 1, 33[μs] 0

(2) 2입력 AND 게이트(7408)

(3) 연결핀 : Place port → PORTNO-L

(1) 회로 구성 및 시뮬레이션 결과

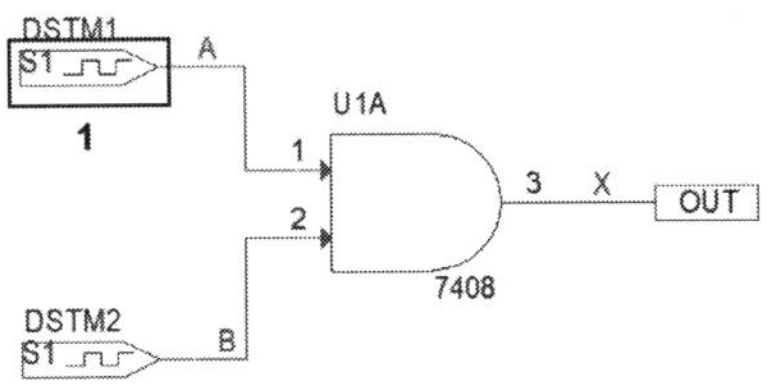

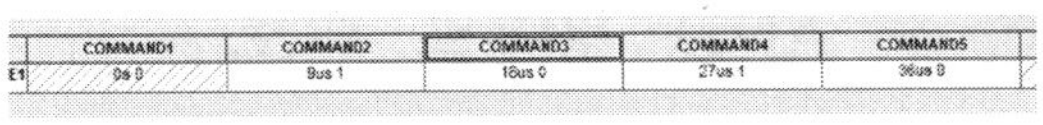

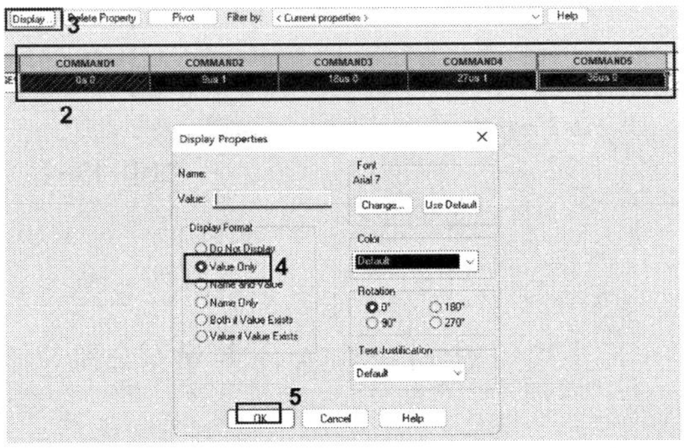

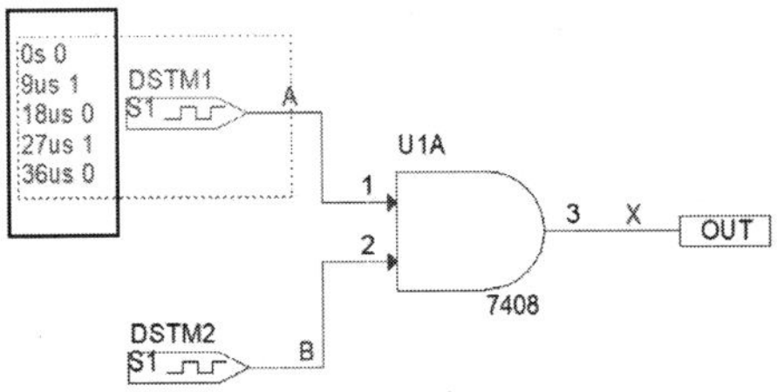

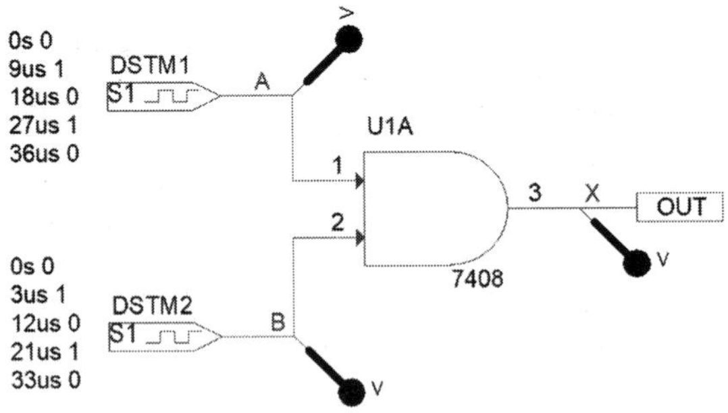

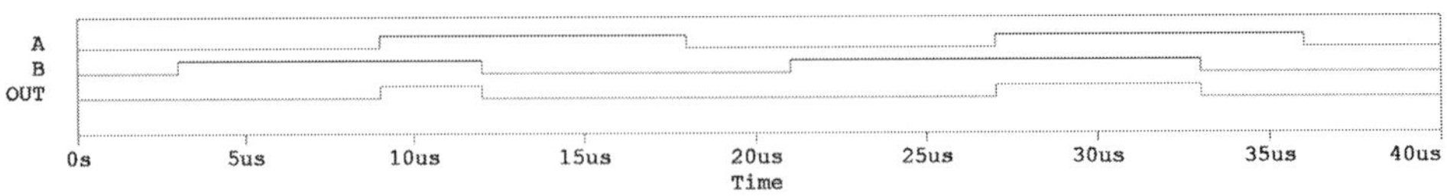

4 OR 게이트 회로

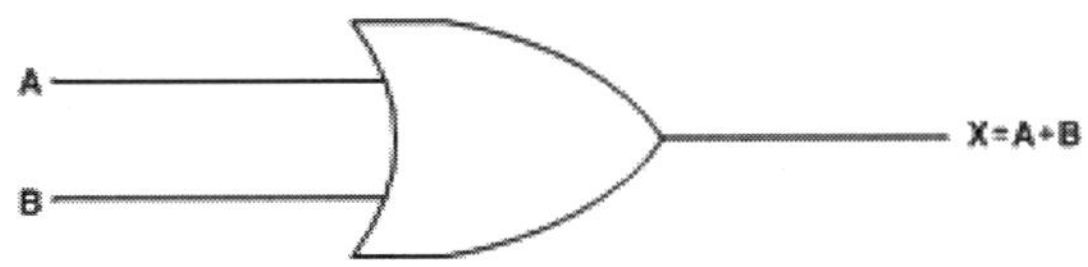

그림 13-2 OR 게이트

논리합 연산은 OR 연산이라고 하며, 두 입력 A, B에 대하여 출력 X는 다음과 같다.

$$X = A + B$$

입 력		출 력
A	B	X = A + B
0	0	0
0	1	1
1	0	1
1	1	1

실습 13-2

그림 13-2의 OR 게이트 회로에서, 다음 조건일 때 Transient Analysis를 40[μs]까지 실행하여, ① 입력 ② 출력 파형을 시뮬레이션 하시오.

[조건] (1) 1비트 디지털 입력(STIM1)
DSTM1 : 0[μs] 0, 6[μs] 1, 15[μs] 0, 24[μs] 1, 33[μs] 0
DSTM2 : 0[μs] 1, 9[μs] 0, 18[μs] 1, 30[μs] 0
(2) 2입력 AND 게이트(7432)
(3) 연결핀 : Place port → PORTNO-L

(1) 회로 구성 및 시뮬레이션 결과

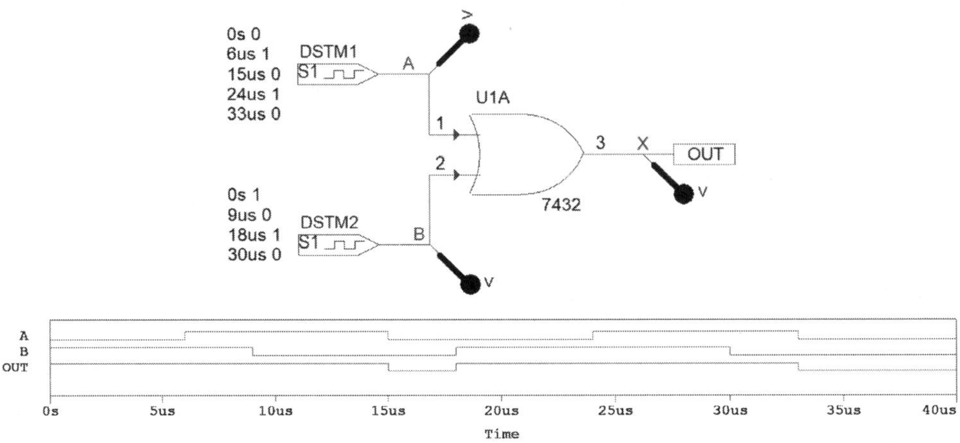

5 NOT 게이트 회로

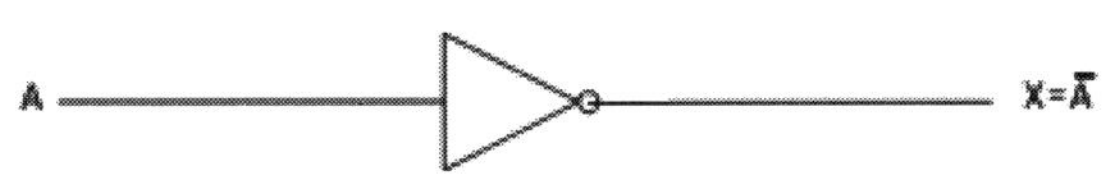

그림 13-3 NOT 게이트

NOT 연산은 부정 연산으로 정의한 논리 연산으로 입력 부울 변수를 A라 하고 출력을 X라 하면 다음과 같이 정의된다.

$$X = \overline{A}$$

입 력	출 력
A	$X = \overline{A}$
0	1
1	0

실습 13-3

그림 13-3의 NOT 게이트 회로에서, 다음 조건일 때 Transient Analysis를 40[μs]까지 실행하여, ① 입력 ② 출력 파형을 시뮬레이션 하시오.

[조건] (1) 1비트 디지털 입력(STIM1)

DSTM1 : 0[μs] 0, 6[μs] 1, 15[μs] 0, 24[μs] 1, 33[μs] 0

(2) 2입력 AND 게이트(7404)

(3) 연결핀 : Place port → PORTNO-L

(1) 회로 구성 및 시뮬레이션 결과

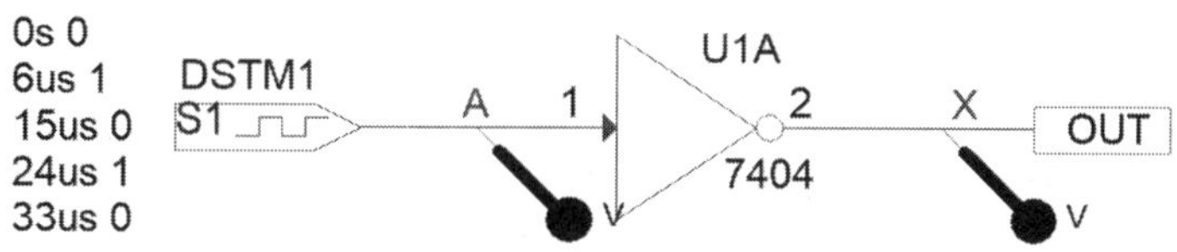

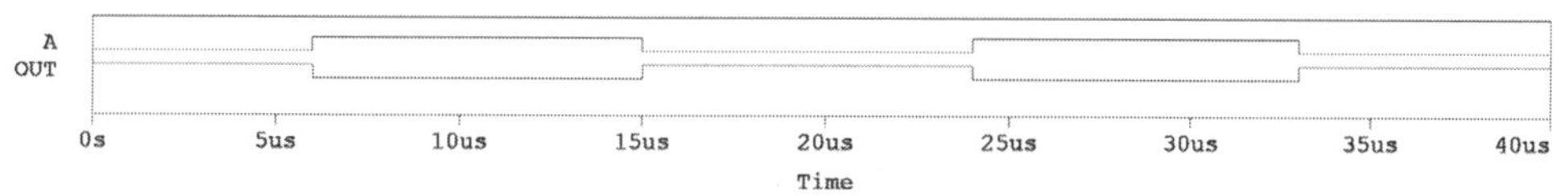

6 NAND 게이트 회로

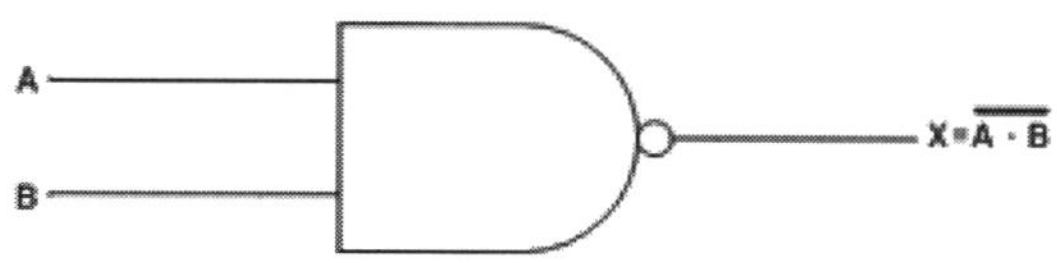

그림 13-4 NAND 게이트

NAND 게이트는 NOT-AND 연산을 수행하는 게이트로 기본 논리 연산으로 정의된 것은 아니지만 TTL의 가장 기본적인 회로로 정의된 게이트이다. 두 입력을 A, B라 하면 출력 X는 다음과 같이 정의 된다.

$$X = \overline{AB}$$

입 력		출 력
A	B	$X = \overline{AB}$
0	0	1
0	1	1
1	0	1
1	1	0

실습 13-4

그림 13-4의 NAND 게이트 회로에서, 다음 조건일 때 Transient Analysis를 40[μs]까지 실행하여, ① 입력 ② 출력 파형을 시뮬레이션 하시오.

[조건] (1) 1비트 디지털 입력(STIM1)
DSTM1 : 0[μs] 0, 9[μs] 1, 18[μs] 0, 27[μs] 1, 36[μs] 0
DSTM2 : 0[μs] 0, 3[μs] 1, 6[μs] 0, 15[μs] 1, 21[μs] 0, 30[μs] 1, 33[μs] 0
(2) 2입력 AND 게이트(7400)
(3) 연결핀 : Place port → PORTNO-L

(1) 회로 구성 및 시뮬레이션 결과

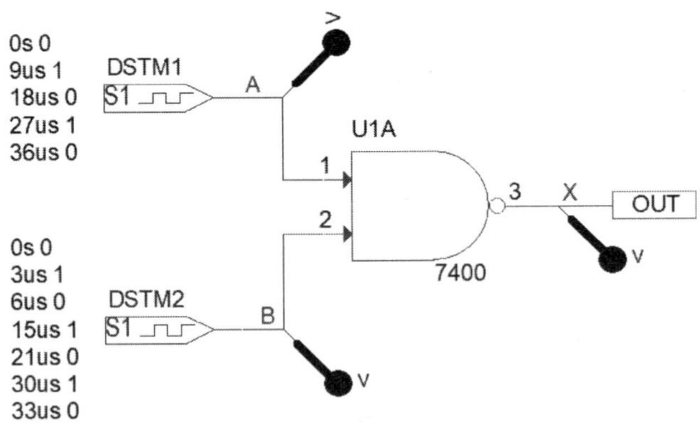

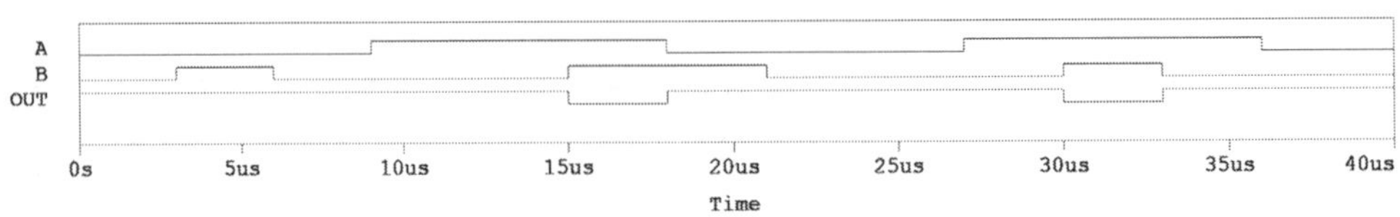

7 NOR 게이트 회로

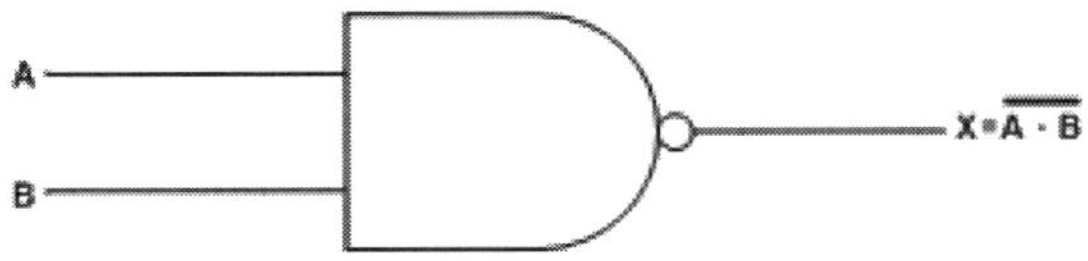

그림 13-5 NOR 게이트

NOR 게이트는 출력이 반전되는 것을 제외하면 OR 게이트와 동일한 동작을 한다. 즉, OR 게이트의 출력에 NOT 게이트를 연결한 것과 같다. NOR 게이트의 출력 X는 다음과 같이 정의된다.

$$X = \overline{A+B}$$

입 력		출 력
A	B	$X = \overline{A+B}$
0	0	1
0	1	0
1	0	0
1	1	0

실습 13-5

그림 13-5의 NOR 게이트 회로에서, 다음 조건일 때 Transient Analysis를 40[㎲]까지 실행하여, ① 입력 ② 출력 파형을 시뮬레이션 하시오.

[조건] (1) 1비트 디지털 입력(STIM1)
DSTM1 : 0[㎲] 0, 9[㎲] 1, 18[㎲] 0, 27[㎲] 1, 36[㎲] 0
DSTM2 : 0[㎲] 0, 3[㎲] 1, 6[㎲] 0, 15[㎲] 1, 21[㎲] 0, 30[㎲] 1, 33[㎲] 0
(2) 2입력 AND 게이트(7402)
(3) 연결핀 : Place port → PORTNO-L

(1) 회로 구성 및 시뮬레이션 결과

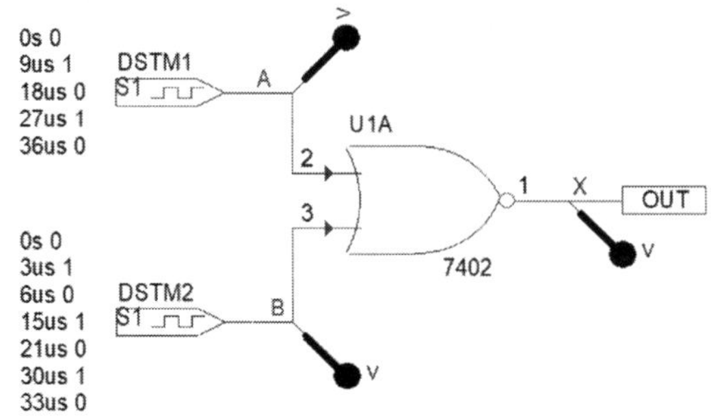

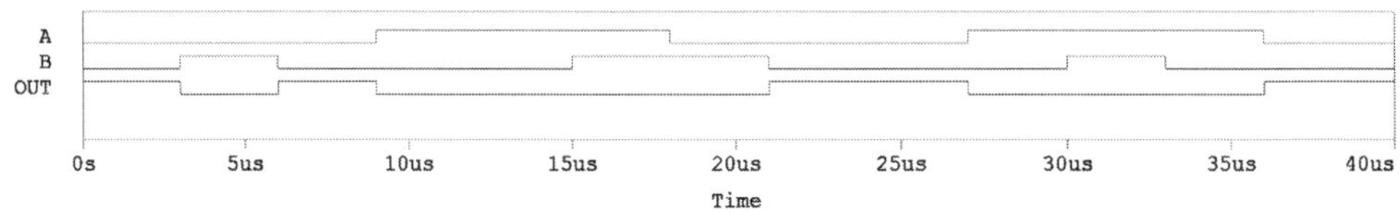

8 Exclusive-OR(XOR) 게이트 회로

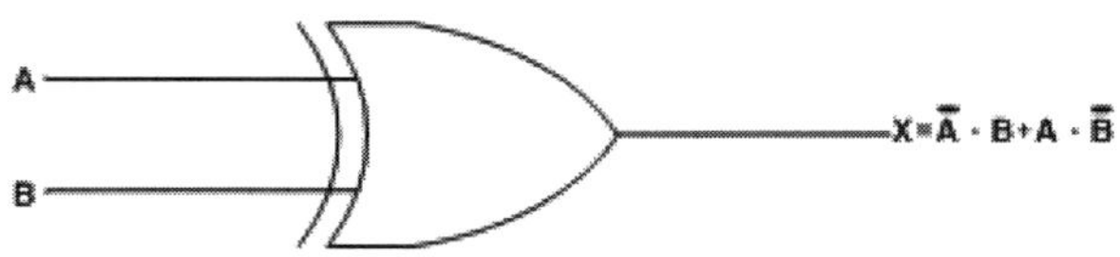

그림 13-6 XOR 게이트

XOR 게이트는 부울 대수로 정의되지 못하는 응용 논리 연산을 수행하는 게이트이다. XOR 연산은 배타적 논리합 연산이라고도 부르며 서로 다른 입력에 대하여 출력 1을 내는 논리 연산이다. 게이트도 기본 논리 게이트로서 정의된 게이트가 아니라 게이트들의 조합 논리로 정의된 게이트이지만 매우 쓸모 있는 게이트이며, 기본적으로 5개의 게이트를 대신할 수 있는 게이트이다.

$$X = \overline{A} \cdot B + A \cdot \overline{B}$$

입 력		출 력
A	B	$X = \overline{A} \cdot B + A \cdot \overline{B}$
0	0	0
0	1	1
1	0	1
1	1	0

실습 13-6

그림 13-6의 XOR 게이트 회로에서, 다음 조건일 때 Transient Analysis를 40[μs]까지 실행하여, ① 입력 ② 출력 파형을 시뮬레이션 하시오.

[조건] (1) 1비트 디지털 입력(STIM1)

DSTM1 : 0[μs] 0, 9[μs] 1, 18[μs] 0, 27[μs] 1, 36[μs] 0

DSTM2 : 0[μs] 0, 3[μs] 1, 12[μs] 0, 21[μs] 1, 33[μs] 0

(2) 2입력 AND 게이트(7486)

(3) 연결핀 : Place port → PORTNO-L

(1) 회로 구성 및 시뮬레이션 결과

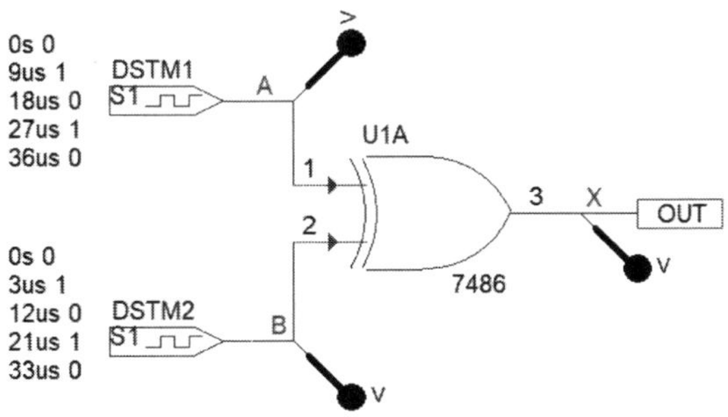

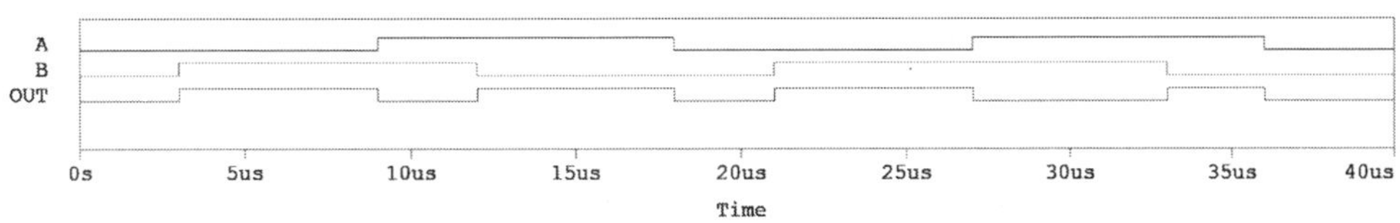

9 Exclusive-NOR(XNOR) 게이트 회로

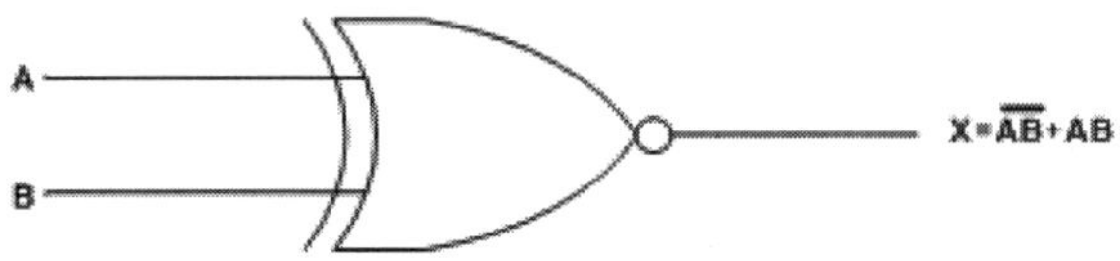

그림 13-7 XNOR 게이트

XNOR 게이트는 XOR 연산의 부정 출력을 내는 게이트로 동치(Equilvalence)게이트라고도 불리며, XOR 연산과 마찬가지로 기본 논리 연산은 아니다. XNOR 연산은 다음과 같이 정의된다.

$$X = \overline{AB} + AB$$

입 력		출 력
A	B	$X = \overline{AB} + AB$
0	0	1
0	1	0
1	0	0
1	1	1

실습 13-7

그림 13-7의 XNOR 게이트 회로에서, 다음 조건일 때 Transient Analysis를 40[μs]까지 실행하여, ① 입력 ② 출력 파형을 구하라

[조건] (1) 1비트 디지털 입력(STIM1)
DSTM1 : 0[μs] 0, 9[μs] 1, 18[μs] 0, 27[μs] 1, 36[μs] 0
DSTM2 : 0[μs] 0, 3[μs] 1, 12[μs] 0, 21[μs] 1, 33[μs] 0
(2) AND 게이트(7408), (3) NOT 게이트(7404) (4) OR 게이트(7432)
(5) 연결핀 : Place port → PORTNO-L

(1) 회로 구성 및 시뮬레이션 결과

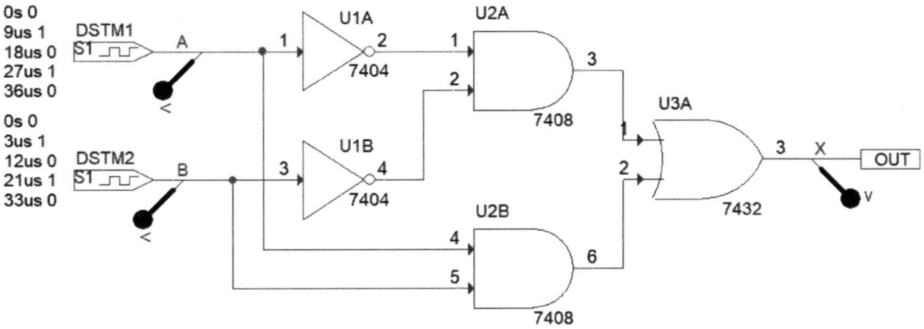

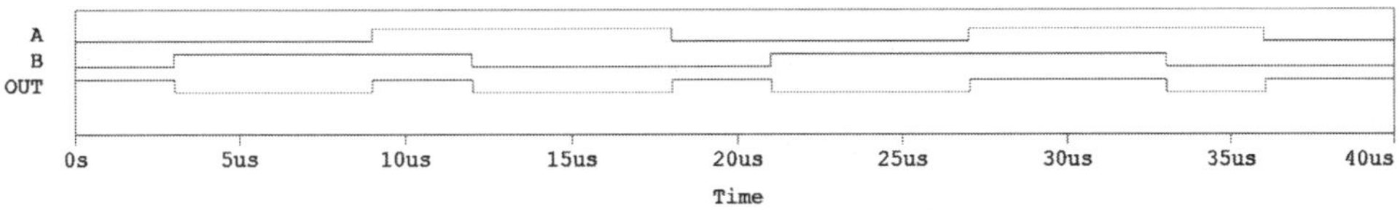

10 반가산기

두 개의 1비트 수를 더하여 합과 자리올림을 만들어내는 논리회로로 1비트의 두 수를 가산할 때, 피가수를 A, 가수를 B라하고 1비트의 합을 S, 1비트의 자리올림을 C라 하면 1비트 반가산기는 2개의 입력과 2개의 출력을 갖게 된다.

$$S = \overline{A}B + A\overline{B}$$

$$C = AB$$

입 력		출 력	
A	B	X	C
0	0	0	0
0	1	1	0
1	0	1	0
1	1	0	1

실습 13-8

반가산기 회로에서, 다음 조건일 때 Transient Analysis를 30[㎲]까지 실행하여, ① 입력 ② 출력 파형을 시뮬레이션 하시오.

[조건] (1) 1비트 디지털 입력(STIM1)
DSTM1 : 0[㎲] 0, 10[㎲] 1, 20[㎲] 0
DSTM2 : 0[㎲] 0, 5[㎲] 1, 10[㎲] 0, 15[㎲] 1, 20[㎲] 0
(2) 2입력 Exclusive OR 게이트(7486)
(3) AND 게이트(7408)
(4) 연결핀 : Place port → PORTNO-L

(1) 회로 구성 및 시뮬레이션 결과

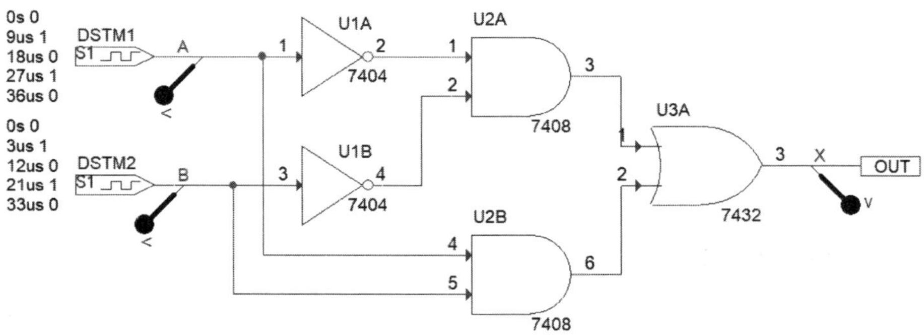

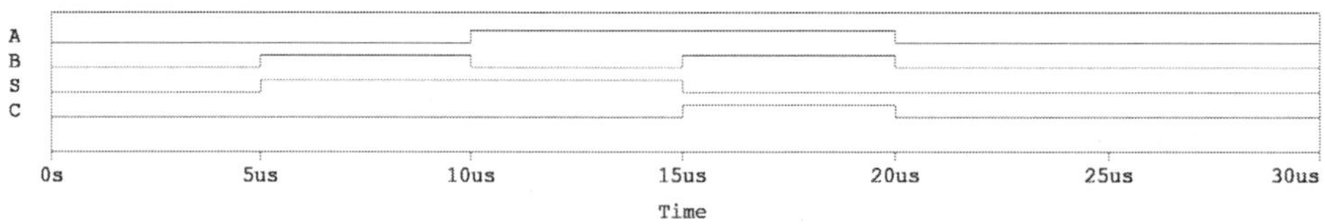

11 전가산기

3개의 비트를 가산할 수 있도록 설계한 논리 회로를 전가산기라 한다. 여기서 3개의 입력 변수는 본래의 A, B와 하위 비트의 가산에 의해 발생한 C(Carry)가 있으며 출력은 반가산기와 마찬가지로 S(Sum)와 C(Carry)가 있는데 특별히 입력 C와 출력 C를 구분하기 위해 입력 C는 C_i, 출력 C는 C_o로 표시한다.

$$S = \overline{A}\,\overline{B}C_i + \overline{A}B\overline{C_i} + A\overline{B}\,\overline{C_i} + ABC_i$$

$$C_o = \overline{A}BC_i + A\overline{B}C_i + AB\overline{C_i} + ABC_i$$

입 력			출 력	
A	B	C_i	S	C_o
0	0	0	0	0
0	0	1	1	0
0	1	0	1	0
0	1	1	0	1
1	0	0	1	0
1	0	1	0	1
1	1	0	0	1
1	1	1	1	1

실습 13-9

전가산기 회로에서, 다음 조건일 때 Transient Analysis를 80[㎲]까지 실행하여, ① 입력 ② 출력 파형을 시뮬레이션 하시오.

[조건] (1) 1비트 디지털 입력(STIM1)

DSTM1 : 0[㎲] 0, 40[㎲] 1

DSTM2 : 0[㎲] 0, 20[㎲] 1, 40[㎲] 0, 60[㎲] 1

DSTM3 : 0[㎲] 0, 10[㎲] 1, 20[㎲] 0, 30[㎲] 1, 40[㎲] 0, 50[㎲] 1, 60[㎲] 0, 70[㎲] 1

(2) 2입력 Exclusive OR 게이트(7486)

(3) AND 게이트(7408)

(4) 연결핀 : Place port → PORTNO-L

(1) 회로 구성 및 시뮬레이션 결과

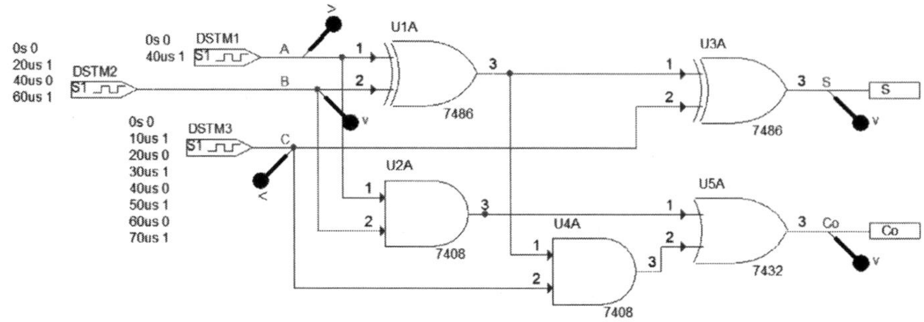

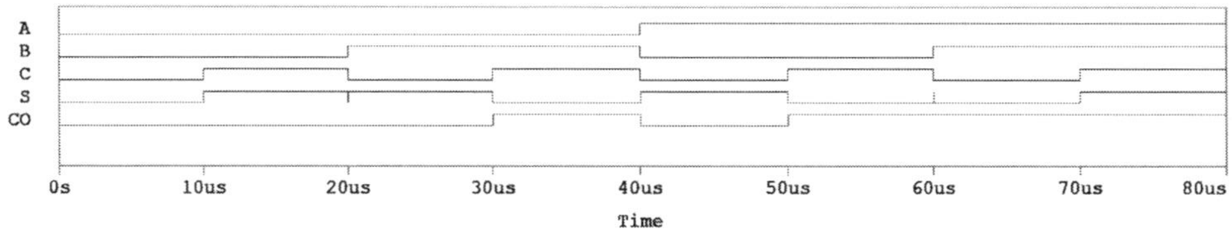

12 디코더(Decoder)

디코더란 코드화되어 있는 것을 해독하는 해독기이며, 엔코더의 역의 동작을 수행하는 논리이다. 2진수의 n비트가 있다면 만들어지는 상태의 수는 2n이 되며, n비트의 입력코드를 해독하여 2n개의 출력 중 하나로 내보내는 회로가 디코더이다. 디코더는 특정 코드의 해독뿐만 아니라 메모리의 어드레스 디코딩 등에도 사용된다.

2진수 2비트의 입력을 4개의 상태 중 하나로 선택하여 출력하는 회로를 2×4디코더라고 한다. 이것이 디코더의 가장 기본이 되는 회로이며 진리표는 표와 같이 나타낼 수 있다.

$$W = \overline{A}\,\overline{B}$$

$$X = \overline{A}\,B$$

$$Y = A\,\overline{B}$$

$$Z = A\,B$$

입 력		출 력			
A	B	W	X	Y	Z
0	0	1	0	0	0
0	1	0	1	0	0
1	0	0	0	1	0
1	1	0	0	0	1

실습 13-10

디코더 회로에서, 다음 조건일 때 Transient Analysis를 28[μs]까지 실행하여, ① 입력 ② 출력 파형을 시뮬레이션 하시오.

[조건] (1) 1비트 디지털 입력(STIM1)
DSTM1 : 0[μs] 0, 10[μs] 1, 20[μs] 0
DSTM2 : 0[μs] 0, 5[μs] 1, 10[μs] 0, 15[μs] 1, 20[μs] 0
(2) NOT 게이트(7404)
(3) AND 게이트(7408)
(4) 연결핀 : Place port → PORTNO-L

(1) 회로 구성 및 시뮬레이션 결과

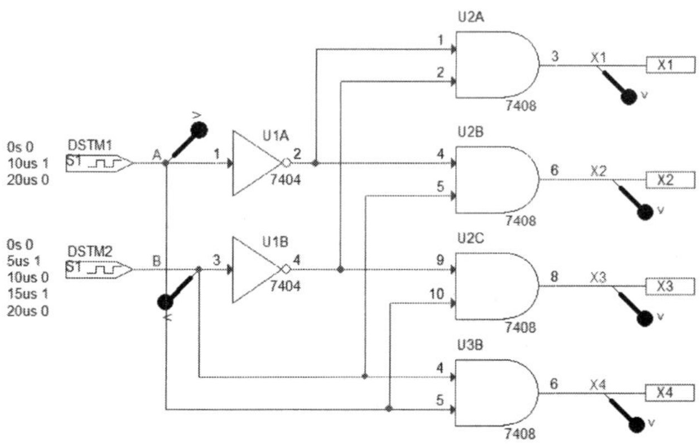

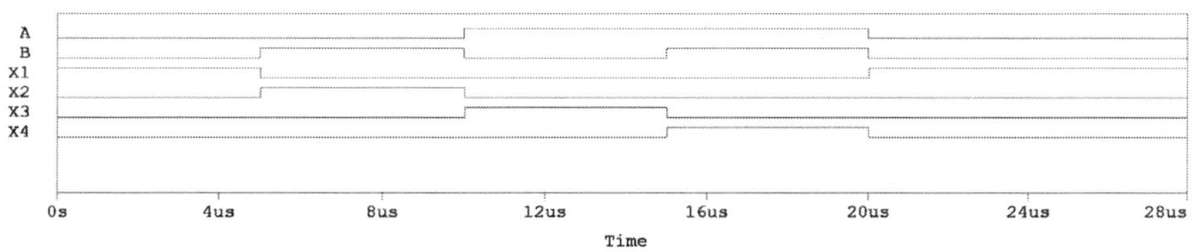

13 R-S 플립플롭

R-S 플립플롭은 2개의 NOR 또는 NAND 게이트로 구성할 수 있으며, RS는 리셋(Reset)과 셋(Set)를 나타낸다. 입력은 R과 S로 표시되며 플립플롭의 상태를 결정하는 입력단자이다. R=1, S=0이라면 플립플롭의 상태는 셋이 되어 출력 Q=1이 된다.($\overline{Q}$=0) R과 S가 모두 0이면 플립플롭의 상태는 변화없이 이전상태를 유지하고, 동시에 1일 경우 리셋과 셋을 할 수 없는 관계로 사용할 수 없다.

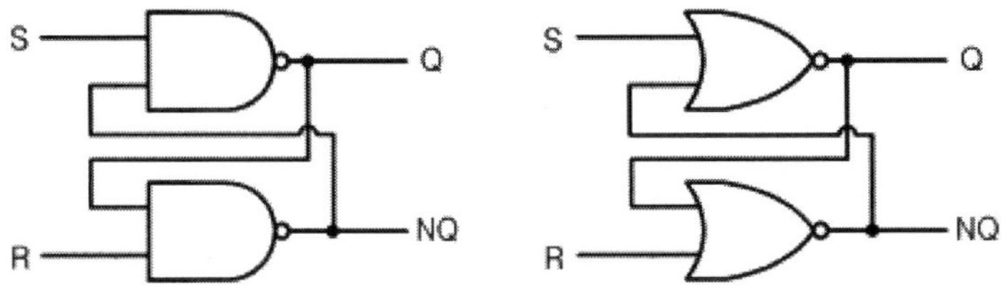

CLK	R	S	Q(출력)
0	0	0	이전상태
0	0	1	1(SET)
0	1	0	0(RESET)
0	1	1	금지입력
1	×	×	이전상태

실습 13-11

RS 플립플롭 회로에서, 다음 조건일 때 Transient Analysis를 10[㎲]까지 실행하여, ① 입력 ② 출력 파형을 시뮬레이션 하시오.

[조건] (1) 1비트 디지털 입력(STIM1)
S : 0[㎲] 1, 2[㎲] 0, 8[㎲] 1
R : 0[㎲] 0, 4[㎲] 1, 6[㎲] 0, 8[㎲] 1
(2) 1비트 디지털 입력(Digclock)
OFFTIME=1[㎲], ONTIME=1[㎲], STARTVAL=1, OPPVAL=0
(3) NAND 게이트(7400)
(4) 연결핀 : Place port → PORTNO-L

(1) 회로 구성 및 시뮬레이션 결과

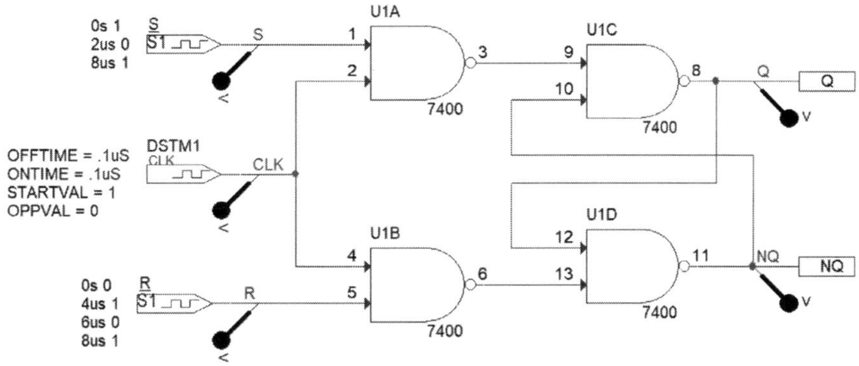

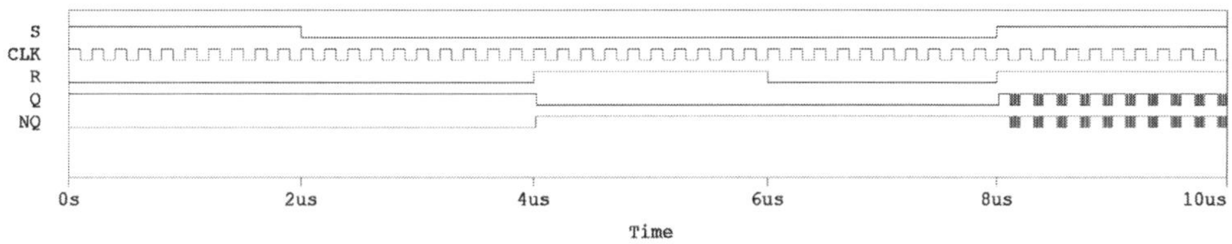

14 JK 플립플롭

JK 플립플롭은 발생 가능한 입력에 대하여 정상적으로 동작하지 않는 부분이 존재하며, 이 허가되지 않는 입력에 대하여 토글동작을 하도록 개선한 것이 JK 플립플롭이다.

입력 JK는 그대로 SR에 대응되어 J=K=0일 경우에는 변화되지 않고 전상태를 유지하며, J=1, K=0인 경우에는 셋 상태, J=0, K=1인 경우에는 리셋 상태가 된다. J=K=1인 경우는 토글 동작이 이루어져 전상태의 부정을 출력으로 한다.

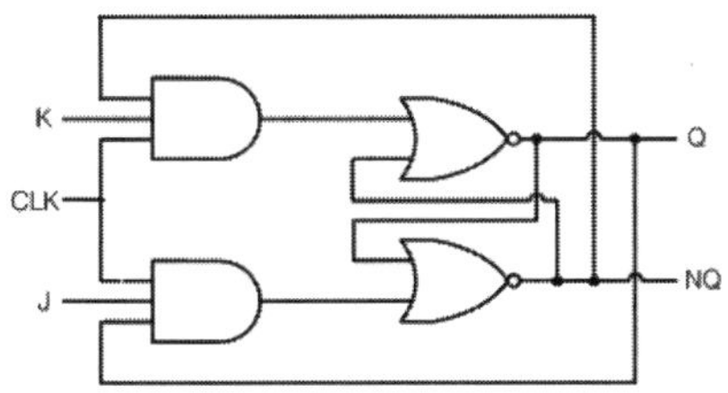

J	K	Q(출력)
0	0	무변
0	1	1 (RESET)
1	0	1(SET)
1	1	토글

실습 13-12

JS 플립플롭 회로에서, 다음 조건일 때 Transient Analysis 를 20[μs]까지 실행하여, ① 입력 ② 출력 파형을 구하라

[조건] (1) 1비트 디지털 입력(STIM1)
J : 0[μs] 1, 4[μs] 0, 12[μs] 1
K : 0[μs] 0, 4[μs] 1, 8[μs] 0, 12[μs] 1, 16[μs] 0
CLR : 0[μs] 0, 2[μs] 1
(2) 1비트 디지털 입력(Digclock)
CP : OFFTIME=2[μs], ONTIME=2[μs], STARTVAL=1, OPPVAL=0
CLR : OFFTIME=2[μs], ONTIME=18[μs], STARTVAL=0, OPPVAL=1
(3) NAND 게이트(7400, 7410)
(4) NOT 게이트(7404)
(5) Digital HI port : Place power → $D_HI
(6) 연결핀 : Place port → PORTNO-L

Digital HI port : Place power → $D_HI

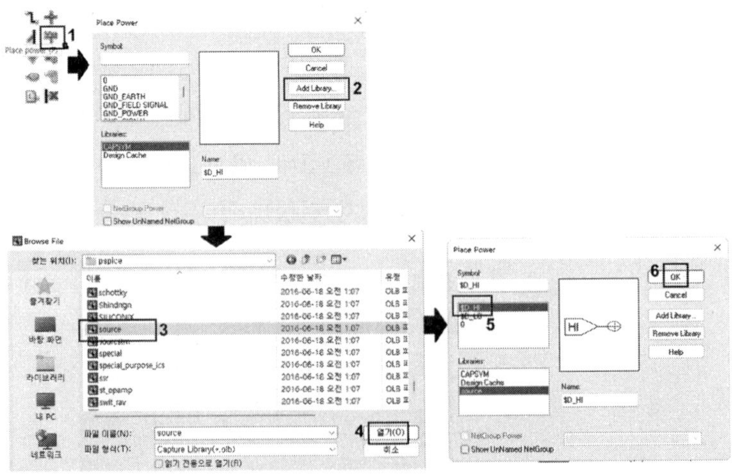

(1) 회로 구성 및 시뮬레이션 결과

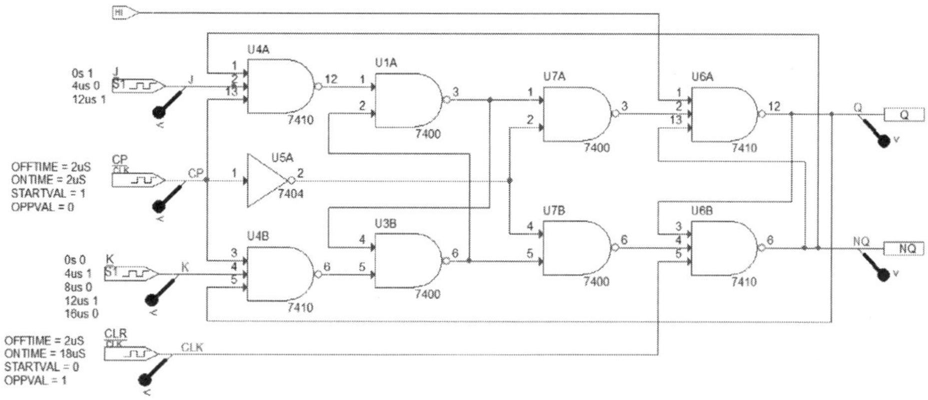

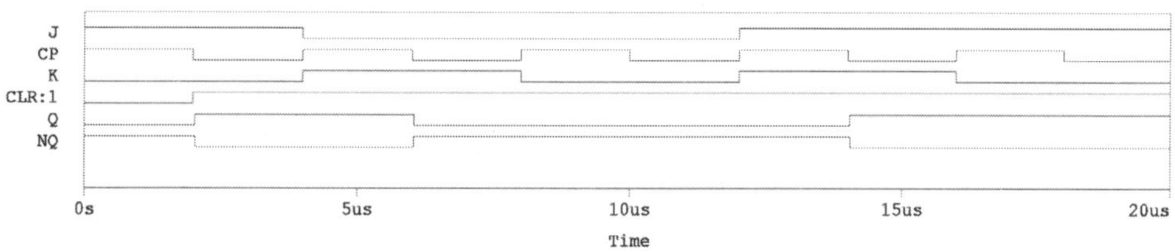

15 D 플립플롭

외부로부터 전송되어 오는 2진 데이터를 저장하기 위해서는 0의 입력을 0으로, 1의 입력을 1로 저장하고, 출력되어야 한다. 또한 입력 신호는 1비트의 논리로 처리가 가능함으로 RS 플립플롭이나 JK 플립플롭처럼 2개의 입력단자를 갖지 않아도 된다. 이 하나의 입력 단자는 데이터를 그대로 저장하므로 D(Data)라고 부르고, D 입력을 갖는 플립플롭은 D 플립플롭이라고 부른다.

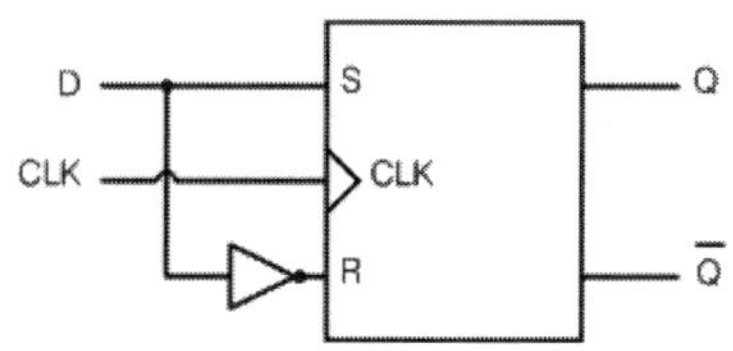

현재상태	D	다음상태
0	0	0
1	0	0
0	1	1
1	1	1

실습 13-13

D 플립플롭 회로에서, 다음 조건일 때 Transient Analysis를 10[μs]까지 실행하여, ① 입력 ② 출력 파형을 시뮬레이션 하시오.

[조건] (1) 1비트 디지털 입력(STIM1)
D : 0[μs] 0, 4[μs] 1, 12[μs] 0, 16[μs] 1
(2) 1비트 디지털 입력(Digclock)
CP : OFFTIME=2[μs], ONTIME=2[μs], STARTVAL=0, OPPVAL=1
(3) NAND 게이트(7400)
(4) NOT 게이트(7404)
(5) 연결핀 : Place port → PORTNO-L

(1) 회로 구성 및 시뮬레이션 결과

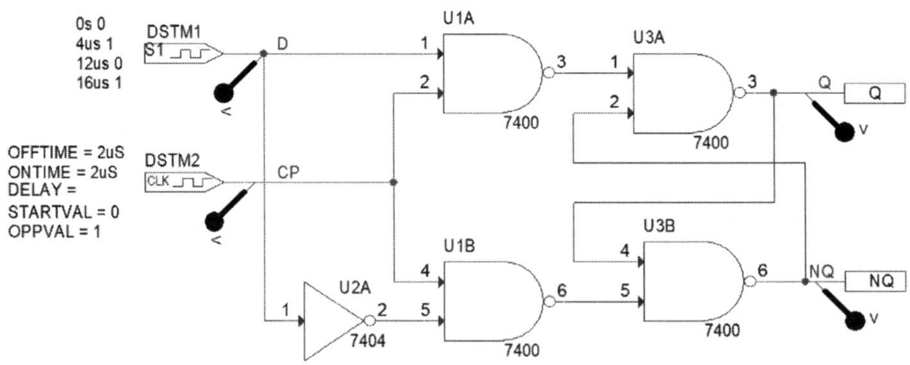

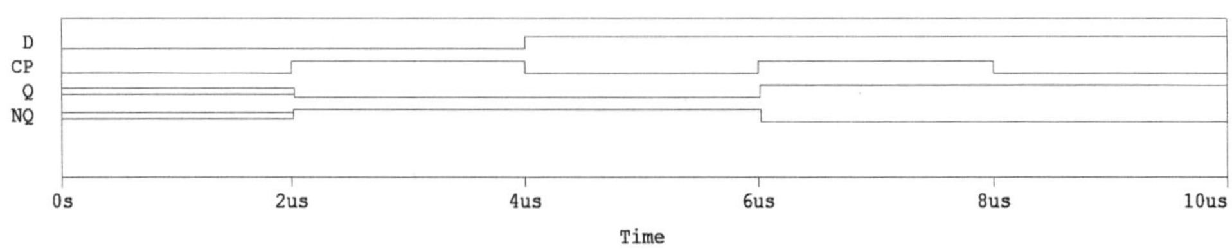

16 T 플립플롭

T 플립플롭은 토글(toggle) 플립플롭의 T를 취하여 붙여진 이름으로 T가 0이면 =K=0이 인가된 것으로 되어 다음 상태는 현재 상태가 없으며, T=1일 때는 =K=1이므로 토글 동작을 한다.

즉, 현재 상태가 0이면 다음 상태는 1, 현재 상태가 1이면 다음 상태는 0으로 상태를 바꾼다.

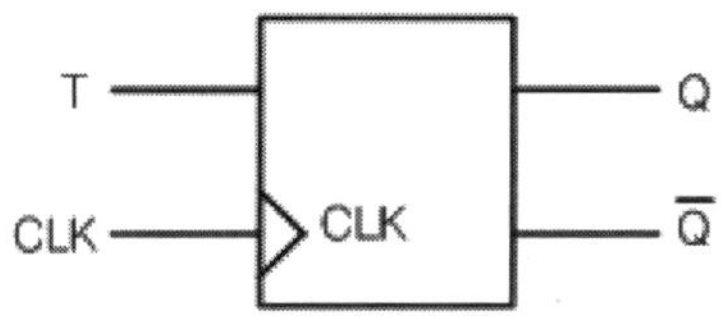

현재상태	T	다음상태
0	0	0
1	0	1
0	1	1
1	1	0

실습 13-14

T 플립플롭 회로에서, 다음 조건일 때 Transient Analysis를 20[μs]까지 실행하여, ① 입력 ② 출력 파형을 시뮬레이션 하시오.

[조건] (1) 1비트 디지털 입력(STIM1)
T : 0[μs] 0, 4[μs] 1, 12[μs] 0, 16[μs] 1
CLR : 0[μs] 0, 2[μs] 1
(2) 1비트 디지털 입력(Digclock)
CP : OFFTIME=2[μs], ONTIME=2[μs], STARTVAL=1, OPPVAL=0
(3) NAND 게이트(7400)
(4) T 플립플롭 : 7476
(5) Digital HI port : Place power → $D_HI
(6) 연결핀 : Place port → PORTNO-L

(1) 회로 구성 및 시뮬레이션 결과

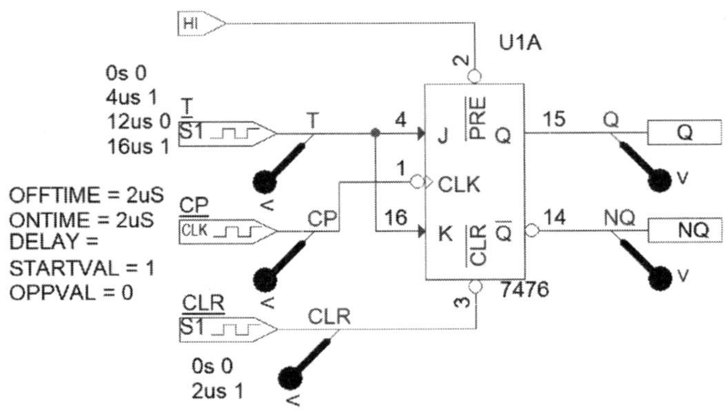

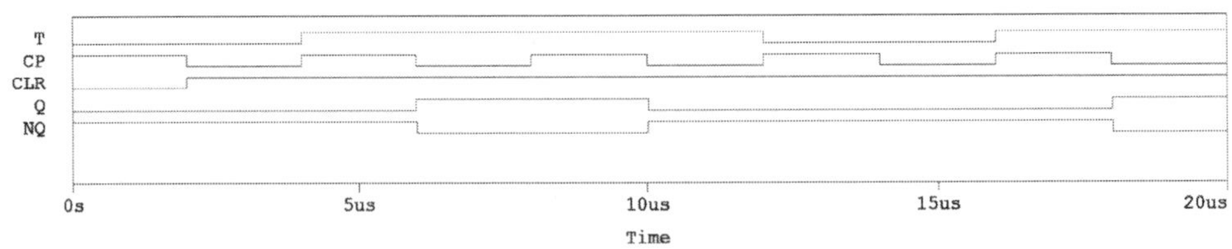

조합 논리 회로와 플립플롭을 이용하여 설계하는 순서 논리 회로의 가장 간단한 형태가 카운터이다. 카운터는 어떠한 입력을 계수하는데 쓰이며, 이를 이용하면 일정한 주파수의 신호를 입력하면 원하는 시간 간격을 만들어 내는 타이머로 변형할 수도 있다.

카운터는 똑같은 입력이 인가될 지라도 현재 개수한 값이 무엇인가에 따라 동기식(synchronous) 카운터와 비동기기(asynchronous) 카운터로 나눌 수 있다.

동기식은 모든 플립플롭이 동시에 동작하는 논리이고, 비동기식은 각각의 플립플롭의 동작이 반듯이 일치하지 않아도 필요한 시점에 각각 동작하는 방식이다.

또한 계수의 범위가 어떻게 되는가에 따라 2진 카운터와 모듈러스 카운터로 나눌 수 있다. 2진 카운터는 n개의 플립플롭을 이용하여 2n개의 상태를 그대로 사용하는 2n 카운터이며, 모듈러스 카운터는 2n이 아닌 상태를 갖는 카운터이다.

17 비동기식 2진 카운터

비동기식 2진 카운터는 카운터를 구성하고 있는 각 플립플롭에 동시에 클록이 가해지지 않는 것을 말한다. 즉 이것은 계수기를 구성하고 있는 플립플롭이 동시에 상태가 변화하지 않는 것을 의미한다. 클록 입력이 플립플롭의 첫 단에만 연결되고 둘째 단 플립플롭의 클록 입력은 첫째 단의 출력의 일부에 의해 트리거 된다.

18 동기식 2진 카운터

비동기식 카운터 구조는 간단한 반면에 동시에 트리거되지 않기 때문에 시간상의 제약을 받는다. 동기라는 것은 카운터를 구성하고 있는 모든 플립플롭의 같은 시간에 트리거되는 것을 말하며 동기식 카운터를 병렬 카운터라고도 하는데 그 이유는 클록 펄스가 카운터를 구성하는 모든 플립플롭에 병렬로 연결되기 때문이다.

동기식 2진 카운터에서 가장 낮은 위치에 있는 플립플롭은 펄스가 입력될 때마다 보수를 취한다. 이것은 이 위치에 있는 플립플롭의 J, K 입력이 모두 논리 1을 취한다는 것을 뜻한다. 그 외의 다른 모든 플립플롭은 그보다 낮은 위치에 있는 모든 플립플롭들이 1을 취할 때 펄스와 함께 보수를 취한다. 그 이유는 모든 1이 다음 펄스 때 0으로 변하기 때문이다.

실습 13–15

비동기식 2진 카운터 회로에서, 다음 조건일 때 Transient Analysis를 80[μs]까지 실행하여, ① 입력 ② 각 단의 출력 파형을 시뮬레이션 하시오.

[조건] (1) 1비트 디지털 입력(STIM1)
DSTM2 : 0[μs] 0, 2[μs] 1
(2) 1비트 디지털 입력(Digclock)
DSTM1 : OFFTIME=2[μs], ONTIME=2[μs], STARTVAL=0, OPPVAL=1
(3) NAND 게이트(7400)
(4) AND 게이트(7408)
(5) JK 플립플롭 : 7476
(6) Digital HI port : Place power → $D_HI
(7) 연결핀 : Place port → PORTNO–L

(1) 회로 구성 및 시뮬레이션 결과

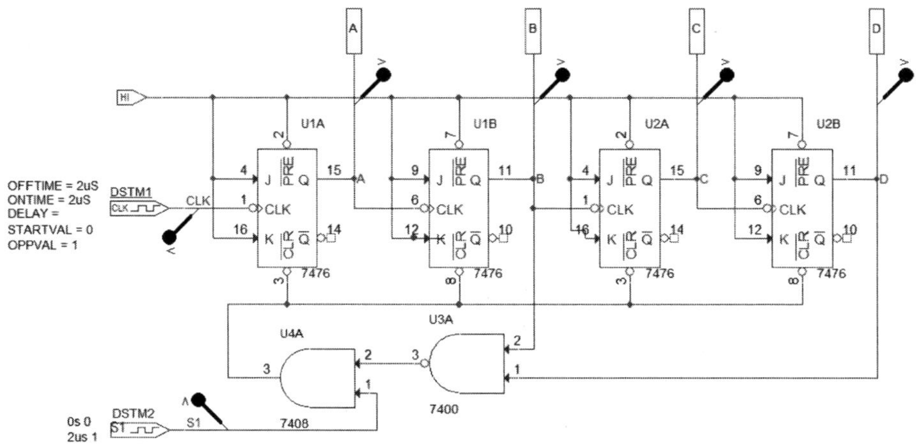

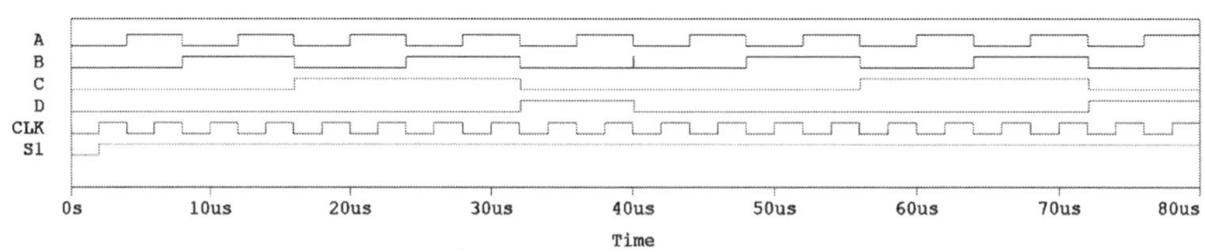

실습 13-16

동기식 2진 카운터 회로에서, 다음 조건일 때 Transient Analysis를 80[㎲]까지 실행하여, ① 입력 ② 각 단의 출력 파형을 시뮬레이션 하시오.

[조건] (1) 1비트 디지털 입력(STIM1)
DSTM2 : 0[㎲] 0, 2[㎲] 1
(2) 1비트 디지털 입력(Digclock)
DSTM1 : OFFTIME=2[㎲], ONTIME=2[㎲], STARTVAL=0, OPPVAL=1
(3) AND 게이트 : 7408
(4) JK 플립플롭 : 7476
(5) Digital HI port : Place power → $D_HI
(6) 연결핀 : Place port → PORTNO-L

(1) 회로 구성 및 시뮬레이션 결과

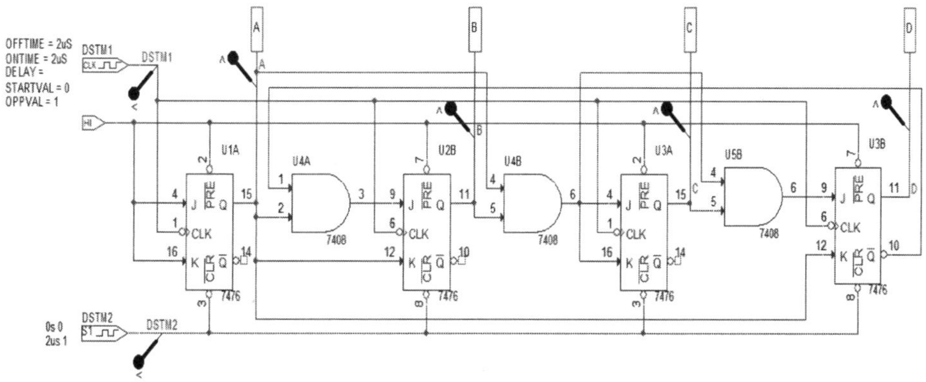

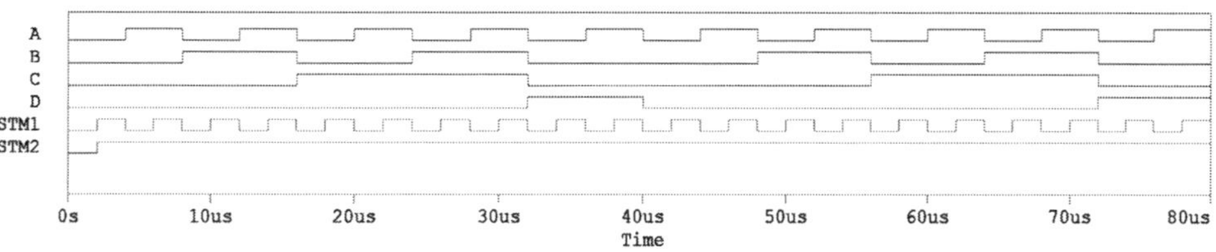

실습 13-17

BCD 카운터는 2진화 10진수를 0000에서 1001까지 카운터하고 다시 0000으로 돌아가는 일종의 10진 카운터이다. 이러한 동기식 BCD 카운터 회로에서, 다음 조건일 때 Transient Analysis를 80[㎲]까지 실행하여, ① 입력 ② 각 단의 출력 파형을 시뮬레이션 하시오.

[조건] (1) 1비트 디지털 입력(STIM1) : DSTM2 : 0[㎲] 0, 1[㎲] 1
(2) 1비트 디지털 입력(Digclock)
DSTM1 : OFFTIME=2[㎲], ONTIME=2[㎲], STARTVAL=0, OPPVAL=1
(3) JK 플립플롭 : 7476
(4) AND 게이트 : 7408
(5) OR 게이트 : 7432
(6) Digital HI port : Place power → $D_HI
(7) 연결핀 : Place port → PORTNO-L

(1) 회로 구성 및 시뮬레이션 결과

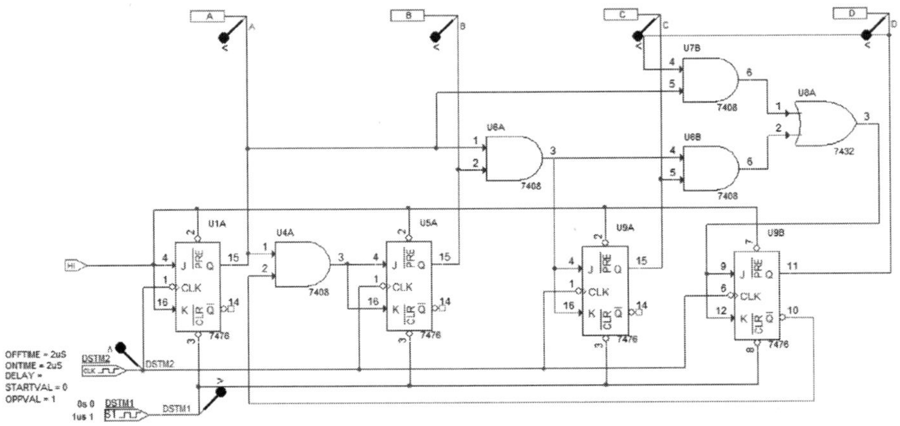

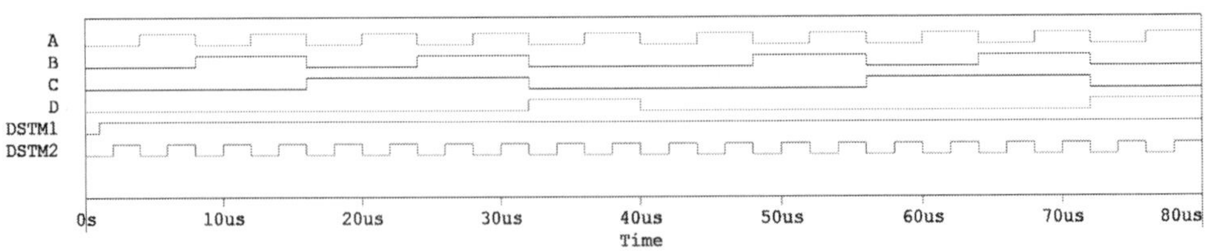

19 시프트 레지시터

내부적으로 1비트씩의 데이터를 사용할 경우 혹은 먼거리에 데이터를 전송하기 위하여는 비용의 절감을 위해 고속의 동작이 필요 없는 직렬 전송 방식을 사용한다. 이 때, 직렬 전송 레지스터가 필요하다.

직렬 전송 레지스터는 시프트 레지스터(shift register)라 부르며, 1비트씩 좌 또는 우로 자리이동(shift)한다. 따라서 4비트의 데이터를 직렬로 전송하려면 4개의 클럭 펄스가 필요하다. 또 직렬전송은 간단히 구성될 수 있기 때문에 동기 입력을 사용하는 것이 일반적이다.

시프트 라이트 레지스터(shift right register)는 오른쪽으로 자리 이동이 이루어 지는 레지스터로 LSB가 출력되고, MSB로 입력이 이루어진다. 이는 직렬 가산기의 논리에 필요한 레지스터이기도 한다.

시트프 라이트 레지스터의 동작은 시프트 레지스터의 동작과 반대 방향인 점만 제외하면 동일한 동작을 보여준다. 표는 1111에서 외부로부터 0101이 입력될 경우의 동작을 보여준다. 4개의 펄스가 인가된 후는 외부로부터 입력인 1010(LSB로부터 0101)이 저장된 상태가 된다.

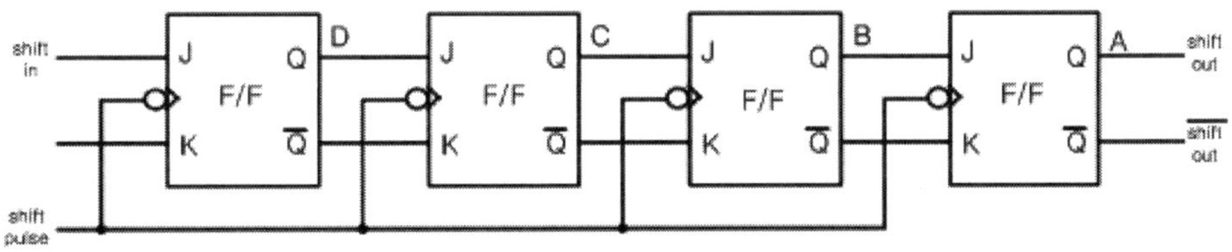

shift pulse	shift in		D	C	B	A		shift out
0	0		1	1	1	1		
		↘					↘	
1	1		0	1	1	1		1
		↘					↘	
2	0		1	0	1	1		1
		↘					↘	
3	1		0	1	0	1		1
		↘					↘	
4			1	0	1	0		1

실습 13-18

시프트 레지스터 회로에서, 다음 조건일 때 Transient Analysis를 20[㎲]까지 실행하여, ① 입력 ② 각 단의 출력 파형을 시뮬레이션 하시오.

[조건] (1) 1비트 디지털 입력(STIM1)
INPUT : 0[㎲] 0, 1[㎲] 1, 2[㎲] 0, 3[㎲] 1, 6[㎲] 0, 7[㎲] 1, 8[㎲] 0
CLR : 0[㎲] 0, 0.5[㎲] 1
(2) 1비트 디지털 입력(Digclock)
CP : OFFTIME=0.5[㎲], ONTIME=0.5[㎲], STARTVAL=0, OPPVAL=1
(3) NOT 게이트 : 7404
(4) JK 플립플롭 : 7476
(5) Digital HI port : Place power → $D_HI
(6) 연결핀 : Place port → PORTNO-L

(1) 회로 구성 및 시뮬레이션 결과

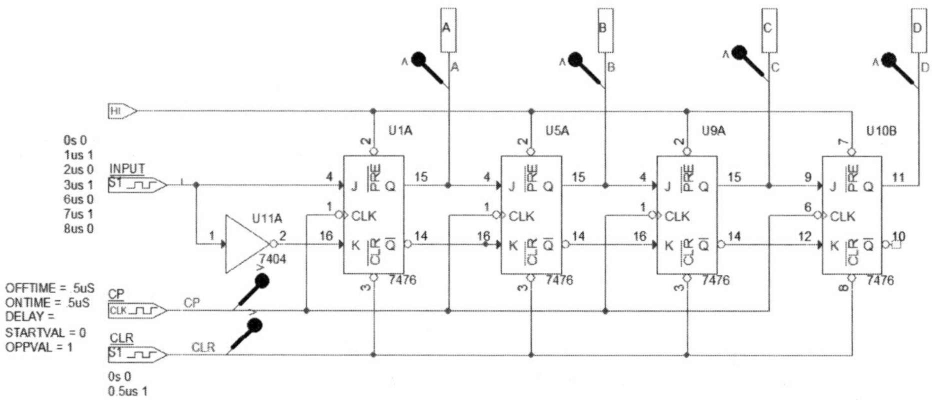

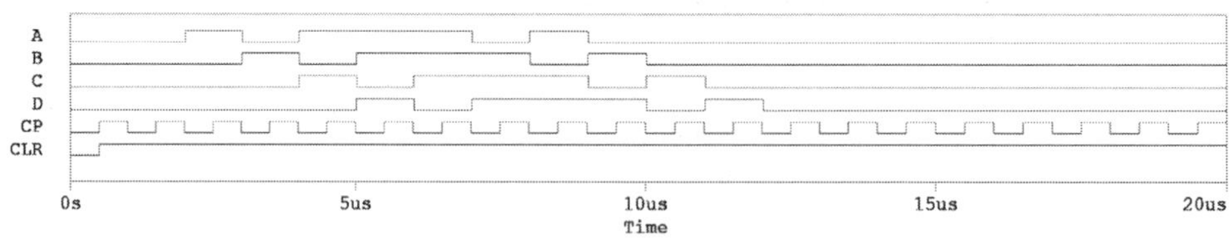

ver.17.2
OrCAD/PSpice 회로해석

발　　행 / 2024년 2월 28일
•
저　　자 / 조문택·이충식
펴 낸 이 / 정 창 희
펴 낸 곳 / 동일출판사
주　　소 / 서울시 강서구 곰달래로31길7 (2층)
전　　화 / (02) 2608-8250
팩　　스 / (02) 2608-8265
등록번호 / 109-90-92166

판 권
소 유

ISBN 978-89-381-1439-6 93000
값 / 25,000원